INSTITUT FÜR NIEDERDEUTSCHE SPRACHE
PLATTDEUTSCH – HOCHDEUTSCHES WÖRTERBUCH

SCHRIFTEN DES INSTITUTS
FÜR NIEDERDEUTSCHE SPRACHE

Herausgegeben von U.-T. Lesle und C. Schuppenhauer
Reihe: Dokumentation Nr. 8

PLATTDEUTSCH – HOCHDEUTSCHES WÖRTERBUCH

PLATTDEUTSCH–HOCHDEUTSCHES WÖRTERBUCH

BEARBEITET VON
WOLFGANG LINDOW

HERAUSGEGEBEN VOM
INSTITUT FÜR NIEDERDEUTSCHE SPRACHE

VERLAG SCHUSTER LEER

GEDRUCKT MIT UNTERSTÜTZUNG DER
WOLFGANG RITTER STIFTUNG

Vorsatzblätter aus:
Versuch eines Bremisch-Niedersächsischen Wörterbuchs
Herausgegeben von der Bremischen Deutschen Gesellschaft
Bremen 1767-1771

ISBN 3-7963-0331-5
5. überarbeitete und ergänzte Auflage 1998

Gesamtherstellung: Hans Kock Buch- und Offsetdruck GmbH, Bielefeld
Printed in Germany

Dokumentation, Analyse, Information - das sind die drei zentralen Begriffe, mit denen sich die Aufgaben des Instituts für niederdeutsche Sprache beschreiben lassen. Niederdeutsche Veröffentlichungen und solche über das Niederdeutsche sind zu sichten und zu sammeln, sprachliche und literarische Entwicklungen müssen beobachtet und mit wissenschaftlicher Sorgfalt begleitet werden, zahllose Institutionen und Privatpersonen erwarten Antwort auf die unterschiedlichsten Fragen, und auch eine aktive Öffentlichkeitsarbeit in Form von Periodika und Einzelpublikationen ist erforderlich.
Die Mittel und Methoden, derer sich Vorstand und Mitarbeiter des Instituts bei der Erfüllung ihres Auftrags bedienen, sind so vielfältig wie die Verwendung des Niederdeutschen in unserer Zeit. Diese seit mehr als hundert Jahren immer wieder totgesagte Sprache erfreut sich nämlich auch im ausgehenden 20. Jahrhundert noch einer für manchen erstaunlichen Vitalität, und in vielen Bereichen des öffentlichen und privaten Lebens nimmt das Interesse an ihr sogar unübersehbar zu.
Lange Zeit galt es als ausgemacht, daß nur solche Menschen niederdeutsch sprechen und verstehen, die es in früher Kindheit als „Muttersprache" gelernt haben und sich oft erst im Laufe ihrer Schulzeit mühsam an das Hochdeutsche gewöhnen mußten. Vielerorts war man deshalb der Meinung, die vordringliche kulturpolitische Aufgabe bestehe darin, den ursprünglich niederdeutsch Sprechenden ein fehlerfreies Hochdeutsch zu vermitteln, um ihnen die gleichberechtigte Teilhabe an Kultur, Bildung und Wissenschaft überhaupt erst zu ermöglichen. Solche Überlegungen mögen einmal eine gewisse Berechtigung gehabt haben; der gegenwärtigen sprachlichen Situation in Norddeutschland werden sie indessen ohne Zweifel nicht mehr gerecht.
Das Niederdeutsche wird heute in der Regel als eine von zwei zur Verfügung stehenden Sprachformen benutzt – je nach Lebens- und Gesprächssituation. Geblieben ist jedoch trotz dieses grundlegenden Wandels hier und da ein böses Erbe aus vergangenen Zeiten: die Geringschätzung einer Sprache, die als Ausweis von Provinzialität, Rückständigkeit und mangelnder Bildung mißverstanden wird.
Insofern hat ein Institut, das sich dem Niederdeutschen widmet, nicht zuletzt die Aufgabe, derartigen Vorurteilen entgegenzuwirken, indem es den Reichtum und die Ausdruckskraft dieser Sprache dokumentiert.

Das vorliegende Wörterbuch, jetzt in neuer überarbeiteter Auflage, füllt eine Lücke auf dem niederdeutschen Büchermarkt. Vor allem Leser plattdeutscher Literatur, die selbst nicht in dieser Sprache aufgewachsen sind, klagten immer wieder darüber, daß es an einer leicht zugänglichen und verläßlichen Hilfe zum rein sprachlichen Verständnis der Texte bisher fehlte.
Auf wissenschaftlicher Grundlage erarbeitet, soll dieses handliche Nachschlagewerk all jenen dienen, die aus beruflichen oder privaten Gründen mit dem Niederdeutschen in Berührung kommen. Wenn es darüber hinaus bei denen, die das Plattdeutsche als selbstverständliche Sprache des täglichen Umgangs benutzen und die eines Wörterbuches zu diesem Zwecke eigentlich nicht bedürfen, zur Förderung ihres sprachlichen Selbstbewußtseins beizutragen vermöchte, so läge hierin sicher nicht seine geringste Bedeutung.

INSTITUT FÜR NIEDERDEUTSCHE SPRACHE

Der Vorstand

EINFÜHRUNG

PLATTDEUTSCH nennen wir jene norddeutschen Mundarten, die, sprachgeschichtlich gesehen, einen älteren Konsonantenstand bewahren als unsere hochdeutsche Sprache und als die mittel- und oberdeutschen Mundarten. Eine Einheitsform des Plattdeutschen gibt es nicht, sondern in jeder Landschaft, in jedem Ort, hat sich diese Sprache unter den jeweils herrschenden Bedingungen anders entwickelt. Es haben sich lautliche Besonderheiten herausgebildet, Bedeutungsunterschiede ergeben, oder einzelne Wörter haben sich nur regional durchsetzen können. Darüber hinaus macht sich durch Übernahme neuzeitlicher Begriffe und grammatischer Formen in die Mundarten in zunehmendem Maße der Einfluß der Standardsprache bemerkbar. Es gibt aber auch vieles, was den meisten plattdeutschen Mundarten gemein ist. Vor allem sind es all jene Wörter, die, trotz leichter Abweichungen in der Aussprache, fast im ganzen niederdeutschen Bereich verstanden werden. Sie bilden im wesentlichen den Grundbestand dieses Wörterbuches.

In einigen Gebieten aber weisen die plattdeutschen Mundarten so viele Eigenheiten und Besonderheiten auf, daß jeder Versuch, sie einer überregionalen Norm anzugleichen, scheitern muß. Deswegen mußten auch hier die westfälischen und die ostfälischen Sprachgebiete weitgehend unberücksichtigt bleiben. Wir haben uns auf das Nordniedersächsische beschränkt, wie es in Ostfriesland, Oldenburg, Bremen, Nordniedersachsen, Hamburg, Schleswig-Holstein und in Teilen Mecklenburgs gesprochen wird.
Plattdeutsch ist auch heute noch eine durchaus lebendige Sprachform in Norddeutschland, die selbständig neben der Standardsprache besteht. Mancher Lautwandel, wie etwa die Entwicklung von v zu b *(geven - geben)* oder von s zu sch vor bestimmten Konsonanten *(snacken - schnacken)*, ist noch nicht abgeschlossen. Diese Vorgänge durch eine konsequent angewendete Schreibform zu verneinen, widerstrebte dem Bearbeiter. Er hielt sich an die Vorlagen und nahm lieber eine Vielzahl von Verweisen in Kauf.

Es ist ein Unterschied, ob Plattdeutsch gesprochen oder geschrieben wird. Das vorliegende Wörterbuch fußt auf dem geschriebenen Platt, d.h. auf literarischen Quellen, und nicht auf Abfrageergebnissen bei kompetenten Mundartsprechern. Es soll vorrangig ein Hilfsmittel für jene sein, die Plattdeutsch nicht als primäre Muttersprache im mündlichen Umgang erlernten, sondern über das gedruckte Wort, über Funk oder Fernsehen Bekanntschaft mit der norddeutschen Sprachvariante machen. Dort – wie nun auch hier – werden kleinräumige Unterscheidungen, die vor allem in der Aussprache deutlich werden, vermieden oder zumindest vernachlässigt zugunsten einer großräumigeren Verständlichkeit. Diesem Prinzip liegt die Erkenntnis zugrunde, daß jeder weit mehr Wörter einer ihm fremden Sprache versteht, als daß er sie selber verwendet und somit aussprechen müßte.

Bei allen Fragen um Mundarttexte stellt sich das Problem der richtigen Schreibweise. Dies ist ein Thema, um das seit Jahrhunderten gestritten wird. „Schreib wie du sprichst“ ist zwar ein guter Rat, aber aus dieser Regel läßt sich kein Schreibsystem entwickeln. Auch unsere Standardsprache verfährt nicht danach. Für das Plattdeutsche hat man daher bisweilen versucht, für bestimmte Laute neue Zeichen oder Lautverbindungen einzuführen, doch heute benutzt der plattdeutsche Schreiber ausschließlich die gleichen Buchstaben wie der hochdeutsche. Wir haben uns an das bewährte Prinzip gehalten, daß ein Wort erst einmal erkannt werden muß, bevor es ausgesprochen wird. Daher benutzen wir jene Regeln, auf die man sich in weiten Kreisen des

Niederdeutschen 1956 geeinigt hat (vgl. Hinweise zur Rechtschreibung, S. 10). Jedes Stichwort ist dementsprechend angesetzt und in das Abc eingeordnet.

Das dumpfgesprochene lange a, bisweilen als oa oder ao geschrieben und in einigen Mundarten als langes o gesprochen, ist unter a bzw. aa eingeordnet. Die Umlaute ä, ö, ü werden als Grundvokale plus e wie ae, oe, ue eingereiht. In Einzelfällen werden Schreibvarianten bei einzelnen Wörtern hinzugefügt und als Sonderformen mit Angabe der Region nach einem Semikolon aufgeführt. Grammatische Hinweise sind abgekürzt (vgl. die Liste der Abkürzungen), Flexionsformen wie Plural, Formen der starken Verben u. a. sind, wo es wichtig erscheint, angegeben. Bei den Übersetzungen und Erklärungen sind unterschiedliche Bedeutungen durch Semikolon getrennt. Redewendungen und feste Verbindungen sind in Beispielen angeführt.

Für das Wörterbuch wurde der gesamte Wortschatz von 30 Hörspielen, verfaßt von Autoren aus verschiedenen Landschaften, aufgenommen. Ergänzt wurde das Material aus Wortlisten, die einige Dichter am Ende ihrer Bücher als Hilfe für den Leser zusammengestellt haben. Handelte es sich dabei um Wörter, die offenbar nur im engeren Umkreis des Autors gebräuchlich sind, so haben wir einen entsprechenden Hinweis hinter dem Stichwort eingefügt (vgl. die Liste der geographischen Hinweise). Soweit möglich, wurden alle aufgenommenen Stichwörter mit den Angaben vorliegender Mundartwörterbücher des nordniederdeutschen Gebietes verglichen.

Die etwa 13000 Wörter des vorliegenden Buches sind natürlich nur eine Auswahl aus dem viel umfangreicheren plattdeutschen Wortschatz. So wird man vieles hier vergeblich suchen. Dann müssen die mehrbändigen Nachschlagewerke, wie es sie für eine Reihe niederdeutscher Mundarten schon gibt oder an denen noch gearbeitet wird, eingesehen werden.

Bei dem Versuch, ein für mehrere niederdeutsche Sprachgebiete brauchbares Handwörterbuch zu erstellen, war der Bearbeiter auf vielerlei Hilfe angewiesen. Er dankt allen, die ihm mit Rat und Tat zur Seite gestanden haben, insbesondere Ulrike Möller für die Lektorierung. Allen aufmerksamen Kritikern früherer Auflagen danke ich für Korrekturhinweise, die in dieser Neuauflage weitgehend berücksichtigt wurden. Möge dieses Wörterbuch nun dazu beitragen, der plattdeutschen Sprache neue Freunde zu gewinnen.

Wolfgang Lindow

Bremen, 1998

ABKÜRZUNGEN

1. Geographische Hinweise

brem.	bremisch
dithm.	dithmarsisch
Elbm.	Elbmarschen, bes. Altes Land
emsld.	emsländisch
Finkenw.	Finkenwerder
fries.	friesisch
hbg.	hamburgisch
holst.	holsteinisch (bes. Mittel- u. Westholstein)
lünebg.	lüneburgisch (bes. westl. u. östl. von Lüneburg)
mecklbg.	mecklenburgisch
Niederelbe	nördl. Hamburg (bes. holst. Seite)
nds.	niedersächsisch
nordnds.	nordniedersächsisch (Gebiet zwischen Unterrelbe u. Unterweser)
östl. Mdaa.	östliche Mundarten (bes. östl. der Elbe)
oldbg.	oldenburgisch (altes Hzgt. Oldenburg/Oldbg.)
ostfäl.	ostfälisch
ostfr.	ostfriesisch
ostholst.	ostholsteinisch
schleswg.	schleswigsch
schleswg.-holst.	schleswig-holsteinisch
vorpom.	vorpommersch
westholst.	westholsteinisch
westl. Mdaa.	westliche Mundarten (bes. westl. der Weser)
westfäl.	westfälisch

2. Grammatische u. a. Abkürzungen

adj.	Adjektiv, Eigenschaftswort
adv.	Adverb, Umstandswort
akk.	Akkusativ, Wenfall
allg.	allgemein
art.	Artikel, Bestimmungswort
bes.	besonders
dat.	Dativ, Wemfall
Demin.	Deminutiv, Verkleinerungsform
demon.	demonstrativ, hinweisend
dgl.	das gleiche, desgleichen
etw.	etwas
f.	Femininum, weiblich
flekt.	flektiert
gen.	Genitiv, Wesfall
Ggs.	Gegensatz
Hochdt. (hochdt.)	Hochdeutsch (hochdeutsch)
imp.	Imperativ, Befehlsform
interjek.	Interjektion, Ausruf
intrans.	intransitiv, Verben ohne direkte Ergänzung u. ohne persönliche Leideform
jem.	jemand(em)
kaus.	kausal, begründend
Komp.	Vergleichsform (1. Steigerungsstufe)
konj.	Konjunktion, Bindewort
lok.	lokal, örtlich
m.	Maskulinum, männlich
mod.	modal, Art u. Weise
n.	Neutrum, sächlich
Nbf.	Nebenform
Nd. (nd.)	Niederdeutsch (niederdeutsch)
nom.	Nominativ, Werfall
num.	Numeralia, Zahlwort
o. (ä.)	oder (ähnliche)
part.	Partizip, Mittelwort
part. prät.	Partizip präteritum, 2. Mittelwort
perf.	Perfekt, vollendete Gegenwart
pl.	Plural, Mehrzahl
PN	Personenname
präp.	Präposition, Verhältniswort
prät.	Präteritum, Vergangenheit
pron.	Pronomen, Fürwort
Rda(a).	Redensart(en)
refl.	reflexiv, zurückweisend
rel.	relativ, rückweisend
s. (a.)	siehe (auch)
s. d.	siehe dort
sg.	Singular

spez.	speziell, Sonderbedeutung
Sprw.	Sprichwort
st.	stark
stv.	starkes Verb, Tätigkeitswort (vgl. Anhang)
subst.	Substantiv, Hauptwort,
Superl.	Superlativ, 2. Steigerungsform
swv.	schwaches Verb, Tätigkeitswort (vgl. Anhang)
Syn.	Synonym, inhaltsgleiches Wort
temp.	temporal, zeitlich
trans.	transitiv, Verben mit direker Ergänzung im 4. Fall
u.	und
u. a.	unter anderem; und andere
übertr.	übertragen, in übertragener Bedeutung
unbest.	unbestimmt
unregelm. v.	unregelmäßiges Verb
urspr.	ursprünglich
usw.	und so weiter
Vbdg(g).	Verbindung(en)
vgl.	vergleiche
Vgl.	Vergleich(en)
vorw.	vorwiegend, vor allem
Wdg(g).	Wendung(en)
Zsg(g).	Zusammensetzung(en)

QUELLENHINWEISE

Für die Sammlung des Wortschatzes wurden Hörspiele und Publikationen folgender Autoren herangezogen:

ANDERSEN, J. N. (holst.), ANDRAE, O. (Jever), ANDRESEN, H. (schleswg.), AREND, F. (brem.), ARP, J. (holst.), BEHNKEN, H. (nordnds.), BEHRENS, E. (westholst.), BOHDE, G. (westschleswg.), BRAAK, I. (holst.), BRANDT, M. (Niederelbe), BREDENDIEK, H. (oldbg.), BUDICH, C. (holst.), CHRISTOPHERS, E. (ostfr.), EHRKE, H. (holst.), EILDERMANN, R. (hbg.), FEHRS, J. H. (holst.), HANSEN, K. (holst.), HANSEN-PALMUS, H. (ostholst.), HARDER, I. (hbg./holst.), HARTE, G. (hbg.), HECKER, E. (Niederelbe), HEITMANN, H. (holst.), HOHNHOLZ, H. (brem.), HOLM, H. H. (holst.), HOLSCHEN, C. (brem.), JAHN, M. (ostfr.), JÜRGENSEN, G. (hbg.), KINAU, R. (Finkenw.), KOEHN, H. (mecklbg.), KREYE, W. A. (oldbg.), KRUSE, H. (holst.), LAU, F. (holst.), LOETS, B. (ostfr.), LÜPKE, G. (mecklbg.), MÄHL, A. (holst./hbg.), MÜNSTER, G. (holst.), OTTO, H. (hbg.), PETERS, F. E. (holst.), REUSS-LÖWENSTEIN, H. (hbg.), SCHAEFER, F. H. (mecklbg./holst.), SCHLOEPKE, E. O. (ostholst.), SCHMIDT-BARRIEN, H. (brem.), SELK, P. (schleswg.), SIEFKES, W. (ostfr.), SIEG, W. (holst.), VOLBEHR, W. (holst.), v. d. WALL, H. (oldbg.), WEHKING, C. (ostfr.), WISSER, W. (ostholst.).

WÖRTERBÜCHER

SASS, J.: Kleines plattdeutsches Wörterbuch (1957 u. ö.); BUURMAN, O.: Hochdeutsch-plattdeutsches Wörterbuch (1962f.); WOSSIDLO, R./TEUCHERT, H.: Mecklenburgisches Wörterbuch (1943f.); JUNGANDREAS, W. u. a.: Niedersächsisches Wörterbuch (1953f.); DOORNKAAT-KOOLMAN, J. ten: Wörterbuch der ostfriesischen Sprache (1879/1965); STÜRENBURG, C. H.: Ostfriesisches Wörterbuch (1857; 1972); MENSING, O.: Schleswig-Holsteinisches Wörterbuch (1927-1935; 1972 u. ö.); SAUVAGERD, K.: Unser Grafschafter Platt (1975); TEUT, H.: Hadeler Wörterbuch (1959); KÜCK, E.: Lüneburger Wörterbuch (1942-1967); BÖNING, H.: Plattdeutsches Wörterbuch für das Oldenburger Land (1941 u. ö.); LASCH, A./SCHEEL, K.: Hamburgisches Wörterbuch (1956f.); HERRMANN-WINTER, R.: Kleines Plattdeutsches Wörterbuch für den mecklenburgisch-vorpommerschen Sprachraum (1985).

HINWEISE ZUR SCHREIBUNG

Unter den zahlreichen Versuchen einer einheitlichen Schreibung niederdeutscher Mundarttexte haben sich die zwischen Vertretern Schleswig-Holsteins, Hamburgs und Oldenburgs vereinbarten Regeln weitgehend bewährt und durchgesetzt. Danach werden die plattdeutschen Wörter grundsätzlich so geschrieben, daß ein schnelles Erkennen des aus dem Standarddeutschen vertrauten Wortbildes möglich ist. Versuche einer regionale Eigenheiten berücksichtigenden phonetischen Schreibweise müssen für ein überregionales Mundartwörterbuch abgelehnt werden.

Die plattdeutschen Stichwörter sind in diesem Buch in Anlehnung an Johannes Saß (Kleines plattdeutsches Wörterbuch nebst Regeln zur plattdeutschen Rechtschreibung, Fehrs-Gilde/ Wachholz-Verlag) nach folgenden Regeln angesetzt:

1. Es werden ohne Ausnahme nur die aus der Schriftsprache geläufigen Zeichen verwendet.

2. Die Länge eines Vokals wird in offener Silbe (Ausgang der Silbe auf Vokal) nicht besonders bezeichnet, in geschlossener Silbe (Ausgang der Silbe auf Konsonant) wird der lange Vokal durch Doppelschreibung wiedergegeben (z. B. *Kra-mer* = Krämer, Kaufmann; *Kraam* = Kram, Zeug, Ding). Dehnungszeichen wie *-ie-* und *-h-* werden wie in der Schriftsprache gebraucht.

3. Die Kürze eines Vokals wird durch Doppelschreibung des folgenden Konsonanten angezeigt (z. B. *Katt* = Katze). Dies gilt in der Regel nicht für kurze, wenig betonte Wörter und auch nicht für Vorsilben.

4. Auslautende Konsonanten wie *-d* / *-t* und *-ch* / *-g* werden in der Regel wie in der Schriftsprache verwendet (*Kleed, Tiet, König, Flach*). In den Flexionsformen wird aber bei weicher Aussprache das *-t* durch *-d* ersetzt (*Tiet* aber *Tieden*).

5. Die Verwendung der Zeichen *f* und *v* folgt in der Regel der Schriftsprache (*för* = für; *vör* = vor).

6. Anlautendes *s* wird – abweichend von der Schriftsprache – nicht nur vor *t* und *p* geschrieben, sondern auch vor *l, m, n* und *w* (*slieken, smieten, snieden, swiegen*). Es wird nicht durch *sch* ersetzt, in vielen Mundarten auch nicht in der gesprochenen Sprache.

7. Der dumpfe *a*-Laut, der in einigen nordniederdeutschen Mundarten sich zu einem *o*-Laut entwickelt hat, wird trotz unterschiedlicher Lautqualität ausschließlich durch das Zeichen *a* wiedergegeben. Dies gilt auch vor *r* (*Fahrt, daar*).

In der benutzten Quellenliteratur häufiger auftretende andere Schreibweisen eines Wortes werden nach dem Stichwort als Varianten angeführt.

Für die regional unterschiedliche Aussprache der plattdeutschen Wörter und für ihre Betonung finden sich in diesem Buch keine Angaben.

A

a, ah, interjek., ah, ach; (je nach Tonhöhe u. Tonlänge) Ausdruck der Freude, Überraschung, Abweisung, Verlegenheit, des Mitleids, Bedauerns

1**Aal,** m., pl. *Aals,* Aal; (je nach Zubereitung wird unterschieden) *gröön A.* frischer Aal, *rökert A.* Räucheraal, *braden A.* Brataal; *daar smitt sik 'n A. up* es passiert etwas Ungewöhnliches; *he is glatt as 'n A.* schlau, gewitzt, falsch

2**Aal** s. *Ahl*

3**Aal** s. *Addel*

Aalbeer, f., schwarze Johannisbeere; Syn. *Gichtbeer*; s. a. *Kakelbeer*

Aalsupp, f., Aalsuppe; aus Aal u. verschiedenen Kräutern zubereitete Suppe (hbg., brem.)

Aam, Ahm, m., Atem; vgl. *Aten*

Aant, Oont, Ent, f., pl. *A.-en,* Ente, Wildente (spez. weibl. Tier); *A.-en von 'n Diek fleuten* sich vergeblich abmühen; *fleut de A.-en von 'n Diek* Abweisung eines Zudringlichen, *he sett A.-en över 'n Diek* er ist ein Umstandskrämer

Aantenbraden, m., Entenbraten

Aantenflott; Aantjeflutt (ostfr.), n., Wasserpflanze, Wasserlinse, Entenkraut

Aantenpool, m., Ententeich, Tümpel

Aap, Ape, Oop, m., pl. *Apen,* Affe (auch Neck- u. Spottwort); *he hett sik 'n A.-en köfft* er ist betrunken, *he hett 'n A.-en in 'n Aars keken* er hat Glück gehabt; Syn. *Aapkatt*

Aapkatt s. *Aap*

aapsch, adj., affig, äffisch, albern, eitel, gekkenhaft

aardig, aarig, orrich, orig, adj., 1. artig, brav; großartig; sonderbar; tüchtig; hübsch, schön; erheblich, viel, sehr; 2. (verstärkend) schlecht, schlimm; eigensinnig, bösartig, eigenartig; *dat schellt a.* es ist ein bedeutender Unterschied

Aarn, Oorn, Aarnt, f., Ernte, bes. Getreideernte; *in de A.* Erntezeit; *up de A. gahn* sich als Erntearbeiter verdingen

Aarnbeer, n., Erntebier, Erntefest, Erntefeier, Erntedankfest; Syn. *A.-fier, A.-köst*

aarnen, swv., ernten; Syn. *austen* (ostholst., mecklbg.)

Aarnfier s. *Aarnbeer*

Aarnköst s. *Aarnbeer*

Aarntiet, f., Erntezeit; übertr. Herbst

Aars, Oors, Ers, m. u. n., Arsch, Hintern, Gesäß; *he hett 'n A. vull* er ist betrunken, *he is mit 'n A. in 't Botterfatt fulln* er ist gut verheiratet; *in'n A. gahn* zugrunde gehen, mißlingen; Syn. *Maars, Moors, Noors*

aarslangs, adv., rückwärts, rücklings, mit dem Hintern vorweg; gegen den Strich

Aarslock, n., Arschloch, After (grobes Schimpfwort); *he hett dat A. toknepen* er ist gestorben

Aarspauker, m., Lehrer (Schimpfwort)

Aart, f., pl. *A.-n,* 1. Art, Zugehörigkeit; Ansehen, Schick, Form; Wesen, Charakter; 2. Sippe, Nachkommenschaft; *up 'n A.* Art u. Weise

aarten, swv., nacharten, von gleicher Art sein

Aas, n., pl. *Öös, Öster(s),* 1. Aas, totes Lebewesen; 2. allg. Tier, Biest; 3. Scheltwort (bes. für Menschen, gutmütig u. tadelnd)

Aaskraam, m. u. n., Schmutz, Dreck; (brem.) Schmierkram, unnützes Getue; Schmutzarbeit; Sauerei, Schweinkram

Aaskreih, f., Aaskrähe; übertr. auf Menschen zur Kennzeichnung der Habgier; Syn. *Aasvagel*

Aasvagel s. *Aaskreih*

Aavt, n., Obst (selten, meistens werden die Obstarten aufgezählt: *Appeln, Beern* usw.)

Aavtboom, m., Obstbaum

Aavtgaarn, -gaarden, -goorn, m., Obstgarten

abasig, adj., komisch, seltsam; töricht, sinnlos, albern; eingebildet, hochmütig; ungeschlacht, unflätig, tolpatschig; toll, enorm

Aben, Awen, Abend, m., Ofen, Kachelofen; Backofen; *achtern A. sitten* sich absondern, sich ausruhen

Abend, Avend, m., Abend (in Komposita fällt das auslautende *-d* fort)

aben(d)s, adv., abends; *vunnabend* heute abend, *anneraben(d)s* einer der vorausgegangenen Abende, *letzaben(d)s* dgl.

aber, aver, över, adv., aber; häufig *avers, averst, aversten*

acheln, swv., ächzen, stöhnen; gierig essen, schlingen

acht, num., acht; *achteihn* 18, *achtig* (*tachentich*) 80, *achteihnhunnert* 1800, *achteihnhunnert un Kruuk* vor längst vergangener Zeit; *de acht* der Achte

Acht, f., Acht, Aufmerksamkeit; *nimm di in A.!* paß auf!

Ach(t)daagsklock, f., große Standuhr mit einwöchigem Gangwerk

Ach(t)daagstiet, f., Zeitraum von acht Tagen, eine Woche (unter Einschluß des Ausgangstages)

Ach(t)elstell, f., kleine Ackerstelle von der Größe einer achtel Hufe (altes Ackermaß unterschiedlicher Größe)

achter, adv. u. präp., hinten; 1. adv., *he is a. affullen* zurückgeblieben, letzter geworden; *he is daar kort a.* er kommt kaum mit etw. aus; (oft in Vbdg. mit dem Gegenteil) *se is ümmer a. un vöörn* sie ist sehr geschäftig; *du slöppst a.* du hast nichts zu vermelden; *a. wat ansitten* hinter etw. her sein, begierig sein auf etw.; 2. präp., hinter, nach, *a. Wiehnachten* nach Weihnachten; *vun a.* von hinten, hinterrücks; *vun a. to* hintenherum, heimlich; *na a.* nach hinten; Superl. *de Achterst* der Hinterste, Letzte, *dat A.* das Letzte, der Rest; *up de a. Been kamen* hart aneinander geraten; *dat a. Enn* der hinterste Teil des Hauses; *up 't a. Enn kamen* wirtschaftlich am Ende sein; 3. in Zsgg. mit adv. *achter(r)an* hinterher, *achter'n anner* hintereinander, *a.-bi* hintenan, hinten daneben, *a.-daal* hinten hinunter, *a.-her* hinterher, *a.-in* im Nachherein, *a.-na* hinterher, hintennach, *a.-op, -up* hinterher, hintendrein, von hinten, *a.-(r)üm* hintenherum, hinterlistig, *a.-(r)ut* hintenheraus, *he sleit a.* ist übermütig, ausgelassen; *he maakt a.* wirtschaftet sich zugrunde, geht bankrott

achteran s. *achter 3.*

Achterback, f., Hinterbacke, Schinken, auch übertr. Hintern; Syn. *Achtergestell, -gatt, -stück*

achterbang, adj., mißtrauisch, ängstlich

Achterbeen, n., Hinterbein, Hinterlauf; *sik up de A. setten* sich auf etw. versteifen, sich stur stellen

Achterdöör, f., Hintertür; *he kümmt döör de A.* von hinten herum, jem. etwas nicht direkt sagen; *he hett noch 'n A. apen* weiß noch einen Ausweg

Achtergatt, n., hinterer Stauraum im Schiff; übertr. Hintern

Achtergedanken, m., Hintergedanke, heimliche Überlegung

Achtergestell, n., Hintergestell des Wagens; übertr. Hintern

Achterhand, f., Hinterhand, Rückhand, *wat in de A. hebben* etw. zusetzen können, Ersparnisse haben, einen Trumpf haben

Achterhöörn, f., hinterste Ecke, unbekannter weit entfernter Ort

Achterhuus, n., Hinterhaus, Stallungen im hinteren Teil des Hauses

Achterklapp, f., 1. hintere Hosenklappe; 2. Nachschlag; Rückschlag

Achterpoot, f., Hinterpfote; Syn. *A.-hand*; *sik up de A. stellen* (*setten*) sich auf etw. versteifen, sich stur stellen

Achterreep, m. u. n., Tau, bes. Hintertau am Ende einer Ladung (um diese zu befestigen)

achtersinnig, adj., hinterlistig, falsch; hintersinnig, nachdenklich, bedenkenswert

Achtersteven, m., hinterer Balken des Schiffes zum Befestigen der Planken, Steven; übertr. Hintern

Achterstück, n., hinteres Ende; Hinterstück, Schinken; Hintern

Acker, m., pl. *A.-s*, Acker, Feld (nicht überall gebräuchlich, häufig in Flurnamen); Syn. *Feld, Land*

Ackerland, n., Ackerland, Pflugland (im Ggs. zu *Wiedland, Wischenland*, s. d.)

Ackermann, m., Ackerbauer, Landmann; übertr. Bachstelze (unterschieden nach der Farbe *geel A., blau A.*); Syn. *Wippsteert*

ackern, swv., den Acker bearbeiten, das Feld bearbeiten (bes. die Saat einbringen)

Ackerpeerd, n., Pferd, bes. bei der Feldarbeit eingesetztes Pferd, Ackergaul

Ackewars, n., Umstände, *maak nich so 'n A.*

(schleswg.-holst.) mach nicht so einen Aufstand, so viel Aufhebens

ad, at s. *as*

Addel, Adel, Aal, Ardel, Eddel, m. u. n., Jauche, flüssiger Mist; Syn. *Jüüch*

Addelpool, m., Jauchegrube, Jauchepfuhl

Adder, f., pl. *A.-s, A.-n,* Otter, Natter, Schlange; bes. Giftschlange, spez. Kreuzotter; übertr. auf Menschen *he is 'n A.*; Syn. *Slang, Snaak*

adderkaun s. *edderkaun*

addern (Finkenw.), swv., quengeln, kläglich betteln, weinen

Adebaar, m., pl. *A.-n, A.-s,* Storch, Adebar; Syn. *Aadbaar, Oidbaar, Äbeer, Stork* u. a. m.; (häufig in Zsgg. zur näheren Bestimmung von Pflanzen) *A.-bloom* Wasserlilie, *A.-nipp* Storchenschnabel, *A.-slötel* Wiesenschaumkraut u. a.

Adel, Aadlige, m., pl. *Aadlige,* Leute vom Adel, der Adel (als Stand), bes. adlige Gutsherren

Ader, f., pl. *A.-n,* Ader; *he hett daar keen A. to* keine Neigung, kein Talent haben, *to A. laten* zur Ader lassen, Blut abzapfen, übertr. jem. etw. abnehmen

adjüüs s. *tschüüs*

Adress, Adreß, f., Adresse, Anschrift

adrett, adj., adrett, schmuck; zierlich, gewandt

ännern, swv., ändern, verändern; *he will sien Verhältnis ä.* er will heiraten

Ärmel, m., Ärmel

Äx(t), f., pl. *Äxen,* Axt, Haubeil

af, adv., präp., ab, von; los, frei, fern; zu Ende, fertig; (häufig formelhaft) *gah mi a.* laß mich in Ruhe, *ik bün ganz a.* ich bin völlig erledigt, niedergeschlagen, *daar bün ik von a.* davon bin ich frei, die Sache bin ich los, *he mutt daar von a.* er muß etwas aufgeben, *wo wullt du up a.* was hast du vor, *daar kannst up a.* darauf kannst du dich verlassen, *von nu a. an* von jetzt an, künftig, *he kann wat a.* er kann etwas vertragen, *a. un an* hin u. wieder, ab u. zu, *dat is up un a. mit em* sein Gesundheitszustand wechselt; *af-* als Vorsilbe für eine Vielzahl von Verbalkomposita zur Bezeichnung der Trennung o. Entfernung, der Fortdauer bis zum Ende, zur Füllung des Klanges; seltener bei Substantivkomposita

afarbeiden, swv., refl. sich abplagen, im Übermaß arbeiten; vgl. *afmarachen, afrakkern*

afausten (ostholst., mecklbg.), swv., abernten, die Ernte einbringen

afbacken, swv., 1. gar-, fertigbacken; 2. verprügeln; 3. abwerfen (beim Spiel); 4. (Tisch) abräumen, abtragen (Seefahrt); 5. tapezieren (Finkenw.)

afbeden, swv., abbitten, um Verzeihung bitten

afbieten, stv. (s. *bieten*), abbeißen; übertr. einen Schnaps trinken

afblieven, stv. (s. *blieven*), bleiben, fernbleiben; sich aufhalten, sich befinden

afbörsten, afbössen, swv., abbürsten, reinigen; übertr. weglaufen; ausschimpfen

afbreken, stv. (s. *breken*), trans. abbrechen, *sik de Tung a.* vergeblich bemühen etwas auszusprechen, umständlich reden, stottern; niederreißen, *warm a.* in Brand setzen, Brandstiftung begehen; eine Tätigkeit abbrechen, etwas aufgeben; intrans. abnehmen, weniger werden

afbringen, stv. (s. *bringen*), abhalten von etw., abladen; übertr. *daar laat ik mi nich von a.* das laß ich mir nicht ausreden

afbuddeln, swv., untergehen, versinken

afdichten, swv., abdichten, dicht machen

afdoon, stv. (s. *doon*), erledigen, beendigen; subst. *dat is een A.* das ist ein Abmachen, ein Vorgang

afdreihen, swv., trans. abdrehen, abstellen; intrans. weggehen, die Richtung ändern; refl. sich abwenden

afdrieven, stv. (s. *drieven*), abtreiben, abweichen

afdrögen, swv., abtrocknen, auch refl.

Affall, m., Abfall (bes. bei handwerkl. Arbeit)

affodern, swv., abfüttern, die abendliche Fütterung besorgen; abspeisen

afgahn, stv. (s. *gahn*), intrans. abgehen, fortgehen; übertr. abzweigen; *gah mi af* bleib mir vom Leibe, laß mich in Ruhe; etwas aufgeben, aus dem Dienst gehen; übertr. sterben; sich lösen; verlaufen; zu Ende gehen; trans. absuchen, abschreiten, begehen, *'n Streck a.* ausschreiten, abmessen

afgeert, adj., abgetragen, verblichen, fahl

afgeven, stv. (s. *geven*), abgeben, trans. überreichen, weitergeben, übertragen, *de Stell a.* auf's Altenteil gehen; refl. sich mit etwas befassen, einlassen auf etwas; *sik mit 'n Deern a.* ein Liebesverhältnis eingehen

afgünstig, adj., mißgünstig, neidisch

Afgunst, f., Neid, Abgunst, Mißgunst

afhalen, afholen, swv., abholen; heraus-, herunterholen

afhaspeln, swv., abhaspeln, abwickeln; refl. sich ohne Erfolg abmühen; schnell reden, schelten

afhau(e)n, swv., abhauen, trans. abschlagen, bearbeiten, fällen; intrans. weggehen, davonlaufen; *hau af!* verschwinde!

afhelpen, stv. (s. *helpen*), abhelfen, befreien; jem. von etw. abbringen; refl. sich von etwas trennen

afhollen, afholen, stv. (s. *holden*), abhalten, fernhalten; aushalten, dulden, standhalten; auf etw. zusteuern, abbiegen; durchführen, veranstalten

afjumpen, swv., abspringen, hinunterspringen (Seefahrt)

Afkaat, Afkoot, Avkat, m., pl. *A.-en*, Advokat, Anwalt; Scheltwort für rechthaberischen, spitzfindigen Menschen

afkamen, stv. (s. *kamen*), loskommen, frei werden; aus der Richtung kommen, wegkommen; außer Gebrauch kommen

Afkatenkneep, pl., Advokatenkniffe, Schliche, Spitzfindigkeit

afkatern, swv., heimlich abmachen, verabreden; *he süht a. ut* heruntergekommen; *afkatert Spill* ausgemachte Sache, heimliche Abmachung, Durchstecherei

afkennen, swv., verstehen, Bescheid wissen, unterscheiden, *daar kennt he wat von af* er versteht sich darauf, weiß Bescheid

afkippen, swv., abkippen, entladen; herunterfallen, abgleiten; abschneiden; abschlagen

afklüsen, swv., (vor Anker liegend) ausharren, abwarten (Seefahrt)

afknöpen, swv., abknöpfen; abnehmen, wegnehmen; übertr. begaunern

afkönen, unregelm. v. (s. *könen*), abkönnen, ertragen können; *daar kannst up af* darauf kannst du dich verlassen

aflandig, aflannig, adv., ablandig, *a. Wind* von Land her wehender Wind (Seemannsspr.)

aflaten, stv. (s. *laten*), ablassen; überlassen, abgeben; abfließen lassen; nachlassen, aufhören; von etw. lassen, fernhalten, *laat de Hannen von af* mische dich nicht ein

afleddern, swv., das Fell abziehen, abhäuten; abledern, abreiben; übertr. verprügeln

aflehr(e)n, afleren, swv., lernen, abgucken; lehren; (Tiere) abrichten; abgewöhnen, austreiben; *dat heff ik em a.* das habe ich von ihm gelernt u. das habe ich ihm abgewöhnt

aflesen, stv. (s. *lesen*), swv., ablesen, vorlesen, etwas verlesen, abkündigen; absammeln

aflevern, aflebern, swv., abliefern, abgeben; *hest all a.* den Dienst quittiert, die Uniform abgeliefert

aflösen, swv., ablösen, abwechseln; ablösen, trennen, losmachen

afluern, afluren, swv., abwarten, auflauern; refl. sich etw. abgucken, sich aneignen, lernen

afluxen, aflucksen, swv., jem. etw. ablocken, ablisten, abschwindeln, durch List aneignen; durch Beobachtung lernen

afmächtig, ahmächtig, adj., ohnmächtig

afmaken, swv., 1. losmachen, abtrennen; übertr. schlachten; ernten; 2. verabreden, vereinbaren, abmachen (auch refl.); 3. erledigen, sich einer Sache entledigen

afmarachen, -maracken, -marachten, swv., refl. sich abschinden, sich abquälen, schwer arbeiten

afmelden, -mellen, swv., abmelden, aus dem Dienst gehen; *he is a.* er ist abgemeldet, hat nichts mehr zu sagen, ist kaltgestellt

afmelen, -mählen, swv., abzählen, auslosen (beim Spiel)

[1]**afmöten,** swv., fort müssen, etwas verlassen, aufgeben; sterben

[2]**afmöten, -meuten,** swv., abwehren, fernhalten

afmunstern, -münstern, -mustern, swv., trans. abmustern; intrans. entlassen

afnehmen, -nähmen, stv. (s. *nehmen*), trans. abnehmen, fortnehmen; ablegen; *dat kann he mi a.* glauben; intrans. abnehmen, an Größe u. Gewicht verlieren

afpedden, -petten, -perren, -patten, swv., abtreten, *de Fööt a.* die Schuhe reinigen; durch Treten abnutzen; eine Fläche, Länge durch Schritte ausmessen, durchschreiten; *een a.* tanzen

afperren s. *afpedden*

afplücken, swv., abpflücken, abrupfen; rupfen (von Federvieh)

afrackern, -racken, swv., sich abarbeiten, abschinden; abkratzen, reinigen (nds.)

afrapsen, swv., hastig abrupfen; verprügeln

afraseern, swv., abrasieren; Überstehendes beseitigen

afrebbeln, -repeln, -reveln, -ribbeln, swv., abwickeln, abribbeln (z. B. Gestricktes wieder auflösen); abreiben, abreißen; schnell hersagen, herunterrappeln

afribbeln s. *afrebbeln*

africken, -riggen, swv., abriegeln, abzäunen, absperren, einfrieden

afrieten, stv. (s. *rieten*), abreißen; *de Tiet a.* eine Dienstzeit absolvieren; als adj., abgerissen, verschlissen (bes. von Kleidung)

afrieven, -riven, stv. (s. *rieven*), abreiben; übertr. verprügeln, eine Abreibung verpassen

afsagen, swv., absägen; bildl. schnarchen; übertr. jem. absetzen, seines Postens entheben

Afscheed, Afscheet, m. u. n., Abschied; Altenteil

afscheten, stv. (s. *scheten*), abschießen; übertr. jem. übertreffen, jem. abschießen, aus dem Amt entfernen

afschrieven, stv. (s. *schrieven*), abschreiben; volksmedizin. durch das Ab- o. Aufschreiben von Formeln etwas beseitigen; jem. o. etwas abschreiben, aufgeben

afschüddeln, swv., abschütteln

afschünen, -schünnen, swv., abschieben, abschütteln; sich von etw. lösen, sich herausreden; abschinden (nds.)

afseilen, swv., segeln, absegeln; übertr. fortgehen, sich auf den Weg machen; bildl. *den Mast a.* zu Schaden kommen; einschlafen; *he is a.* er ist gestorben

afsekern, swv., absichern, (auch refl.) sich absichern

Afsender, -senner, m., Absender

afsengeln, -sengen, swv., absengen, abbrennen; gerupftes Federvieh absengen

afsetten, swv., absetzen, heruntersetzen; abgrenzen; entwöhnen

Afsicht, f., pl. *A.-en*, Absicht, Vorhaben, Plan

Afsiet, Afsiede, f., pl. *Afsieden*, Abseite, Nebenraum, Bodenraum über den Stallungen; Seitenschiff in der Kirche

afsiet(s), adv., abseits, entfernt; übertr. *a. gahn* fremdgehen, untreu werden

afsitten, stv. (s. *sitten*), absitzen, absteigen; an einem Ort verweilen, die Zeit absitzen

afslaan, stv. (s. *slaan*), abschlagen, abhauen, fällen; refl. sich mit etw. herumschlagen; jem. etw. abschlagen, nicht gewähren

Afslag, Afslach, m., Abschlag, Anzahlung; *sik 'n A. halen* abschlägige Antwort erhalten

afslüsen (hbg.), swv., abschleppen

afsluten, stv. (s. *sluten*), verschließen, abschließen; vereinbaren, beschließen

afsluuts, afsluts, adv., absolut, unbedingt, durchaus, endgültig

afsmoren (ostfr.), swv., ersticken, erwürgen

afsnören, swv., abschnüren

afspelen, swv., abspielen; refl. sich ereignen, geschehen; ein Spiel machen

afspillen, swv., abfallen, danebenfallen; verschüttet werden, verlorengehen; übrigbleiben

afstahn, -staan, stv. (s. *stahn*), abstehen, entfernt sein von; intrans. übertragen, überlassen, abtreten, Abstand nehmen von; *a. Wind* Gegenwind, ablandiger Wind

afstarven, stv. (s. *starven*), sterben; absterben

afsteed, adv., abseits, entfernt; von der Stelle, vorwärts, fort

afsteken, stv. (s. *steken*), abstecken, abteilen, abmessen; abstechen, schlachten; sich abheben von

afstiegen, stv. (s. *stiegen*), absteigen, heruntersteigen

afstöten, swv., abstoßen, abbrechen

afstrieden, stv. (s. *strieden*), abstreiten, in Abrede stellen, leugnen; refl. sich um etw. streiten, herumstreiten

afströpen, -streupen, swv., abstreifen; übertr. *de Büx a.* verprügeln; durchstreifen, absuchen (hbg.); übertr. erledigen, ausrichten

afsünnerlich, -sunderlik, -sönnerlik, adj., adv., absonderlich, merkwürdig, sonderbar; besonders; ausgezeichnet

afsupen, stv. (s. *supen*), absaufen, ertrinken; trans. ertränken, untergehen lassen; betrunken machen; austrinken

aftageln, swv., durchprügeln

aftappen, swv., abzapfen; abschreiten, gehen

aftasen, swv., refl. sich abmühen, sich abquälen, sich abschleppen mit; abladen (nds.)

Afteek, Apteek, f., Apotheke

Afteker, Afteiker, -sche, m., f., Apotheker, Apothekerin

aftellen, swv., abzählen (vgl. auch *afmelen*)

Aftellriemel, n., Abzählreim (beim Spiel)

aftöven, -töben, -teuwen, swv., abwarten, erwarten

aftrecken, stv. (s. *trecken*), trans. abziehen, ausziehen, *dat Fell a.*; intrans. weggehen, sich fortbegeben, abziehen

aftuckern, swv., sich entfernen (mit klopfendem Geräusch); ausdreschen (nds.)

afwahren, swv., verwahren, hüten; beaufsichtigen, betreuen, achten auf

afwart(s), -ward(s), -was, awas, adv., abseits, seitwärts, abwärts; abseitig, beiseite; *a. sehn* vorbeisehen, übersehen, stur sein

[1]**afwennen,** swv., abgewöhnen, entwöhnen

[2]**afwennen,** swv., abwenden, verhindern

afweten, stv. (s. *weten*), wissen, verstehen; meist mit präp. *wat a. von* etw. von einer Sache verstehen

Afwind, m., die windgeschützte Seite, Lee

Ahl, Aal, f., pl. *A(h)len*, Ahle, Pfriem, Schusterahle; Syn. *Els, Suwel*

ahn, ahne, ohn, adv., präp., ohne

ahnen, ohnen, swv., ahnen, vermuten; *dat hett mi a.* das habe ich vermutet; auch refl. *sik a.*

ahnhaftig (holst.), adj., ahnungsvoll

Ahnimus, m., Gedanke, Ahnung, Vermutung; Geistesblitz

Ahnmacht, Amacht, Oh(n)macht, f., pl. *A.-en*, Bewußtlosigkeit, Ohnmacht, Erschöpfung; Syn. *Amidaam*

ahnto, adv., ohne, ohnedem

Ahnung, f., Ahnung, Vermutung

ahnweten, adj., unwissend, ahnungslos; (verstärkend) sehr, irrsinnig, toll

Ahr, Ohr, Ähr, f., pl. *A.-en*, *Ahrn*, Ähre (bes. von Roggen u. Gerste); als pl. auch Ernte; Syn. *Aarn*

Akkervi(e)t, Akkevi(e)t, m., Aquavit, Getreideschnaps

akraat, akroot, akkeraat, adj., adv., akkurat, sorgfältig, genau, *a. so*; sauber, ordentlich; gewissenhaft

[1]**al** s. *all*

[2]**al, all,** adv., schon, *dat weet ik a. lang*; Syn. *schoon*

alen, swv., refl. sich aalen, ausstrecken, sich räkeln; faulenzen

Alkoven, Alkoov, Alkoge(n), m., pl. *A.-s*, eingebautes Wandbett, Schrankbett, Bett

all, alls, allens, in Zsgg. auch *aller-*, jeder, ganz, alle, alles, meist; attribut. jeder; alle (oft mit nachfolgendem art. o. pron. o. zur Verstärkung ans Ende gestellt); ganz; prädikat. alle, aus, zu Ende, aufgebraucht, *dat's rein a.*; subst., alles, alle, *dat's a. mien, mi könnt se a.*; adv., ganz, jedesmal, schon; *a. un dall, heel un a.* ganz u. gar

Alldag, Olldag, m., pl. *A.-daags*, Alltag, Wochentag; Syn. *Warkeldag*

alldags, alldaags, olldags, adv., alltags; alltäglich, gewöhnlich

alleen, allein, adj., adv., allein, selbständig, ohne Hilfe; von selbst

alle(e)nig (ostfr.), adv., allein

alleenlaten, stv. (s. *laten*), verlassen, alleinlassen; adj., einsam sein

Alleensien, n., Alleinsein, Einsamkeit

all(e)maal, adv., jedesmal, immer; gewiß, bestimmt

all(e)ns s. *all*

allerbest, adj., (Superl. von *goot*) am besten, am geeignetsten, sehr gut, *dat is a.* das ist ausgezeichnet

allererst, -eerst, adv., zuerst, vorrangig, vor allem anderen

allerwegen(s), adv., überall, bei jeder Gelegenheit, immer

alleven, adv., überall, durch und durch; sacht

allgemeen, adj., allgemein; gewöhnlich, üblich

allnagraad, adv., allmählich, nachgerade; langsam; endlich

allns s. *all*

alltiet, alltiets, alltied, adv., jederzeit, stets, immer

alltohoop, unbest. pron., allesamt, alle miteinander, gemeinsam

alltosamen, unbest. pron., alle zusammen, alle; *goden Dag a.* als Grußformel

alvern, albern, adj., albern, dumm, abgeschmackt

ambitant, adj., wichtig, bedeutsam

amböstig, adj., kurzatmig, engbrüstig; kränklich

Ambolt, Ambult, m. u. n., Amboß, Eisenkeil

Ambraß, Ambraas(ch), f., Unruhe, Lärm, Aufsehen; Aufwand

amen (nordwestl. nds.), swv., atmen

Amen, n., Amen (Gebetsschluß); *Ja u. A. seggen* sein Einverständnis erklären

amenn, amend, adv., am Ende, schließlich, letztlich; vielleicht, möglicherweise

Amidaam, Amdaam, Aamdaam, m., Stärkemehl, Kleister; übertr. Ohnmacht, in *A. fallen* ohnmächtig werden; Syn. *Ahnmacht*

Ammer, Emmer, Ammel, m. u. n., pl. *A.-s*, Eimer, (je nach Gebrauch wird unterschieden *Melk-a.*, *Water-a.* usw.), *up'n A. sitten* übertr. völlig erledigt sein

Ammerse(e)l (holst.), n., Henkel am Eimer

ampeln, swv., zappeln, strampeln, nach etw. greifen; sich mühsam bewegen

Amt, n., Amt, Behörde, Dienststelle, *he will na A.* er will Dienstgeschäfte erledigen, *he mutt na A.* er muß sich vor Gericht verantworten; Amtsbezirk, *ut dat A. B.-dörp* Bewohner des Amtes B.-dorf

Amtsspraak, f., Amtssprache, Hochsprache

an, adv., präp., Präfix, Suffix, I. adv., an, dran; nach Zielangabe mit *to: he geiht to Stadt a.* II. präp., 1. lok., an; in, auf, neben, bei, nach; von, gegen; 2. temp., in, während, (zur Bezeichnung der Fortdauer) *he is an 't Slapen* er schläft gerade; 3. (bei Zahlen u. Mengen) nahe an, fast, etwa, *he is a. de twintiger* ist etwa 20 Jahre alt. III. Präfix in Zsgg. mit Verben zur Bezeichnung der Richtung, des Zustandes, des Beginns; in Vbdg. mit *kommen* zur Bezeichnung der Fortdauer: *he kümmt angahn.* IV. Suffix z. B. *achteran, babenan, blangenan*, s. d.

anbacken, swv., ankleben, festkleben

Anbänzel, n., Angebinde, kleines Geschenk

anbänzeln, swv., anbinden, eine Verbindung knüpfen

anballern, swv., anbrüllen, jem. laut anfahren; andicken mit Mehlklumpen

Anbarg, m., pl. *A.-en*, Anhöhe, Abhang, ansteigender Weg

anbedeln, swv., betteln, jem. um etwas angehen; übertr. sich zögernd, langsam nähern

[1]**anbeden,** stv. (s. *beden*), anbieten, darreichen

[2]**anbeden,** swv., anbeten; vergöttern

anbelangen, swv., betreffen

Anbiet, m. u. n., Imbiß, Frühstück; übertr. Pause

anbinnen, -binden, stv. (s. *binnen*), anbinden, festbinden; *he binnt mit jedereen an* streiten, streitlustig sein; sich mit jem. einlassen, sich schnell jem. anschließen

anblaffen, swv., anblaffen, anschreien, jem. grob anfahren

anblinken, swv., anblinken, anstrahlen

anblinkern, -plinkern, swv., anblinzeln, zulächeln

anbören, swv., anheben, hochheben

anböten, -böden, swv., anheizen, Feuer machen; übertr. jem. anstacheln, reizen; vgl. *inböten*

Anbolt s. *Ambolt*

Anbrennels, n., Angebranntes, Geröstetes

anbrennen, swv., intrans. anbrennen; übertr. *he lett nix a.* er läßt sich nichts entgehen, nutzt jede Gelegenheit; trans. anzünden, anstecken

anbringen, stv. (s. *bringen*), 1. anbringen, herbeibringen; 2. befestigen

anbucken, swv., sich bücken, den Kopf neigen (bes. vom anzubindenden Rindvieh); sich anlehnen, sich anschmiegen; übertr. sich bequemen, sich fügen

anbuen, -bugen, swv., anbauen, ausbauen, erweitern; (sich) ansiedeln

Anbuer, m., Siedler, Ansiedler

andaal, adv., hinunter

andächtig, adj., andächtig, aufmerksam

Andeel, m., pl. *Andelen,* Anteil; Interesse, Teilnahme

Andenken, n., Andenken, Erinnerung

andicken, swv., andicken, sämig machen

andoon, stv. (s. *doon*), antun, (Kleidung) anlegen; hinzufügen, ergänzen; *he hett mi wat a.* ärgern, schlagen, Schaden zufügen, verletzen; *sik wat a.* sich absichtlich schaden, Selbstmord begehen

andregen, stv. (s. *dregen*), herantragen; antragen, anbieten; sich aufdrängen

andunen, swv., sich einen Schwips antrinken; *he is anduunt* angeheitert, angetrunken

anfallen, stv. (s. *fallen*), anfallen; überfallen

Anfang, m., Anfang, Beginn

anfangen, stv. (s. *fangen*), anfangen, beginnen; *he is anfungen* beim Streit; (in best. syntaktischen Vbdgg. werden Präfix u. Verb getrennt) *dat fangt an to regen* es beginnt zu regnen

anfaten, swv., anfassen; übernehmen, in Angriff nehmen, beginnen; übertr. *'n Deern a.* vergewaltigen

anfengen, anfängen, swv., anzünden, anstecken

anfinden, -finnen, stv. (s. *finden*), refl. sich anfinden, einfinden

anfleiten, swv., mit einer Flöte ein Signal geben; anfahren, schelten; *daar büst mit anfleit* damit bist du betrogen

anföhlen; -feulen (hbg.), swv., befühlen, prüfen; spüren, anmerken; refl. *dat föhlt sik warm an* sich warm anfühlen

angahn, stv. (s. *gahn*), angehen; intrans. (in Vbdg. mit *kommen*) *he kümmt a.* sich nähern, herankommen; Erfolg haben; *wo kann 't a.* geschehen, sich ereignen, möglich sein; *gegen een a.* jem. angreifen, jem. widersprechen; *dat geiht an* beginnen, anfangen; *a. Eten* verdorbenes Essen; trans. an etw. herangehen, anpacken; anfallen; *dat geiht mi nix an* angehen, berühren, betreffen; jem. um etw. ansprechen, bitten

angellen, swv., bes. in der Vbdg. *dat gellt di nix an* das geht dich nichts an

angeven, stv. (s. *geven*), angeben, Angaben machen, melden; jem. anzeigen, benennen, verpetzen; refl. sich melden; prahlen, angeben

anglupen, swv., anstarren, anglotzen; heimtückisch ansehen

angrapschen, swv., antatschen, anfassen, begrabbeln

angreepsch, adj., 1. gesundheitlich angegriffen, kränklich; 2. verlockend, reizend, begehrlich

angriepen, stv. (s. *griepen*), angreifen, fest anpacken, zufassen, helfen; sich in Unkosten stürzen

Angst, f., pl. *A.-en, Ängsten,* Angst

angsthaftig, -tich, angstig, adj., ängstlich

angstig s. *angsthaftig*

anhebben, swv., anhaben, bekleidet sein mit; jem. etw. antun, schaden

anhechen, -hechten, swv., anhaften, anhängen, anheften; jem. etw. anhängen, nachsagen

anhelpen, stv. (s. *helpen*), helfen (bes. beim Ankleiden); jem. eine Arbeit, eine Stelle beschaffen

anhören, swv., anhören, jem. zuhören; angehören

anhol(l)en, stv. (s. *holden*), anhalten; trans. anhalten zu etw., anleiten; festhalten, anhalten, stoppen; zusammenhalten; *holl de Luft an* gedulde dich, höre auf!; intrans. stehenbleiben, anhalten; grüßen, ansprechen; dauern, fortfahren; aushalten, ausdauern

Anholt, m., Anhalt, Stütze, Anleitung; Halteplatz, Haltestelle; *A. hebben* Anschluß, Stütze haben

anjagen, swv., herbeijagen, herbeieilen

anjahrt, adv., adj., angejahrt, von fortgeschrittenem Alter; *en a. Deern* älteres (unverheiratetes) Mädchen

ankamen, stv. (s. *kamen*), ankommen; intrans. herankommen; heranreichen, anlangen; mit etw. ankommen, etw. mitbringen; erwerben; anstoßen, anecken; unterkommen, angestellt werden; gegen etw. aufkommen; begegnen; befallen, faul werden, verderben; anwachsen; trans. herankommen, zu nahe kommen; überkommen; überwältigen

ankarjolen, swv., (in voller Fahrt) anfahren, herbeifahren

ankeden, swv., anketten (von Haustieren)

ankehren, swv., einkehren

anken, swv., ächzen, stöhnen, sehnsüchtig verlangen; vgl. *janken*

Anker, m., Schiffsanker; Eisenklammer; *he liggt vör A.* ist krank, hat einen Rausch; *vör A. gahn* sich (zeitweilig) niederlassen, in den Ruhestand gehen

Ankerklüüs, f., (bei Schiffen) Loch für die Ankerkette

Ankerspill, n., Ankerwinde

ankieken, stv. (s. *kieken*), angucken, anschauen; *een nich good a. könen* unaufrichtig sein; *een nich mit'n Moors a.* verachten

Anklaag, f., Anklage; *A. doon* anklagen

anknüppen, swv., anknüpfen, anbinden, verknoten

anküren, swv., auswählen, als tauglich befinden

anköteln, swv., refl. sich einschmeicheln, aufdringlich anbiedern

anlaten, stv. (s. *laten*), 1. anlassen, starten; 2. sich entwickeln

anleggen, swv., anlegen; trans. anziehen; an die Brust legen, stillen; anpacken, helfen; (Geld) anlegen, entrichten, bezahlen; intrans. anlegen, festmachen; refl. sich mit jem. anlegen, Streit beginnen

Anloop, m., Anlauf; Zulauf, Besuch (nds.); *enen A. nehmen* einen Versuch machen

anlopen, stv. (s. *lopen*), heranlaufen, herbeieilen, auf etw. zulaufen; (Hafen) anlaufen; auflaufen; ansteigen; beschlagen, oxydieren; übertr. *a. mit* in Schwierigkeiten kommen, bei jem. übel ankommen; hereinfallen, mit etw. anecken

anmaken, swv., anmachen; anbringen, anstecken, befestigen; anstecken, anzünden; anrühren; refl. sich anbiedern, an jem. heranmachen

anmarken, swv., anmerken, bemerken, spüren; vormerken

anmelden, -mellen, swv., anmelden; anzeigen, melden; refl. sich anmelden, sich bemerkbar machen; jem. anschwärzen, verpetzen

annehmen, -nemen, -nähmen, stv. (s. *nehmen*), 1. annehmen, zu sich nehmen; übernehmen; *sik wat a.* angewöhnen, lernen; sich einer Sache o. einer Person annehmen, betreuen, in Pflege nehmen; eine Stelle annehmen; jem. einstellen; 2. annehmen, vermuten

anneih(e)n, -neiden, swv., annähen, festnähen; übertr. schnell herbeilaufen

anner, anners, ander, pron. (häufig in Vbdg. mit Orts- o. Zeitadverbien), anderer, anderes, nächstfolgendes, (vergleichend in Vbdg. mit *een*) *een um a.* mancher, *nich een nich a.* nichts, niemand, *een um 'n a.* abwechselnd; subst. der (das) Übrige, (in Aufzählungen) der Andere, der Zweite, *dat is 'n a. Snack* das ändert die Sache; *ik will di wat a.* drohende Äußerung

annerdaags, adv., am anderen Tag, neulich; demnächst

annerletzt, -lest, adv., das vorige Mal, neulich, unlängst, vor kurzem, kürzlich

annermaal, adv., ein anderes Mal, beim nächsten Mal

anners, pron., anders, gegensätzlich, auf andere Art; sonst, außerdem; *a. een* sonst wer, irgendeiner, ein anderer; vgl. *anner*

annershaftig, adv., andersartig, sonderbar; übertr. *mi is so a.* mir ist unwohl

annersrüm, -rum, adv., andersherum, umgekehrt; anderenfalls

annerswat, adv., sonst etwas, etwas anderes; (auch getrennt) *a. noch wat* sonst noch etwas

anner(t)half, num., anderthalb, eineinhalb (häufig auch unbestimmt)

annertiet(s), adv., zu anderer Zeit, sonst, früher

annerwegen(s), -wegs, -wägen, -worrns, adv., anderswo, anderwärts

anpacken, swv., anpacken, fest zufassen, zugreifen; subst. imp. *Packan* als Hundename gebräuchlich

anpedden, -perrn, swv., trans. festtreten; intrans. näherkommen; anfangen schneller zu gehen, antreten

anpicken, swv., anpicken, leise berühren

anpingeln, swv., anklingeln, anrufen, telefonieren; (beim Spiel) anschlagen

anplieren, swv., anblinzeln, versteckt ansehen; Syn. *anblinkern*

Anprall, m., Anprall, Anstoß

anpurren, swv., antreiben, anspornen, anstacheln; übertr. ermahnen, erinnern; bedrängen

anraden, swv., anraten, empfehlen

anreken, swv., anrechnen; übertr. *een wat hoog a.* zugute halten

anrögen, -röhren, swv., anrühren, berühren; verrühren, zubereiten; in Gang setzen, in Bewegung bringen

anropen, stv. (s. *ropen*), anrufen, laut anreden; telefonieren

ans, adv., sonst, anderenfalls; s. a. *anners*

anschieten, stv. (s. *schieten*), anscheißen; betrügen, anführen, hintergehen, übervorteilen

anschrieven, stv. (s. *schrieven*), anschreiben, eintragen, notieren; übertr. *goot anschreven* gut angeschrieben sein, Ansehen genießen

anschünen, -schünnen, swv., anschuldigen, beschuldigen; jem. etwas anhängen, andichten; jem. anstiften, verleiten

anseggen, stv. (s. *seggen*), ansagen, ankündigen, bekannt machen

ansehn, -seen, stv. (s. *sehen*), ansehen, betrachten; anmerken

ansetten, swv., 1. ansetzen, an etw. anstellen; aufsetzen; *en Steert a.* jem. etw. anhängen, nachsagen; festsetzen, veranschlagen; refl. sich festsetzen, sich widersetzen; anbrennen; 2. sprießen, Frucht tragen

Ansichtskaart, f., Ansichtskarte

ansien s. *anwarrn*

ansinnen, swv. (häufig in Vbdg. mit *sien* o. *doon*), zumuten, nahelegen; *enen wat a. sien* jem. etw. zumuten

anslaan, -slahen, -slagen, stv. (s. *slaan*), anschlagen, befestigen, anbringen; an etw. anschlagen; veranschlagen, schätzen; eine Wette eingehen; *'n Haken a.* eine Verbindung knüpfen, ein Liebesverhältnis eingehen; gedeihen, nutzen, Erfolg bringen; *dat sleiht goot an* zunehmen an Gewicht; helfen

anslägig s. *ansleegsch*

Anslag, m., Anschlag, Beginn; *keen A. weten to wat* nicht wissen wie man etw. anfassen soll

anslarr(e)n, -slarpen, swv., träge daherkommen, schlurfen

ansleegsch, -släägsch, -slägig, adj., klug, erfinderisch, einfallsreich, pfiffig; praktisch, geschickt; *a. Kopp* von schneller Auffassungsgabe

anslepen, swv., herbei-, heranschleppen; schleppend näherkommen

anslieken, stv. (s. *slieken*), s. *ansliekern*

ansliekern, swv. (s. *sliekern*) heranschleichen, anschleichen

ansmeren, swv., anschmieren, beschmieren; übervorteilen, betrügen

anspelen, swv., anspielen (beim Kartenspiel), anfangen zu spielen; auf etw. anspielen, Andeutungen machen

anspreken, stv. (s. *spreken*), ansprechen, anreden; um etw. bitten; einen Heiratsantrag machen; übertr. gefallen, ansprechend sein

anspringen, stv. (s. *springen*), anspringen, auf etw. losspringen, anfallen; (Motor) in Gang kommen

anstännig, anstennich, adj., anständig, ehrbar; tüchtig, verständig, sinnvoll; angenehm

Anstalt, f., pl. *A.-en*, Anstalt, Einrichtung, Institution; Vorkehrung, Vorbereitung, Umstand; *A.-en maken* Umstände machen, sich anstellen; Vorbereitungen treffen

Anstand, m., Anstand, gutes Benehmen; Ort der Jagd; übertr. *up A. gahn* auf Brautschau gehen

ansteken, stv. (s. *steken*), 1. anstecken, befestigen; (Krankheit) übertragen; anzünden, ein

Feuer entfachen; 2. anstechen, anzapfen; übertr. *en anner Fatt a.* das Thema wechseln

anstellen, swv., anstellen, an etw. anlehnen; anmachen, in Gang setzen; ausführen, veranstalten; beschäftigen, einstellen; refl. sich gebärden

anstellig, -stellich, -stelsch, adj., anstellig, geschickt, arbeitswillig, willig

ansticken s. *ansteken*

anstinken, stv. (s. *stinken*), anstinken; gegen etw. anstinken, sich widersetzen

anstöten, swv., anstoßen, einen Stoß geben; an etw. erinnern, mahnen, einen Wink geben; gegen etw. stoßen, anstoßen, zuprosten; Anstoß erregen

ansträngen, svw., (Tiere) ansträngen, anschirren

anstrengen, swv., refl. sich anstrengen, sich abmühen

anstrieken, stv. (s. *strieken*), anstreichen, anmalen; jem. etw. anstreichen, nachtragen, zurückzahlen

ansükeln (holst.), swv., in Schwung versetzen, schaukeln

antallföten (holst.), swv., schwankend gehen, schlendern

antehn, stv. (s. *tehn*), anziehen; Syn. *antrekken*

Antenn, f., Antenne, Sendemast

antern, swv., antworten, erwidern, entgegnen

Antlaat, Antloot, Antlat, n., Antlitz, Gesicht

anto, adv., nahebei; dazu, daran

antrecken, stv. (s. *trecken*), trans. anziehen, festziehen; anfangen zu ziehen; (Kleidung) anziehen, überziehen; intrans. herankommen

antreden, stv. (s. *treden*), antreten, sich aufstellen; herantreten; eine Stellung annehmen; schneller gehen, starten

antroon, -tro(e)n, -truen, -trugen, swv., 1. antrauen, durch Trauung verbinden, vermählen; 2. anvertrauen; aufschwatzen

antüdern, swv., (Vieh) anbinden; sich o. jem. anziehen; übertr. *sik een 'n a.* sich betrinken

antünen, swv., sich nachlässig ankleiden, alte Sachen anziehen

antwoorden, antworrn, swv., antworten; Syn. *antern*

Antwoort, Antword, f., pl. *Antworden*, Antwort, Entgegnung; Verantwortung

anvertroon, -troen, swv., anvertrauen, jem. ins Vertrauen ziehen

anwarrn, -warden, ansien, stv. (s. *warrn*), gewöhnt werden, sich angewöhnen

Anwenn, f., pl. *A.-en*, Wendestelle des Pfluges am Ende der Furche; Syn. *Footwenn, Ploogwenn*

[1]**anwennen,** swv., angewöhnen, refl. sich angewöhnen, sich durch Gewöhnung aneignen

[2]**anwennen,** swv., anwenden, verwenden, gebrauchen

anwöltern, swv., heranwälzen, sich schwerfällig bewegen, (Wellen) anrollen, anfluten

anwrögeln, swv., (Kleidung) mühsam anziehen, überwürgen; übertr. Streit suchen

apart, apattich, apaddig, apatto, adj., adv., eigenartig, apart; sonderbar, eigentümlich, komisch; ausgefallen; besonders

[1]**apen, open,** adj., offen, geöffnet

[2]**apen,** swv., äffen, narren, zum Narren machen

apendoon, stv. (s. *doon*), aufmachen, öffnen; offenlegen

apenmaken, swv., aufmachen, öffnen

Appel, m., pl. *A.-s* (westl.), *A.-n* (östl.), Apfel (je nach Farbe o. Sorte zusätzlich bestimmt); *dat's 'n A.* das ist doch klar, selbstverständlich; *in den suern A. bieten* sich widerwillig o. unter Zwang in etw. fügen

appeldwatsch, adj., närrisch, verrückt, sonderbar, eigenartig; ungeschickt

Appelsina, f., Apfelsine

Apperaat, m., pl. *A.-en*, Apparat, Apparatur; Drum u. Dran

Apportendreger, m., Verbreiter von Neuigkeiten, Klatschmaul

Apteek s. *Afteek*

Aptiet, m., Appetit; Syn. *Smacht*

Arbeit, Arbeid, f., Arbeit, berufliche Tätigkeit; *Stück A.* Anstrengung; Werkstück, Ergebnis der Arbeit

arbeiten, arbeiden, swv., arbeiten, tätig sein; *för twei a.* tüchtig u. schnell arbeiten; sich abmühen

Arbeiter, Arbeider, m., pl. *A.-s,* **Arbeidersche,** f., pl. *A.-n,* Arbeiter, Arbeiterin

[1]**Arf,** f., pl. *A.-ten,* Erbse (sowohl Pflanze wie Frucht); Erbsengericht; meist pl. *Arften*

[2]**Arf, Arv** (schleswg.-holst.), n. Erbe; Syn. *Arfdeel, Arfschopp*

Arfdeel, Arvdeel, n., pl. *A.-en,* Erbe, Erbteil, Nachlaß

Arfschopp, Arvschopp, f., Erbe, Erbschaft, Nachlaß

Arfstück, n., Erbe, Erbstück, Ererbtes

Arftensupp, f., Erbsensuppe

argdenkern, -denkersch (nordnds.), adj., argwöhnisch, mißtrauisch

Arger, m., Ärger, Verdruß

argern, swv., ärgern, verdrießen; refl. sich ärgern

arig, aardich, adj., artig, gut erzogen; hübsch, schön; sonderbar; (verstärkend) ziemlich, beträchtlich; tüchtig, ordentlich

Arigkeit, Ardigkeit, f., Vergnügen, Interesse (ostfr.); Mattigkeit, Schwäche (schleswg.-holst.)

arm, adj., arm, armselig; auch subst. der Arme

Arm, m., pl. *A., A.-s,* Arm (Körperteil), (techn.) Arm, Hebel (als Teil eines Gerätes o. Gegenstandes); Ärmel; jem. *ünner de A.-s griepen* helfen, unterstützen

Armoot, Armood, f., Armut, Mangel

armsinns, adj., schwachsinnig, blöde, geisteskrank

Armwark (schleswg.-holst.), n., 1. Arme (Körperteil); 2. ererbtes Anwesen, Besitz

Arnt s. *Aarn*

arven, arwen, erven, swv., erben

as, at, adv., konj., als, wie; häufig vergleichend *so - as*

Asch, f., Asche

Aschammer, -emmer, -ammel, m., Ascheimer, Mülleimer, Abfalleimer

Aschenpüüstersch, f., Aschenbrödel, armseliger Mensch

[1]**Ascher, Escher** (schleswg.-holst.), m., pl. *A.-s.,* Spaten

[2]**Ascher, Asch, Äsch,** f., 1. Schachtel, Dose, Schüssel; Hutschachtel; 2. Kalkgrube (nordnds.)

[3]**Ascher,** m., Aschenbecher

asen, swv., aasen, verschwenderisch mit etw. umgehen; Schmutz machen, schmutzige Arbeit verrichten

asig, adj., adv., widerwärtig, niederträchtig; verzwickt; böse, ärgerlich; häßlich, eklig, gemein; (verstärkend) sehr, viel, mächtig

Ass, Aß, f., pl. *A.-en,* Achse, Wagenachse

astrant, adj., herrisch; hochmütig, trotzig

at s. *as*

aten, swv., atmen

Aten, Aden, Oten, m., Atem; Syn. *Aam*

attüüß s. *tschüüß*

Augustmaand s. *Austmaand*

Aukschonater, m., Auktionator, Versteigerer

Aukschoon, f., Auktion, Versteigerung; Syn. *Vergant*

Aulamm, n., pl. *Aulämmer,* weibliches Lamm; vgl. auch *Elamm*

Aust, Augst, m. u. f., August (Monat), Erntemonat; Ernte

austen, swv., ernten, (bes. Roggen) mähen; übertr. (Spiel) verdienen, gewinnen (ostfr., lünebg. u. östl. Mdaa.)

Austköst, f., Ernteschmaus, Erntefest

Austmaand, m., der Monat August; Erntemonat

Automaat, m., Automat; (scherzh.) Beifahrer (s. *Maat*)

Aven, Aben, m., Ofen

Avend, Abend, m., Abend

Aventüür, m., Abenteuer

aver s. *aber*

averbasig, adj., adv., übermächtig, riesig, gewaltig

averdarig, adj., übermütig

averglöövsch, aber-, adj., abergläubisch

Avergloven, Obergloven, m., Aberglauben

avers, averst, averstem s. *aber*

awas s. *afwarts*

awer s. *aber*

B

Baad, Bade, Bode, m., Bote, Botengänger

Baadbüx, -bücks, f., Badehose

Baadfru, f., Botenfrau, Botengängerin

Baak, Book, Bake, f., pl. *Baken*, Bake, Merkzeichen, Seezeichen, Stange mit verschiedenen Aufsätzen (*Struuk-*, *Füer-*, *Kugelbaak*)

Baam (ostfr., oldbg.), m., Boden eines Gefäßes, bes. Faßboden

Baan s. *Bahn*

Baantje, Bahntje, Boontje, m. u. n., 1. kleine Bahn, kleiner Weg; Laufbahn; Stellung, Posten, Anstellung; Beschäftigung, kleines Amt; 2. Brusttuch, Kleidungsstück (ostfr.)

[1]**Baar, Boor, Bär,** m., pl. *Baren*, Bär; (in Vergleichen zur Bezeichnung der Kraft) *en B. vun Keerl* sehr starker, bärenstarker Mann

[2]**Baar, Bahr,** m., 1. Rammbär, Rammbock, Ramme; 2. Bohrer, Keil

baar, boor, bar, adj., adv., bar, nackt, bloß, unbedeckt; rein, klar, lauter; *bar Geld* bares Geld, Sofortzahlung; (verstärkend) wahrhaftig, richtig

Baars, Bors, m., Barsch, Fisch mit stachliger Rückenflosse

Baart, Boort, Bart, m., 1. Bart; *sik den B. afnehmen* sich rasieren; *holl dien B.* halt den Mund, sei still; *üm 'n B. gahn* nach dem Munde reden, schmeicheln; *wat an 'n B. haun* ohrfeigen, schlagen; 2. Bart des Schlüssels

baarten (oldbg.), adj., bärtig

Baartschraper, m., Bartputzer, Frisör (scherzh.)

Baas, Boos, m., Meister (mit näherer Berufsbezeichnung wie *Schoosterbaas*), Leiter, Aufseher der Arbeitsleute; *Hüürbaas* Stellenvermittler (Seefahrt); Anführer, Held; Hausherr (in Zsgg. z. B. *Slummerbaas* Vermieter); der Beste, der Erste; prächtiger, vortrefflicher, starker Mensch, Mordskerl

Baaskeerl, m., tüchtiger Kerl, Mordskerl, Hauptkerl

Babbel, m., Mund, Mundwerk; *holl dien B.* halt den Mund, schweig still!

babbeln, swv., plappern, schwatzen, schnell u. pausenlos reden

baben, baven, boben, adv., oben (auch mit ergänzender präp. *na b.*, *vun b.*); präp. mit akk., über, oberhalb (lok.); über hinaus (temp.); Superl. *de böverst*, *de böbelst* der Oberste, der Erste

babenan, bavenan, adv., obenan, darüber hinaus, und noch

Babenhand, f., wörtl. Oberhand, Vorderhand; *de B. beholen* die Oberhand behalten, Erfolg haben, das Sagen haben

babenhen, bavenhen, adj., adv., oberflächlich, nachlässig; obenan, darüber hinaus

Babenpand (ostfr.), n., Oberteil

babento, bobento, adv., obendrein, dazu, zusätzlich

Babenwater, n., Oberwasser, (nur in der Vbdg.) *B. hebben* (*kriegen*) Auftrieb bekommen; (übertr.) oben auf sein

baberst, böberst, böbelst, böverst, adv., Superl. zu *baben*, s. d.

[1]**Back,** f., pl. *B.-en*, Backe, Wange; Hinterbacke, Gesäß; Rücken

[2]**Back,** f., 1. Napf, Gefäß, Behälter, *holten B.* hölzernes Gefäß, Backtrog; 2. Gruppe von ca. 8 Seeleuten die aus einer *B.* essen; 3. Eßraum für Seeleute, Aufbau auf dem Vorschiff

back (hbg.), adv., zurück, gegen den Wind

Backaavt, n., Backobst, Dörrobst

Backaven, Backaben, m., pl. *B.-s*, Backofen; *up 'n B. setten* versetzen (bes. bei Heirat des jüngeren Mädchens vor dem älteren)

Backbeer, Backsbeer, f., meist pl. *B.-n*, gedörrte Birne; pl.: Habseligkeiten, Plunder, wertloses Zeug; *de B.-n tosamensmieten* heiraten

Backbeernkraam, m., unnötiges Zeug, sinnloser Kram

Backbeest, n., unförmiges starkes Lebewesen

Backboord, n. u. f., Backbord, linke Schiffsseite (von hinten gesehen)

Backel(s), n., Gebackenes, Backwerk; Klebemarke, Papiersiegel, Briefmarke; Kleinkram

Backeltrog s. *Backtrog*

backen, swv., backen; zusammenbacken, kleben

Backer, Bäcker, m., pl. *B.-s,* **B.-sche,** f., Bäcker, Bäckersfrau

Backers, n., 1. Kletten; 2. Klebemasse, Klebstoff

Backholt, Backelsholt, n., Holz zum Beheizen des Backofens

backig, baksig, adj., klebrig, schmierig

Backs, m., pl. *B.-en,* 1. Ohrfeige, Schlag; 2. Haufen, Menge

Backschaft, f., Gruppe der Schiffsmannschaft

backsen, swv., 1. ohrfeigen, schlagen; 2. kleben, heften

Backsgeschirr, n., Eßgeschirr (auf Schiffen)

Backskist, f. Seekiste, Behältnis für pers. Eigentum des Seemanns

Backtrog, -troch, Backeltrog, m., Backtrog, Backmulde

baden, swv., baden

Badenbroot, n., Botenentgelt, Botenlohn, Trinkgeld

Badengang, m., Botengang, Besorgung

Bääk s. *Beek*

bäätsch, beetsch, betsch, adj., bissig, grimmig, launisch

Bändsel, n., (Demin. von *Band*) kleines dünnes Band; Zusammengebundenes, Bündel

Bäuk s. *Böök*

Bagaasch, f., Bagage, Gepäck; Gesindel, Pack; *de ganze B.* Sack u. Pack, Kind u. Kegel

Bagen, Bogen, m., Bogen, Biegung; gebogenes Teil, Schießbogen, Flitzbogen; Blatt, Papierbogen; *in 'n poolschen B.* in Bausch u. Bogen, alles zusammen genommen

Bahl, Baal, Bohl, Boll, f., pl. *B.-en,* Bohle, starkes Brett, Balken

Bahn, Baan, f., glatte Fläche, geebneter Weg, (Eis-, Kegel-)Bahn; *up de B. helpen* auf den Weg, auf die Beine bringen, den Anfang erleichtern; Eisenbahn, Schienenfahrzeug

Bahner, m., Bahnangestellter, Eisenbahner

Bahnhoff, m., Bahnhof, Station

Bahnövergang, m., Bahnübergang, Kreuzung

Bahr, f., Bahre, Gestell zum Aufsetzen o. Tragen des Sarges

Balbeer, Barbeer, m., Barbier, Frisör; Syn. *Putzbüdel, Snutenschraper, Baartschraper*

balberen, balbeern, barbeern, swv., barbieren, rasieren; *över 'n Lepel b.* betrügen, übervorteilen

bald, bold, adv., bald, demnächst; beinahe, fast; *dat is b. to* schnell getan

baldadig (ostfr.), adj., übermütig, frech, kühn, gewalttätig; mächtig, von großem Ausmaß, fürchterlich

Balg, Balch, m., pl. *B.-n,* Balg, Fell; Blasebalg; Rücken, Körper, Bauch; Kind (herabsetzend), schlechter Mensch

Balge, Balje, f., pl. *B.-n,* Balge, Waschwanne, Kübel; Badewanne; Futterkübel; Wasserloch, Wasserlauf, Wasserrinne (bes. in Nähe von Deichen)

Balken, m., pl. *B.-s,* Balken, Träger; Raum über den Dachbalken, Dachboden; langes brachliegendes Flurstück

balkendüüster, bargendüüster, adj., stockfinster, sehr dunkel; Syn. *pickendüüster*

Ball, Baller, m., pl. *B.-en, Bäll,* 1. Ball zum Spielen; Ballen, Kloß; 2. Tanzfest (mit erklärendem Zusatz *Aarnb., Fischerb.* u. ä.)

Ballast, m., Ballast, wertlose Schiffsladung; Belastung; übertr. *he hett to veel B.* ist betrunken

Ballastschüffel (nordnds.), f., Wurfschaufel, große Schaufel (bes. für Erdarbeiten), (in Vgl. zur Kennzeichnung großer) Hände

ballern, swv., knallen; intrans. krachen, donnern; schießen; laut schreien; trans. schießen, knallend werfen, schallend schlagen; laut klopfen; refl. übertr. sich betrinken

balschen, swv., knallend o. laut schlagen; platschen, klatschen

balsten, swv., (mit schallendem Geräusch) platzen, bersten

balstürig, adj., bockbeinig, schwer zu lenken; störrisch, trotzig, widerspenstig, jähzornig, wild

Bammel, m., 1. Glockenklöppel, Gehänge; 2. Angst; *'n B. in de Büx hebben* ängstlich sein

bammeln, swv., baumeln, pendeln; hängen, schweben, schlenkern; *allns wat daar an bimmelt un b.* mit allem drum u. dran, der ganze Anhang; Syn. *bimmeln, bummeln*

Band, m. u. n., pl. *Bänner, Banner,* Band, Bindfaden, Schnur; gewirktes Band als Schmuck, Besatz an Kleidern; Reifen um einen Behälter (Faßband); Gebundenes

bang, bange, adj., bange, ängstlich, scheu; *b. sien* fürchten, befürchten, besorgt sein um

Bangbüx, Bangbücks, f., Angsthase, Feigling

Bang(e), f., Bange, Angst, Furcht

bangen, swv., bangen; refl. sich ängstigen

banghaftig, adj., furchtsam, ängstlich

bangmaken, swv., jem. ängstlich machen, einschüchtern, Angst erzeugen

Bank, f., pl. *Bänk, Banken,* Sitzbank; Werkbank, Bank als Arbeitsplatz (Hobelbank u. ä.); *von de B. fallen* unehelich geboren werden; Bank, Geldinstitut

Bann, m., Bann, Zauberbann, Hexerei

bannen, swv., bannen, behexen, verhexen; fortjagen, vertreiben

bannig, bannich, adj., adv., sehr, gewaltig, außerordentlich; adj., großartig, tüchtig, brauchbar

Bans(en), f., pl. *Bansen,* Lagerraum (in der Scheune), abgetrenntes Seitenfach

barbarsch, barbaarsch, adj., adv., barbarisch, wild, roh; gewaltig, sehr

barbeent s. *barft*

baren, part. prät., geboren, *tagen un baren* (auch *tagenbaren,* s. d.) geboren u. aufgewachsen, heimisch, alteingesessen

barfoot s. *barft*

barft, barst, barsk, bart, adj., barfuß, bloß, unbekleidet; Syn. *barfoot, barbeent*

Barg, Barch, m., pl. *Bargen,* Berg, Hügel, Unebenheit; Menge, großer Haufen, große Anzahl, *'n groten B.* (auch *barg*); Lagerraum im Bauernhaus (*Barghuus, Haubarg*); *över 'n B. sien* das Schlimmste überstanden haben, *'n B. von een'n holln* viel von jem. halten, ihn hoch schätzen

Bargelohn, m. u. n., Bergelohn, Entlohnung für Hilfsdienste

bargen, swv. u. stv. (*barg, borgen* neben *bargt*), trans. bergen, in Sicherheit bringen, retten; fassen, aufnehmen; zurückhalten; refl. sich in Sicherheit bringen, sich retten; sich beherrschen, sich zurückhalten; sich runden (holst.), *dat bargt bi ehr* sie ist schwanger

bargendüüster, adj., stockfinster, sehr dunkel; vgl. *balkendüüster*

Barghuus, n., Barghaus, bes. Art des Bauernhauses

barig, adj., bärenartig, brummig, grimmig

[1]**Bark,** f., pl. *Barken,* Birke (häufig auch in Flurnamen *Barkenholt* u. a.); Syn. *Barkenboom, Maiboom*

[2]**Bark,** f., Bark, Barke (Segelschiff)

barken, adj., aus Birkenholz, aus Birkenreisern

Barkenboom, f., Birke, bes. Pfingstbaum

Barkenholt, n., Birkenholz; Wald mit Birkenbestand

Barlamm (holst.), pl. *Barlämmer,* große Waldameise

[1]**Barm, Bärm,** m., Hefe, bes. Bierhefe; Syn. *Gest*

[2]**Barm,** m., Erbarmen, Barmherzigkeit

Barmbeker, m., großes Glasgefäß (zum Ansetzen von Hefe); (doppeltes) Schnapsglas

barmen, swv., bemitleiden, klagen, jammern; refl. sich erbarmen

barmhartig, adj., barmherzig, mitleidig; kläglich, rührend; erbärmlich

barsten (ostfr., oldbg.), stv. (*burst, bursten*), bersten, zerbrechen; vgl. *bassen, basten*

basch, barsk, adj., barsch, streng; scharf, würzig (bes. von Gewürzen); scharf, schroff, unfreundlich, frech; herausfordernd, verwegen, forsch

basig, bosig, basich, adj., gut, stark, kräftig; vortrefflich, tüchtig, meisterhaft

bassen, swv., bersten, platzen

Bast, Baß, m. u. n., Inneres der Baumrinde, Bast, Haut, Fell; *in de B. kamen* sich erregen (vgl. *Braß*)

Basta, f., Spielkarte (Pik-Dame als Trumpf beim Solo-Spiel)

basten, bassen, swv., stv. (*barst, barsten*), bersten, platzen, brechen; vgl. *barsten, bassen*

Bate, f., Nutzen, Hilfe, Unterstützung

baten, swv., nützen, helfen; zunehmen, wachsen, Gewinn abwerfen

batz, bats, batsch, interjek., klatsch, bums, rums; adv., plötzlich, unvermutet, sofort, auf der Stelle, ohne Umschweife

Batzen, m., Batzen, Haufen, Menge

baukoppen, swv., nicken, den Kopf hin- u. herbewegen; einnicken, schlafen

baven s. *baben*

beasen, swv., beschmutzen, besudeln, mit etw. bewerfen (häufig refl.), *ik kunn mi b.* als Ausdruck der Verwunderung, des Erstaunens u. ä.

bebern, bevern, bewern, swv., bibbern, zittern, beben

Beck (vorw. westl. d. Weser), m. u. n., Maul, Schnabel, Mund

bedanken, swv., refl. sich bedanken; übertr. dankend ablehnen

[1]**bedaren, bedarrn,** swv., refl. sich beruhigen, wieder zu sich kommen, sich mit etw. abfinden

[2]**bedaren, bedarrn,** part. prät. adj., bedeckt, überzogen

beddeln s. *bedeln*

Bedel, m., Bettler, Strolch

Bedelbroder, m., Bettelmönch; übertr. Bettler

Bedelmann, Beddel-, m., Bettler (häufig in Kinderreimen u. Abzählversen)

bedeln, beddeln, swv., betteln, inständig bitten (oft in der Formel *b. u. beden*)

[1]**beden, bidden,** swv., selten stv. (*bidden, beed, beden*), bitten, einladen, auffordern

[2]**beden,** swv., beten; etw. aufsagen, herunterbeten; nörgeln; (Krankheit) besprechen

[3]**beden, beiden,** stv. (*ik beed, du büttst, he bütt, wi beed, beden*; *ik bood, böö*(*d*); *baden, boden*), bieten; anbieten, darbieten, geben; refl. sich etw. bieten, gefallen lassen; *de Dagstiet b.* grüßen, begrüßen; (häufig in Komposita wie *an-, verbeden*)

bedenen, swv., bedienen, auch refl. sich bedienen

bedenken, stv. (s. *denken*), bedenken, nachdenken, überlegen; refl. sich bedenken, sich erinnern, sich besinnen; berücksichtigen; übertr. beschenken

bedibbern, bedippern, bedebbern, swv., umständlich bereden, schwatzen, mäkeln; übertölpeln, betrügen; part. prät. adj. *bedebbert,* betrübt, niedergeschlagen, verwirrt; ängstlich, verschreckt

bedieken, swv., eindeichen; eingraben, vergraben

Beding, Bedingen, m. u. n., Bedingung, Voraussetzung, Vorbehalt

bedönnern, bedunnern, swv., verwirren; part. prät. adj. *bedunnert,* vom Donner gerührt, verdutzt, bestürzt

bedoon, stv. (s. *doon*), bearbeiten, behandeln; versorgen; beschmutzen (auch refl.)

Bedrag, Bedrach, m., Betrag, Summe

bedrauhn, bedrauen, swv., bedrohen

[1]**bedregen, bedrägen, bedragen,** stv. (s. *dregen*), betragen, ausmachen (Geldsumme); refl. sich betragen, sich benehmen; Syn. *benehmen, upföhren*

[2]**bedregen, bedreigen,** stv. (*ik bedreeg, du bedrüggst, he bedrüggt, wi bedreegt, bedregen*; *ik bedröög*; *bedragen*), betrügen, übervorteilen

Bedregerie s. *Bedrug*

bedreihen (nds.), swv., eindrehen, einwickeln; ins Gegenteil verdrehen

Bedriev, Bedrief, m. u. n., Betrieb, Geschäft, Gewerbe; Tun u. Treiben, Tätigkeit; Akt im Theaterstück

bedrieven, stv. (s. *drieven*), betreiben, (eine Tätigkeit) ausüben

bedrippst, adj., bedrückt, beklommen, kleinlaut, betrübt

bedröven, swv., betrüben, traurig machen; refl. sich betrüben, sich grämen; part. prät. adj. *bedröövt,* betrübt, traurig, niedergeschlagen, trübselig, kümmerlich, ärmlich, schlecht

bedrüsen, swv., betäuben; vgl. *bedüsen*

Bedrug, Bedrog, m., Betrug; Syn. *Bedregerie*

Bedüden, n., **Bedüdung,** f., Bedeutung; Erklärung, Anweisung

bedüden, swv., bedeuten; erklären, raten, belehren; ankündigen

bedüsen, bedüseln, swv., betäuben, berauschen; part. prät. adj. *bedüüst, bedüselt,* benommen, verwirrt; dumm, einfältig

bedumpen, swv., beschweren; part. prät. adj. *bedumpt,* betäubt, besinnungslos; schwül, drückend

beduren, beduurn, swv., bedauern, bemitleiden; dauern, leid tun

Beed, Bede, Bed, f., pl. *B.-en,* Bitte, Wunsch; Gebet

Beedklock, f., Gebetsglocke, Feierabendglocke, den Arbeitsschluß anzeigende Glocke

Beek, Bek, Bäk, m. u. f., pl. *B.-en* (in Flur- u. Ortsnamen häufig auch *-beck*), Bach, kleiner Wasserlauf

Been, Bein, n., pl. *Been, Beens, Benen,* Bein; *to B. kamen* aufstehen; anfangen; *nich goot to B. sien* kränklich, gebrechlich; *dat beste B. vörsetten* sich von der besten Seite zeigen; *wat an 't B. binnen* Schulden machen, sich etw. aufladen; Stütze, Tischbein; *B. an de(n) Grund kriegen* sichere Grundlage haben (meist aber neg.); *wat up de B. stellen* etw. Besonderes schaffen; Gebein, Knochen

beenden, swv., beenden, zum Abschluß bringen

[1]**Beer, Ber, Bere,** f., pl. *Beren, Beern* (häufig mit erläuterndem Zusatz wie *Bickb., Brummelb., Kroonsb.*), Beere, Beerenobst

[2]**Beer,** f., pl. *Beern, Beerns,* Birne; birnenförmiges Gebilde, Glühbirne

[3]**Beer,** n., pl. *Beer(s),* Bier; Umtrunk, Gelage, Festlichkeit; *to B. gahn* ins Wirtshaus gehen

[4]**Beer, Ber,** m., Eber, gemeinsam gehaltener Dorfeber

Beerboom, Beernboom, m., pl. *B.-bööm,* Birnbaum

beerdigen (nds.), swv., beerdigen, begraben

Beerglas, n., pl. *B.-glöös,* Bierglas, Trinkbecher

beern, biern, swv., refl. sich gebärden, sich den Anschein geben, so tun als ob, sich anstellen, tun

Bees, f., pl. *Besen,* Binse

beescherig, adj., beigefarben, naturfarben; Syn. *beeschfarvig*

beeschfarvig s. *beescherig*

Beest, Beist, Bees, n., pl. *Beester(s), Beesten,* Biest, Tier, bes. Rind; Untier; übertr. (in Vergleichen) *he is 'n B. vun Keerl* gemeiner Lump

Beestermarkt, m., Viehmarkt, bes. Rindermarkt

beestig, beesterlik, adj., adv., biestig, viehisch, brutal; übertr. enorm, tüchtig, kraftvoll

Beestkrüff, f., Futterkrippe im Viehstall

Beestmelk, f., Biestmilch, erste Milch nach dem Kalben

Beet, Bet(e), m., pl. *Beten,* Biß, Anbiß; Bissen, Happen

beet, adj., erledigt, ermattet, fertig; (im Kartenspiel) keinen Stich bekommen, verlieren

beetsch, betsch, adj., bissig; knurrig, zänkisch, launisch

befaten, swv., befassen; refl. sich mit etw. abgeben

Befehl, m., Befehl, Auftrag

befehlen, stv. (*ik befehl*; *ik befohl* [*beföhl*], *befehl*; *befahlen*), befehlen, Auftrag erteilen

beföddern, befördern, swv., etw. befördern, transportieren; jem. befördern, einstufen; aufsteigen

befreen, befriegen, swv., 1. befreien, erlösen; 2. refl. sich verheiraten

befreten, stv. (s. *freten*), beim Essen übervorteilen, jem. etwas wegessen; refl. sich überessen, viel essen

befummeln, swv., betasten, befühlen; etw. in die Wege leiten, bewerkstelligen, in Ordnung bringen

Befund, m., Befund, Einsicht, Erfahrung

begäng, begeng, begängen, adv., anwesend, vorkommen, bekannt; häufig zu sehen; üblich, gebräuchlich; im Gang sein

begahn, stv. (s. *gahn*), (ausdauernd) gehen, etw. durchgehen, erledigen; etw. betreten, über etw. hinweggehen; jem. überrumpeln, ertappen; übertr. begehen, verüben; (ein Fest) begehen, feiern

begasseln, swv., (Brot) mit einer Kruste versehen; (durch Wärme) aufleben lassen; refl. sich erholen

begeben s. *begeven*

begegen, swv., begegnen, entgegenkommen;

widerfahren, zustoßen; übertr. behandeln; gefällig sein

begeistern, swv., refl. sich begeistern

begeten, stv. (s. *geten*), begießen, wässern; etw. begießen, feiern; refl. *sik de Nees b.* sich betrinken

begeven, stv. (s. *geven*), sich begeben, sich ereignen, zutragen; sich (in Unvermeidliches) fügen; übertr. sterben; sich verheiraten; sich beruhigen

beginnen, stv. (*ik beginn*; *ik begunn, begünn*; *begunnen*), beginnen, anfangen; Syn. *anfangen*

beglieken, stv. (*ik begliek*; *ik begleek*; *begleken*), begleichen, ausgleichen (bes. im Schuld- u. Rechnungswesen)

begökeln, begöcheln, swv., betrügen, betören; verspotten, durchhecheln

begöschen, begüschen, swv., beruhigen, beschwichtigen, besänftigen; zureden, trösten; überreden, beschwatzen (westl. Mdaa.)

begrabbeln, swv., anfassen, abtasten; unsittlich berühren; refl. wieder zu sich kommen, sich erholen

begraven, -graben, swv., begraben, beerdigen; *sik b. laten* (als Abweisung) bleib mir vom Leibe, laß mich in Ruhe

begriepen, begripen, stv. (s. *griepen*), begreifen, anfassen; begreifen, erfassen, verstehen; refl. *sik b.* sich fassen, sich beherrschen, zu sich kommen

begriesmulen, begrissmulen, swv., beschwindeln, übervorteilen, betrügen; enttäuschen; schaden, schlecht gehen

begröten, swv., begrüßen

begrootsnuten, swv., (kritisch) beurteilen, kritteln; weitausholend über etw. reden

begroten (ostfr., oldbg.), swv., leid tun

begrotteleren, begrattuleren, -leern (Elbm.), swv., beglückwünschen

begünnen, swv., zunehmen, anschwellen, spez. *de Koh begünnt* steht kurz vor dem Kalben; Nbf. von *beginnen* (s. d.)

behääßpääst s. *beheespeest*

behagen, swv., behagen, gefallen

behalen, swv., beeinträchtigen, schädigen; schwächen; part. prät. adj. *behaalt,* mitgenommen, heruntergekommen

behaltern, swv., bändigen, zügeln, festhalten

behangen, stv. (s. *hangen*), behängen, verhängen; *b. blieven* an etw. hängen bleiben, haften bleiben; verweilen, sich festsetzen

behanneln, behandeln, swv., behandeln, verarzten

beheespeest, adj., bestürzt, verwirrt, ängstlich; atemlos

behelpen, stv. (s. *helpen*), refl. sich behelfen, jem. zu etw. verhelfen

behöden, swv., behüten, beschützen, bewahren

behött s. *behott*

beholen, behollen, beholden, stv. (s. *holden*), behalten, festhalten, zurückhalten; im Gedächtnis behalten

behollern, behöllern, adj., fähig etw. zu behalten; *en b. Kopp hebben* gute Aufnahmefähigkeit, ein gutes Gedächtnis besitzen

behott, behött, behööd, adj., behutsam, vorsichtig; klein, zierlich

behuken, swv., nur in der Vbdg. *b. blieven* hockenbleiben; mit o. auf etw. sitzenbleiben

beid, beide, num., flekt. *beiden,* beide

beiern, swv., (mit kurzen Intervallen) läuten, klingeln; übertr. pendelnd bewegen, schaukeln

Bek(e) s. *Beek*

bekakeln, swv., besprechen, bereden (auch refl.); vgl. *kakeln*

bekamen, bekomen, stv. (s. *kamen*), bekommen, erlangen, empfangen, Syn. *kriegen*; bekommen, gut tun, zuträglich sein

bekannt, adj., bekannt

Bekannte(n), f. u. m., Bekannte(r)

beken (oldbg.), swv., nippen, spärlich essen o. trinken

bekennen, swv., bekennen, eingestehen; (Spiel:) Farbe bekennen, bedienen; refl. sich zu etw. bekennen

Beker, Becher, m., pl. *Bekers,* Becher, Trinkgefäß

bekieken, bekiken, stv. (s. *kieken*), besehen, betrachten, genau ansehen, untersuchen

beklagen, swv., beklagen, bedauern; refl. sich

beklagen, beschweren

bekleien, swv., einscharren, vergraben, begraben; bedecken; refl. sich beschmutzen

beklieven, bekliwen (oldbg.), swv., anstekken, befallen (bes. von Krankheiten); anhaften, kleben

beklö(h)nen, swv., besprechen, sich über etw. unterhalten

bekniepen, beknipen, stv. (s. *kniepen*), kneifen, zusammendrücken; bekneifen, durch Kneifen befühlen, abtasten; einschränken, verknappen, kürzen

bekomen s. *bekamen*

belackschaun (nordnds.), swv., genau betrachten; bekritteln; spöttische Bemerkungen machen

belämmern, belemmern, swv., belästigen, stören; lähmen, hindern; übervorteilen, anführen; part. prät. adj. *belämmert*, enttäuscht, betrübt, ärgerlich; unangenehm, mangelhaft, schlecht

Beld (oldbg., ostfr.); **Bild,** n., pl. *Beller, Biller(s)*, Bild, Abbildung

beleben, beleven, swv., etw. erleben; erfahren, durchstehen, mitmachen; *b. blieven* mit dem Leben davonkommen, etw. überstehen

Beleevnis, n., Erlebnis, Ereignis

beliggen, swv., nur in der Vbdg. *b. blieven* liegenbleiben, nachbleiben, übrigbleiben; vergessen werden

[1]**Bell(en), Bill,** f., pl. *Bellen, Billen*, Hinterbacke, Hintern

[2]**Bell** (ostfr.), nur pl. *Bellen*, Lumpen, Kleiderfetzen

bellen, swv., bellen; laut schreien, schimpfen

Belleroos, Bellroos, f., Gesichtsrose, Hautkrankheit

Bellmer (nds.), m., auffälliger großer Kerl, Hauptkerl; Hauptsache

beluern, beluren, beluurn, swv., belauern, belauschen, beobachten; überraschen; jem. arg zusetzen, schädigen, betrügen

bemaken, swv., einsperren, einschließen; verheimlichen, verstecken; beschmutzen; refl. sich wichtig tun, aufspielen; vermachen, vererben, erben

bemeiern, swv., betrügen, beschwindeln; part. prät. adj., ungeschickt, unklug; belastet sein mit

beminschen (oldbg.), swv., refl. sich verheiraten (nur vom Mann), freien

bemodern, bemuddern, swv., bemuttern, umsorgen

bemöhen, bemeu(h)en, swv., bemühen, sich bemühen

bemöten, bemeuten, swv., begegnen, treffen; entgegenkommen, entgegengehen; passieren, hindern, verhindern; subst. Begegnung, Treffen

benaut, adj., benommen, bedrückt, beengt, niedergeschlagen; ängstlich, verlegen; schwül, stickig; engherzig, kleinlich (ostfr.)

benehmen, benemen, stv. (s. *nehmen*), wegnehmen; bedenken, einsehen; refl. sich benehmen, aufführen

Benels (oldbg.), nur pl., Beinling am Strumpf

benevelt, benebelt, adj., benebelt; übertr. angeheitert, angetrunken

Bengel, m., pl. *Bengels*, Bengel, Flegel; Junge; Knüppel, Klöppel (nds.)

benömen, swv., benennen, bezeichnen

benschen, benstern, bentern, swv., wegjagen, aufscheuchen; antreiben; schnell laufen, jagen; herumlaufen; gütlich zureden, beschwichtigen, beruhigen

Bent, Beent, m. u. n., Binse, Pfeifengras; Ginster; Syn. *Bentgras, Brahm*

benterig, adj., aufgeregt, unruhig, wirr; zänkisch

bentern s. *benschen*

Bentgras s. *Bent*

Benüll, Benülf, m. u. n., Besinnung, Verstand, Vernunft

benüsseln, benüseln, swv., Schwindelanfälle bekommen, betäuben; beruhigen; sich einkuscheln, verstricken; part. prät. adj. *benüsselt*, betäubt, schwindlig; verwirrt; übertr. betrunken

benüßt, adj., betäubt, ohnmächtig

beproten (ostfr.), swv., besprechen, bereden, verhandeln, etw. aushandeln

bequeem, adj., bequem, angenehm; passend, gelegen; träge, arbeitsscheu

bereden, swv., bereden, verhandeln; refl. *sik mit een b.* absprechen

bereken, swv., berechnen; erwägen, bedenken; in Zweifel ziehen

beren, biern, bären, swv. (meist refl.), sich gebärden, sich anstellen; so tun als ob, sich stellen, sich verstellen; sich benehmen

Bericht, m., pl. *B.-en*, Bericht, Darstellung, Nachricht

berichten, swv., berichten, erzählen, Auskunft geben; (bei Kranken u. Sterbenden) das Abendmahl geben

berieten, beriten, stv. (s. *rieten*), bewerkstelligen, schaffen, erledigen; refl. sich beeilen; bemäkeln, sich den Mund über etw. zerreißen

Berm, Barm, f., Kante, Rand, bes. Straßenrand; Absatz am Deichfuß

beropen, stv. (s. *ropen*), berufen, ernennen; berufen, heraufbeschwören (meist neg.); bemäkeln, in schlechten Ruf bringen; refl. sich auf etw. o. auf jem. berufen; part. prät. adj., gut beleumundet, angesehen, berühmt

berusseln (holst.), swv., refl. sich berauschen, betrinken

Besaan, Besohn, m., Segel am hinteren Mast (Besanmast)

besaken (ostfr., oldbg.), swv., refl. sich verhalten, sich darstellen; *wo besaakt sik dat* wie hängt das zusammen, wie verhält es sich zueinander

bescharwarken, swv., bearbeiten, betreuen, bewerkstelligen

bescheden, bescheiden, adj., artig, höflich, nett; bescheiden; ärmlich, dürftig

Bescheed, Bescheet, m. u. n., Bescheid, Auskunft, Meinung; Anweisung; *B. seggen* benachrichtigen, (bei engen Verwandten) einen Todesfall ansagen, *B. weten* sich auskennen, wissen, *B. doon* jem. zutrinken

beschieten, stv. (s. *schieten*), betrügen, übervorteilen

besebern, besevern, swv., naßmachen, begießen; besudeln; übertr. sich betrinken

beseggen, swv., belehren, überzeugen, überreden; *laat di doch b.* nimm doch Vernunft an

besehn, stv. (s. *sehn*), besehen, betrachten, anschauen

Besemer, Bessemer, m., Waage, einfache Hand- u. Schnellwaage

Besen s. *Bees*

Besenbült, f., Binsenstaude

besetten, swv., besetzen, einnehmen; (Kleidung) mit Besatz versehen

besig, bäsig (ostfr., oldbg.), adj., emsig, geschäftig, eifrig

besinnen, stv. (*ik besinn*; *besünn, besunn*; *besunnen*), refl. sich besinnen, erinnern; überlegen, nachdenken; subst. Besinnung, Überlegung

besitten, stv. (s. *sitten*), sitzen, *b. blieven* sitzen bleiben, Platz behalten, etwas zurückbehalten; *b. gahn* sich setzen; besetzen, (Eier) ausbrüten

Beslag, Beslach, m. u. n., Applikation, Zierat, Beschlag (an Möbeln u. Geräten); Niederschlag, Tau; Gesamtinventar einer Landstelle, Zubehör

beslagen, beslaan, beslahn, stv. (s. *slaan*), beschlagen, versehen mit, bes. (Hufeisen) aufnageln; behauen; beschlagen, anlaufen; übertr. kenntnisreich, schlau sein; sich (durch Kauf von Ringen) öffentlich verloben (holst.); (Tiere:) begatten

beslapen, stv. (s. *slapen*), refl. beschlafen, überschlafen, gründlich überlegen; (außerehelichen) Beischlaf halten, schwängern; *b. Deern* geschwängertes, gefallenes Mädchen, *b. Kind* uneheliches Kind

besluten, stv. (*ik besluut, du beslüttst, he beslütt*; *ik besloot*; *besloten*), beschließen, vereinbaren, abmachen

besmachten (nds.), swv., abhungern, durch Hungern einsparen

besmoren, swv., schmoren, dämpfen; betrügen; part. prät. adj. *besmoort*, betrunken

besnacken, swv., über etw. reden, etw. bereden, beraten, besprechen; jem. überreden

besöken, beseuken, swv., besuchen

Besöök, Beseuk, m., Besuch, Besucher; Bescherung

besonner(s), besünner(s), adj., adv., eigen, sonderbar; außergewöhnlich; fein, vornehm;

extra, sehr (verstärkend); vgl. *sünnerlik*

besorgen, swv., besorgen, beschaffen; ausführen, erledigen; versorgen, umsorgen, pflegen; befürchten (nds.)

besparen, besporen, swv., sparen, ersparen

bespökeln, swv., spuken, einen Spuk veranstalten

Besprack (nds.), *in B. nehmen* besprechen, erörtern; in Anspruch nehmen

bespreken, stv. (s. *spreken*), 1. besprechen, verhandeln; 2. (eine Krankheit) besprechen, heilen

Bessen, m., pl. *B.-s,* Besen (differenziert nach Gebrauch u. nach Material der Herstellung, z. B. *Struukb.*, *Stratenb.*, *Stubenb.* usw.); *'n B. freten* als Beteuerungsformel; übertr. zänkisches Weib

Bessenbinner, m., Besenbinder; *lopen as 'n B.* schnell laufen

Bessensteel, m., Besenstiel (häufig in Vergleichen u. Rdaa.)

Best, m. u. n., der bzw. das Beste; spez. Karte im Kartenspiel (Eichelober)

best, adj., Superl. zu *goot* (s. d.), besonders gut, bestens; hochwertig; häufig subst. (s. d.)

bestahn, bestaan, stv. (s. *stahn*), stehen; bestehen, beharren auf; Bestand haben; (Prüfung) bestehen; *b. könen* existieren, sein Auskommen finden

Bestell (oldbg.), n., Bestellung, Auftrag; Nachricht

bestellen, swv., bestellen, ausrichten; etw. anfordern, kommen lassen; in Ordnung bringen, erledigen

Bestick, m. u. n., Deichbefestigung (aus aufgesteckten Strohmatten); Köder (beim Fischfang); Bauplan (oldbg., ostfr.); Besteck, Eßgerät

besticken, swv., befestigen, besticken, sichern (im Deichbau); (Kleidung) mit Stickerei versehen

bestig, beestig, adj., mächtig, gewaltig, außerordentlich; *b. sien* (Rind:) brünstig sein

bestimmen, swv., bestimmen, festsetzen, anordnen; part. prät. adj. *bestimmt,* sicher, bestimmt

bestöten, swv., bestoßen; angreifen, packen, einen Stoß versetzen; (Bretter, Kanten) behobeln; (Vieh) begatten

bestrafen, swv., bestrafen

besünners s. *besonner(s)*

besupen, stv. (s. *supen*), refl. sich betrinken, besaufen; part. prät. adj. *besapen,* besoffen, betrunken

beswiegen (ostfr.), stv. (s. *swiegen*), verschweigen; zum Schweigen bringen

beswiemeln, swv., ohnmächtig werden; part. prät. adj. *beswiemelt,* schwindlig, besinnungslos; übertr. betrunken

beswiemen s. *beswiemeln*

beswögen, swv., großsprecherisch reden, übermäßig eifrig etw. bereden; loben; refl. in Ohnmacht fallen

Bet, Beet, m., Biß (bes. vom Anbeißen des Fisches beim Angeln)

bet, bit, präp., konj., bis, *en Stück bet to, bet lang* etwas weiter; vgl. *bether, betlang*

betahlen, betalen, betohlen, swv., bezahlen; übertr. heimzahlen, vergelten

betant, betand, adj., wertlos, unbedeutend

beteken, swv., bezeichnen, beschreiben

Betel, Beitel, m., pl. *B.-s,* Beitel, Meißel, Stemmeisen

betemeln (oldbg.), swv., betreuen, pflegen

bete(h)men, betähmen, beteben, swv., refl. sich bezähmen, beherrschen; bändigen; jem. beschwichtigen, beruhigen; *b. laten* gewähren lassen, zufrieden lassen, auf sich beruhen lassen

beten, beetjen, bitten, unbest. num., bißchen, wenig, etwas; kleine Menge o. Zeitraum; (verstärkend) sehr

beter, bäter, better, Komp. von *goot,* adj., besser, eher, lieber; *he ward b.* er wird gesund; angesehen; (häufig in vergleichenden Sprichwörtern u. Rdaa.)

betern, swv., bessern, ausbessern; abhelfen, abwenden; refl. sich bessern, besser werden

bether, bether to, adv., bisher, weiter her

betlang, bet lang, adv., bisher, bislang; weiter entlang, längs, weiter

betönen (holst.), swv., anstellen, bewerkstelligen

betsch, bätsch, bitsch, beetsch, adj., bissig, zänkisch; beißend; knurrig, launisch

[1]**Bett, Bedd, Berr,** n., pl. *Bedden,* Bett, Schlafstelle

[2]**Bett, Beet, Berr,** n., pl. *Betten,* Beet, Gartenbeet; vgl. *[1]Blick*

betten (ostfr., süd- u. ostnds.), swv., kühlen, anfeuchten

Bettgahnstiet, f., Zeit zum Zubettgehen, später Abend

Bettkuup (Elbm.), f., Wandbett; Syn. *Alkoven*

betto, bitto, adv., bis zu, bisher, bis jetzt, *gah b.* gehe weiter, mach Platz

Bettschottskant, f., Seitenbrett des Schrankbetts, Bettkante

beuten s. *böten*

[1]**Bever, Bewer,** m., pl. *B.-s, B.-n,* Biber

[2]**Bever, Bewer,** m., pl. *B.-s, B.-n,* Zittern; *'n B. in de Büx hebben* Angst haben; übertr. *en B. fangen* bibbern, zittern

beverig, beverich, adj., zitterig, bibbernd

bevern, bewern, swv., beben, bibbern, zittern; *b. Jüch* Schüttelfieber, auch subst. *dat B.* Zittern; vgl. *[2]Bever*

bewahren, bewaren, swv., bewahren, aufbewahren, behalten; behüten, beschützen, vor Schaden bewahren; zurückweisender Ausruf: *Gott bewahr mi*

bewandt, bewennt, adj., angewandt, angebracht, der Mühe wert sein; gewohnt sein (vgl. *bewennen* u. *wennen*)

bewarven, bewarben, swv., refl. sich bewerben, sich um etw. bemühen

Beweer, n., Mühe, Lärm, Unruhe, Trubel; *veel B. maken* Unruhe verbreiten; Hindernis, Widerstand (ostfr.)

bewegen, swv., etw. bewegen, verrücken; refl. sich bewegen; subst. *B.* Bewegung

beweihen, beweien, swv., zuwehen, einwehen (durch Schnee, Sand)

bewennen, bewenden, swv., bewenden; (in Vbdg. mit *laten*) aufschieben, zufrieden sein mit; subst. *sien B. hebben* seine Bewandtnis haben; zu Ende sein, abgeschlossen, fertig sein

bewennt s. *bewandt*

bewern s. *bevern*

Bewies, m., pl. *B.-en,* Beweis, Nachweis

bewiesen, swv., beweisen, zeigen; sich erweisen als; auszeichnen

Bewiesstück, n., Beweisstück, Indiz, Argument

bewunnern, swv., bewundern, bestaunen

bi, adv., präp., bei; adv., als Aufforderung *man bi*; (häufig in Vbdg. mit *sien [wesen]* o. modalen Verben); präp., bei, nahebei, neben; an; nach, zu, in Richtung auf; während, um zu, etwa

bian, adv., nebenan, daneben, nebenher, nebenbei; vgl. *bito*

bibbern, swv., bibbern, zittern (vor Kälte), beben

bibeholen, swv., beibehalten, festhalten an

Bibel, Bivel, Beibel, f., Bibel, Heilige Schrift

Bibi, m., Hut, bes. hoher steifer Hut; allg. Kopfbedeckung

bihögen, swv., zusammenbiegen; beibringen, lehren, erläutern; beilegen, ausgleichen, wieder zurechtbiegen; beschlafen, schwängern (hbg., holst.)

bibringen, stv. (s. *bringen*), jem. etw. beibringen, lehren

Bich(t), Biech(t), f., Beichte; *in de B. nehmen, de B. verhören* ausfragen, verhören; zurechtweisen, ins Gewissen reden

bichten, swv., beichten, bekennen, eingestehen

Bick, f., pl. *B.-en,* Picke, Kreuzhacke; Spitzhammer

Bickbeer, f., Blaubeere, Heidelbeere

Bickbeerkraam, m., Kleinkram, Habseligkeiten, Krimskrams

Bid (hbg.), f., Behörde, Kirchspiel

bidaal, adv., an etw. herunter; nebenher, vorbei

bidden, stv. (*ik bid, bitt, du bidst, he bidt, wi bidt, bidden*; *ik bee[d]*; *beden*), auch swv., bitten, beten; einladen; betteln

bideß, adv., indessen, unterdessen; währenddessen, während

bidoon, stv. (s. *doon*), hinzufügen, hinzutun; weglegen, verstecken; einsperren

Bidrag, Bidrach, m., Beitrag

bidreih(e)n, bidrei(e)n, swv., beidrehen, in den Wind drehen; umdrehen, stoppen; kehrtmachen; nachgeben, die Meinung ändern

bi(ee)nanner, adv., beieinander, zusammen

Biel, n., pl. *Bi(e)len*, Beil

biester, bister, adj., irre; zerfahren, zerstreut; *b. gahn* umherirren, sich irren; schlimm, häßlich; finster, trübe; garstig; häufig subst. *de* o. *dat B.* Verwirrung, Dunkelheit (vgl. *Biesternis*)

biesterig, biesterich, adj., irre, verwirrt, aufgeregt; schwindlig; senil, geistesschwach

biestern, bistern, swv., umherirren, herumtappen, hin- u. herlaufen; suchen; refl. sich verirren, verlaufen, (oft in Vbdg. mit *rüm*)

Biesternis, f., Finsternis, Dunkelheit; Verwirrung; geistige Umnachtung; finstere unwirtliche Gegend

bieten, stv. (*ik biet, du bittst, he bitt; ik beet; beten*), beißen, anbeißen (Fische); essen; (Werkzeuge:) kneifen, abbeißen; (Rauch:) ätzen, beißen, stechen; übertr. sich streiten, zanken; *up wat bieten* anbeißen, ein Angebot annehmen

Bieter, Biter, m., Beißer, bes. bissiges Pferd, bissiger kläffender Hund; aufbrausender, schimpfender Mensch; übertr. Beißzahn, Milchzahn

Bifall, m., Beifall, Zustimmung; Einfall

bifallen, stv. (s. *fallen*), einfallen, sich erinnern, sich besinnen auf

Bifoot, m., Beifuß, Besenkraut

bigahn, stv. (s. *gahn*), anfangen etw. zu bewerkstelligen, an etw. zu arbeiten, eine Beschäftigung beginnen

Bigahner (oldbg.), m., Trauerzug; vgl. *Bistahner*

bigeven, stv. (s. *geben*), beigeben, nachgeben; *lütt b.* klein beigeben, nachgeben, einbüßen

Bigg, Bigge, Birge (oldbg., ostfr.), n., pl. *B.-en*, Ferkel

Biglove, n., Aberglaube, Irrglaube; Syn. *Höhnergloven*

bihalen, swv., herbeiholen; anziehen, (Segel:) einziehen, einholen

bihuus, adv., zu Hause, daheim; nach Hause, (Seefahrt:) an Land

bikamen, bikomen, stv. (s. *kamen*), herankommen, erreichen, sich an etw. heranmachen, tun; auf die Idee kommen; nehmen; übertr. sich aneignen, stehlen; unternehmen; jem. etw. anhaben; zukommen, zustehen, gebühren

bikant, adv., beiseite, seitlich; nebenbei; *b. leggen, doon* sparen; *b. bringen* stehlen; jem. umbringen, töten

Bilaad, f., pl. *Biladen*, Beifach, Nebenfach in Kisten u. Truhen, Wertfach, Geheimfach; Truhe (mit flachem Deckel)

bilang(s), blang, adv., neben, daneben, nebenher; nebenbei, beiläufig; gleichzeitig; entlang, daran vorbei, seitwärts

Bild, n., pl. *Biller(s)*, Bild, Abbildung; Fotografie; vgl. *Beld*

bilden, billen, swv., bilden, gestalten, (häufiger Kompos. *utbilden, inbilden*)

Bilegger, m., Ofen, Beilegerofen (der vom Nebenraum aus befeuert wird)

Bille, f., pl. *B.-en*, Wange; Gesäßbacke, Oberschenkel; *wat an de B. kriegen* Ohrfeigen bekommen, geschlagen werden

billig, billich, adj., billig, preiswert; gerecht, angemessen; ziemlich, recht (bestärkend)

Bilöper, m., Mitläufer, Aushilfskraft; Stiefkind, uneheliches Kind; *B. sien* ein außereheliches Verhältnis haben

bilöpig, adj., adv., beiläufig, nebenher

bilopen, stv. (s. *lopen*), nebenherlaufen, begleiten; ablaufen, verlaufen, (Flüssigkeit) versickern

bilütten, bilitten, bilütjen, adv., bei kleinem, allmählich, nach u. nach

bimaken, swv., etw. hinzufügen, beifügen; hinzudichten, übertreiben, lügen; refl. sich an etw. heranmachen, anfangen etw. zu tun

bimmeln, swv., bimmeln, klingeln, läuten; *b. un bammeln* baumeln, hängen

Binagel (oldbg., ostfr.), m., Neidnagel am Finger

binah, bina, adv., beinahe, fast

binaut s. *benaut*

Bindelboom, Binnelboom, m., Bindebaum,

über der Ernteladung liegendes Rundholz zur Befestigung

Bindwark, n., Bindegarn, Tauwerk; Binderwerk, Fachwerk (oldbg.)

bi'neen, bi'n een, adv., beieinander, zusammen

Binn(e), Bind, f., Binde, Halsbinde, Kragen, Schlips; *een achter de B. geten* sich betrinken

[1]**binnen,** adv., präp., in, innen, drinnen, innerhalb; inwendig

[2]**binnen, binden,** stv. (*ik binn, du binnst, he binnt, wi binnt, binnen* [neben gleichen Formen mit *-nd-*; *ik bunn, du bunnst, bünnst*; *bunnen*), binden, zusammenbinden, fesseln

binnenhalen, swv., hereinholen; einholen; ersetzen

Binnenhuus (oldbg.), n., Wohnraum (im fries. Haus)

binnensiets, adv., innen, innenseitig, auf der Innenseite; landeinwärts, hinter dem Deich gelegen

Binnenstadt, Binnenstatt, f., Innenstadt, Zentrum

bin(nen)wennig, adv., inwendig, innen, innerhalb

Binnerwark (nds.), n., Zusammengebundenes; Zubehör zum Binden; Fachwerk

bipulen, swv., beibringen, erklären; hinterrücks schlagen, verwunden; einen Denkzettel verpassen

Birg s. *Bigg*

birsen, bissen, swv., rennen, unruhig umherlaufen, hasten (bes. von Kühen)

bischuren(s), bischuurn, adv., zuweilen, hin u. wieder, zeitweilig, mitunter, manchmal

bisiet, bisied, adv., beiseite, daneben, abseits, zur Seite (häufig in Vbdg. mit Verben der Bewegung)

Bislag, Bislach, m., Beischlag, Eingangstreppe mit Sitzplatz u. Bankwange; Raum, Kammer; kleine Koppel; Zuschlag, Beigabe

Bisleper, m., Mitschläfer, bes. bei den Eltern schlafendes Kind; Beischläfer

Bispill, Bispell, n., Beispiel, Exempel; Sprichwort, Fabel

bissen s. *birsen*

bistahn, stv. (s. *stahn*), beistehen, helfen; dabeistehen, herumstehen

Bistahner, Bistaner, Bistaher (oldbg.), n., Beisteher, Zuschauer; Helfer; Trauzeuge

bit s. bet

biten s. *bieten*

Biter s. *Bieter*

biti(e)den, bitiets, adv., beizeiten, rechtzeitig, früh

bitje, betjen s. *beten*

bito, adv., daneben, vorbei; nebenan, etwas entfernt; gelegentlich, nebenbei, nebenher; dazu, zusätzlich; falsch, abwegig, irre, (häufig in Vbdg. mit Verben der Bewegung)

bitodenken, stv. (s. *denken*), falsch-, vorbeidenken; sich irren

bitrecken, stv. (s. *trecken*), hinziehen, durchziehen; hinzuziehen, herbeiziehen; wirken

Bitt, n., Gebiß; Mundstück am Pferdezaum; Biß

Bitter, m., Überbringer einer Einladung, Hochzeits-, Leichenbitter

bitter, adj., bitter; übertr. schwer, leidvoll, schlimm, schrecklich, schmerzlich

Bitze (ostfr., oldbg.), f., zänkisches Weib

bitzig (ostfr., oldbg.), adj., bissig, zänkisch

Bive, Bieve, Bibe (ostfr., oldbg.), f., Rispe des Hafers

biweglangs, adv., nebenbei, im Vorbeigehen; bei Gelegenheit, gelegentlich

Blaag, f. u. n., pl. *Blagen*, Kind, bes. ungezogenes Kind

blaag s. *blau*

Blaas, Blase, f., Blase, Luft-, Wasserblase; Harnblase; übertr. Schar, Bande, Haufen

Blaasding(s), Bloosding, n., Blasinstrument, Horn, Trompete

Blabber, n., Pustel, nässende Bläschen, Hautausschlag

Black, n., Tinte (häufig in Rdaa.), *he hett B. sopen* ist dumm, albern, närrisch; Syn. *Dint(e)*

Blackputt, n., Tintenfaß (veraltet)

Bladder, Blader, f., Hautblase, Pustel, Ausschlag

blädern, bläddern, bladern, blödern, swv.,

blättern, umblättern; abblättern, ablösen

blänkern, blenkern, blinkern, swv., glänzen, glitzern, schimmern, blinkern

bläusterig s. *bleusterig*

blaffen, swv., bellen, kläffen; schelten, anschreien; laut u. keifend reden

blaken, swv., qualmen, rußen

blamen, swv., prahlen, großtun; schimpfen

blameren, blameern, swv., blamieren, bloßstellen (auch refl.)

blang, blangen, adv., präp., entlang, längs; seitwärts, neben; nebenan

blangan, blangenan, adv., nebenan, daneben

blangbi, blangenbi, adv., daneben, seitwärts; nebenher, nebenbei

Blangdöör, f., Nebentür, Seitentür, Tür an der Längsseite des Hauses

blangenan s. *blangan*

blangenanner, adv., nebeneinander

blangto, blangento, adv., abseits

blank, adj., blank, glänzend, strahlend; übertr. bar, *b. utbetahlen* bar bezahlen; *b. sien* kein Geld haben

Blankhans, de blanke Hans, m., Nordsee, allg. wilde offene See

blankschüern, swv., blankscheuern, polieren

Blanserung, Blanzierung (holst.), f., Balanceakt; Ausgleich, Gleichgewicht

blarren, blarrn, swv., plärren, blöken; laut greinen, schreien; weinen

blasen, swv., blasen, pusten, wehen; anfachen; musizieren, Blasmusik machen; übertr. aushalten, überstehen, (meist neg.) *dat 's nich to b.* das ist unglaublich

blatschen (holst.), swv., (mit der Peitsche) knallen; etw. durchsetzen; leisten, schaffen

Blatt, n., pl. *Bläder, Blööd, Blöer,* (Pflanze:) Blatt, (Buch:) Seite, Blatt; Zeitung

blau, blaag, blaach, adj., blau; *b. maken* nicht arbeiten, pausieren; *b. sien* betrunken sein

Blauackermann, n., Bachstelze

blaubecken (oldbg., ostfr.), swv., (nur in Vbdg. mit Inf. u. *to*) *he steiht to b.* Maulaffen feilhalten, angaffen

Blaumelk, f., Magermilch, Molke

Bleck s. *²Blick*

bleckstee rt, adj., mit blankem Hintern, mit unbedecktem Gesäß

Blee u. Kompos. s. *Blie* u. Kompos.

Bleek, f., Bleiche, Rasenplatz zum Bleichen der Wäsche

bleek, adj., bleich, ohne Farbe, blaß, fahl

bleern s. *bleiern*

Bleier, n., Weißfisch, Blei

bleiern, swv., hin- u. hertaumeln, schwanken, unsicher bewegen; mit flachen Steinen über das Wasser werfen

bleihen s. *blöhen*

bleistern, bleustern, swv., leuchten, aufflammen, flackern, glänzen, glühen; übertr. schwanken

bleken, swv., 1. bleichen, aufhellen; 2. blinken, glänzen

blenkern, swv., blinken, glänzen, glitzern, leuchten

Bless, m., Blesse, Stirnfleck; Stirn

bleud (Finkenw.), adj., bescheiden, still; vgl. *blööd*

bleuhen s. *blöhen*

bleusterig, bläusterig, adj., feuerrot, vom Fieber gerötet; trübe, verschwommen

¹Blick, Bleck, n., Stückchen Land, Beet

²Blick, n., Blech, Eisenblech

blickern, adj., blechern, aus Blech gefertigt

Blickfatt, n., Blechnapf, Eßnapf, Blechgeschirr

Blicksmitt, m., Blechschmied, Klempner

¹Blie, Ble(e), n., Blei; Bleikugel, Geschoß

²Blie s. *Bleier*

blied, adj., freundlich, fröhlich, glücklich; froh, erfreut

Bliedschupp, Bliedskupp (ostfr.), f., Freude, Fröhlichkeit

Bliepenn, Bleepenn, f., Bleistift

Bliesticken, m., Bleistift

blieven, blieben, stv. (*ik bliev, du bliffst, he blifft, wi blievt, blieven; ik bleef ,-w; bleven, bleben*), bleiben, verweilen; aushalten; für immer verschwinden, sterben (bes. vom Seemannstod)

blind, adj. (flekt. *blinne*), blind; matt, ohne

Glanz

[1]**Blink,** m., Rasenplatz, Dorfplatz, Dorfanger; Syn. *Brink*

[2]**Blink,** m., Lichtschein, Blinklicht; heller Streifen am Himmel

blinkern, blenkern, swv., blinken, funkeln, glitzern, glänzen

Blitz, m., pl. *B.-en,* Blitz; (häufig in Rdaa. der Verwunderung) *Gotts B. un Dunner;* Syn. *Blix*

blitzblank, adj., strahlend, glänzend, sauber

blitzen, swv., blitzen, grell aufleuchten; glänzen, strahlen

Blitzsteen, m., Donnerkeil, bestimmte Steinart, Versteinerung

bliven s. *blieven*

Blix, Blicks, Blitz, m., (flekt. *Blixem*), Blitz (veraltet); *Musche Blix* Mensch von eigenwilliger Lebensart; Teufel

blixem (ostfr.), adj., verteufelt, teuflisch

Blobber, Blubber, m., Luftblase, Gasblase

Block, m., pl. *Blöck,* Block; Holzklotz (für unterschiedliche Verwendung); Rammblock, Haublock; Flaschenzug; *to Blocks kamen* etwas in den Griff bekommen, bewerkstelligen

Blockdreiher, m., Drechsler

Blocksbarg, m., Blocksberg (als Hexentreffpunkt), spez. Brocken (Harz); *na'n B. seiln* (auf Nimmerwiedersehen) verschwinden

blöden, swv., bluten

blödig, blöderg, adj., blutig, blutbeschmiert

blöhen, bloien, bleihen, swv., blühen

Blöhtiet, f., Zeit der Blüte, Frühling

blöken, swv., blöken, brüllen, bölken (bes. von Tieren)

blööd, adj., schüchtern, zurückhaltend, bescheiden; blöde, dumm; taub; vgl. *bleud*

Blöödsinn, m., Unsinn

Blöös, Blööß, Blüüs, Blüse, m. u. f., 1. liegendes, fruchtloses Getreide, spez. Roggen; Fackel, Strohfackel; 2. (Seefahrt) Feuerzeichen, Richtfeuer, Leuchtfeuer

Blööt, f., pl. *Blöden,* Blüte, Blütezeit

Blössem (ostfr., oldbg.), f., Blüte

Blomenbleek, n., Blumenbeet, Blumenrabatte

Blomenboskett, n., Blumenstrauß; vgl. *Rükelbusch*

Blomeneerd, f., Blumenerde, Komposterde

Blomengaarn, m., Blumengarten

Blomenpott, m., Blumentopf, Topfpflanze

Blomensaat, f., Blumensaat, Samen

Blomenstruuß, -struutz, -strunz, m., Blumenstrauß; Syn. *Rükelbusch*

Bloom, f., pl. *Blomen, Blööm, Blömer,* Blume

Bloot, Blaut, n., Blut

[1]**bloot,** adj., bloß, nackt; pur, rein

[2]**bloot(s),** adv., nur, bloß

blootkopps, adj., mit unbedecktem Kopf, barhäuptig

Bloov (Niederelbe-Raum) s. *Bloom*

blubbern, blobbern, swv., blubbern, sprudeln, glucksen; übertr. undeutlich reden

bluchtern, swv., 1. flackern; 2. hastig, stoßweise reden

blucken, swv., aufleuchten, aufflammen (bes. kurz vor dem Erlöschen)

Blüüs, f., Feuerglut; Leuchtzeichen, Leuchtboje; vgl. *Blöös*

blüüsterig, adj., 1. leuchtend, glühend; 2. blühend

Bluus, f., pl. *Blusen,* Bluse, Arbeitskittel

Bo, Bu, m., Bau, Bauwerk

Bobbelbesen (oldbg.), f., Besenbinse, besondere Binsenart

bobbern, swv., bibbern, schlottern, zittern

boben s. *baben*

bobenhen s. *babenhen*

Bocht s. *Bucht*

[1]**Bock, Buck,** m., pl. *Böck, Bück,* Bock, männl. Tier (bes. bei Schaf, Ziege, Reh, Kaninchen)

[2]**Bock, Buck,** m., Bohle o. Brett mit Beinen (zu vielfacher Verwendung); Arbeitsgerät, Schusterschemel; *in'n B. spannen* einen aufsässig werdenden bändigen; *stiev(en) B.* steifer, unbeholfener Mensch

Bockshorn, n., nur in der Rda. *in't B. jagen* in die Enge treiben, einschüchtern, ängstigen

Bodden, Borden, m., pl. *B.-s,* 1. Boden, Grundfläche; 2. flaches Binnengewässer mit freiem

Ausgang zum Meer (mecklbg., vorpom.)

Bodder u. Zusammensetzungen s. *Botter*

Bodel (ostfr.) s. *Bödel*

Bö, f., pl. *B.-en,* Windstoß, plötzlicher heftiger Wind

böbelst, Superl. von *baben,* s. d.

böberst dgl.; subst. *de B.* der Oberste, Klassenbester

Bödel, Bodel, m., pl. *B.-s,* Büttel; kleines Kind, bes. kleiner Junge, Wicht; Rumtreiberin, Dirne

bödeln, swv., herumdammeln, ziellos laufen o. gehen, sich herumtreiben

Bögel, m., pl. *B.-s,* Bügel, gebogenes Teil zu o. an verschiedenen Gerätschaften; Kleiderbügel; übertr. Vogelschlinge

[1]**bögen, beugen,** swv. (part. auch *bogen*), biegen, verformen; abbiegen, die Richtung ändern

[2]**bögen, beugen,** swv., refl. sich beugen

Böhn, Böön; Böhm (Finkenw.), m., pl. *B.-s,* Bodenraum, Lagerraum unter dem Dach; Zimmerdecke

Böhner, Böner (oldbg., ostfr.), m., Schrubber, kurzer Heidebesen

Böhnhaas, m., 1. Katze; 2. unzünftiger Handwerker, Pfuscher

Böhntrepp, f., Bodentreppe, Stiege

Böhr, Bör, Baar, f., Trage, Bahre

böhren s. *bören*

Böker, m., 1. kleiner Kerl, Knirps; 2. kleiner Hammer, Klopfer; 3. pl. von *Book,* s. d.

bökern, swv., schlagen, klopfen, hämmern

bölken, swv., brüllen, schreien, überlaut sprechen; laut weinen

Bölkhosten, m., bellender Husten, Keuchhusten

boen, swv., bauen, s. *buen*

Böödner, Böötner, m., Kätner, Büttner, Kleinstbauer

Böödnerie, f., Büdnerei, kleine Landstelle

Böög, f., Beugung, Krümmung; das von einer Krümmung Eingefaßte (z. B. Land in einer Flußschleife)

Böök, f., pl. *Böken,* Buche

Böön s. *Böhn*

Böörs, Börs, f., Börse (urspr. Versammlungsort der Kaufleute), allgemeiner Sammelplatz zum Austausch von Neuigkeiten, Ort für Zusammenkünfte; *B. holl(e)n* ein Plauderstündchen halten

böös, bös, beus, adj., böse, schlimm, arg; schwierig; erregt, zornig; stark, sehr

bööst, Kurzform von *böverst,* s. *baben*

bören, böhren, swv., heben, tragen; aufheben; *en Huus b.* richten, Richtfest begehen; (Steuern, Schulden) einziehen, eintreiben; Einnahmen haben

Börger, Borger, m., pl. *B.-s, B.-slüüd,* Bürger, Städter

Börgschopp, f., Bürgschaft

börnen, swv., tränken

Börnstell, f., Tränke, Wasserloch, Quelle, Brunnen

Börs s. *Böörs*

Börstenmaker, m., Bürstenbinder

Böskup (ostfr.), f., Auftrag, Botschaft, Bestellung

Böss, Böß(el) s. *Böst*

Bösselmaker (ostfr.) s. *Börstenmaker*

bösseln (ostfr.), swv., rennen, treiben

Bössen s. *Bessen*

bössen, swv., rennen, laufen

Böst, Börst, Böß(el), f., pl. *B.-en,* Borste; Bürste (je nach Anwendung differenziert *Kleider-, Haar-, Stevelböst*)

Böstenbinner, m., Bürstenbinder; *lopen as 'n B.* es sehr eilig haben; *rümlopen as 'n B.* schlampig herumlaufen

bösten, börsten, swv., bürsten, glattbürsten; mit der Bürste reinigen

Bötel, m., kleiner Junge, Wicht, Knirps; vgl. *Bödel*

[1]**böten,** swv., einheizen, Feuer anzünden, den Ofen anmachen

[2]**böten,** swv., büßen, bessern; heilen, besprechen; befriedigen; ausbessern, flicken

Bött s. *Bütt*

Bövermoor, n., die oberste Torfschicht, Obermoor

böverst s. *baben*

Boherr, m., Bauherr

Bohn, f., pl. *B.-en,* Bohne (Pflanze u. Frucht), *dat sünd mien B.-en* das ist meine Angelegenheit

Bohnenrick, -rickels, f. u. n., Bohnenstange, Gestell für Stangenbohnen

Bohnenstang, f., Stützstange für hochwachsende Bohnen; übertr. langer, staksiger Mensch

bohren, bahren, swv., bohren

Bohß (Finkenw.) s. *Baas*

Bok (Finkenw.) s. *Baak*

bolen (oldbg.), Nbf. von *beholen,* behalten; *b. blieven* etw. nicht absetzen können u. daher behalten müssen

Boll, f., pl. *Bollen,* Bohle, Brett; *Bollen leggen* eine Tanzfläche herrichten, den Tanzboden legen

boll, adj., hohl, unterhöhlt; *holl un b.* leer u. hohl

Bollämmer, pl., Ameisen

Bollämmerdott (holst.), m., Ameisenhaufen

Bollies, n., Eis, unter dem das Wasser abgelaufen ist; *Hollies un Bollies* (auch als Fluch ohne konkreten Inhalt)

Bollwark, n., Bohlenwerk, Bollwerk, Befestigung an Ufern u. Deichen; Hafenkai

Bolten, n., 1. Bolzen, Pfeil; 2. Ballen, bes. Stoffballen; vgl. *Bült*

Bolüüd, Bulüüd, m., Bauleute, Zimmerleute; alte Bezeichnung für Bauer, Ackerbürger

Bolz (teilw. nds.), m., Kater

Bomeister, Bumeister, m., Baumeister, Zimmermeister

Bontje, Buntje, m. u. n., Bonbon

bontjebunt, adj., bunt, farbig

Bontjekaker, n., Bonbonhersteller, Zuckerbäcker

Bood, f., pl. *Boden,* Bude, Hütte, kleine Wohnung; jem. *up die B. rücken* jem. zusetzen, bedrängen

Boog, n., Bug, Vorderteil des Schiffes; *'n annern B. nehmen* den Kurs ändern, die Richtung ändern

Book, n., pl. *Böker,* Buch; ein ganz bestimmtes Buch, z. B. Bibel; *B. von de Könige* übertr. Kartenspiel

Bookweten, m., Buchweizen (Getreideart)

Bookwetengrütt, f., Buchweizengrütze (früher Hauptgericht bei den Geestbauern u. ärmeren Leuten)

Bookwetenklümp, n., Klöße aus Buchweizenmehl (als Zugabe für verschiedene Suppen)

Bookwetenklüüt s. *Bookwetenklümp*

Bool (holst.), f., Versteigerung, Auktion

Boom, m., pl. *Bööm, Bömer,* Baum, bes. Obstbaum; Teil eines Gerätes (z. B. Sensenbaum, Windelbaum)

boon, bogen s. *buen*

Boord, Bord, Buurd, Burd, m. u. n., pl. *Boorden, Börder,* Brett, Brettergestell, Bord; Schiffsbord; übertr. Schiff, *an B. gahn* anheuern, zur See fahren

Boordwand, Bordwand, f., Seitenplanke des Schiffes, Außenseite

boorn, part. prät., geboren, häufig in der Formel *boorn un tagen* geboren u. erzogen, aufgewachsen; vgl. *tagenboren*

Boort s. *Baart*

Boos s. *Baas*

booshaftig, adj., bösartig

Boot, f. u. n., pl. *Bööt, Bööd,* Boot, kleines Wasserfahrzeug

boots, adv., plötzlich, bauts, pardauz

Borben (Finkenw.), m., Bodenfläche

Bord s. *Boord*

Borfkaar (oldbg.), f., Schiebkarre (ohne Kastenaufbau)

¹Borg, Bork, n., verschnittenes Schwein, bes. verschnittener Eber; übertr. Schimpfwort

²Borg, f., pl. *B.-en,* Burg, Ringwall

borgen, swv., borgen, ausleihen, verborgen

Borger s. *Börger*

Bork, f., Borke, Baumrinde; schorfige Haut

Borm, m., Boden, Grund

Born, m., 1. Boden, Grund, Unterlage; 2. Born, Brunnen, Viehtränke

Bornholm, die Insel Bornholm; *daar danzt B. hen* etw. leichtsinnig aufs Spiel setzen

Bornstell s. *Börnstell*

Borst, Bost, f., Brust

borsten, börsten, swv., bürsten, ausbürsten

Boschinken, Boogschinken, m., Schinken

vom Vorderbein

Boßel, f. u. m., Boßelkugel, bleigefüllte Kugel für das Boßelspiel; *de B. mutt sien Loop hebben* etw. kann im Ablauf nicht mehr beeinflußt werden, muß seinen Lauf nehmen

boßeln, bosseln, swv., boßeln, mit der Boßelkugel werfen

Bossen, Bossem, n., Brust, Busen; übertr. Brustbeutel, Brusttasche

Bost, Boss, Boß, Borst, f., Brust; *sik wat to B. slaan* etw. verspeisen; *dat up de B. hebben* krank sein (bes. an der Lunge)

Bostdook, n., Brusttuch, Umschlagtuch; Weste

Bostrock (ostfr.), m., gestricktes Hemd, Weste

boten (oldbg.), swv., (Flachs) bündeln, stoßen

Botenseil (Finkenw.), n., Bootssegel, kleines Segel, Zusatzsegel

[1]Bott, n., Gebot, Angebot; Nachricht, Botschaft, *B. geven* Nachricht, Laut geben, sich melden

[2]Bott (ostfr.), m., Raum, Platz, leere Stelle

[3]Bott, n., Tau, Garn, Angelschnur

Botter, f., Butter

Botterbax, Bodderbax, m., Butterklecks, kleines Stück Butter

Botterbroot, n., Butterbrot, Frühstück; jem. etw. *up 't B. smeern* jem. Vorhaltungen machen

Botterkaarn, f., Butterfaß; Verpackung für Butter

Botterlicker, Bodderlicker, m., Schmetterling

Bottermelk, f., Buttermilch

bottern, swv., buttern, Butter herstellen; *dat will nich b.* es führt zu keinem Erfolg

Botterstamper, n., Butterstampfer, Butterfaß, Gerät zur Herstellung von Butter

Bottervagel s. *Botterlicker*

Bottschupp, f., Botschaft, Nachricht, Meldung

Box s. *Büx*

[1]Braak, Brak, f., Brache, gepflügtes unbestelltes Land

[2]Braak, f., Flachsbreche, Gerät zum Flachsbrechen

braakfällig, adj., zur Brache bestimmtes Land

Braaksteen, Braksteen, m., Steine die auf der *Braak* (s. d.) ausgepflügt werden, Findling

Braam, m. u. n., Besenginster

braamsen (oldbg.), swv., schelten, poltern

braasken (oldbg., ostfr.), swv., brüllen, laut rufen, prahlen

Braan, f., pl. *Braans,* Augenbraue

Braatappel, m., Bratapfel

Braatwu(r)st, f., Bratwurst

brabbeln, swv., plappern, drauf losreden, lallen, undeutlich sprechen

Brack, n., Tümpel, Wasserloch, Teich (hinter dem Deich infolge eines Deichbruches)

Brackelkraam, n., brüchiges Machwerk, Plunder

Brackwater, n., Brackwasser, trübes Wasser im Mündungsgebiet der Flüsse (wo Süß- u. Salzwasser sich mischen)

Bradden, Bratten, m., Atem, Niederschlag von Dampf, Dunst

Braden, m., Braten, Gebratenes; *den B. rüken* etw. bemerken, eine Anspielung verstehen

braden, swv., braten, brutzeln; auch stv. *braden Fleesch*

Brägen s. Bregen

Brägenkasten s. Bregenkasten

brägenklüterig s. bregenklüterig

bräken s. breken

Bräker s. Breker

bräsig, adj., wohlgenährt, mit roten Wangen versehen; vgl. auch *brösig*

brambaarsch, bramboorsch, adj., brummig, mürrisch

Brammelbeer, f., Brombeere

Brammeldoorn, m., Brombeerstrauch, Brombeerranken

brammen, swv., wollüstig schreien, bes. wiehern; Syn. *rünschen*

brammerig, brammig, adj., (freudig) erregt, leicht aufgebracht

bramstig, bramsig, adj., 1. erregt, wütend, ungehalten; frech, verwegen; brünstig (vgl. *brammen*); 2 . angebrannt, brenzlich; 3. dick, wohl genährt

[1]**Brand,** m., Brand, Schadenfeuer; Brandwunde; übertr. Durst; *sik 'n B. lopen* etw. mit Übereifer betreiben; Krankheit, Altersbrand

[2]**Brand** (Finkenw.), f., Brandung

[3]**brand-** als Steigerungspräfix bei adj. z. B. *brandielig* sehr eilig

Brandblaas, f., Brandblase (infolge einer Verbrennung)

Brandgill, f., Brandgilde, Feuerversicherung

Brandwien, Brant-, Brann-, m., Branntwein, Schnaps (auch mit näherer Erläuterung, z. B. *Koornb.*)

braschen, swv., krachen, brechen; laut sprechen; wiehern (von Pferden)

Brass, Braß, f., Erregung, Wut; *in (de) B. kamen* in Zorn geraten, wütend werden

Brassen, m., Brachsen, Weißfisch

brassen, swv., die Segelstellung ändern, brassen

Brede, Breed, f., Breite, Ausdehnung

breden, swv., breiten; sich erstrecken, ausbreiten

Bredullje, f., Verlegenheit, Verwirrung; bedrückende Situation

Bree, Brie, m., Brei, bes. Mehl- o. Griesbrei

Breef, m., pl. *Breven*, Brief, Schriftstück, Urkunde

Breefdräger, m., Briefträger, Postbote

Breefkasten, -kassen, m., Briefkasten, Postkasten

Breefklapp, f., Hausbriefkasten, Briefklappe

Breefmark, f., Briefmarke, Postwertzeichen

Breefporto, n., Briefporto, Gebührenmarke

Breefritz s. *Breefklapp*

Breek (oldbg., ostfr.), n., Gebrechen, bes. Erkältungskrankheit

Breel (ostfr.) s. *Brill*

breet, adj., flekt. *brede*, breit; behäbig, großspurig; *maak di nich so b.* übertr. spiel dich nicht auf, gib nicht so an

Bregen, Brägen, m., Hirn, Gehirn; Kopf, Schädel

Bregenkasten, Brägen-, -kassen, m., Schädel, Kopf; übertr. Verstand

bregenklöterig, brägen-, -klüterich, adj., schwachsinnig, verwirrt, verrückt; trübsinnig, dumpfes Gefühl infolge Kopfschmerz, benommen

Breidelpremen (oldbg., ostfr.), f., Stricknadel

breiden (oldbg., ostfr.), swv., stricken, knüpfen; vgl. *knütten*

breien s. *breiden*

Breitüüg, Breideltüüg (oldbg., ostfr.), n., Strickzeug, Gestricktes

breken, stv. (*ik breek, du brickst, he brickt, wi breekt, breeken; ik bröök, brook; braken, broken*), brechen, zerbrechen, durchbrechen; sich erbrechen; hervorbrechen, stürzen; (häufig in Kompos. wie *af-, daal-, in-, twei-, uteneen-, wegbreken* u. a.)

brekenvull, adj., brechendvoll, übervoll

Breker, Bräker, m., pl. *Brekers*, Sturzsee, Brecher, große Welle

[1]**Brems,** f., Stechfliege, Bremse

[2]**Brems,** f., Bremse, Stopper, Haltevorrichtung

bremsen, swv., bremsen, anhalten; zurückhalten, zügeln

bremsig, adj., erhitzt, von frischem Aussehen

brennen, swv., brennen, glühen, heiß werden; verbrennen, abbrennen; anstecken; refl. sich verbrennen

Brennettel, f., Brennessel

Brett, n., pl. *Bree(d), Breder*, Brett; *en B. vör 'n Kopp hebben* dumm, begriffsstutzig sein; *up 't B. tellen* bar bezahlen; *en Steen in't B. hebben* gut angeschrieben sein, Wohlwollen genießen; Tresen, Gerichtsschranke, *vör 't B. kamen (möten)* vor Gericht kommen, verhört werden, Rechenschaft ablegen; *vör 't B. kriegen* zur Verantwortung ziehen

Brettfoot, m., Kröte, großer Frosch, Unke

breuen, swv., erhitzen, abbrühen, brühen

Brick(en), m. u. n., Holzteller, rundes Holzbrett

Brie, Bree, Brei, n., Brei, dickgekochte Grütze, Mehlspeise u. ä.

briemsch (schleswg.-holst.), adj., verwegen, draufgängerisch, forsch; wütend, zornig, aufbrausend; unverschämt, frech

Bries, f., Brise, frischer Wind, Windzug

briesen, swv., stark wehen

Briet, m., Rüpel, Flegel, Halbstarker

[1]**Brigg, Brick,** f., Brigg, Zweimastschiff

[2]**Brigg,** m., großer überdachter Wagen mit Sitzen

Brill, Brell, Breel, f., Brille; *eerst 'n Nees un denn 'n B.* immer nach der Reihe u. erst das Wichtigste erledigen; jem. *'n B. upsetten* jem. etw. verdeutlichen, die Meinung sagen

bringen, unregelm. v. (*ik bring, du bringst, he bringt, wi bringt, bringen, ik bröch, broch*; *bröcht, brocht*), bringen; *dat b. wat* schaffen, nützen; *in Gang b.* in Bewegung setzen, veranlassen daß etw. geschieht; *an de Kant b.* beiseite schaffen, zurücklegen, stehlen; *üm de Eck b.* etw. beiseite schaffen, jem. umbringen, töten; (häufig in Kompos. *an-, bi-, mit-, ruut-, wedderbringen* u. a.)

Brink, m., erhöhter Rasenplatz, Dorfanger, Spielplatz

Britsch, f., Pritsche, hölzernes Gestell, hölzerne Liege

Brocken, m., Brocken, abgebrochenes Stück; (häufig bildl. gebraucht z. B.) *sik Brocken(s) an 'n Kopp smieten* sich beschimpfen

Broder, Broor, Broer, Brauder, Bruer, m., Bruder, (in Vbdg. mit Personennamen oft nachgestellt: *Hans-Broder*); Genosse, Kerl, Bursche

Broderhart, n., Bruderherz, Bruder

Broderkind, n., Neffe, Nichte; Kind des Bruders

bröden s. *brüden*

Brögam, Brüdigam, Brügam, m., pl. *B.-s*, Bräutigam, Verlobter

Bröh, f., Brühe; heißes Wasser zum Abbrühen, Brühwasser

bröhen, swv., brühen, abbrühen

brömen, swv., (Schwein:) brünstig sein; (Gewohnheitstrinker:) saufen

broen, broon, bruen, swv., brauen; refl. sich zusammenbrauen (übertr. auch vom Wetter)

[1]**Bröök,** f., Geldstrafe, Strafe; *in B. nehmen* eine Geldstrafe auferlegen

[2]**Bröök,** f., Wehle, durch Deichbruch entstandenes Wasserloch

Bröör(mann) (ostfr.), m., Bruder

Brösel, n., 1. kurze Tabakspfeife; 2. Brosamen

brösig, adj., keck, stolz, übermütig

Brook, m. u. n., Bruch, sumpfiges Gelände; Gehölz, Baumgruppe, Wald (häufig Kompos. in Orts- u. Flurnamen)

Broor (ostfr.), m., Bruder

Broot, Brood, n., pl. *Brööd, Brö, Breu(d)*, Brot; Kost, Nahrung; *to B. kamen* zu Verdienst kommen, Arbeit finden; *sien seker B. hebben* feste Stellung, sicheres Einkommen haben; *in B. un Lohn nehmen* anstellen, beschäftigen; *mehr as B. eten können* klug sein; jem. *wat up 't B. smeern* jem. die Meinung sagen, Vorhaltungen machen

Brootknuust, m., Endstück vom Brot, Kanten

Brootschapp, n., Brotfach, Schrank für Brot u. Lebensmittel

Brootstääd, B.-steed, f., Anstellung, Posten, Arbeitsstelle

brott, brutt, adj., schroff, grob, mürrisch, unfreundlich

Bruch, m. u. n., Bruch, Brüchiges, Abfall; Bruch als Krankheit, Verletzung

[1]**bruddeln,** swv., nachlässig u. fehlerhaft arbeiten, pfuschen, stümpern

[2]**bruddeln,** swv., brodeln, kochen

bruddig, bruttig, bruddich, adj., schwül, gewittrig, brütend, drückend

Brüch, Brügg, Brück, f., Brücke; Landsteg zwischen Ufer u. Schiff; Kommandobrücke auf Schiffen

Brück s. *Brüch*

brüden, swv., necken, foppen, ärgern; sich kümmern um

Brüdigam s. *Brögam*

brüen s. *brüden*

Brüg, Brügge (ostfr.), m., pl. *Brügen(s)*, Brotstück, Butterbrot

brüggen, swv., pflastern, einen Weg befestigen, eine Brücke bauen

brüllen, brullen, swv., brüllen, laut rufen, laut weinen

bruen s. broen

bruken, swv., brauchen, gebrauchen, benutzen, anwenden; nötig haben, benötigen

brummbastig, adj., brummelig, schmollend

Brummelbeer, Brommelbeer, f., Brombeere (Strauch u. Frucht)

Brummer, m., pl. *B.-s*, große Fliege; *'n B. in 'n Kopp hebben* dumme Gedanken haben; jem. *'n B. in 'n Kopp setten* jem. eine fixe Idee einreden

Brummküsel, B.-krüsel, m., Brummkreisel, großer Kreisel; *he hett 'n B.* ist betrunken

brusen, swv., brausen, rauschen; sich schnell bewegen; aufbrausen, schäumen

brutt, adj., grob, kurz angebunden

bruttig s. bruddig

Bruuk, m., Brauch, Gebrauch, Sitte, Gewohnheit

bruun, adj., braun; *b. Koken* mit Sirup zubereitetes Gebäck; subst. *de B.* das braune Pferd

Bruus, f., 1. Brause (zur Verteilung eines Wasserstrahles); 2. Brusche, Beule infolge Stoßverletzung; 3. brausendes Getränk, Sprudel

Bruusch, f., Beule, Brusche

Bruuswater, n., Sprudelwasser, Brause, Limonade

Bruut, f., pl. *Bruten(s)*, Braut, Verlobte, Liebste

Bruutlüüd, pl., Brautleute, Brautpaar

Bruutpaar, n., Brautpaar, Verlobte, Verliebte

Bu, Bo, m., Bau, Baustelle, Gebäude

bubbern, swv., heftig beben, pochen; zittern, flimmern; aufwallen

Bucht, Bocht, f., Bucht, Krümmung, Biegung; Flußschleife; Bogen; *B. geven* nachgeben, Platz machen, *in de B. springen* aushelfen, (an Stelle eines anderen) einspringen, eine Aufgabe übernehmen

Buck, n., pl. *Bück*, Bock, männliches Tier; *enen B. scheten* Fehler machen; Arbeitshokker, Schemel; vgl. *Bock*

^{1}**bucken,** swv., bocken, bockig, widerspenstig sein; (Schaf, Ziege) brünstig sein

^{2}**bucken,** swv., bücken, beugen; refl. sich bücken, sich verneigen; übertr. liebkosen

Bucksbüdelee, Bocks-, f., nichtige Angelegenheit, unwichtige Sache

bucksch, adj., bockig, störrisch

Buddel, Boddel, m. u. f., pl. *Buddels, Buddeln*, Flasche; *in 'n B. sitten* in Bedrängnis sein

Buddelbreef (hbg.), m., Flaschenpost

Buddelee (ostfr., oldbg.), f., 1. Glasschrank, Vitrine zum Aufbewahren von Gläsern, Porzellan u. ä.; 2. Graberei, Verrichtung von Erdarbeiten

Buddeleeschapp (ostfr., oldbg.), n., Geschirrschrank

buddeln, swv., 1. buddeln, wühlen, im Sand spielen, graben; (Federvieh:) im Sand baden; 2. trinken, mit der Flasche aufziehen

Buddelschipp, n., Buddelschiff, in eine Flasche eingebautes Schiff

Budel (ostfr., oldbg.), f., Kram, Sache, Masse; Nachlaß; *klaar is de B.* die Angelegenheit ist geklärt, erledigt

bücken, bucken, swv., refl. sich bücken, sich verneigen, dienern; vgl. ^{2}*bucken*

^{1}**Bücks,** f., 1. Büchse, Dose; 2. Gewehr, Flinte, Jagdbüchse

^{2}**Bücks** s. *Büx*

Büdel, Bütel, m., pl. *B.-s*, Beutel, kleiner Sack; Geldbörse, *den Dumen up 'n B. holln* geizig sein

buen, boen, bugen, swv., bauen, errichten

Büffel, m., pl. *B.-n B.-s*, Büffel, Ochse; übertr. grober Kerl, gewalttätiger Mensch

Bülg, Bulg, f., meist pl. *Bülgen*, Welle, Woge

bülgen, swv., wogen, sich wellenförmig ausbreiten

Bült, Bult, m. u. n., kleiner Erdhügel; Büschel; Menge, Masse, Haufen, *sien Saken up 'n B. hebben* alles beieinander haben, zusammenhalten; Grasbüschel, ungenießbares Weidegras

bün s. *sien*

Bünd (Elbm.), n., Bund, Büschel, s. *Bült*

Bünn, m. u. f., Fischbehälter (fest eingebaut im Schiff u. mit Löchern für den Zufluß von Frischwasser versehen)

Bünsel, Bünzel, n., Band, Bindfaden; Bündel, Zusammengebundenes

Buer, Buur, m., pl. *B.-n*, Bauer, Landmann; *bi 'n B. sien* Landarbeit verrichten; *to 'n B. hebben* jem. zum Narren haben, necken, für dumm verkaufen

Bueree, Buree, f., 1. Landwirtschaft; 2. Ausführung von Bauarbeiten

Buermann, n., pl. *Buerlüüd*, Bauer, Landmann

buern, swv., Landwirtschaft betreiben, den Beruf des Bauern ausüben; *sik von 'n Hoff b.* schlecht wirtschaften, einen Hof zugrunde wirtschaften

Buerndeern, f., Bauernmädchen, Tochter des Bauern, Mädchen vom Lande

Buernhoff, Buurhoff, m., Bauernhof, Haus u. Hof des Bauern

Buernhuus, n., Bauernhaus, Haus u. Wohnung des Bauern

Buernknüll (holst.), m., Dorfplatz

Buernlaad, Buurlaad, f., Truhe zum Aufbewahren der Dokumente u. Gemeindepapiere; Versammlung der Vertreter einer Dorfgemeinde

Buernmeen, f. u. n., gemeinsamer Landbesitz der Bauern u. Dorfbewohner, Allmende

Buerno(o)llsch, f., Bauersfrau, Bäuerin

Buernsteed, B.-sted, f., Bauernhof, landwirtschaftlicher Betrieb

Buernstell, f., s. *Buernsteed*

Buernvaagt, Buurvaagt, m., Bauernvogt, Vorsteher der Dorfgemeinde

Büss, Büß, f., pl. *B.-en*, Büchse, Dose; Gewehr; vgl. [1]*Bücks*

Büssdook (ostfr.), n., Taschentuch

Bütel s. *Büdel*

bütern, büten, swv., Beute machen, Strandgut erbeuten

büterst, bütelst, adj., Superl. zu *buten*, äußerst

Bütt, f., 1. Holzkübel, Waschfaß; 2. pl. von *Butt*, s. d.

Büüd, Büt, f., Beute, Anteil

Büüktunn, f., große Tonne zum Einweichen der Wäsche o. zum Baden

Büx, Bücks, Bucks, f., pl. *Büxen*, Hose; *mit Jack un B.* völlig, ganz u. gar; *een bi de B. kriegen* jem. zur Rechenschaft ziehen, bestrafen; *ut de B. möten* austreten, Notdurft verrichten; *de B. anhebben* das Sagen haben

Büxenbeen, n., Hosenbein

Büxenbodden, B.-borrn, m., Hosenboden, Gesäß

Büxenpiep (ostfr., oldbg.), f., Hosenbein

Büxenschieter, m., Hosenmatz, Kleinkind (scherzh.)

Büxentasch, f., Hosentasche

buffen, swv., knuffen, stoßen, schlagen, unversehens anstoßen

bugen s. *buen*

bugseern, swv., bugsieren, schleppen, schieben

buken, büken, swv., (Wäsche) einweichen

Buknecht (holst.), m., Großknecht (in der Stellung eines Verwalters)

Bulg s. *Bülg*

Bull, m., Bulle, Stier; *em stött de B.* er ist eigensinnig; *'n stöötschen B. sinnig maken* (übertr.) jem. beruhigen

Bullbieter, m., Bullbeißer, Bulldogge (Hunderasse)

bullen, swv., (Kuh:) brünstig sein

Bullerballer, m., Polterer; jähzorniger Mensch

Bullerja(h)n, m., 1. Baldrian (Tee aus der Wurzel als Abführmittel); 2. Polterer, Krachmacher

bullern, swv., poltern, donnern, dröhnen

Bulloog, n., Bullauge, rundes Schiffsfenster

Bullster, Bulz, m., Kater; vgl. *Bolz*

Bullwark s. *Bollwark*

bulsterig, adj., uneben, höckerig; aufgeblasen, aufgeplustert; übertr. angeberisch

Bulten s. *Bült*

Bultsack (ostfr., oldbg.), m., Bettunterlage (mit Seegras gefüllt), Strohsack

Bumann, m., Buhmann, Schreckgestalt; der Böse

Bummellaasch, f., unnötiger Kram, Nichtigkeiten, ungeordnete Dinge

bummeln, swv., baumeln, herabhängen; hängen, aufhängen; herumschlendern, bummeln, faulenzen

Bummelschotsch, m., (bestimmte) Tanzweise

Bummsküül, f., Rohrkolben, Schilfkolben

bun s. *buen*

Bund, m. u. n., pl. *Bünn(e)*, *Bunne*, 1. Bund, Bündel, Zusammengebundenes; 2. Windel; 3. Einfassung an Kleidungsstücken; 4. Garbe, Strohbündel; 5. Verbindung, Bündnis

Bunddreger (oldbg.), m., Hausierer (der seine Ware u. Habe im Bündel trägt)

Bundsel, Bündsel, Bünsel, n., Bündel, Pakken, Gebinde

Bung, Bungen, f., pl. *Bungen*, Trommel; trommelförmiges Fischnetz, tonnenförmige Fischreuse

Bunk (vorw. ostfr., oldbg.), m., pl. *Bunken*, Knochen, großer Röhrenknochen

Bunker, m., Bunker, dunkler Raum, Gefängnis; bes. Kohlenlager auf Schiffen

Bunne (oldbg., ostfr.) s. *Bünn*

bunt, adj., bunt, farbig, scheckig, gemustert, verziert, geschnitzt; *de b. Rock* Uniform

Burß, Bursch, m., pl. *B.-en*, Bursche, junger Mann, Lehrjunge; allg. Kerl

Busch, m. u. n., pl. *Büsch*, Busch, Strauch (häufig durch Zusatz näher erklärt *Fliederbeerb.* u. a.); Gebüsch, Niederwald; Strauchwerk, Reisig, abgeschlagene Zweige (zu unterschiedlicher Verwendung); *achtern B. gahn* austreten, Notdurft verrichten; *up 'n B. kloppen* nachforschen, etw. erfragen, aushorchen; *daar is (sitt) wat in 'n B.* etw. Verstecktes erahnen

Buschen, Büschen, m. u. n., pl. *B.-s*, Latz, Schürze; Kinderlätzchen

Buscher (schleswg.-holst.), m., pl. *B.-s.*, Spaten; Syn. *Escher*, *Spaden*

Buscherump, Buscheru(u)ntje, m., blauweiß-gestreifter Arbeitskittel, Arbeitsbluse (bes. Fischer-Kleidung)

Buschwark, n., Gebüsch, Strauchwerk, Reisigbündel (vorwiegend zur Befestigung an Deichen usw.)

buseln (oldbg.), swv., bummeln, herumbummeln; zechen, schlemmen, prassen

Buskohl (ostfr., oldbg.), m., Kohlkopf, bes. Weißkohl, Wirsingkohl

Bussen, Bossen, m., Busen, weibliche Brust; Raum zwischen Brust u. Kleidung; (schleswg.-holst.) Riß, Spalte

Busseruntje s. *Buscherump*

buten, adv. (Steigerungsformen *buter*, *büterst*, *bütelst*), präp., außen, draußen; außerhalb

butendem, buterdem, adv., außerdem

Butendiek, m., Außendeich, Seedeich; Land vor dem Deich

butendieks, adv., außerhalb des Deiches, vor dem Deich, an der äußeren Deichkante

Butendöör, f., Außentür, Haustür

butenkopps, adv., auswendig

Butenlander, -anner, m., Ausländer, nicht Ortsansässiger, nicht Einheimischer, Auswärtiger, Zugezogener

butenlands, adv., außer Landes, im Ausland, bes. im überseeischen Ausland; *b. gahn* auswandern

butenüm, adv., außen herum; *b. gahn* ausweichen, aus dem Weg gehen; *de Arbeit b. gahn* faulenzen

butenvör, butenvöör, adv., außenvor, abseits, außer der Reihe

butenwarts, adv., auswärts, nach außen gewandt

butenwennig, buutwennig, adv., 1. äußerlich, nach außen gewandt; 2. auswendig; Syn. *butenkopps*

Butt, m., pl. *Bütt*, Flunder, Plattfisch

butt, adj., schroff, grob, geradezu; stumpf, gedrungen, plump

Buttje, Buttjer, m., pl. *B.-s*, kleiner Kerl, Knirps; Stromer, Rumtreiber

buttjern, butjern, swv., herumstrolchen, stromern, sich herumtreiben

Buttjill, -joll (hbg.), f., Jolle, Schiff für den Buttfang (s. *Butt*)

Butz, Butze, f., pl. *B.-en*, Wandbett, Alkoven; Verschlag, kleiner Raum

butz, interjek., adv., bautz; plötzlich, auf der

Stelle, unversehens

Butzdöör, f., Tür o. Vorhang vor der *Butz* (s. d.)

Buuk, m., pl. *Büük*, Bauch, Magen; *he hett 'n kloken B.* weiß alles besser; *up'n B. fallen* Mißerfolg haben; übertr. gewölbter Teil eines Gefäßes

Buukkniepen, n., Bauchkneifen, Bauch-, Magenschmerzen

Buukpien s. *Buukkniepen*

Buukstremel, n., Bauchfleisch, Speckstreifen (bes. vom Schweinebauch)

buukt, buuk, adj., bauchig, nach außen gewölbt; prall, gefüllt, übervoll

Buukwehdaag, m. u. n., Bauchweh, Leibschmerzen

Buul, f., pl. *Bulen(s)*, Beule, Schwellung; Geschwür; Menge, Haufen

buun s. *buen*

Buur s. *Buer*

Buutjenter (oldbg., ostfr.), m., Butjadinger, aus der Landschaft Butjadingen kommend

Bux s. *Büx*

D

da, adv., da, dort; interjek. (bes. bei Überraschungen), *süh da!* siehe da!; vgl. *daar*

daags, dags, adv., tags, am Tage, während des Tages

[1]**Daak, Dook,** m., Dunst, Nebel, bes. Bodennebel; *dick von D.* stark neblig, dicker Nebel

[2]**Daak** (holst.), m., Dach, Dachfläche; nur in der Rda. *up'n D. stiegen* jem. auf das Dach steigen, die Meinung sagen; vgl. *Dack*

daaksen, swv., prügeln, schlagen, lärmend toben; refl. sich prügeln

Daal, n., Tal (nur in formelhaften Wendungen u. in Orts- u. Flurnamen)

daal, dool, adv., hinunter, herunter, herab, abwärts; *up un d.* auf und ab, ganz und gar; *up d.* drauf los; *bi sik d. sien* krank, niedergeschlagen, erledigt sein, völlig herunter, fertig sein; *daal-* häufig Präfix bei unfesten Verben der Bewegung (s. d. f.)

daalbögen, swv., hinunterbiegen, nach unten biegen; part. prät. adj. *daalböögt* gebeugt

daalbreken, stv. (s. *breken*), abbrechen, niederreißen; umfallen, zusammenbrechen (auch übertr.); unbesonnen auf etw. losgehen

daalbuken, -bucken, swv., refl. sich beugen, bücken

daaldrieven, stv. (s. *drieven*), hinuntertreiben, stromabwärts treiben

daaldrücken, swv., hinunterdrücken, niederdrücken; unterdrücken

daalduken, -düken, -dükern, swv., untertauchen (trans.); refl. sich duken, niederkauern

daalfallen, stv. (s. *fallen*), herunter-, hinunterfallen, hinfallen; *he is de Trepp d.-fullen* hat sich die Haare schneiden lassen

daalgahn, stv. (s. *gahn*), hinuntergehen, untergehen; *d. up wat* auf etwas losgehen, angreifen

daalkamen, stv. (s. *kamen*), herunterkommen, nach unten kommen; übertr. niederkommen, gebären

daalklabastern, swv., lärmend (die Treppe, Stiege) herabkommen, polternd laufen

daalkladdern, swv., herab-, hinabklettern, hinuntersteigen

daallaten, stv. (s. *laten*), hinab-, herablassen, abseilen

daalpedden, -padden, swv., heruntertreten, zertrampeln; festtreten, stampfen

daalrieten, stv. (s. *rieten*), niederreißen, abreißen, abbrechen, etw. schnell abnehmen, herunterholen, hin-, herunterreißen

daalrullen, swv., hinunter-, herunterrollen

daalsetten, swv., absetzen, herunter-, hinuntersetzen; refl. sich hinsetzen

Daalslag, m., Zusammenbruch, Schwindelanfall, Schlaganfall

daalsluken, swv., hinunterschlucken, hinunterwürgen; *dröög d.* beim Essen zusehen, seinen Ärger unterdrücken

daalsmieten, stv. (s. *smieten*), hinunterwerfen, abwerfen; hinwerfen, niederwerfen, besiegen

daalstörten, swv., hinunterstürzen, fallen, stürzen; (Getränke) hastig trinken

daalstöten, swv., hinabstoßen, hinunterstoßen, umstoßen

daalstuken, swv., hinunterdrücken, pressen, stampfen; übertr. jem. zurechtweisen

daalsusen, swv., hinuntersausen, schnell herunterfallen, abstürzen

daalwarts, daalwaß, adv., abwärts, mit dem Strom gehen

Daam, f., pl. *Damen(s)*, Dame, vornehme Frau; bes. Karte o. Figur im Spiel

daan s. *doon*

daar, door, (unbetont abgeschwächt *der*), adv., lok. da, dort; temp. da, damals; *de dare, dore* der dortige; vgl. *door(e)*

daarbi, adv., dabei, daneben; dadurch; daran (im Satz häufig getrennt, so auch die folgenden)

daarför, daarfor, adv., dafür, statt dessen; *daar nich för* dafür nicht (als Antwort auf einen Dank)

daarhen, adv., dahin, dorthin; in die Richtung; *daar geiht he hen* die Sache ist erledigt; unabänderlich

daarher, adv., daher, von dort, dahin; vorbei, zu Ende; davon, dadurch

daarmaals, adv., damals; vgl. *dunntomaal*

daarmank, -mang, adv., dazwischen, darunter

daarmit, adv., damit (nicht final), dadurch

daarna, adv., danach, dorthin; nachher; *daar fraag ik nix na* danach richte ich mich nicht; das tue ich unbesehen

daarto, adv., dazu, hinzu; dafür, dabei

daarüm, adv., darum, deswegen, deshalb; drumherum

daarvör, adv., davor; *d. sien* sich vor etwas stellen, hindern

daarvon, -vun, adv., davon, daher, daraus, dadurch

daarwedder, adv., dawider, dagegen

Daat, f., Tat, Geschehen

Dach s. *Dag*

Dack, n., pl. *Dacken, Dä(c)ker* (alt *Daken*), Dach (häufig mit erklärendem Zusatz *Strohd., Schüünd.* u. a.); *up 't D. stiegen* zur Rede stellen, jem. die Meinung sagen, *wat up 't D. kriegen* Schläge (auch übertr.) einstecken; *unner D. kamen* heiraten; einen Vertrag schließen

Dackfinster, n., Dachfenster, Fensterluke im Dach

Dacklünk, Dacklüün, m., Spatz, Sperling

Dackluuk, f., Dachluke, Fenster in der Dachschräge

Dackpann, f., Dachpfanne, Dachziegel

däägt, deegt, degt, adj., tüchtig, stark, tapfer; fest, gediegen, kräftig; widerstandsfähig, (verstärkend) sehr

Dääk s. *Deek*

Dääl s. *Deel*

däämlich, däämlig, dämelig, adj., dämlich, dumm, beschränkt, wirr im Kopf

dägern, degern, adv., tüchtig, gehörig, mächtig, gediegen

Däker (hbg.), m., pl. *Däkers*, Taucher

Dämper, m., 1. Dampftopf, Kartoffeldämpfer (bes. für Viehfutter); 2. Zurechtweisung

dämpstig, adj., gedämpft, leise

Dänzer, Denzer, m., Tänzer, Tanzpartner

Dag, Dach, m., pl. *Daag, Doog*, Tag; *D. ok* (verkürzt aus *goden D.*) als Grußformel, *goden D. seggen* begrüßen, besuchen; *vör D. kamen* sichtbar werden, erkennbar werden, offenbar werden; Tageslicht, Hellwerden; *acht Daag* eine Woche; *'n Dager dree* etwa drei Tage, *ewig un dree Daag* unbestimmte lange Zeitdauer, *erster Daags* demnächst, kürzlich

dagdääglich, adv., tagtäglich, an jedem Tag

dagen, swv., tagen, hell werden

Daghürer (ostfr.), m., Tagelöhner; Syn. *Daglöhner*

Daghüür (ostfr.), f., Tagelohn

Daglöhner, Dachlöner; Dagleuhner (hbg.), m., pl. *D.-s*, Tagelöhner, Arbeiter in der Landwirtschaft; Handlanger, Hilfsarbeiter

Daglohn, m. u. n., Tagelohn, *in D. annehmen* als Gelegenheitsarbeiter einstellen

Dagstiet, f., Tageszeit, *de D. beden* begrüßen

daken, swv., 1. lärmen, toben, herumtollen, spielen; 2. nebeln, rauchen, dampfen

dakerg (ostfr.), adj., neblig, s. a. *dakich*

dakich, dakig, adj., neblig, diesig

dal s. *daal*

dalen, swv., sinken, untergehen, fallen

Dalben s. *Dückdalben*

Daler, m., pl. *D.-s*, Taler, Geldmünzen von unterschiedlichem Wert (früher ca. 3 Mark); *dat's 'n D. wert* das lohnt die Mühe; *mit 'n D. na'n Penn smieten* Großes einer Kleinigkeit wegen aufs Spiel setzen; *de D.-s springen laten* sich spendabel zeigen

Dalf, m., Tölpel, alberner Mensch; kräftiger linkischer Kerl

dalli, adv., schnell, flink

dallohrig, adj., mit hängenden Ohren; übertr. niedergeschlagen, kleinlaut, verzagt

dalverich, dalverig, adj., albern, kindisch

dalvern, swv., herumalbern, sich albern benehmen; flirten

Damm, m., pl. *Dämm*, Damm, Erdwall; Staudamm; fester Weg, Fahrweg; *up 'n D. sien* gesund sein, *nich goot up 'n Damm sien* krank, unpäßlich sein

Dammelee, f., Unsinn, kleine Dummheit, albernes Getue

dammeln, daumeln, swv., gedankenlos handeln, tändeln, taumeln, untätig schlendern, langsam gehen, träumend etw. tun; herumalbern

Damp, m., Dampf, Rauch, Qualm; *D. maken* Druck hinter etw. setzen, eine Sache o. Angelegenheit vorantreiben, jem. antreiben; übertr. Luft, Atem, *em geiht de D. ut* er bekommt keine Luft mehr, kann nichts mehr erwidern

dampen, swv., dampfen, rauchen, Dampf absondern; sich mit Dampfkraft bewegen

Damper, m., Dampfer, Dampfschiff; Lokomobile, Dampfmaschine zum Einsatz in der Landwirtschaft (bes. beim Dreschen u. Pflügen)

dampig, dampich, dempig (ostfr.), adj., beengt; kurzatmig, asthmatisch

Dank, m., Dank, Zustimmung

dankbaar, adj., dankbar

danken, swv., danken, sich bedanken; dankend ablehnen; einen Dankgottesdienst besuchen

dankenswert, adj., dankenswert, sehr freundlich, gut gemeint

Dann, f., pl. *Dannen,* Tanne, Nadelbaum, Fichte, Kiefer; pl. auch Nadelwald

Dann(en)appel, m., Tannenzapfen

Dann(en)boom, m., Tannenbaum, Christbaum

dannig, dannich, dennig, adj., kräftig, stark, tüchtig, gediegen

Danz, m., pl. *Dänz,* Tanz, öffentliche Tanzveranstaltung

Danzböhn, -böön, m., Tanzboden, Tanzfläche, Tanzlokal

danzen, dansen, swv., tanzen; *den Düvel d. laten* sich etwas leisten können, freigebig sein

Danzlehrer s. *Danzmeister*

Danzmeister, -mester, m., Tanzmeister, Tanzlehrer

Danzsaal, m., Tanzsaal, Veranstaltungsraum

Danzschool, f., Tanzschule, Tanzunterricht

Danzstünn, f., Tanzstunde, Tanzunterricht

dar s. *daar*

darde s. *drütt*

Darg, Dark, m., Moorboden, Moorschicht, torfige Erde; Treibsel am Fuß eines Deiches

Darm, m., pl. *D.-s,* Darm, Eingeweide, Gedärm

Darr(e), f., Darre, Trockenvorrichtung

darteihn s. *dörteihn*

darten (oldbg., ostfr.), adj., ausgelassen, übermütig, üppig

Dassel, m., Kopf, Schädel, *een an 'n D. haun* eine Ohrfeige verabreichen

[1]**dat,** art. n., das; demon. pron., das, dies, jenes; rel. pron., was, welches

[2]**dat, datt,** konj., daß, damit; häufig in Vbdg. mit präp. o. adv. *ahn d., so d., bet d.*; *wo* (= wie) *d., indem d.* während, *ehrder d.* bevor

datsülvig, adv., dasselbe

datt s. [2]*dat*

Dau, Doog, m., Tau, leichter Nebel; *vör D. un Dag* im Morgengrauen, sehr früh

Daudruppen, -drüppen, m., Tautropfen

dauen, swv., tauen (Eis u. Schnee), anfangen zu schmelzen; (Tau) niedersinken

daumeln s. *dammeln*

dauwarken (oldbg.), swv., lärmen, toben

Dauworm, n., Regenwurm

daven, swv., toben, lärmen, wüten

de, art. m. u. f., (dat. u. akk. m. *den*; in einzelnen Gebieten auch Zusammenfall mit dem nom. *de*; auch als refl. pron. o. demon.) der, die

Dech(t), m., Docht

Deck, n., pl. *Decks, Decken,* Schiffsdeck; häufig in Rdaa. *keen Been an D. kriegen* keinen Halt finden, keine Zustimmung bekommen; *op D. sien* gesund sein; *wat up 't D. kriegen* getadelt, zurechtgewiesen werden

Deckel, m., pl. *D.-s,* Deckel, Topfdeckel, Buchdeckel; übertr. Kopfbedeckung, Kopf, *wat up 'n D. kriegen* geohrfeigt werden, übertr. Rückschläge einstecken müssen

decken, swv., (Dach) decken, abdichten; zudecken, bedecken, verschließen; (Tisch) dekken, etw. auflegen; (Tiere:) bespringen, schwängern

Decksel, m., 1. Überzug mit dem etw. überdeckt o. abgedeckt wird; 2. Teufel, Bösewicht (ostfr.)

Deef, m., pl. *Deev, Deven,* Dieb, auch allg. Schimpfwort, (in Rdaa. u. oft in Vbdg.) *Schelm un D.*

Deeg, Deech, m., Teig (häufig mit erklärenden Zusätzen wie *Broot-*, *Koken-*, *Klütendeeg*)

deegt s. *däägt* u. *degt*

Deek, Dek, Dääk, f., pl. *Deken*, 1. Decke, Bettdecke, Zudeck, *wullen D.* Wolldecke, Plaid; 2. Zimmerdecke, oberer Raumabschluß

[1]**Deel,** m. u. n., pl. *Deel* o. *Delen*, Teil, Teil einer Menge, Anteil; Erbteil; *een D.* eines, etwas; *sien D. hebben* seinen Anteil haben, genug haben, übertr. betrunken sein; adv. *heel un deel* ganz u. gar, alles in allem, völlig

[2]**Deel, Dä(ä)l,** f., pl. *Delen*, Diele, Brett; Fußboden; Diele, Hausflur, Vorraum (häufig näher erklärt *Groot-*, *Döschdeel*); Wirtschafts- u. Arbeitsraum im Bauernhaus; Lagerraum in alten Kaufmannshäusern

[3]**deel,** adv., (nur in der Vbdg.) *heel un deel* ganz u. gar, völlig

Deenst, n., pl. *Deensten*, Dienst, Dienstleistung, Gefälligkeit; Stelle, Stellung, Dienstverhältnis (bes. auf dem Hof o. im Haushalt); übertr. pl. *Deensten* Dienstboten, Gesinde

Deenstdeern, f., Dienstmädchen, Magd

Deensten, nur pl., Dienstboten, Gesinde; vgl. *Deenst*

deenstfre(e), adj., dienstfrei

Deenstjahr, n., Dienstjahr, Pflichtjahr (bes. beim Militär)

deenstlich, adj., dienstlich, amtlich, von Amts wegen

Deep, f. u. n., Tiefe; Tief, breiter Graben, Kanal, Entwässerungsgraben (ostfr. u. Küstenregionen)

deep, adj., tief (im Ggs. zu hoch o. flach); übertr. (Gedanken, Gefühle) tief, nachdenklich

Deepde, f., Tiefe (des Wassers); vgl. *Deep*

deepdenkern, adj., tiefsinnig, nachdenklich, grüblerisch; in Gedanken vertieft, schwermütig

deepdenksch, deepdenkersch s. *deepdenkern*

Deern, f., pl. *Deerns*, allg. Mädchen, Mädchen im Kindesalter, Schülerin; *D. vun dusend Weken* Mädchen im heiratsfähigen Alter, *mien D.* Liebste; allg. vertrauliche Anrede für weibl. Personen ohne Altersunterschied; (mit Nennung der Bezugsperson) Tochter; Magd, Dienstmädchen

Deernsjahr, n., Dienstjahr der Magd, des Dienstmädchens (im Rahmen der Ausbildung)

Deert, Diert, n., pl. *Deerten*, *Deerters*, *Deren*, (vierfüßiges) Tier; Raubtier, Untier, Ungetüm; (häufig als Schimpfwort, verächtlich für Mensch o. Ding) Biest, Ungetüm

deffendeern, -diern, swv., refl. sich verteidigen

deftig, adj., tüchtig, stark, kräftig; gut, gediegen; energisch, nachdrücklich

Degel, m., Tiegel, Blechtopf

deger, däger, adv., tüchtig, sehr; gut, brav; (häufig in Vbdg. mit *so* u. Folgesatz)

degern (schleswg.-holst.), adv., tüchtig, sehr, gehörig

degt, deegt, adj., stark, tüchtig, kräftig; gedrungen, groß, kraftvoll; gediegen; ganz gehörig, sehr; vgl. *däägt*

Dei (holst.), f., Wiege (veraltet)

Deibel s. *Düvel*

Deidei, f., Bett, Wiege (Kindersprache); Puppe

Deit s. *Deut*

Deken (Elbm.), m., pl., angeschwemmtes Schilf, Kraut, Binsenstreu; Treibsel

Dekenwuttel (Elbm.), f., Schilfwurzel

dekern (oldbg.), swv., ausharren, verbleiben, unter dem Dach verweilen

Del(e) s. *Deel*

delen, swv., teilen, aufteilen; halbieren; übertr. Anteil nehmen

delgen (oldbg., ostfr. u. ostnds.), swv., tilgen, löschen; niederreißen, zerstören; gierig fressen, rauben

Dell(e), f., Delle, kleine Vertiefung, Loch, Grube; Beule, Schwellung

delschen, dolschen, swv., 1. löschen, auslöschen (holst.); 2. polternd lärmen, klopfen, knallen (ostfr., oldbg.)

demödig, adj., demütig, unterwürfig

Demoot, f., Demut, Unterwürfigkeit

den s. *de*; *denn*

denen, swv., dienen, als Bote o. Diener tätig sein, in einem Dienstverhältnis stehen

Dener, m., pl. *Dener(s)*, Diener, Bediensteter; Verbeugung

dengeln, swv., dengeln, durch Hämmern die Sense schärfen; Syn. *haren, kloppen*

denken, dinken, stv. (*ik denk*; *ik dach(t)*, *doch*; *dacht*), denken, überlegen, nachdenken, sich erinnern; meinen; refl. sich etwas vorstellen, überlegen

Denkmaal, n., Denkmal, Grabstein

denn, adv., denn, dann; temp. dann, danach; mod. dann, so; nun, also

dennig, dennich, dannig, adj., stark, kräftig, von rechter Beschaffenheit, tüchtig

dennso, adv., dann, dann so

Deßel, m., Zimmermannsbeil, Queraxt, Dechsel

desülve, desülbe; desülvige, pron. m. u. f., derselbe, dieselbe

Deubel s. *Düvel*

deudeln (oldbg.), swv., schlendern, bummeln

Deuker, m., Teufel (bes. in Flüchen), s. *Düvel*

Deuster s. *Düvel*

Deut; Deit (oldbg.), Deut, kleine Münze; *he o. dat is keen D. weert* taugt nichts, ist wertlos

dewern (oldbg.), swv., rütteln, beben, zittern

di, pers. pron. (dat. u. akk.), dir, dich

dibbern, swv., dummes Zeug reden, aufdringlich reden, nörgeln; bettelnd fordern; aufgeregt sein

Dich(t)en s. *Decht*

dicht, adj., adv., dicht, eng verknüpft; verschlossen (auch übertr.); eng, gedrängt; beinahe, unmittelbar; *d. bi* beinahe, fast, kurz davor, nahe, dicht bei

[1]**dichten,** swv., dichten, Verse o. Geschichten schreiben

[2]**dichten,** swv., dichtmachen, verschließen, (Fugen, Löcher) abdichten, verschmieren; (Seefahrt) kalvatern

Dichter, m., Dichter, Poet; Verseschmied

dick, adj., dick, massig, groß; ausgedehnt, geschwollen; *d. doon* prahlen, sich aufspielen; *d.-e Luft* schlechte Stimmung, *wat d. hebben* 1. etw. reichlich haben; 2. etw. über haben, genug von etw. haben (im übertr. Sinne); trübe

dickbastig (hbg.), adj., dickfellig, unempfindlich

dickbramsig, adj., angeberisch, hochmütig

Dickbuuksavend, m., Weihnachtsabend, Neujahrsabend (scherzh. mit Bezug auf das üppige Festessen)

Dickde, f., Fülle, Dicke (bes. von der Leibesfülle); Stärke, Durchmesser (z. B. bei Brettern u. ä.)

dickdoon, stv. (s. *doon*), refl. sich dick machen, aufspielen, überheblich sein, protzen, prahlen, angeben

dickdreevsch, -dreefsch, -dräfsch, adj., dickfellig, dreist; gleichgültig, phlegmatisch

Dickels (oldbg.), n., Kaffeesatz, Dickes, Angedicktes

Dickkopp, m., Dickkopf, Trotzkopf, Starrkopf; (Pflanzen) Knäuelgras

dicknäsig, -nesig, adj., hochnäsig, überheblich

dickrüggt (oldbg.), adj., breitrückig, unerschütterlich; übertr. reich, wohlhabend

diegen, degen, diehen (holst.), swv., gedeihen, wachsen

[1]**Diek,** m., pl. *Di(e)ken*, Teich, Tümpel, Dorfteich, Viehtränke, Mühlenteich u. a.; Syn. *Pool, Kuhl*

[2]**Diek,** m., pl. *Di(e)ken*, Deich, Damm (als Schutzwall an der See, häufig mit erläuternder Namensgebung); *övern D. gahn* flüchten, verschwinden, *mit wat övern D. gahn* mit Beute o. Gewinn abziehen, sich etw. aneignen; übertr. pleite gehen

dieken, swv., deichen, am Deich arbeiten, den Deich ausbessern

Diekerjung, m., am Wasser aufgewachsener Junge

Diem(en), Dimen, m., pl. *Diems, Di(e)mens*, Heuhaufen, Strohhaufen; geschichteter Torfhaufen, Holzmiete

diemen, dimen, swv., aufstapeln, bes. Heu aufschichten, Torfstücke o. Holz zum Trocknen aufstapeln

dien, poss. pron., dein; *dat is d. sien* das gehört dir

Dierk(er), m., Dietrich, Nachschlüssel; Dietrich (PN)

diesen, disen, swv., schlagen, stoßen; (Nebel) niederschlagen, neblig sein

diesig, disig, disich, adj., diesig, dunstig, neblig, undurchsichtig

Dieskopp, m., eigensinniger Mensch, Dickschädel

Diesnack (ostfr.), n., eigensinniger Mensch, Dickschädel

Diessel, Dissel, Di(e)ßel, f., pl. *D.-s, D.-n,* 1. Deichsel am Wagen; 2. Distel

Diggen (hbg., Vierlande), m., Herd, Kochstelle

dik, dek (ostfäl.), pers. pron. (dat. u. akk.), dir, dich

Ding(s), n., pl. *Dinger, Dingen,* Ding, Sache, Angelegenheit (in vielfältiger Verwendung)

Dingen (Finkenw.), m., 1. Küste, Ufer, Schutz; 2. gemauerter Herd, s. *Diggen*

Dingerees (ostfr.) s. *Ding(s)*

Dingsdag, m., Dienstag (als Wochentag)

dinsen (oldbg.), swv., schlagen, ohrfeigen

Dint(e), f., Tinte; Syn. *Black*

dippen, swv., eintippen, eintauchen, (Seefahrt:) die Flagge kurz zum Gruß senken

direkt, adj., adv., direkt, geradewegs, unmittelbar, genau

direktemang, adj., adv., geradewegs, unmittelbar, zielstrebig, ohne Umschweife

dis(se), düß, düsse, pron., dieser, diese

Disch, Disk, m., pl. *Disch(en),* Tisch (oft mit erläuterndem Zusatz), Eß-, Arbeitstisch; *reinen D. maken* übertr. eine Angelegenheit klären, etw. bereinigen; *wat up 'n Disch bringen* Essen auftragen, übertr. etw. zur Sprache bringen, zur Diskussion stellen; *up 'n D. haun* klare Verhältnisse schaffen

Discher, m., Tischler; Tölpel, schwerfälliger Mensch (hbg.)

dischern, swv., tischlern, Tischlerarbeit verrichten, werkeln

disig s. *diesig*

diskereern, swv., diskutieren, etw. besprechen, sich lebhaft über das Für u. Wider unterhalten

diss(e), pron., dieser, diese, dies

Dissel s. *Diessel*

Distel, Dießel, m. u. f., Distel

dit, düt, n. zu *dis(se),* s. d.

Ditt(en) s. *Dütt(en)*

Dit(t)jen, m. u. n., 1. kleiner Haufen (zu *Dutt*); 2. kleines Geldstück, Dreischillingsstück (zu *Deut*)

do, adv., konj., da, damals, dann; nun, da; weil; vgl. auch *daar*

Dobbe, m., Pfropfen, Deckel (holst.); f., Grube, Loch, Sumpf; sumpfiges Wiesenland (ostfr., oldbg.)

Dobbel, Dobbeln, m., Würfel (ostfr.); Wasserblase (oldbg.)

Dobben, m., Wassergraben

dobben (oldbg.), swv., waten, durch Wasser patschen

doch, dochen, adv., doch, dennoch, trotzdem; Syn. *liekers*

Dochter, f., pl. *Döchter(s),* Tochter

Dochtermann, m., Schwiegersohn

Dock(e), f., pl. *Docken,* zusammengedrehtes Bündel aus Garn, Wolle o. Stroh (zum Abdichten); Puppe; puppenartig gedrechselter Pfosten an der Treppe

Dodder, Dotter, m. u. n., Eidotter

Dode, m. u. f., der (die) Tote (flekt. häufig in Kompos.)

Dodenacker, m., Totenacker, Friedhof

Dodenkopp, m., Totenkopf; *den D. up 'n Disch setten* ständig die Vorzüge eines Verstorbenen hervorkehren

dodenstill, adj., totenstill, lautlos; (Wind) ohne Bewegung, ganz windstill

Dodenvagel, m., Kauz, Eule, der den Tod ankündigende Vogel

dödeln, swv., trödeln, bummeln; taumeln, zaudern

dögen, swv., taugen; brauchbar, geeignet sein, tüchtig, fähig sein; (häufig negativ) *nich veel d.* wertlos sein, von schlechtem Charakter sein

Döl (fries.), f., Vertiefung, Loch (als Grenzmarkierung)

Döns, Dönz, Dorns, f., pl. *Dönsen*, Wohnstube, Festraum, gute Stube, beheizbarer Raum, kleines Zimmer

Döntje, Dööntje, n. u. m., pl. *Döntjes, Döntjer*, kurze, heitere Erzählung, Anekdote, Lügenmärchen

Dönz s. *Döns*

Dööfk, Döövke, f., kleiner Holzpflock; kurze Pfeife

Döög(t), f., Tugend, Sittsamkeit; *daar is keen D. in* es taugt nicht viel, ist wertlos

döömlich, dämlich, dämelig, adj., dämlich, dumm, geistig beschränkt

Dööp, f., Taufe, Taufbecken; Taufakt; *to D. gahn* o. *över de D. holen* das Patenamt übernehmen; Feierlichkeit anläßlich der Taufe

Dööpnaam, m., Taufname, Rufname

Döör, f., pl. *Dören*, Tür (häufig mit erläuterndem Zusatz wie *Huus-, Stalldöör* u. a.)

döör s. *dörch*

Döör(n)fleken, f., Türfüllung

Döör(n)klepp (ostfr.), f., Türklinke, Türgriff

Döör(n)klock, f., Türglocke, Klingel

Döörleden, Döörleed, Döörlegen, f., Türschwelle, bes. die lose eingefügte Schwelle der Außentür; Syn. *Süll*

Döörlock, n., Türöffnung, Ausgang

Döörsüll, m., Türschwelle (bes. an Innentüren); vgl. auch *Döörleden* u. *Süll*

döörwiese (oldbg.), adv., einigermaßen, durchschnittlich

Döös(e), m. u. f., Dusel, Taumel; Gedankenlosigkeit, Halbschlaf

Döösbartel s. *Döösbattel*

Döösbattel, -baddel, m., dummer ungeschickter Mensch, Tölpel, einfältiger Dummkopf

döösbattelig, adj., dumm, ungeschickt, tolpatschig

Dööskopp, m., Dummkopf, Schafskopf, Tölpel; vgl. *Döösbattel*

Dööts, Deets, m., Kopf, Verstandskasten; *wat an 'n D. kriegen* Ausschelte (Ohrfeigen) bekommen

Döövke s. *Dööfk*

Döpel (holst.), m., pl. *D.-s*, Tümpel, überwuchertes Wasserloch

döpelich (holst.), adj., sumpfig; schwankend, bebend, unsicher

döpen, dopen; deupen (hbg.), swv. (in der Flexion neben *p*-Formen auch *f*-Formen, z. B. *döfft* = getauft), taufen, getauft werden

Döppke (ostfr.), n., Pfeifenkopf; kleiner Junge; vgl. *Dööfk*

dör s. *dörch*

dörben, dörven, dröven; düren, dürsen (ostfr.); **dössen** (Finkenw.), swv. (mit Umstellung o. auch Ausfall des *r*-Lautes, z. B. *he dröff, döt, döß*; *wi dössen*; *wi drüssen*), dürfen, Erlaubnis haben; bedürfen, nötig haben; können, vermögen; wagen

dörch, dorch, dör, döör, adv., präp., durch, hindurch; lok. durch etw. hindurch; temp. über einen gewissen Zeitraum hinweg; mod. mit Hilfe von, infolge von; (Kranker:) *is door bald mit d.* hat bald ausgelitten; *he is d. den Wind* er ist verwirrt, nicht ganz richtig; als Präfix bei unfesten Verben (s. d. f.)

dör(ch)ackern, swv., pflügen; übertr. (einen Text o. ä.) durcharbeiten

dör(ch)bieten, stv. (s. *bieten*), durchbeißen, durchnagen; übertr. sich durchbeißen, sich durchsetzen, etw. durchstehen

dör(ch)bimsen, swv., 1. schlagen, verprügeln; 2. durcharbeiten (bes. von geistiger Arbeit)

dör(ch)breken, stv. (s. *breken*), durchbrechen, entzweibrechen, teilen

dör(ch)brennen, swv., 1. (Glühdraht, Lampe) durchbrennen, durchglühen; 2. weglaufen, durchgehen, untreu werden

dör(ch)dreih(e)n, swv., trans. etw. zum Zerkleinern durchdrehen, (Schraube) überdrehen; intrans. wirr im Kopf werden, den Verstand verlieren; *he is dörchdreiht* übergeschnappt, verrückt

Dör(ch)driewer, m., Herumtreiber, Stromer, Strolch

dör(ch)eenanner, dörenanner, adv., durcheinander, ständig wechselnd, wirr; subst. Wirrwarr, Getriebe, *'n groot D.* Aufruhr, Chaos

dör(ch)fodern, swv., jem. durchfuttern, mitessen lassen; auch refl. sich (bei andern) durchfuttern

dör(ch)gahn, stv. (s. *gahn*), durchgehen, (Kartenspiel) das Spiel machen; *dat geiht mi dörch* nimmt mich mit, greift mich an; durchgehen, davonlaufen (vgl. *dörchbrennen*); hindurchgehen, (Raum) durchqueren

dör(ch)gahns, dör(ch)gaans, adv., durchgehend; durchweg, fortwährend, meistens, überwiegend

dör(ch)griepen, stv. (s. *griepen*), durchgreifen, strikt durchführen, auf Ordnung sehen

dör(ch)hecheln, -hekeln, swv., über etw. ausführlich sprechen, über jem. herziehen; kritisieren

dör(ch)kauen, swv., ausführlich besprechen, etw. bis in alle Einzelheiten durchsprechen; durchkauen

dör(ch)ketschern, swv., (Wasser) mit dem Ketscher o. Netz durchfischen; *dat Land d.* eggen

dör(ch)kneden, swv., durchkneten, durchwalken, tüchtig durcharbeiten

dör(ch)laten, stv. (s. *laten*), durchlassen, passieren lassen

dör(ch)lesen, swv., (Buch, Text) durchlesen, studieren

Dör(ch)marsch, m., Durchfall (als Darmerkrankung); (Kartenspiel) alle Karten gewinnen

dör(ch)neihen, swv., 1. durchnähen, festnähen; 2. verprügeln; part. prät. adj. *dör(ch)neiht*, durchtrieben, tückisch, gerissen; 3. weglaufen

dör(ch)prudern, swv., mit kleinen Arbeiten die Zeit verbringen, sich durchschlagen

Dör(ch)reis, f., 1. Durchreise; 2. Durchfall (als Darmerkrankung); vgl. *Dör(ch)marsch*

dör(ch)rökern, swv., durchräuchern; bes. adj. *dörchrökert Fleesch*

dör(ch)ropen, stv. (s. *ropen*), durchrufen, telefonieren

dör(ch)schecken, swv., durchschecken, prüfen, etw. anhand einer Liste kontrollieren

dör(ch)slaan, dör(ch)slagen, stv. (s. *slaan*), durchschlagen, durch Schlagen mischen, vermengen; eine Verbindung durch Schlag trennen; refl. sich durchsetzen, sich durchkämpfen; intrans. (Nässe) durchschlagen, zum Vorschein kommen, sichtbar werden

dör(ch)slieten, stv. (s. *slieten*), durchscheuern, verschleißen; meist part. prät. adj. *d.-sleten*, verschlissen, abgetragen

dör(ch)snieden, stv. (s. *snieden*), durchschneiden, trennen

dör(ch)stahn, stv. (s. *stahn*), durchstehen, überstehen; Bestand haben, gelten; *dat steiht dör(ch)* steht durch, wird durchgeführt

dör(ch)steken, stv. (s. *steken*), durchstechen, durchbohren; übertr. mit jem. gemeinsame Sache machen; *d. Kraam* abgekartertes Spiel, Betrug

Dör(ch)stekere, f., Betrug

dör(ch)stellen, swv., (ein Telefonat) durchstellen, eine Verbindung herstellen

dör(ch)stökern, swv., durchstochern, schüren

dör(ch)supen, stv. (s. *supen*), refl. sich (auf anderer Kosten) durchtrinken, nassauern

dör(ch)swieren, swv., (längere Zeit, die Nacht hindurch) bummeln, sich amüsieren, durchschwärmen

dör(ch)tellen, swv., durchzählen, abzählen

dör(ch)trappt, adj., durchtrieben, schlau, raffiniert

dör(ch)trecken, stv. (s. *trecken*), durchziehen, durchqueren; etw. durchziehen, erledigen, fertigstellen

dör(ch)wackeln, swv., verprügeln

dör(ch)walken, swv., durch Schlagen o. Kneten weichmachen; verprügeln

Dörenklappen, n., Türenklappen, Zuschlagen der Türen

Dörns s. *Döns*

Dörp, Dorp, n., pl. *Dörper(s)*, *Dörpen*, Dorf, ländliche Ansiedlung (im Ggs. zu Stadt); *he kummt von 'n Dörpen* er kommt vom Dorf, ist Dorfbewohner (oft verächtlich), *to D. gahn* auf Nachbarschaft gehen, Besuch machen; häufig Grundwort in Ortsnamen

Dörper, m., Dorfbewohner; übertr. einfacher Mensch, Tölpel

dörpsbekannt, adj., dorfbekannt, allgemein bekannt

Dörpskroog, -krook, m., Dorfkrug, Gastwirtschaft im Dorf

Dörpslüüd, pl., Dorfbewohner, Einwohnerschaft eines Dorfes (oft mit verächtlichem Nebensinn)

Dörp(s)straat, f., Dorfstraße, Hauptweg im Dorf

Dö(r)st, Döss, Döß, m., Durst; *övern D. drinken* sich betrinken

dö(r)stig, döstich, adj., durstig; *dat Rad* (o. ä.) *is d.* quietscht, verlangt nach Öl

dörteihn, dötteihn; darteihn (ostfr.), num., dreizehn (wichtige Zahl im Volksglauben, Unglückszahl); *nu sleit dat d.* jetzt ist es genug, jetzt ist Schluß

dörtig, num., dreißig

dörven s. *dörben*

Dösch, Dörsch, m., Dorsch, Fischart

Döschdag, m., Tag an dem gedroschen wird (veraltet)

Döschdamper, m., (altertümliche) Dreschmaschine

Döschdeel, f., Dreschdiele, Tenne

döschen, dörschen, swv., dreschen; hauen, prügeln

Döschflegel, m., Dreschflegel, Dreschholz

Döschkassen s. *Döschmaschien*

Döschkopp, m., Dorschkopf; übertr. Dummkopf

Döschmaschien, f., Dreschmaschine, Dreschkasten

Dösel, m., Kopf; übertr. einfältiger Mensch, Dummkopf

dösen, swv., dösen, geistesabwesend sein, schlummern

dösig, dösich, adj., dösig, benommen, betäubt; müde, schläfrig; dumm, einfältig; wunderlich, komisch, wirr; (Sachen) eigentümlich, merkwürdig; dumm, jem. *dumm un d. snacken* durch ununterbrochenen Redefluß jem. verwirren; (verstärkend:) tüchtig, gehörig

Dösigkeit, f., Dummheit

Dössel s. *Drüssel*

dössen s. *dörben*

Döst s. *Dö(r)st*

dösten, swv., dürsten, Durst verspüren

Döster, m., Teufel

döstig s. *dö(r)stig*

Dötel, Dödel, m., 1. kleiner Holzpflock, Holzdübel; 2. Dotter, Schleim; 3. männl. Geschlechtsorgan

Dötz s. *Dööts*

Döwel s. *Düwel*

doken (Niederelbe), swv., toben, lärmen

Doker (Niederelbe), m., Krachmacher, Lärmer, Schreihals

Dokter, m., pl. *D.-s,* Doktor, Arzt; *up 'n D. studeern* Medizin studieren; *na 'n D. lopen* sich ärztlich behandeln lassen

doktern, swv., ärztliche Hilfe leisten; übertr. etw. bewerkstelligen, bearbeiten, reparieren

doll u. Kompos. s. *dull* u. Kompos.

Doll(e), Dull, f., pl. *Dollen,* Dolle, kleiner Holzpflock; (Ruderboot:) Pflöcke als Lager für die Ruder; Rammpfahl, Duckdalben (im Hafen)

dollschen (oldbg.), swv., hauen, knallen, ballern

domaals, damals, adv., damals, früher; Syn. *dunntomalen*; s. *daarmaals*

donn s. *dunn*

donnern s. *dunnern*

Dood, Doot, m., Tod (als Person vorgestellt); *to D. kamen* zu Tode kommen (bes. infolge von Unglücksfällen); Tod (als Zustand), Lebensende, Sterben; *mit D. afgahn*; *up 'n D. nich* als Ausdruck starker Abneigung

Doodsangst, f., Todesangst

Doodslag, m., Totschlag, gewaltsames Töten; *Moord u. D.* übertr. wüstes Durcheinander, wilde Schlägerei

doof, adj. (flekt. *dove*), taub, schwerhörig; hohl, leer, ohne Inhalt o. Gehalt; betäubt, ohne Gefühl, abgestorben; dumm, geistig beschränkt

Dook, m. u. n., pl. *Döker,* Tuch; bes. Umschlagtuch (häufig durch Zusätze näher bestimmt wie *Koppd., Halsd.* usw.)

dool s. *daal*

Doom, m., Dom, Bischofskirche; spez. Weihnachtsmarkt, Jahrmarkt (hbg., schleswg. u. a.)

Doon s. *Doon(t)*

doon, stv. (*ik do, du deist, he deit, wi doot, doon*; *ik de (dä), du dee(t)st, he de, wi deen*; *doon, daan*), tun, handeln, verrichten, machen; *he kann 't d.* er kann es sich leisten; *dat mag 't woll d.* das reicht, ist hinreichend; *Sellschopp d.* Gesellschaft leisten, zutrinken; *dick d.* angeben, sich aufspielen; refl. *sik d.* sich zieren, sich gehaben; geben, darreichen; *Geld d.* leihen, *wat deit dat* was macht es, kostet es; (häufig in Nebensätzen in Vbdg. mit Infinitiv)

Doon(t), n., Tun; Sache, Ding; *dat is een D.* es ist einerlei, es wird gleich miterledigt, es spielt keine Rolle; *dat is en leeg D.* eine schlimme Sache

Door, Duur, n., Tor, große Tür, Gattertor; bes. Stadttor (mit bestimmendem Zusatz); *buten D.* außerhalb der Stadt (des Tores), auswärts

door u. Kompos. s. *daar* u. Kompos.

door(e), dore (schleswg.), adj. mit vorgestelltem art., der „dortige", jener, *de dore Keerl* jener Kerl dort (häufig verächtlich)

Doorn, m., Dorn, Dornengewächs, Dornenhecke

Doornrepel, m., Dornenhecke, Feldknick

doot, dood, adj., tot; *d. gahn, d. blieven* sterben

dra, draad, adv., schnell, bald, *so d.* sobald

draad s. *dra*

Draag, Drage, f., Trage, Bahre

draagbaar, adj., tragfähig, ertragreich (bes. von Ackerland u. Obstbäumen)

Draagkist, Drakist, Drahtkist, f., tragbare große Kiste, Truhe (mit Griffen); altmodischer Schrank, Sekretär

Draak, Draken, Droken, m., Drache (als Fabelwesen); übertr. (auf Menschen) bösartiger Mensch, Hausdrache; Papierdrache (als Spielzeug)

draaksig (schleswg.-holst.), adj., träge, verdrossen

Draan(e), Drahn; Droon (hbg.), f., männliche Biene, Drohne

Draat s. *Draht*

Draatsack (oldbg.), m., (nur übertr.) langsamer phlegmatischer Mensch, kleiner Kerl

drabbeln (ostfr., oldbg.), swv., 1. trappeln, trampeln, plätschern; 2. sabbern, sich mit Speichel beschmutzen

drachbaar s. *draagbaar*

Drach(t), f., 1. Traglast, was auf einmal getragen werden kann; übertr. Prügel, Schläge; 2. Tracht (als Kleidung); 3. Vorrichtung zum Tragen, über die Schultern zu legendes Holz mit Tragseilen zur Befestigung der Last; 4. Menge des Zusammengetragenen, Ertrag (bes. in der Imkerei)

Drach(t)band, m. u. n., pl. *D.-bänner*, Tragband, Schultergurt; pl. Hosenträger

Drach(t)holt, n., s. *Dracht 3.*

drachtig, drechtig, adj., 1. tragfähig; 2. (Vieh) trächtig, tragend

drängeln, drengeln, swv., drängeln, sich stoßend vorwärts bewegen

drängen, drengen, swv., drängen, zusammendrängen, vorwärtsdrängen; jem. treiben, nötigen, zwingen

Draff; Draft (ostfr.), m., Trab; *in 'n D.* schnell, eilig; *in 'n D. setten (bringen)* in Bewegung setzen, in Gang bringen; *up 'n D. bringen* jem. antreiben, verscheuchen, ihm Beine machen; übertr. Vorhaltungen machen

Dragge(n), m., kleiner Anker (mit 3 o. 4 Klauen), Anker für kleine Schiffe (bes. Fischerboote)

Dragseel, Draagseel, Drachtseel (ostfr., oldbg.), n., Tragegurt, Hosenträger; vgl. *Drachtband*

Draht, Draad, m., pl. *Dröht, Dröhd*, Draht (häufig mit erläuternden Zusätzen, z. B. *Takkeld., Telefond.*); (gedrehter) Faden, Zwirn; *up 'n D. sien* gesund sein, aufmerksam sein

Drahtesel, m., Fahrrad (scherzh.)

Draken s. *Draak*

drakich s. *draaksig*

drall, adj., fest, straff, rundlich; übertr. gesund, kräftig, flink, z. B. *'n dralle Deern*; (Kleidung) knapp, stramm ansitzend

drammen, swv., lärmen, bedrängen, drämmeln; sich aufdringlich u. unverschämt benehmen

drang, drangen, adj., adv., gedrängt, beengt,

eng, dicht gefüllt, (infolgedessen auch) schwer; *d. sitten* (Kleidung:) eng, knapp ansitzend; verklemmt, verquollen, *dat Finster* (o. ä.) *geiht d. to* ist schwer zu schließen; übertr. bedrückt, ärgerlich, ernst, zornig

drangvull, adj., gedrängt voll, voll gefüllt

Drank, m., 1. Trank, Getränk (selten); 2. dünnes Schweinefutter (aus Küchenabfällen); *dünnen D. maken* etw. verwässern, durch Teilen o. Verdünnen wertlos machen

Drap(en), m., Tropfen; vgl. *Drüppen*

drapen, dropen, drepen (mit wechselnden Vokalen u. Umlauten bei der Flexion), stv. (*ik draap, du dröpst, he dröpt; we draapt, drapen; ik dreep; drapen*), 1. (Wurf, Stoß, Schlag) treffen; hart treffen; bekümmern, verletzen; refl. sich zufällig ergeben, zutreffen; 2. antreffen, vorfinden, begegnen

drauen (ostfr., oldbg.), swv., zögern, zaudern, trödeln; langsam reden

drau(h)en, drohen, draugen, swv., drohen, androhen, warnen; (abgeschwächt) etw. andeuten dessen Ausführung aber noch ungewiß ist

draven, drawen, swv., traben, schnell gehen, laufen

dre(e), drei, num., drei; *he kann nich bet d. tellen* er ist dumm, beschränkt; *ewig un d. Daag* sehr lange; *d. lang - d. breet* ausführlich, umständlich

Dre(e)angel, m., (Musikinstrument) Triangel; dreieckiges, unbebautes Land (in Flurnamen); rechtwinkliger Riß (in Kleidung); Dreifuß als Gestell über offenem Feuer

dre(e)bastig, adj., dreist, frech, ungezogen

dre(e)dubbelt, adj., doppelt u. dreifach

Dre(e)foot, m., pl. *Dreefööt*, Dreifuß, Gestell über offenem Feuer zum Abstellen der Töpfe; dreibeiniger Hocker, Schusterschemel; (Pflanze) Baldrian

dreeg (schleswg.-holst.), adj., lange vorhaltend, sparsam im Verbrauch, ausgiebig

dre(e)kantig, adj., dreikantig, dreiseitig; *d. ruutsmieten* in grober Art die Tür weisen, hinauswerfen

Dre(e)ling, Dreiling, Dreelnk, m., alte Silbermünze im Wert von 3 Pfennigen; *dat 's keen D. weert* es ist wertlos

dre(e)maal, adv., dreimal

Dreemaster, m., Dreimaster, Schiff mit drei Masten

Dreesch(koppel), f., Acker der zwischenzeitlich als Weideland genutzt wird, *dat Land liggt in D.* ist nicht umgebrochen, wird als Weide genutzt

dre(e)timpig, adj., (Hut, Tuch) dreizipflig, dreieckig

dre(e)tollich, -töllich, -tullsch, adj., drei Zoll lang o. dick; *he hett 'n d. Brett vör 'n Kopp* ist begriffsstutzig, dumm, beschränkt

[1]**dregen,** stv. (*ik dreeg; du drechst, drichst, drüchst, drügst; he drecht, dricht, drücht; wi dreegt, dregen; ik droog, dröög; dragen, drogen*), tragen, transportieren; *de Nees hooch d.* angeben, stolz tun; ertragen, leisten; (Tiere) trächtig sein; refl. sich kleiden

[2]**dregen,** stv. (Stammformen wie *[1]dregen*), trügen, betrügen (meist nur unpers.)

Dreih, f. u. m., Drehung, Wendung, Richtungsänderung; *den D. kriegen* sich wegdrehen, verschwinden; den richtigen Anfang finden, etw. beginnen; *den D. nich kriegen* sich nicht entschließen können, etw. nicht durchschauen, nicht den richtigen Anfang finden

Dreihbass, -baß, m., Drehorgel, Leierkasten

drei(h)en, swv., drehen, wenden; verändern; spez. drechseln, bohren; refl. sich drehen, sich wenden; (Menschen) geziert, vornehm tun

Drei(h)er, m., Dreher, Drechsler

Drell, m. u. n., starkes Leinen, Drillichstoff

[1]**drellen,** swv., drehen, aufdrehen

[2]**drellen,** swv., s. *dremmeln*

dremmeln, swv., drängen, treiben, stoßen, schieben; betteln; makeln, Zwischenhandel treiben

Drempel, Trempel, m., Schwelle, Grundbalken

drepen s. *drapen*

Dresch, Dreß, m., 1. Trespe, Wildhafer, Unkraut; 2. (ostfr., oldbg.) grünes Weideland

drewelig (schleswg.-holst.), adj., langsam im Denken u. Sprechen

Dribbel, m., Unruhe, Begierde

drieben s. *drieven*

driebens, drievens, adv., eilends, schnell, wie getrieben; unverzüglich, sofort; geradewegs; stetig, unaufhaltsam, unbeirrt; eilig

drieseln, swv., schlendern, langsam gehen, nachlässig arbeiten; rieseln, nieseln, leicht u. anhaltend regnen

driest, adj., dreist, frech; beherzt, unbekümmert, unbedenklich

drieven, driven, drieben, stv. (*ik driev*; *du driffst*; *he drifft*; *wi drievt*, *drieven*; *ik dreev*, *dreef*; *dreven*, *dreben*), vorwärtstreiben, anspornen; antreiben, drängeln; (Vieh) treiben, weiden; (Pflanzen) sprießen, keimen; Handel treiben, etw. betreiben; triefen (selten)

drievens s. *driebens*

Driever, Drieber, m., Treiber; Antreiber, Ausbeuter; Rumtreiber, Strolch; Schürzenjäger

Drievhuus, n., Treibhaus, Glashaus

Drift, m. f. u. n., pl. *Driften*, 1. Weideplatz, Weg zum Weideplatz, Viehtrift, Menge des getriebenen Viehes, Schar, Menge; 2. Trieb, Auftrieb; Triebkraft, Keimen, Wachsen; (von starker Bewegung) Treiben, Drift; 3. Strömung; Treibsel, Angetriebenes; 4. Trieb, Eifer, Verlangen; Tatkraft; 5. Betrieb, Leben, Getriebe

dringen, stv. (*ik dring*, *du dringst*; *ik drung*; *drungen*), dringen, drängen

drinken, stv. (*ik drink*, *du drinkst*; *ik drunk*, *drünk*; *drunken*), trinken; Alkohol trinken, zechen; *he drinkt* er ist ein Trinker; *Verdrag drinken* sich versöhnen; subst. das Trinken, Getränk

drinsen (oldbg.), swv., unzufrieden brummeln, plärren

drippeln, drippen, swv., tropfen, tröpfeln

Driwels (oldbg.), n., Hefe, Treibmittel; Syn. *Gest*

drock, adj., eilig, geschäftig; eifrig, dringlich; gedrängt voll, belebt

Drockde, Drockt, f., Eile, Geschäftigkeit; Aufsehen, Lärm, Unruhe

drödeln s. *dröteln*

Drögeldook, n., 1. Löschpapier; 2. Tuch zum Trocknen, Handtuch

drögen, swv., trocknen; trans. trocken machen; intrans. trocken werden

Dröhn, n., 1. Gedröhn, Erschütterung, Schall; 2. langweiliges Gerede; kleines Gespräch, Plausch

Dröhnbütel, Dröön-, m., langweiliger, schwerfälliger Mensch, Quatschkopf, Faselheini

dröhnen, swv. 1. dröhnen, dumpf tönen, krachen; 2. langweilig sprechen, dumm reden; gedankenlos daherreden

dröhnig, adj., langweilig, langatmig; albern

drökelig (schleswg.-holst.), adj., gedehnt, zögernd; *drökelige Spraak*

Drömelklaas, Drööm-, m., Träumer, unaufmerksamer Mensch

drömeln, swv., langsam gehen, trödeln; verträumt u. unaufmerksam sein

drömen, swv., träumen; *mi hett wat dröömt* ich habe etw. geahnt

drönen s. *dröhnen*

dröög, adj., trocken; *d. leggen* trocken legen, entwässern, *d. liggen* trocken sein, auf dem Trockenen liegen, *d. sitten* sicher, geborgen sein; (Pflanzen) dürr, ausgedörrt, vertrocknet; übertr. (Mensch) trocken, schwerfällig, schweigsam, langweilig; gefühllos; mager; subst. Trockenheit; *Natt un D.* Trinken u. Essen; *in 't Dröge bringen* in Sicherheit bringen, *in 't* (*up 't*) *D. sitten* in Sicherheit sein

Dröögde, f., 1. Trockenheit, Dürre; 2. Sandbank, Untiefe

Dröögewer (hbg.), m., Frachtkahn, kleineres Frachtschiff

Dröögschipper (hbg.), m., Frachtschiffer

Dröönbüdel s. *Dröhnbütel*

dröteln, swv., trödeln, langsam gehen; unlustig sein, faulenzen

drötig, adj., stetig, emsig, unverdrossen

dröven s. *dörben*

Drog, Droch, m., Trug, Trugbild, Täuschung; Betrug

drook, adj., dreist, dickfellig, aufdringlich, unverschämt, frech; keck, vorlaut, lustig; kühn, wagemutig, stolz

Droom, m., pl. *Drööm*, Traum

droppen s. *drüppen*

drosch (schleswg.-holst.), adj., rüstig, flink, stark, kräftig

Droßel, Draußel, Drossel, f., Drossel, Sing- o. Schwarzdrossel; übertr. Tölpel, Tolpatsch

Drosselbeern, Drusselbeern, f., pl., Drosselbeeren, Früchte der Eberesche

Drosselstrick, m. u. n., Vogelschlinge (spez. zum Drosselfang)

Druck, m., 1. Druck, Nachdruck, Schwung; *daar sitt D. achter*; *bannig in D. sien* in Verlegenheit sein; 2. Drucksache, Buchdruck

drucksen, swv., drucksen, verlegen sein, etw. nicht herausbringen; bedrückt sein

drücken, drucken, swv., drücken, pressen; drucken, bedrucken, mit Muster versehen, *drückte Stoff* bedruckter Stoff, gemusterter Kleiderstoff

drüdde, flekt. Form von *drütt* (s. d.)

drüddehalf, drüttelhalf, adv., zweieinhalb

Drüddel, n., Drittel, dritter Teil des Ganzen

Drümpel, m., 1. Dummkopf, Tölpel; 2. (schleswg.-holst.) Türschwelle (vgl. *Drempel*)

drümpeln (hbg.), swv., schwerfällig sich bewegen

drünse(l)n, drünzeln, swv., schlummern, im Halbschlaf liegen, einduseln

Drüpp, m., Tropfen, Nieselregen; Regentraufe

[1]**Drüppel** (ostfr.), m., Türschwelle, Türbalken

[2]**Drüppel** s. *Drüppen*

drüppeln, swv., tröpfeln, tropfen, nieseln; träufeln, tropfenweise fallen

Drüppen, Droppen, Druppen, m., pl. *Drüppen(s)*, Tropfen

drüppen, swv., tropfen, tröpfeln

Drüssel; Dössel (hbg.), m., Türschwelle; herausnehmbarer Mittelpfosten des großen Einfahrtstores

drüsseln, drusseln, druseln, swv., schlummern, im Halbschlaf sein

drütt, num. (flekt. *drüdde, drütte*), dritt(e), der (die) dritte; *de d. Mann* Spieler der Skatrunde

Drüttel, m., pl. *Drüttels*, altes Geldstück (ca. 30 Schilling); *he hett D.-s ünner de Fööt* er ist reich

drullen, swv., stehlen, entwenden, stiebitzen

drullig, drollich, adj., drollig, spaßig, possierlich

Drummel, m., runder kurzer Holzklotz, kleines gedrungenes Stück, bes. Endstück; übertr. kleiner gedrungener Mensch, bes. Kind; Lümmel, Taugenichts

Drunk, m., Trunk, Schluck; Trinken, Zecherei, Umtrunk

Druppen s. *Drüppen*

druseln, swv., einnicken, in Halbschlaf fallen; vgl. *drüsseln*

drusen, swv., 1. rieseln, regnen, herabtröpfeln; 2. einschlummern, in Schlaf fallen

Drussel s. *Droßel*

druuf, adj., rauh, stumpf; klebrig, schmierig

Druus, m., 1. Sprühregen, Nieselregen; 2. Schlummer, leichter Schlaf

druus, druusch, adj., mürrisch, verdrießlich; ernst, rauh, finster; eintönig, bedrückend

druusch, adj., ernst; einfältig

Druuv, Druuf, f., pl. *Druven*, 1. Traube, bes. Weintraube u. Rebe; traubenförmiger Gegenstand o. traubenähnliches Gebilde; scherzh. Nase; 2. Bohrwinde, Brustleier, großer Bohrer

du, pers. pron. (dat., akk. *di*, ostfäl. *dik, dek*), du; *up d. un d. drinken* Brüderschaft trinken, sich verbrüdern

dubbelt, duppelt, adj., doppelt, zweifach

dubbern, dubben, swv., an etw. schlagen, klopfen, stoßen

Ducht, f., pl. *Duchten*, 1. Ruderbank, Sitzbrett im Boot; Brett mit Loch für einen Mast; kleines Verdeck am Vorderteil des Bootes; 2. Teil des Strickes, Schlaufe

duchtig s. *düchtig*

ducknackig, duuknackig, adj., gebeugt, gebückt

Dudeldopp, Dudendopp, m., Dummkopf, Tropf

Dudelkasten, m., Drehorgel, Leierkasten, (scherzh.) Radio

dudeln, swv., Musik machen, z. B. *dat Radio d.*

Dudelmusik, f., leicht eingängige, melodische Musik

Dübel, m., 1. Pflock, Dübel; 2. s. *Düvel*

düchtig, adj., adv., tüchtig; groß, kräftig, mächtig; *dat 's d. noog* es ist reichlich, genug

Dückdalben, Düük-, Duck-, m., Pfahlgruppe im Wasser zur Befestigung großer Schiffe

düden; düen (oldbg.), swv., deuten, ausdeuten, erklären; zeigen, hinweisen auf

düer, düür, adj., teuer; *de düre Tiet* teure, schlimme Zeit, Notzeit

Düffer, Duffer, m., Tauber, männl. Taube

Düker, m., pl. *D.-s,* 1. Taucher (Mensch); Taucherente, Haubentaucher; 2. Nagel mit gestauchtem Kopf (der beim Einschlagen versenkt werden kann); 3. Vorfluter, Wassergraben (unter dem Deich)

dükern, swv., tauchen, untertauchen; jem. unter Wasser drücken; niederhalten; zur Ordnung verweisen; refl. sich bücken, kuschen

dülden, düllen, swv., dulden, sich gedulden, nachgeben; refl. sich bücken, kuschen

düll s. *dull*

dümpeln, swv., schwanken, schaukeln; (Wasser) Bewegung der See; *dat Schipp d.* wenn es quer zu den Wellen liegt; übertr. vom schwankenden Gang der Seeleute

dünen, swv., (Wolken, Wetter) sich auftürmen, aufziehen, sich ausdehnen; *de See düünt* (von der auflaufenden See) gegen das Land laufen

dünken, dunken, swv., dünken, scheinen; *mi dünkt* (*dücht*) ich meine; *wat dünkt di* was ist deine Meinung; erscheinen, vorkommen; refl. *sik wat d.* sich etwas einbilden, sich aufspielen

Dünn, Dünnen, f., Schläfe

dünn, adj., dünn (Ggs. *dick*); schmächtig; dünnflüssig; *d. maken* verdünnen, verflüssigen; übertr. *sik d. maken* refl. sich dünn machen, verschwinden; übertr. schwach, leise

Dünnschiet, m., Dünnpfiff, Durchfall

dünsen, dunsen, swv., dröhnen, lärmend klopfen, schallen

Dünung, f., Dünung, lange Wellen (vorwiegend nach Sturm), Seegang

düpen, düppen, swv., 1. tief machen, vertiefen; schöpfen, ausschöpfen; 2. tauchen, eintauchen, untertauchen; einstippen (z. B. Gebäck in Flüssigkeit)

Düpte, Düüpde, f., Tiefe, Vertiefung

Duer, duern u. Kompos. s. *Duur, duurn*

düren, dürsen; drüssen (ostfr.) s. *dörben*

dürsen s. *dörben*

düselig, adj., schwindlig, benommen

düsen, dösen, swv., schlummern, leicht schlafen

düsig, düsich, dösig, adj., schwindlig, benommen, wirr; berauscht; dumm, geistesabwesend, *dumm un d. snacken* durch viel Gerede verwirren

düsse s. *dis, disse*

düster s. *düüster*

Düsternis s. *Düüsternis*

Dütt(en), Ditt(en), m., getrockneter Kuhmist (als Heizmaterial)

dütterig, adj., dumm, einfältig

Düttjen s. *Dit(t)jen*

Düün, f., pl. *Dünen,* Düne, zusammengewehter Sandberg (vorwiegend im Küstenbereich)

düür s. *düer*

düüster, düster, adj., düster, dunkel, trübe, finster (Ggs. *hell*); (häufig durch Zusätze verstärkt *pickend., balkend.* u. a.); subst. *Düüster, Düüstern,* n., Dunkelheit, Finsternis, das Dunkel

Düüsternis, f., Finsternis, Dunkelheit

düütlich, adj., adv., deutlich, klar

düütsch, adj., deutsch, *d. snacken* verständlich, deutlich reden, die Meinung sagen; *kannst keen d. verstahn* bist du begriffsstutzig

Düütschland Deutschland

Düvel, Düwel, Dübel, m., pl. *D.-s,* Teufel (als personifizierte Schlechtigkeit; häufig in festen Wdgg. u. Rdaa.)

Düvelsdeert, n., teuflisches Wesen, wildes unbändiges Tier; allg. Schimpfwort

Düvelstüüch, n., Teufelszeug; allg. Schimpfwort

duff, adj., (Glas, Metall) trübe, beschlagen;

ohne Glanz, matt, stumpf, taub

Duffer(t) s. *Düffer*

duhn, duun, adj., 1. dicht, eng, nahebei; 2. betrunken; urspr. geschwollen, straff (so nur noch in) *sik dick un d. eten*

Duhneschicker (Niederelbe), m., Betrunkener

Duhntje, m., Trunkenheit, Rausch

Dukatenschieter, m., scherzhaft für jem. der freigebig mit Geld umgeht, Allerweltskerl

Dukdalben s. *Dückdalben*

dukeln (ostfr.), swv., untertauchen, herunterdrücken; gebeugt gehen

duken, swv., 1. trans. u. intrans. tauchen, untertauchen; 2. refl. sich duken, bücken, beugen, neigen

Duld, f., Geduld, Ruhe, Ausdauer; *D. hebben* Ruhe geben, sich gedulden, genug haben; *dat lett mi keen D.* es läßt mir keine Ruhe, bewegt mich fortwährend

dull; düll (ostfr.), adj., adv., toll, verrückt, (Tiere) tollwütig; *d. na wat* verrückt sein nach, versessen sein auf; zornig, gereizt, wütend; arg, schlimm; stark, kräftig; *dat is rein to d.* es ist nicht auszuhalten, sehr schlimm, das geht zu weit; drollig, merkwürdig; stark, sehr, schlimm

Dullaken (oldbg.), n., Gewebe aus zweierlei Faser (z. B. Flachs u. Wolle, Leinen u. Wolle)

Dullboom (hbg.), m., Balken am Bootsrand zur Befestigung der Dollen (s. *Doll*); flache Reling, Bootsrand

Dullbregen, m., Trotzkopf, Hitzkopf, leicht aufbrausender Mensch

dull(er)harig, dullharich, dullhaar, adj., reizbar, zornig, ungehalten, widerspenstig, jähzornig

Dullert, Dollert (ostfr., oldbg.), m., Vertiefung, Mulde; Sumpf, Morast

Dullhuus, n., Tollhaus, Irrenanstalt

dullkoppt, dullkoppig, adj., eigensinnig, starrköpfig; aufbrausend, leicht erregbar

Dullkruut, n., Bilsenkraut; Schöllkraut; Nachtschattengewächs

dullsnacken (schleswg.-holst.), swv., refl. sich aufregen, sich erregt äußern

Dullsüük, f., Tollwut

Dult (ostfr.), n., pl. *D.-en,* Kram, Plunder, Altwaren; Menge, Masse

Dumen, Duum, m., pl. *D.-s,* Daumen; *wat vör 'n D. hebben* Geld besitzen, reich sein, *den D. rögen* bezahlen, *den D. up den Büdel hebben* geizig sein; *enen D. dick* Daumenbreite (als Maß, etwa 1 Zoll); *den D. kniepen* (für jem.) Glück wünschen

dumm, adj., dumm, einfältig; ärgerlich, unangenehm (häufig in Rdaa. u. Vgl.)

Dummbüdel, n., Dummkopf; *he is mit 'n D. slaan* (*kloppt*) er ist sehr dumm, begreift schwer

dummerhaftig, adj., dumm, einfältig, kindisch

Dummsnuut, f., Dummkopf, Schwätzer, Tölpel

dump, adj., dumpf, schwül, drückend

dumpich, dumpig, adj., dumpfig, schwül, beklemmend; *d. Ruum* ungelüftetes Zimmer

Dunas, n., Rausch, Trunkenheit

dunen, swv., 1. anschwellen, sich ausdehnen; 2. intrans. betrunken machen, berauschen; vgl. *duhn*

dunken s. *dünken*

Dunkeree (oldbg.), f., Dämmerung

dunn, donn, adv., konj., da, dann, darauf, damals

dunnemals, adv., damals, früher; *anno d.* vor langer Zeit

Dunner, m., Donner, Getöse; (allgemeiner Fluch) Donnerwetter

Dunnerjahn, m., Polterer, Krachmacher; übertr. Donner

dunnern, swv., donnern, gewittern; poltern, dröhnen; übertr. laut schimpfen, rufen

Dunnersdag, Dünner(s)dag, Dönner(s)dag, m., Donnerstag

Dunnerslag, m., Donnerschlag; *ut 'n Furts 'n D. maken* stark übertreiben, etwas aufbauschen

Dunnerwed(d)er, n., Donnerwetter, Gewitter; übertr. Streit, laute Auseinandersetzung, Schelte

dunntomaal, dunntomalen, dunnmaals,

adv., damals, früher; *anno d.* in lange vergangenen Zeiten, vor vielen Jahren

dunsen s. *dünsen*

duren s. *duurn*

Dusel, m., 1. Dusel, Schlaftrunkenheit, Schwindel; Gedankenlosigkeit; 2. Glück, *D. hebben*

dusend, -t, num., tausend; *en Deern von d. Weken* Mädchen in heiratsfähigem Alter; häufig auch allg. für große unbestimmte Zahl, unzählig; *d. noog* übergenug, sehr reichlich

Duß (schleswg.-holst.), m., Klumpen, Haufen; Plunder

Dussel, m., Dummkopf

dusselig, adj., dumm, gedankenschwach; benommen, wirr, berauscht

Dust, m., Dunst, Staub

Dutt, Dutten; Dott, m., Haufen, Klumpen, Ballen, Knoten, bes. Haarknoten, Dutt; *up 'n D.* auf einem Haufen, zusammen, angehäuft; *in 'n D.* (o. *dutt*) *gahn, haun* entzweigehen, zerstören, zusammenschlagen; *in 'n D. scheten* zusammenzucken, erschrecken; *wat up 'n D. kleien* etw. zusammenkratzen, etw. ansammeln

duttern, swv., rattern, knattern

duttig, adj., zusammengesunken, in gedrückter Stimmung sein

Dutz, n., Dutzend, Menge von zwölf Stück

duuknackig, adj., geduckt, gebeugt; vgl. *duuknackt*

duuknackt, duuknacksch, adj., geduckt, gebückt, krumm; mit eingezogenem Hals, scheu

Duum, Dumen, m., Daumen

Duumkraft, f., Handwinde zum Anheben schwerer Lasten

Duun, f., pl. *Dunen*, Daune, Flaumfeder

duun s. *duhn*

Duunsupen, n., Saufgelage, Trinkerei

Duuntje, m., leichter Rausch (infolge Alkoholgenusses)

Duur, f., Dauer, Dauerhaftes; Ausdauer; *up de Duur* auf längere Zeit gesehen

duur(h)aftig, adj., mitleidig, bedauerlich; mitleidend, geduldig, duldsam

¹duurn, duern, duren, swv., 1. dauern, währen; vorhalten, aushalten, andauern; refl. sich gedulden; 2. verweilen, bleiben

²duurn, duern, duren, swv., dauern, bedauern, leid tun; klagen, jammern, traurig sein

duursaam, duersaam, adj., bedauernd, mitleidig, geduldig

Duuv, Duuf, f., pl. *Duben, Duven*, Taube

Duwup, Duwuck, m., Ackerschachtelhalm

dwallen, swv., spielen, herumalbern

dwallerig, adj., töricht, albern, tolpatschig

dwallern, swv., belanglos reden, törichtes Zeug reden; albern herumspielen, Unsinn machen

dwallerwatsch, adj., albern, wunderlich, verrückt

Dwang, m., Zwang

Dwarg, Dwark, m., pl. *Dwargen, Dwarks*, Zwerg

dwars, dwaß, adv., adj., quer, (häufig mit der präp. *vör* zu *vör-*, *verdwars* verbunden); *d. un dweer* kreuz u. quer; *d. kieken* schielen

Dwarsdriewer, Dwaß-, m., Quertreiber, Dickkopf; Rumtreiber; (Seemannsspr.) jemand der sein Schiff falsch steuert

Dwarslöper, m., 1. Krebs, Taschenkrebs; 2. Quertreiber, Querulant

dwatsch, adj., querköpfig, albern, verschroben; närrisch, wunderlich, schlecht gelaunt; unsinnig; grob, frech; (verstärkt) *appeldwatsch*

Dweel, f., 1. Handtuch; 2. Zwinge, Schraubzwinge

dweer, dwer, adv., adj., quer (vgl. *dwars*)

Dweerhuus, n., Querhaus, rechtwinklig zum Wirtschaftsteil angebautes Wohnhaus (vorwiegend in Dithmarschen)

Dweerkopp, m., Querkopf, störrischer Mensch

Dweersack, m., Quersack, über der Schulter zu tragender Sack mit zwei Beuteln an den Enden

Dweerweg, m., Querweg (Flurname)

Dweil, Dweul, Dweidel, m., Besen, Schrubber, Feudel aus zusammengebundenen Tuchstreifen (bes. zur Reinigung des Schiffsdecks)

¹dweilen, swv., reinigen, aufwischen, feudeln

²dweilen, swv., schlendern, ziellos gehen

dwelen, swv., refl. sich teilen, etw. abzweigen, trennen

Dwelke (oldbg.), f., Schwätzerin, Klatschbase

dwessen (oldbg., ostfr.), swv., tauen, aufweichen

Dweul s. *Dweil*

Dwiddel (hbg.), m., Wirbel, Haarwirbel

dwillsch, dwillsk (ostfr.), wirr, betäubt, schwindlig; vgl. auch *dwatsch*

dwingen, stv. (*ik dwing, du dwingst, ik dwung, dwüng; dwungen*), zwingen, bezwingen, fertig werden mit, bewältigen

dwirten, swv., wirbeln, wirr machen

Dwo, Dwoog, Dwe, m., schwere dunkle Ton- o. Lehmerde (vor allem zur Herstellung von Ziegeln)

E

Ebäär, Eber, Ebber, m., Storch; vgl. *Adebaar*

Ebb(e), f., Ebbe, niedriger Wasserstand; *holl E.* tiefster Wasserstand an der Nordsee; auch übertr. *dat is holl Ebb mit wat* da ist nichts zu machen, es ist zwecklos; *bi mi is E.* bei mir ist nichts zu holen, ich habe nichts

ebben, swv., ablaufen (des Wassers bei Eintreten der Ebbe)

eben, even, ewen, effen, adj., adv., eben, flach, gerade; schlicht, einfach; ausgeglichen, passend; ordentlich, sauber; gerade, gleich, genau so ... wie; so eben (temp.); gleichmäßig, einförmig

Ebenliet, -lied, -lit, n., Zeitraum von 24 Stunden, ein gleichbleibender Zeitabschnitt (2 x 12 Std. als Maßeinheit); vgl. *Ettmaal*

Ebenmaat, n., Gleichmaß, Übereinstimmung (von Größe u. Gewicht); auch adv. (*eben Maat, ebenmaat*), knapp, mit genauer Not (schleswg.-holst.); maßvoll, anständig (oldbg.)

ebens s. *eben*

Ebentüür, Eventüür, n., Abenteuer, Erlebnis

ebentüürsch, eemtürsch, adj., abenteuerlich; absonderlich, sonderbar, eigenartig; eigensinnig, dickköpfig, wütend, unberechenbar, hinterhältig

ebenweg, ewenwech, adv., gleichmäßig, ohne Unterbrechung

[1]**Eber** s. *Adebar*

[2]**Eber** s. [1]*Ewer*

[3]**Eber,** m., männl. Schwein, Eber; vgl. [2]*Ewer*

echt, adj., echt, dauerhaft; gut, tüchtig; richtig, rein

Eck, f. u. m., pl. *Ecken*, 1. Ecke, Winkel; *üm de E. bringen* heimlich beiseite schaffen, jem. gewaltsam töten; *üm de E. kieken*, schielen; 2. kleines Stück, Fläche (von Wiese o. Akkerland)

Eckel u. Kompos. s. *Ecker* u. Kompos.

eckengrau (hbg.), adj., schummrig, dämmrig

Ecker, Eckel, Egger, f., pl. *Eckern, -s*, Eichel, Früchte der Eiche; Buchecker

Eckerboom, Eekboom, m., Eiche, Eichbaum

Eddel s. *Addel*

Eddelmann, m., pl. *Eddellüüd*, Edelmann, Adeliger (fast ausschließlich in Sprw. u. Rdaa.)

edderkaun, swv., wiederkäuen, (auch übertr.) wiederholen, immer dasselbe noch einmal sagen

edel, eddel, adj., edel, vornehm, prächtig

eder s. *ehrder*

Eed, Eid, m., pl. *Eden*, Eid, Schwur, Beschwörung; *'n E. doon* schwören, *daar kannst 'n E. up doon* das ist absolut sicher

Eedbröök, m., Meineid

Eek, Eik, Eker, m. u. f., pl. *Eken*, Eiche, Eichbaum; (in Vgl. häufig auch als Sinnbild der Kraft u. der Stärke)

Eekappel, m., 1. Gallapfel, Auswüchse an den Blättern der Eiche (Verwendung in der Volksmedizin); 2. Eichel (selten)

Eekboom, m., Eiche, Eichbaum

Eek(heck)ster, Aakster, Heckster, f., Elster; Eichelhäher

Eekhorn(tje), n., Eichhörnchen; vgl. *Eekkatt*

Eekkatt, f., **Eekkater,** m., Eichhörnchen, Eichkater (häufig auch umgestellt zu *Katteker*, s. d.)

Eekster s. *Eek(heck)ster*

eekstern, ekstern, äkstern, swv., keifen, zanken, kritisieren; jem. durch Worte antreiben; kreischen

Eel s. *Ell*

Eelt, Elt, n., pl. *El(t)en*, harte Haut, Hornhaut, Schwielen

eem, öm, adj., schmerzhaft, empfindlich

Eemk, Eme, Emück, f. u. n., Ameise, Grille, Heimchen; vgl. auch *Miegeemken*

eemsig, eemstig (ostfr.), adj., adv., einzig, allein, gesondert; *e. un alleen* (verstärkend) einzig u. allein, nur, ausschließlich

Een, num., die Eins (als Zahl)

een, ein, en, 1. num. (flekt. *een, ene, een*), ein, eine; eins; 2. unbest. art., einer, eine, ein (unbetont *en*, meist verkürzt zu *'n*); vgl. *en*; 3. pron., irgendeiner, jemand (auch für dat. u.

akk.)

eenanner, enanner; 'nanner (in unbetonter Stellung), einander, zusammen

eendoon(t), eendohn, adv., adj., einerlei, dasselbe; gleichgültig, *dat's all e.* es ist alles egal; (häufig noch getrennt als) *een Doon* ein Tun

eenfach, adj., einfach; unkompliziert, leicht verständlich; schlicht, bescheiden

eenfoldig, -foltig, adj., einfältig, schlicht, verständlich

eengaal, energaal, adj., adv., egal, einerlei, es macht keinen Unterschied, gleich; verstärkt *pottegaal* o. *schietegaal* völlig egal; gleichmäßig, ununterbrochen

eenkennig, adj., bekannt

eenmaal, enmal, adv., einmal, ein einziges Mal; (unbetont verkürzt zu *maal,* s. d.); einmal, dereinst; *daar is maal west* es war einmal

eenmaalletst, adv., kürzlich, vor kurzem

Eenpeerdsbuur, m., Kleinbauer (der sein Land mit einem Pferd bestellen kann o. nur ein Pferd besitzt)

eens, adv., einst, einmal; (verstärkt) *mit eens* auf einmal, plötzlich; gleichzeitig, im selben Augenblick

eensaam, adj., einsam, unbewohnt, unbelebt, abgelegen

eensento, eenschento, adv., in einem fort, ständig, immerzu (stets in Vbdg. mit *in*)

eensenweg, adv., in einem fort, gleichmäßig (stets in Vbdg. mit *in*)

Eenspänner, m., Einspänner, einzelnes Pferd vor dem Wagen; übertr. alleinstehender junger Mann, Junggeselle (auch auf unverheiratete Mädchen angewandt)

eentlick s. *egentlich*

eenzig, adj., einzig, allein

Eer(d), Eert, Ierd, f., Erde, Boden, Erdreich; *keen Been an de E. kriegen* nichts bewerkstelligen, nicht zum Zuge kommen, keinen Grund bekommen, (Kartenspiel) keinen Stich erhalten; *ünner de E. kamen* sterben, begraben werden; Welt, Erde (als Planet)

Eerdappel (bes. ostfr.), m., pl. *E.-n,* Kartoffel

Eerdbeer, f., Erdbeere

Eerditsch (holst.) s. *Eerdkrüper*

Eerdkrüper, Erskrüper, m., Eidechse

Eerdlöper, m., Eidechse

Eerdmann(tje) (ostfr.), m., Erdmännchen, Kobold, Zwerg

Eernst, Ernst, Irnst, m., Ernst (Ggs. Spaß)

eernst, ernst, irnst, adj., ernst, eifrig, streng

eernsthaftig, adj., ernst, nachdrücklich

eernstlick; eernstelk (ostfr.), adj., ernst, in vollem Ernst, mit Nachdruck

Eers, Ers, Ars s. *Aars*

1**eers(t), erst,** adv., zuerst, an erster Stelle, erst einmal; vorläufig, zunächst

2**eerst,** num., der (die, das) erste

eerstan, eersten, adv., anfangs, zunächst; vorerst

eersterdaags, eerster Dag, adv., demnächst, bald; (auch gegenteilig) neulich, unlängst

eers(t)maal, adv., erst einmal, zunächst, als erstes, vorerst

ees s. *eenst*

Eesch (holst.), n., As (im Kartenspiel)

eetsch, äätsch, interjek., Ausruf der Beschämung, Verachtung

Eev, Ewe (Niederelbe), f., pl. *Even,* Mutterschaf

eevken, eevkes (ostfr.) s. *eben*

Eew (ostfr.), n., das Jahrhundert

effen s. *eben*

Eg s. *Egg*

egaal, egool, adj., adv., egal, gleich, gleichgültig; gleichmäßig; einerlei; vgl. *eengaal*

egaalweg, adv., immerzu, andauernd, gleichmäßig, fortlaufend

egen, adj., 1. eigen, zugehörig, was jem. gehört, Eigentum; 2. eigen, eigentümlich, eigenartig, sonderbar; *he is wat e.* eigensinnig, empfindlich

egenaardig, adj., eigenartig, sonderbar

egenbackt, adj., selbstgebacken, selbstgefertigt

egenklook, adj., auf besondere Art klug, altklug; überklug, eingebildet; eigensinnig

egenköppsch, egenkoppsch, adj., eigensinnig, dickköpfig, stur

egenmaakt, adj., selbstgemacht, selbstgefertigt, eigenhändig

egens, adv., eigens, ausschließlich, nur, eigentlich

Egensinn, m., Eigensinn, Dickköpfigkeit, Sturheit

egen(t)li(ch), egenlik, adj., eigentlich

[1]**Egg, Eeg; Äch** (lünebg.); **Ei** (holst.); **Eid** (oldbg., ostfr.), f., Egge, Ackergerät (zum Einebnen u. Zerkrümeln der gepflügten Erde)

[2]**Egg,** f., pl. *Eggen,* Schneide, Kante, Ecke; Tuchkante, Webkante; Anwohnergemeinschaft, Bewohner eines Ortsviertels (holst.)

eggen, swv., eggen, mit der Egge arbeiten

[1]**Eh(e),** f., Ecke (nicht sehr gebräuchlich)

[2]**Eh(e),** f., Ehe

Eh(e)paar, n., Ehepaar

Ehr, Ihr, f., Ehre, Ansehen

[1]**ehr,** pers. pron., ihr, sie, ihnen

[2]**ehr, ehrder, eer,** adv., präp., eher, bevor, früher, ehe; (häufig erweitert zu) *e. dat* bevor o. *e. dem* (auch *ehrdem*) früher, vorher

ehrbaar, adj., ehrbar, ehrenhaft, unbescholten

ehrder, eerder, adv., eher, bevor; vgl. [2]*ehr*

ehren, swv., ehren, achten, schätzen

ehr(er) s. *ehr, ehrder*

ehrgüstern, -gistern, adv., vorgestern; *ehr-ehrgüstern* vor drei Tagen

ehrlich, adj., ehrlich, anständig, unbescholten

ehrmaals, adv., früher, ehemals, einst

ehrtiets, adv., ehemals, vorzeiten, vordem

Ei, n., pl. *Eier,* Ei; (häufig in Rdaa. u. Vgl. z. B.) *dat Ei in de Netteln leggen* Mißerfolg haben; *för'n Ei un Botterbroot* billig; *dat Ei is twei* ein Verhältnis ist endgültig zerstört

Eid(e) s. [1]*Egg, Eine*

eien, swv., 1. streicheln, liebkosen; 2. eggen (holst.)

Eierdopp, m. u. n., Eierschale; vgl. *Dopp*

Eierpannkoken, m., Eierkuchen, Omelett

Eierschell, -schill, f., Eierschale

Eilamm s. *Elamm*

Eiland, n., Insel, bes. kleine Insel; übertr. Einbuchtung des Flaschenbodens

Eilander, -lanner (ostfr., oldbg.), m., Inselbewohner

Eile s. *Eel*

Eine, Eide; Eidel (mecklbg.), f., pl. *Einen,* Granne an der Ähre

eisch, adj., unartig, böse, arg, garstig; schlimm; (verstärkend) arg, sehr

[1]**eken, eiken,** adj., eichen, aus Eichenholz; (übertr. auch) fest, stur, dickköpfig

[2]**eken, aken,** swv., kränkeln; eitern, schwären, schmerzen

Ekenholt, n., Eichenholz (häufig auch *eken Holt*); Eichenwald

Eko, n., Echo, Widerhall

Elamm, Eilamm, n., weibliches Lamm (bes. bei Schafen); s. auch *Aulamm*

elben s. *ölben*

Ele, Eld(e), Eelt, f., Schwiele, harte Hautstelle

Elend, n., Elend, Not, Jammer

elend, adj., elend, armselig, krank

elenden, elennen, swv., trans. u. refl., quälen, plagen

elendig, elennig, adj., elend, krank, leidend; kläglich, armselig, kränklich; stümperhaft, unvollkommen

Elfführtje (ostfr.), n., kleiner Trunk am Vormittag, Teepause um elf Uhr

Elk, Ilk, m., Iltis

elk(een), pron., jeder, jede, jedes; jeder einzelne

elkmaal, adv., zusammengezogen aus *elk eenmaal* jedesmal, immer

Ell, Eel, f., Eile, altes Längenmaß von knapp 60 cm; *he hett 'n E. översluckt* steif, kerzengerade; hochnäsig

Ellbagen, m., Ellbogen

Eller, f., pl. *Ellern,* Erle, bes. Schwarzerle; (häufig auch in Orts- u. Flurnamen)

Ellernbrook, m. u. n., Erlenbruch, feuchter Niederwald mit Erlenbestand

Ellernholt, n., Erlengehölz, Wald mit Erlenbestand

Ellervadder, Öllervadder, m., Urgroßvater

Ellhorn, Ellhoorn, Ellhörn, m., Holunder, Fliederbeerstrauch

Els s. [2]*Aal*

Elv, Elf, Elw, f., Elbe (Fluß)

elven s. *ölben*

Emmer, n. u. m., Eimer, s. *Ammer*

en, ene, unbest. art. o. pron. (akk. m. in der Schrift *enen,* in der Aussprache aber häufig wie nom.), einer, eine, ein; jemand, man (immer in unbetonter Stellung, häufig auch verkürzt zu *'n*); vgl. *een*

enanner s. *eenanner*

End, Enn, n. u. m., Ende, Endstück; Stück, Strecke; Schluß, Ziel, Abschluß; *in 'n E. kamen* aufrichten, aufstehen; *in 't E. scheten* großwerden, in die Höhe schießen; *daar is dat E. vun weg* es ist nicht zu glauben

enden, ennen, swv., enden, zu Ende bringen, abschließen

ene s. *en*

enerlei, einerlei, unbest. pron., adv., einerlei, gleichviel; gleichgültig, unwichtig; vgl. *eendoon*

enerwar(d)s s. *enerwegens*

enerwat, unbest. pron., irgendwas

enerwegens, enerwerns, enerworgens, enerwurrns, enerwar(d)s, adv., irgendwo

enerwo s. *enerwegens*

enerworgens s. *enerwegens*

eng, adj., eng, eingeschränkt, knapp; übertr. ärmlich, beklommen

engböstig, engbostig, adj., eng auf der Brust, kurzatmig

Eng(e), Engde, f., Enge; vgl. *Kniep*

engelsch, ingelsch, adj., englisch; *e. inköpen* stehlen, entwenden; *e. Ledder* grauer Zwillichstoff (bes. zur Fabrikation von Arbeitskleidung), *engelschleddern Büxen* Manchesterhose

Engelschmaan, Ingelschmaan, m., Engländer

Englänner, m., Engländer; übertr. verstellbarer Schraubenschlüssel

enig, adj., einig, einander verbunden sein; refl. *sik e. warrn* sich einigen, zur Übereinstimmung kommen; sich verloben

enigermaten, adj., einigermaßen

Enk, n., Glied, Ableger (bes. von Pflanzen)

[1]**Enkel,** m. u. n., pl. *Enkeln,* Fußknöchel

[2]**Enkel,** m., pl. *Enkels,* Enkel (bes. der männl. Sproß, sonst häufig erweitert zu *Enkeldochter*)

Enkeldochter, f., Enkelin

enkelt, enzelt, adj., einzeln, vereinzelt, abgesondert; einfach (Ggs. *dubbelt*)

Enn s. *End*

ennelk (ostfr., oldbg.), **endlich,** konj., endlich, schließlich

ennen s. *enden*

ennerwerns s. *enerwegens*

Ent s. *Aant*

ent-, Präfix, jetzt häufig analog zu hochdt. Bildungen auch bei nd. Verben, z. B. *entgahn, entholLen, entkamen, entlaten, entstahn, entstellen* usw. (in der Regel entsprechen die nd. u. hochdt. Wörter einander; zur Grundbedeutung vgl. die einfachen Formen *gahn, holl(e)n* usw.)

enten, swv., veredeln, pfropfen

Enter, n., pl. *Enters,* Bezeichnung für einjährige Tiere (bes. Pferd, Rind, Schaf; häufig durch Zusatz erläutert) *Enterbeest, Enterfohlen*

entfaamt, entfamig(t), adj., infam, schändlich; *e. Jung* Lümmel, Taugenichts; (auch anerkennend) *'n e. Kerl* ein verfluchter (tüchtiger) Kerl

entlaten, stv. (s. *laten*), entlassen, (vom Dienst, von der Arbeit) entbinden; arbeitslos werden

entschülligen, swv., entschuldigen

entseggen, swv., entsagen, verzichten

entsehn, swv., refl. sich vorsehen, sich scheuen, fürchten; sich schämen

er-, Präfix, bei Verben unter hochdt. Einfluß heute zunehmend anstelle älterer nd. Vorsilben (z. B. *ver-, af-, be-*). In der Regel entsprechen die hochdt. den nd. Wörtern, z. B. *erfinden, erkennen* usw.; vgl. die Grundformen

erbarmlik, erbärmlich, adj., erbärmlich, (aber auch selten) barmherzig

ernst s. *eernst*

ers(t)an s. *eerstan*

Esch, f., pl. *Eschen,* 1. Esche; 2. Saatland, Gemeindeacker

Escher, m., Spaten (urspr. aus Eschenholz);

vgl. *Ascher*

eschern, swv., refl. sich abarbeiten, abmühen

Esel, m., 1. Esel; 2. Gestell, Arbeitsbock

Eseltööt (schleswg.-holst.), f., Eselstute, Eselin

Eser (ostfr.), f., Fliese, bes. Sandsteinplatte

estemeern, estimeern, swv., achten, anerkennen, respektieren

et, unpers. pron., es (in der Regel verkürzt zu *'t* o. ersetzt durch das demon. pron. *dat*)

Etaasch, f., Etage, Stockwerk; *up de E.* Mietwohnung über dem Erdgeschoß

eten; etten (ostfr.), stv. (*ik eet, du ittst, he itt, wi eet, eten*; *ik eet, äät*; *eten*), essen, speisen, Nahrung zu sich nehmen; subst. das Essen, die Mahlzeit

Eten(s)tiet, Etel(s)tiet, f., Essenszeit

Etig, Etik, m. u. n., Essig

etten (ostfr.) s. *eten*

Etter (ostfr., oldbg.), m. u. n., Eiter

Ettgröön, n., zweiter Grasschnitt, Nachmahd; Syn. *Namaad, Nagras*

Ettmaal, n., Zeitraum von 24 Stunden, (Seefahrt) Zeitraum zwischen Flut u. Flut (=12 Stunden); vgl. *Ebenliet*

Eul (Finkenw.), **Öl,** n., Öl

eulich (Finkenw.), **örnlich, ördentlich,** adj., ordentlich, tüchtig

Eultüüch (Finkenw.), n., Ölzeug, wasserdichte Kleidung

even s. *eben*

Evenmaat s. *Ebenmaat*

Eventüür, n., Abenteuer, aufregendes Ereignis; Glücksfall

eventüürsch, adj., abenteuerlich, aufregend

evkens s. *eben*

[1]**Ewer, Ever,** m., kleines flaches Boot zum Transport von Ware (z. B. *Törfewer*); Fischereifahrzeug für küstennahen Fischfang

[2]**Ewer, Ever, Eber,** m., Eber, männliches Schwein; vgl. *Borg*

Ewerfarken, m., männliches Ferkel (Ggs. *Muttswien*)

ewig, adj., adv., ewig, lange; *e. un dree Daag* unendlich lange; *up e.* für immer; unendlich, sehr, außerordentlich

Ex(t) s. *Äx(t)*

exern, extern, swv., quälen, hetzen, jagen, antreiben

exerzeern, exeern, swv., exerzieren

Exküüs (mecklbg.), f., Entschuldigung, *E. maken* sich herausreden, Ausflüchte machen

Exkuter, m., Exekuter, Gerichtsvollzieher, Geldeintreiber

F

Faal s. *Fahl*

Faam s. *Faden*

Faar (oldbg.), f., Ackerfurche; vgl. *Föör*

Faat (oldbg., ostfr.), n., Griff, Fassung, Halt; *F. kriegen* übertr. begreifen, verstehen

Faa(t)dook, m. u. n., Tuch zum Abwischen, Wischlappen, Schüsseltuch

faatkriegen, stv. (s. *kriegen*), fassen, greifen, packen; jem. erwischen, schnappen; begreifen

Fabel, f., Fabel, Märchen, ausgedachte Erzählung, Lügengeschichte

Fabelbook, n., Märchenbuch

Fack, Faak, n., pl. *Fack, Facken,* 1. Fach, Schublade, abgeteilter Raum; übertr. Raum zwischen zwei Ständern im Bauernhaus, Raum zu beiden Seiten der Diele; Stallraum, Stapelplatz für Heu, Stroh usw.; *en F. anbugen* das Haus vergrößern; 2. Wissensgebiet, Fachbereich

fack (mecklbg.), adj., müde, erschöpft, schlapp

Fackel, f., pl. *Fackeln,* Fackel

fackeln, swv., schwanken, sich unruhig bewegen (bes. vom Licht); *nich lang f.* keine Umstände machen, schnell zupacken

Fadem s. *Faden*

Faden, Fadem, Faam, Fohm, m., pl. *Fadens,* 1. Faden (häufig mit erklärendem Zusatz wie *Bind-, Tweerns-, Wullfaden* u. ä.); *an 'n sieden F. hangen* vor einer wichtigen Entscheidung stehen; 2. Längenmaß (ca. eine Armspanne) bes. für Holz u. ä., Klafter; (Seefahrt) Maß der Wassertiefe (1,88 m)

Fähr, f. u. n., Fähre (häufig in Zusammensetzung mit Ortsnamen u. ä.)

fängen, fengen (schleswg.-holst.), swv., zünden, Feuer fangen, aufflammen

Fär (ostfr.) s. *Fedder*

Fäsen, Fääs, Fees, m., pl. *Fäsen, Fesen,* Faser, Fädchen, Fussel, Staubfaden

Fahl, Fahlen, m. u. n., pl. *Fahlen,* Fohlen, Füllen; (häufig in Vgl., Rdaa. u. Sprichw., z. B.) *'n F. rieden* die Schule schwänzen

fahlen, swv., fohlen, (Pferd:) gebären; *dat Peerd schall f.* ist trächtig

Fahlenfoot, m., Huflattich (oft als Teepflanze gebraucht)

Fahn, Faan, f., pl. *Fahns, Fahnen,* Fahne; (in der Vbdg.) *in Fleier* (s. d.) *un F.* geschmückt, herausgeputzt

Fahntje (ostfr.), n., Flittchen

fahren, swv. (auch st. *du föhrst, he föhrt; föhrt*), fahren, Wagen fahren; zur See fahren, *he f. to See* ist Schiffer, Seefahrer; s. a. *föhren*

Fahrensmann, m., (Seemannsspr.) Schiffer, Seemann

Fahrenstiet, f., (Seemannsspr.) Zeit der Berufsausübung als Seemann, Seefahrt

fahrig, farich, adj., unruhig, zerfahren, zerstreut; nachlässig

Fahrrad, n., pl. *F.-rööd,* Fahrrad

Fahrt, f., pl. *Fahrten,* Fahrt, Tempo, Eile, *F. maken* vorankommen; Reise; *up grote F.* Seefahrt auf den Ozeanen, *up wilde F.* ohne Papiere zur See fahren; übertr. Wut, Erregung, Aufregung (bes. *in F.* mit *sien, kamen, bringen*); Auffahrt, Fahrweg zwischen Straße u. Haus

Fahrtüg, n., Fahrzeug, Fuhrwerk

fakender s. *faken(s)*

fakenins, adv., oftmals, des öfteren, häufig

faken(s), faak, fake; foken, adv. (Kompar. *faker, fakener, fakender*), gelegentlich, wiederholt, häufig, oft, öfter

Falg, Fallig, f., Stoppelland, flach umgepflügtes Land, Brache

falgen, falligen, swv., flach pflügen, den Akker umbrechen

[1]**Fall,** m., Fall, Sturz, *Knall un F.* plötzlich, jäh; Fall, Vorfall

[2]**Fall,** f., Falle, Fangvorrichtung; Überfall, Riegel, Türverschluß; übertr. Bett

[3]**Fall,** n., (Seemannsspr.) Tau zum Hochziehen der Segel (stets mit Erklärung *Fockf., Klüverf.* usw.)

fallen, stv. (*ik fall, du fallst, föllst, he fallt, föllt, wi fallt, fallen; ik full, füll; fullen, follen*), fallen; *mit de Döör in dat Huus f.* etwas direkt ohne Umschweife sagen, *mit de Nees in 't Fett f.* Glück haben, gute Geschäfte machen, *ut 't Bett f.* früh (ohne ausgeschlafen zu sein) aufstehen; stürzen, sinken; part. Vbdg. *fallen Water* Ebbe, *fallen Süük* Fallsucht, Epilepsie

fallig (schleswg.-holst.), adj., unbeholfen, schwerfällig

Fall-in-brie, m., Tölpel, Tor, grober Mensch

Fallreep, m. u. n., Schiffstreppe, urspr. Tau außerhalb der Bordwand zum Verlassen des Schiffes; vgl. [3]*Fall*; Strickleiter, Jakobsleiter

Fallsüük, f., Fallsucht, Epilepsie

falsch, adj., falsch; trügerisch, unaufrichtig, heuchlerisch; heimtückisch; treulos, untreu; zornig, aufgebracht, wütend, *f. up wat* o. *up een sien* böse sein über etw. o. jem.; (selten auch) falsch, verkehrt

falsen, swv., falzen, falten, umknicken

Familie, Familje, f., Familie, Angehörige; *F. hebben* übertr. Verwandtenbesuch haben

[1]**Fang,** m., Fang, Ertrag, Ernte

[2]**Fang** (oldbg.), n., eingefriedetes Stück Land

fangen, stv. (*ik fang, du fangst, he fangt, wi fangt, fangen*; *ik fung, füng*; *fungen*), fangen, packen, greifen, erbeuten, fassen

Fanglien, Fange(l)lien, f., starkes Tau, Schleppleine (Seemannsspr.), Befestigungstau zum Anlegen

Fangiesen, n., Fangeisen, Falle

farben, farven, swv. (mit Wechsel von *b* u. *v* in der Flexion), färben

fardig, fari(g), adj., fertig, (eine Tätigkeit) abgeschlossen; schnell, flink, gewandt; übertr. fertig sein, erschöpft sein

faren s. *fahren*

Farken, n., pl. *Farken(s)*, Ferkel (häufig in Sprichw. u. Rdaa.), Scheltwort (übertr. bes. auf Kinder)

farken, farkeln, swv., ferkeln, Ferkel gebären

Farst s. *Fast*

Farv, Farw(e), f., Farbe, Farbstoff (mit Zusatz der Farbbezeichnung)

farven s. *farben*

fasel (ostfr., oldbg.), adj., mager, dünn, schwach, schmächtig; vgl. *Faselswien*

faseln, swv., zögern, (vorwiegend mit Neg.) *nich lang f.* nicht zögern, nicht viele Umstände machen; dummes Zeug reden, schwatzen

Faselswien, n., junges ungemästetes Schwein, zur Aufzucht bestimmtes Schwein

Faßlaam s. *Fastelabend*

Fass(e)labend s. *Fastelabend*

Fast, Farst, m., pl. *Fa(r)sten*, Dachfirst (vgl. *Först*), die mit besonderem Material abgedeckte Stoßkante der Dachflächen (*Heid-F.*, *Reet-F.*)

fast, fas(s), adj., adv., fest, stark, widerstandsfähig; (die Komposita sind unfest, vgl. daher auch die einfachen Verbformen); *sitt f.!* bleib sitzen; (unter hochdt. Einfluß, noch selten) fast, beinahe; Präfix bes. bei Verben, s. d. f.

fastbacken, swv., festkleben, ankleben

fastbinden, stv. (s. *binden*), festbinden, befestigen, anbinden

Fastelabend, Fasselabend, Faßlaam, m., Fastnacht, Abend an dem man herumtollt, sich albern benimmt (vgl. *faseln*); Karnevalfeier

Fastelbeer s. *Fastelabend*

fasten, swv., fasten, hungern

fastmaken, swv., festmachen, befestigen; beschließen, verabreden, eine Abmachung treffen

Fastmaker, m., Hafenarbeiter der die Schiffe festmacht, vertäut

fastnehmen, stv. (s. *nehmen*), festnehmen, verhaften

fastpeken, fastpicken, swv., festkleben, mit Pech (*Pick*) abdichten, befestigen

fastschrieven, stv. (s. *schrieven*), festschreiben, vereinbaren, beschließen

fastsetten, swv., festmachen, befestigen; einen Termin verabreden, etwas vereinbaren; refl. sich festsetzen, sich niederlassen; einsperren, in Haft nehmen

fastsitten, stv. (s. *sitten*), festsitzen, unbeweglich sein, haften, festkleben

faststellen, swv., feststellen, etw. anhalten, unbeweglich machen; etw. feststellen, dingfest machen, bemerken

fasttüdern, swv., anbinden, anknoten; übertr. *sik f.* sich festreden

faten, swv. (neben *a*-Formen auch Formen mit *o* o. *ö*; *du faatst/föttst*, prät. *ik faat, foot,* *fööt*), fassen, ergreifen; erfassen, begreifen; refl. sich fassen; ringen, Kräfte messen; *to f. kriegen* jem. o. etw. erwischen, ergreifen, übertr. *he hett de dörtig to f.* ist 30 Jahre alt

Fatt, n., pl. *Fäät, Faten, Fatens,* Faß, Tonne (häufig mit näherer Bestimmung, z. B. *Beerfatt*); Tonne von best. Größe als Getreide- o. Flüssigkeitsmaß; Teller, Schüssel, größerer Behälter (z. B. *Botterf., Soltf.* u. ä.)

fatt(e)rig, fattig (oldbg., ostfr.), adj., fettig, klebrig, schmutzig, schmierig

Faxen, f., pl., Faxen, spaßhafter Unsinn, Flausen, Unfug; vgl. *Kneep*

Faxenmaker, m., Spaßmacher, Clown

fe, fee (schleswg.-holst.), adj., schlank, fein, anmutig; scheu, schüchtern (bes. von Mädchen); still, bescheiden

Feber s. *Fever*

Februwaar, Februar(i), m., Februar

fechten, swv. (ostfr. auch stv. *fucht, fuchten*), fechten, kämpfen, streiten; (mit den Armen) fuchteln, gestikulieren; betteln, sich (bettelnd) durchschlagen

Fedder, -ll-, -rr-; Feer (vorw. westl. Mdaa.), f., pl. *Feddern,* Feder, Vogelfeder, (pl. übertr. auch) Federkissen, Bett; (abgeleitet von der Gänsefeder) Schreibfeder; Schwung-, Sprungfeder, mechanische Feder

Fedderball, m., Federball (als Spielzeug); übertr. *to F. gahn* ins Bett gehen

[1]**feddern,** swv., federn, schwingen

[2]**feddern** s. *föddern*

Fedderpoos, f., (veraltet) Federhalter, Federkiel (zum Schreiben)

Fedderpull, m. u. n., Federschopf, Federhaube

fedig, adj., schwach, schmächtig; vgl. *fe*

Feding, Fething (schleswg.-holst.), m., Sammelgrube für Süßwasser bzw. Regenwasser (im Bereich der Halligen u. der Marsch), Zisterne

feeg (ostfr.), adj., feige; vgl. *fe*

Feegsel, Fegels, n., pl. *Feegsels,* Kehricht, Zusammengefegtes; Unrat, Schmutz

Feek, Feet, f. u. n., pl. *Feken, Feten,* abgestorbene Pflanzenteile, angeschwemmte Pflanzenreste an Deichen u. Gräben, Treibsel

Feekstreek, Feet-, f. u. n., in Fluthöhe Angetriebenes u. abgelagerte Schilfreste o. ä., Flutstrich (Niederelbe)

Feend s. *Fiend*

Feer (westl. d. Weser) s. *Fedder*

feer, fehr, adj., nicht trächtig, milchlos (von Kühen); selten auch von Hühnern die keine Eier legen, meist Kompos. *Feerkoh, Feerhehn*

Feerhehn s. *feer*

Feerkoh s. *feer*

feerlangs, adv., von ferne, von ungefähr, zufällig

[1]**Feern, Feernte** (ostfr., oldbg.), f., Ferne, Weite

[2]**Feern,** f., Ferien, Urlaub

feern, feerns, adj., adv., (nur in Vbdg. mit präp.) *van f., vun f.* von weitem; *Hans van F.* zur Bezeichnung eines Teilnahmslosen

Feernkieker, m., Fernglas; Fernseher

Feernsehn, n., **Fernseher,** m., Fernsehapparat; s. a. *Fernsehn, Fernkieker*

Feerntje s. [1]*Feern*

Fees, Fes, f., pl. *Fesen,* Fädchen, Fussel, Staubfaser; kleine Hobelspäne u. ä.; übertr. Flaumhaare

Feetstrek s. *Feekstreek*

Fegels s. *Feegsel*

fegen, swv., fegen, auskehren, reinigen (häufig in loser Zusammensetzung *ut-, affegen*); übertr. laufen, losrennen, jagen, sich herumtreiben

[1]**Feger,** m., kleiner Besen, Handfeger

[2]**Feger, Fegert,** m., großer starker Kerl, Draufgänger; übertr. Verschwender, Aufschneider

Fegersch, f., Mannweib, Hausdrache, Putzteufel, aber auch unordentliche Frau, Rumtreiberin

fehl, adv., fehl (nur in Vbdg. mit Verben u. in Zsgg.)

fehlen, swv., fehlen, nicht da sein; *mi (em) fehlt wat* ich bin krank (ohne nähere Bestimmung des Leidens); fehlen, irren; mißlingen

Fehler, m., pl. *Fehlers,* Fehler; Versehen, Verschulden

fehlgahn, stv. (s. *gahn*), fehlgehen, sich verirren

fehlslaan, stv. (s. *slaan*), fehlschlagen, mißlingen

Fehlslag, m., Fehlschlag; Niete

fehr s. *feer*

Fehrkoh s. *Feerkoh*

Feidel, Feil s. *Feudel*

fein, adj., schön, schmuck, hübsch, nett, vornehm; *en f. Jung* (*Deern*) umgänglich, tüchtig, anständig; *sik f. maken* sich festtäglich kleiden, sich putzen

feistern, swv., jem. verjagen, zurechtweisen

Feitung, Feiton, m., leichter Kutsch- u. Nutzwagen

Feld, Fell, Fill, n., pl. *Felder*, *Feller*, Feld, Acker, bebautes Land, *to F. fahren*, *gahn* auf das Feld hinausgehen um zu arbeiten

Feldbloom, f., Feldblume, wildwachsende Blume

Felg(e), f., Felge, Radkranz, Äußeres des Rades

felgen s. *falgen*

Fell, n., Fell, Haut; (häufig in Rdaa. bes. als Umschreibung für Prügel) *dat F. versahlen*, *dat F. vullkriegen* u. ä.; *F. versupen* Totenschmaus, Leichenfeier; jem. *dat F. över de Ohrn trecken* jem. auf üble Weise ausnutzen, betrügen

fell (ostfr.), adj., adv., schnell, geschwind; laut, stark, heftig; plötzlich, sehr; klug, gescheit

fellern s. *föddern*

Felliesen, n., Felleisen, Rucksack

felljagen, swv., (von Pferden) scheu werden, durchgehen; (selten übertr. auf Menschen) durchbrennen, übermütig werden, ausgelassen sein

Fender, Fenner, m., (Seemannsspr.) Fender, Prellkissen o. ä. am Boot

fengen s. *fängen*

feniensch s. *veniensch*

Fenn, Feen, f., (durch Wassergräben) abgegrenztes Weideland, moorige Weide (vorwiegend im Küstenbereich gebräuchlich, ostfr. in Ortsnamen)

fennen, swv., weiden, beweiden (ostfr.); Schweine (nach der Weidemast) nach Gewicht taxieren (schleswg.-holst.)

Fenster s. *Finster*

Fent, m., pl. *Fenten*, junger Bursche, unerfahrener Junge (vorwiegend ostfr.)

ferlangs s. *feerlangs*

fern s. *feern*

Fernkieker, m., 1. Fernglas, Feldstecher; 2. Fernsehapparat

Fernschriever, m., Fernschreiber

Fernsehkasten, m., Fernsehapparat

Fernsehn, n. u. m., das Fernsehen (als Institution), der Fernsehapparat; s. a. *Fernsehkasten, Fernkieker*

Fes s. *Fees*

[1]**Fest,** n., Fest, Feiertag; *över F.* während der Feiertage (bes. Weihnachten)

[2]**Fest** s. *Fast*

Fett, n., Fett, Schmiere, Speisefett (aber nur in fester Form); *in sien F. sien* sich wohl fühlen, in seinem Element sein, *sien F. kriegen* Rüge, Strafe bekommen; *in 't F. sitten* wohlhabend sein

fett, adj., fett, schmierig; nahrhaft, fetthaltig; (Tiere, Menschen) dick, wohlgenährt, gemästet; *f. maken* mästen; (Boden) fett, fruchtbar, ertragreich

Fettbuuk, m., 1. Dickwanst, Schmerbauch; 2. Fetthenne (Pflanze)

Fettfedder, -feller, f., Fettfeder, Schwanzfeder (bei Gänsen); übertr. Übermut, *em steekt de F.* er ist übermütig

fettig, feddig, adj., fettig, schmierig, schmutzig

fettmaken, swv., mästen

Fettpott, m., Fettnapf, Schmalztopf

Feudel, Feul, Feidel, m., Scheuerlappen, Wischtuch aus grobem Gewebe; übertr. grobes Kleidungsstück

Feudeldook s. *Feudel*; vgl. *Faa*(*t*)*dook*

feudeln, swv., feudeln, feucht aufwischen

feuden s. *fodern*

Fever, Fewer, Feber, n., Fieber, *dat kole F.* Wechselfieber, Schüttelfrost, *dat gele F.* Gelbsucht

feverig, adj., fiebrig

Fibel, f., Fibel, A-B-C-Buch

ficheln, fiecheln, swv., schmeicheln, streicheln, fächeln, zärtlich tun, liebkosen

Fick, f., pl. *Ficken*, Tasche, bes. Hosentasche; *he hett wat in de F.* er ist vermögend

Ficker, Fickel, m. u. n., pl. *Fickers*, Ferkel (Koseform); auch übertr. kleiner Schmutzfink u. ä.; vgl. *Farken*

fickerig, adj., schmutzig; unbeholfen, tolpatschig; aufgeregt, nervös; *he maakt mi ganz f.* er macht mich ganz nervös

fickfacken, swv., albern reden

Fiddel, f., Vettel, liederliche Frau

Fiduuz, m., Lust, Spaß; Neigung

fiecheln s. *ficheln*

Fiedel, f., Fiedel, Geige

Fiedelbagen, m., Geigenbogen; übertr. gekrümmt gehender Mensch

fi(e)deln, fiddeln, swv., fiedeln, Geige spielen (häufig mit abfälligem Nebensinn); übertr. *up wat f.* auf etw. herumschneiden; Rda. *so hett Lux nich f.* so hatten wir etw. nicht abgemacht, so war nicht gewettet worden

Fieer u. Kompos. s. *Fier* u. Kompos.

fief, fiev, num., fünf; *nich bet f. tellen könen* dumm sein; *sien f. nich hebben* verrückt sein; *f. graad sien laten* nachsichtig, großzügig sein, sorglos sein

Fiefader(n)blatt, n., pl. *F.-blööd, -blööt*, breitblättriger Wegerich

Fieffingerkruut, n., Bingelkraut, Melde; übertr. (scherzh.) Ohrfeige

Fieg, f., Feige (als Frucht)

Fiek, Fiet, m., Vereiterung, Nagelbettentzündung, Klauenkrankheit bei Kühen

Fiel(e), Fill, f., Feile (unterschieden nach Form *Rundf.*, *dre(e)kant F.* u. Verwendung *Holtf.*, *Iesenf.*)

[1]**fielen, filen,** swv., feilen, mit der Feile bearbeiten

[2]**fielen, filen, fieren,** swv., schnell laufen, sausen

fiemeln (ostfr.) s. *ficheln*

fien, adj., dünn, zart, fein; schwach, empfindlich; vgl. *fein*

Fiend, Feend, m., Feind, Widersacher

fieniensch s. *veniensch*

Fiep, f., Flöte, Pfeife

fiepen, swv., fiepen, helle Töne von sich geben (bes. von Tierlauten)

Fier, f., Feier, Fest (häufig mit näherer Bestimmung)

Fieravend, -abend, m., Feierabend, Arbeitsruhe, *F. maken* aufhören, sich ausruhen

Fierdag, m., Feiertag, Ruhetag

[1]**fieren** (Seemannsspr.), swv., (Tau) gleiten lassen, ablaufen lassen; *f. daal* Kommando zum Herablassen einer Last; gehen, laufen, fahren (häufig mit *laten*) (ostfr.)

[2]**fieren, fiern,** swv., feiern; übertr. zechen

fierfraam, adj., feierlich

Fierstunn, f., Feierstunde, feierliche Veranstaltung

fies, adj., fies, widerlich, garstig, unangenehm; eingebildet, vornehm tuend

fieseln, swv., flüstern, tuscheln

Fieselregen, m., feiner anhaltender Regen, Staubregen

fießeln, fiesseln, swv., (stetig) herabrieseln, regnen, nieseln

Fiete, Fite, Fietje, PN, Friedrich, *Hein un F.* zwei typische (Witz-)Figuren

fiev s. *fief*

fileinig (ostfr.), adj., hinterlistig, boshaft; schrecklich, fürchterlich

Fill s. *Fiel*

fillen, swv., abhäuten, das Fell abziehen; unsauber schneiden, abkerben

Filsen (Niederelbe), m., Felsen, Findling, Feldstein

Fimmel, m., Tick, Marotte; Größenwahn; *he hett 'n F.* er ist leicht verrückt

fimmelig, adj., närrisch, verrückt

finden, finnen, stv. (*ik finn, du findst*; *ik funn/fünn*; *funden, funnen*), finden; refl. sich finden, anfinden; sich treffen, begegnen

Finger, m., pl. *Fingers, Fingern*, Finger, (häufig in Rdaa. wie) *sik de F. verbrennen*; *krumm F. maken* stehlen u. ä.; (für die einzelnen Finger gibt es eine Vielzahl von eigenen, meist scherzhaften Bezeichnungen)

Fingerdopp, m., Fingerkuppe, Fingerspitze

fingereern, swv., herumfingern, fummeln, flink die Finger bewegen

Fingerkuup, -kupp (ostfr.), f., Fingerspitze

fingern, swv., mit den Fingern tasten, herumfummeln

finiensch s. *veniensch*

Fink, m., pl. *Finken*, Finkenvögel, (veraltet für) Sperling

Finn, Finne, f., Finne, Blasenwurm des Schweines

finnen s. *finden*

Finnenkieker, m., Fleischbeschauer, Trichinenbeschauer

finnig, adj., räudig, mit Finnen verseucht, unrein; übertr. garstig, häßlich, bösartig

Finster, Fenster, n., pl. *Finstern*, Fenster

Finsterbank, f., pl. *F.-bänk*, Fensterbank, Fensterbrett

Finsterbeer, n., Fensterbier (Festlichkeit u. Brauch in Verbindung mit dem Hausbau)

Finsterluuk, f., pl. *F.-luken*, Fenster; Fensterladen, Fensterklappe

Finsterruut, f., pl. *F.-ruten*, Fensterrahmen; Fensterscheibe

Fipps, m., kleiner Junge, dünner, magerer Kerl, unruhiger Bengel, Windbeutel

fippsig, fipsig, adj., schmächtig, mager; unruhig, flatterhaft, fahrig; kurz geschnitten

firen s. *fieren*

Fisch, Fisk, m., Fisch

Fischdag, m., Tag an dem Fisch gegessen (bes. Freitag) o. Fischfang betrieben wird

fischen, fisken, fissen, swv., fischen, auf Fischfang aus sein

Fischeree, -ie, f., Fischerei (als Berufsfeld der Fischer)

Fischermann, m., Fischer (als Berufsbezeichnung)

Fischhöker, m., Fischhändler

Fischkeerl, m., Fischer, Fischhändler

Fischwaad, f., großes Zugnetz zum Fischen

Fisematenten, Fisa-, Fieß-, nur pl., (häufig in Vbdg. mit *maken*) Umstände, Faxen, Ausflüchte

fisseln s. *fieseln* u. *fießeln*

fitschen, swv., schnitzen, etw. schnitzeln, meistens *af-f.* abschnibbeln

Fitzel, m. u. n., Schnipsel, Fetzen

fix, adv., adj., schnell; stark, tüchtig, forsch; von rascher Auffassungsgabe, *'n fixen Jung* patenter Junge

[1]**Flaag, Flaage, Flog,** f., pl. *Flagen*, Schauer, Regenguß, Schnee-, Hagelschauer; plötzliche Bewegung wie Bö; übertr. Krampf, Wehe

[2]**Flaag, Flag, Flack, Flach,** n., Fläche, Stelle, Gegend, Gebiet, Wegstrecke; übertr. Arbeits-, Lebensbereich, *op dat F. weet he wat* auf diesem Gebiet weiß er Bescheid, ist er Fachmann

Flaak, Flack (ostfr., oldbg.), f., Geflecht, Zaun, Hürde, Darre

Flaam s. *Flamm(e)*

Flach s. *[2]Flaag*

flach, flak, adj., flach, eben, seicht; frei von etw., gerade; lauwarm, fade

Flack s. *[2]Flaag*

flackern, fluckern, swv., unruhig brennen, flackern

fladderig, adj., flatterhaft, nervös

Fladen, Flarr(en), m., Fladen; flacher Kuchen

Fladuus, Fleiduus, f., Haube mit Bändern, unordentliche Kopfbedeckung; übertr. schlampiges, unordentliches Mädchen, leichtsinniges Mädchen

fläuken (mecklbg.), swv. fluchen, schwören; vgl. *flöken*

Flagg(e), f., pl. *Flaggen*, Flagge, Fahne; Signalzeichen (durch Farbe unterschieden *root, geel, gröön F.*)

Flamm(e); Flaam (ostfr.), f., Flamme, Feuer

Flank, f., pl. *Flanken*, Flanke, Seite; Bauchseite

Flapp, Flabb, Flöpp, f., pl. *Flappen*, (Hänge-)Lippe, Mundwerk, (grob) Maul, Flunsch; *en F. trecken* den Mund verziehen, enttäuscht sein, traurig sein

Flap(p)s, m., pl. *Flappsen*, Schlingel, Flegel; Mensch mit schlapper Haltung

flappsig, adj., flegelhaft; albern, vorlaut

Flarr s. *Fladen*

flarren, fladdern, swv., flattern, abstehen (der Kleidung); übertr. plappern, schwatzen, bes. klatschen, nachreden

Flasch, Flesch, f., pl. *Flaschen*, Flasche (selten neben *Buddel*)

Flaschappel, Flaschen-, m., Kürbis

Flass, m. u. n., Flachs, Leinpflanze (früher wichtiger Grundbestandteil der Garn- u. Stoffherstellung)

flassengeel, adj., strohblond, flachsgelb

Flasskopp, m., Flachskopf, hellblonder Mensch (sowohl als Kose- wie als Schimpfwort)

flau, adj., flau, matt, schlaff, *mi is f. in 'n Maag* hungrig, unwohl sein; ohnmächtig

Flaute, f., Windstille, schwacher kraftloser Wind

Flecht, f., *Flech(t)en*, *Flechels*, 1. Flechte (Hautkrankheit); 2. Zusammengeflochtenes, bes. Haarzopf

flechten, swv., flechten, ineinanderflechten

Fledderesch, f., Zitterpappel, Espe

Fleddermuus, Fladder-, f., Fledermaus

Fleder, m., Holunderstrauch; Flieder

Flederbeer, f., Flieder-, Holunderbeere (als Speise- o. Heilmittel)

Fledertee, m., Hollundertee (aus der Blüte)

fledig, flerig, flödig, adj., schmächtig, schwach, kümmerlich; zart, kraftlos; leicht, bequem

Fleeg, f., pl. *Flegen*, Fliege, bes. Stubenfliege (häufig in Rdaa., Sprw. u. Vgl.)

Fleerling, Fler-, -link, m., Schmetterling

Fleesch, n., Fleisch, *goot bi (in 't) F. sien* gut genährt sein, gesund sein

Fleeschkieker, m., Fleischbeschauer, Trichinenkontrolleur; Syn. *Finnenkieker*

Fleet, n., pl. *Fleten*, Fleet, Wasserlauf, Kanal (bes. in Hamburg; häufig auch in Orts- u. Flurnamen)

[1]**Flegel,** m., pl. *Flegels*, Flegel, Lümmel, ungehobelter Kerl

[2]**Flegel,** m., Dreschflegel (altes Gerät zum Ausschlagen des Korns); vgl. *Döschflegel*

[1]**flegen, fleigen,** stv. (*ik fleeg, du flüggst, he flüggt, wi fleegt, flegen*; *ik floog, flöög*; *flagen, flogen*), fliegen, sich schnell bewegen, eilen; stürzen, fallen; adj. *flegen Masch* Geest, sandiger, leicht wegfliegender Boden; *flegen Hast* in großer Eile, rasend schnell

[2]**flegen, fleigen,** swv., (etw.) in Ordnung bringen; (Krankheiten) heilen

Fleger, m., Flieger, Flugzeug; Pilot

fleidig (ostfr., oldbg.), adj., fein, schlank, geschmeidig; mühelos

Fleiduus s. *Fladuus*

fleien, swv., zieren, putzen, sich zurechtmachen, meist nur Kompos. *upfleien*; part. prät. adj. *flei*, glatt, aufgeputzt, falsch

Fleier, m., Wetterfahne, Windfahne; übertr. Zierat, Schmuck

Fleit s. *Fleut*

fleiten s. *fleuten*

Flek, f., pl. *Fleken*, Flechtwerk, (aus diesem erstellte) Einfriedigung, Begrenzung

Flesch, Fleß s. *Flasch*

[1]**fleten,** stv. (*ik fleet, du flüttst, wi fleet, fleten*; *ik floot, flööt*; *flaten*), fließen, strömen, schwimmen, treiben (meist unpers. u. Übergang zum swv.)

[2]**fleten,** swv., zur Ader lassen, (Blut) abzapfen

fleteern, swv., katzbuckeln, scharwenzeln

Flett, Flätt, n., Vordiele, offene Arbeits- u. Wohnküche im Bauernhaus

Fleut, Fleit, Floit, f., pl. *Fleuten*, Flöte, Pfeife (Instrument); *F. in 'n Kopp hebben* Unsinn planen; übertr. Reihe von Karten gleicher Farbe (Kartenspiel)

fleuten, fleiten, swv., flöten, pfeifen, blasen (mit dem Instrument o. dem Mund); *f. de Aanten von 'n Diek* verschwinde, laß mich in Ruhe, *op wat f.* sich um etw. nicht kümmern, *f. gahn* verschwinden, verlorengehen

Fleut(je)piep, f., kurze Pfeife, Flöte; meist. Rda. Pustekuchen, das war wohl nichts

Flick(en), Fleck(en), m., Flicken, kleines Stoffstück o. ä., Lappen, Teil zum Ausbessern; Schlag, Klaps

flicken, swv., flicken, ausbessern

flickfloien (oldbg., ostfr.), swv., schmeicheln, liebkosen

Flidder, Flirrer, m., Flitterkram, Talmi; wertloser Schmuck

fliddern, swv., 1. flattern, schwirren; 2. sich mit Flitterwerk behängen, herausputzen

fliedig s. *flietig*

Fliep, f., Lippe, bes. Unterlippe, Hängelippe (als Ausdruck der Enttäuschung, Mutlosigkeit); vgl. *Flapp*

flieren s. *fleien*

Flierkraam, m., Flitter, billiges Putzwerk

Fliet, m., Fleiß (überw. in hochdt. Form gebraucht)

flietig, fli(e)dig, adj., fleißig

Flillerflaller, m., flatterhafte Person, Flittchen, Wirrkopf, Leichtfuß; übertr. Schmetterling

Flimmerkist, f., Fernsehapparat

flimsen (Finkenw.), swv., schnell segeln

flink, adj., flink, schnell, munter; gewandt, behende

flinksnutig, adj. vorlaut, vorwitzig

[1]**Flint,** f., Flinte, Gewehr; *de F. in 'n Graben smieten* mutlos werden, etw. aufgeben

[2]**Flint** (ostfr.), m., Findling, großer Feldstein, Kiesel

Flintsteen, m., Flintstein, Feuerstein

Flitz, Flits, m., Pfeil; übertr. das Pfeilschnelle, der Augenblick u. ä.

Flitzbagen, Flitsbogen, m., Flitzbogen, Schießgerät (Pfeil u. Bogen)

Flitzepeed, n., Fahrrad

[1]**Flock, Flaak,** f., Menge, Schar, Anzahl

[2]**Flock(e),** f., Flocke, bes. Schneeflocke

flödeln, flöjen, floden, swv., fluten, sich ergießen, fließen

flödi(g) s. *fledig*

[1]**Flögel,** m., pl. *Flögels*, Flügel; Wetterfahne, Windfahne (am Mast des Schiffes)

[2]**Flögel, Flöchel** s. *Flegel*

flöken, swv., fluchen

Flöök, Flook, m., Fluch

Flöörn s. *Flörkes*

[1]**Flööt,** m., dummes Gerede, Flausen

[2]**Flööt, Flött,** f., Sahne (nur noch oldbg.)

Flöötz, Flööz, m., Flegel, Rüpel, grober Kerl

flöötzig, adj., rüpelhaft, flegelhaft

Flörkes, Flöörn (ostfr.), m., Flieder, Syringe

flöstern (oldbg.), swv., umziehen, übersiedeln, eine Stelle wechseln

Flöten, n., Gicht, Rheuma, Gliederreißen

Floog s. [1]*Flaag*

Flook s. *Flöök*

Floom, Flomen, m. u. n., Fett, Nierenfett (spez. vom Schwein)

[1]**Floor, Flor,** f., Steinplatte, Fliese (ostfr.); Flur, gefliester Raum

[2]**Floor,** m., Schleier, bes. Trauerflor

Floot, f., Flut, auflaufendes Wasser, Wasserschwall

Flott, n., 1. Floß, Schwimmkörper; f., die Flotte (Schiffsverband); 2. Angelkorken bzw. Netzkorken; 3. Entenflott, Entengrütze; vgl. *Aantenflott*

flott, adj., flott, rasch, leicht, mühelos; lustig

flotzig, flötzig, adj., frech, rücksichtslos; unausstehlich, unmanierlich

Flubb s. *Flapp*

flubben, fluppen, swv., flutschen, gleiten, schlüpfen

fluchen, swv., fluchen

Fluch(t), Flüch(t), Flocht, f., pl. *Flüch, Flüchten*, 1. Flucht; Flug; 2. Flügel (vgl. *Flünk*); 3. Reihe, Richtung

fluckern, swv., flackern

fludderig, adj., flatternd; lose hängend; flatterhaft

fluddern, swv., flattern, sich leicht bewegen, über etw. weghuschen; übertr. schwatzen

flüchten, swv., 1. flüchten, fliehen, jem. *f.* verjagen, in die Flucht treiben; 2. fliegen, schmeißen (bes. von der Boßelkugel)

flüchtig, adj., flüchtig, rasch, ruhelos

Flüchup, Flüggop, m. u. n., 1. alles was leicht fliegt (wie Asche, Staub u. ä.); 2. von fliegender Wesensart, Irrwisch, Wildfang, quirliges Kind; 3. (spez.) Ammoniak, Salmiakgeist

flüg(g), flüch, flügge, adj., flügge, flugfähig; fahrig, unruhig; munter, lebhaft, rührig

Flünk, Flunk, m. pl. *Flünk(en)*, Flügel, Fittich; übertr. Arm; Mühlenflügel; *de F. han-*

gen loten mutlos, niedergeschlagen sein, *bi de F. kriegen* jem. fangen, ergreifen

flütten, swv., umziehen, die Wohnung wechseln; etwas wegrücken; vgl. *flöstern*

Flunk s. *Flünk*

[1]**flunkern,** swv., flimmern, funkeln

[2]**flunkern,** swv., flunkern, prahlen, lügen

Flunner, Flunder, f., Flunder, Plattfisch

fluschen, swv., hell brennen, aufflammen

flusen, swv., flattern, unruhig sich bewegen

flusig, -sich, adj., flusig, nachlässig, unordentlich, zerzaust

[1]**flustern,** swv., flattern

[2]**flustern, flüstern,** swv., flüstern, zischeln, heimlich reden

flutschen, swv., rutschen, gleiten; schnell bewegen, schnell vorankommen, rasch vonstattengehen

flutterig, adj., flatterhaft, liederlich, leichtsinnig

Fluus, m., 1. Bündel, Büschel (Haare, Wolle); 2. *Flusen,* pl., Flausen, Unsinn, wirres Zeug

Fock, f., 1. (Seemannsspr.) Fock, dreieckiges Vorsegel; 2. Brille (ostfr.)

Fockfall, n., Tau zum Bedienen der Fock

[1]**Foder, Foor, Fudder,** n., Futter, bes. Viehfutter aller Art, spez. Heu, (allg. durch Zusätze differenziert *Swien(s)f., Höhnerf.* u. a.); verächtlich auch Speise, bes. Gemüse

[2]**Foder, Fudder,** n., Unterfutter (Kleidung); Verschalung, Türfutter; Futteral

[3]**Foder,** n., Fuder, Ladung; vgl. *Föhr*

[1]**fodern, faudern, föden,** swv., füttern, verfüttern; übertr. erziehen, aufziehen; vgl. *upfodern*

[2]**fodern** s. *föddern*

Fodersack, m., Futterbeutel (der z. B. Pferden umgehängt wird), Brotbeutel

föddern, feddern, swv., fordern, heischen, bestellen, verlangen

föden s. *fodern*

föft(e), fofde, fufde, num., der Fünfte

föfteihn, fofteihn, num., fünfzehn; *f. maken* Pause machen, kurze Pause (wohl 15 Minuten), *nu maak f.* höre auf, *nu sleit dat f.* nun langt es aber, nun ist es genug

föfti(g), foftig, num., fünfzig

fögen, swv., refl. sich fügen, anpassen

föhlen, feulen, swv., fühlen, tasten; betasten, anfassen; empfinden, (be)merken; refl. sich (wohl, elend) fühlen

[1]**Föhr, Fö̈ör, Foor,** n., Fuder, Fuhre, Wagenladung (als Maß, z. B. *twee F. Törf*)

[2]**Föhr,** f., pl. *Föhren,* Kiefer, Föhre

[3]**Föhr** s. *Fö̈ör*

[1]**föhren, feur(e)n, fahren,** swv., stv. (*ik fahr; ik föhr; fahren*), fahren, *sik nich an 'n Wagen f. laten* sich nichts nachsagen, anhängen lassen; *to See f.* den Seemannsberuf ausüben

[2]**föhren,** swv., führen, leiten

Föhrerschien, m., Führerschein, amtl. Fahrerlaubnis

Föhrjahr s. *Vörjahr*

Fö̈ör, Foor, f., pl. *Fö̈örn,* Furche, Ackerreihe

för, adv., präp., für; als, wie; (selten) weil, wegen; verstärkend *f. dull* sehr

förföötsch, -föötschen, adj., gleichmäßig (Fuß für Fuß), der Reihe nach

Först, Farst, m., Dachfirst (meist hochdt. First)

Fört(j)en, Fürten, n., kleines Schmalzgebäck, Nonnenfürzchen, Mutzenmandel u. ä. (bes. Gebäck zur Winterszeit, das Wort oft in Heischereimen)

förwiß, adv., fürwahr, wirklich, bestimmt

Föt (Finkenw.), n., Teller

fogen, fögen, swv., fugen, einpassen; vgl. *fögen*

Fohm (Finkenw.) s. [2]*Faden*

[1]**Fohr** s. *Föhr* u. [1]*Foder*

[2]**Fohr-** s. auch *Fahr-*

Fohrensmann s. *Fahrensmann*

Fohrmann, Föhrmann, m., pl. *Fohrlüüd,* Fuhrmann, Kutscher, Fuhrunternehmer

fohrwarken, swv., fuhrwerken, arbeiten

foken(s) s. *faken(s)*

Folde s. *Fool*

folen, foolden, swv., falten, biegen, umklappen; bes. *de Handen f.* beten

folerig, follerig, folderig, adj., faltig, faltenreich, voller Runzeln

folgen, swv., folgen, nachgehen, bes. hinter dem Sarg hergehen, an der Beerdigung teilnehmen

Foog, f., pl. *Fogen*, Fuge, Riß, Ritze

Fool, Foll, Folde, Falt, f., pl. *Fooln, Folen*, Falte, Runzel

foolden s. *folen*

foort, fu(u)rt, adv., fort, weg

foorts, forts, foors, fur(t)s, adv., sofort, sogleich, auf der Stelle

Foot, Faut, m., pl. *Fööt(en), Feut*, 1. Fuß, Bein (als Körperteil); *de mit 'n F.* Teufel; (meist pl.) *sien F. bi anner Lüüd ünnern Disch steken* in abhängiger Stellung, unselbständig sein; übertr. *natte F. hebben* betrunken sein; *een up de F. pedden* jem. beleidigen, neg. *pedd di man nich up 'n F.* stell dich nicht so an, *he hett wat (Klei) an de F.* ist reich (bes. vom Bauern), bringt gute Aussteuer mit; etw. *hett Handen un F.* Sinn u. Verstand; *klei mi an de F.* derbe Abweisung; 2. Fuß als Maß (ca. 30 cm); 3. Fuß an Gerätschaften, Stütze, Ständer

Football, m., Fußball (sowohl Spiel wie auch Ball)

Footbank, f., pl. *Footbänk*, Fußbank, Schemel, Hocker

Footbodden, -bord(en), -böhn, m., Fußboden

Footdeel, -dääl, f., Fußboden, Diele (vorw. ostfr.)

Footpadd, -patt, m., Fußweg, Bürgersteig, Gehweg

Footwenn, f., Wende am Ackerende, Pflugkehre

foppen, swv., foppen, necken, narren

Fork, Förk, Folk, f., pl. *Forken*, Forke, Heu- o. Mistgabel (auch mit Hinweis auf die Verwendung *Heufork, Messfork*)

forß, forsch, adj., forsch, kräftig, stark

Foß s. *Voss*

Fraag(e), Froog, f., Frage

fraagwies, adv., fragend, fraglich, fragwürdig

fraam, fromm, adj., fromm, gläubig; still, brav, rechtschaffen; gutwillig, artig

Fracht, f., 1. Fracht, Last, Ladung; 2. Frachtgeld, Fuhrlohn

Fräden s. *Freden*

frätsch, fretsch, freetsch, adj., gefräßig, gierig, verfressen

fragen, frogen, swv. (neben st. *du fröggst, he fröggt*; *du fröögst, he fröög*), fragen, um Rat anhalten; neg. *nix üm f.* sich um etw. nicht kümmern, etw. wagen

Frageree, f., Fragerei, Nachfrage

Frankriek, Frankreich

Franzoos, m., 1. Franzose; 2. best. zangenartiges Werkzeug

fransch, adj., französisch; *fr. Brantwien* Franzbranntwein, *fr. Spieß, Franschspießstuuw* Giebelstube

franterg, adj., verdrießlich, ärgerlich; vgl. *wranterig*

Frau s. *Fru, Fro*

fraut, froot, adj., klug, erfahren, verständig

frech, adj., frech, unverschämt, zudringlich

Fredag s. *Friedag*

Freden; Freed (schleswg.-holst.); **Free, Frä** (westl. d. Weser), m., Friede(n), Ruhe; *F. geven* sich gedulden, Ruhe geben, nachgeben

fre(e) s. *frie*

freen s. *friegen*

Frees, Frese, m., Friese, Bewohner Frieslands

frees, freesch, adj., friesisch

Freesland (meist mit näherer Bestimmung wie *Noordf., Oostf.*), Friesland (als Landschaftsname)

Freid s. *Freud*

frei(e)n s. *freuen*

freren, fresen, swv. u. stv. (*ik freer*; *ik froor, fraren*; vorwiegend beim seltenen unpers. Gebrauch wie *dat* o. *mi früst*), frieren

Fresen, n., (kaltes) Fieber

fresen s. *freren*

freten, stv. (*ik freet, fräät, frett*; *du frittst, he fritt, wi freet, freten*; *freten*), fressen, verschlingen; (in Vgl. zur Kennzeichnung der Unmäßigkeit) stark, kräftig essen

Freten, n., Fressen, Futter, Nahrung, Speise

Freud, Freid(e), f., Freude, Spaß, Vergnügen; Wohlgefallen

freuen, freugen, freien, swv., refl. freuen,

sich freuen

Frewarver s. *Friewarver*

frie, fre(e), adj., frei

Friedag, Fredag, m., Freitag

frie(g)en, frien, freen, swv., freien, werben, heiraten

Frie(g)erie, f., Heirat, Hochzeit

Frieheit, Fre(i)heit, f., Freiheit, Ungebundenheit

Frier, m., Freier, Bräutigam

Friewarver, Frewarver, m., Brautwerber, Heiratsvermittler

friewillig, fre(e)willig, adv., freiwillig, aus freien Stücken

frisch, adj., frisch, unverdorben (Nahrungsmittel), kühl (Wetter), lebhaft, bewegt (Wind); neu, unverbraucht

Fro s. *Fru*

frocken (ostfr.), swv., zanken, streiten, schimpfen; nörgeln

fröh, froh, adj., adv., früh

fröher, adv., früher, vorher

Fröhjahr, n., Frühjahr, Frühling; vgl. *Vörjahr*

Fröhkost, Frohkost, f., Frühstück

Fröhstück, n., Frühstück

frömd, adj. (flekt. *frömme*), fremd

Frömde, Frömm, m. u. f., 1. Fremde(r); übertr. Besuch aus der Fremde, Auswärtiger; 2. Fremde, Ausland; Verbannung

Fröt(e), Frööt (ostfr.), f., Schnauze, Rüssel; übertr. Maulwurf; vgl. *Winn(e)wupp*

fröten (ostfr.), swv., wühlen, aufwühlen

Frohn, Froon, m., Henker, Schinder, Abdecker

Frontespies, -spiez, m. u. n., Vorgiebel, ausgebauter Dachgiebel

froot, fraut, adj., klug, erfahren

Frost, Fröst, m., Frost, Frostwetter; *witt F.*, *Wittf.* Rauhreif

Frostkötel, m., kälteempfindlicher, leicht frierender Mensch (meist verächtlich o. nekkend)

Fru, Fro, Frau, f., pl. *Fru(g)ens, Fru(g)enslüüd*, Frau, Ehefrau; übertr. Hebamme

Frucht, Frücht, f., Frucht (bes. von Obst u. Getreide)

Fründ, Frönd, m., pl. *Frünnen, Frönnen,* Freund, Helfer; Liebhaber

fründje(r)n, swv., freundlich tun, schöntun, flirten, schmeicheln

fründlich, -lik, fründelk, adj., freundlich, freundschaftlich, nett

Fründlichkeit, -lik-, f., Freundlichkeit

Fründschop, -schaft, f., Freundschaft, Verwandtschaft

Fruunslüüd s. *Fru*

Fruunsminsch, Frominsch, n., (verächtlich) Frau, Frauensperson; Ehefrau

fuchdig, fuchtig, adj., 1. wütend, böse, erregt, aufgebracht; 2. feucht, kühl, frisch; *holl di f.* (als Gruß) halte dich frisch, bleib gesund

fucht, adj., feucht, frisch; vgl. *fuchdig*

Fuchtel, Fuchel, f., Fuchtel, breiter Degen; übertr. Gewalt, Herrschaft, *een ünner de F. hebben* die Aufsicht, Gewalt über jem. ausüben

fuch(t)eln, swv., fuchteln, wedeln, mit den Armen herumfuhrwerken

Fudden, pl., Fetzen, Lumpen

fudder, füdder, furder (brem. u. westl. Mdaa.), adv., fürderhin, weiter

fudderhen, adv., fürderhin, künftig

[1]**fuddern,** swv., futtern, füttern; vgl. *fodern*

[2]**fuddern** s. *futern*

Füer, Füür, n., Feuer, Feuersbrunst, Brand; übertr. Schwung, Lust, Willenskraft, *he hett F. ünnern Achtersten* ist aufgeregt, nervös, voller Tatkraft, agil

Fü(e)rholt, Füür-, n., Feuerholz, Brennholz

fü(e)rig, adj., feurig, (meist übertr.) hitzig, mutig, leidenschaftlich

Fü(e)rkiek, Füürkiek, f., Feuerkieke, kleines tragbares Öfchen, Fußofen (aus Metall o. Ton)

füern, füürn, swv., feuern, Feuer machen, heizen

Fü(e)rpüster, Füürpüüster, m., handlicher Blasebalg; übertr. jemand der mit Feuer spielt, Feuerwerker, Brandstifter

Fü(e)rsteed, Füürstääd, f., Feuerstelle, Herd

Fü(e)rtorn, Füürtorn, -turm, m., Leuchtturm, Leuchtfeuer

Fü(e)rwehr, f., Feuerwehr

füünsch, fü(ü)nsk, adj., ärgerlich, wütend, zornig, böse; hinterlistig, spöttisch, gemein

[1]**Fuhr,** f., Fuhre, Ladung; vgl. [1]*Föhr*

[2]**Fuhr,** f., Föhre, Kiefer; vgl. [2]*Föhr*

Fuhrenboom, m., Föhre, Kiefer

Fuhrenholt, n., Kiefernholz; Kiefernwald

ful s. *fuul*

fummeln, swv., fummeln, nesteln, herumtasten; streicheln, spielerisch etwas tun

Fundsaak, f., Fundsache

[1]**Funk(e), Funken,** m., Funke, Glut; übertr. *en F. fallen laten* etwas andeuten

[2]**Funk,** m., Funk, Rundfunk; übertr. Radio

Funkbood, f., Funkerbude, Funkstation

Funkenpüster, m., (scherzh.) Funker, Funktechniker

Funzel, Funsel, f., schwach brennendes Licht, trübe Lampe, Petroleumlampe

Furts, m., Furz; *ut 'n F. en Dünnerslag maken* etw. aufbauschen, eine Kleinigkeit unangemessen hochspielen

furts s. *foorts*

fuschen, fuschern, swv., pfuschen, nachlässig u. eilig arbeiten

Fusel, m., minderwertiger Schnaps

Fussel, m., pl. *F.-n*, Fussel, kleiner Faden, Staubfädchen

fuss(e)lig, fußlig, adj., ausgefranst, mit Fusseln versehen; übertr. unkonzentriert, nervös

futern, fuddern, swv., schimpfen, laut reden, schelten; vgl. *schafudern*

futsch, adv., weg, fort, verschwunden

futt, fut (ostfr.), adv., sofort, gleich, auf der Stelle, schnell

Futteraasch, f., Eßbares, Marschverpflegung, Wegzehrung

Futtgang (ostfr.), m., Fortgang, Fortschritt

fuul, ful, adj., faul, träge; schmutzig, faulig, unrein; *f. Water* abgestandenes Wasser, *f.(en) Kraam* unsaubere, unehrliche Sache, undurchsichtige Handlung

Fuulheit, f., Faulheit, Trägheit

Fuuljack, m., Faulpelz, Nichtsnutz

Fuulpuup (ostfr.), m., Faulpelz, Nichtsnutz

fuurts s. *foorts*

Fuust, Fuß, f., pl. *Füüst, Füüsten*, Faust, geballte Hand, *mit vulle F.* mit ganzer Kraft, *mit dubbelte F.* mit gesteigerter Kraft; *mit de F. up 'n Disch haun* klare Verhältnisse schaffen

Fuusthan(d)schen, m., Fausthandschuhe

G

gaadlich s. *gaatlich*

Gaal, Göl, f., pl. *Galen*, Rille, Rinne, Vertiefung; Scheitellinie

Gaap (ostfr.), **Japp,** f., weite Öffnung, Mund; Gähnen

[1]**gaar,** adj., gar, fertig, bereit (bes. von Essen); übertr. *nich ganz g. sien* wunderlich, sonderbar, noch nicht ausgereift sein

[2]**gaar, gar, goor,** adv., ganz, vollends, *ganz un* g.; verneint häufig zusammengezogen zu *gaarni(ch), gaarnix, gaarkeen*

gaarkeen, pron., niemand, keiner

[1]**Gaarn, Go(o)rn, Garden,** m., pl. *Gaarns*, Garten

[2]**Gaarn,** n., Garn, Nähgarn; (Fischer) Netz

gaarnich, -nix, adv., gar nicht, gar nichts

Gaat, Göt, f., Wasserrinne, Entwässerungsgraben; Regenrinne

gaatlich, gaadlich, adj., ansehnlich, groß; bequem, passend, paßlich; stattlich

Gaav, Gaaf, Gaf, f., pl. *Gaben*, Gabe, Geschenk; Talent, Anlage

Gabbel (ostfr.), f., alberne Person

gabbeln, swv., albern lachen, spotten

gabberich, gobberich, adj., albern, dummerhaftig

Gabel, Gavel, f., Gabel; (übertr.) Geräte in der Landwirtschaft (häufig mit erklärendem Zusatz) Heugabel, Mistgabel

gach, adv., jäh, plötzlich

gacheln, swv., hecheln, schnauben

gackeln, swv., gackern; übertr. lachen

Gadder, n., Gatter, Gitter

gadelk (ostfr.) s. *gaatlich*

gääl s. *geel*

Gävel s. *Gevel*

Gaffel, f., Gaffel, zweizinkige Holzforke; gegabelte Hölzer als Teile von Geräten (z. B. Stange zur Befestigung des Segels), obere Segelstange

Gaffeltang, f., Schimpfwort für schludernde Frauen, Klatschweib, böses Weib

Ga(r)ffork, Gaarvfork (holst.), f., Forke zum Aufstaken der Garben

Gagel, m., Gaumen, Zahnfleisch; übertr. Uferrand (ostfr.)

gahn, gohn, unregelm. v. (*ik gah, du geihst, he geiht, wi gaht, gahn*; *ik gung, güng*; *gahn*), gehen, sich bewegen; *to Kehr g.* in Fahrt sein, *koppheister g.* Konkurs machen, *över Stüür g.* verschwinden, verlorengehen, *up Arbeit* (meist näher erläutert) *g.* Beruf ausüben; häufig in verdeutlichenden Vergleichen; *gah mi af* verschwinde; *mit 'n Deern g.* eine Freundin haben; (Imperativ mit folgendem Infinitiv zeigt Beginn einer Handlung an:) *gah sitten* setze dich, *liggen g.* zu Bett gehen; (von Dingen) *de Klock geiht* u. a. m. (wie im Hochdt.); häufig in Komposita *angahn, bigahn, hengahn, ringahn* usw. (s. d.)

galich s. *gaatlich*

[1]**Gall(e),** f., Galle; übertr. Groll, Wut, *Gift un G.*

[2]**Gall,** f., Geschwulst (Pferdekrankheit)

gallern (ostfr.), swv., prügeln, schlagen; (vom Geräusch des strömenden Regens) gießen, pladdern

gallig, adj., zornig, wütend, reizbar, zänkisch

Galm (ostfr.), m., Schrei, Schall

Galmgatt, -gade, n., Schalloch (z. B. am Kirchturm)

galpen (ostfr., oldbg.), swv., heulen, weinen, schreien

Galster, m., Schleim

galst(e)rig, galstig, adj., ranzig, verdorben; wunderlich; eklig, schleimig

Gammel, m., f. u. n., der (die) Alte; Altes, Gerümpel, unbrauchbares Zeug, Abfall

gammelig, adj., alt, schlecht, verfault, verdorben, stinkend; flau, matt

gammeln, swv., 1. betteln, stibitzen, herumlungern, herumalbern; 2. schlecht werden, verderben

Gang, m., Gang, Schritt, Bewegung; Durchgang, schmaler fester Weg; (in Vbdg. mit Dativ) *in (de) Gangen kamen* in Bewegung kommen, anfangen, *in Gangen kriegen* in Bewegung versetzen, gangbar machen, *in Gangen sien* bei der Arbeit sein, *mit wat nich to Gangen kamen* etwas nicht bewerkstelligen, begreifen können

Gangspill (Seemannsspr.), n., Ankerwinde,

Bootswinde

Ganner, Ganter, Genner, m., Ganter, Gänserich

Ganter s. *Ganner*

ganz, gans, adj., adv., restlos, vollständig, ganz; heil, unverletzt, vollständig; (vor Negation verstärkend) *g. nich* überhaupt nicht, gar nicht

gapen, swv., gaffen, glotzen; das Maul aufsperren, gähnen

gaperich, adj., schläfrig, ermüdet

Garden s. [1]*Gaarn*

Garf, f., pl. *Garwen,* Garbe, Bund ungedroschenen Getreides

Garnaat s. [1]*Granaat*

Garner, Görner, m., Gärtner

Garst s. *Gassen*

garven, garben, swv., gerben; übertr. prügeln, schlagen

Garver, m., Gerber

gasch (mecklbg.), adj., aus grober Wolle, Flanell

gasseln, swv., (Backwerk) mit Wasser bestreichen, *g. Broot* Brot mit glänzender Kruste

Gassen, Ga(r)sten, Gaß, m., Gerste

Gassenkoorn, n., 1. Gerstenkorn; 2. übertr. Gerstenkorn, Geschwür am Auge

[1]**Gast,** m., pl. *Gäst,* Gast, Geselle, *to G. bidden* einladen; (leicht abfällig auch) Bursche, eigenartiger Kerl; (Seemannsspr.) Matrose (pl. *Gasten*), auch mit Tätigkeitsmerkmal z. B. *Signaalgast*

[2]**Gast** s. [1]*Geest*

Gasthuus, n., Wirtshaus; Armenhaus, Spital (ostfr.)

Gaststuuv, f., Wirtsstube, Schankraum

Gatt, n., pl. *Gaten,* Öffnung, schmaler Durchlaß, Loch; After, Hintern, *wat vör 't Gatt haun, kriegen* schlagen, verprügeln

Gatz, Gatsch, m., Riß

gau, adj., flink, fix, schnell; plötzlich, unvermutet, *g. tomaken* sich beeilen; *gauer* schneller, *an 'n gausten, up 't gaust* am schnellsten

Gaudeef, -deev, -deif, m., Dieb, Taschendieb, Gauner, Spitzbube

Gavel s. *Gabel*

Gavelrick, f., Gabelweihe, Milan

ge- als Präfix. bei Verb, adj. u. subst. außer im ostfr. u. oldbg. Sprachgebiet ungebräuchlich. Im ostfäl. verkürzt zu *e-* (bes. part. prät.). *Ge*-Bildungen häufig unter hochdt. Einfluß entstanden o. auf mittelniederdeutsche Formen zurückgehend. Neben den folg. Formen oft Syn. auch solche ohne *ge-*

Gebabbel, n., Geschwätz, inhaltloses Gerede

geben, geven, stv. (*ik geef, du giffst, he gifft, wi geeft, geven*; *ik geef, du geefst*; *geven, geben*; imp. *giff!*), geben, überreichen, verabreichen, *'n Backs g.* einen Schlag versetzen, *'n Söten g.* küssen, *Luut g.* sich bemerkbar machen; (Fest o. ä.) ausrichten; bezahlen, entrichten; refl. *dat gifft sik* sich beruhigen, sich ergeben, sich zurechtziehen

Gebett, Gebed, Gebeed, n., pl. *Gebeden,* Gebet; jem. *in 't G. nehmen* jem. ins Gewissen reden, verhören

Geblarr, n., Geplärre, Geschrei, Weinen

gebö(h)ren, swv., gebühren, ereignen, geschehen; *wat gebö(h)rt Nees* was ist passiert, was gibt es Neues (vorw. ostfr.); zukommen, zustehen, gehören

Gebott, n., pl. *Geboden,* Gebot, Regel, Vorschrift; spez. die Zehn Gebote des Katechismus; Gebot, Angebot (bei Auktionen)

Gebreek, Gebreck, n., pl. *Gebreken,* Gebrechen, Not, Mangel, Fehler

Gebrüll, Gebrull, n., Geschrei, Lärm

Gebruuk, m., Gebrauch, Verwendung; Brauch, Sitte

Geck, m., Geck, Narr, Spaßmacher

Gedachte (ostfr.), m., pl. *Gedachden,* Gedanke; Andenken, Gedächtnis

Gedank(en), m., Gedanke, Idee, Ahnung (meist pl.); *keen G. to wat hebben* keine Ahnung haben, nicht daran denken

Gedibber, Gedebber, n., Geschwätz, Gerede, Getue

gediegen, adj., sonderbar, eigenartig, komisch; *dat is g.* merkwürdig, seltsam

Gedoo (ostfr.), n., Getue, Gehabe

Gedööns, n., Gerede; *maak nich so 'n G.* rede nicht so viel herum, mach keinen Aufstand

o. Umstand

Gedrö(h)n, n., langweiliges Gerede, Nörgelei, Geschwätz

Gedruus, Gedrüüs (ostfr.), n., Geräusch, Geschrei, Lärm

gedüren, gedüürn, geduurn, swv., refl. sich gedulden, ausdauern, aushalten

gedürlik, gedürig, adj., ständig, ausdauernd, stetig; geduldig

Gedüür, Gedür, Geduur, f., Ausdauer, Geduld

geef, adj., ergiebig, üppig, geil; angenehm, gut

geefsch, adj., giftig

[1]**geel, gääl,** adj., gelb, *g. Haar* blond

[2]**geel,** adj., höhnisch, häßlich, falsch; *g. snakken* falsches Platt sprechen, hochdeutsch reden, vornehm o. affektiert sprechen

Geelackermann, m., gelbe Bachstelze

Geelbortje (ostfr.), Goldammer

Geelgöösch, -göschen, -gäusch, f. u. n., Goldammer

Geelhömiken s. *Geelgöösch*

geen, gien (ostfr.) s. *keen*

geern, gern, giern, adv., gern; *g. hebben* gern haben, lieben, *he kann mi maal g. hebben* ich will mit ihm nichts zu tun haben

[1]**Geest, Gast,** f., Geest, Sandboden

[2]**Geest** s. *Geist*

[3]**Geest,** m. u. n., Hefe

Geetkann, f., Gießkanne

Geetlink, Geitling (emsld.), m., Schwarzdrossel

gefährlik, -lich, adj., gefährlich, schlimm, böse; (verstärkend) *g. groot* u. ä. sehr

Gefahr, f., Gefahr, Risiko

Gefall, n., Gefallen, Geschmack; Vorfall, Ereignis

gefallen, stv. (s. *fallen*), gefallen, zusagen

Geföhl, Gefööl, n., Gefühl, Empfindung

Gefolg, n., Gefolge, Zug, bes. Trauergefolge

gegen, jegen, tegen, adv. u. präp., gegen, entgegen, in Richtung auf, zu

gegenan, adv., gegenan, entgegen, widerstrebend

Gegend, Gegen, f., Gegend, Umgebung, bes. Landschaft

Gegendeel, n., Gegenteil

Gegniedel, n., quietschendes Geräusch, bes. falsches o. stümperhaftes Geigenspiel

Geheeg, n., Gehege, Gebiet

Geheel, n., das Ganze, alles Drum u. Dran, Gesamtheit, auch als adv. *in 't g.* ganz u. gar

geheem, adj., geheim; heimlich, im Vertrauen; subst. Geheimnis (ostfr.)

gehörig, gehürig, adj., gehörig, tüchtig, kräftig, mächtig

Gei (Finkenw.), n., Segeltau

geien (Seemannsspr.), swv., (Segel) festmachen, befestigen, festzurren

geil, adj., geil, üppig, kräftig im Wuchs (bes. von Pflanzen), (ohne entsprechenden Fruchtansatz) hochgeschossen, (von Menschen) gut gewachsen, kräftig; leidenschaftlich, wollüstig, (von Mädchen) mannstoll

Geist, Geest, m., Geist, Verstandeskraft, Genie; bes. der Heilige Geist; Gespenst

Gejieper, n., kreischendes Geräusch

Gekabbel, n., Gezänk, Geplänkel, harmloser Streit

Gekriet (ostfr.), n., Geschrei, Wehklagen

Gelaag, Gelach, Gelagg, n., Gelage, Festlichkeit, Gesellschaft; Zeche

Geld, Gild, n., Geld, Münze; Kapital, Lohn, Kosten (häufig in Rdaa. u. Sprw.)

Geldbütel, -büdel, m., Geldbeutel, Geldbörse

Geldkatt s. *Geldkniep*

Geldkniep, -knipp, f., Geldbörse, Portemonnaie

gelegen, gelägen, adj., gelegen, passend

Gelegenheit, f., Gelegenheit; Wohngelegenheit, Wohnung, Raum; Fahrgelegenheit u. ä.

gellen, gelden, stv. (*ik gell, du gellst, he gellt, wi gellt, gellen*; *ik gull, goll, güll*; *gullen*), gelten, kosten, wert sein; *dat gellt mi* es geht mich an, ist mir zugedacht; gültig sein; erlaubt sein

gemeen, adj., 1. gemeinsam; gemein, allgemein, einfach, schlicht; 2. roh, gemein, häßlich, niederträchtig; *sik mit een g. maken* sich jem. anpassen, mit ihm gemeinsame Sache machen

Gemeen(de), f., (weltl. u. geistl.) Gemeinde, Gemeinwesen

Gemeenheit, f., 1. Gemeinwesen, Allgemeinheit; 2. Gemeinheit, Schlechtigkeit

Gemööt, Gemüt, n., Gemüt, Sinn, Wesensart

genau, adj. u. adv., genau; akkurat, vorsichtig, streng; übertr. geizig; vgl. *nau*

geneten, geneiten, stv. (*ik geneet, du genüttst, he genütt, wi geneet, geneten*; *ik genoot, genööt*; *genaten*) genießen, auskosten

genoog s. *noog*

Geproot (ostfr.), n., Gerede, Rederei

gerüst(ig) (ostfr.), adj., ruhig, getrost

geruhig, adj., ruhig, still, gemächlich

Gesangbook, n., Liederbuch, (bes. kirchl.) Gesangbuch; übertr. *den Düvel sien G.* Spielkarten

Geschirr, n., 1. Geschirr, Handwerkszeug; 2. Zaumzeug; *sik in 't G. smieten* sich anstrengen, sich mit voller Kraft einsetzen

Geschricht (ostfr.) s. *Geschrie*

Geschrie, Geschricht, n., Geschrei, Lärm

Gesell, m., Handwerksgeselle; allg. Bursche, Geselle; verächtl. Schuft, Schurke

Gespreek, Gespräk, n., Gespräch, Unterhaltung

Gest, Gessen, m. u. n., Hefe, Treibmittel

gesund, adj., gesund, wohlauf, (häufig nur *sund*, s. d.)

getacht, adj., geartet, veranlagt, beschaffen

Getater, n., Geschnatter, schnelles unverständliches Gerede, Kauderwelsch

geten, geiten, stv. (*ik geet, geit, du güttst, he gütt, wi geet, geten*; *ik goot, gööt*; *gaten*), gießen, *Öl in 't Füer g.* reizen; (in Vgl. u. Rdaa. oft) betrinken (*een achter de Binn, op de Lamp g.* u. ä.); gießen, stark regnen, schütten

Geter, m., Gießkanne; vgl. *Geetkann*

gettern, geddern, güttern, swv., gießen, pladdern, stark regnen, geräuschvoll herabfallen (auch von Hagel)

Getüter, n., Wirrwarr, Durcheinander (bes. von Fäden); vgl. *Tüter*

Getüün, n., Geschwätz, Gerede; s. [1]*tünen*

Gevadder s. *Vadder*

Gevel, Gävel, Gäbel, m., Giebel; übertr. Nase, „Gesichtsgiebel"

geven s. *geben*

Gewalt, f., Gewalt, Macht, Stärke; *G. doon* Gewalt anwenden, Schmerz zufügen; *mit G.* mit Macht, unaufhaltsam; Lärm, Aufsehen, Getue; Vergewaltigung

Gewarf, Gewarv, n., Gewerbe, Arbeit, Auftrag

Gewees, n., 1. Anwesen, Betrieb, Besitz; 2. Aufsehen, Lärm; *veel G. üm wat maken* großes Aufsehen machen, sich aufspielen

gewennt, adj., gewohnt; vgl. *wennt*

Geweten, n., Gewissen

Gewidder, Gewitter, n., Gewitter, Donner, Unwetter

Gewöhl, n., Gewühl, Getümmel, Gedränge

Gewrögel, n., Getümmel, Lärm, Krach

Gezauster, n., Geschwätz, Gerede, Streitgespräch

gicheln, giecheln (ostfr., oldbg.), swv., kichern, lachen

Gichtbeer, f., schwarze Johannisbeere

gief, adj., gierig, lüstern

Gieg, Gigg, f., zweirädriger leichter Wagen, Gig

giemen, swv., pfeifend atmen; vgl. *hiemen*

gien (ostfr.) s. *keen*

giepern, jiepern, swv., gierig verlangen

giep(e)rig, jieperig, adj., gierig, lüstern nach

gieren, swv., 1. gierig sein (auf etw.), heftig verlangen; 2. kreischen; 3. schaukeln, hin- u. herbewegen (von Schiffen)

giern s. *geern*

Giez, Giets, Gits, m., Geiz, Habgier

giezig, gizig, adj., geizig

[1]**Gift,** f., Geschenk, Gabe; das Geben, Austeilen

[2]**Gift,** n., Gift; Wut; *daar kannst du G. up nehmen* (als Versicherungsformel) darauf kannst du dich verlassen

giftig, adj., giftig; wütend, zornig, mürrisch

Gill, f, Gilde, Vereinigung, Zunft, Versicherungsverein (*Brandgill*), Verein (*Plattdüütsch Gill*)

gillern, swv., albern lachen

Gimmels (Finkenw.), pl., Marmeln, Spielkugeln

Giss, Giß, f., Vermutung, Annahme

[1]**gissen,** swv., vermuten, annehmen, meinen

[2]**gissen,** swv., schäumen, gären

gistern, adv., gestern; vgl. *güstern*; *nich vun g. sien* nicht dumm sein, sich nicht für dumm verkaufen lassen

Glaar, Glohr, n., Gelee, Gallert

glämmern s. *glimmern*

gläustern, swv., glänzen, glitzern

glarig, adj., 1. schlüpfrig, glitschig, gallertartig; klebrig; 2. durchsichtig, glasig

Glas, n., pl. *Glöös*, *Glääs*, Glas, Fensterglas, Trinkglas; übertr. Barometer, Wetterglas; Fernglas; pl. *Glasen* Zeitraum einer halben Stunde (Seemannsspr.)

glasen (Seemannsspr.), swv., die Zeit anzeigen (durch Glockenschlag)

Glaser, Gleser, Gläscher, Glescher, m., Glaser

Glashuus, n., Glashaus, Gewächshaus, Wintergarten

glatt, adj., glatt, eben; hübsch, freundlich, nett; *g. snacken* schmeicheln, nach dem Munde reden

Glatties, n., Glatteis; jem. *up 't G. föhrn* jem. auf die Probe stellen, in Verlegenheit bringen, in die Irre führen

Glatts(ch)nacker, m., Schmeichler

glau, adj., glänzend, hell; klug, schlau, gewitzt; *glei un g.* liebenswürdig, schmeichlerisch

Gleem, Glem, Gleen, m., Glimmer, Lichtschein, Glanz, Strahl, Widerschein

Gleen s. *Gleem*

glei, adj., schier, glatt; glänzend, hell; fröhlich, freundlich

gleien s. *gleuen*

gleiern, swv., aufleuchten, strahlen

gleinig s. *gleunig*

gleiroot, adj., leuchtend rot

Gleis, n., pl. *Gleisen*, Bahngleis, Fahrgleis

glemen, swv., glänzen, leuchten, schimmern; vgl. *Gleem*

gleren, glieren, swv., gleiten, rutschen

Glescher s. *Glaser*

gleuen, gloien, gleien, swv., glühen, glänzen

gleunig, gleinig, glönig, adj., glühend, (vor Hitze) strahlend; *g. Ogen* feurige Augen

gleut (ostfr.), adj., glänzend, glühend

glibber(i)g, adj., glatt, schlüpfrig, glitschig, schmierig, schleimig

glidderig (ostfr.) s. *glibberig*

glieden, stv. (*ik glie*[*d*], *du glittst*, *he glitt*, *wi glied*[*t*], *glieden*; *ik gleed*; *gleden*, *glieden*), gleiten, rutschen

gliek(s), adv., gleich, sofort, unverzüglich; adj., *g.* neben *liek* (s. d.) gleich, übereinstimmend, ähnlich; einerlei, gleichgültig

glier, glierig, adj., schlüpfrig, schmierig, glitschig; *g. un glei* schmeichlerisch, katzenfreundlich

Gliergleín, n., Oberflächlichkeit

glierig s. *glier*

Gliev(e) (ostfr.), f., Spalt, Ritze, Riß

glimme(r)n, swv., glitzern, glänzen; glimmen, leuchten, glühen

Glimmerworm, m., Glühwürmchen, Leuchtkäfer

Glinster, m., Schimmer, Glanz, Leuchten; Schleier (oldbg.)

glinstern, swv., glitzern, funkeln, glänzen

Glipp, f., Schräge, *up de G.* auf der Kippe; Rutsche, Rutschbahn

glippen, swv., gleiten, rutschen, schlittern

Glippoog, n., Schielender, Heuchler

glirrig s. *glier*

glirsen, glirschen, swv., glitschen, gleiten, schlittern (auf dem Eis)

Glitsch(e), Gliesch, f., Glitschbahn (auf dem Eis); *up* o. *an de G. gahn* einen Bummel machen

glitschen, swv., glitschen, gleiten, rutschen (bes. auf dem Eis)

glitschig, adj., glatt, schlüpfrig, schmierig

Globen, Gloven, Gloof, m., Glaube, Glauben, Meinung, Vertrauen; *de olle G.* überlieferte Meinung, traditionelle Ansicht

globen, gloven, glöben, glöven, swv., glauben, meinen; *he mutt daar an g.* er muß sterben

glö(h)en s. *gleuen*

glöhnig s. *gleunig*

glören, swv., glühen, glimmen; sieden

Glöscher, Glescher s. *Glaser*

glösen, swv., glühen, glimmen, (mit schwacher Flamme, aber starkem Rauch) brennen, qualmen, schwelen; übertr. lang u. breit besprechen (ohne deutliche Aussage)

glösern, glasern, adj., gläsern, aus Glas gefertigt

glöven s. *globen*

Gloof s. *Globen*

Gloot, Glood, Glaut, f., Glut

gludder(i)g, adj., glitschig, gallertartig

gluddern, glullern, swv., lachen, kichern, schmunzelnd lachen

Glück, Lück, n., Glück

glücken, lücken, swv., glücken, gelingen; Glück haben

glünnern, glüddern, swv., gleiten, glitschen (auf dem Eis)

glummen, swv., glimmen, schwach brennen; übertr. dumpfen Schmerz empfinden

glupen, swv., (heimlich u. finster) blicken, starren, glotzen, (mit zusammengekniffenen Augen) lauernd beobachten

Glupers, nur pl., Augen

Gluup, m., 1. (schneller, heimlicher) Blick; 2. Spalte, Ritz, schmale Öffnung

Gluupoog, n., Glotzauge, großes Auge (z. B. bei Rindern)

gluupsch, glupsch, adj., tückisch, lauernd, mißtrauisch, bösartig, blindlings, ungestüm, grobschlächtig; unverschämt, gewalttätig; mächtig, stark, groß

Gluuptog, Gluptog, m., unerwarteter Glücksgriff, (Fischerei) großer Fang; tüchtiger Schlag

Gnaad, f. (flekt. *Gnaden*), Gnade, Güte

gnaastern, gnastern, swv., knirschen, knistern; übertr. knurren, brummen, mürrisch sein

gnabbeln, gnawweln, knabbeln, swv., knabbern, nagen

gnadderig, gnatterig, adj., ärgerlich, verärgert; knurrig, brummig; wütend

gnaddern, gnattern, gnätern, gnöttern, swv., knattern; knurren, nörgeln, murren, quengeln, verdrießlich sein

gnägeln s. *gnegeln*

gnätern s. *gnaddern*

gnäterswart, adj., tiefschwarz, dunkel

gnagen, swv., nagen, beißen; übertr. nörgeln, mäkeln, verdrießen

gnappen, swv., nagen, abbeißen; refl. sich streiten

gnarren, swv., knarren, knurren; vgl. auch *gnaddern*

gnarrig, adj., mürrisch, brummig, verdrießlich

Gnarrpott, m., Nörgler, Miesepeter, verdrießlicher Mensch

gnarschen, swv., knirschen, krachend beißen

gnaschen, swv., knirschen, knacken, krachen, Geräusch schneidender Werkzeuge

Gnasselkraam, -kroom, m., Abfall, unbrauchbares Zeug; übertr. (abwertend) kleine Kinder

Gnatter, m., mürrischer Kerl; übertr. Ärger

gnatterig s. *gnadderig*

gnattern s. *gnaddern*

Gnatz, m., Zank, Streit

gnatzig, adj., mürrisch, schlecht gelaunt, ärgerlich, kratzbürstig, zornig

Gnatzkopp, m., mürrischer Kerl, Nörgler

Gnau, m., Stoß, Rüffel

gnaueln, swv., um sich beißen, mürrisch reagieren; *mit g. un bieten* mit knapper Not, mit äußerster Mühe

gnauen, swv., beißen, schnappen; schnauben, jem. anfahren, beschimpfen; *mit g. un bieten* s. *gnaueln*

gnawweln s. *gnabbeln*

gnegelig, adj., mürrisch, gereizt, verärgert

gnegeln, gnägeln, swv., nörgeln, mäkeln, mürrisch reden; wimmern, leise weinen

gnetern, gnätern, swv., krachen, donnern; vgl. auch *gnaddern*

gneter(n)swa(r)t, gnäter-, gnitter-, -swatt, adj., tiefschwarz, pechschwarz

Gnick, n., Genick; *wat in 't G. kriegen*

Schläge, Prügel bekommen

gnickern, gniggern, swv., kichern, lachen

gniedeln, gniegeln, swv., reiben, blank putzen; quietschen, quietschende Geräusche erzeugen; (mit stumpfen Werkzeugen) schneiden, schnitzen; (schlecht, unsauber) ein Instrument spielen

Gniedelsteen, m., glatter Stein (früher als Haushaltsgerät: Glättstein, Wetzstein, kleiner Mahlstein, Stopfpilz)

gniesen, swv., (in sich hinein) lachen, schmunzeln

gnietschen, swv., quietschen; vgl. *gniedeln*

gnietschig, adj., geizig; mürrisch, verdrießlich; geizig

Gnietz, m., Geiz

Gnietzkopp, m., Geiziger, Geizkragen

gniffeln, gniefeln, swv., (heimlich) lachen, schmunzeln; (mürrisch) essen

gniggeln, gniggern, swv., kichern, (verstohlen) lachen

gnirren, swv., knarren, knacken

gnirschen, swv., knirschen, knurren, murren

gnistern, swv., knistern, knirschen (mit den Zähnen), (funkensprühend u. mit knackendem Geräusch) brennen

Gnitt, n., (kleines) Insekt, Mücke, Gewitterfliege

Gnitter, Gnidder, pl. *Gnittern,* Stückchen, Schnipsel, meist formelhaft *G. u. Flidder* Flitterzeug

gnitterig, adj., gnatzig, mürrisch, zänkisch, verknittert, verdrießlich

gnitterswa(r)t, -swatt s. *gneter(n)swa(r)t*

gnösen (ostfr.), swv., drücken, quetschen, kneten, verreiben

Gnöterheini, m., Nörgler, Miesepeter, unzufriedener Mensch

gnötern, swv., nörgeln, murren

gnostern (Finkenw.), swv., knirschen, knarren

Gnuck, m., Stoß, Knuff, Ruck

gnübbeln, swv., knuffen, schubsen; übertr. knüppeln, hart arbeiten; unter schweren Wetterbedingungen segeln (Seemannsspr.)

gnüffeln, gnuwweln, swv., knuffen, stoßen; grunzen

Gnuff s. *Gnuck*

Gnupps s. *Gnuck*

gnupsen, gnopsen, swv., knuffen, puffen, rangeln

Gnurrpott, m., Nörgler, brummiger, unzufriedener Mensch

gnurschen, gnursen, swv., knirschen, knurren

Gnusch, Gnosch, Gnursch, n., Knorpel, wertloses Fleisch o. ä.; *Husch un G.* minderwertiges Zeug

Gobels (Finkenw.), n., Zahnfleisch; vgl. *Gagel*

Göddel, Göttel, f., Gurgel, Schlund; vgl. *Görgel*

gökeln, swv., gaukeln, scherzen; reden, herumreden; sich schnell bewegen

Gökelspill, Gückelspill, n., Gaukelei, Zauberei, Narrenkram

Gööl, Göl; Gaal (s. d.), f., pl. *Gölen,* Rinne, Rille; (feuchte) Niederung, Vertiefung; Scheitel, Falte; übertr. Trinkgelage

Göör, Gör, n., pl. *Gör(e)n,* kleines Kind, häufig verächtlich *Göre* (bes. Mädchen), *Gören* unartige Kinder, Kinderpack

Gööt, Göte, Gört, f., pl. *Göten,* Gosse, Straßengraben, Regenrinne; Abflußrinne für Schmutzwasser; übertr. Wasserschwall, Regenguß, Platzregen

Göpel, m., Göpel, Räderwerk mit Deichseln für den Einsatz von Pferden (früher bes. zum Antrieb der Dresch- o. Häckselmaschine)

Göps, Göpsch, Geps, f., (ungefähres) Maß, Handvoll, Menge (die in der Höhlung beider Hände zu fassen ist); übertr. Hand

Gördel, Görtel, m., Gürtel, Riemen, Binde

Görgel, Göddel, f., Gurgel, Schlund

Görner s. *Garner*

göschen, swv., schmeicheln, beruhigen; vgl. *begöschen*

Gössel, Güssel, n., pl. *Gösseln, -s,* Gänseküken, Gänschen

Göt s. *Gööt*

Götenlock, Göötlock, n., Ausgußloch, Abfluß (in der Küche)

Göt(en)steen, Göötsteen, m., Spülstein, (mit Loch versehener) Stein in der Küchenwand (als Abfluß); Rinnstein

goijen, gojen (ostfr.), swv., (heftig) werfen, schleudern, schmeißen

Gold, n., Gold (häufig in Vgl. u. Rdaa.)

Goldbarg, m., Hünengrab (oft in Vbdg. mit entspr. Sage als Flurname)

gold(en), golln, gülden, adj., golden, aus Gold

goor s. *gaar*

Goos, Gaus, f., pl. *Göös, Göse, Gäus*, Gans

Goot, Good, Gaut, Guut, n., Hab u. Gut, Besitz, Eigentum; lebendes u. totes Inventar; Gutshof; Demin. *Goodje* (ostfr.) minderwertiges Zeug, Kleinkram

goot, good, gaud, guud, adj. (flekt. *beter, best*), gut, freundlich; reichlich, passend; tüchtig, brav; nützlich, brauchbar; subst. *Gode, to 'n Goden utgahn* (*utlopen*) gut ausgehen, erfolgreich abschließen

gootdoon, stv. (s. *doon*), Gutes tun, helfen

goothartig, adj., gutherzig, gütig

Goothartigkeit, f., Gutherzigkeit, Güte, Milde

Gootheit, f., Güte, Barmherzigkeit, Gutmütigkeit

Gorn s. *Gaarn*

Gott, m., Gott; *de witte G.* (holst.) guter, gerechter Gott

gottloff, interjek., Gott sei Dank (als formelhafter Ausruf)

Gottskneep, interjek., (nur in der Formel) *G. un Pannkoken* zum Donnerwetter, verflixt noch einmal u. ä. als Ausdruck der Verwunderung o. als Fluch

Gottslohn, m., Gotteslohn, Lohn der nicht in Geld- o. Sachwerten besteht

gra s. *grau*

[1]**Graad,** f., G(e)rade, Linie; Grad als Maßeinheit (Temperatur, Winkel)

[2]**Graad, Graat,** f., pl. *Graden, Groden*, Gräte, kleiner spitzer Knochen, Rückgrat

graad, gra, adj., adv., g(e)rade, geradeaus, aufrecht; *g. to* aufrichtig, *g. ut* einfach, direkt, schlicht; (temp.) gerade, nun; schleunig, rasch; *na g.* ungefähr (bei Zeitangabe), allmählich; *g. Tall* gerade Zahl (Ggs. ungerade Zahl)

Graaf, m., Graf (häufig als Gutsbesitzer)

graag s. *grau*

graam s. *gramm*

Grabbel, f., (in der Vbdg.) *in de G. smieten* wegwerfen, *in de G. gahn* verlorengehen

grabbeln, grawweln, swv., grabbeln, tasten, greifen, suchend umhertasten

Graben, Grawen, Grööv, m., pl. *Grabens*, Graben, Abzugsrinne

graben, grawen, graven, stv. (*ik graaf, du graafst, he graaft, wi graaft, graben*; *ik grööf, groof, graben*), graben, umgraben; part. prät., begraben (selten)

Gracht, Graft, m., Wassergraben (in der Marsch)

gradeleern s. *graleern*

gradich, adj., schnell, geschwind, geradewegs

Gräff, f., Begräbnis

Gräffnis, n., Begräbnis, Beerdigung

Gräsen s. *Gresen*

gräsig s. *gresig*

Graff, Graft, n., pl. *Gräwer*, Grab

Graft s. *Gracht* u. *Graff*

graleern, groleern, swv., gratulieren, beglückwünschen; subst. Verlobungsfeier (holst.)

grall, adj., grell, leuchtend; lebhaft, munter, strahlend, freundlich; frisch, gesund

Gramm, Graam, m., Gram, Grimm, Wut

gramm, graam, adj., gram, verstimmt, ärgerlich, böse, zornig; (gesteigert) *g. u. grantig*

gramstig, adj., zornig, wütend

[1]**Granaat, Garnaat** (westl. Mdaa.), m., kleiner Krebs, Krabbe, Garnele

[2]**Granaat,** f., Granate, Geschoß

granaatsch, adj., wütend, zornig

Granapott (holst.), n., Geranientopf

Grana(s), Grania, Grono, f., Geranie, rotleuchtende Schmuckblume bes. für Balkonkästen

Grand, m., Grus, grober Kies, Grobkörniges

grandessig, adj., wütend, böse, bissig, aufsässig, ungehalten, anmaßend

grannig s. *grantig*

grantig, grannig, granterg, adj., grantig, körnig; scharf, grob; mürrisch, ungehalten; rücksichtslos

Grapen, m., (eiserner) Kochtopf (mit Beinen); (große) Schüssel

Grapengeter, m., Kupferschmied, Topf- u. Kesselmacher

Grappen, f., (meist nur pl.) Launen, seltsame Einfälle, Späße; *he hett G. in 'n Kopp* er ist komisch, ist ein Schelm, wirr in den Gedanken

Grappenmaker, m., Schelm, Spaßmacher, Eulenspiegel

grapsen, grapschen, swv., haschen, schnell (nach etw.) greifen, raffen; übertr. stehlen

Gras, n., Gras, Weideland

Grasbotter, f., Grasbutter (Butter aus der Milch des Weideviehs)

Grasbult, -bült, m. u n., Grasbüschel, Grassode

grasen, swv., grasen, weiden

Grashopper, -hupper, -hüpper, m., Grashüpfer, Heuschrecke

Grasspier, m., Grashalm

grau, gra(a), graag, adj., grau; vgl. *gries*

graven s. graben

gredden, gretten, swv., grätschen, spreizen; übertr. lange Schritte machen, schnell ausschreiten

Greed, Grede, Gröde, f., Grünland, Weideland

Greep, Grep, m., Griff

Greet, PN, Grete, Margarete; *swarte G.* Sagengestalt (schleswg.-holst.)

grell, adj., grell, hell, schrill; wütend, zornig, grimmig (s. *vergrellen*)

Grendel, Grindel, m., Riegel, Querholz

Grep s. *Greep*

Gresen, Gräsen, f. u. n., Schauer, Schauder, Grauen, *de kolen G.* Schüttelfrost; übertr. Gänsehaut

gresen, gräsen, swv., grausen, schaudern

gresig, -sich, gräsig, adj., schaurig, gräßlich, schrecklich; (zur Steigerung) groß, mächtig, schauerlich, gewaltig (auch als adv.)

gretten s. *gredden*

greuen, groien (ostfr., oldbg.), swv., grünen, wachsen, gedeihen

greuten s. *gröten*

grieflachen s. *grifflachen*

gri(e)nen, swv., grinsen, lächeln, schmunzeln

Grientje(r), m., Lächeln, Schmunzeln, verschmitztes Lachen

gri(e)pen, stv. (*ik griep, du grippst, he grippt, wi griept, griepen*; *ik greep, wi grepen*; *grepen*), greifen, fassen, packen

Grieper, m., 1. Greifer, Häscher; 2. Greifer, Bagger

Griepersch, Griepsch, f., nur in der Vbdg. *Mudder Griepsch* Hebamme

[1]**Griepsch,** m. u. n., Kerngehäuse (bes. bei Apfel, Birne, Quitte)

[2]**Griepsch** s. *Griepersch*

gries, adj., grau, fahl; vgl. *grau*; *för 'n G. hebben* jem. zum besten haben, ihn einen Esel schimpfen: übertr. schlau, gewitzt; *he is 'n Griesen* er ist ein Schlitzohr

gries(e)lik, grisselk (ostfr.), adj., grausig, schrecklich, schauerlich, gruselig

Griesen s. *Gresen*; vgl. *gries*

Grieskopp, m., Graukopf, grauhaariger Alter (verächtl.)

Griff, m., Griff, Hebel

grifflachen, grief-, swv., grinsen, verstohlen lachen

[1]**Grill,** f., pl. *Grillen,* Laune, Einfall, Tick

[2]**Grill,** f., Grille, Heimchen

grimmelig, adj., schmutziggrau, *gries un g.* vom wolkenverhangenen Himmel

grimmeln, swv., undeutlich werden; häufig *dat g. un wimmelt* von undurchschaubarer massenhafter Bewegung

Grind, m., 1. feiner Kies (vgl. *Grand*); 2. Schorf, Ausschlag

Grindel s. *Grendel*

grintig, grinter(i)g, adj., grobkörnig; unsauber, unrein

Grip(p)s, m., Verstand

Grip(p)skasten, m., Kopf (als Sitz des Verstandes)

grisselk s. *gri(e)selik*

groen s. *gru(g)en*

gröhl(e)n, swv., lärmen, rufen, schreien; laut singen

grönen, swv., grünen, sprießen

gröön, greun, adj., grün; übertr. unreif, unerfahren, unfertig

Gröönfoder, n., Grünfutter

Gröönhöker, m., Gemüsehändler

Grööp s. *Grüpp*

Grööt, Grötte, Grötde, f., Größe

gröpeln, gröppeln s. *grüppeln*

Gröschen, m., Groschen, Zehnpfennigmünze

gröten, greuten, swv., grüßen

groff, adj. (flekt. *gröver, gröffst*), grob, rauh, ruppig, roh; unhöflich, unverschämt; wild, tobend

Groffbro(o)t, n., Schwarzbrot, Roggenbrot

Groffs(ch)mitt, m., Grobschmied, Hufschmied

groffsnutig, adj., grobgesichtig; *g. sien* frech, grob sein, polternd reden, fluchen

Grog, Krock, m., Grog, wärmendes Heißgetränk aus Rum u. kochendem Wasser

grojen, groien s. *greuen*

grolich s. *grulich*

Grono s. *Grana(s)*

Groop s. *Grüpp*

groot, 1. adj., (flekt. *grötter, gröttst*), groß, stark, tüchtig, umfassend, ordentlich; *dat Hart g. maken* das Herz schwer machen, traurig stimmen, das Herz weit machen, freudig stimmen; 2. adv., groß, sehr, viel

grootbetaansch, -brittansch, -potansch, adj., großspurig, angeberisch, prahlerisch

Grootdeel, f., Dreschdiele, Tenne (im Bauernhaus), Mittelraum, Wirtschaftsraum im Bauernhaus

Grootdöör, f., Einfahrtstür, -tor (an der Giebelseite des Bauernhauses), Haupteingang

grootdoon, stv. (s. *doon*), prahlen, auftrumpfen, angeben

grootmaken, swv., aufziehen, großziehen, großfüttern

Grootmöhm, f., Großtante, Großmutter

Grootmudder, -moder, f., Großmutter, Oma

Grootmuul, m. u. n., Großmaul, Angeber, Prahlhans

Grootöllern, (pl.), Großeltern

grootsch s. *grootsig*

grootsig, grootsch, adj., stolz, eingebildet, aufgeblasen, großtuerisch

grootsnutig, adj., großredend, prahlerisch, eingebildet, vorlaut

Grootstadt, f., Großstadt

Grootvadder, m., Großvater, Opa

Groschen s. *Gröschen*

grosen s. *grasen*

Gruben, Grupen, Gruwen, f., (meist pl.), Graupen, Grütze

Grübb s. *Grüpp*

grünsen, swv., grunzen, stöhnen, sich räuspern

Grüpp, Grübb, Grööp, f., pl. *Grüppen(s)*, *Gröpen*, Graben, Gosse, Rinne, Jaucheabfluß

grüppeln, -bb-, gröpeln, swv., graben, ausgraben, Rillen ziehen (für Wasserabfluß), die *Grüppen* (s. d.) reinigen

Grütt, f., Grütze, Graupen; *rode G.* mit Obst (bes. Johannisbeeren) zubereitete Grütze; *G. in 'n Kopp hebben* dumm sein, (auch gegenteilig) klug sein; *to G. gahn* zerbrechen, entzweigehen

Grüttkopp, m., Dummkopf

Grüttwu(r)st, f., Grützwurst, mit Grütze zubereitete Wurst (ohne Pelle)

grüweln s. *gruweln*

Grugel, m., Grauen, Furcht, Angst; Greuel

grugelig s. *grulich*

gru(g)en, groen, swv., refl. sich grauen, ängstigen; Angst haben

grulich, grugelig, grolich, adj., entsetzlich, gruselig, greulich, gräßlich; adv. (verstärkend), viel, sehr, unmäßig

grummeln, swv., (leise) donnern, rollen, knurren; (mit tiefer Stimme) reden, murren

Grund, m. u. f., pl. *Grünn*, 1. Grund u. Boden, Erdreich, Landbesitz; Tal, Untiefe, Tiefe; 2. Grund, Ursache

gruppeln s. *grüppeln*

grusen, swv., grausen, schaudern, häufig subst. *he kriggt dat Grusen*

Gruus, n. u. m., Schutt, zerkleinertes Geröll;

in G. un Muus slaan zertrümmern, zerstören

gruuv, adj., unfreundlich; vgl. *groff*

gruwelich s. *grulich*

gruweln, gruveln, swv., grübeln, nachdenken, sinnen

Gubbel, Gubel, m., Schlamm, Morast, Schlick

gucheln, swv., lachen, scherzen, in sich hineinlachen

Güllack, Gülla, m., Goldlack, Gartenblume

Gülle, f., Jauche

[1]**günnen, gunnen** (umlautlose Formen Weserraum u. westl. Mdaa.), swv., gönnen, gestatten, zugestehen; (häufig auch unpers. mit *sien* o. Inf.) *ik bün di dat g.* ich gönne es dir

[2]**günnen** s. *günt*

günsen, günseln, swv., winseln, wimmern, stöhnen, ächzen (vor allem vor Schmerz)

günt, gunt, günnen, adv., präp., jenseits, drüben, weit weg; hinten, am anderen Ende

güntöver, gunt-, adv., gegenüber, auf der anderen Seite, jenseits

günt(s)siet, gunt-, adv., auf der gegenüberliegenden Seite, jenseits, drüben

güst, adj., unfruchtbar, leer, trocken, nicht tragend

güstern, gistern (s. d.), adv., gestern; *dat is nich von g.* das kann sich sehen lassen

güttern, swv., gießen, heftig regnen

guffeln (ostfr.), swv., (heimlich) lachen, in sich hineinlachen

Gulf, n., pl. *Gulfen,* Geviert zwischen Ständern als Lagerplatz für Getreide u. ä.

Gulfhuus, n., Gulfhaus (besondere Art des Bauernhauses mit vorgezogenem Wohn- u. anschließendem ebenerdigen Wirtschaftsteil)

Gummel, Gumpel, f., (große) Nase (meist scherzhaft)

Gunst, f., Gunst, *na. G. un Gaav* der Reihe nach, nach Belieben

gunt s. *günt*

H

Haadbaar, Hadbaar, m., Storch; vgl. *Adebaar*

Haag s. *Hagen*

Haagdoorn, Hag-, Hadoorn, m., Weißdorn; Heckenrose

[1]**Haak** s. *Haken*

[2]**Haak** s. *Haav(k)*

Haal, m. u. n., Zugwind

Haalwind, m., Zugluft, scharfer Wind

Haanpoot(j)en, Hahn-, f., Hagebutte, Frucht des *Haagdoorn* (s. d.)

Haar, Hoor, n., pl. *Haar,* Haar; *in Haarn* (dat.) ohne Kopfbedeckung, barhäuptig; *sik in de H. hebben* sich streiten, zanken; *lange H.* umschreibend für Mädchen, Frau; *up 'n hangen H.* mit knapper Not, beinahe, *H. up de Tähn hebben* kratzbürstig sein, hinterhältig, durchtrieben, bissig, gemein

Haarbö(r)st, f., Haarbürste

Haarbüdel, m., (nur in der Rda.) *'n H. hebben* betrunken sein

Haarlupp (holst.), f., Haarlocke

haartage(l)n, swv., refl. sich streiten, zanken, in den Haaren liegen

Haartüüg, n., Wetzholz, Gerät zum Schärfen der Sense (vgl. *haren*)

[1]**Haas, Hoos,** f., pl. *Hasen,* Strumpf, Strickstrumpf

[2]**Haas,** m., pl. *Hasen,* Hase, Kaninchen

haast s. *hast*

Haat, m., Haß (meist hochdt. Form Haß)

haatsch, haatsk, adj., gehässig, streitsüchtig; nachtragend

Haav(k), Haaf, Havik, m., (verschiedene Arten von) Raubvogel, spez. Habicht

habenin, adv., hafenwärts, in den Hafen, im Hafen

Haben, Hohen, -v-, m., Hafen

habenbinnen, adv., in den Hafen, im Hafen

Habenlööv, m., Hafenarbeiter

habenut, adv., aus dem Hafen heraus, seewärts

Haber(n), Haver(n), m., Hafer; *em stickt de H.* er ist übermütig

Habergrütt, f., Hafergrütze

Habersack, m., Hafersack, Sack für Hafergetreide; Futterbeutel für Pferde

Haaböök, f., Hainbuche

hache(l)n, swv., hecheln, keuchen; durchhecheln, tratschen

hachpachen, happachen, hechpechen, swv., stoßweise atmen, hecheln, keuchen

Hack, f., pl. *Hacken,* 1. Hacke, Gartengerät; 2. Hacke, Ferse; *sik de H. aflopen* sich eifrig bemühen, *up de H. sitten* jem. bedrängen, jem. nachstellen, *sik up de H. setten* sich widersetzen, störrisch sein, *'n lütten an de H. hebben* nicht ganz richtig im Kopf sein

Hackels, Hacksels, n. u. m., Häcksel, kleingeschnittenes Stroh; übertr. kleine wertlose Münze, Heckerling

Hackelskamer, f., Häckselkammer, Raum zum Schneiden u. Lagern des Häcksels

Hackelskist, f., Futterkiste, Häckselkiste

hacken, swv., 1. hacken, spalten; jäten mit der *Hack* (s. d.); 2. anhaften, kleben

Hackenbieter, m., (streitsüchtiger) Kläffer, Hund (der in die Hacken beißt); übertr. heimtückischer Kerl, gemeiner Schurke

Hadoorn s. *Haagdoorn*

Hääg, Heeg, f., Hecke

Hä(äg)böök, m., Hainbuche, Weißbuche (bes. als Heckenpflanze); vgl. *Haböök*

Häägpoort, f., Pforte, Durchgang in der Hecke

Häben s. *Heben*

Hähn s. *Hehn* u. *Hahn*

Hälft, Hälfs, f. u. n., Hälfte; übertr. Teil, Seite

Händler, m., Händler, Verkäufer

Häng, Heng, f., pl. *Hängen,* Scharnier, Türangel; übertr. Gelenk

hängen s. *hangen*

hännig s. *handig, hannig*

häweln s. *heweln*

Haff, n., Meer (über dem Watt), flaches Küstengewässer

Haft, f., Haft, Einkerkerung

Haftsaak, f., Ursache einer *Haft* (s. d.)

Hagdoorn s. *Haagdoorn, Hadoorn*

Hagel, m., Hagel

Hagen, Haag, Heeg, m., Hecke, Knick, kleines Gehölz; übertr. eingezäuntes Gehege (für Kleinvieh)

hagen, swv., behagen, gefallen; vgl. auch *högen*

Hahn, Hähn, m., pl. *Hahns*, Hahn, (auch allg.) männl. Vogel; *daar kreiht keen H. na* es hat keine Folgen, da fragt niemand nach

Hahnbalken, m., Hahnenbalken, Sitzstange für Federvieh; oberster Dachboden

Hahnholt, n., Querholz zwischen Dachsparren, Hahn(en)balken (s. d.)

Hahnpoot s. *Haanpoot(j)en*

Haken, Haak, m., Haken; besondere Pflugart, Hakenpflug

haken, swv., haken, hängenbleiben; refl. *sik h.* sich festhaken; übertr. sich streiten

Hakensteel, m., Leitgriff am Hakenpflug

halen, holen, swv., holen, einholen

half, adj. (flekt. *halve*), halb; vgl. auch *halvig*

Halfjahrstiet, f., Halbjahr, Zeit eines halben Jahres; *in 'n H.* in einem halben Jahr

Halfpart, -patt, n., Halbteil, Hälfte eines Anteils, *H. maken* zu gleichen Teilen teilen (bei Wetten, beim Handel u. ä.)

halfs(ch)leten, -s(ch)läten, adj., halbverschlissen, getragen, nicht mehr neu, gebraucht

Halfstieg, n., Menge von 10 (= halbe Stiege)

Halfstünnstiet, f., ca. eine halbe Stunde (ungefähre Zeitangabe)

halfweg(s), adv., halbwegs, so ungefähr, ziemlich

halfwussen, -wassen, adj., noch nicht ausgewachsen, halbstark (beim Menschen ca. 15-20 Jahre)

Hals, m., Hals, (auch Teile des Halses wie) Kehle, Schlund; *H. geven* sich vernehmen lassen, *'n langen H. maken* neugierig sein, *wat in 'n verkehrten H. kriegen* sich verschlucken, übertr. etw. falsch verstehen; untere Ecke des Segels (Seemannsspr.)

Halsafsnieder, m., Halsabschneider, Betrüger

halsen (Seemannsspr.), swv., vor dem Wind wenden

Halsjü(c)k, -jüch, -joch, n., Halsjoch, Tragholz (über den Schultern) für Eimer u. Kannen

Halslock, n., Halsloch, Schlund, Gurgel

Halter, m. u. n., Halfter, Zaum

haltern, heltern, swv., zügeln, bändigen, im Zaum halten

halv s. *half*

halvig, -big, adj., halb (vor Zeitangaben), *h. twölf* = 11.30 Uhr

Hamborg, Name, Hamburg (häufig auch in Rdaa. u. Vgl.)

Hamel, m., Hammel, kastrierter Widder

Hamen, Homen, m., sackförmiges Netz für Fischfang

Hamer, Hammer, Hom(m)er, m., pl. *Hamers*, Hammer (häufig nach Form u. Verwendung durch Zusätze unterschieden); *ünner 'n H. kamen* versteigert werden

hamern, swv., hämmern, pochen, auf etw. einschlagen

hampeln, swv., hampeln, strampeln, zappeln

Hand, f., pl. *Hannen, Hänn*, Hand; jem. *de H. vör 'n Aars holen* jem. bedienen, jem. umsorgen, *an de H. gahn* helfen, jem. behilflich sein, *bi de H. sien* zur Stelle sein, helfen, aushelfen, *wat üm de H. hebben* beschäftigt sein

Handbessen, m., Handfeger

Han(d)dook, m. u. n., Handtuch; *dat H. smieten* etw. aufgeben

handeln s. *hanneln*

Handelsmann, Hannels-, m., Händler, bes. fahrender Händler, Viehkaufmann

Handgebeer(d), f., Handgebärde, Handbewegung

handig, hannig, adj., passend, handlich; geschickt, gewandt; schnell, fix, behende

Handorgel, f., 1. Leierkasten; 2. Handharmonika

handsaam, adj., handlich, gut zu handhaben, bequem

Han(d)schen, m., Handschuh

Han(d)schenknecht (holst.), m., Trauzeuge (scherzh.)

Handsteen, m., Spülstein, Ausguß

Handstock, m., Handstock, Spazierstock

Handuul, f., Handfeger; vgl. *ulen*

handvull, adj., eine unbestimmte überschaubare Menge, eine Hand voll

Handwark, n., Handwerk, Gewerbe, Beruf

Hangelkorf, -korv, m., Henkelkorb, Korb zum Einkaufen

hangen, hängen, swv. u. stv. (*ik hang, häng, du hangst, hängst, he hangt, hängt, wi hangt, hangen; ik hung, hüng; hangt, hungen*), hangen, hängen; *üm 'n h. Haar* fast, beinahe, um Haaresbreite

Hanna(a)k, m., Halunke, unausstehlicher Kerl

hanneln, handeln, swv., handeln, Tätigkeiten o. Geschäfte ausüben, etw. tun

Hannemann, PN, Koseform von Johannes; Spottname für Dänen (schleswg.-holst.)

Hannes, PN, Johannes, Hans

hannig s. *handig*

Hannschen s. *Handschen*

Hansbunkentöög, m., Schelmenstreiche, Narreteien, Dummheiten, Kindereien

hanteren, hanteern, swv., hantieren, herumfummeln

hapen s. *höpen*

happachen s. *hachpachen*

Happen, m., pl. *Happens*, Happen, Bissen, Portion; *keen H.* kein bißchen, nichts

happich, happig, adj., gierig, begierig; unbescheiden, übertrieben, (Preis) teuer

hapsen, swv., schnappen, gierig schnappen nach

Harbarg, f., Herberge, Unterkunft, Bleibe

Harder, Herder, m., Hirte (oft näher erläutert als *Swien-*, *Goosharder* u. a.)

haren, horen, swv., schärfen, (Sensen) scharf machen, dengeln

Harfst s. *Har(v)st*

Hark, f., Harke, Gartenrechen; *wiesen wat 'n H. is* deutlich die Meinung sagen

Harm, PN, Hermann

harr s. *hebben*

harren, harden, swv., harren, ausharren, haushalten

Harst s. *Har(v)st*

Hart, Hatt, n., pl. *Harten*, *Hatten*, Herz, Gemüt; *vun Harten* herzlich

hart, hatt, adj. (flekt. *harder*), hart, fest; hartnäckig, hartherzig, unnachgiebig; unerbittlich, unbarmherzig; adv., heftig, sehr

hartfruchtig (ostfr.), adj., hartherzig, gefühllos, unrührbar

harthörig, adj., schwerhörig, taub

hartlich, -lik, adj., herzlich

Hartpoll, -pull, m., Herzblätter, innerste Blätter einer Pflanze

Hartseer, -sär, n., Herzeleid, Kummer

Har(v)st, Harfs, Harß, m., Herbst

Har(v)stbloom, f., Herbstblume, Aster

Har(v)stdag, m., Herbsttag

Hasen s. *[1]Haas*

Hasengeil (mecklbg.), m., Ginster

Hasenmuul, n., Hasenschnauze; übertr. Hasenscharte (als Erkrankung)

Hasketiet (ostfr.), f., längst vergangene Zeit, graue Vorzeit

hasöck, adj., barfuß, auf Strümpfen laufen

Hasöcken, Haassöcken, f., Strumpf, Beinling

Hassel, Hasel, m., Haselstrauch, Haselstock

Hasselnööt (meist pl.), f., Haselnuss

Hasselpogg, -pock, m., Laubfrosch

hast, adj., adv., hastig, schnell; bald; fast, beinahe (vorw. ostfr.)

hastig, adj., hastig, eilig, schnell

haten, swv., hassen, verabscheuen

Hau s. *Heu*

Haubarg, -berg, m., Aufbewahrungsort für Heu; besondere Bauernhausform (vorw. Eiderstedt u. Westküste schleswg.-holst.)

hau(e)n, hau(g)en, swv., hauen, schlagen, verprügeln, auch refl. sich schlagen, sich prügeln

Hauhn s. *Hohn*

Haupt, n., Oberster, Hauptperson; Hauptsache

Hauptmacker, m., Hauptperson, Anstifter, Anführer

Hauptsaak, f., Hauptsache, Wichtigstes

hausten s. *hoosten*

Haut s. *Hoot*

Havaree, Haveree, Hoberee (Seemannsspr.), f., Havarie, Unfall; übertr. Zank, Streit

havarer(e)n (Seemannsspr.), swv., in einen Unfall verwickelt sein, havarieren; übertr. allg. einen Unfall haben

Haven s. *Haben*

Haver s. *Haber(n)*

Havik s. *Haav(k)*

Haweln (ostholst.), m., Hafer

he, hei, pers. pron. (dat., akk. *em, hum* [ostfr.]), er, (übertr. auch allg.) männliches Wesen, Mann; (umschreibend für) Teufel u. Gott

Hebamm(sch), f., Hebamme; vgl. auch *Griep(er)sch, Griepsch*

hebben, -ww-, Hilfsverb (*ik heff, du hest, he hett, wi hebbt, hebben*; *ik harr, du harrst*; *hatt*), haben; (häufig zur Umschreibung des Perfekt bei Verben der Bewegung) *ik heff lopen* u. ä.; (Formen des prät. auch als Konjunktiv) *dat harr ich geern hatt*; *he hett dat nich goot* es geht ihm schlecht, er ist mürrisch, mißgelaunt, *hebbt se di?* bist du nicht ganz normal?, *dat kann ik nich hebben* ich kann es nicht ausstehen; refl. *sik h.* sich aufführen, gebärden, sich anstellen, sich zieren, zimperlich sein; sich streiten

Hebel, Hewel, m., Hebel, Hebelvorrichtung

Heben, Häben, -w-, m., Himmel, Horizont

heben, heffen, stv. (*ik heef, du heefst, he heeft*; *ik heef, he heef, haven, haben*), heben, anheben

hecheln, hacheln, swv., hecheln, schnell atmen, keuchen; etw. durchhecheln, tratschen

hechen, swv., s. *hecheln*; vgl. *hache(l)n*

hechpechen s. *hachpachen*

Hech(t)ködel, m., rechthaberischer aufdringlicher Kerl (mit verächtlichem Nebensinn)

[1]Heck, f. u. n., Hecke, Zaun; Umzäunung, Lattenzaun, Gitter, Tor, Durchgang; Lattenverschlag; *to H. kamen* das Ziel erreichen, ins Reine bringen

[2]Heck, n., Heck, Hinterteil des Schiffes, Abschlußbrett

Heckdoor, n., Tor, Tür (aus Gitterwerk)

Hecklock, n., Einfahrt zu einer Koppel o. Wiese

Heckpahl, -paal, n., Tor-, Türpfosten

Heckschuur, n., überdachter Raum vor der Großtür (vorne durch ein *Heck* [s. d.] abgeschlossen)

Heckster s. *Heister*

Heed, f., Hede, Flachs

Heeg s. *Hagen*

Heek(t), m., Hecht, Raubfisch

heel, heil, adj. u. adv., heil, ganz, alles umfassend; (verstärkend vor adj.) sehr; *h. un deel* (*dall*) ganz u. gar, völlig

heemlich, hemel(i)k, adj., heimlich, geheim

Heen s. *Hehn*

Heer s. *Herr*

Heerd, Herd, Hierd, m., Herd, Feuerstätte

Heerder s. *Harder*

heesch, adj., heiser

heespesen, hesbesen, swv., hin- u. herlaufen, sich abhetzen

Heester *s. Heister*

heet, heit s. *hitt*

Heetweck, Hedeweck, -wick, f., Heißwecke, Gebäck (vor allem zur Fastenzeit)

heff s. *hebben*

hegen, swv., hegen, bewahren; *h. un plegen* hüten u. bewahren, hegen u. pflegen

Hehn, Heen, Henn, f., Henne, weibl. Hühnervogel; vgl. *Hohn*

Hei (ostfr.), n., Heu (s. d.)

[1]Heid(e), m., Heide, Nichtchrist, Ungläubiger

[2]Heid, Hei, Heed, n., Heidepflanze, Erika; mit Heide bewachsene Sandfläche

Heidfa(r)st, m., Dachfirst aus Heidesoden

Heidhonnig, m., Heidehonig, Honig aus dem Ertrag der Heide

Heidjer, m., Heidebewohner, Heidebauer

Heidkruut, n., Heidekraut, Erika, Glockenheide

Hei(d)loh, f., Heideland, Heide

Heidsnuck, f., Heidschnucke, Heideschaf

[1]heil (mecklbg.) s. *heel*

[2]heil, adj., heil, ganz, unversehrt

heilmaken, swv., heilmachen, wiederherstellen, reparieren

Heilo(h) s. *Hei(d)loh*

Heimaat, f., Heimat, Zuhause

Hein, PN, Kurzform von Heinrich

heiraden, swv., heiraten; vgl. *friegen*

Heister, Heester, Hekster, m., Elster; vgl. *Eek(heck)ster*

Hek(t) s. *Heek(t)*

Hekel, Heckel, f., Hechel, Flachshechel

hekeln, heckeln, swv., (Flachs) hecheln, reinigen

Hekster s. *Heister*

helen, swv., heilen, gesund machen

Helf(t), n., Stiel, Griff

Helge(n), Hilge(n), m., Helge, Baugerüst für Schiffe; übertr. Werft

Hell(e) s. *Höll*

hell, hill, adj., hell, blank, blond

Helldüvel, m., Höllenteufel, schmutzige Gestalt; Brauchtumsgestalt

Heller, m., Geldmünze; (nur noch in der Rda.) *up H. un Penn* ohne Rest, ganz u. gar

hellhörig, adj., hellhörig, wachsam, aufmerksam

hellig, adj., hell, licht

hell(i)sch, höllisch, adj., (meist ironisch verstärkend) höllisch, mächtig, sehr, gewaltig, *'n h. Keerl* Teufelskerl, Prachtbursche

Helm (Seemannsspr.), m., Griff des Steuerruders

Helmholt, n., wie *Helm* (s. d.), Ruderpinne

Help, Hölp, Hülp, f., Hilfe; übertr. Hilfskräfte, Mithelfer, Genosse

helpen, hölpen, stv. (*ik help, du helpst, he helpt, wi helpt, helpen*; *ik holp, hölp, hülp, hulp*; *holpen, hulpen*), helfen, unter die Arme greifen, beistehen; *nich daarto h. könen* nichts tun können, es nicht verhindern können; nützen, Hilfe bringen

Helphol(l)en, n., Geschrei, Aufsehen, Getue

Hemd, n., Hemd; *keen H. vör 'n Achtersten hebben* völlig verarmt sein; *dat H. van 'n Lief fragen* jem. durch Fragen zusetzen

Hemdslipen, m., Hemdzipfel

Hemdsmau(e)n, f., Hemdsärmel, *in H. gahn* ohne Jacke gehen, in salopper Kleidung gehen

Hemp, Hen(ne)p, m., Hanf

Hempheed, f., Hanfkraut, Werg (als Dichtungsmittel)

hen, adv., hin (mit Angabe der Richtung), *h. u. her* hin u. her, vor u. zurück; *hen u. wenn* hin u. wieder, zeitweilig, gelegentlich; *he is daar mit h.* er hat es überstanden, ist gestorben; temp. *dat is noch 'n Wiel hen* es dauert noch eine Weile, *to Abend h.* am Abend; häufig als Präfix bei Verben (s. d.)

hendaal, adv., hinunter, hinab, herunter, herab; vgl. *daal*

hendör(ch), adv., hindurch (temp. u. lok.); vgl. *dörch*

hendreih(e)n, swv., hindrehen, hinlenken (auf), etw. (in best. Weise) darstellen

Heng s. *Häng*

hengahn, stv. (s. *gahn*), hingehen; (häufig als Abweisung) *gah hen un fleut de Aanten von 'n Diek* (s. *Aanten*) verschwinde, laß mich in Ruhe

hengeben, stv. (s. *geben*), hingeben, darreichen; refl. sich hingeben, sich verdingen, sich einlassen mit

henhau(e)n, swv., etw. an einer best. Stelle befestigen; übertr. 1. sich hinlegen; 2. *dat haut hen* passend sein

henhören, -hüren, swv., hinhören, lauschen; hingehören

henkamen, stv. (s. *kamen*), hinkommen, erreichen; *dat kümmt so hen* es stimmt so, paßt

henknallen, swv., stürzen, hinfallen, (geräuschvoll) hinwerfen, vor die Füße werfen, vorwerfen

henkriegen, stv. (s. *kriegen*), etw. schaffen, bewerkstelligen, zu recht bekommen

Henkslott (mecklbg.), n., Vorhängeschloß

henlang, adv., entlang; *he is daar mit h.* er ist damit durch, hat es überstanden, ist gestorben

henlangen, swv., 1. hinlangen, zuschlagen; 2. reichen, ausreichen, genügen

henlopen, stv. (s. *lopen*), hinlaufen, *de Tiet löppt hen* vergehen

Henn (vorwiegend östl. Mdaa.), **Hehn, Heen, Hähn,** f., Huhn, Henne; vgl. *Hehn*

hennig, händig, adj., adv., mittelmäßig, ziemlich; vgl. *handig*

henpacken, swv., hinpacken, hinlegen; refl. sich hinlegen, niederlegen, ausruhen

henpedden, swv., hintreten

henplanten, swv., hinpflanzen; (meist übertr. etwas o. sich) hinsetzen, breitmachen

henprinten, swv., (wie gedruckt) schreiben, (mit wohlgesetzten Worten) reden

henre(c)ken, swv., hinreichen, hinlegen, darreichen; ausreichen, genügen

henschulen, swv., auf etwas sehen, hinschielen, heimlich gucken

hensetten, swv., hinsetzen, hinstellen, absetzen; festsetzen, abmachen, vereinbaren; refl. sich hinsetzen, niederlassen

henslaan, stv. (s. *slaan*), hinschlagen, niederstürzen; verschlagen, lohnen, einbringen

hensmieten, stv. (s. *smieten*), hinwerfen, etw. aus der Hand geben

henstellen, swv., hinstellen, vorsetzen; refl. sich hinstellen, postieren; etw. darstellen, jem. beschreiben

henstü(e)rn, swv., hinsteuern, ansteuern; übertr. jem. etw. zusteuern, Nachricht geben, etw. zukommen lassen; etw. in bestimmte Richtung lenken

hento, -tau, adv., hinzu; etwa, ungefähr, bis, gegen; *h. dree* bis o. gegen drei Uhr; auch lok. in der Nähe, nahe bei

hentrecken, stv. (s. *trecken*), hinziehen; refl. sich zurechtziehen, sich einrenken; verziehen, umziehen, umsiedeln; *dat treckt hen* das zieht hin, macht etwas aus, bewirkt etwas

henweg, adv., hinweg, fort

Henweg, m., Hinweg, Anreise

henwiesen, swv., hinweisen, hinzeigen, jem. auf etwas aufmerksam machen

her, adv., her (mit Richtung auf den Sprechenden), *he kümmt von N. her* er stammt aus N., ist in N. zu Hause; *dat is nich wiet h.* es taugt nichts, ist unbedeutend; temp. her, *dat is lang h.* das war früher; mit anderen adv. verschmolzen u. gekürzt zu *r* (*raf, ran, rin, rünner*), s. d.; häufig als Präfix mit Verben der Bewegung, s. d.

Herd s. *Heerd*

hergeben, -geven, stv. (s. *geben*), hergeben, reichen; weggeben, abgeben; refl. sich zu etw. hergeben

herdoon, unregelm. v. (s. *doon*), hergeben, reichen

herhalen, -holen, swv., herbeiholen

herhollen, stv. (s. *holden*), herhalten, einstehen für

Hering s. *Hiering*

herkamen, stv. (s. *kamen*), herkommen, herankommen; abstammen von; subst. Herkunft, Abstammung

herkriegen, stv. (s. *kriegen*), hervorholen, beschaffen; in die Hand nehmen, sich etw. o. jem. vornehmen

herlangen, swv., herreichen, herüberreichen, geben

herlopen, stv. (s. *lopen*), zulaufen, herlaufen; meist part. prät. adj. *herlopen Jungen* u. ä., hergelaufen, zugelaufen (verächtlich)

hermaken, swv., hermachen, herzeigen; *dat maakt wat* (o. *nix*) *her* das sieht nach etwas (o. nichts) aus, ist ansehnlich, macht Eindruck

hernehmen, stv. (s. *nehmen*), Besitz ergreifen von; *he hett een hernahmen* er hat jem. umgebracht

Herr, Heer, m., pl. *Herren(s)*, Herr (bes. als Anredeform), jem. der etwas zu sagen hat, Herrschender, Gutsherr; *den H. ruutkehren* sich aufspielen; Herrgott, Christus

Herrgott, m., Herrgott, Gott (Vater u. Sohn), Christus; übertr. *H. spelen* sich als Erhabener aufspielen, hochmütig sein; etw. anstelle von Gott, z. B. *dat Geld is sien H.*

Herrgottskoh, f., **-peerd,** n., Marienkäfer

Herrjees, herrjees, herrjess, interjek., Herr Jesus, Ausruf des Erstaunens, der Verwunderung, Herr Jesus, mein Gott u. ä. (aber meistens ohne religiösen Nebensinn)

herrlich, adj., herrlich, prächtig; lustig

Herrschaft, f., Herrschaft, Herrschaftsbereich; Familie des Herrn (bes. Gutsherrn), (bei Dienstverhältnissen) der Dienstherrschaft

hertrecken, stv. (s. *trecken*), herziehen, heranziehen; (von anderem Ort) zuziehen, sich niederlassen

herüm u. Kompos. s. *rüm* u. Kompos.

herünner s. *rünner*

herwards, -ts, adv., hierher, in Richtung auf etw. zu

hesebesen s. *heespesen*

heßen (ostholst.), swv., hissen, aufziehen, hochziehen

Hester, Hekster s. *Heister*

heten, heiten, stv. (*ik heet, heit, du heetst, heitst, he heet, heit, wi heet, heten, heiten*; *ik heeß, heet, wi heten*; *heten*), heißen, genannt werden, benennen; nennen; befehlen, auffordern; *ut egen Heten* freiwillig, aus eigenem Antrieb

Heu, Hei, Hau, n., Heu

Heuaarn, -aust, f., Heuernte

Heuaust s. *Heuaarn*

Heuböhn, m., Heuboden, Lagerraum für Heu

Heucht (hbg.) s. *Hööch*(*te*)

Heudiemen, m., großer Heuhaufen

Heufatt s. *Hödefatt* u. *Hütfatt*

Heugabel, -gavel, f., Heuforke

Heuhüpper, m., Heuschrecke, Grashüpfer, Grille

Heuke(n), Heike, Hoike (vorw. Küstenmdaa.), m. u. n., kurzer Mantel, Überwurf mit Kapuze, Umhang

heunsch s. *hönsch*

Heuspringer s. *Heuhüpper*

Heuwisch, f., Heuwiese, zum Heu machen bestimmte Wiese

Hevel s. *Hebel*

Heven, Häven s. *Heben*

heven s. *heben*

Hewelmann, Häwel-, m., Kind zum Liebhaben, zum Verhätscheln, süßer Bengel, Hosenmatz

heweln, häweln, swv., herumalbern, schäkern, kosen, scherzen, verhätscheln

Hex, f., Hexe, Zauberin, (auch Schimpfwort)

hexen, swv., hexen, zaubern, verwünschen

hibbelig, -lich, hippelig, adj., zappelig, unruhig, nervös; aufgeregt

hicken, swv., picken, aufpicken, aufhacken

Hicker, m., Schluckauf

Hickop, -up, m., Schluckauf

hiddelig, adj., erhitzt, erregt, aufgeregt; unruhig, nervös

hiemen, himen, swv., (geräuschvoll) atmen, nach Luft ringen, röcheln, keuchen

hier, adv., hier; *de* o. *dat hiere* dieser o. das hier (meist vergleichend *dat* (*de*) *hiere* – *dat* (*de*) *dore*)

hierblieven, stv. (s. *blieven*), hierbleiben

Hierd s. *Heerd*

hierhen, adv., hierhin, hierher

Hiering, Hering, Hiern, m., Hering (je nach Art der Zubereitung unterscheidet man *gröön, solten, suren H.* usw.)

Hieringsbänniger, m., Fischhändler, Kaufmann (scherzh.)

Hies (oldbg., ostfr.), n., Pferd, meist Demin. *Hieske* Pferdchen; vgl. *Hiesfahlen*

Hiesfahlen (oldbg., ostfr.), n., Fohlen

hiesig, adj., (ein)heimisch

hieven, hi(e)wen, swv., aufheben, hochziehen

hijahnen, ho-, hu-, swv., gähnen; vgl. *hujahnen*

hild, hill, adj., eilig, geschäftig, wichtig, drängend, arbeitsreich

Hilg s. *Hill*

Hill, Hilg, f., pl. *Hillen, Hilgen*, Lagerraum über den Viehställen, Boden für Holz, Torf u. ä., Heuboden

hill s. *hild*

Hillding (schleswg.-holst.), n., Krankheit, Entzündung (verschiedenster Art)

hillig, adj., heilig

Hillig(en)avend, m., Heiligabend, 24. Dezember

Himbeer, Himmel-, Hin-, f., Himbeerstrauch, Himbeere

Himmel, m., Himmel; vgl. Heben

himmelhooch, -hoog, adj., himmelhoch, sehr groß

Himmelszeeg, -zäg, f., Himmelsziege, Bekassine, Schnepfenvogel

Himphamp, m., Wirrwarr, Durcheinander; Kram, wertloses Zeug

hin u. Kompos. s. *hen* u. Kompos.

Hingst, m., pl. *Hingsten*, Hengst, männl. Pferd (auch übertr. auf Menschen)

hinken, swv., hinken, hüpfen, humpeln

Hinkepink, m., Hinkender, Lahmer (als Schimpfwort); Kinderspiel (vgl. *Hinkepoot*)

Hinkepoot, m., Hinkender, Lahmer (als Schimpfwort); Kinderspiel (bei dem hinkend best. Aufgaben erfüllt werden müssen)

[1]**hinnen,** adv., hinten; vgl. *hinner*

[2]**hinnen, hinnern,** adv., hinten

hinner, adv. u. präp., hinter, hinterher

hinneran, adv., hinteran, hinterher

Hinnerdeel, n., Hinterteil, Gesäß

Hinnerk, PN, Heinrich; *iesern H.* starker Kerl; *hölten H.* Tölpel, Dummkopf

hinnern, swv., trans. hindern, aufhalten, behindern; intrans. hinderlich sein, schaden

Hinnerpoort, f., Hinterpforte, rückseitige Pforte; übertr. After

Hinnerpoot, f., Hinterpfote, Hinterbein

Hinnerst, m., 1. der Hinterste, der Letzte; 2. Hinterteil, Podex

hinnertücksch, adj., hinterhältig, heimtükkisch, arglistig

hippelig s. *hibbelig*

Hiring s. *Hiering*

hissen, swv., hetzen, antreiben, anstacheln, hissen

Hisser, m., Antreiber

Hitschen, m., Haufen, Krempel

Hitt, Hitten, f., Hitze; Fieber

hitt, heit, heet, adj., heiß

hittelig s. *hiddelig*

Hoberee (hbg.) s. *Haveree*

hoch u. Kompos. s. *hooch* u. Kompos.

Hochtiet, -tied, f., Hochzeit, Heirat

Hochtietsdag, m., Hochzeitstag, Tag der Heirat

[1]**Hock, Huk,** f. u. n., Verschlag, Unterstand (für Vieh), Koben, Stall; übertr. Verlies, kleiner Wohnraum

[2]**Hock,** f., Hocke, zum Trocknen zusammengestellte Getreidegarben

hö, he, interjek., hallo, he da!

Höch(de) s. *Hööch(te)*

Hödefatt, n., durchlöcherter Behälter zum Aufbewahren von Fischen; vgl. *Hütfatt*

höden, häuden, swv. (mit Wechsel von *d* u. *t* in der Flexion), hüten, aufpassen, bewachen; refl. sich hüten vor

höflich, adj., höflich, zuvorkommend

hög(e)lik; högelk (ostfr.), adj., fröhlich, munter, vergnügt

högen, swv., freuen, erfreuen; meist refl. sich freuen, sich vergnügen; vgl. *Höög*

Höhl, f., Höhle

Höhner, Häuhner s. *Hohn*

Höhnergloven, m., Aberglauben

Höhnerhock, -huk, m., Hühnerstall

Höhneroog, n., Hühnerauge; Syn. *Liekdoorn*

Hökel (schleswg.-holst.), m., Dachwalm

Höker, m., Krämer, Kaufmann, Händler

Hökerladen, -loden, m., Kramladen, Kaufmannsladen, „Tante-Emma-Laden"

hökern, swv., kaufen u. verkaufen, Kleinhandel treiben

Höll, Hell, f., Hölle, Sitz des Bösen, Ort der Verdammnis

höll(i)sch s. *hellisch*

Hölp s. *Help*

hölpen s. *helpen*

hölte(r)n, holten, adj., hölzern, aus Holz gefertigt; übertr. steif, unbeweglich (häufig in Vergleichen)

Höltentüffel, Holten-, m., Holzpantoffel

Hööch(te), Hööchde, f., Höhe, Anhöhe; übertr. Ansehen

Hööft, Höövt, n., Haupt, Kopf; Vorsprung, Spitze; ausgebauter vorragender Landeplatz für Schiffe (häufig in Orts- u. Flurnamen)

Höög, Höge, Hoeg, f. u. m., Freude, Spaß, Vergnügen, Heiterkeit; Festlichkeit, Tanzvergnügen

höönsch, heunsch, adj., höhnisch, hämisch

Hööm s. *Hörn*

höpen, swv., hoffen, erwarten

hör (ostfr.), pers. pron. (3. pers. sg. u. pl. dat. u. akk. von *se*), ihr, sie, ihnen

hören, swv., hören, gehorchen; gehören, Eigentum sein; sich gehören, sich schicken

Hörn, Höörn, f. u. n., Ecke, Winkel; besondere Sitzecke neben dem Herd o. Ofen; Sitzecke in der guten Stube; Landspitze, Landzunge (häufig in Orts- u. Flurnamen)

Hörnschapp, n., Eckschrank

Hörnstohl, m., Lehnstuhl (der an best. Platz

steht, s. *Hörn*)

hösen (ostfr.) s. *höven*

hötten s. *höden*

Hövel, Höwel, m., Hobel

Hövelbank, f., Hobelbank

höven, höfen (vorw. ostfr.), swv., brauchen, benötigen

Hövetmann, m., Hauptmann, Anführer (veraltet)

Hoff, Hof, m., pl. *Hööf, Höven*, Hof, Hofplatz; Bauernhof, Gutshof

Hoffarv(e), m., Hoferbe, Nachfolger auf dem Bauernhof

Hoffdeenst, m., Hand- u. Spanndienst als Pflicht des Hofbesitzers; Syn. *Buurwark*

Hoffhund, m., Hofhund, Wachhund

Hoffland, n., Hoffläche, landwirtschaftlich nicht genutzte Fläche, Gartenland

Hoffsteed, f., Hofplatz, (gepflasterter) Platz vor o. hinter dem Haus; übertr. Hofstelle, Bauernhof

Hohn, Hauhn, n., pl. *Höhner, Häuhner*, Huhn; *gah na Huus un melk de Höhner* derbe Abweisung; vgl. *Hehn*

Hohnsehn (Finkenw.), n., eine Art Versteckspiel, Kinderspiel

hojahnen, hujahnen, swv., gähnen

hojappen, swv., nach Luft schnappen, gähnen

Hoken s. *Haken*

holden, holen, hollen, stv. (*ik hool, holl, du höllst, he höllt, wi hoolt, hollen*; *ik höll, hööl, heel, du höllst, heelst*; *hollen*), halten, festhalten; halten für, es mit jem. o. etw. halten, jem. gern haben; standhalten, aushalten; refl. sich halten, sich verhalten, sich aufhalten; *dat Muul h.* still sein, schweigen; *holl di stief* bleibe gesund (als Abschiedsformel)

holen s. *halen* u. *holden*

holl, adj., hohl, ausgehöhlt, verstärkend *holl un boll* völlig hohl

Hollänner, -länder, m., Holländer; Pächter von Milchvieh u. Milchwirtschaft auf Gutshöfen (schleswg.-holst., mecklenbg.), Meiereipächter

Holland, Name, Holland; *nu is H. in Noot* es ist schlimm, böse bestellt, *nu is H. in Sicht* das Schlimmste ist überstanden

hollandsch, adj., holländisch

Hollebb, f., Hohlebbe, tiefster Wasserstand bei Ebbe

hollen s. *holden*

Hollfast, m., Halt, fester Stand

Hollies, n., Hohleis, Eis unter dem das Wasser abgelaufen ist

Hollunner, m., Holunderstrauch, Fliederbeerstrauch

Holsch(en), m., meist pl., Holzschuh

Holster, n., 1. kleiner Lederbeutel, Brotbeutel; 2. Hohlziegel, Ziegel bes. für Firstdekkung; 3. kleiner Junge, Knirps

Holt, n., pl. *Hölter*, Holz, Gehölz, Wald

Holtappel, m., Holzapfel, Wildapfel

Holtbool (schleswg.-holst.), f., Holzauktion, Holzversteigerung

Holtbuck, m., Holzbock, Zecke; übertr. hölzerner steifer Kerl

Holtduuv, f., Ringeltaube

Holt(en)tüffel, m., Holzpantoffel, Holzschuh

Holtschen s. *Holsch(en)*

Holtschraag, m., 1. Sägebock; 2. Eichelhäher

Holtstoot, m., Holzstoß, aufgestapeltes Holz

Holtvaagt, m., Holzvogt, Waldaufseher

Holtweg, m., Holzweg, Waldweg; Sackgasse, *up 'n H. sien* in die Irre gehen, einem falschen Gedanken nachgehen, sich irren

Homen s. *Hamen*

Homer s. *Hamer*

homern s. *hamern*

Honnig, m. u. n., Honig; *H. üm 't Muul smeern* schmeicheln, nach dem Munde reden

Honnigkoken, -kauken, m., Honigkuchen, brauner Kuchen

Honnigmaand, m., Honigmond, Flitterwochen

Honnigwater, n., Honigwasser, süßes Getränk

hooch, hoog, hoch, adj. (flekt. *höger, hööchst*), hoch, weit; *up 't hoge Peerd sitten* stolz, eingebildet, überheblich sein

hoochbeent, adj., hochbeinig, stelzfüßig; hager, dürr; übertr. überspannt, überdreht; *h. Tiet* dürre Zeit, Notzeit

hoochbören, swv., hochheben, aufheben

hoochdrücken, swv., hochdrücken, stemmen

hoochdüütsch, adj., hochdeutsch, hochsprachlich (Ggs. *plattdüütsch*)

hoochhangeln, swv., hochhangeln; refl. sich hochziehen, sich mühsam aufwärtsbewegen

hoochkröppich s. *hoochkröppsch*

hoochkröppsch, adj., hochmütig, eingebildet, prahlerisch

hoochnäsig, -nesig, adj., hochmütig, stolz, eingebildet

hoochnödig, adj., sehr nötig, sehr eilig

Hoochschool, f., Hochschule, Universität; *de hoge School* Gymnasium, Universität

hoochsnutig, adj., angeberisch, prahlerisch, hochnäsig

Hoochwater, n., Hochwasser, Flut, Sturmflut

Hood, Haud, m. u. f., Haufen, Horde, Schar

[1]**Hoof, Hauf,** f., pl. *Howen*, Hufe, Landmaß (ca. 30 Morgen)

[2]**Hoof, Hauf,** f., pl. *Howen*, Huf (bes. beim Pferd)

Hoofiesen; Hoofieser (ostfr.), n., Hufeisen

hoog s. *hooch*

Hook (ostfr.), s. *Huk*; vgl. *Hörn*

Hoon s. *Hohn*

Hoop, Hop, m., (kleiner) Haufen, Heuhaufen; vgl. *Hupen*

[1]**Hoor,** f., pl. *Horen*, Hure, liederliches Frauenzimmer (Schimpfwort)

[2]**Hoor** s. *Haar*

Hoorn, Horn, Hurn, n., pl. *Höörn(s)*, *Hüürn*, 1. Horn (bes. vom Hornvieh), *Höörn upsetten* betrügen; Nachtwächterhorn, Blashorn; 2. Landspitze, Vorgebirge, spez. Kap Hoorn; vgl. *Hörn*

Hoos, f., Hose

Hoost(en), Hausten, m., Husten

hoosten, hausten, swv., husten; *ik h. di wat* etwas abweisen, jem. etw. abschlagen

Hoot, Haut, f., pl. *Hööt*, *Häut*, Hut, Kopfbedeckung, *sik wat an 'n H. sticken* aufgeben, abschreiben

Hoov s. *Hoof*

Hopen s. *Hoop*, *Hupen*

Hoppelpoppel, m. u. n., Name für versch. Gerichte, bes. Bratkartoffeln u. Ei

Hoppen, m., Hopfen (Pflanze u. Frucht)

Hoppenröök, m., Hopfengeruch

Hoppensack, m., großer Sack für die Hopfenernte

Hoppenstang, f., Rank-, Stützstange für Hopfen; übertr. langaufgeschossener, dürrer Mensch

Hopphei, m., Hopserei, einfaches Tanzvergnügen; Lärm, Geschrei, Getue, Aufregung; Unsinn, *H. maken* Unsinn machen, Aufregung stiften, Aufsehen machen

hopsen, swv., hüpfen, springen, tanzen

horen s. *haren*

horken, swv., horchen

Horn s. *Hoorn*

Hosoken s. *Hasöcken*

hott, interjek., hott, Zuruf zum Antreiben der Zugtiere (bes. bei Änderung der Fahrtrichtung nach rechts), *h. un hü* rechts u. links von der Fahrtrichtung abweichen; übertr. unentschlossen reagieren

Hottepeerd, n., Pferd, Steckenpferd (Kinderspr.)

Hovenbook (hbg.), **Habenbaak, Haven-,** f., Hafenbake, Seezeichen bei der Hafeneinfahrt

Hoveree s. *Haveree*

Hubuud (schleswg.-holst.), m., Wiedehopf

hucheln, swv., kichern, versteckt lachen, albern lachen

Huck (ostfr.), f., Stall, Verschlag; übertr. kleine ärmliche Unterkunft; vgl. *Hock*

hucken s. *huken*

Huckepack s. *Hukepack*

huddelig, adj., fröstelnd, zittrig vor Kälte

hü, interjek., hü, Zuruf zum Antreiben von Zugtieren; vgl. *hott*

hübsch, adj., hübsch, fein, schmuck

hüde (westl. d. Weser) s. *hüüt*

Hüdel (ostfr., oldbg.), m., Mehlkloß, Hefekloß

hüdigendaags s. *hütigendaags*

Hüer s. *Hüür*

hüern s. *hüren*

Hüker, m., pl. *Hükers,* 1. Hocker, Schemel, Melkschemel; 2. Höcker, Auswuchs

Hülp s. *Help*

Hüls, m., pl. *Hüls(ch)en*; *Hülsenbusch,* Stechpalme, Ilex

Hülsentierken (schleswg.-holst.), nur pl., Zweige der Stechpalme

hülten s. *hölte(r)n*

hüm, hum (ostfr., oldbg.), pers. pron. (auch poss. pron.) (3. pers. sg. dat. u. akk. von *he*), ihm, ihn

Hümpel, m., pl. *Hümpels,* Haufen (bes. Heuhaufen); Ansammlung (von Sachen u. Lebewesen); *all up een H.* alle zusammen

hünzen, hünschen, swv., schluchzen, wimmern

hüpen, hüpeln, swv., häufen, häufeln, anhäufeln (z. B. bei Garten- u. Feldfrüchten)

hüppen, swv., hüpfen, springen

Hüpper, m., 1. Hüpfer, Springer, Grashüpfer; *lütt H.* kleiner Springinsfeld, kleiner Junge; 2. Weidenflöte, Pfeife (schleswg.-holst.)

[1]**hüren** s. *hören*

[2]**hüren, hüern,** swv., mieten, anheuern

hüsen, swv., intrans. hausen, wohnen; trans. beherbergen

Hüsing s. *Hüsung*

Hüske (ostfr.), n., Häuschen, Laube; Kerngehäuse; übertr. Papiertüte

Hüsung, Hüsing, f., Behausung, Wohnung, Unterkommen; Recht auf Niederlassung u. Wohnung

Hütfatt, Hüttfach, Hüülfatt, n., Fischbehälter für lebende Fische, durchlöcherter u. mit Frischwasser gefüllter Holzkasten

hütigendaags, hüdigen-, hüten-, adv., heutzutage, jetzt, in heutiger Zeit

Hütt, f., pl. *Hütten(s),* Hütte, Unterstand (bes. auf der Weide), ärmliches Haus; Hütte (als Arbeitsplatz), Eisenhütte, Glashütte; *H. un Mütt* alles Drum u. Dran, alles zusammen

Hüülfatt s. *Hütfatt*

[1]**Hüün, Hün,** m., Hüne, Riese, großgewachsener kräftiger Mensch

[2]**Hüün** (nur in der Vbdg.) *H. un Perdüün* allerlei unnützes Zeug; das Drum u. Dran; übertr. alle u. jeder

Hüüp, m., das Gehäufte, bes. was über das volle Maß hinausgeht; vgl. *Hupen*

Hüür, Hüer, f., Heuer, Miete, Pachtgeld, Entgelt für Seeleute; *to H. wahnen* zur Miete wohnen, eine Mietwohnung haben

Hüürbaas, m., Heuerbaas, Stellenvermittler für Seeleute; übertr. Wohnungsbesitzer

Hüürbuer (ostfr.), m., Pächter, Gutspächter

Hüüsken s. *Hüske*

hüüt, hüt, hüde, adv., heute

hüüttodaags, adv., heutztage, heute; vgl. *hütigendaags*

hujahnen, hojahnen, swv. gähnen

Huk, Huck, Huuk, f. 1. Winkel, Ecke, Spitze; Landspitze (vgl. *Hörn*); 2. Hocke, hokkende Stellung, *in de H. sitten* mit angewinkelten Knien, in der Hocke sitzen; *de H. vullkriegen* Prügel beziehen

huken, hucken, swv., hocken, niederhocken, in der Hocke sitzen

Hukepack, Huckepack, -back, m., Rücken; meist adv., auf dem Rücken tragend

hulen, swv., heulen, weinen; übertr. sich schnell fortbewegen, *huul af!* verschwinde !

Hulk, m. u. f., abgetakeltes Segelschiff, alter Kahn

Hulp s. *Help*

hum s. *hüm*

Hummel, f. u. m., Hummel; übertr. fahriges, liederliches Mädchen, Rumtreiberin; *se hett 'n Hummel in 'n Achtersten* sie ist unstet, unruhig

humpeln, swv., humpeln, hinken

Hund, m., pl. *Hunn(en),* Hund, (häufig in Rdaa., Vgl. u. Sprw.); übertr. Schimpfwort für Menschen u. andere Lebewesen; *'n falschen H. sien* Betrüger; *em schall de H. wat* als Verwünschungsformel; *vör de Hunnen gahn* zugrunde gehen; *up 'n H. kamen* abwirtschaften

Hunger, m., Hunger

Hungerhark, f., große fahrbare Harke (als Feldgerät)

Hungeror, n., Hungerlohn, Honorar (nur lit.)

Hunn(en)bloom, f., Pflanzenname für Löwenzahn, Huflattich, Hundskamille, Wucherblume u. a.

Hunn(en)hütt, f., Hundehütte

Hunn(en)schiet, f. u. n., Hundedreck, Hundekot; übertr. Minderwertiges, Unbrauchbares

Hunn(en)steert, m., Hundeschwanz

hunnert, num., hundert

Hupen, m., Haufen; *bi den groten H. schieten* vornehm tun; vgl. auch *Hoop*

Huppel, m., Häufchen, kleine Erhebung, Unebenheit

Hus s. *Huus*

Husaar, Husar, m., Husar, *H. spelen* toben, sich wild aufführen

Husch, m., 1. kurze Zeitspanne, im Nu; 2. Regenschauer

husen, swv., hausen, ärmlich wohnen

Huuf, f., pl. *Huwen,* Haube (als Teil der Tracht), Kopfbedeckung, Mütze; *ünner de H. kamen* heiraten

Huuk, Huck s. *Huk*

Huulbessen, m., Staubsauger (scherzh.)

Huulboje s. *Huultünn*

Huulkassen, m., Radio, Rundfunkgerät (scherzh.)

Huultünn, f., Heulboje, Seezeichen mit akustischem Signal

Huus, m., pl. *Hüüs, Hüser,* Haus (häufig in Rdaa. u. Sprw.); *to H. gahn* heimwärts gehen, *to H. sien* beheimatet sein

Huusarbeit, f., Hausarbeit, spez. Schulaufgaben

Huusbessen, m., Hausbesen; übertr. herrschsüchtige Hausfrau, Hausdrache

Huusbör(e)n, -böörn, n., Richtfest

Huusbohl, f., Versteigerung von Haus u. Hof (schleswg.-holst.)

Huusdeel, -dääl, f., Diele im Bauernhaus

Huusdöör, f., Haustür, Eingangstür

Huusfro, -fru, f., Hausfrau, Ehefrau

Huusherr, m., Hausherr; Hausbesitzer, Hauswirt

huusholen, swv., haushalten, den Haushalt führen; sich etw. einteilen; subst. Haushaltung, Hausstand

Huushollersch, -höllersch, f., Haushälterin, Wirtschafterin

Huusholt, m., Haushalt, Hausstand; vgl. *huusholen*

Huusreef (ostfr.), m., Hausrat

Huuswand, f., pl. *Huuswänn,* Hauswand, Hausmauer, Außenwand des Hauses

Huut, f., pl. *Hüüd,* Haut, Fell

Huuv, f., pl. *Huwen,* Haube (als Teil der Tracht), Kopfbedeckung, Mütze; *ünner de H. kamen* heiraten

Huvel, m., Hobel; vgl. *Hövel*

Huvelspaan, m., pl. *-spöön,* Hobelspäne

I

Iber s. *Iewer*

ick s. *ik*

Idee, f., Idee, Gedanke, Einfall

i(e)berig s. *iewerig*

i(e)del, adj., eitel, rein, lauter; ganz u. gar, außerordentlich; eitel, eingebildet

Iel, f., Eile, Tempo

i(e)len, swv., eilen; *dat ielt nich* es hat Zeit

i(e)lig, adj., eilig, schnell; vgl. *hild*

Ierd s. *Eerd*

ierst s. *eerst*

Ies, n., Eis, Gefrorenes; Speiseeis

Iesbahn, f., Eisbahn, Eisfläche (zum Gleiten o. Schlittschuhlaufen)

Iesbreker, m., Eisbrecher; übertr. Heißgetränk (aus Rum, Rotwein, Wasser, Zucker)

iesdern (ostfr.), adj., eisern, aus Eisen gefertigt

Iesen, Ieser; Iesder (ostfr.), n., Eisen; Grundbestandteil für eiserne Gerätschaften (*Hoofiesen, Fangiesen*) u. Werkzeuge (*Stemmiesen*)

Iesenbahn, Ieserbahn, f., Eisenbahn

iesern, adj., eisern, aus Eisen gefertigt; s. a. *i(e)sdern*

Iesjökel, m., Eiszapfen; übertr. immer frierender Mensch

ieskoolt, -kolt, adj., eiskalt, stark frierend

Iesschapp, n., Eiskiste, Kühlschrank

Iestappen, m., Eiszapfen; s. a. *Iesjökel*

Iewer, Iber, m., Eifer, Zorn

iewerig, adj., eifrig, voller Eifer, aufgeregt, zornig

Iewersücht, Iber-, -sucht, f., Eifersucht

Ihl, Iel, m., pl. *Ihlen*, Blutegel, *I. setten* Blutegel ansetzen (als volksmedizin. Heilmittel)

ihr(er) s. ^{2}*ehr*

ihrgüstern s. *ehrgüstern*

ik, ick(e), pers. pron., ich

Ilk, m., pl. *Ilken*, Iltis

Iloff, m. u. n., Efeu

Imm, f., Biene, Honigbiene, Imme

Immenrump, m., pl. *-rümp*, Bienenkorb

Immenschuur, -schuer, n., Bienenhaus, Verschlag für Bienenkörbe

in, adv. u. präp., innen, drinnen; in, an, auf; *he is wedder in de Been* er ist wieder gesund; häufig Präfix bei Verben (s. d.)

inasen, swv., (meist refl.) beschmutzen, drekkig machen

inbilden, -billen, swv., refl. sich etw. einbilden; glauben, annehmen

inbören, swv., Geld einnehmen, kassieren

inböten, swv., einheizen; übertr. jem. einheizen, reizen, aufstacheln, die Meinung sagen; sich betrinken

inbreken, stv. (s. *breken*), einbrechen; einen Einbruch verüben

inbuchten, swv., einsperren, inhaftieren

inbuddeln, swv., eingraben, vergraben; beerdigen

indelen, swv., einteilen, untergliedern

indrögen, swv., eintrocknen, schrumpfen

Indruck, m., Eindruck, Ansicht

indruseln, -drusseln, swv., einschlafen, einnicken, in leichten Schlaf fallen

infaamt, adj., infam, niederträchtig, unverschämt

Infall, m., Einfall, Gedanke (in bildl. Vgl. konkretisiert *'n Infall as 'n oll Huus* u. ä.)

infallen, stv. (s. *fallen*), einfallen, einstürzen; einen Einfall haben, sich erinnern; sich niederlassen

infangen, stv. (s. *fangen*), einfangen, ergreifen; sich etw. einfangen

infaten, swv., einfassen, umrändeln (Stoff); einzäunen; spez. einen Bienenschwarm einfangen (ostholst.)

infriegen, swv., (in eine Familie, auf einen Hof) einheiraten

Ingang, m., Eingang

Ingedööm, -döömt, -döömsel, n., 1. Eingeweide, Innereien; 2. Hausrat, Mitgift

ingelsch s. *engelsch*

ingestahn, stv. (s. *stahn*), eingestehen, zugeben, sich bekennen

inhöden, swv., einhüten, aufpassen, bewachen

inhüren, swv., refl. sich einmieten

inkacheln, swv., (tüchtig) einheizen, Feuerung aufwerfen (in den Kachelofen)

inkieken, stv. (s. *kieken*), hineingucken, hereinschauen, einen (kurzen) Besuch machen, *kiek maal wedder in* als Abschiedsformel

inkleien, swv., eingraben, verscharren; übertr. beerdigen; refl. sich dreckig machen, beschmieren

inköpen, swv., einkaufen, Besorgungen machen

inkuhlen, swv., eingraben, vergraben, in eine Kuhle tun, (Erntegut) einmieten; verscharren, beerdigen

inladen, -loden, swv., 1. einladen, einpacken, verstauen; 2. (zu einem Fest) einladen

inleggen, swv., 1. einlegen, hineinlegen, hinzutun; 2. einlegen, konservieren (von Lebensmitteln); 3. einsargen, (Leichnam) in den Sarg legen (häufig als Nachbarschaftsdienst)

inlopen, stv. (s. *lopen*), einlaufen, einrennen, *dat Huus* (*de Döör*) *i.* zudringlich werden, belästigen; (Geld, Ware) eintreffen, eingehen; einlaufen, kleiner werden (von Kleidungsstücken)

inmaken, swv., einmachen, einkochen

inmummeln, swv., warm einwickeln (auch refl.)

innicken, swv., einnicken, leicht einschlafen

inöschen, inösen, swv., einhaken, unterhaken; auch refl. sich bei jem. einhaken

inöven, swv., einüben, trainieren

inpacken, swv., einpacken, verpacken

inpeseln, swv., refl. sich beschmutzen, eindrecken

inprenten, -printen, swv., (jem. etw.) einprägen, einschärfen, nachdrücklich sagen

inpütten, swv., einschütten, eingießen

inpurren, swv., einscharren, eingraben, verscharren

inremsen, swv., einprägen, eindringlich sagen; auch refl. sich etw. nachdrücklich einprägen, einüben

inrichten, swv., einrichten, planen

inrieven, stv. (s. *rieven*), einreiben

ins s. *eens*

Insaag, f., Einspruch, Widerspruch; *I. doon* Einspruch, Bedenken anmelden, Einwände erheben

insacken, swv., 1. einsacken, in Säcke füllen, Gewinn machen; übertr. sich etw. aufladen; 2. einsacken, einsinken

inschappen, swv., einsperren, in Gewahrsam nehmen; vgl. *inbuchten*

inschenken; -schinken (hbg.), swv., einschenken, (Flüssigkeiten) einfüllen; übertr. *sik düchtig i.* sich betrinken

inschotten, swv., einschließen, einsperren

inschünen (ostfr.), swv., (jem. etw.) einprägen, eindringlich sagen, deutlich machen; vgl. *inprenten, inremsen*

Insicht, f., Einsicht, Verstand; *I. hebben in wat* etwas verstehen, einsehen

insitten, stv. (s. *sitten*), in etw. sitzen, (das Haus) bewachen, einhüten; einsitzen, gefangen sein

inskünftig, adv., zukünftig, in kommender Zeit

inslaan, stv. (s. *slaan*), 1. einschlagen, zerstören; 2. einschlagen, einwickeln

inslapen, stv. (s. *slapen*), einschlafen; übertr. sterben

inspannen, swv., (Zugtiere) einspannen, anschirren; jem. (bei einer Arbeit) einspannen

insparren, swv., einsperren, in Gewahrsam nehmen

Inspekter, m., Inspektor, Verwalter, bes. Gutsinspektor

inspringen, stv. (s. *springen*), (für jem.) einspringen, aushelfen; (Glas) springen, einen Riß bekommen

inspunnen, swv., einsperren, inhaftieren

inst, adv., einst, früher einmal

instahn, stv. (s. *stahn*), einstehen (für etw.), verantworten, für etw. aufkommen; (Vieh im Stall) einstehen, aufgestallt sein; übertr. gestorben (aber noch nicht beerdigt) sein (schleswg.-holst.)

instiegen, stv. (s. *stiegen*), einsteigen; (in eine Sache) einsteigen, sich an etw. beteiligen; (in ein Haus) einsteigen, einbrechen

instippen, swv., einstippen, eintauchen

instörten, swv., einstürzen, zusammenfallen

interesseern, swv., refl. sich interessieren

intrecken, stv. (s. *trecken*), hereinziehen, einziehen; (eine Wohnung) beziehen

intrudeln, swv., eintreffen, ankommen

intuckern (schleswg.-holst.), swv., einsperren, in Gewahrsam nehmen, inhaftieren

inverstahn, part. prät. (nur in Vbdg. mit *sien*), einverstanden sein, zustimmen

Inwahner, m., Einwohner

inwickeln, swv., einwickeln, verpacken

irren, swv., refl. sich irren, sich täuschen

irst s. eers(t)

Is s. *Ies*

is, pron. (3. pers. sg. von *sien*), ist; vgl. *sien*

Isenbahn s. *Iesenbahn*

italiänsch, italieensch, adj., italienisch; *i. Süük* Geschlechtskrankheit, Syphilis

Iver s. *Iewer*

J

ja, jo, interjek., ja (die Art der Bejahung wird durch unterschiedliche Aussprache des Vokals zwischen unbetontem *e* bis zum verstärkenden Diphthong *au* angedeutet), häufig auch unbetontes Füllwort; vgl. *²je*

Jaan-up s. *Jahn-up*

jach, jachen(s), adj., jäh, plötzlich, schnell

jachmödig; -mäudich (mecklbg.), adj., jähzornig

jach(t)ern, swv., tollen, toben, herumjagen

Jack, f. u. n., Jacke; *goot in de J. sien* gut genährt sein, *dat is J. as Büx* es ist einerlei, gleich; *wat up't J., langs de J., dat J. vull kriegen (geben)* Prügel bekommen (verabreichen); *dat is 'n ool J.* es ist eine alte bekannte Sache

jackeln, swv., wackeln, rütteln, schütteln, voller Unruhe sein; verprügeln (ostholst.)

Jacks, f., Schläge, Prügel

jagen, swv. (prät. auch mit *-ö-*), jagen, auf Jagd gehen; sich schnell bewegen, eilen; treiben, vertreiben

Jager, m., Jäger, Jagender; jem. der es eilig hat

jahnen, jähnen, swv., gähnen, den Mund aufreißen; übertr. gaffen

Jahn-up (ostfr.), m., Gaffer, Neugieriger

Jahr, Jaar, Johr, n., pl. *Jahr, Jahren,* Jahr, Zeitspanne von zwölf Monaten; pl. (verstärkt *Jahrenden*) auch als Ausdruck unbestimmter Zeit, *dat is J. so west* das war schon immer so; *'n natt J. kriegen* ausgescholten werden

Jahrmark(t), Johr-, m. u. n., Jahrmarkt; Mitbringsel vom Jahrmarktsbesuch

Jahrstiet, Johrstied, f., Jahreszeit, im Abstand eines Jahres wiederkehrender Termin

Jalk, m., kleines (holländisches) Küstenschiff, Lastensegler

Jammer, m., Jammer, Kummer, Elend

jammern, swv., jammern, klagen; unpers. *dat jammert mi* es tut mir leid; *dat kann 'n Hund j.* es ist sehr bedauerlich

Jan, PN, Kurzform von Johannes, Hans, (häufig auch abfällig wie in) *Dummerjan*; *Jan Maat, Janmaat* Matrose, Seemann; (Kartenspiel) *ut 'n J. sien* eine bestimmte Punktzahl erreicht haben; *J. un alle Mann* jeder ohne Unterschied, *nich ut 'n J. kamen* mit einer Arbeit nicht vorankommen

janken, swv., 1. kreischen, quietschen; wimmern, winseln, klagen; 2. schmachtend verlangen nach, gierig sein auf, sich sehnen

Janmaat, m., Matrose, Seemann; vgl. *Jan*

Jannäfer, Jennever, m., Genever, besondere Art Branntwein

Jantje, m., pl. *Jantjes,* Matrose, Seemann; vgl. *Jan*

Januaar, Januwaar, m., Januar

jappen, japen, japsen, swv., 1. den Mund aufreißen, heftig atmen, nach Luft schnappen; gähnen; 2. (etw. mit offenem Mund) bestaunen, angaffen

jaulen, jau(e)ln, swv., jaulen, wimmern, winseln, jammern, heulen

¹je, adv., je, je - desto

²je, interjek., ja (in unbetonter Stellung); vgl. *ja*

jedeen s. *jedereen*

jeder, pron., jeder

jedereen, -ein, jedeen, pron., jeder (betont), ein jeder

jem, pers. pron. (3. pers. pl. dat. u. akk.), ihnen, sie; (vor demon. pron. in Vbdg. mit *ehr* zu *jem ehr, jemehr, jemmer*) ihr; (in einigen Dialekten auch für pers. pron. 2. pers. pl. nom.) ihr; vgl. *ji, jüm*

jemehr s. *jem*

Jennever s. *Jannäfer*

jentig (ostfr.), adj., 1. paßlich, in richtigem Verhältnis stehend; 2. zierlich, nett; 3. gelenkig

jetschen, swv., sich (unbeabsichtigt mit einem scharfen Gegenstand) ritzen, schneiden, verletzen

ji, pers. pron. (2. pers. pl. nom., dat. *jo, ju*; akk. *juch, joon, juun, jugen* u. ä.), ihr; vgl. *jem*

Jibb (Finkenw.), m. u. f., Mund

jibbeln, jippeln; jibbern (mecklbg.), swv., zwitschern, schwatzen; kläffen, keifen

jichens, jichtens; jiggens (ostholst.), adv., irgend, irgendwie; einigermaßen, ziemlich; jemals

jichtens s. *jichens*

jich(t)enseen, pron., irgendeiner, irgendjemand

jich(t)enswat, pron., irgendetwas

jickelig (hbg.), adj., nervös, zappelig

jiddelig, adj., nervös, unruhig, zappelig

Jidder, Jüdder, n., Euter

jiepeln s. *jiepen*

jiepen, jiepeln, swv., zirpen, zwitschern, piepen

Jieper, m., Gier, heftiges Verlangen

jieperig, adj., gierig, lüstern

jiepern, jipern, swv., gieren (nach etw.), verlangen

Jier(e) (ostfr.), f., Jauche

jiffeln, swv., kläffen, bellen

Jiffer, m., Kläffer, (kleiner) Hund

Jikker(t) (ostfr.), n., Jackett, kurze Jacke

Jill (Finkenw.), f., Jolle, kleines Ruder- o. Segelboot

Jimpen (Finkenw.), nur pl., kleine Fische, Stichlinge

jippeln, swv., 1. kläffen (vgl. *jiffeln*); 2. unruhig sein, zappeln; 3. lechzen, verlangen nach; vgl. *jiepern*

Jitt, n., pl. *Jitten*, Geiß, Ziege; junges Rind, Jungvieh; übertr. albernes verzogenes Kind

jiwweln s. *jiffeln*

jizzen (Finkenw.), swv., necken, (jem.) aufziehen

[1]**jo, ja,** interjek., sicherlich; vgl. *ja*

[2]**jo** (ostfr. u. Küstenmdaa.), pers. pron. (2. pers. pl. dat. u. akk.), euch (neben *ju*, *juch*, *jüm*, u. a.)

jobenaam(d) (ostfr.), adv., besonders, vor allem, hauptsächlich; nur nicht, auf keinen Fall

Jöde, Jööd (ostfr.), m., Jude; vgl. *Juud*

Jödennööt, Juden-, m., nur pl., Erdnuß, Paranuß

jöhrig, jährig, adj., einjährig, ungefähr ein Jahr alt

jökeln, swv., 1. Spaß machen, Jux treiben; 2. juckeln, sich hin- u. herbewegen, schwanken

jöken, jöcken, swv., jucken; *in de Fingern j.* Verlangen verspüren nach etw.; *em jökt dat Fell* er ist übermütig, verlangt nach Prügel

Jööd s. *Jöde*

Jöödsche, Jödsche, f., Jüdin; vgl. *Jöde*, *Juud*

Jöögd, Jögd, f., Jugend, Jugendalter

Johr s. *Jahr*

Joll, Jöll, f., Jolle, kleines Boot, Fischerboot; vgl. *Jill*

joon, ju(g)en, pers. pron. o. poss. pron. (2. pers. pl. dat. u. akk.), euer; vgl. *ji*, *jem*, *jo*

Jopp, f., Joppe, warme Jacke

ju, juch, pers. pron. (2. pers. pl. dat. u. akk.), euch

juch s. *ju*

juchen, swv., jauchzen, ausgelassen lachen, jubeln, kreischen

Juckbeer, f., Hagebutte (deren Inneres ein juckendes Gefühl hervorruft); vgl. *Juckpulver*

juckeln, swv., schwanken, schaukeln; schaukelnd fahren

Juckpulver, n., Juckpulver, spez. Inneres der Hagebutte

Jüch(e), Jüüch, f., Jauche; vgl. *Addel*; übertr. dünnes gehaltloses, wenig schmackhaftes Getränk

Jüch(t), f., Brandung, wilder Seegang

Jück, Jük, Jüch, n., Joch, hölzernes Gestell o. zusammengebundene Hölzer (als Zug- o. Tragevorrichtung o. als Sperre o. Hindernis um den Hals gehängt); Joch, Last, Plage

Jüffer (ostfr.), f., Jungfrau, Fräulein

Jüller s. *Jidder*

jüm (vorw. Küstenmdaa.), pers. pron. o. poss. pron. (1. pers. sg. u. pl. dat.), ihm, ihnen; vgl. *jem*

jümmer(s), ümmer, adv., immer, immer wieder, stets

jümmerto, adv., immerzu, ohne Unterbrechung, unablässig

jüngst, adj., Superl., (der, die, das) jüngste; adv., jüngst, kürzlich; s. *jung*

jüst, jüß, adv., just, gerade, soeben, genau

jüstemang, adv., s. *jüst*

Jüüch s. *Jüch(e)*

Jumfer, Jüffer, Jungfer, f., Jungfer, Jungfrau; (Seefahrt) Holzblock mit Löchern durch die Taue laufen

jumpen, swv., springen, hüpfen

Jumper, m., Pullover

Jung, m., pl. *Jungens*, *Jungs*, Junge, Sohn; *Bremer* (u. a.) *Jung* Bremer (u. a.) Kind, aus Bremen stammend; junger Anzulernender, Lehrling; (Seefahrt) Schiffsjunge

jung, adj., jung; Superl. *jüngst* (s. d.)

Jungdeern, f., junges unverheiratetes Mädchen

jungen, swv., Junge gebären, Junge werfen (bes. von Katzen u. Hunden)

Jungfer s. *Jumfer*

Junggast, m., Jüngling, Junggeselle; (Seefahrt) Leichtmatrose

Junggesell, m., Junggeselle; vgl. *Junggast*

Jungkeerl, -kierl, m., Jugendlicher, Junggeselle

Jungmester (ostfr.), m., Junglehrer

Jungs s. *Jung*

Jungstiet, f., Jugendjahre, Kinderzeit

[1]**juuch,** pers. pron., euch, s. *ju*

[2]**juuch,** interjek., juchhei, heißa; vgl. *juchen*

Juud, m., Jude (häufig in Rdaa. u. Vgl.); vgl. Jöde

Juulklapp, m., Weihnachtsgeschenk (mit besonderer Verpackung), *J. smieten* Weihnachtsbescherung

K

Kaak, m., 1. Pranger, Schandpfahl; *na 'n K. smieten* o. *K. spelen* ein Kinderspiel; 2. (ostfr.) Kinnbacke, Kiefer, Kiemen

Kaakfru, f., Köchin (bes. bei festl. Gelegenheiten)

Kaakmamsell s. *Kaakfru*

Kaaksel (ostfr.), n., Gekochtes, Zusammengekochtes; Futter

kaaksmusen, swv., stillvergnügt schmunzeln, lächeln, grienen

Kaam (ostfr., mecklbg.), m., Schimmel, Belag

Kaar, Koor, f., pl. *K.-en*, Karre (mit 1, 2 o. 4 Rädern), einfaches Gerät (je nach Verwendung durch Zusätze verdeutlicht, z. B. *Schuuvk.*, *Melkk.* u. a.); *schottsche K.* zweirädrige Verkaufs- o. Transportkarre; verächtlich für alle Arten von Landfahrzeugen, z. B. auch Auto; jem. *de K. vör de Döör schuven* jem. zur Entscheidung drängen, ein Verhältnis auflösen; *de K. in de Schiet stüern* schlecht wirtschaften, in eine ausweglose Lage geraten

Kaark s. *Kark(e)*

Kaarn s. *Karn*

kaarnen s. *karnen*

Kaart, Ko(o)rt, f., pl. *K.-en*, Karte, Berechtigungskarte, Eintrittskarte, Fahrkarte, Postkarte, Landkarte; bes. Spielkarte, Skatblatt; *sik nich in de K.-en kieken laten* etwas geheimhalten, nicht verraten; *de K.-en up 'n Disch leggen* klare Verhältnisse schaffen

Kaartenspeel, -spill, n., Kartenspiel, Skatblatt

Kaat, Kate, f., pl. *Katen*, Kate, kleines niedriges Haus, Tagelöhnerhaus; Hütte; Handwerkerunterkunft, z. B. *Schoosterkaat*; (Grundwort in vielen Orts- u. Flurnamen)

kabbelig, adj., 1. streitsüchtig; 2. bewegt (bes. vom Wasser), *k. See* wenn die Wellen gegeneinander laufen

kabbeln, swv., meist refl. sich (mit Worten) streiten, zanken

Kaben, Kaven, m., Koben, Verschlag (bes. für Schweine o. Kleinvieh); übertr. kleine unansehnliche Unterkunft; Bett

Kaböff s. *Kabuff*

Kabuff, n., kleiner enger Verschlag, kleiner Raum

Kabüüs, Kabuus, f., Kombüse, Schiffsküche; übertr. enger dumpfer Raum

Kachel, f., Kachel, Fliese, glasierter Stein

Kachelaben, -aven, m., Kachelofen, aus Kacheln o. glasierten Steinen aufgerichteter Ofen

kacken, swv., scheißen, die Notdurft verrichten; *över de Tung k.* sich erbrechen, übergeben, jem. *in de Tüffel k.* ein Geschäft, Vorhaben verderben

Kackeree, f., Durchfall

Kackerlaak, -lack, m. u. f., Küchenschabe

Kadrillje, f., Vierertanz, beliebter Volkstanz, Quadrille

Kääd s. *Keed*

Käält, Kelt (ostfr.), m., Schmerz

Kääs s. *Kees*

Kähl s. *Kehl*

Käkelreem, Kekel-, m., Zungenband, Hautband unter der Zunge; *em is de K. goot sneden* er kann gut sprechen, er ist redselig

Käppen, Käpten, m., Kapitän, Schiffsführer (häufig in Vbdg. mit dem Namen); vgl. *Kaptein*

käupen s. *köpen*

Käver, Kefer, m., Käfer

Kaff, n., Kaff, Spreu, leere Hülsen des Getreides; übertr. wertloses Zeug, inhaltloses Gerede; verächtlich für kleines Dorf, kleiner Ort wo nichts los ist, Nest

Kaffee, Koffie, Koffje, m., Kaffee (als Getränk); *klaar as dicken K.* eindeutig, unumstößlich; *de K. is to stark* die Sache ist mir zu arg, es geht über mein Vermögen

Kaffejott, Koffi- (schleswg.-holst.), f., Zusammenkunft Verheirateter an Winterabenden; Kaffeegesellschaft

Kaffeköst, Koffi-, f., Kaffeegesellschaft, bes. kleine Hochzeit ohne Festschmaus

kahl, adj., kahl, leer; arm, mittellos; nackt, bloß; jem. *k. maken* alles fortnehmen

Kahl(en), Köhl(en), f., vorwiegend pl., Kohle; *up K. sitten* unruhig sitzen, angespannt warten

Kahn, m., Kahn, flaches Boot, Lastenschiff; übertr. Bett

Kahnschipper, m., Kahnführer, Fahrer o. Eigner eines Lastkahns

kaiern s. *keiern*

Kai s. *Kaje*

Kaje, Kai, f., Damm, Schutzdeich, Uferbefestigung, gepflastertes Ufer; Anlegeplatz für Schiffe

Kajediek, m., Notdeich, Schutzdeich (bei Deichbrüchen o. Deichreparaturen)

Kajeß, Kajissen (schleswg.-holst., hbg.), m., Katechismus (bes. in der lutherischen Form als Lehrbuch); vgl. *Katechissen*

Kajissen s. *Kajeß*

kajo(h)len s. *karjohlen*

Kajü(ü)t, f., Kajüte, bes. Aufenthaltsraum der Kapitäne u. Seeoffiziere

Kakelbeer (bes. ostfr.), f., schwarze Johannisbeere; vgl. *Gichtbeer*

kakelbunt, adj., kunterbunt, vielfarbig mit grellen Farben

Kakelee, f., Geschwätz, Gerede, Gemecker, Gegacker

kakeln, swv., gackern; übertr. reden, schwatzen, kichern (über etw.), über jem. herziehen

kaken, koken, swv., kochen; übertr. aufbrausen, sich erregen

kakendich, adj., kochend

Kakerlaak, Kakerlaatsch s. *Kackerlaak*

Kaldunen, f., (nur pl.), Kaldaunen, Eingeweide der Tiere

K(a)lenner, Klender, Klenner, m., Kalender (häufig in Wetterregeln u. Rdaa. über Wetter)

Kalesch, f., Kutschwagen

Kalf, n., pl. *Kalwer, Kälwer,* Kalb, *nüchtern K.* neugeborenes Kalb, *utsehn as 'n nüchtern K.* blaß, kränklich, *dat K. en Oog utslaan* etwas verderben (z. B. die Stimmung), *dat K. in 't Oog slaan* in derber Weise die Meinung sagen (u. die darauf folgende Reaktion), beleidigt sein; häufig in der Form *Kinner un Kalwer* (in Rdaa. u. Vgl., Kinderreimen usw.)

kalfatern (Seemannsspr.), swv., Fugen am Schiff abdichten (mit Werg u. Teer), dichtmachen; übertr. flicken, ausbessern

Kalkuun, m. u. f., Puter, Truthahn, Truthenne; vgl. *Kuunhahn*

kalm, adj., ruhig, sanft

Kalmen (Seemannsspr.), f., windstille Zone

kalmieren (mecklbg.), swv., beruhigen, besänftigen

kalmüsern s. *klamüüstern*

kalven, kalwen, swv., kalben, Junge gebären; übertr. (ostfr.) spalten, einstürzen, abbrechen

kalverig, adj., albern, kindisch

Kalverie, f., Albernheit, albernes Benehmen

Kalverkropp, m., Kälberkropf, Wiesenkerbel (als Viehfutter)

Kalverkruus, f., pl. *K.-krüsen,* gekräuselter Hemdkragen, Halskrause, gekräuseltes Vorhemd

Kalverlock, n., Verschlag für Kälber, Transportbehälter (auf dem Wagen)

Kambüüs s. *Kabüüs*

Kamell, Komill(e), f., pl. *Kamellen,* 1. Kamille (Arzneipflanze); 2. *olle K.* bekannte Dinge, alte Geschichten

Kamellentee, m., Kamillentee, schweißtreibendes Arzneimittel

kamen, komen, stv. (*ik kaam, du kümmst, he kümmt, wi kaamt, kamen*; *ik keem, kööm, keum*; *kamen*; ostfr. auch Formen mit anlautendem *qu-*), kommen, (in Vbdg. mit dem Inf. anderer Verben zur Bezeichnung einer eintretenden Handlung) *he kümmt bi to meihen* er beginnt mit dem Mähen u. ä.; refl. *sik k.* genesen, sich entwickeln, sich bessern; *kaamt Jungs – kaamt Büxen* kommt Zeit – kommt Rat; *ik kann daar ni up k.* es fällt mir nicht ein; *to* (*in de*) *Gang k.* etw. beginnen, anfangen; übertr. auf die Beine stellen

Kamer, Komer, f., Kammer, kleiner Raum, Stube (häufig mit erläuternden Zusätzen wie *Spies-, Slaap-, Deernsk.* usw.)

kamig, kahmig (mecklbg., lünebg.), adj., verdorben, schimmelig, angelaufen

Kamm, m., pl. *Kämm,* 1. Kamm, gezinktes Werkzeug zum Kämmen (in vielfacher Verwendung); 2. Hahnenkamm, Auswuchs bei Federvieh am Kopf; 3. Rücken, obere Kante vom Deich o. Berg; *allens över een K. sche-*

ren in Bausch u. Bogen, ohne Unterschied zu machen

Kammlaad, f., Häckselschneider, Häckselmaschine

Kamp, m., Stück Land, Acker, Weide; *Kösters Kamp* Friedhof; (sonst meistens in Flurnamen)

Kanarrnvagel, Kanarje-, m., Kanarienvogel, Sittich

Kandarr, f., Kandarre, Gebißstange des Pferdegeschirrs, jem. *an de K. nehmen* jem. kurzhalten, ihm wenig Freiraum lassen

kandessig s. *grandessig*

kandidel, adj., vergnügt, munter, lustig

Kaneel, m., Zimt (Gewürz); *Schiet un K.* unbrauchbares Zeug, *Schiet up* (*an 't*) *K.* verdammter Mist (Fluch), abgeschwächt: was soll es, es taugt nichts

Kanink(en), m. u. n., Kaninchen

Kann, f., pl. *Kann(e)n*, Kanne, Behälter für Flüssigkeiten (*Melkk.*, *Beerk.*) (häufig von bestimmter genormter Größe); jem. *in de K. schieten* ihm das Spiel verderben

kann s. *können*

Kannboord, n., Abstellbrett, Wandbrett für Geschirr

Kannbrett s. *Kannboord*

Kannedaat, m., Kandidat (auch als Schimpfwort)

Kanne(n)ge(i)ter, m., Zinngießer, Hersteller von Zinngeschirr (meistens nur noch als Familienname)

Kant, f., pl. *Kanten*, Kante, Seite, Ecke; häufig übertr. Küste, *von de Bremer K. sien* aus dem Gebiet von Bremen stammend, *gah an de K.*, *bi Kant* mach Platz, rück zur Seite; jem. *an de K. bringen* umbringen, töten; etw. *up de hoge K. leggen* sparen; *wat an de K. setten* tüchtig schaffen, viel vertragen

kant, adj. u. adv., hübsch, lieblich, glatt, schier; gänzlich; geradezu, offen; etw. ist *k. un klaar* vollkommen fertig, abgeschlossen

Kantappel, m., (winterfeste) Apfelsorte, bes. Weihnachtsapfel

kanten, swv., wenden, umkehren, auf die Kante stellen; mit Kanten versehen, behauen, begradigen; *k. un kehren* drehen u. wenden (auch refl.); *sik k.* sich hin- u. herwälzen

Kanten, m., Brotende, Knust

Kanter, m., Kantor, Gesangsleiter, Kirchenmusiker; (früher auch) Lehrer

Kanthaken, m., Haken als Werkzeug zum Bewegen schwerer Lasten; jem. *bi 'n K. kriegen* jem. beim Kragen packen; übertr. zur Rede stellen

Kantüffel, f., pl. *Kantüffeln*, Kartoffel (als Feldfrucht); *daar sünd K.-n* da herrscht Wohlstand; Kartoffel (als Gericht oft mit erläuterndem Zusatz wie *Pell-*, *Braat-*, *schellte K.-n*); vgl. *Tüffel*

Kantüffelschell, f., Kartoffelschale

Kantüffelsupp, f., Kartoffelsuppe

kapabel s. *kumpabel*

Kapell, f., 1. Kapelle, kleine Kirche; 2. Musikkapelle

kapen, gapen, swv., gaffen, neugierig betrachten; mit offenem Mund bestaunen; übertr. gähnen; vgl. *gapen*

kapern, swv., urspr. Seeräuberei treiben, rauben, stehlen, etw. wegnehmen; übertr. herumstrolchen

Kaperstreich, m., Jungsstreiche, erlebnisreiche Unternehmungen

Kapittel, n., 1. Kapitel, Hauptabschnitt, Lesestück, Schulaufgabe; jem.'*n K. lesen* ausschelten; 2. geistliche Versammlung, Körperschaft, z. B. Domkapitel

Kapittelmütz (schleswg.-holst.), f., Zipfelmütze

kapitteln, swv., schelten, ausschimpfen, abkanzeln

Kapp, f., 1. Kappe, Mütze, Kapuze, Haube; 2. Abdeckung, Kappe, Deckel, obere Begrenzung (z. B. Dachfirst u. ä.), obere verfestigte Schicht auf dem Deich u. ä.; (Seemannsspr.) Lukendeckel, Kajüteneingang

kappelig s. *kabbellig*

kappen, swv., (die Spitze) abtrennen, abhauen, abschlagen; (Seemannsspr.) Halterungen durchschneiden (um im Notfall das Schiff manövrierfähig zu machen), den Mast umlegen; (eine Naht) umlegen, einschlagen

Kappenaad, f., Karbonade, gebratenes Fleischstück

Kapplaken, n., Tuch für eine Kappe; übertr. (Seemannsspr.) bestimmtes Aufgeld auf die Heuer, Trinkgeld, Zuschlag

kappseisen, -seißen, swv., kentern, umschlagen

kaprietsch s. *kawerietsch*

Kap(i)taal, n., Kapital, Vermögen, Besitz

kap(i)taal, adj., großartig, ausgezeichnet, hervorragend; *'n k. Deert* ein Prachtstück von Tier

Kaptein, m., Kapitän, Schiffsführer (auf kleineren Schiffen dafür meist *Käppen* [s. d.]), übertr. führende Persönlichkeit, bestimmende Person, Anführer

kapunen, kappunen, swv., verschneiden, kastrieren; *he is kapuunt* (scherzh.) Ehemann der keine Kinder zeugen kann

kaputt, adj., kaputt, zerbrochen, entzwei; *k. gahn, k. maken* zerstören, ruinieren

Kapuun, Kappuun, m., pl. *Kapüün(s)*, Kapaun, verschnittener Hahn (als Masttier); übertr. kinderloser Ehemann

Karf s. *Karv(e)*

Karjohl, Karjool, f., leichter Kutschwagen

karjohlen, karjolen, swv., schnell fahren, (ziellos) herumfahren, spazierenfahren

Kark(e), Kerk, f., pl. *Karken*, Kirche, Gotteshaus; Gottesdienst, kirchliche Amtshandlung, z. B. *K. holln* Gottesdienst abhalten, predigen, *na K.-en gahn* zum Gottesdienst (Konfirmandenunterricht) gehen; *K.* als Mittelpunkt des Kirchspiels, z. B. *wo hörst du to K.* wo kommst du her; in der Vbdg. *K. un Mark(t)* zur Kennzeichnung des geistl. u. weltl. Umfeldes; *nich to K. un Mark(t) gahn* sich um nichts kümmern; häufig Bestimmungswort in Orts- u. Flurnamen

Karkdörp, n., Kirchdorf, Mittelpunktsort

Karkendener, m., Kirchendiener, Küster

Karkenleed, n., pl. *K.-leder*, Kirchenlied, Choral

Karkenlüüd, pl., Kirchgänger, Gottesdienstbesucher

Karkenslötel, m., 1. großer Schlüssel für die Kirchentür; 2. Schlüsselblume, Primel

Karkgang, m., sonntäglicher Kirchenbesuch

Karkhof(f), m., Kirchhof, Friedhof; vgl. *Kamp*

Karkmeß, f., Kirmes, Jahrmarkt

Karktiet, f., Zeit des Gottesdienstes

Karkto(o)rn, m., Kirchturm

Ka(r)mum(m), m., Kardamomgewürz

[1]**Karn,** m., Kern; übertr. Kraft, Stärke

[2]**Karn,** f., Butterfaß, Buttermaschine

karnen, swv., buttern

Kar(n)melk, f., Buttermilch, milchiger Rückstand beim Buttern; Grundbestandteil beliebter Speisen

Kar(n)melksbrie, m., Brei (mit Buttermilch zubereitet)

karnüffeln, karnöffeln (mecklbg., schleswg.-holst.), swv., knuffen, schlagen, prügeln

Karp(en), m., Karpfen, Speisefisch

Karr s. *Kaar*

Kars(e), f., Kirsche; vgl. *Kas(s)beer*

Kars(beer)boom, m., Kirschbaum; vgl. *Kasbeernboom*

Kartüffel s. *Kantüffel*

Karv(e), Karf, f., Kerbe, Einschnitt

karven, karwen, swv., kerben, einschneiden, einritzen, (durch eine Kerbe) kennzeichnen

Karwenzmann, m., großer Kerl; übertr. großer Gegenstand

Kas(s)beer, Kaß-, f., pl. *Kasbeern*, Kirsche

Kasbeernboom, m., Kirschbaum

Kasbeernholt, n., Kirschholz (bes. für Möbelfertigung)

Kaschott, n., Gefängnis; *in 't K. steken* einsperren

Kaspel, Kaspill, n., Kirchspiel, Gemeinde

Kaspelvaagt, m., Vogt, Amtsvorsteher in einem Kirchspiel

Kass, Kaß, f., Kasse, *goot bi K. sien* Geld haben, reich sein; Sparkasse

kasseer(e)n, swv., kassieren, Geld einsammeln; übertr. jem. gefangennehmen, einsperren

Kassen, Kasten, m., pl. *K.-s*, Kasten, Lade, Holzschachtel, hölzerne Kiste als Vorratsbehälter; *nich Kisten noch K.* ohne Vermögen; übertr. altes minderwertiges Behältnis (Haus, Schiff u. a.); Gefängnis, *in 'n K. sitten* im Gefängnis sein

Kastange(n), f., Kastanie, Kastanienbaum

Kastroll, Kastrull, f., Schmortopf, kleiner Topf mit Stiel, Kasserolle

Katechissen; Katekissen (mecklbg.), m., Katechismus; vgl. *Kajeß*

Kateker s. *Katteker*

Katen, m., kleines Wohngebäude, ärmliches Haus

Katendeern, -diern, f., ärmliches Mädchen, Tagelöhnertochter

Katenlüüd, pl., Katenbewohner, Tagelöhner

Kater, m., Kater (häufig in Rdaa. u. Vgl.); *den K. bi 'n Steert hebben* eine Sache im Griff haben, *en K. hebben* Kopfschmerzen nach Alkoholgenuß

kathoolsch, adj., katholisch; meist nur in der Bedeutung seltsam, eigenartig, wunderlich, verrückt; *he worr rein k.* wütend werden

Katt, f., pl. *Katten*, Katze (häufig in Sprw., Rdaa. u. Vgl.); *dat lickt di keen K. wedder af* das bleibt an dir hängen; *de K. ut 'n Sack laten* mit der Wahrheit herausrücken, *de K. in 'n Sack köpen* etwas ungeprüft übernehmen, *de K. in 't Oog slaan* jem. beleidigen; *dat is för de K.* ist eine Kleinigkeit, ist unbedeutend, unnütz

Katteker, Katteiker, m., Eichkater, Eichhörnchen (mit wechselnder Betonung u. Silbentrennung auch *Kat-teker*); vgl. *Eekkatt*

Kattendreck, m., Katzendreck; übertr. wertloses Zeug, Krempel

Kattengold, n., Schwefelkies; falsches Gold

Kattenkopp, m., 1. Katzenkopf; 2. Knuff, Stoß; 3. (übertr.) Pflasterstein, Kopfsteinpflaster

Kattenkruut, n., Baldrian (der Geruch soll Katzen vertreiben)

Katt(en)küühl, f., Rohrkolben

Kattenschiet, n., Katzendreck; *he kann K. in 'n Düüstern rüken* er dünkt sich besonders klug

Kattensteert, m., Katzenschwanz

katthalsen, swv., 1. zanken, sich streiten; 2. sich abrackern, sich abquälen, schwer arbeiten

kattig, adj., kratzbürstig, biestig

Kattuul, Kattuhl, f., Eule, Schleiereule; Kauz

Kattuun, m., Kattun, Baumwollstoff (meist bedruckt)

Kattuunrieter, m., Stoffhändler, Stoffverkäufer

Katüffel s. *Kantüffel*

kauen, swv., kauen; *hooch k.* wenn etw. nicht schmeckt

Kauh s. *Koh*

Kauken s. *Koken*

Kavel, Kabel, m. u. n., Kabel, Stromleitung; starker Strick, Tau, Ankertrosse

Kavelgaarn, n., Hanfstränge für Tauwerk

Kavelgatt, n., Lagerraum für Tauwerk (auf Schiffen)

Kaven s. *Kaben*

kawerietsch, kaprietsch (schleswg.-holst.), adj., launisch, zänkisch; dickköpfig; vgl. auch *kaprietsch*

kawweln s. *kabbeln*

Ke s. *Keed*

Keben, Keev, Kieben, Keiben, m., Kiemen, Kiefer; Kinnlade, Kinnbacken; übertr. Hals

keddelig, -tt-, kiddelig, adj., kitzlig, reizbar; empfindlich

keddeln, ketteln, swv., kitzeln; *dat keddelt mi* es schmeichelt mir; *in de Ogen keddeln* reizen, lüstern machen

Kedel s. *Ketel*

Keed, Kääd, Ke, f., pl. *Keden*, Kette (zum Befestigen); Halskette, Schmuckkette

Keek, Kääk, Keik, f., Kinnbacke, Kehle; Mund, Maul

Keel s. *Kiel*

keelhalen s. *kielhalen*

Keelswien s. *Kielswien*

[1]**keen,** pron., kein, keiner

[2]**keen,** pron., wer (verkürzt aus *wokeen, welkeen*), welcher

keeneen, pron., keiner, nicht einer, niemand; wer, welch einer

Keerl s. *Kerl*

Kees, Kääs, m., Käse (oft durch Zusatz erläutert); *up 'n K. haun* vergnügt, ausgelassen sein; *dat is all'ns K.* es ist einerlei, gleichgültig; *klaar is de K.* die Sache ist fertig, abgeschlossen

Keesblatt, n., Lokalzeitung, Zeitung mit mehr o. weniger wichtigen Informationen

Keeshöker, m., Käsehändler, Delikatessenhändler; Kaufmann

keesig, adj., blaß, kränklich

Keesmetz, -mest, n., Käsemesser; scherzh. für großes, stumpfes Messer; übertr. Seitengewehr des Soldaten

Kehl, Kä(h)l, f., Kehle, Hals, Gurgel; übertr. Stimme; *dörch de K. jagen* trinken (bes. von Alkohol), Hab u. Gut vertrinken

Kehr, Kier, f., Kehre, Wendung, Drehung; meist nur in festen Wendungen wie *dat is ut de K.* ist außerhalb der Richtung, abseits; *böös to K. gahn* lärmen, toben, auslümmeln; (oft nur verstärkend wie) *de Wind geiht dull to K.* es stürmt mächtig

kehren, swv., kehren, umkehren, drehen, wenden; auch refl. etw. o. sich drehen u. wenden; *sik an* o. *üm wat k.* sich um etw. kümmern

Kehrnge, f., Pflugwende auf dem Acker; vgl. *Ploogwenn*

keiern, keuern (vorw. ostfr., oldbg.), swv., 1. spazierengehen, schlendern; ausgehen; 2. karren, die Karre schieben

Keierpadd (ostfr.), m., Spazierweg; Promenade

Keikhoosten, Keich-, Kink-, m., Keuchhusten

keit, keut, adj., keck, flink, munter, lebhaft, dreist

kekeln, käkeln, swv., plaudern, schwatzen; zanken, streiten, schimpfen

Kekelreem, Käkelreem, m., Zungenband; *em is de K. goot sneden* er redet viel, ist redselig

Kelder (ostfr.) s. *Keller*

Kell, f., Kelle, Schöpfkelle; Maurerkelle

kellen, killen, swv., schmerzen; Schmerz antun, quälen; Schmerz verursachen

Keller, m., Keller, Vorratsraum; unterirdischer Raum, Gewölbe

Kellerlock, n., Kellerloch, dunkles Verlies

Kellerluuk, f., Kellerluke, deckelartige Tür über dem Keller

kellhaftig (oldbg.), adj., schmerzhaft, schmerzlich

Kenn (schleswg.-holst.), f., Kenntnis, Kunde; Erkennen; vgl. *Künn*

kennen, swv., kennen, erkennen; verstehen, wissen; bekannt sein, vertraut sein

Kerl, Keerl, Kierl, m., Kerl (oft in Vgl.), Mann; *mien K.* Ehemann; *'n K. kriegen* heiraten

kerlshaftig (holst.), adj., in der Art eines Kerls, stark, tüchtig

Ketel, Kätel, m., Kessel (durch Zusätze näher erklärt, z. B. *Waterk.*, *Waschk.*), großer Kochtopf

Ketelböter, m., 1. Kesselheizer (bes. auf Dampfschiffen); 2. Schmetterling, bes. Kohlweißling (schleswg.-holst.)

Ketelflicker, m., Kesselflicker (als Wanderberuf), jem. der Töpfe repariert; übertr. Zigeuner

Ketelklopper, m., Kesselklopfer (der den Kesselstein o. Rost beseitigen muß); übertr. Werftarbeiter, Schiffsbauer, Nieter; vgl. *Nietenpuper*

Ketscher, m., Ke(t)scher, Netzbeutel mit Stiel zum Fangen von Fischen, Schmetterlingen u. a.

kettelharig, -horig, adj., kitzlig, empfindlich; reizbar, nervös

kettelig s. *keddelig*

ketteln s. *keddeln*

Ketter, m., Ketzer, Aufrührer

keudeln, keideln (ostfr.), swv., verschütten, vergießen; umgießen, panschen

Keuhlns (Finkenw.), nur pl., leichter kühler Wind

keut, keit, adj., frech, dreist, schnippisch, trotzig

kibbeln, swv., streiten, zanken; vgl. *kabbeln*

Kibbe(n) (ostfr., oldbg.), f., Kiefer, Kiemen, Kinnlade

kiddelig s. *keddelig*

kiddeln s. *keddeln*

kiebeln, kieweln, swv., keifen, streiten, böswillig reden

kiebig, kiewig, adj., vorlaut, vorwitzig; frech, streitsüchtig

Kief, Kiev, Kif, m., Keifen, Streit, Zank, Hader; Ausschelte

[1]**Kiek, Ki(e)ke,** f., Stövchen, tragbares Gefäß zum Wärmen, Feuerkieke

[2]**Kiek,** m., Augenschein, das Gucken; jem. *up 'n K. hebben* argwöhnisch beobachten

kieken, stv. (*ik kiek, du kiekst, kickst, he kiekt, kickt, wi kiekt, kieken*; *ik keek, wi keken*; *keken*), gucken, sehen, anschauen, betrachten; *verdwa(r)s k.* schielen, *na dat Weder k.* ins Freie gehen, spazierengehen; (häufig mit Präfix wie *an-*, *to-*, *wegkieken*)

Kieker, m., 1. Zuschauer, Aufsichtsperson; 2. Auge; jem. *in 'n* o. *up 'n K. hebben* im Auge haben, kritisch beobachten, jem. nachstellen; 3. optisches Gerät zum Gucken (wie Fernglas, Lupe u. ä.); übertr. Fernseher

Kiekinnewelt, m., junger unerfahrener Mann, Hosenmatz, Knirps

Kiekkasten, m., Guckkasten; übertr. Fernsehgerät

Kiekschapp, n., Fernsehapparat, s. auch *Kiekkasten, Kieker*

Kiek-övern-Tuun, f., Kresse, Kapuzinerkresse

Kiekut, m., Ausguck, Aussichtspunkt (häufig als Name von Gaststätten)

Kiel, m., 1. Schiffskiel; 2. Keil, keilförmiges Stück, keilförmiger Einschnitt

kielen, swv., 1. keilen, einen Keil einschlagen; übertr. spalten; 2. prügeln, schlagen (auch refl.)

kielhalen, swv., 1. (ein Schiff) trockenlegen um am Kiel arbeiten zu können; 2. jem. unter dem Kiel eines Schiffes durchziehen (als Mutprobe o. Aufnahmeprüfung); übertr. strafen

Kielswien, Kielschwein (Seemannsspr.), n., Kielbalken, über die Länge des Schiffes verlaufender Grundbalken

Kiem, m., Keim (bes. bei Getreide u. Gemüse)

kien s. *keen*

Kiep, f., pl. *Kiepen*, großer Weidenkorb, Kiepe

Kiepenke(e)rl, m., Kiepenträger, reisender Händler (der seine Ware in der Kiepe trägt); übertr. Hausierer

Kierl s. *Kerl*

kiesen (ostfr.), swv., auseinanderklaffen; übertr. gähnen; mit den Zähnen fletschen (bei geöffneten Lippen)

kieven, swv., keifen, zanken, streiten; vgl. *kiebeln*

kievig (vorw. ostfr.), adj. u. adv., derb; gesund, stark, kräftig; gut, ordentlich, zuverlässig; vgl. auch *kiebig*

kieweln s. *kiebeln*

Kiewitt, Kiwitt, m., Kiebitz

Kiff, f., Kiefer, Kinnlade; übertr. Mund, Maul

Kimm, f., äußerster Rand des Blickfeldes, Horizont

Kimming s. *Kimm*; *klaar K.* klarer Blick, ungetrübtes Blickfeld

Kind, n., pl. *Kinner(s)*, Kind (häufig in Rdaa. u. Sprw.)

Kindelbeer, Kinnelbeer, n., Taufe, Taufgelage

Kinddööp, f., Kindtaufe

Kindjees, Kinnjees, Kujees, m., Jesuskind, Christkind; übertr. Weihnachtsmann

Kindjeeskoken, m., Weihnachtsgebäck, bes. Gebildbrote, Spekulatius

Kindsfoot, m., Zusammensein der Nachbarsfrauen bei der Geburt eines Kindes, Kaffeekränzchen

Kinkelremen s. *Kekelremen*

Kinkhoost(en), Kinkhooß, m., Keuchhusten

Kinn, n., Kinn

Kinnelbeer s. *Kindelbeer*

Kinnerbett, Kinder-, n., Kinderbett, kleines Bett

Kinnergaarn, Kindergaarden, m., Kindergarten

Kinnerkraam, m., Kinderei, Lappalie, kindliches Getue; leichte u. ohne viel Geschick verrichtete Arbeit

Kinnertiet, f., Kinderzeit, Kindheit

Kinnjees s. *Kindjees*

Kipp, f., Kippe, Drehpunkt; *dat steiht up de K.* etwas ist wackelig, unentschieden

kippeln, swv., hin u. her schwanken, schaukeln, wippen

kippen, swv., kippen, umschlagen

Kippkaar, f., Karre die nach beiden Seiten gekippt werden kann, Lore

Kirch (mecklbg.), f., Kirche, s. *Kark*

Kissen s. *Küssen*

Kist(e), f., Kiste, großer Holzkasten, Truhe, Sarg; übertr. Schädel, *he hett 'n lütten in de K.* er ist betrunken

kitschen, swv., flitzen, sich schnell fortbewegen; einholen, fassen, fangen

Kitt, m., 1. Kitt; 2. Krempel, unnützes Zeug

Kittoog, n., verklebtes krankes Auge, geschwollenes Auge; Gerstenkorn

Klaaf s. *Klaben*

Klaag, f., pl. *Klagen*, Klage, Anklage; *K. doon* Klage (bei Gericht) erheben, Anzeige machen

klaar, kloor, adj., klar, hell, durchsichtig; rein, natürlich; interjek., gewiß, selbstverständlich; übertr. verständlich, einsichtig, deutlich; fertig, abgeschlossen, vollendet, in ordentlichem Zustand

klaarkamen, stv. (s. *kamen*), regeln, erledigen, in Ordnung bringen

klaarkriegen, stv. (s. *kriegen*), bewerkstelligen, fertigbringen, hinkriegen, entwickeln

klaarmaken, swv., fertigmachen, vorbereiten, regeln, ausrichten

Klaas, PN (häufiger männl. Vorname), Klaus, Nikolaus; übertr. ungeschickter Tölpel, dummer Kerl; *de ruge K.*, *Sünner K.* Sankt Nikolaus

klabastern, swv., polternd u. geräuschvoll gehen, laufen (z. B. in Holzschuhen); galoppieren

Klabatsch, f., Peitsche, bes. große mit Riemen versehene Peitsche für größere Gespanne

klabatschen, swv., mit der Peitsche schlagen; übertr. prügeln, verprügeln

Klabautermann, m., Schiffskobold mit guten u. schlechten Eigenschaften

[1]**Klaben, Klaaf,** m., Holzkloben, dickes Stück, abgespaltenes Holzstück; übertr. hölzernes Joch für Hornvieh

[2]**Klaben,** m., Korinthenstollen, (gehaltvolles) Gebäck

Klackerkraam, m., schmieriges unansehnliches Essen, Schmiererei; übertr. Kleinigkeiten, Nichtigkeiten

klackern, swv., kleckern, sich (mit Speiseresten) beschmutzen

Klack(s), m., Klecks, Fleck, kleiner Haufen; übertr. Kleinigkeit, Nichtigkeit; *dat is 'n K.* das ist leicht getan, es ist ein Kinderspiel

Kladde s. *Klatt*

kladderig, adj., klebrig, verfilzt; durchnäßt, verschmutzt

[1]**kladdern,** swv., rascheln; geräuschvoll regnen, hageln; prasseln

[2]**kladdern** s. *klattern*

kladdernatt, adj., klitschnaß, durchnäßt

Klaff, Klaaf s. *Klaben*

klaffen, swv., kläffen, bellen; plappern, schwatzen; ausplaudern, petzen

Klafferkatt (schleswg.-holst.), f., Klatschmaul, jem. der viel redet, Angeber

klaffern s. *klaffen*

klagen, swv. (flekt. *klaagt*), 1. klagen, jammern; heulen; 2. (vor Gericht) klagen

klamm, adj., 1. eingeklemmt, beengt; *k. sien* knapp bei Kasse sein, kein Geld haben; 2. feuchtkalt, naßkalt, nicht ganz trocken; ausgekühlt, erstarrt

Klammerbüdel, m., Klammerbeutel; *he is mit 'n K. pudert* beschränkt, nicht normal sein

Klamp, f. u. n., 1. Querholz (als Klammer), Holzriegel, Steg; auch Eisenklammer; 2. (veraltet) Zusammengefaßtes, Klumpen (z. B. bei Getreide)

klampen, swv., klammern, verbinden, etw. mit einer *Klamp* verbinden

klamüüstern, klamüsern, swv., grübeln, sich etw. ausdenken, über etw. nachsinnen, etw. aushecken

Klapp, f., Klappe, Deckel; kleine Stalltür (bes. zur Beseitigung von Mist); Bett; Stroh- o. Getreidebund; Mund

klappen, swv., 1. klappen, klatschen; 2. zusammenpassen, gelingen, glücken

Klapper, f., Klapper, Rassel (Kinderspielzeug)

Klapperbeen, nur als *Jan K.*, der Tod

klapp(e)rig, adj., gebrechlich, nicht mehr stabil; übertr. schwach, elend, kümmerlich, hinfällig

klappern, swv., klappern, scheppern, Geräusch das beim Klappen entsteht

Klappkomood, -mode, f., Schreibschrank, Sekretär mit klappbarer Schreibplatte

Klappmest, -meß, -metz, n., Klappmesser, Taschenmesser

Klapps, m., Klaps, Schlag, leichter Stoß; *'n K. hebben* verrückt sein

klareren, klareern (Seemannsspr.), swv., in Ordnung bringen, aufräumen, klar Schiff machen; spez. Papiere fertigmachen, die Zollabfertigung erledigen

klarken (hbg.), swv., werben, auf Kundenfang gehen

klarren, swv., kratzen, schmutzige Arbeit verrichten, im Schmutz wühlen

klaspern, swv., mühsam klettern o. krabbeln

Klatt, m., pl. *Klatten*, *Kladden*, 1. Klacks, geringe Menge, bes. von einer klebrigen o. schmierigen Masse; 2. Fetzen, zerrissene Kleidung, *sik in* (*bi*) *de Klatten hebben* zanken, prügeln; 3. Klette, Verfilzung

klat(t)erig, adj., schmutzig, verlumpt, armselig, liederlich; kläglich, elend, schlecht; schlimm, böse, *em geiht dat k.* er ist kränklich, es geht ihm schlecht

klattern, kladdern, swv., klettern

Klau, Klaw, f., pl. *Klöön*, *Klööv*, Tatze (auch Hände, Füße), Pfote; (Seemannsspr.) Kralle, Krampe, Klammer; spez. gabelförmiger Einschnitt an der Gaffel

klauen, swv., 1. stehlen, stibitzen, klauen; 2. (hbg.) klettern, emporsteigen

Klaufall (Seemannsspr.), n., besonderes Tau zum Hochziehen der Gaffel

klauk u. Kompos. s. *klook* u. Kompos.

klautern (ostfr.), swv., klettern, krabbeln, emporklimmen

klauwarken (schleswg.-holst.), swv., sich abarbeiten, mit Händen u. Füßen arbeiten; herumfuchteln

Klaven s. *Klaben*

Klaver (ostfr.) s. *Klever*

kleben s. *kleven*

klebuddern, -buttern (mecklbg., ostholst.), swv., galoppieren, geräuschvoll laufen

Kledaasch, -do(o)sch, f., Kleidung, (oft abwertend) Klamotten, Zeug

kleden, swv., kleiden, einkleiden; refl. sich bekleiden, anziehen; *de Liek k.* Anziehen u. Schmücken der Leiche

Kleder s. *Kleed*

Klederbö(r)st, f., Kleiderbürste

Klederschapp, m. u. n., Kleiderschrank

Klederseller (mecklbg., schleswg.-holst.), m., Lumpenhändler, Trödler

[1]**Klee, Klie, Klei,** f., Kleie, noch verwertbares Abfallprodukt beim Mahlen von Korn

[2]**Klee** s. *Klever*

Kleed, n., pl. *Kleder*, *Kleer*, *Kleren*, Kleid; *ut de Kleder fallen* mager werden; jem. *to K. gahn* zu Leibe rücken, verprügeln

Kleef, m., Kliff, Klippe, steil abfallender Geestrand

kleen, klein, adj., klein; dünn, fein, zart; hager, schmächtig; vgl. *lütt*

kleenmaken, swv., zerkleinern; (Geld) wechseln

Kleens(ch)mitt, -smidt, m., Schlosser

Klei, Klie, m., (fette) Marscherde, lehmhaltiger Boden; übertr. Schlamm, Schmutz, Dreck

kleien, swv., 1. Klei aufwerfen, Reinigen der Abzugsgräben in der Marsch; 2. kleckern; im Schmutz wühlen, sich eindrecken; unordentlich arbeiten, pfuschen; 3. kraulen, streicheln, liebkosen; kratzen (auch refl.); *klei mi an de Fööt* (*an 'n Moors*) grobe Abweisung

Kleieree, f., Schmiererei, Ärgernis; (mühselige) Arbeit

Kleikraam, m., Zusammengekratztes, Kleinkram

Klemm, f., 1. Klemme, Klammer, Gerät zum Einklemmen o. Festklemmen; 2. Enge, Verlegenheit, *in de K. sitten* in Verlegenheit sein; 3. Kraft, Schwung, *daar sitt keen K. achter* da sitzt keine Kraft in der Sache, das hat keine Art

klemmen, swv., 1. klemmen, drücken, kneifen; einengen, festmachen; 2. stehlen, klauen

Klemmer, f., pl. *Klemmers,* 1. Klammer, Gerät zum Festklemmen, Haarklemme; 2. Raubvogel, bes. Greifvogel

Klenner s. *Kalenner*

kleuven s. *klöven*

kleven, kleben, kläben, swv., kleben, festkleben, haften; etw. ankleben, festheften

Klever, Kläwer, Klewer, m., Klee (nach Art u. Farbe durch adj. Zusätze unterschieden); (im Kartenspiel) Kreuzkarte, *Kleversöven* Kreuz sieben (als Trumpf im Solospiel)

klickern, swv., etwas angeben, verpetzen

Klie s. *Klee* u. *Klei*

Klieben, nur pl., gekochte Mehlklumpen, Mehlbrösel

Kliebensupp, f., Milchsuppe mit *Klieben* (s. d.)

Klief, Kleef, f., pl. *Klieven,* Klette, kleiner klebriger Klumpen

Klier, f., pl. *Klieren,* Talgdrüse

klieren, swv., schmieren, unordentlich schreiben o. malen

Kliernkopp, m., pl. *K.-köpp,* Klette

Kliester, m., Kleister, Klebe; übertr. *en K. hebben* betrunken sein

kliestern, swv., mit Kleister bestreichen, kleben

klietschig, adj., klebrig (bes. bei Gebäck)

Kliev, f., pl. *Klieven,* Klette; Klümpchen (bes. Mehlklümpchen); vgl. *Klieben*

klieven (ostfr.), swv., anstecken; haften, kleben, festsitzen (meist unpers. *dat klifft*)

Kliff, n., Kliff, Klippe, Steilküste

Klimbim, m., buntes Allerlei; Musik, Tanzvergnügen, Trubel

klimpern, swv., klappern, klimpern, Musik machen

Klingel, f., kleine Glocke; Klingel, bes. Türklingel

Kling(el)büdel, m., Klingelbeutel, mit Glöckchen versehener Sammelbeutel (für Kollekte in der Kirche)

klingen, stv. (*dat klingt*; *klung*; *klungen*), klingen, erklingen, hell tönen (meist unpers. gebraucht)

Klinglööd (holst.), n., pl., kleine Glocke, Schelle

Klink, f., Klinke, Türriegel; *Klinken putzen* betteln; (ostfr.) Nietnagel, Bolzen, Stift

Klinker, m., 1. hartgebrannter Ziegelstein (auch als Pflasterstein benutzt); 2. Bezeichnung für bestimmte Weise des Bootsbaues mit überlappenden Planken

Klint, m., Klippe, Felsen, Steilufer; Geländeerhebung (in Flurnamen), erhöhtes brachliegendes Land, Ödland

Klippfisch, m., gedörrter getrockneter Fisch (bes. Dorsch)

Klippkroog, m., kleiner Krug, einfache Schenke

klippogen s. *kniepögen*

Klippschool, f., Grundschule, Vorschule, Kindergarten

klistern, adj., wählerisch sein (bes. beim Essen); vgl. *krüüsch*

Klitsch(e), f., kleine Landstelle, Nebenerwerbsstelle; (hbg.) Mütze

klitsche(r)n, kletsche(r)n, swv., über das Wasser gleiten, hüpfen (bes. von flachen Steinen als Geschicklichkeitsspiel)

klitschig, adj., klebrig, bes. unausgebacken (s. *klietschig*)

Klock, f., 1. Glocke, Klingel, Schelle; (häufig in Rdaa. u. Sprw., z. B.) *in de K. sien* in aller Munde sein, bekannt sein; 2. Uhr, Uhrwerk, *Acht-Daags-Klock* Wanduhr, Standuhr mit einwöchigem Gangwerk; 3. Uhrzeit, *wat 's de Klock?* wie spät ist es? (häufig folgt eine spöttische Antwort); *Klock dree* um drei Uhr

Klockenhuus, n., freistehender Glockenturm; Gehäuse der Wanduhr

Klockenklang, m., Glockenklang, Geläute

Klockenschooster, m., Uhrmacher (auch *K.-flicker, -smid, -heiland*)

Klockenstrang, m., Glockenstrang, Seil zum Läuten der Kirchenglocken

Klodd s. *Klott*

Klöben, Klaben, m., Festgebäck mit Rosinen u. anderen Zutaten, Stollen (bes. zu Weihnachten)

klöben s. *klöven*

klöderig s. *klöterig*

Klö(h)n, Klöön, m., kleines Gespräch, Unterhaltung

Klö(h)ndöör, Klöön-, f., quergeteilte Tür im Haus (bei der man sich auf die untere Hälfte auflehnt um zu *klöhnen*, s. d.)

klö(h)nen, klönen, swv., sich unterhalten, gemütlich plaudern, reden, erzählen

Klö(h)nkasten, Klöön-, m., 1. Telefon; 2. Radio (scherzh.)

Klö(h)ns(ch)nack, Klöön-, m., Unterhaltung, Gespräch (oft über belanglose Dinge), *en K. maken* sich unterhalten

Klö(h)nstunn, Klöön-, f., Unterhaltungsstunde

klömen (ostfr.), swv., frieren, frösteln, klamm werden

klönen s. *klö(h)nen*

Klöömkatte (ostfr.), f., frierender Mensch, Frostköttel

[1]**Klöön,** pl. von *Klau* (s. d.)

[2]**Klöön** u. Kompos. s. *Klö(h)n* u. Kompos.

Klöönsüük, f., Klauenseuche; häufig auch *Klauensüük*

Klöör, Klüür, f., Farbe, Farbtönung (von *rode, witte* usw. *K.*); *he (ver)schütt de K.* wechselt plötzlich die Farbe, wird (vor Schreck, Angst o. ä.) bleich o. (vor Scham o. ä.) rot o. blaß; Farbe beim Kartenspiel

klöört, adj., gefärbt, farbig

Klööt, Klöten, m., Hoden

klören, swv., färben, tönen; (Kartenspiel) in der Farbe passend; s. a. *klöört*

Klöter, f., Rassel, Klapper; übertr. loses Mundwerk

Klöterbüss, -büß, f., Kinderrassel, Kinderklapper; Sammelbüchse; Schwätzerin

klöterig, adj., klapprig; kümmerlich, kraftlos, schwach; armselig, elend, schlecht; bes. in Vbdg. mit *sien* o. *gahn* kränklich sein, sich unwohl fühlen; (auch bei wirtschaftlichen Mißerfolgen) erfolglos, kümmerlich; (von Sachen, z. B. Haus u. ä.) baufällig, wacklig

Klöterkraam, m., Kleinkram, Trödel, nichtiges Zeug, Lappalie, Nebensächlichkeit

klötern, klöttern, swv., klappern, rasseln, klirren; übertr. schnell reden, schwatzen, klatschen

klöternatt, adj., völlig durchnäßt

klöven, klöben, swv., spalten, zerlegen, zerteilen, auseinanderschlagen, teilen (auch intrans. gebraucht)

Klook, m., Verstand, Geist, (nur in der Vbdg.) *sien K. nich hebben* geistesgestört sein

klook, klauk, adj. (Steigerung *klöker, klöökst* o. *kläuker, kleuker*; *kläukst, kleukst*), klug, schlau, gescheit; verständig, vernünftig (häufig in Vgl., Rdaa. u. Sprw.); auch negativ *nich k. sien* dumm sein, verrückt sein

Klookheit, f., Klugheit, Weisheit, Verstand; *for K. stinken* überklug sein, besserwisserisch sein

klookschieten, swv., klug reden, naseweis sein, theoretisieren

Klookschieter, m., Besserwisser, Neunmalkluger, Klugscheißer; Theoretiker

klooksnacken, swv., klug (daher)reden, angeben

Klooksnacker s. *Klookschieter*

kloor s. *klaar*

Kloot, m., 1. Kloß, Kugel, bes. Kugel zum Boßeln o. Klootschießen (vgl. *Klootscheten*); 2. (schleswg.-holst.) Springstock (zum Überspringen kleinerer Gräben); 3. Kloß, Klumpen; Haufen

Klootscheten, n., Klootschießen, Wettwerfen mit schweren bleigefüllten Holzkugeln, Boßeln (bes. in Ost- u. Nordfriesland u. Küstenregionen)

kloppen, swv., 1. klopfen, schlagen, anklopfen, ausklopfen; 2. schlagen, prügeln (auch refl.); *up den Busch k.* vorfühlen, vorsichtig erkunden; 3. (Sensen) durch Klopfen schärfen, dengeln

Klott, Klodd, f., Mütze, Kappe, abgegriffene Kopfbedeckung

Klottje (ostfr.), n., Festlichkeit, lustiges Beisammensein (junger Leute), Gelage

Klotz, Klutz, m., Klotz, Holzbock; übertr. grober Kerl, plumper dummer Mensch

Klotzen, Klotschen, nur pl., Pantoffel (mit Holzsohlen)

Klotzenmaker, m., Pantoffelmacher

klotzig, adj., klotzig, klobig, schwerfällig, plump (oft auch nur verstärkend für *sehr*)

Kluck, f., Glucke, Henne

klucken, swv., glucken, brüten; übertr. betreuen, bemuttern; über etw. *k.* vor sich hinbrüten, sich in etw. vertiefen

kluckern, swv., gluckern, glucksen, plätschern; übertr. bemuttern, tätscheln

Kluckersee (Finkenw.), f., plätschernde Welle

Kluckheen, -henn, f., Gluckhenne, brütende Henne; übertr. auch auf Frauen die zusammenhocken

Klüber s. *Klüver*

klüdern s. *klütern*

klüftig, adj., 1. spaltbar (bes. Holz); 2. klug, scharfsinnig (mecklbg.)

Klümp, m., pl. *Klümp*, Klumpen, Kloß, bes. Mehlkloß (nach Aussehen o. nach den Bestandteilen durch Zusätze differenziert, z. B. *griese Bookwetenklümp* graue Klöße aus Buchweizenmehl)

klümperig, adj., klumpig, voller kleiner Klöße

Klüntje, Kluntje (ostfr.), n., kristallisierter klumpiger Zucker, Kandiszucker

Klüs(en), Klüüs (Seemannsspr.), f. (meist pl.), Löcher in der Schiffswand zum Durchlaufen der Ankerkette; übertr. Guckloch, Auge

klüsen (Seemannsspr.), swv., (in schwerer See) segeln o. an der Ankerkette treiben so daß Wasser in die *Klüsen* (s. d.) eindringt

Klüt(en), Klüüt, m., (meist pl.) *Klüten*, Kloß, Klumpen; Stück, Brocken; Mehlkloß (vgl. *Klümp*), Knödel

Klüterbaas, m., Bastler, Tüftler

Klüteree (ostfr.), f., Arbeit

klüterig, adj., 1. klumpig, aus kleinen Klößen bestehend; 2. s. *klöterig*

Klüterklieven, f., pl., Mehlklößchen, Mehlklümpchen

Klüterkraam, m., Kleinkram, unwertes Zeug; Bastelarbeit, Puzzlearbeit

klütern, swv., werkeln, kleine Arbeiten erledigen, ausbessern, Flickarbeit tun; bes. (von Holzarbeiten) basteln

Klütje, Klüütje, m., Kloß, Mehlkloß

Klüür s. *Klöör*

Klüüs s. *Klüs(en)*

Klüüsgatt (Seemannsspr.), n., (doppelte) Löcher in der Schiffswand für Ankerketten; übertr. doppelte Löcher im Kopf (Augen, Ohren, Nasenlöcher)

Klüver, Klüwer, m., 1. dreieckiges Vorsegel; 2. (schleswg.-holst.) Springstock (zum Überspringen von Gräben), vgl. *Kloot*; 3. (scherzh.) Nasenklemmer, Brille

[1]**Kluft,** f., 1. Kluft, Spalte, Riß; 2. Fleischstück aus der Lende

[2]**Kluft,** f., Kleidung, Anzug

Kluftdießel, m., zweiarmige Deichsel (für Einspänner)

kluftig, -ich, adj., schlau, gewitzt; klug, von leichter Auffassungsgabe, gescheit

Klugen (mecklbg.), m. u. n., Garn-, Wollknäuel; übertr. Kloß, Haufen

klukern s. *kluckern*

Klump s. *Klümp*

Klumpatsch, m., Haufen, unbestimmte Menge, Krempel

klumpen, swv., Klumpen bilden, gerinnen

Klumpen, m., 1. Holzpantoffel, Holzschuhe (meist pl.); 2. Klumpen, Kloß, Zusammengeballtes

Klunen, pl., Kaldaunen, tierische Eingeweide

Klunker, m., Troddel, Quaste; übertr. Schmuck, bes. Ohrringe

klunkern, swv., baumeln, schlackern

Klunkraav, -rafe, m., Kolkrabe

[1]**Klunschen,** m., meist pl., Holzpantoffel, grobes Schuhwerk

[2]**Klunschen,** m., Bonbon, bes. Blockmalz

klunschen, swv., (mit schweren Schritten) gehen, schwerfällig tapsen

Klunsterfoot, Klunker-, m., Klumpfuß

klunterig, adj., plump, grobschlächtig, klobig; ungeschickt, unbeholfen; unsauber, unordentlich (vorw. ostfr.)

kluntern, swv., polternd gehen, unbeholfen tapsen

Kluntje s. *Klüntje*

Kluster, m., Zusammengeballtes, Klumpen, Büschel

Klusternelke, f., Bartnelke

Kluten, m., Klumpen; Erdkloß, Scholle; Torfbrocken; *Bremer K.* pfefferminzhaltige blockförmige Süßigkeit

Klutenpedder, m., (scherzh.) Bauer, Ackermann

Kluun, n., Knäuel, Woll- o. Garnknäuel

Kluut s. *Kluten*

Kluuv, Kluf, f., Klaue, Pfote, Tatze; übertr. Zwinge; vgl. *Klau*

kluwen, swv., klauben, auflesen, zusammensammeln; abpflücken, abrupfen

knabbeln, knawweln, swv., knabbern, geräuschvoll essen, nagen; *mit K. un Bieten* mit knapper Mühe, äußerster Not; vgl. *gnabbeln*

Knacken, Knaggen, m., Knorren, Holzstubben, Knast, hartes Holz, deftiges Stück Brot

knacken, swv., knacken, brechen, aufbrechen; *daar hest an to k.* damit hast du Mühe; übertr. stark frieren

Knacks, m., Stoß, Erschütterung; Abgespaltenes, Bruchstelle; *en K. hebben* angestoßen, beschädigt sein; übertr. geistig verwirrt sein, leichtes Irresein

Knä(ä)p, Kne(e)p, m., 1. Kniff, Kerbe, Eingekerbtes; übertr. Taille, Hüfte; 2. Streich, Schelmerei, Dummheit; *Gotts K. un Pannkoken* Ausruf des Staunens, Fluch

knä(ä)psch, kne(e)psch, adj., schelmisch, pfiffig, lausbübisch, voller dummer Streiche

knäglich (mecklbg.), adj., kläglich, jämmerlich, kümmerlich

Knävel s. *Knevel*

knagen, swv., nagen, knabbern an etw.

Knaggen s. *Knacken*

Knaken, Knoken, Knaak, m., Knochen, Gebein, Glieder, *nix up de K.* mager, arm; *de K. sammeln* sich aufraffen

Knakenbreker, m., (scherzh.) Arzt, bes. Chirurg; Heilpraktiker, Masseur

knakendröög, adj., sehr trocken, ausgedörrt

Knakenke(e)rl, m., 1. die Gestalt des Todes, Gerippe, Skelett; 2. Knochensammler, Lumpensammler

Knakenmann s. *Knakenkeerl*

knak(er)ig, knakerg, adj., knöcherig, steif, mager; knochig, knorrig; vgl. *knökern*

Knall, m., Knall, scharfer Laut; übertr. *en K. hebben* verrückt sein, wunderlich sein

knallen, swv., knallen, ballern, donnern, mit dem Gewehr schießen

Knall(er)büchs, -büss, f., Knallbüchse (als Spielzeug vor allem aus Holunder gefertigt); übertr. Luftgewehr

knallig, adj., grob; heftig, stark; übertr. grob, patzig, frech

knapp, adj., adv., knapp, eng, kurz, klein; nicht hinreichend, kurz bemessen, spärlich; kaum, nur, gerade, mit genauer Not, gerade noch

knappen, swv., 1. knacken, knallen, springen, platzen; 2. knausern, knapp bemessen, sparen

knapphandig, adj., adv., flink, gewandt, geschickt; kurzfristig, plötzlich, schnell

Knarr, f., 1. Knarre, hölzernes Gerät das knarrende Geräusche verursacht; 2. Gewehr, Flinte

knarren, swv., knarren

knarschen, swv., knirschen

knasch, adj., adv., knapp, kurz, scharf (an etw. entlang), dicht dabei, in unmittelbarer Nähe

Knast, m., 1. Knast, Knorren, Aststumpf; derbes, schwer spaltbares Holz; übertr. *en K. dörchsagen* schnarchen; 2. krummer Rücken, Puckel, Höcker; 3. Gefängnis

Knastenstöter, m., (scherzh.) Tischler

Knaster, m., Pfeifentabak, grobgeschnittener Tabak; übertr. *dat is scharpen K.* das ist eine Zumutung, ein schwerer Vorwurf

knaueln, swv., nagen, verbissen kauen; vgl. *knabbeln*

Knecht, m., pl. *Knechen*, Knecht, vorw. Landarbeiter, junger Bursche, Junggeselle

Kneden, Kneien, f., pl., junge Korbweidenanpflanzungen

kneden, knäden, swv., kneten, eine weiche Masse durch Pressen u. Drücken verformen; übertr. treten, waten

Knee, Knei, n., pl. *Knee, Kneen*, Knie, *in de K. kriegen* jem. besiegen; übertr. Knick, gebogenes Etwas

kneen, swv., knien, das Knie beugen

Kneep s. *Knä(ä)p*

kneepsch s. *knääpsch*

kneeseilen, swv., Hals u. Knie mit einem Seil verbinden (spez. beim Weidevieh)

Kneien s. *Kneden*

Kneller (ostfr., mecklbg.), m., grobgeschnittener Tabak, s. *Knaster*

Kneln (Finkenw.), f., Vorland mit Weidengebüsch; s. *Kneden*

Knepel, m., Glockenschwengel, Klöppel

kneterig, knäterig (ostfr.), adj., verdrießlich, mürrisch

knetern, knätern, swv., knattern, bes. donnern, schmetternd krachen, scheppern

Knevel, Knewel, Knäwel, m., Knebel, Holzpflock, Knöchel, Finger; übertr. Kind, junger Bursche

kneveln, knäveln, swv., knebeln, fesseln, etw. durch einen Knebel verschließen

knibbeln, swv., knabbern, nagen, etwas abbeißen, abkneifen

[1]**Knick,** m., Knick, Falte, Biegung; Sprung, Riß

[2]**Knick,** m., pl. *Knicks, Knicken, Knick,* Buschwerk als Grenzwall bzw. Windschutz zwischen Feldern, Feldhecke, Wallhecke

knicken, swv., 1. knicken, falten; 2. den Knick ausholzen o. abholzen

Knicker, m., 1. Murmel, kleine Glas- o. Tonkugel als Spielzeug; vgl. *Marmel*; 2. Geizhals, Knauser

knickerig, adj., geizig, knauserig

knickern, swv., 1. murmeln; 2. geizen, knausern, feilschen

Knickstevel, m., Geizhals, Geizkragen, Knauser

Knief, n., Messer, bes. Taschenmesser, Schnitzmesser; häufig für altes u. stumpfes Messer

[1]**Kniep, Knip,** f., pl. *Knieper, Kniepen,* Klammer, Klemme, Fangeisen; übertr. Enge, Not, Bedrängnis; *böös in de K. sitten* in Bedrängnis sein; jem. *in de K. hebben* jem. in Schwierigkeiten, in die Enge gebracht haben, in die Zange nehmen

[2]**Kniep** s. [1]*Knipp*

kniepen, stv. (*ik kniep, du kniepst, knippst, he kniept, knippt, wi kniept, kniepen*; *kneep*; *knepen*), kneifen, zwicken; *dat kümmt to k., dat ward k.* es wird beklemmend, eng, es wird schwer werden; *dat knippt* ist schwierig

Knieper, m., Kneifer, bügellose Brille

kniepig, knipich, kniepsch, adj., geizig, sparsam; übertr. schäbig, lumpig

kniepögen, knippögen, swv., die Augen zusammenkneifen, blinzeln, zwinkern, plinkern

Knieptang, Knipptang, f., Kneifzange, Beißzange

Kniesbock (holst.), m., Geizhals

kniesen, gniesen, swv., knausern, geizen

kniese(l)n, swv., kichern, lachen, hämisch grinsen

Knink, Knienk, n., pl. *Kninken,* Kaninchen

[1]**Knipp, Kniep, Knippke,** f., Geldbörse (mit Knipsverschluß)

[2]**Knipp,** n., Speise aus Grütze, Innereien u. Fleischresten

knippögen s. *kniepögen*

Knippslamp, f., Taschenlampe

Knipptasch s. [1]*Knipp*

knistern, swv., knistern

Knobben s. *Knubb*

knoden, swv., stampfen, mühsam gehen, derb auftreten; vgl. *knojen*

Knöbel (Finkenw.), m., großes Stück, etw. Starkes, Gewaltiges

Knöf s. *Knööf*

knökerig, knäkerig, adj., knöchern, hager

knökern, knäkern, adj., knöchern, hager; übertr. mager

Knööf, Knööv, f., pl., Kräfte, Gewalt; *bannige K. hebben* stark, kräftig sein; *daar sitt K. in* (*achter*) es ist kraftvoll, stark; etw. geschieht mit starker Kraft

Knööpdook, n., Kopftuch, Schal

Knööpnadel, f., Stecknadel, Sicherheitsnadel

knöpen, knopen, swv., knöpfen, knüpfen; *up-, tok.,* auf-, zuknöpfen; *de Ohrn upk.* zuhören

Knösel, m., kurze Tabakspfeife

Knötten s. *Knütt*

Knövel, Knävel, Knevel, m., Knöchel, bes. Fingerknochen; übertr. kleiner Kerl, kräftiges Kind; vgl. auch *Knevel*

knojen (ostfr.), swv., schwer arbeiten, sich plagen, schuften

Knojeree (ostfr.), f., Arbeit, Mühsal, Strapaze, Schinderei

knoken (Finkenw.), swv., lärmen, krachen, poltern

Knoop, Knop, m., pl. *Knööp*, Knopf, Knauf, Knoten; Spitze; *jüst up den K.* haargenau, exakt; *sülvern Knööp* als Zierde u. Zeichen des Reichtums; übertr. auch Geld (in diesem Sinn auch häufig in Rdaa.) *den K. up den Büdel hebben* Geld unter Verschluß halten, geizig sein

Knorren s. *Knurren*

Knubb, Knupp, m., pl. *Knubben, Knuppen*, Knorren, Erhebung, bes. verhärteter Auswuchs am Baum; knorriges Holzstück, Wurzelholz; Geschwulst, Beule, Knorpel; Knoten

knubberig, knubbelig, adj., uneben, holprig, knorrig; runzelig

knüche(l)n, swv. , hüsteln, sich räuspern

Knüll (schleswg.-holst., hbg.), m., pl. *Knülls*, Hügel, kleiner Berg, Erdhaufen, Wiesenhügel, Grasplatz (häufig in Orts- u. Flurnamen)

Knüllbloom (schleswg.-holst.), f., Gänseblümchen

knüllen, swv., knüllen, zusammendrücken, knautschen; refl. sich zusammenrollen, sich duken

Knüppel, m., pl. *Knüppel(s)*, Knüppel, Prügel, dicker Stock, Ast, Stück Holz; *wat mit 'n K. kriegen* Stockhiebe bekommen; *en K. an 't Been hebben* behindert sein; *K. mank de Been smieten* behindern, Schwierigkeiten machen; *smecken as K. up 'n Kopp* ungenießbar sein; *passen as K. up 'n Kopp* wie die Faust aufs Auge; verstärkend bei adj. *knüppeldick* u. ä.

knüppeln, swv., mit Knüppeln schlagen, prügeln; klöppeln, knüpfen

knütern, swv., knoten, knüpfen

Knütt, m., pl. *Knütten(s)*, Knoten; übertr. Verwicklung, Schwierigkeit; *sik en K. in 'n Lief lachen* sich ausschütten vor Lachen

knütten, swv., knoten, knüpfen, verknüpfen; stricken

Knüttgaarn, n., Strickgarn, Garn zum Knüpfen

Knütthaas, m., Strickstrumpf, Strickzeug

Knüttsticken, f., pl., Stricknadel(n)

Knüttüüch, -tüüg, n., Strickzeug

Knuff, m., Puff, Schlag (mit Faust o. Ellenbogen heimlich ausgeführt)

knuffe(l)n, swv., stoßen, puffen

knufferig, knuwwerig, adj., voller *Knubben*, holprig

Knull, Knoll, m., Knollen, Klumpen, Knust

knullig, adj., grob, heftig, stark; übertr. grob, patzig, frech

Knupp, Knuppen, m., pl. *Knuppen(s)*, Knospe; vgl. auch *Knubb*

Knurren, m., Knorren, Ast

knurren, swv., knurren, brummen

knusen, swv., drücken, quetschen, mühsam kauen, würgen; *daar hett he an to k.* das macht ihm zu schaffen

Knutt s. *Knütt*

knuttfüüsten (hbg.), swv., die Faust zusammenballen

Knuuflook, Knufflook, m., Knoblauch

Knuust, m., pl. *Knüüst*, 1. Kanten, hartgebackene Brotenden; 2. Erhöhung, Höcker; (schleswg.-holst.) die Insel Fehmarn; 3. übertr. eigenwillige Menschen, Eigenbrötler

Knuut, Kanuut, m., Genosse, Kamerad

knuutschen, swv., 1. zusammendrücken, knautschen; 2. drücken, küssen, liebkosen

Koben s. *Kaben*

Kock, Koch, m., (meist hochdt. Form) Koch

Kocksmaat, m., Schiffskoch; Bootsmann, Schiffsjunge (in der Funktion des Schiffskochs)

kodd(e)rig, adj., übel (bes. in Vbdg. mit Magenbeschwerden), schlapp, matt, unwohl; übertr. schlecht (in wirtschaftlicher Hinsicht), dreckig

Köhl, Kahl, f., pl. *Köhlen, Kahlen*, Kohle, Holzkohle; *Petrus föhrt K.* es donnert; (häufig in Orts- u. Flurnamen)

köhl(ig), keul(ig), adj., kühl, frisch

Köhlschapp, n., Kühlschrank

Köhm s. *Kööm*

Kök s. *Köök*

Köken (ostfr.), f., Küche; vgl. [1]*Köök*

Kökendisch, m., Küchentisch, Arbeits- u. Eßtisch in der Küche

Kökendöör, f., Küchentür

Kökenschapp, n., Küchenschrank, Geschirrschrank

Kökenschört, f., Küchen-, Arbeitsschürze

Köksch s. *Kööksch*

Kölle (ostfr.), f., Stirnfleck, Blesse

könen, können, unregelm. v. (*ik kann, du kannst, he kann, wi köönt, könnt, künnt, könen, künnen*; *ik kunn, du kunnst*; *kunnt*), können; übertr. (im Sinne von gelernt haben) wissen, verstehen; imstande sein etw. zu tun; mit jem. *k.* sich verstehen, miteinander auskommen; *daar kannst up af* darauf kannst du dich verlassen

König, m., König; Bester, Sieger bei Wettspielen

König(s)scheten, n., Schützenfest

[1]**Köök, Kök,** f., flekt. *Köken*, Küche

[2]**Köök** (schleswg.-holst.), m., gelbblühendes Unkraut, Ackersenf, Hederich

Kööksch, Köksch(e), f., Köchin, Dienstmädchen in der Küche

Kööm, Köm, m., 1. Kümmel als Pflanze; 2. Kümmelbranntwein, Schnaps

Köömbuddel, f., Flasche für Branntwein, *de Nees in de K. sticken* sich betrinken

Köömiinsel, f., Kneipe, Gaststätte (scherzh.)

Köömkees, m., Kümmelkäse, Quark mit Kümmel

Köör, f., Wahl, Auswahl; Entscheidung; Gespräch, Rede (oldbg.); Zusammenkunft der Handwerker (mecklbg.)

köpen, kopen, käupen, swv. (*ik kööp, du köffst, he köfft, wi kööpt, köpen*; *ik köff, köfft*), kaufen, erwerben

Köppel s. *Koppel*

köppen, swv., köpfen; übertr. (bei Feldfrüchten) das Kraut abschlagen

Köppen s. *Köppke*

Köp(p)ke, Kop(p)ke, Köppen, n., Tasse, Trinkgefäß

Körbs, m., pl. *Körbsen*, Kürbis

[1]**kören,** swv., küren, wählen, auswählen

[2]**kören, küren,** swv. (nicht schleswg.-holst.), reden, sprechen, plaudern, plappern

körsch s. *krüüsch*

körtens, köttens, adv., kürzlich; vor kurzer Zeit, neulich; in letzter Zeit, unlängst

Köst, Köß, m., 1. Beköstigung, festliches Mahl, Hochzeitsessen; übertr. Hochzeit, Feier; 2. Kruste, Rinde

[1]**kösten, kosten,** swv., kosten, Geldwert haben

[2]**kösten, kosten,** swv., beköstigen; schmausen, Gelage halten

Köstenbidder, m., der zu einem Fest o. Essen Einladende, bes. Hochzeitsbitter

Köster, Küster, m., Küster, Kirchendiener (häufig in Vbdg. mit *Paster* o. *Preester* u. in Sprw. u. Rdaa.); übertr. Lehrer, Schulmeister

Köster(s)kamp, Kösters Kamp, m., Friedhof, Gottesacker

köstern (ostfr.), swv., schulmeistern; beanstanden, schelten, tadeln; etw. mißbilligen, bemäkeln

Kösttüüch (holst.), n., Hochzeitskleidung, Hochzeitswäsche

Kötel, m. u. n., Klümpchen tierischen Kots, Dreck

Kötelfeger, m., Straßenfeger

köteln, swv., koten (bes. von Tieren)

[1]**Köter,** m., Hund (meist verächtlich), Kläffer, bissiger Hund

[2]**Köter,** m., Kleinbauer, Kätner

kötern, swv., hin- u. herlaufen, jem. nachlaufen, herumstreunen

kött s. *kort*

Koffe, Koffi, m., Kaffee

Kofillnagel (Seemannsspr.), m., Splint, Stikken zum Festmachen von laufendem Tauwerk

Koh, Kauh, f., pl. *Köh, Käuh, Keih(e)*, Kuh, weibl. Rind

Kohbloom, Kauhblaum, f., Sumpfdotterblume; Löwenzahn; Hahnenfuß u. ä. Pflanzen

Kohdokter, m., Tierarzt

Kohfoot, Kauhfaut, m., Kuhfuß; übertr. eiserne mit Spalt versehene Brechstange, Gerät zum Nägelausziehen

Kohharder, Kohharr, m., Kuhhirte

Kohl, Kaul, m., Kohlpflanze (nach Farbe o. Art durch Zusätze unterschieden, z. B. *roden K.*, *Gröönk.*)

Kohlgaarn, m., Gemüsegarten

Kohlkopp, m., Kohlkopf (bes. von Rot- u. Weißkohl)

Kohlplanter, m., Spottname für Gemüsebauer (bes. lauenburgisch u. westl. mecklbg.); übertr. Maschine zum Kohlpflanzen

Kohmelk, f., (frische) Kuhmilch

Kohschiet, Kauh-, m., Kuhmist, Kuhdreck; scherzh. *wo kümmt K. up 't Dack?* als Gegenfrage zur Einleitung einer Erklärung

Kohstall, Kauh-, m., Kuhstall

Koje, Koi(j), f., Koje, Schlafgelegenheit auf Schiffen, (verallgemeinert) Schlafstätte, Bett

kokeln, swv., 1. mit Feuer spielen, einen Brand entfachen; 2. *Kakeln*, s. d.

Koken, Kauken, selten **Kook,** m., pl. *K.-(s)*, Kuchen, bes. Feingebäck

koken, swv., kochen; s. auch *kaken*

Kolk, m., Wasserloch, (durch Strudel o. bei Deichbruch entstandener) Tümpel, (oldbg. erweitert zu *Kolkdiek*)

Koller, Kuller, m., 1. Wutanfall, Tobsucht (bes. Tierkrankheit); 2. gefütterte Jacke

kolt s. *koolt*

Kombüüs, f., abgetrennter Raum auf Schiffen, Mannschaftsküche, Mannschaftslogis

Komedi, Komödie, f., Komödie, heiteres Theaterspiel; Theater

komen s. *kamen*

kom(m)ood s. *komodig*

Kom(m)ood, f., Komode, Kastenmöbel

Kommüün, Kummüün, f., Gemeinde, Kommune; Gemeinschaft

komodig, kommodig, adj., behaglich, bequem, gemütlich

Koog (schleswg.-holst.), m., eingedeichtes Marschland an der Nordseeküste

koolt, koold, kolt, adj. (flekt. *kole, kolle,* Steigerungsformen *koler, köller; koolst, köllst*), kalt, kühl, frisch; übertr. gefühllos, hartherzig

Kooltbroder, m., Halbbruder

Kooltsüster, f., Halbschwester

Koop, m., Kauf; *dat is to K.* steht zum Verkauf; *nix to K. hebben* übertr. mutlos, niedergedrückt sein

Koopmann, m., pl. *Kooplüüd*, Kaufmann, Händler

Koorn, Korn, Kuurn, Kurn, n., 1. Korn; 2. Getreide; 3. Getreideschnaps; 4. Zielpunkt am Gewehr, jem. *up 't K. nehmen* jem. anvisieren, auf jem. zielen

Koornbloom, f., Kornblume

Koornbrann(t)wien, m., Getreideschnaps

Koornschüffel, f., Kornschaufel, große Wurfschaufel

Koort s. *Kaart*

kopen s. *köpen*

Koper s. *Kopper*

Kopp, m., pl. *Köpp(e)*, 1. Kopf (als Körperteil von Lebewesen); *över K.* kopfüber; *buten Kopps* auswendig; *in 'n* o. *över 'n K. kriegen* geisteskrank werden; (häufig in fester Vbdg., Rdaa. u. Sprw.); 2. Trinkgefäß, Becher (vgl. *Köppke*); 3. Teile von Gegenständen, z. B. Bildseite der Münze

Koppdook, -dauk, n., Kopftuch

Koppel, Köppel, m., 1. Koppel, zusammengebundene bzw. -gekoppelte Menge, Schar; Gruppe, Ansammlung; 2. Weide, Viehkoppel

Kopper, Koper, n., Kupfer

Kopperketel, m., Kupferkessel, bes. Waschkessel

koppern, adj., kupfern, aus Kupfer gefertigt, kupferfarbig

Kopperstück, n., Kupfermünze

koppfast, adj., 1. schwindelfrei; 2. mit gutem Gedächtnis begabt

koppheister, adv., kopfüber; *k. gahn* übertr. Konkurs machen

Koppien, f., Kopfpein, Kopfschmerzen

Koppke s. *Köppke*

koppöver, adv., kopfüber; übertr. *k. gahn* pleite machen, bankrott machen

Koppwehdaag, -weihdaag, f., Kopfschmerzen

Koppwrack, n., Kopfzerbrechen; Kopfschmerzen

Koptein s. *Kaptein*

Korf, m., pl. *Körf,* Korb, Kiepe (je nach Form, Material o. Zusätze unterschieden), bes. auch Fanggerät der Fischer; übertr. Mengenmaß in der Fischerei

Kork, m. u. n., Kork

Korkfender, m., Korkplatte o. mit Kork gefülltes Tauwerkgeflecht als Stoßdämpfer bei Schiffen

Korn s. *Koorn*

kort, kott, adj. (Steigerungsformen *körter, kötter; körtst, köttst*), kurz; klein, knapp

kortens, körtens, adv., kürzlich, vor kurzem, neulich

korthandig, kott-, -hannich, adj. u. adv., kurzerhand, schnell; kurz angebunden; übertr. kaltschnäuzig

kortharig, kott-, adv., kurzerhand, ohne Umschweife; kurz u. bündig; kurz angebunden

Kortjann (ostfr., oldbg., lünebg.), m. u. n., 1. Zaunkönig; 2. kurze kleine Erzählung

koscher, adj., rein, sauber

kosten s. *kösten*

Koten s. *Kaat*

kraal s. *krall*

Kraam, Kroom, m., Kram, Zeug, Ding, Sache, Angelegenheit; Ware; Besitz, Hab u. Gut

Kraamsticken, -stücken, n. (nur pl.), Plunder, minderwertiges Zeug, Nichtigkeiten; übertr. Gebäck, Plunderstücke

[1]**Kraan, Kroon, Kraun,** m., Kranich

[2]**Kraan, Krahn,** m., 1. Kran, Winde; 2. Zapfhahn

Kraasch, f., Courage, Mut, Kraft

Krabat(er), m., wildes Kind, munteres lebhaftes Kleinkind

Krabauter, Klabauter s. *Krabat(er)*

Krabb, f., Krabbe, kleines Krebstier, Taschenkrebs; übertr. Kleinkind (im Krabbelalter)

krabbe(l)n, swv., 1. kratzen, schaben, scharren, hacken; streicheln; 2. krabbeln, kriechen; übertr. sich abmühen um vorwärts zu kommen

Krach, m., Krach, Lärm, Streit

Kracht, f., Kraft, Stärke, Macht; Energie, Nährwert; s. *Kraff*

Krack, f. u. n., pl. *Kracken,* altes Arbeitspferd, Schindermähre; übertr. auch auf Menschen, bes. Schwächling

krägel s. *kregel*

Kräut s. *Kraut*

Krävt s. *Kreeft*

Kraff, Kraft, f., pl. *Kräff, Kräft,* Kraft, Stärke; *ut* o. *mit Kröpels K.* mit aller Gewalt, aus Leibeskräften; vgl. *Kracht*

Kragen, Kraag, m., Kragen; *dat geiht üm Kopp u. K.* es geht um das Ganze, um Leben u. Tod; jem. *bi 'n K. kriegen* fassen, schnappen, inhaftieren

kragen (schleswg.-holst.), swv., nötigen, mahnen; antreiben, anfeuern

krahl s. *krall*

Krahn s. [2]*Kraan*

Krakeel, Krakail, m. u. n., Lärm, Geschrei; lautstarker Streit, Zank

krakelen, swv., lärmen, schreien, brüllen

krakelig, adj., 1. zänkisch, streitsüchtig; 2. bruchstückhaft o. unbeholfen (geschrieben)

kraken (ostfr., oldbg.), swv., knacken, knarren, knirschen; ächzen, stöhnen

Krall, f., pl. *Krallen,* Kralle, Klaue, Tatze, Pfote

krall, krahl, kraal, adj., rührig, munter, lebhaft, übermütig; frisch, gesund; fest, stramm, kräftig; grell, leuchtend, strahlend; vgl. *grall*

krallkrötig, adj., frech, vorlaut

kramen, swv., kramen, suchen, ordnen, auf- u. umräumen

Kramer, m., Krämer, Kaufmann, Kleinhändler

Kramerlatiensch, n., Kauderwelsch, unverständliche Sprache; Gaunersprache, Geheimsprache

kramern s. *kramen*

Krammsvagel, Kramsvagel, m., Krammetsvogel, Wacholder- o. Singdrossel

Kramp, f., Krampe, gebogener Drahtstift

krank, adj., krank, schwach

Krankenhuus, n., Krankenhaus, Klinik

Krans, Kranz, m., pl. *Kräns*, Kranz, Blumen- o. Laubgebinde

kransheistern, kranz-, swv., züchtigen, zurechtweisen, verprügeln

Kranz s. *Krans*

krapen (oldbg.), swv., kratzen, ritzen; vgl. *krabbe(l)n*

Kratt, m. u. n., niedriges Buschwerk, Unterholz, Gestrüpp

Krattholt, n., Buschholz, Reisig

Kratz, m. u. f., Kratzer, bes. kurze Kartoffelhacke

Kratzbö(r)st, f., Kratzbürste, rauhe Bürste; übertr. zänkischer Mensch

kratzbö(r)stig, adj., zänkisch, unfreundlich

kratzen, swv., kratzen

[1]**Kratzer** s. *Kratz*

[2]**Kratzer,** m., Kratzer, Schramme, leichte Kratzwunde

kraue(l)n, kraugeln, swv., 1. kratzen, kraulen, reiben; 2. kriechen, krabbeln; vgl. *krabbe(l)n*

Kraut (dithm.), m., pl. *Kräut*, Krabbe, Garnele, kleines Krebstier

Krauter (schleswg.-holst., mecklbg.), m., Gärtner, Kleinbauer; übertr. auch Kleinkaufmann u. ä., Inhaber eines Einmannbetriebes; Sonderling

Kreeft, Kräft, Kreevt, m., Krebs

[1]**Kreek,** m., einfacher Rodelschlitten, Gleiter

[2]**Kreek, Kreik, Kreet,** f., pl. *Kreken*, kleine Pflaume, Schlehenpflaume (sowohl Frucht wie auch Pflanze)

[1]**Kreet** s. [2]*Kreek*

[2]**Kreet, Kreit,** m., Zank, Streit

kregel, krägel, adj., lebhaft, munter, quicklebendig, vergnügt; ungebeugt, kräftig, gesund

Kreih, f., pl. *Kreih(e)n*, Krähe, Rabenvogel (häufig in Rdaa. u. Sprw.)

kreih(e)n, swv., krähen, kreischen, schreien

Kreih(e)nschiet, n., Kot der Krähe; *he hett K. in 'n Kopp* Dummheiten, Launen

[1]**Kreit(e)** (ostfr.), f., 1. Gitter; Leiter am Leiterwagen; 2. Drahtkorb, Spankorb; Tragkorb für Torftransport

[2]**Kreit** s. [2]*Kreet*

krellen, krillen, swv., drehen, wenden; kräuseln, fälteln

Kremm (ostfr., oldbg.), n., Gehalt, Geschmack; Kraft, Stärke; Haltbarkeit, Festigkeit

Kremp, f., Krempe, Aufschlag, Rand

Krempel, m., Kram, Trödel

krempe(l)n, swv., krempeln, umbiegen, umwenden

Kremper, m., pl. *Krempers*, hohe Schaftstiefel (die sich oben umschlagen lassen), Stiefel bes. für Fischer u. Seeleute

Kremp(er)stevel, -stäbel s. *Kremper*

kreperen, swv., krepieren, sterben, verenden, umkommen; platzen, zerbersten

kresig (schleswg.-holst.), adj., kräftig, gesund, munter; vgl. *kregel*

kreteln, kreiteln, swv., streiten, zanken; auch refl. *sik k.* sich um Nichtigkeiten streiten, Streit machen

kribbelig, -lich, kriwwelich, adj., unruhig, nervös, leicht erregt

kribbeln, swv., prickeln, jucken, kribbeln, einen Reiz verursachen; *dat kribbelt mi* es ärgert mich

Kribbelwater, n., sprudelndes Wasser, Erfrischungsgetränk, Brause

[1]**Krick** s. [2]*Kreek*

[2]**Krick** (schleswg.-holst., mecklbg.) s. *Krack*

Krickaant, f., Krickente, kleine Wildente

krickeln, swv., kritzeln, unleserlich schreiben, unbeholfen zeichnen

Kried, Kriet, f. u. n., Kreide; *in de K. sien (stahn)* Schulden haben

kried(en)witt, adj., kreidebleich, blaß

Krieg, m., Krieg, Kampf, Streit; *de söbenjährig Krieg* übertr. die ersten Ehejahre (scherzh.)

kriegen, stv. (*ik krieg, du kriggst, he kriggt, wi kriegt, kriegen*; *ik kreeg, du kreegst*; *kregen*), kriegen, bekommen, erhalten; fassen, packen, greifen; besorgen, verfertigen, schaffen; (in Vbdg. mit subst. zur Bezeichnung des Anfangs einer Handlung z. B.) *dat Lachen k.* anfangen zu lachen u. ä., *in 'n Kopp k.* verrückt werden; to *veel k.* Schaden nehmen; refl. *sik k.* zusammenkommen (von Verliebten); *een an 'n Hals k.* u. ä. geschlagen werden; (häufig mit prädikativem adj. wie) *klaar k.* fertigstellen, *klook k.* begreifen, verstehen; (häufig in Rdaa. u. Sprw. sowie in verbalen Zusammensetzungen)

krieschen, swv., kreischen, aufschreien, schrille Laute von sich geben

Kriet s. *Kried*

krieten (ostfr., oldbg.), swv., heulen, laut weinen, kreischen

Kriminaal(en), m., Kriminalpolizist

krimmeln, swv., wimmeln, sich krabbelnd bewegen (bes. von kleinen Lebewesen wie Ameisen u. ä.)

krimpen, swv., einschrumpfen, einlaufen

Krimper (Finkenw.) s. *Kremper*

Krimskraam, Krimskrams, m. u. n., Kleinkram, Plunder, wertloses Zeug

Kring, Krink, m., Kreis, Ring, Runde, geselliger Kreis (*Danzk.*, *Speelk.* u. a.)

Krint(en), f., meist pl. *Krinten*, Korinthen, getrocknete kleine Weintrauben

Krintenkacker, m., Krämer (scherzh.); übertr. Kleinlichkeitsfanatiker, Klugscheißer, Geizhals

Krintenschieter s. *Krintenkacker*

Krintenstuten, m., süßes Hefegebäck mit Korinthen

Kripp (oldbg.) s. *Krüff*

Krips, m., (nur in der Rda.) jem. *bi 'n K. kriegen* jem. beim Kragen packen, jem. pakken, verhaften

krispeln (schleswg.-holst.), swv., ersticken, sterben

krisselig, adj., krümelig, flockig, geronnen

Krock s. *Grock*

kröche(l)n, krücheln, swv., hüsteln, röcheln, keuchen; übertr. kränkeln

Kröff s. *Krüff*

Kröger, Kräuger, m., 1. Gastwirt, Krüger; 2. Krämer

Krökel, m., Falte, Runzel; Kniff, Knick

krökelig, adj., faltig, gekräuselt, runzlig; hinfällig; (mecklbg.) streitlustig

krökeln s. *kröcheln*

Krümel(n), m., Krümel, Krume

krömen, kräumen, swv., krümeln; zerbrökkeln, einbrocken; *wat in de Melk to k. hebben* reich sein, Besitz haben (bes. von der Aussteuer)

krömig (ostfr.), adj., stark, aromatisch

Krönk, Krünk, f., Chronik (vorw. im Niederelberaum u. schleswg.-holst.)

Krööm, Kraum, f., Krume, Krümel

kröönsch, adj., stolz, hochfahrend

Kröös s. *Kroos*

Krööt, Kröt, f., Kröte; meist übertr. n., störrisches Kind, reizbarer Mensch

Kröötsack, m., störrisches Kerlchen, dreistes u. freches Kind

Kröpel, m., 1. Krüppel, verwachsener Mensch; 2. Giebelform am Bauernhaus

Kröpelbusch; -busk (ostfr.), m., Gestrüpp, verkrüppeltes Holz

kröpelig, adj., verkrüppelt, kümmerlich; lahm, gebrechlich, elend

Kröpelkraam, m., Kleinkram, Krempel, unnützes Zeug, Plunder

kröpeln, swv., schwerfällig gehen, mühsam etw. verrichten; refl. sich mühsam bewegen, sich kümmerlich durchschlagen

Kröpel(s)kraft (nur in Vbdg. mit *ut* o. *vör*) aus Leibeskräften, mit Anwendung aller Kraft

Kröt s. *Krööt*

krötig, adj., trotzig, patzig, keck, frech, selbstbewußt; eingebildet, hochnäsig

Kroog, Kraug, m., Schenke, Wirtshaus; Krug

Krook s. *Kruuk*

Kroom s. *Krööm* o. *Kraam*

[1]**Kroon, Kraan, Kraun,** m., Kranich (häufig in Orts- u. Flurnamen)

[2]**Kroon,** f., Krone; übertr. Kopf, Schädel; *een in de K. hebben* betrunken sein

Kroonsbeer, f., Kronsbeere, Heidelbeere

Kroos, Kraus, m., pl. *Kröös*, Krug, Kanne, bes. mit Deckel versehener Bierkrug

Kropp, m., Kropf, Halskrankheit bei Mensch u. Tier

kroppen (ostfr.), swv., sich brüsten, aufspielen, wichtig tun, aufblasen

Kropptüüch, n., Kleinigkeiten; übertr. kleine Kinder, wilde Bande, Verbrecherbande

krosch, kross, kroß, adj., kroß, knusprig, leicht brechend

kroschen (hbg.), swv., prahlen, protzen

kross s. *krosch*

Krott (ostfr.), n., Muschelgries, zermahlene o. zerriebene Muscheln; übertr. kleiner Junge; vgl. *Krööt*

krott (oldbg.), adj., keck, frech; stramm, straff

Kru, f., Schiffsmannschaft, Crew; Arbeitsgruppe

kruden s. *krüden*

Krübb s. *Krüff*

Krück, Kruck, f., Krücke, Krückstock; gekrümmtes Holz als Werkzeug; (in Orts- u. Flurnamen) Winkel, Krümmung

Krückaant, Krickaant, f., Krickente

krüden, kruden, swv., krauten, entkrauten (bes. von Gräben)

Krüder, nur pl., Gewürzkräuter, Heilkräuter; vgl. *Kruut*

krüd(er)ig, adj., würzig, wohlriechend

Krüff, Krübb, f., Krippe, Futtertrog

Krüffenbieter, Krüppen-, m., minderwertiges Pferd

Krüffensetter s. *Krüffenbieter*

Krüll, Krull, f., Haarlocke, Schnörkel

krüllen, krullen, swv., kräuseln, mit Locken o. ä. versehen

krüllharig, adj., lockig, kraushaarig

Krümm, f., Krümmung, Biegung

Krünkel s. *Krökel*

Krüpp s. *Krüff*

Krüsbeer, Krusebeer, f., 1. (ostfr.) Stachelbeere; 2. (mecklbg.) kleine Birnensorte

Krüsbeernbusch (ostfr.), m., Stachelbeerstrauch

krüsch s. *krüüsch*

Krüsel, m., 1. Kreisel, Brummkreisel; 2. Tran- o. Öllampe

Krüsemünt, Kruse-, f., Kruseminze, Feldminze (auch als Gewürzpflanze)

krüsen, swv., kräuseln, krausmachen, fälteln

krüspeln s. *krispeln*

Krüüd, f., Kreude, Sirup (aus Zuckerrüben)

krüüsch, krüüdsch, adj., wählerisch (beim Essen), zimperlich

Krüüz, Krüz, n., 1. Kreuz, Kreuzeszeichen; Wegweiser; 2. Kreuz, Not, Leiden; 3. Kreuz (als Körperteil); (ferner häufig in Orts- u. Flurnamen)

Krüüzadder, -odder, f., Kreuzotter, Giftschlange

Krüüzpahl, m., Wegweiser

krüzen, swv. (auch refl.), 1. das Kreuzzeichen machen, sich bekreuzigen; 2. (Seemannsspr.) kreuzen, gegen den Wind segeln; 3. kreuzen, überschneiden (auch refl.)

Kruk s. *Kruuk*

Krull s. *Krüll*

krullen (ostfr., oldbg.), swv., ringeln, kräuseln, sich winden; vgl. *krüllen*

krumm, adj., krumm, gebogen, gebückt (häufig in Vgl.); *k. liggen* Not leiden; *k. Finger maken* stehlen, *wat k. nehmen* etwas übelnehmen, nachtragen; (häufig Bestandteil in Flur- u. Ortsnamen)

krupen, stv. (*ik kruup, du krüppst, he krüppt, wi kruupt, krupen*; *ik krööp, kreep*; *krapen*), kriechen, krauchen; rutschen, schleichen; *nu ward dat k.* Ausruf der Verwunderung

krusch, adj., kroß, frisch, knackig

Krusenkohl, m., krausblättriger Kohl, Wirsingkohl

Kruuk, Kru(c)k, f., pl. *Kruken*, Krug, Kanne, irdenes Gefäß, Steintopf

Kruupschütt, Krup-, m., Wilddieb, Wilderer

Kruuptüg, Krup-, Kropp-, n., Kroppzeug, lästige Kinderschar (verächtlich)

kruus, adj., kraus, faltig, runzlig; übertr. reizbar, aufgeregt

Kruusch s. *Kruutsch*

Kruut, Krud, n., pl. *Krüder* (s. d.), Kraut, bes. wildwachsende Pflanzen, Heilkräuter

Kruutbuck, m., Gärtner (scherzh.)

Kruutgaarn, -gorden, m., Gemüse- o. Blumengarten

Kruutpott, m., Blumentopf; Gefäß für Kräuter u. Gewürze

Kruutsch, f., pl. *Kruutschen*, Fischart, Karausche

kuben (Niederelbe) s. *kuum*

kucheln, swv., heimlich lachen, kichern, gnickern; kunkeln, Heimlichkeiten machen (ostfr., oldbg.); husten, keuchen (schleswg.-holst.)

kuchen (ostfr.) s. *küche(l)n*

Kuddelmuddel, m., Durcheinander, Wirrwarr, Unordnung

küche(l)n, swv., hüsteln (bes. bei Reizhusten), keuchen

Küken, n., pl. *Kükens*, Küken (bes. vom Huhn); übertr. kleines Kind, Liebling

Kükenbloom, -blaum, f., Gänseblümchen; Schlüsselblume

Küll, f., Kälte, Frost

Külp, Kulp, n., meist pl. *Külpen*, 1. Glotzauge, hervorstehende Augen, 2. unreifes Obst (bes. Äpfel)

kümmern, swv., 1. refl. sich (um etw.) kümmern, sich sorgen; 2. kümmerlich sein, kränkeln; klagen, jammern

Kümp, m. u. f., pl. *Kümpen*, Schale, Napf, Kumme; Obertasse; vgl. *Kumm*

Künn, f., Kunde, Kenntnis; Sinn, Verstand; *in de K. kriegen* in Erfahrung bringen, *in de K. sein* bekannt sein, *ut de K. kamen* aus den Augen verlieren, fremd werden

künnen s. *könen*

künnig, adj., bekannt, kundig; wissend, erfahren, verstehend, verständig; *wat k. warn* etw. erfahren; *k. maken* bekanntmachen, verkündigen

künnigen, swv., 1. kündigen, aufkünden; 2. kundtun, bekanntmachen, ansagen

Künst s. *Kunst*

Küper, Kuper, m., Küfer, Böttcher

küren, swv., 1. sprechen, reden, sich unterhalten; 2. (ostfr.) spähen, blicken, blinzeln; zielen

Küsel, m., 1. Kreisel, Wirbel; Strudel; Wirbelwind; 2. Tran- o. Öllampe; vgl. *Krüsel*

küselig, adj., schwindlig, taumelig, verdreht, verwirrt

küseln, swv., herumwirbeln, sich drehen, taumeln; tanzen

Küselwind, m., Wirbelwind; übertr. lebenslustiges Wesen, Springinsfeld

küsseln s. *küseln*

Küssen, n., pl. *Küssens*, Kissen, Polster; übertr. Bett; Wochenbett

küssen, swv., küssen

Küst, f., Küste

Küster s. *Köster*

Küter, m., Hausschlachter

Küül, f., pl. *Külen*, 1. Keule, keulenförmiges Werkzeug zum Schlagen, Holzschlägel; 2. Keule, Oberschenkel

küüm, küm, adj., matt, schwach, kümmerlich, kränklich, blaß

Küüt, Kütt, f. u. n., Eingeweide, Gedärme

küütbüten, swv., tauschen, schummeln

Kuff, f., Segelschiff mit breitem Heck u. Bug, Lastensegler

Kuffer(t), Koffer, m., Truhe mit gewölbtem Deckel, Holzkiste zum Aufbewahren von Wäsche u. Kleidung; Koffer

Kugel, f., Kugel; bes. Gewehrkugel, Geschoß

Kuhl, Kuul, f., Kuhle, Vertiefung, Loch, Wasserloch, Grube, Grab

Kuhlengräver, -graver, m., Totengräber, Leichenbestatter

Kujees (Finkenw.), m., entstellt aus *Kindjees* Christkind, Weihnachtsmann

kukeluren, kunkeluren, swv., heimlich gukken, ausspähen, spionieren

Kukinjes (ostfr.), m. u. n., Sirupbonbons

Kulanten, Kalanten (ostfr., schleswg.-holst.), nur pl., Kumpane, Freunde, Genossen; Freundeskreis

[1]Kuller s. *Koller*

[2]Kuller, f., kleine Kugel, Murmel; vgl. *Marmel, Knicker*

kullern, swv., 1. kullern, rollen, rummeln; 2. kollern (Laute des Truthahns)

Kulp(en) s. *Külp*

kultiveern, swv., kultivieren, die Ackerkrume aufreißen

Kultiwater, m., Kultivator, Ackergerät zum Aufreißen der Erde, Grubber

Kumfermand, Kunfermand, m., Konfirmande

Kumm, Kump, f., pl. *Kumms*, Kumme, Schüssel, flaches Gefäß

kummanderen, -düren, swv., kommandieren, befehlen

Kummedi, Komedi, f., Komödie, Theaterspiel, Spaß

Kummer, m., Kummer, Mühsal, Not

Kummher, n., Herkommen, Abstammung; (nur in der Rda.) *dat is 'n anner K.* das ist etwas anderes

kummodig s. *komodig*

Kumpaan, m., Kumpan, Genosse, Kamerad

kumpabel, -pavel, -pobel, adj., fähig, imstande (sein)

Kumpel, m., Genosse, Komplize

kumple(e)t, kumplett, adj., komplett, vollständig; übertr. korpulent, dick, rundlich

Kumveert (ostfr.), n., Kuvert, Umschlag

Kunkel, f., Klatschweib, Schlampe

kunkeln, swv., Heimlichkeiten austauschen, flüstern, munkeln, Geheimnisse haben; vgl. *kukeluren*

kunkeluren s. *kukeluren*

Kunst, f., pl. *Künst*, Kunst, Geschicklichkeit, Können, Arbeit; *swarte K.* Hexerei; übertr. graphisches Gewerbe

Kunstmaker, Künstenmaker, m., übertr. Gaukler, Artist

kunterfeien (mecklbg.), swv., abbilden, abmalen

Kunterlöör, Konter-, Kunnerlür, m., Kontrolleur, bes. Steuer- o. Zollbeamter

Kuntrei (ostfr., oldbg.), n., Gebiet, Gegend, Umgebung, Region

Kurant, m., alte Münzbezeichnung für umlaufendes Silbergeld

kuranzen, swv., ausschimpfen, zurechtweisen, abkanzeln

kureren, swv., kurieren, gesund machen, heilen

Kurr(e), f., Schleppnetz, Grundnetz

Kurrboom, m., langer Balken mit dem die *Kurre* (s. d.) offengehalten wird

Kurrgoot, n., Material, Garn zur Herstellung der *Kurre* (s. d.)

kurrig (schleswg.-holst.), adj., mutig, draufgängerisch, verwegen; munter, aufgekratzt, übermütig

Kurrlien, f., Schleppleine für die *Kurre* (s. d.)

Kurs, Kuurs, m., Kurs, Richtung

kuscheln, swv., kuscheln, sich anschmiegen

kuschen, swv., (auch refl.) sich hinlegen, sich fügen; gehorchen

Kusen, f. u. m., (meist pl.) Backenzähne

Kusenbreker, m., Zahnarzt (scherzh.)

Kusendokter, m., Zahnarzt (scherzh.)

Kusenkell(e)n, -kelt (ostfr., oldbg.), n., Zahnschmerzen, Zahnweh

Kuss, Kuß, m., Kuß; vgl. *Söten*

kusseln s. *kuscheln*

Kutsch, f., Kutsche; übertr. Bettgestell

Kutter (Seemannsspr.), m., Kutter, Küstenfahrzeug, bes. Fischkutter

Kuul s. *Kuhl*

kuum, adv., kaum, schwerlich; beinahe; vgl. *knapp*

Kuun, m., Puter, Truthahn

Kuunhahn, kuunsche Hahn s. *Kuun*

Kuurn s. *Koorn*

Kuus s. *Kusen*

Kuusch (schleswg.-holst.), f., Wandbett

Kuuskell(e)n s. *Kusenkellen*

Kuuspien, f., Zahnschmerzen

kw- s. *qu-*

L

Laa(d), Lood, f., pl. *Laden*, Lade, Kiste, Truhe; Kasten, Schublade; übertr. *de ganze Laden* die Gesellschaft, das Tun u. Treiben

Laag, f., Lage, Schicht, Geschichtetes; (abstr.) Lage, Situation; übertr. Gelage; *lütte L.* ein Bier u. ein Schnaps

laat, lat, adj., adv., (Steigerungsformen *later, latest*), spät; *wo l. is dat?* wie spät ist es; *fröh u. l.* früh u. spät, morgens u. abends; *de later Dag* (auch *Laterdag*) der folgende Tag; *late Kantüffeln* Spätkartoffeln

laatschen, swv., latschen, schlendern, lässig gehen

Laatschen, m., Pantoffel, abgetragene Schuhe

Laban, m., langer fauler Kerl (Schimpfwort)

labbe(r)n, swv., 1. schlappe(r)n, schlürfen; 2. labern, dumm u. sinnlos reden, schwatzen

labberig, adj., fade, ohne Geschmack, ohne Würze; weichlich, unfest, schlotternd

laben s. *laven*

Labskaus, n., Labskaus (Zusammengekochtes aus Fisch, Fleisch, Kartoffeln, Fett usw.)

lachen, swv., lachen (bes. über etw.), *ik will di wat l.* das fällt mir nicht ein, jem. etw. abschlagen, verweigern; *nix to l. hebben* in einer Notlage sein; (die verschiedenen Arten des Lachens werden verdeutlicht durch erläuternde Zusätze) *füünsch l., smerig l.* o. durch eigene Wörter bezeichnet wie *gluddern, grienen, smuustern*, s. d.

lachhaft(ig), adj., lachhaft, lächerlich, zum Lachen, reizend, lustig

Lack, m., 1. Fehler, Makel; jem. *'n L. anhangen* etw. nachsagen, jem. verleumden; 2. Lack, Lackfarbe

lackmeiern, swv., jem. betrügen, reinlegen, anschmieren

Lackmoos, -maus, n., Lackmus, pflanzlicher blauer Farbstoff

Ladder (ostfr., oldbg.) s. *Ledder*

Lade s. *Laad*

Laden, m., Brett (zum Verschließen), Fensterladen; Kaufmannsladen, Geschäft

laden, (urspr. stv. jetzt meist) swv., laden, beladen, aufladen; *he hett scheef laadt* ist betrunken; (das Gewehr) laden

Ladenschiev, f., Schaufenster

lä- s. auch *le-*

Lääd (mecklbg.) s. *[1]Leed*

läädweik s. *leedweek*

lädieren (mecklbg., hbg.), **laderen** (schleswg.-holst.), swv., beschädigen, verletzen

Lämmer s. *Lamm*

Läng(de), f., Länge; *up de L.*, adv., zuletzt, letztendlich, schließlich

längen, swv., 1. lang machen, lang werden; 2. Verlangen spüren (vgl. *lengen*)

Läpel s. *Lepel, Löpel*

läppen, swv., auftrennen, abhäuten

läppern, labbern, swv., refl. sich stückchenweise langsam ansammeln; *dat läppert sik tosamen* es summiert sich; *dat läppert sik so hen* es geht langsam u. zögernd voran, zieht sich in die Länge

läufig, adj., gewandt, geschickt, flink; vgl. *leifig*

Läuschen, n., lustige Kurzerzählung, witzige Geschichte, Anekdote

läwern s. *levern*

laff, adj., fade, ohne Geschmack, abgestanden; matt, schlapp (vorw. ostfr.)

Lager, n., 1. Lager, Liegestätte, *to L. sien* im Bett sein, sich zur Ruhe begeben haben; *dat letzt L.* Totenbett, Sterbelager; 2. Lager, Massenunterkunft; Lagerstelle, Liegeplatz; Lager für Geräte o. Sachen; 3. Unterlage, angepaßte glatte Lager- o. Lauffläche (z. B. Kugellager)

lahm, adj., lahm, gelähmt; lähmend, ermüdend; schlapp, schwach

Lahnung, f., schmaler Damm aus Strauchwerk u. Erde im Wattenmeer

lai (ostfr.) s. *leu*

Laken, n., pl. *L.-s*, Laken, Bettlaken; Tuch; übertr. Segel

Lakentüüch, n., Kleidungsstücke aus Tuch, Festgewand

Lamm, n., pl. *Lammer, Lämmer*, Lamm, Jungtier von Schaf o. Ziege; Demin. *Lamm(e)ke(n)*

lamm (ostfr.) s. *lahm*

lammen, swv., ein Lamm gebären; *nu schall*

de Buck l. Ausruf des ungläubigen Staunens

Lammermaand, m., Februar (nicht allg. gebräuchlich)

Lamp, f., Lampe; *een up de L. geten* einen Schnaps trinken

Lampenbeer(n), f., Glühbirne

Land, n., pl. *Länner, Lannen,* Land (Ggs. Wasser), *L. to sehn kriegen* einen Ausweg finden, das Ziel erreichen; *an L. gahn* die Seefahrt beenden; *laat mi an L.* laß mich in Ruhe; *an L. trecken* sich etw. aneignen, etw. vereinnahmen; Land (Ggs. Stadt), *up 'n Landen* auf dem Dorfe; *von L. kamen* aus einem Dorf stammen; Land, Feld, Acker; Land als geograph. o. polit. Begriff

landen, lannen, swv., landen, an Land gehen

Landkaart, -koort, f. Landkarte

Landmann, m., Landmann, Bauer

Landsmann, m., pl. *Landslüüd,* Landsmann, Mann aus der gleichen Landschaft, dem gleichen Land

Landstraat, f., Landstraße, Chaussee

Landslüüd s. *Landsmann*

Landünner, n., Landunter, Überschwemmung infolge Hochwassers; *nu is L.* jetzt beginnt die Not

lang, adj. (Steigerungsformen *länger, längst*), lang, lange; *sik l. maken* sich hinlegen, schlafen; *l. nich* durchaus nicht; reichlich, viel

Langbeen, m., Storch (nur in Kinderversen)

langbeent, adj., langbeinig, hoch aufgeschossen

langen, swv., greifen, fassen; reichen, geben, jem. *een l.* hauen, eine Ohrfeige geben; *dat langt* es reicht, ist genug

Langewiel, f., Langeweile

Langfinger, m., Dieb, Stehler

langs, lanks, adv., entlang, längs, der Länge nach; *bi Weg l.* im Vorbeigehen, nebenbei, zufällig; mit etw. *l. sien* fertig sein, abgeschlossen haben, *he is daar mit l.* er hat es überstanden, ist gestorben; präp., entlang, durch, *l. de Stadt gahn* durch die Stadt gehen, *l. de Straat* entlang der Straße

langsaam, adj., langsam, bedächtig

Langschäfter, m., Stiefel mit hohem Schaft, Reitstiefel

langslinkfiesen (schleswg.-holst.), swv., sich anbiedern, sich heranschleichen

langssiet, adv., längsseits, an der Seite, *l. kamen* sich jem. zugesellen, jem. begleiten; vorbeikommen, besuchen

langtöögsch, -täägsch, adj., langsam, träge; umständlich, langatmig, zögernd, schleppend

langtrecken, stv. (s. *trecken*), in die Länge ziehen; entlang ziehen

Langwagen, m., Langwagen (z. B. zum Abfahren von Baumstämmen); Balken zwischen vorderem u. hinterem Wagengestell eingefügt zur Verlängerung des Wagens

langwielig, adj., langweilig; langwierig, lang andauernd

Lank, f., pl. *L.-en,* Flanke, Weiche; Schenkel

lanks s. *langs*

lannen s. *landen*

La(n)te(e)rn, f., pl. *L.-s, L.-en,* Laterne, Stalleuchte; spez. Lichtkörper des Leuchtturms

La(n)tüch(t), f., Laterne, Leuchte; vgl. *La(n)te(e)rn*

Lappen, m., pl. *Lappen(s),* Lappen, Fetzen; Segel; *dör de L. gahn* verschwinden, durchgehen, etw. nicht erhalten, das Nachsehen haben; Stück, Fläche (Land o. ä.)

lappen, swv., ausbessern, flicken; (ostfr.) schlagen, prügeln; zerschlagen, zerbrechen

Lap(p)s, m., Laffe, Flegel, Tolpatsch

Lark, Lurk, f., Lerche; vgl. *Lewark*

Larm, m., Lärm, Geschrei, Streit

larmen, swv., lärmen, schreien, streiten

laschen, swv., festmachen, anbinden, zusammenbinden, verbinden (zweier Dinge)

Lass, Laß, m., Lachs

Last, f., Last, Bürde, Gewicht, Menge (best. Größe); bes. Schiffslast

lastig (schleswg.-holst.), adj., lastend, belastend, schwer

laten, stv. (*ik laat, du lettst, -ö-, he lett, -ö-, wi laat, laten; ik leet; laten*), 1. lassen; etw. überlassen, etw. zurücklassen; *laat dat* laß es, unterlaß es; zulassen, erlauben; 2. (unpers.) aussehen, *dat lett good* das kleidet gut, steht gut zu Gesicht; *dat lett man so* es scheint nur so

Lateern s. *La*(*n*)*te*(*e*)*rn*

laterhen, adv., später

Latien, n., Latein, lateinische Sprache; übertr. unverständliche Sprache

latiensch, adj., lateinisch, *en l.-sch*(*en*) *Buer* studierter Bauer (der sein Wissen aus Büchern u. nicht aus der Praxis hat); *l.-sche Köök* Apotheke (scherzh.)

Latienschool, f., Gymnasium, höhere Schule

Latt, f., pl. *L.-en*(*s*), Latte, Holzleiste (je nach Verwendung durch Zusatz erläutert *Dack-*, *Tuunl.*); *dörch de Latten gahn* verschwinden, aus dem Staub machen, das Nachsehen haben

lattfar(d)ig, adj., nachlässig, gleichgültig, träge

Latücht s. *La*(*n*)*tüch*(*t*)

lau, adj., lau, verschlagen; *l. doon* sich mitfühlend zeigen

Lauerk (oldbg.), f., Lerche; vgl. *Lark*, *Lewark*

laven, laben, swv., geloben, versprechen; loben (vgl. dazu *löven* u. *tolaven*)

Lawai, m. u. n., 1. Feierabend, Urlaub; 2. übertr. Lärm, Krach, Streit

Le s. *Lee*

Lebber, Lewer, f., Leber; *em is 'n Luus över de L. lopen* er ist verstimmt, unfreundlich, ungehalten

lebbern, läbbern, labbern, -pp-, swv., schlappern, schlürfen; refl. *dat l. sik tosamen* sich (aus kleinen Einzelteilen) ansammeln; sich hin u. her bewegen

Leben, Leven, Leef, n., Leben, Lebenskraft, Lebenslust; *L. in de Bood* Trubel, Lebendigkeit, Stimmung; *all mien L. nich* (häufig hier *Leef* o. *Le*) nie im Leben, niemals (Beteuerungsformel)

leben, leven, läven, swv. (in den Flexionsformen überwiegen die *-f*-Formen), leben, existieren; *wat to l. hebben* etwas zu beißen haben

lebendig, lebennig (mit wechselnder Betonung), adj., lebendig, lebhaft, munter

lebig s. *lebendig*

Lechel, n., pl. *L.-s*, kleines Holzfaß, Trinkflasche aus Holz, Feldflasche

Lecht (ostfr.) s. *Licht*

lecht, licht (vorw. oldbg., ostfr.), adj., licht, hell, klar

Leck, n. u. f., Leck, undichte Stelle; Dachtraufe, Tropfenfall; *ünner de L. stellen* etwas mit Wasser verdünnen

leck, adv., leck, undicht

[1]lecken, swv., lecken, tröpfeln, undicht sein

[2]lecken s. *licken*

lecker, adj., lecker, wohlschmeckend, *l. sien na wat* Appetit auf etw. haben, Verlangen verspüren nach, etw. begehren; übertr. *dat* (*de*) *süht l. ut* hübsch, angenehm, appetitlich aussehen

Leckertung, f., Schleckermaul, Feinschmecker

Ledd s. *[1]Leed*

ledden, swv., leiten, führen; vgl. *lieden*

[1]Ledder, f., Leiter, Sprossenleiter; Seitenleiter beim Wagen (*Ledderwagen*)

[2]Ledder, Lerrer, Lär, n., Leder, gegerbte Haut; *engelsch L.* englischer Wollstoff; jem. *dat L. garven* jem. verprügeln

Ledderkledaasch, f., Lederkleidung

[1]leddern, lerrern, adj., aus Leder gefertigt; *l. Büx* Lederhose

[2]leddern, swv., gerben, schlagen; (meist nur übertr.) das Fell gerben, verprügeln

leddig, lerrig, adj., leer; *l. gahn* ohne Arbeit sein; *loos u. l.* frei sein; (übertr.) unverheiratet sein

[1]Lee, Leh, Lei (nicht überall gebräuchlich), f., pl. *Leen*, Sense, große Sichel

[2]Lee (Seemannsspr.), f., die dem Wind abgewandte Seite; *in L. gahn* mit dem Wind segeln

leech s. *leeg*

[1]Leed, Lidd, Led(d), n., pl. *Leden*, Glied, (meist nur im pl.) Glieder, Knochen

[2]Leed, Leid, n., pl. *Le*(*i*)*der*, Lied, Gesang

[3]Leed, n., Leid, Not, Übel

[4]Leed (schleswg.-holst., Elbmarsch), f., Balken, Schwelle, bes. Grundbalken für das Ständerwerk eines Hauses

leed, leid, adj. (in Vbdg. mit *sien*, *wesen*, *doon*), leid (tun, sein), *dat deit mi l.* es betrübt mich, tut mir leid; *dat is mi l.* ich bin der

Sache überdrüssig

Leedkant, Leet- (oldbg., ostfr.), f., (freistehendes) Bettgestell

leedspreken, stv. (s. *spreken*), gehässig über o. von jem. reden, üble Nachrede führen

leedweek, läd-, adj., weich in den Gliedern, schwach, schlapp, matt

Leef, Leefde, Leev, Leiv, f., Liebe, Zuneigung (häufig in Rdaa. u. Sprw.); Gefallen, Freude

leef, leev, leif, adj. (flekt. *lever*, *leefste*), adv. *levers*, lieb; angenehm, erfreulich; *l. hebben* lieben, Zuneigung empfinden, etw. o. jem. gern haben

Leefdag, m., Lebenszeit; meist in der Formel *mien L. nich* nie im Leben, niemals

Leefde (vorw. ostfr.) s. *Leef*

leeflik, -lich, adj., lieblich, angenehm, wohltuend; (vom Essen) milde, süßlich

Leefste(r), Leefste(n), m. u. f., Liebste(r), Geliebte(r), Liebhaber

leeftallig, leev-, adj., liebenswert; lieblich, angenehm, milde; anschmiegsam, zärtlich, zutraulich

leeg, adj. (flekt. *leger*, *leegst*), 1. niedrig, flach; 2. schlecht, minderwertig, liederlich; böse; 3. schlimm, elend, krank; 4. (übertr.) schlau, gerissen, raffiniert

Le(e)ge, m., Bösewicht, bes. Teufel

Leegheit, f., Schlechtigkeit, Dummheit (meist pl.)

leegsnacken s. *leedspreken*

Lee(n)boom, m., Stiel, Griffholz der Sense; vgl. *[1]Lee*

leep (ostfr.), adj., arg, schlimm, schlecht; bedenklich, mißlich; (verstärkend) *l. geern* arg gern, sehr gern

Leer s. *[1]Ledder*

Leerk, Lark s. *Lewark*

Leesbook, n., Lesebuch, Fibel; übertr. Kartenspiel (scherzh.)

Leesch, Liesch, n., Wasserpflanzen (verschiedenster Art, z. B. Binsen, Schilf, Rohrkolben)

Leesiet, f., Lee, die dem Wind abgewandte Seite; vgl. *[2]Lee*

Leest(en), Liest(en), m., Schusterleisten

Leev s. *Leef*

Lege s. *Le(e)ge*

legen, leigen, lögen, stv. (*ik leeg, du lüggst, -chst, he lüggt, -cht, wi leegt, legen*; *ik loog, löög*; *lagen*), lügen, die Unwahrheit sagen (häufig in Rdaa. u. Sprw.); *daar schall ik üm l.* da müßte ich lügen, das kann ich nicht genau sagen

Legerwall (Seemannsspr.), m., die dem Sturm zugewandte Landseite; *in* o. *up* (*den*) *L. kamen* in Gefahr geraten zu stranden

Legg(e), f., pl. *Leggen*, Lage, Schicht (von Getreide beim Beladen des Wagens); übertr. Falten, Faltenwurf

leggen, swv. (prät. vereinzelt noch stv. *ik lee[d]*, *du leedst, wi leden*), legen, ablegen, absetzen (meist mit adv. Ortsangabe); refl. sich legen, sich auf eine Sache verlegen, sich eifrig mit etw. beschäftigen; *sik up de Siet l.* schlafen

Leh s. *[1]Lee*

Lehm, m., Lehm, Lehmerde

Lehmdeel, f., Lehmdiele, Fußboden aus gestampftem Lehm

Lehmkluten, m., Lehmkloß, Lehmklumpen

Lehmkuhl, f., Lehmkuhle, (häufig mit Wasser gefülltes) Erdloch

[1]lehnen, swv., leihen, borgen, ausleihen

[2]lehnen, swv., lehnen, gegen etw. anlehnen

Lehnstohl, Löhn-, m., Lehnstuhl, Sessel

Lehr, Liehr, f., Lehre, Lehrzeit; *in de L. sien* eine Ausbildung machen; übertr. Schablone, Modell

lehren, liehr(e)n, swv., 1. lehren, jem. etwas beibringen; 2. lernen

Lehrer, m., Lehrer, Schulmeister; vgl. *Schoolmester, Persetter*

Lehrjahr, -johr, n., Lehrjahr, Ausbildungsjahr

Lehrjung, m., Lehrling, Auszubildender

Lehrtiet, f., Lehrzeit, Zeit der (beruflichen) Ausbildung

[1]Lei, Leid, Leit, n., Leitseil, Leine zum Lenken der Zugtiere; *dat L. ut de Hand geben* die Führung abgeben, sich aus dem Berufsleben o. ä. zurückziehen; übertr. sterben

[2]**Lei** (ostfr.), n., Schieferplatte, Schiefertafel; *dat L. uphangen* das Geschäft aufgeben

lei (ostfr.), adj., faul, träge, matt, schlapp

leibeent (ostfr.), adj., träge, faul; langsam

Leid s. [1]*Lei*

Leiden, n., Leiden, Krankheit, Not; *dat is 'n L. mit* jem. es ist ein Jammer; *dat is (ja) dat L.* das ist das Schlimme, das ist es ja gerade

leidig, adj., leidig, mißlich; elend, schlecht; mitleidig; heuchlerisch, arglistig; seltsam, merkwürdig; schalkhaft, lustig

leien (schleswg.-holst.), swv., leuchten, blitzen, wetterleuchten

leifig, adj., geläufig, gewandt, geschickt; schlau, gewitzt

Leilaken, n., Leintuch, Bettuch, bes. Leichentuch, Totenlaken

leilenzen (ostfr.), swv., faulenzen, s. *lei*

leisten, swv., leisten; refl. sich (etw.) leisten, zugestehen, gönnen

Leit, n., Pferdeleine, Zügel; *dat L. ünner 'n Steert kriegen* es mit der Eile bekommen, in Trab geraten; vgl. [1]*Lei*

Leiwams (ostfr.), m., Faulpelz, Nichtsnutz

Leliebloom (ostfr.), f., Lilie

lelk, adj., böse, garstig; liederlich, schlecht; vgl. *leidig*

Leller s. *Ledder*

Lemmel, Lemmer, n., Messerklinge, Messer ohne Griff

Leng s. *Läng(de)*

Lengen, m., Verlangen, Sehnsucht, bes. Heimweh

lengen, swv. (auch refl.), verlangen nach etw., sich sehnen nach etw., Heimweh haben

Lenk, n., pl. *Lenken*, Glied, Gelenk; Glied einer Kette

Lenn(e), f., pl. *Lennen*, Lende, Oberschenkel (bei Mensch u. Tier)

lenz, lens (Seemannsspr.), adj., leer, ausgepumpt, ausgeleert, trocken

lenzen (Seemannsspr.), swv., leerpumpen, auspumpen

Lepel, Leppel, Löpel, m., pl. *Lepeln, Lepels*, Löffel (häufig in Rdaa.); übertr. Ohr; *wat achter de L. kriegen* Ohrfeigen geben, bekommen

Lepelkost, f., Löffelessen, Eintopf, Suppe

lepelwies, adv., löffelweise, in kleineren Portionen; jem. etw. *l. ingeben* etw. schonend beibringen

leppsch, lippsch, adj. (nur in Vbdg. mit Verb), *l. lopen* durchgehen (von Pferden), *he hett l. jaagt* ihm sind die Pferde durchgegangen

leren s. *lehren*

lerrig s. *leddig*

les(de), lest, letz, adj., letzt, letzte, (auch subst.) der (das) Letzte; (häufig umschreibend für) sterben, z. B. *up 't L. liggen, sien l. Leed singen* u. ä.

lesen, läsen, stv. (*ik lees, du list, he list, leest, wi leest, lesen; ik lees, lääs; lesen, läsen*) auch swv. (part. *leest, lääst)*, lesen

Leser, m., pl. *Lesers*, Leser, Vorleser

lest s. *les(de)*

Letkant s. *Leedkant*

letten (ostfr., oldbg.), swv., aufhalten, abhalten, hindern; sich aufhalten, verweilen, warten

letz s. *les(de)*

leu, loi (ostfr., oldbg.) s. *lei*

Leuwagen, m., Schrubber, Scheuerbürste (mit langem Stiel)

Leuwams s. *Leiwams*

Leven s. *Leben*

leven s. *leben*

lever, Komp. zu adj. *leef* u. adv. *geern*, s. d.

leverla (ostfr.), adv., langsam, allmählich; *mit l.* bedächtig, nach u. nach

levern, swv., liefern, ausliefern, zusenden

levig, adj., lebendig, lebhaft

Lewark, f., Lerche, bes. Feldlerche

Lewen s. *Leben*

Lex, f. u. m., Lektion, Aufgabe; *sienen L. weten* genau Bescheid wissen

libberig, adj., klebrig, ölig (durch großen Zuckergehalt), süßlich

liberlo (oldbg.) s. *leverla*

Licht, Liecht, n., pl. *Lich(t)en, Lichter(s)*, Licht, Kerze; elektrische Beleuchtung; *mi geiht en L. up* ich begreife es, habe eine Idee

licht, adj. (flekt. *lichter, lichst*), leicht (vom Gewicht); leicht beweglich, mühelos; *dat is l. to* das kann schnell erledigt werden; *mit lichten* leicht (zu bewerkstelligen)

lichten, swv., lichten, aufheben, anheben, emporheben

lich(t)far(d)ig, adj., leicht, leicht beweglich, behende; leichtfertig, oberflächlich

licken, swv., lecken, auflecken, schlecken

Lick(er)snuut, f., Leckermaul, jem. der gern Süßes mag, wählerisch ist

lickmulen, swv., mit der Zunge um den Mund lecken, gierig sein auf etw., lüstern sein

lickmunnen s. *lickmulen*

Lid(d), Litt, Ledd, n., Glied, Gelenk, *ut 't L. gahn* sich etw. ausrenken; übertr. aus dem Leim gehen; auch übertr. Glied einer Kette, einer Gruppe; Mitglied

Lid(d)maat, m., Mitglied (einer Gruppe), Genosse

lie (nordwestl. Mdaa.), adj., 1. lind, milde, sanft, schmeichlerisch; 2. schlecht, schlimm (vgl. *lei*)

Lieden, n., Leiden, Schmerz; vgl. *Leiden*

lieden, stv. (*ik lied, du littst, he litt, wi liedt, lieden*; *ik leed*; *leden*), leiden, dulden; leiden, zugestehen, zulassen; gern haben, leiden, mögen, *nich l. könen* etw. nicht ausstehen können; (unpers.) vertragen, aushalten

liedensgeern, adj., leidenschaftlich gern, sehr gern

liedsaam, adj., leidlich, verträglich, duldsam; ruhig, freundlich; sanft, herzlich

Lief, Liev, m. u. n., Leib, Körper; Unterleib, bes. Magen; *sik wat to* (*in 'n*) *L. slaan* essen; es *in 't L. hebben* Magenschmerzen

Liefgericht, n., Leibgericht, Lieblingsspeise

Liefkellen, -kelt (oldbg.), n., Leibschmerzen, Magenschmerzen, Bauchweh

Liefpien, f., Bauchschmerzen, Leibschmerzen

Liehr u. Kompos. s. *Lehr* u. Kompos.

liehren s. *lehren*

Liek, n. u. f., Leiche, Leichnam; übertr. Beerdigung, *en grote L.* Beerdigung mit großem Gefolge

liek, adj., adv. *lieke*, gleich, ähnlich; gerade, ausgeglichen; adv., gerade, geradewegs, direkt

liekan, adv., geradeaus, geradewegs, gerade nach vorwärts

liekdö(ö)r, adv., gerade durch; *he geiht l.* ohne sich beeinflussen o. ablenken zu lassen, geradewegs

Liekdo(o)rn, -duurn, m., pl. *Liekdöörn*, Leichdorn, Hühnerauge; jem. *up 'n L. pedden* jem. beleidigen

Liekedeler, m., Seeräuber (der den Raub gleichmäßig verteilt)

lieken, swv., gleichen, ähneln

Liekenbidder, m., Leichenbitter, Bote der einen Todesfall bekannt gibt u. zum Begräbnis lädt

Liekendook, n., Leichentuch, Totenlaken

Liekenköst, f., Leichenschmaus, Totenmahl

lieker(lei), adv., gleich, einerlei; gleichwohl, dennoch

lieker(s), adv., gleichwohl, dennoch, doch, trotzdem

liekerveel, adj., adv., gleichviel; gleichgültig, einerlei, egal; *dat is mi l.* es ist mir gleichgültig, es interessiert mich nicht

lieksterwelt, adv., gerade so, genau so, unverändert

liekto, adv., geradezu, geradeaus

liekut, adv., geradeaus, *he is l.* geradezu, offen, ehrlich

Liem, m., Leim, Klebstoff; *up den L. gahn* (*krupen*) einer Verlockung erliegen

liemen, swv., leimen, kleben

Lien, f., pl. *Liens*, Leine, Tau, Seil; bes. Pferdeleine, Leine zum Lenken, Wäscheleine

Lienholt, n., Lineal

Lier, f., Leier, Drehorgel

Lierendrei(h)er, m., Drehorgelspieler, Leierkastenmann

Lierk (mittelholst.) s. *Lug*

lierlütt s. *lü(e)rlütt*

lies, adj., adv. *liesen*, leise, geräuschlos

Liest, f., pl. *Liesten*, Leiste, Holzstab

Liet, f., Abhang, sumpfige Niederung (als Orts- u. Flurname)

liggen, stv. (*ik ligg, -ch, du liggst, he liggt, -cht, wi liggt, -cht, liegt, liggen*; *ik leeg, wi legen*; *legen*), liegen, *nix l. laten* stehlen; *l. gahn* sich hinlegen, schlafen; *to l. kamen* krank werden, bes. ins Kindbett kommen

Lilg, Lill, Lierk, f., Maiglöckchen

Lilgenkonfal(g), -kunfal(g), f., Maiglöckchen (lat. convallaria)

Lill s. *Lilg*

linge(r)lang, -lank, adv., längelang, der Länge nach

Link s. *Lenk*

link(er), adv., links, vorwiegend als Kompos. *l. Hand* zur linken, links, auf der linken Seite

linkerhand, adv., links, auf der linken Seite

Link(er)poot, f. u. m., Linkshänder (meist verächtlich)

links, adv., links

Linn, f., Linde, Lindenbaum, Dorflinde

Linnen, n., Leinen, Leinenstoff (bes. als Bestandteil der Aussteuer)

Linnendook, n., Leinentuch, Laken

Linnenschapp, n., Wäscheschrank, spez. Schrank für die Aussteuer

Linnentüüch, n., Leinenzeug, Haushaltswäsche

Lipp, f., pl. *Lippen*, Lippe

Litt s. *Lidd*

littje s. *lütt*

Litz, f., Litze, Bordüre; übertr. Auftrag, Gelegenheitsarbeit; Vorteil, Gewinn

lobberig (ostfr.), **lubberig,** adj., breiig, dickflüssig, zäh

loben, löben, -w-, swv., loben, preisen; vgl. auch *laven* u. *loven*

Lobster (mecklbg.), m., pl. *Lobsters*, Hummer

Lock, n., pl. *Löcker*, Loch, Öffnung (häufig durch Zusatz näher erläutert, z. B. *Kellerl., Muusl.*); *daar hett de Timmermann dat L. laten* mach daß du rauskommst!; übertr. Gefängnis; Höhle, Bau, *nu kümmt de Voß ut 't Lock* nun kommt die Wahrheit heraus (auch sonst oft in Rdaa. u. Sprw.)

Lockaant, -ontje, f., Lockente (verwendet bei der Entenjagd)

locken, swv, locken, anlocken

lodderig, adj., schlampig, lumpig; nachlässig

Lodderjan, m., Liederjan, liederlicher Mensch

loddern, swv., trödeln, bummeln (meist mit präp. *rüm-*)

Loden s. *Laden*

Lö (mittelholst.) s. *Lüü(d)*

löben, löven, swv., glauben, für wahr erachten; meinen, annehmen; vgl. *globen*

Löch(en), f., Flamme, leuchtendes Feuer

Löcht(e) s. *Lücht*

löden, swv., löten

Löf(t), n. u. f., Gelübde, Versprechen, bes. Eheversprechen, Verlobung

Lög(en), f., pl. *Lögen(s)*, Lüge, Unwahrheit (meist nur pl.)

lögenhaft(ich), -tig, adj., lügenhaft, unglaubwürdig, unaufrichtig, verlogen; *dat is l. to vertellen* es ist kaum zu glauben (Einleitungsformel für Märchen u. ä.)

Löhn, Lehn, f., pl. *Löhn(er)s*, 1. Lehne, Stütze; 2. übertr. Viehweg (bes. an Deichen u. Warften)

Löhnstohl, Lehn-, m., Lehnstuhl, Sessel

Lööf, Lööv, Loov, Lauf, f., Laube

lööpsch, löpsch, adj., 1. läufig, brünstig (bes. von Hunden); *l. lopen* durchgehen (von Pferden; vgl. *leppsch*); 2. geläufig, schnell beweglich, *he hett 'n l. Tung* er ist redselig

Lööw, m., Löwe

Löpel s. *Lepel*

Löpelsüük (ostfr.), f., (nur in der Vbdg.) *de L. hebben* Hunger leiden, halb verhungert sein

Löper, m., 1. Läufer, Bote; 2. Murmel, Spielstein; 3. junges Schwein

Lörk s. *Lork*

lös s. *löss*

löschen, swv., löschen

lösig, adj., lässig, schwach; abgespannt, müde

löss, löß (ostfr.), adv., los, frei, ungebunden; gelöst, abgetrennt; leer, frei

löven s. *löben* u. *loven*

[1]**Loff,** n., Lob, Anerkennung; Ansehen

[2]**Loff** (ostfr.) s. *Loof*

Logbook (Seemannsspr.), n., Logbuch, Schiffstagebuch

Loh (schleswg.-holst.), f., Diele im Bauernhaus

Lohdeel, -dääl, f., Dreschtenne im Bauernhaus, mit Lehm befestigter Platz

[1]**Lohn,** m. u. n., Lohn, Verdienst

[2]**Lohn(e)** (ostfr.), f., schmaler Durchgang, enge Gasse

lohnen, swv., 1. lohnen, belohnen; 2. verdienen, einbringen (meist unpers. o. refl.), *wat lohnt dat* was bringt es, was fällt dabei ab; *sik l.* sich bezahlt machen

Lokaal, n., Lokal, Gasthaus

lomig, adj., lahm, matt, flau; lau; feucht

Loof, Loov, n., 1. Laub, Blätter; 2. Laubdach, Laube; vgl. *Lööf*

Loog (ostfr.), **Look** (schleswg.-holst.), n., Platz, Stelle; Dorf, Wohnsitz, Ort

Loop, m., Lauf, Verlauf; *dat mutt sien 'n L. hebben* es muß gehen ohne beeinflußt zu werden, da kann man nichts ändern

Loopjung, m., Laufjunge, Laufbursche; übertr. Lehrling

loos, los, adj., adv., los, frei, lose; ungebunden, ledig

loosballern, -bullern, swv., schießen; lospoltern, schimpfen

loosbannig, -bännig, adj., frei, ungebunden

loosfahren, swv., abfahren, sich in Bewegung setzen

loosgahn, stv. (s. *gahn*), fortgehen, sich in Bewegung setzen, anfangen; *gah mi l.* laß mich in Ruhe

looskamen, stv. (s. *kamen*), loskommen, sich lösen, freimachen

looslaten, stv. (s. *laten*), loslassen, freigeben

loosmaken, swv., ablösen, ablegen (von Schiffen), losbinden

loospruschen, -pruusten, swv., plötzlich u. heftig lachen

loosrieten, stv. (s. *rieten*), abreißen, sich losreißen, sich befreien

Loot, n., 1. Bleimetall; Lot (zum Messen der Tiefen o. der Senkrechten); 2. Mengenmaß (bes. für Kaffee)

loot, lot s. *laat*

Loots, m., Lotse

lopen, stv. (*ik loop, du löppst, he löppt, wi loopt, lopen*; *ik leep, lööp*; *lopen*), laufen, gehen (häufig in Rdaa. u. Sprw.); mit jem. *l.* befreundet sein; *dat löppt* es geht seinen Gang; *dat laat man so l.* laß es gut sein, es ist in Ordnung; *sik torecht lopen* sich einrenken

Lorbaß, m., Lümmel, Lotterbube

Lork, Lurk, m., Lurche, Kröte; übertr. Lump, Schuft, Schelm

los s. *loos*

Loschi, Logi, n., Logie, Kammer (bes. auf Schiffen); Unterkommen, Unterschlupf; übertr. kleine Wohnung

Losement, Logement, n., Kammer, kleiner Raum; vgl. *Loschi*

loven, loben, swv., loben, preisen, anerkennen; (landschaftl. auch statt *löben, löven,* s. d.)

lubberig, adj., dickflüssig, klebrig; vgl. *lobberig*

[1]**Lucht** (ostfr.) s. *Luft*

[2]**Lucht,** f., Lichtöffnung, Fenster

lucht, adv., adj., links; nur in der Vbdg. *luchter Hand* zur linken Hand, an der linken Seite

ludderig (ostfr., oldbg.), adj., lotterig, schlaff, faul

luddern, swv., 1. herumlottern, faulenzen (ostfr., oldbg.); 2. auslosen, Lotterie spielen (schleswg.-holst.)

luden (ostfr., oldbg.) s. *lüden*

ludern, swv., sich von Aas (Luder) ernähren

Lü s. *Lüüd*

[1]**Lüch(t),** f., pl. *Lüchten,* Leuchte, Laterne, Lampe; Leuchtfeuer

[2]**Lücht** (ostfr.), f., Luft

[1]**lüch(t)en,** swv., leuchten, strahlen; hell aufflammen; jem. *l.* jem. heimleuchten, die Meinung sagen

[2]**lüchten** s. *lichten*

Lüchtenpahl, m., Laternenpfahl

[1]**Lüchter,** m., Leuchter, Kerzenhalter

[2]**Lüchter** (mecklbg., hbg.), m., Leichter, kleines Schiff zur Übernahme von Ladung aus Seeschiffen

Lüchtfüer, n., Leuchtfeuer, wegweisendes

Licht (Seefahrt); Leuchtturm

lücken, swv., glücken, gelingen

lüden, lüdden, swv., läuten (von Kirchenglocken)

lüerlütt, lü(ü)rlütt, adv., winzig klein; vgl. *lütt*

Lümmel, m., 1. Lümmel, Flegel, grober Kerl; 2. Mumps, Ziegenpeter (mecklbg.)

Lümp, f., Eingeweide (bes. von Fisch); übertr. Bauch

Lüning s. *Lünk*

Lünk, Lün(ing), m., pl. *Lünken, Lüninge,* Spatz, Sperling

Lüns, f., pl. *Lüns(s)en, Lünßen,* Bolzen, Splint (bes. zum Halten der Räder durch das Achsenende gesteckt)

Lü(ü)ntje (ostfr.) s. *Lünk*

lü(ü)stern, lu(u)stern, swv., 1. lauschen, horchen, gehorchen; aufpassen; sehen, beobachten, spähen; 2. (ostfr.) flüstern; vgl. *lustern, luern*

lütt, adj., adv. (flekt. *lüttje[t]*; Steigerungsform *lüürlütt,* s. d.), klein (auch als Koseform *l. Mudder*); *lütte Lüüd* einfache Leute, Angehörige der sozialen Unterschicht, „Volk"; subst. *Lütt,* m. u. n., Kleiner, Kleines, Kind, *von L. up an* von Kindesbeinen an; *en Lütten* ein Glas Schnaps, *L. un L.* (*lütte Lage*) ein Schnaps u. ein Bier; *Lütten* in vielfacher Verwendung, z. B. *'n L. an de Luuk hebben* nicht ganz richtig im Kopf sein; *'n L. updrükken* einen Kuß geben; *l.* häufig als Präfix u. Ggs. zu *groot*; adverbial *bi lütten* bei kleinem, allmählich

Lüttdeern, f., Magd (für Hausarbeiten u. Kleinvieh)

Lüttfischer (hbg.), m., Flußfischer, bes. Elbfischer

Lüttgeld, n., Kleingeld, Münzgeld

lüttjet (ostfr.), flekt. n. von *lütt,* s. d.

Lüüd, Lü, Lö, pl., Leute, Menschen; *de jungen L.* Jugendliche, bes. Unverheiratete o. Jungvermählte; *de lütten L.* einfache Leute, Angehörige der sozialen Unterschicht; *wat ünner de Lüüd bringen* in Umlauf kommen, Gerüchte in die Welt setzen

Lüünk s. *Lünk*

lüürlütt s. *lüerlütt*

luern, luren, swv., lauern, warten; lauschen (mit Ohren u. Augen), *daar l. up* darauf kannst du lange warten (als Abweisung)

Luft, Lucht, f., Luft, Atem; jem. *an de L. setten* jem. hinauswerfen; *nu holl de L. an* sei still (deutliche Zurechtweisung)

Lujedoor, m., Louisdor, Goldmünze

luken, swv. (ostfr. auch stv. *luken, look, loken*), ziehen, zupfen, an den Haaren ziehen; (ostfr.) ziehen, ziehend in Bewegung setzen, anrucken; saugen, ziehen, melken; lupfen, leicht anheben

lummerig, adj., trübe, unklar; (Luft) schwül, drückend; (Gewebe) unfest, lose, locker

Lump, m., Lump, unzuverlässiger Kerl

Lumpen, m. u. f., pl., Lumpen, Lappen, wertloses Zeug, Plunder; Putzlappen, Feudel

lumpen, swv., refl. (nur in der Form) *sik (nich) l. laten* gegenüber anderen (nicht) als Lump dastehen, großzügig sein

lumpig, adj., lumpig, abgetragen; gering, wertlos

lum(p)sch, adj., adv., gewaltig, kräftig, sehr, mächtig, groß

lundern (ostfr., oldbg.), swv., lodern, brennen, in Flammen aufgehen

Lung, f., pl. *Lungen,* Lunge

Lungensüük, f., Schwindsucht, Tuberkulose

lungern, swv., betteln, lauernd (auf einen Vorteil) warten; müßig gehen, faulenzen

Lungwurst, f., Kochwurst, Mettwurst

Lunk, f., pl. *Lunken,* Senke, Vertiefung, Niederung; Vertiefung, Einbuchtung, eingesunkene Stelle; Delle, Beule

lunkerhand s. *lucht* u. *linkerhand*

lunkohren s. *luukohren*

lunks (oldbg.) s. *links*

Lupp, Lopp(en), m., pl. *Lüpp,* Büschel, Bündel, eine Handvoll; bes. Büschel Haare, Locke (schleswg.-holst.)

Luren, f., pl., Windeln, Flanelltücher

luren, luern, swv., lauern, warten

lurig, adj., lauernd, abwartend, unsicher, mißtrauisch; schwül; lau, mild; behaglich, angenehm

Lurk, f., pl. *Lurken*, Lerche, bes. Feldlerche

Lurr, m., pl. *Lurren*, Schenkel, Bein, Fuß

lusen, swv., lausen, Läuse absammeln; übertr. kraulen, streicheln

lusig, adj., verlaust, dreckig, schmutzig; gering, minderwertig, schlecht

Lust, f., pl. *Lusten, Lüsten*, Lust, Vergnügen, Freude; Gelüste, Verlangen, *mit L. na* Verlangen verspüren

lustern, luustern, lü(ü)stern, swv., lauschen, horchen, zuhören

Lusthuus, n., Gartenhäuschen, Laube

luter, luder, lutter, adj., adv., lauter, rein; adv., nur

Luuk, f., pl. *Luken*, Luke, Öffnung, Klappe (vor Fenster, Boden- o. Kellereingang), *de L. dichtmaken* die Laden schließen; übertr. bankrott machen; *een an* o. *up de L. hebben* nicht ganz bei Sinnen sein

luuk (schleswg.-holst.), adj., munter, lustig

luukohren, lunk-, swv., lauschen, horchen, aufmerksam u. genau auf etw. hören

Luun, f., pl. *Lunen*, Laune, Stimmung, Gemütsverfassung

luunsch, adj., launisch, launenhaft, trotzig

[1]**Luur,** f., Lauer, Erwartung, *in de L. hebben* etw. erwarten

[2]**Luur** s. *Luren*

Luus, f., pl. *Lüüs*, Laus; *ut L. un Schorf sien* aus dem Schlimmsten heraus sein; *L. in 'n Pelz setten* Unannehmlichkeiten machen; *em is en L. över de Lebber lopen* er ist verstimmt, verärgert

Luusangel, m., Lausebengel, Lausbube

Luusfork, f., Kamm (scherzh.)

Luushark s. *Luusfork*

Luussalv, f., Läusesalbe

Luut, Luud, m., Laut, Geräusch, Stimme; *L. geven* sich hören lassen, sich melden

luut, luud, adj. (flekt. *luder*), laut, geräuschvoll

luutbaar, adj., bekannt, kundgetan

luuthals, adj., lauthals, aus vollem Hals, mit lauter Stimme

Luuv, Luuf (Seemannsspr.), f., die dem Wind zugekehrte Seite

Luuvkant, f., Windseite, s. *Luuv*

luven, luwen, swv., in den Wind drehen

M

[1]**Maad,** f., Modder, Morast, Schlamm, Schlick

[2]**Maad,** f., pl. *Maden*, Made, Insektenlarve

Maag, f. u. m., Magen, Bauch

Maagwe(i)hdaag, pl., Magenschmerzen, Bauchweh

Maak, f., Mache, Arbeit, Gewalt; *in de M. hebben* sich gerade beschäftigen mit einer Sache; übertr. in der Gewalt haben, Herr sein über jem. o. etw.; *in de M. nehmen* sich einer Sache annehmen; übertr. jem. in die Mangel nehmen, verprügeln

Maal, Mal, n., Mal, Zeichen, Ziel; Grenzzeichen; Punkt, Zeitpunkt

maal, mal, adv., einmal (unbetont), einst

maalins(t), -eens, adv., einstmals, einst, früher einmal

[1]**Maan(d),** m., Mond; *düster M.* Neumond

[2]**Maand, Maant,** m., pl. *Maanden*, Monat (häufig dem Monatsnamen nachgestellt, z. B. *Julimaand*)

Maandag, m., Montag

Maankalf, -katt, -küken, n., Marienkäfer

Maankatt s. *Maankalf*

Maanküken s. *Maankalf*

Maanschien, m., Mondschein (häufig in Rdaa.)

Maard, Moord, Marder, m., Marder

Maars s. *Moors*

[1]**Maat,** f. u. n., pl. *Maten*, Maß, Teilstück; Mengen- o. Längenmaß; *buten (över) de Maten* übermäßig, außerordentlich; *mit Maten* abgemessen, maßvoll; (häufig in Rdaa. u. Sprw.)

[2]**Maat,** m., pl. *Maten, Maatsen*, Gefährte, Genosse, Kamerad, Freund, Mitglied einer Gruppe; (Seemannsspr.) Matrose, Besatzungsangehöriger mit bes. Aufgaben (z. B. *Kocksmaat, Decksmaat* u. a.)

Maatschap(pie), f., Genossenschaft, Gesellschaft, Handelsgemeinschaft

Machandel, Machangel, m., Wacholder

Macht, f., Macht; Stärke, Kraft

[1]**Mack,** m., Ruhe, Bequemlichkeit

[2]**Mack,** f., pl. *Macken*, Tick, kleiner Geistesfehler; Makel, Defekt, Schaden

mack, adj., bequem zu handhaben, (bes. Zugtiere) leicht lenkbar; harmlos, zutraulich, zahm

mackelig, macklich, makelk, adj., behaglich, bequem; angenehm, leicht, mühelos; *m. gahn* schlendern, bummeln, langsam gehen

Macker, m., pl. *Mackers*, Freund, Kollege, Kamerad, Kumpel; Mitarbeiter, Helfer; Anführer, Anstifter

macklig, adj., gemächlich, gemütlich

maddelig, adj., 1. matt, schwach, kraftlos, erschöpft; 2. schmutzig, trübe

maddeln, matteln s. *muddeln*

Maddik, m., Regenwurm, Made

mäkeln, swv., mäkeln, nörgeln; kritisieren

Mäkelnborg, Name, Land u. Landschaft Mecklenburg; *Mäkel(n)borger*; übertr. Mäkler, Nörgler

Mäken, n., pl. *Mäkens*, Mädchen; vgl. *Deern* u. *Wicht*

männich, mennich, unbest. pron. u. num., manch, viel, unbest. Größe, Menge

männicheen, pron., manch einer, mancher

männichmaal, adv., manchmal, zuweilen; oft, häufig

Märken, n., Märchen, Erzählung

Mäten s. *Mäken*

mäud s. *mööd*

mag s. *mögen*

Magen s. *Maag*

Magenwehdaag, f., Magenschmerzen, Magenbeschwerden

Mager, n., (in der Rda.) *dat geiht (kümmt) mi an 't M.* es geht mir nahe, es trifft mich sehr, berührt mich tief

mager, adj., mager, dünn (häufig vergleichend mit folgendem *as*); kraftlos, ohne Gehalt

Mahl, n., Mahl, Festessen

mahlen, swv., mahlen, zerreiben, zerkleinern; *ohne Water m.* ohne Kapital wirtschaften

Mahltiet, f., Mahlzeit, Zeit zum Essen, das Essen; *dat geiht för een M.* Umschreibung für ein bescheidenes Essen

Mahr, Mohr, m., Alp, Nachgespenst; vgl.

Mahrgräsen, n., Alpdrücken, Alptraum; Nachtmahr

Maiaap, m., Dummkopf, Maiaffe (Schimpfwort)

Maiboom, m., Maibaum, Birke, mit Birkengrün u. Kranz geschmückter Baumstamm; (als Brauchtum) *M. setten, upstellen*

Maidag, m., Maitag, Frühlingstag; bes. 1. Mai

Maisebber, -säber, m., Maikäfer

maken, swv. (prät. auch st. *möken*), machen (in vielfältiger Verwendung wie im Hochdt. z. B.) herstellen, schaffen, zubereiten, anfertigen; unternehmen u. a.; refl. *sik lang m.* sich hinlegen, schlafen gehen

mal s. *maal*

malen, swv., malen, zeichnen, anstreichen

Maler, m., 1. Maler, Anstreicher; 2. Kunstmaler

Malesch(e), Molesche, Maleß, f., Umstand; Ungelegenheit, Beschwerde, Schwierigkeit

mall, adj., albern, wunderlich, verrückt

Mallaap s. *Maiaap*

Mallbüdel, m., Dummkopf, Verrückter

mallen, swv., herumalbern, toben, sich albern benehmen

mallerig, adj., albern

Mallmöhl (ostfr., oldbg.), f., Karussell

Malöör, Malüür, n., Malheur, Unglück, Schaden; *to M. kamen* zu Schaden kommen

malören, malüren, swv., auf Unglück hinauslaufen, verunglücken; Pech haben

man, adv., 1. nur (häufig nur Füllwort); 2. aber, jedoch; *m. to* als Aufforderung: los!, schnell!

mang s. *mank*

Mangelholt, n., Mangelholz o. Mangelbrett zum Glätten von Wäsche

mank, manken (ostfr.), adv. u. präp., zwischen, unter; dazwischen; darunter, zwischen; verstärkt *middenmank*

mankdörch, präp., zwischendurch, hindurch

mankeren, swv., fehlen, Mangel leiden

mankkaakt, adj., nur in der Vbdg. *m. Eten* Zusammengekochtes, Eintopf; vgl. *Mankmoos*

Mankkoorn, n., Mischgetreide, Mischfutter

Mankmoos, n., Zusammengekochtes, Eintopfessen

manleef, maleef (hbg.), interjek., mein Lebtag!

Mann, m., pl. *Manns, Mannslüüd,* Mann, Mensch; Ehemann; *Mann in de Tünn* Ausruf des Erstaunens

mannig s. *männich*

mannigmaal s. *männichmaal*

Mannslüüd pl. zu *Mann* (s. d.)

Mannsminsch, m., Mann (verächtl.)

Mannsvolk, n., Männervolk, Männerpack (verächtl.)

manschen, swv., mischen, vermengen, panschen

marachen, swv., schwer arbeiten, sich abmühen

Mardel s. *Marmel*

Mardelbloom, Marlbloom (schleswg.-holst., mecklbg.), f., Gänseblümchen, Tausendschönchen

Marienbettstroh, n., Pflanzenname, bes. Thymian o. Labkraut

[1]**Mark,** f., Mark (als Münze)

[2]**Mark,** n., Knochenmark

marken, swv., merken, bemerken; verspüren, fühlen; einprägen; refl. sich etwas merken, einprägen

Markknaken, m., Markknochen, Röhrenknochen mit Mark

Markt, m. u. n., Markt (als Platz u. Handelsort), Jahrmarkt

Marlbloom s. *Mardelbloom*

Marlkuhl (mecklbg.), f., Mergelkuhle

Marlspieker, m., spitzer Eisenpfriem für Seilerarbeiten

Marmel, Mardel, m. u. f., Murmel, Spielkugel aus Ton o. Glas

marood, adj., müde, abgearbeitet, schlapp

Mars (Seemannsspr.), m., Mastkorb

Marsch s. *[1]Masch*

Mart s. *Maard*

Martensdag, m., Martinstag, 11. November (wichtiger Termin im Bauernkalender)

[1]**Masch,** f., pl. *Maschen*, Marsch, Marschland, Kleiboden; *de flegen M.* Sandboden, Geestland

[2]**Masch,** f., pl. *Maschen*, Masche; übertr. Mode

Maschendraht, m., Maschendraht

Maschentuun, m., Zaun aus Maschendraht

Maschien, f., Maschine

Maschüüt, Moschüüt (schleswg.-holst.), m., pl. *Maschüten*, Zwieback

Masseln, pl., Masernkrankheit

[1]**Mast,** m. u. f., Mast, lange Stange; bes. Schiffsmast

[2]**Mast,** f., Mast, Mästung; *up de M. hebben* mästen; übertr. Dauergast, jem. der durchgefüttert wird

masten, mästen, massen, swv., mästen, fett machen

mastig, adj., gemästet, korpulent, fett; stark, mächtig, stolz, behäbig

Matroos, Madroos, m., Matrose, ausgebildeter Seemann

Matsch, m., aufgeweichte breiige Masse, Schmutz, Dreck, aufgeweichte Erde

Matt, f., pl. *Matten*, Matte, Unterlage, Läufer

mattern, swv., ungeduldig klagen, wehklagen, verärgert reden

Mau, f., pl. *Mauen(s)*, *Mauwen*, Ärmel, Hemdsärmel; *wat in de M. hebben* stark, kräftig sein; *up de M. binnen* jem. etwas aufbinden, jem. anführen; täuschen

mau, adj., dürftig, kläglich, mittelmäßig; unwohl, schlecht, übel

meckern, swv., meckern (bes. von Ziegen); übertr. mäkeln, sich unzufrieden äußern, kritisieren

Meddag, Middag, m. u. n., Mittag (als Zeitbegriff), Mittagessen; *M. maken* Mittagspause einlegen, *dat langt von twölf bet M.* ist von kurzer Dauer, ist sehr wenig

Medder, Meller(sch) (schleswg.-holst.), f., Tante, Schwester der Mutter

Meddik s. *Maddik*

meden, swv., mieten, jem. gegen Lohn zeitweise einstellen; vgl. *hüren*

Meed, Mede (schleswg.-holst. u. ostfr.), f., Grasland, Wiese (bes. für Heuernte)

Meedland s. *Meed*

Meeneed, Meineed, m., Meineid, falscher Eid

Meent, Meend, f., gemeinschaftlicher Besitz, Gemeindeland; Gemeindewesen, Gemeinde

meenwarken, swv., gemeinnützige Arbeit verrichten, bes. Arbeit für das Gemeinwesen (als indirekte Steuer)

Meer, n., Meer, großes stehendes Gewässer; Binnensee (bes. ostfr. u. oldbg.)

meer s. *mehr*

Meesch, f., pl. *Meschen*, Meise, bes. Kohlmeise

Meester s. *Meister*

Meev, Mööv, f., pl. *Meven, Möven*, Möwe

Mehl, Mähl, n., Mehl

Mehlbüdel, Mehlpüüt, m., Mehlbeutel, „großer Hans“ (als beliebtes Festessen aus Mehl, Fett, Rosinen u. a.)

Mehlklüüt, m., pl. *-klüten*, Mehlkloß; Mehlsuppe mit Klößen

Mehlpüüt s. *Mehlbüdel*

mehr, mihr, adj. u. adv., mehr (Komp. zu *veel*, s. d.); (häufig vergleichend) größer, stärker; (verneint) nicht mehr, nicht länger

mehrst, adj. u. adv. (flekt. *mehrste, mehrsten*), der meiste, am meisten (Superl. zu *veel*) (auch in Vbdg. mit präp. *an* u. *för* als subst.); meistens; beinahe

mehrstendeels, adv., meistens, am häufigsten

mehrstiets, adv., meistens, hauptsächlich

Meierie, f., Meierei, Molkerei

meihen, maihen, swv., mähen, Getreide o. Gras schneiden

[1]**meist,** adj. (flekt. *meiste, meisten*), meist (Superl. zu *veel*); vgl. *mehrst*

[2]**meist,** adv., fast, beinahe; oft, viel

meistendeels, adv., meistens, häufig

Meister, Me(e)ster, m., Meister, bes. Handwerksmeister (auch mit Zusatz der Berufsbezeichnung wie *Bäckerm.*, *Schoolm.* u. a.); vgl. *Mester*

meisttiet(s), adv., meistens, in der Regel, hauptsächlich

Meken s. *Mäken*

melanklöterig, -klüter(i)g, adj., melancholisch, mißmutig; unwohl

melden s. *mellen*

Melk, Mölk, f., Milch (häufig durch Zusätze differenziert nach *Biestm., Botterm.* u. a.), *söte M.* Vollmilch, *afrahmte M.* Magermilch; *wat in de M. to krömen hebben* wohlhabend sein

Melkammer, m., Milch- o. Melkeimer

Melkbuddel, f., Milchflasche, Babyflasche

Melkbumm (oldbg.) s. *Melkkumm*

Melkdeern, -diern, f., Milchmädchen, Viehmagd

melken, swv. (selten stv., prät. *molk*; part. *molken*), melken; übertr. aussaugen, ausplündern, bes. Geld abnehmen

Melkkann, f., Milchkanne

Melkkoh, f., Milchkuh

Melkkumm (Küstenmdaa., nds.), m., Milchtopf

Melkschemel, m., Melkschemel, dreibeiniger Hocker

Melktähn, m., Milchzahn

mellen, melden, swv., melden, bestellen, mitteilen, kundtun; (Schule, Kindersprache) petzen; refl. sich melden, ankündigen, ansagen; *nix to m. hebben* nichts zu sagen haben

Meller(sch) s. *Medder*

men s. *man*

Menen, Meen, f., Meinung, Ansicht, Standpunkt

menen, swv. (flekt. *ik meen, wi meent, menen*), meinen, der Ansicht sein, annehmen, glauben, vermuten

Mengele(e), -ie, f., Menge, Gemisch, Durcheinander

mengeleren, mengelieren, swv., vermischen, vermengen, mischen

mengeln, swv., mengen, mischen; refl. sich einmischen

Mengels, n., Gemenge, Gemischtes

mennich u. Kompos. s. *männich* u. Kompos.

Merr, Merrn, f., Mitte (mit präp. *in* u. *to*), *to Merrn* in der Mitte, mittendrin

merrn, mirrn, adv., mitten, in der Mitte, mittendrin

merrnmank, adv., mittendrin (verstärkend), mitten dazwischen

¹Meß, Mest, Metz, n., Messer (je nach Verwendungszweck durch Zusatz erläutert, z. B. *Keesm., Slachterm.* u. a.); *mit 'n stump M. balbeern* jem. für dumm verkaufen

²Meß, Miß, m. u. n., Mist, tierischer Dünger; Dreck, Schmutz; Misthaufen

Meßbüllt (ostfr.), m., Misthaufen, Mistkuhle

messen, missen, swv., Mist streuen; ausmisten, Mist beseitigen

Meßfaalt, -foolt, m. u. n., Misthaufen, Mistkuhle, Dungstätte (auf dem Hofplatz)

Meßfork, f., Mistgabel, Mistforke

Meßhupen, m., Misthaufen, Dunghaufen

messig, adj., mistig, dreckig

Meßkaar, f., Mistkarre

Meßkuhl, f., Mistkuhle, Dungkuhle, Dunggrube

Meßwagen, m., Mistwagen, Wagen zum Mistfahren; übertr. Jauchewagen

Mest s. *¹Meß*

Mester (ostfr.), m., Lehrer, Schulmeister; vgl. *Meister*

meten, stv. (*ik meet, du mittst, he mitt, meet*; *wi meet, meten*; *ik meet, wi meten*; *meten*), messen, abmessen, Maß nehmen; *den Puckel m.* verprügeln

¹Mett, m. u. f., pl. *Metten*, Regenwurm; vgl. *Maddik*

²Mett, n., Mettfleisch, schieres Fleisch, Hackfleisch

Mettwu(r)st, f., Mettwurst

Metz s. *¹Meß*

meu- s. *mö-*

mi, pers. pron. (dat. u. akk. von *ik*), mir, mich

Micheeli, 29. September, Michaelistag (wichtiger Termin im Bauernkalender)

Micheelimarkt, m., Jahrmarkt um den Michaelistag, Herbstmarkt

mickerig, adj., kümmerlich, klein; kränklich

Midd s. *Mitt*

Middag s. *Meddag*

¹Middel, n., Mitte; vgl. *Merr, Mitt*

²Middel, n., Mittel, Hilfsmittel; bes. Arzneimittel

Middelsmann, m., Vermittler, Schlichter

midden, adv., mitten, in der Mitte; vgl. *merrn*

middenmank, -mang s. *merrnmank*

Middernacht, f., Mitternacht; übertr. Norden (als Himmelsrichtung)

Middewek(en), Middweken, m., Mittwoch

middewiel, adv., mittlerweile, unterdessen, inzwischen

Miegamke (ostfr.), **Miegeemk,** f., Ameise

Miegeent (Finkenw.), f., Ameise

Miegelreem, Miegreem, f., Ameise

miegen, stv. (*ik mieg, du miggst, miegst, he miggt, miegt, wi miegt, miegen*; *ik meeg, wi megen*; *megen*), urinieren, pissen, Wasser lassen; übertr. regnen

Mieghamel, m., Ameise

Miel, f., Meile (als Längenmaß)

mielenwiet, adv., meilenweit, weit weg

miemeln, swv., grübeln, nachdenken, trübsinnig denken

mien, poss. pron., mein; subst. das Meinige

miendaag, -dag, adv., zeitlebens, mein Lebtag, (meist verneint) *m. nich* niemals, nie

mienleev s. *miendaag*

mien(t)wegen, adv., meinetwegen, von mir aus

Mier, f., Ameise; s. auch Kompos. unter *Mieg*

Miereem, f., Ameise

mies, adj., schlecht, schlimm; kümmerlich, elend; schäbig, faul

mieseln, swv., fein regnen

miesten, swv., fein regnen (vom Nebelregen)

[1]**Miet,** f., Miete, Wohngeld

[2]**Miet,** f., pl. *Mieten,* Miete, Vorratshaufen, bes. für Heu u. für Hackfrüchte

Mietshuus, n., Mietshaus, Wohnhaus

mihr s. *mehr*

mik (südöstl. nds.), **mek,** pers. pron. (dat. u. akk. von *ik*), mir, mich

mildgevern, -gävern, adj., mildtätig, barmherzig

Milt, f., Milz

minn, adj., wenig, gering, klein; abfällig, abschätzig; unerheblich, ungenügend; kränklich, schmal, schmächtig

minnach(t)en, minnachtig, adj., geringschätzig, verächtlich; gering, klein

minneseren, swv., vermindern, verringern

Minsch, m. u. n., Mensch, *dat M.* (häufig in verachtender o. bedauernder Absicht) Menschenkind, menschliches Wesen, bes. Frau; (häufig in Rdaa. u. Sprw.)

Minschheit, f., Menschheit, große Volksmenge

minschlich, adj., menschlich

Minuut, f., Minute; übertr. kurzer Zeitabschnitt

Mirr s. *Merr*

Mischen, n., Messing

Miß u. Kompos. s. [2]*Meß* u. Kompos.

miss, miß, adj., fehl, vorbei; mißlich, schlecht

mißdoon (ostfr.), swv., Unrecht tun, sündigen

Missen (schleswg.-holst.) s. [2]*Meß*

missen, swv., trans. vermissen, entbehren; missen, abgeben; *he kann nix m.* er ist geizig; intrans. fehlschlagen, mißglücken, mißlingen, irren

Missing, n., Messing; vgl. *Mischen*

missingsch, adj., aus Messing; *missingsch snacken* Sprechweise bei der sich hochdt. u. nd. Sprachelemente mischen

misslik, adj., mißlich, bedenklich, unangenehm; ungewiß, zweifelhaft; elend, schlecht

Mist u. Kompos. s. [2]*Meß* u. Kompos.

mistig, adj., 1. neblig, trüb; 2. mistig, dreckig

mit, präp., adv., mit (häufiges Präfix bei Verben u. Substantiven); *dat is mi mit* das paßt, gefällt mir, ist mir recht (auch verneint)

mitbeleben, -beleven, swv., miterleben

mitbringen, stv. (s. *bringen*), mitbringen (bes. Geschenke)

mitdelen, swv., mitteilen, kundtun

mitdem, adv., inzwischen, unterdessen; damit; gleichzeitig, jetzt

mitdeß s. *mitdem*

mitdoon, unregelm. v. (s. *doon*), mitmachen, teilnehmen an etw.; mitgeben

mitee(n)s, adv., plötzlich; auf einmal, zugleich

mitfahren, stv. (s. *fahren*), mitfahren

mitgahn, stv. (s. *gahn*), mitgehen, begleiten, Partner sein (beim Kartenspiel)

mitgeben, -geven, stv. (s. *geben*), mitgeben, s. a. *mitdoon*

mithelpen, stv. (s. *helpen*), mithelfen, mitwirken, behilflich sein

mitholl(e)n, stv. (s. *holden*), mithalten, mitmachen; gegenhalten (bes. beim Kartenspiel)

mitkamen, stv. (s. *kamen*), mitkommen, begleiten

mitkriegen, stv. (s. *kriegen*), mitbekommen; übertr. begreifen, verstehen

Mitleed, n., Mitleid

mitlopen, stv. (s. *lopen*), mitlaufen, nebenherlaufen

mitmaal, mit 'n Maal, adv., plötzlich, auf einmal

mitmaken, swv., mitmachen, mitwirken; erleben, sich beteiligen; durchstehen, ertragen

mitnehmen, stv. (s. *nehmen*), jem. mitnehmen, für jem. Begleiter sein; etw. mitnehmen; stehlen; von etw. mitgenommen, ergriffen

mitsam(t)s, adv., gemeinsam, mit allen o. allem, samt u. sonders

mits(ch)nacken, swv., mitreden, an Gespräch o. Diskussion teilnehmen; jem. überreden (zu einer gemeinsamen Sache)

Mits(ch)nacker, m., Verführer, bes. jem. der Kinder zu sexuellen Handlungen verlocken will

Mitt, f., Mitte; vgl. *Merr*

mittellen, swv., mitzählen, hinzurechnen; *dat tellt nich m.* gilt nicht, ist ungültig

mitto, adv., ab u. an, bisweilen

mitünner, adv., mitunter, zuweilen, gelegentlich, manchmal

Modder, Mudder, Mudd, m. u. f., Modder, Schlamm, Dreck, Matsch

modderig, adj., morastig, dreckig

moden, mauden, swv., meist refl. *sik wat m. sien* (*wesen*) vermuten, mutmaßen; erwarten, denken, annehmen, ahnen

Moder, Mudder, f., Mutter

Modermelk, f., Muttermilch

Moderspraak, f., Muttersprache, Mundart

modig, adj., mutig, kühn

mö s. *mööd*

mögen, unregelm. v. (*ik mag, du magst, he mag, wi möögt, mögen*; *ik müch, much*; *müch*t, *mocht*), mögen, dürfen, können; wollen; wünschen, verlangen; *mag ween* (*sien*) vielleicht, möglicherweise, *dat magst woll seggen* da hast du recht

möglich, mööglik, adj., möglich, *wo is 't m.* wie kann das angehen

Möh, Möög, f., Mühe, Anstrengung

möhen, swv., refl. sich abmühen, plagen

Möhl, Mööl, f., pl. *Möhlen*, Mühle (häufig durch Zusätze näher erläutert, z. B. *Wind-*, *Water-*, *Peper-*, *Schrootm.*)

Möhm, Mööm, f., Tante; Großmutter; alte Frau, Hexe

möken s. *maken*

mölen, swv., Unordnung schaffen, kramen

mölig, adv., adj., unordentlich, unaufgeräumt

Möller, m., Müller (häufig in Sprw. u. Rdaa.)

Mönk, m., Mönch

mööd, adj., müde, erschöpft

Möög, Möge, f., Geschmack, Belieben; Lust, Neigung, Verlangen; Können, Vermögen; *elk sien M.* jeder nach seinem Geschmack, nach seinem Können

Möög(d), Meuch s. *Möh*

Mööl, f., Unordnung, Durcheinander; Gerümpel

möör, mür, adj., weich, mürbe; bröckelig, morsch; *m. maken, kriegen* zahm machen, demütigen

[1]**Möösch** s. *Medder*

[2]**Möösch** (schleswg.-holst., mecklbg.), m. u. n., Waldmeister

Mööt, Meut, f., Begegnung, Treffen; (nur in der Wendung) *in de M. kamen* (o. mit Verben der Bewegung) begegnen, *in de M. arbeiden* zuarbeiten, Hand in Hand arbeiten

Mööv s. *Meev*

Mörrn (ostfr.) s. *Morgen*

[1]**möten, meuten,** swv. (part. auch st. *mött*), begegnen, sich treffen; entgegentreten, aufhalten, zurückhalten, hindern; aufpassen, beaufsichtigen; jem. bedienen, jem. umwerben

²möten, unregelm. v. (*ik mutt, mööt, du muttst, möötst, he mutt, mööt, wi mütt, mööt, möten*; *ik muß, müß, wi müssen*; *mußt, müßt*), müssen, (verneint) dürfen, sollen

mötten s. *¹möten*

mogeln, swv., betrügen, etwas in betrügerischer Absicht tun

moi, moje, adj., lieblich, angenehm (bes. vom Wetter); bequem, behaglich; freundlich, angenehm, hübsch, nett, schmuck; gut

Moin, Grußformel zu jeder Tages- u. Nachtzeit (so z. B. ostfr., oldbg., weiter östl. *Morg'n, Morrn*, s. *Morgen*)

moken s. *maken*

Molesche, Moleste s. *Malesch*(*e*)

Moll, Molg, Mull, f., Mulde, flacher Holztrog, flacher Korb

Molt, n., Malz

Momang, Momank, m., Moment, Augenblick

Monarch, m., pl. *Monarchen* (vorw. schleswg.-holst., mecklbg.), Saisonarbeiter, Gelegenheitsarbeiter; Landstreicher

¹Mood, Mode, f., Mode; Sitte, Brauch; Gewohnheit, Angewohnheit

²Mood s. *Moot*

Moor, n., Moor, Sumpf, Modder, Morast; (häufig in Flur- u. Ortsnamen)

Moord, Mord, m., Mord

Moorkuhl, f., Wasserloch im Moor, Wassergrube (bes. infolge von Torfabbau)

Moors, Maars, Mors, m., Hinterteil, Hintern (häufig in Rdaa. u. dort weniger derb als im Hochdt.); *he kann mi an 'n M. kleihn* er ist mir gleichgültig

Moorslock, n., Arschloch (grobes Schimpfwort)

Moortüüt (schleswg.-holst.), m., Regenpfeifer

¹Moos, n., Mus, Brei (meist näher bestimmt wie *Appel-, Kantüffelm.*)

²Moos, n., Moos; übertr. *M. hebben* Geld besitzen

Moot, Maut, Mood, m., 1. Mut, Zutrauen, Zuversicht; Lust, Neigung; Gemüt, Sinn; 2. s. *Maat*

Mootwillen, m., nur in der Vbdg. *mit M.* absichtlich, vorsätzlich

Moppen (oldbg., emsld.), pl., Plätzchen, Kleingebäck

Moratz, m., Morast, Schlamm

Mord s. *Maard* o. *Moord*

¹Morgen, Morrn, m., Morgen, Tagesanbruch; Vormittag; *Morrn* (auch verdoppelt) allgemeine Grußformel (vgl. *Moin*), guten Tag, guten Morgen

²Morgen, m., Ackermaß, Landmaß wechselnder Größe

morgen, adv., morgen

Moritz in der Vbdg. *Moritzen leren* (lat. mores) Benehmen, Ordnung beibringen

Morrn s. *¹Morgen* u. *Moin*

Mors s. *Moors*

Moschüük s. *Moschüüt*

Moschüüt, Maschüüt, Moschüük, m., pl. *Moschüten, Moschüken*, Zwieback

Mostert s. *Mustert*

Mot s. *Maat*

muchen s. *mögen*

much(e)lig, adj., faul, verdorben, muffig, schimmelig

¹Muck, m., Trinkbecher, Kaffeetasse; gelegentlich auch für das Getränk, z. B. Muckefuck, Punsch

²Muck, m., schwacher Laut, Lebenszeichen

³Muck, meist pl. *Mucken*, Laune, Grillen; *dat hett so sien M.* Eigenheiten, Schwierigkeiten

Muckefuck, m., Korn-, Malzkaffee, dünner Kaffee

Mucker, m. u. n., Kaninchen, Hauskaninchen

mu(c)ksch, adj., mürrisch, störrisch, widerspenstig, launisch

muck(s)en, swv., widersprechen, aufbegehren; (mit Negation) sich nicht rühren, keinen Laut von sich geben, still sein

Mudd, m. u. f., Moder, Schlamm, Schlick

muddelig, adj., schlammig, schmutzig, trübe; übertr. undurchsichtig, unklar

Muddelkraam, m., 1. Unrat; 2. Unordnung

muddeln, maddeln, swv., den Schlamm aufwühlen; übertr. wühlen, unordentlich o. ziellos arbeiten; sich abmühen, quälen

[1]**Mudder** s. *Mudd* u. *Modder*

[2]**Mudder** s. *Moder*

muddig, adj., s. *muddelig*

Muddlock, n., Sumpfloch, Schlammkuhle, große Pfütze

Muer u. Kompos. s. *Muur* u. Kompos.

muern s. *muren*

Mück, Mügg, f., Mücke

Müll, m. u. n., Müll, Abfall

Müllschüffel, f., Müllschaufel, Kehrblech

münnig, adj., mündig, volljährig

Mütz, f., Mütze, Kopfbedeckung (häufig in Rdaa. z. B.) *dat is mi nich na de M.* das paßt mir nicht, ist nicht in meinem Sinn

Mützenweder, n., Sonnenwetter, schönes Wetter

Müüch s. *Mück*

Müür (ostfr.) s. *Muur*

müürken s. *muren*

Müürker (bes. ostfr.) s. *Murer, Muurmann*

Muff, f., Wärmerolle (aus Pelz o. a.) für die Hände

muffelig, adj., verdrießlich, mürrisch

muffeln, swv., 1. lange kauen ohne zu schlucken; 2. undeutlich sprechen, murren

muffig, adj., 1. schimmelig, stockig, modrig; übelriechend, dumpf; 2. mürrisch, verdrießlich, übel gelaunt

Mugg s. *Mück*

mulen, swv., maulen, schmollen, nörgeln

mulenkoolsch, muulhangkolsch (schleswg.-holst., mecklbg.), adj., melancholisch

Mull, m. u. n., 1. Mull, lockere Torferde, Spreu; 2. Staub, Müll, Kehricht; 3. Maulwurf (ostfr.); 4. Mullbinde

mull(er)ig, adj., staubig, trocken; locker, krümelig

mullsch, adj., verfault, morsch; muffig, schimmelig; weich, matschig

mullst(e)rig, adj., 1. trübe, feucht, dumpfig, faulig; 2. muffig, maulend, verdrießlich

Mullwarp, -worp, m., pl. *Mullwarpen*, Maulwurf

Mullwupp s. *Mullwarp*

mulmig, adj., staubig; übertr. dunkel, undurchsichtig; schlecht

mulsterig s. *mullst(e)rig*

Mummel, f., Seerose

Mund, m., Mund (häufig in Rdaa.)

Munderung, Mandierung, f., Montur, Ausstattung

mundfuul, adj., maulfaul, schweigsam

Mundje (ostfr.), n., Mündchen; übertr. Kuß

Mundörgel (ostfr.), f., Mundorgel, Mundharmonika

munkelig, adj., unbestimmt, unsicher, unbeständig; (vom Wetter) düster, trübe

munkeln, swv., heimlich reden, in Andeutungen sprechen, flüstern

Munster, n., pl. *Munstern*, Muster, Probestück

Munsterbook, n., Musterbuch, Modeheft

munstern, münstern, swv., 1. mustern, prüfen; 2. (Seefahrt) an Bord gehen, anheuern, sich verdingen

muren, muern, müren, swv., mauern

Murer, Müürker, m., Maurer; vgl. *Muurmann*

murken (ostfr.) s. *marken*

Murks, m., Pfuscherei, Unordnung, schlechte Arbeit

[1]**murksen,** swv., unordentlich arbeiten, planlos etw. tun, pfuschen

[2]**murksen,** swv., töten, schlachten, umbringen; meist als Kompos. *afmurksen*

Murr, f., Kraft, Stärke, Macht

murrsch, adj., mürrisch, verdrießlich

Muschaat, m. u. n., Muskat

Muschatennööt, f., pl., Muskatnüsse (als Gewürz)

Musche, m., Herr (nur in Vbdg. mit Namen geringschätzig o. abwertend z. B.) *Muscheblix*, s. d.

Muscheblix, m., junger, vorlauter o. gewitzter Mann; übertr. (kleiner) Teufel

Muschel, Mussel, f., Muschel

Muschelgruus, n., zerriebene Muschelschalen (am Strand)

Muschelie, f., Mauschelei, Betrug, Heimlichkeit

muscheln, swv., mauscheln, tuscheln, flüstern

Muschepunt, m., Kosewort für kleine Kinder; übertr. auch Teufel

musen, swv., 1. mausen; naschen; stehlen; 2. etw. zu Mus rühren, zerquetschen

musendoot, adj., mausetot

musenstill, adj., mäuschenstill, ganz still

musig, adj., mausig; *sik m. maken* sich aufspielen, wichtig tun, sich erdreisten

Musik, f., Musik; Musikkapelle; übertr. Tanz, Lustbarkeit, Jubel, Trubel

Muskant, m., Musikant, Spielmann

Mussel s. *Muschel*

musselig, adj., schmutzig, dreckig; unsauber, unordentlich

musseln (ostfr., oldbg.), swv., 1. flüstern, mauscheln; 2. leicht regnen, nieseln

Muster s. *Munster*

Muster(t), m. u. n., Mostrich, Senf

Mutt s. Mudd

mutt s. *möten*

Mutt(e) (ostfr.), f., Sau, Mutterschwein

mut(t)sch (schleswg.-holst. u. mecklbg.), adj., adv., (verstärkend) sehr, viel

Muud (oldbg.), n., Entengrütze o. ä., pflanzlicher Bewuchs auf o. in Gewässern

Muuk, f., Mauke, Hautkrankheit (bes. beim Pferd)

Muul, n., pl. *Müler(s)*, Maul, Mund (häufig in Rdaa. u. Sprw.); *en M. maken* (aus Ärger) den Mund verziehen

Muulaap, m., Maulaffe, Gaffer, Tagedieb

Muulbacks, f., Maulschelle, Ohrfeige

muulfuul, adj., maulfaul, schweigsam

muulsch, adj., launisch, mürrisch

Muulschell, f., 1. Maulschelle, Backpfeife; 2. bestimmtes Gebäck, Maultasche

Muultrecker, m., herbe Früchte, bes. Schlehe; allg. Saures (Obst, Wein)

Muulwark, n., Maulwerk, Mundwerk (bes. als Sprechwerkzeug)

Muur, Müür, f., pl. *Muern, Muren*, Mauer, Steinwand

Muurd s. *Moord*

Muurkell, f., Maurerkelle

Muurmann, m., pl. *Muurlüüd*, Maurer; vgl. *Murer*

Muurlüüd s. *Muurmann*

Muursteen, m., Mauerstein, Backstein, Ziegelstein

Muurwark, n., Mauerwerk, Aufgemauertes, Gemäuer

[1]**Muus,** f., pl. *Müüs, Müse*, Maus (häufig in Rdaa. u. Sprw.); *markst Müüs?* weißt du Bescheid?

[2]**Muus** s. [1]*Moos*

Muusbeer, f., getrocknete Birne mit Stengel

Muusbotter, f., Mäusebutter, Giftsalbe

Muusch(katt), Muuskatt, f., Katze

Muuskist, f., Vorratskiste, Gerümpelkiste

Muuskantüffeln, f., pl., Stampfkartoffeln, Kartoffelbrei

Muuskötel, m., Mäusedreck

Muusplack, m., Muttermal, Sommersprosse

Muuspott, m., Mustopf, Marmeladentopf

N

[1]**na,** interjek., na, nun (bes. vor Fragen o. als Pausenfüllung)

[2]**na,** adv., nach, in Richtung auf; nach (im Sinne von übrig), *daar blifft nix von na* es ist ohne Folgen, (temp.) *na un na* nach u. nach, allmählich

[3]**na,** präp., nach, in Richtung auf (hin, in, zu)

[4]**na-,** Präfix bei Verben, Substantiven u. Adjektiven

Naaf, Naav, f., pl. *Naven, Naben,* Nabe, Radnabe

naakt, nakelt, adj., nackt, bloß, entblößt; übertr. arm; *nackelt Jumpfer* Schneeglöckchen

Naam, m., pl. *Naams,* Name; Bezeichnung; Ruf, Ansehen

Naamdag s. *Nameddag*

na-apen, swv., nachäffen, nachmachen, nachplappern

[1]**Naar,** m., Narr

[2]**Naar, Noor, Narw,** f., Narbe

naar (vorw. ostfr.), adj., ärmlich, kümmerlich, bedürftig; elend, traurig, schrecklich, schlimm; schlecht, unangenehm, gräßlich; bedauerlich

naast s. *nahst(en)*

Naber, Nawer, Nober, m., Nachbar; *fraag mien N.* als ausweichende Antwort auf eine Frage

Naberschapp, -schupp, f., Nachbarschaft; *up N. gahn* Besuch beim Nachbarn machen um zu plaudern

Nabersche, f., Nachbarin

nablieven, nablieben, stv. (s. *blieven*), 1. nachbleiben, zurückbleiben, als Rest bleiben; 2. unterbleiben

naböten, -beuten, swv., nachheizen, Feuerung auflegen; übertr. jem. aufwiegeln, reizen, aufhetzen, anstacheln

Nach(t), f., pl. *Nach(t)en,* Nacht

nachtens, adv., nachts, zur Nachtzeit

Nachthuus (Seemannsspr.), n., Kompaßgehäuse mit Beleuchtung

Nachtmahl, n., 1. Abendessen; 2. Abendmahl

Nachtmahr, Nachtmort, m. u. f., Alpdrükken, Nachtmahr

nachtslapen(d), adv., (meist in der Vbdg.) *to n. Tiet* zur Nachtzeit, sehr spät

Nachtuul, -uhl, f., Nachteule, Kauz; übertr. (auch auf Menschen) *he is 'n N.* jem. der lange wach ist

Nack, Nacken, m. u. f., Nacken, Hals; *hool de N. stief* als Grußformel; *wat up de N. kriegen* Prügel beziehen

Nadeel, m., Nachteil, Schaden

Nadel, Natel, f., pl. *Nadels, Nadeln,* Nadel, Nähnadel; *mit 'n hitt N. neihen* oberflächlich arbeiten, pfuschen

nadenken, stv. (s. *denken*), nachdenken, grübeln

nadenkern, adj., nachdenklich

nader, nahder (ostfr.), adv., näher

naderhand, nahder- (ostfr.), adv., nachher, später

Nadöst, m., Nachdurst (nach einem Rausch)

nadreegsch, -dräägsch, adj., nachtragend

nadregen, stv. (s. *dregen*), nachtragen, etw. nicht vergessen

Nääs, Nees, f., pl. *Näsen,* Nase; *de N. bannig hoch dregen* hochmütig sein; *de N. hangen laten* niedergeschlagen, bedrückt sein; *de N. begeten* sich betrinken; *de N. in wat steken* sich um etw. kümmern; *witt üm de N. utsehn* blaß sein, kränklich ausssehen; *de N. vullkriegen* von einer Sache genug bekommen, ihrer überdrüssig werden

Nääsdruppen, m., Nasentropfen, Schleimtropfen

nääslang, adv., oft, häufig, immer wieder

nägen s. *negen*

nähmen s. *nehmen*

nährig, nerig, adj., arbeitsam, fleißig, betriebsam; arbeitswütig; übertr. geizig

nährkauen (ostfr.), swv., wiederkäuen

nafaten, swv., nachfassen, nachhaken

nagahn, unregelm. v. (s. *gahn*), nachgehen, hinterhergehen, jem. nachstellen, folgen; *en Saak n.* etw. besprechen, bedenken, untersuchen, prüfen

nageben, stv. (s. *geben*), (einem Druck) nachgeben, sich fügen; nachgeben, zugestehen

Nagel, m., pl. *Nagels,* 1. Nagel, Drahtstift (häufig durch Zusätze näher bestimmt); etw. *an 'n N. hangen* eine Sache aufgeben, ablassen von; 2. Finger-, Zehnagel; *sik wat ünnern N. rieten* sich etwas aneignen

nageln, swv., nageln, festnageln

nagraad, adv., nachgerade, allmählich, nunmehr; endlich, schließlich

Nagras, n., der zweite Grasschnitt, Nachmahd

nah, adj., adv., nah, dicht bei; s. a. *neeg*

nahelpen, stv. (s. *helpen*), nachhelfen, beschleunigen, etw. antreiben

naher, adv., nachher, später

Nahrn (schleswg.-holst.), f., Nahrung, Auskommen, Verdienst

nahst(en), adv., demnächst, später, nachher, danach

Naht, f., Naht; *wat* o. *nix up de N. hebben* reich bzw. arm sein, (un-)vermögend sein

nakamen, stv. (s. *kamen*), hinterherkommen, nachkommen, folgen; subst. Nachkommen, Erben

nakelt, nakeln, adj., nackt, bloß

nakieken, stv. (s. *kieken*), nachschauen, nachsehen, hinterhersehen

Naklapp, m., Nachschlag, Rückschlag; übertr. Nachfeier

nalaten, stv. (s. *laten*), nachlassen, unterlassen; nachgeben; übriglassen, zurücklassen

nalopen, stv. (s. *lopen*), nachlaufen, hinterherlaufen, folgen

Namaad s. *Namatt, Nagras*

namaken, swv., nachmachen, nachahmen; fälschen

Namatt, f., der zweite Grasschnitt, Nachmahd; vgl. *Nagras*

Nameddag, -middag, Naamdag, m., Nachmittag

naplappern, swv., nachplappern, nachschwätzen

naporren, -purren, swv., nachhelfen; nachstochern, antreiben, einen Streit schüren

Napp, n., Napf, Schüssel

Nappkoken, m., Napfkuchen (auch als Schimpfwort)

napraten, -proten (ostfr.), swv., nachreden, s. *naseggen*

Nareed, f., Nachrede; übertr. Verleumdung

Narf, Narv, f., Narbe; vgl. *Naar*

nargens s. *narms*

Naricht, f., Nachricht, Information, Meldung

narms, narns, adv., nirgends, nirgendwo; *von n. wat weten* von nichts wissen

Narr, m., Narr, Possenreißer; Dummkopf

narr(e)n, swv., necken, foppen, narren

Narr(e)nkraam, m. u. n., Torheiten, Dummheiten, Albernheiten; Quatsch, Blödsinn

Narr(e)npotzen (mecklbg.) s. *Narr(e)nkraam*

nar(r)sch, adj., närrisch, albern; eingebildet, hochmütig; dumm, verrückt

Narv s. *Narf*

Nasch, Naschen, n., Spanschachtel, Holzschachtel, runde Holzdose

Naschrapels, n., Überbleibsel, Rest, Zusammengesammeltes, Zusammengekratztes

naseggen, swv., nachsagen, klatschen, jem. etw. anhängen; angeben, anzeigen, verraten, verpetzen

nasitten, stv. (s. *sitten*), nachsitzen (als Schulstrafe)

naslieken, stv. (s. *slieken*), nachschleichen, jem. nachspionieren

Nasnack, m., (üble) Nachrede

nasnaulen (schleswg.-holst.), swv., nachäffen, mürrisch nachsprechen

nastellen, swv., nachstellen, verfolgen

nastökern, swv., nachschüren, nachstochern; übertr. hetzen, aufstacheln

natellen, swv., nachzählen, vergleichend nachrechnen

na-to, adv., wohin, in Richtung nach (auf) etw., darauf zu

natöögsch, adj., nachziehend, lang hinziehend; übertr. nachtragend

natt, adj., naß (häufig durch Zusatz verstärkt); *n. un dröög* naß u. trocken; übertr. Trinken u. Essen; subst. Nässe, Feuchtigkeit

nattkoolt, adj., naßkalt, trübe

nattmaken, swv., benetzen, anfeuchten; refl. sich naß machen

Natuur, f., Natur, körperliche Veranlagung; Gemüt, Naturell; Natur, Umwelt

nau, adj. u. adv., genau; eng, knapp, beschränkt; arm, geizig, karg; sparsam; *nipp* (*niep*) *un n.* ganz genau, exakt; *mit naue*(*r*) *Noot* mit letzter Not, gerade eben noch

naug s. *noog*

Navel, Nabel, m., Nabel

Naver s. *Naber*

[1]**ne, ne(e), nä,** adv., nein (die Stärke der Verneinung wird durch die Länge des Vokals bestimmt), *n. seggen* etwas abschlagen

[2]**ne,** unbest. art., (verkürzt aus *ene*) eine

Nebel, Newel, Näbel, m., Nebel

neben, neffen, präp., neben

nebenan, adv., nebenan, daneben

nebenbi, adv., nebenbei, daneben

nebento, adv., nebenbei, anbei

nedden, nerrn, adv., unten, unterhalb, am unteren Ende; präp., unterhalb, abwärts; (Seemannsspr.) seewärts, in Richtung des abfließenden Wassers

nedder (Superl. *nedderst*), adv., nieder, abwärts, nach unten

nedderdüütsch, adj., niederdeutsch, plattdeutsch

neden, swv., nieten

ne(e) s. [1]*ne* u. *nie*

need, adj. (mit *sien, doon*), gespannt sein auf etw., neugierig, begierig sein

neeg, adv. (gesteigert *neger, neegst*), nahe; vereinzelt präp., nach

Neeg(de), f., Nähe

neegneemsch (schleswg.-holst.), adj., empfindlich, übelnehmerisch, leicht gekränkt

neem, pron. (verkürzt aus *woneem*, s. d.), wo

neemoodsch s. *niemoodsch*

neen, pron. (aus *ne een*), keiner, kein

neerkauen, nedderkauen, swv., wiederkäuen

neern s. *nedden*

nees s. *nie*

Nees s. *Nääs*

Neet, Niet, f., Niete, eiserner Bolzen

neet s. *nie*

neetsch, neet(sch)ig, adj., zänkisch, launisch; tückisch, hinterlistig, neidisch

neffen s. *neben*

negelig (schleswg.-holst.), adj., mürrisch, nörgelig

negen, num., neun

negenklook, adj., neunmalklug, naseweis, vorlaut; töricht, dumm

neger s. *neeg*

nehmen, nähmen, stv. (*ik nehm, du nimmst, he nimmt, wi nehmt, nehmen*; *ik nehm, nöhm, du nöhmst, he nöhm*; *nahmen*), nehmen, zu sich nehmen, sich aneignen; behandeln; *een Fru* (*Mann*) *n.* heiraten

neihen, swv., nähen; übertr. schlagen, prügeln; übertr. (*ut-*) laufen, ausrücken; übertr. (*weg-*) aufessen, verspeisen

Neihersch(e), f., Näherin, Hausschneiderin

Neihgaarn, n., Nähgarn, (Seemannsspr.) Netzgarn

Neihnadel, f., Nähnadel

Neihtüüch, n., Nähzeug, Material u. Utensilien zum Nähen

nelich s. *nielich*

nerden s. *nedden*

nerig, nerich s. *nährig*

nerrn s. *nedden*

Nerv, m., Nerv; übertr. Kraft, Stärke

nervöös, adj., nervös, aufgeregt

Nes s. *Nääs*

Neschier, neschierig s. *Nieschier, nieschierig*

Neß (hbg.), m., Landspitze von Finkenwerder

Nest, n., pl. *Nester, Nesten,* Nest, Vogelnest; übertr. Bett, Heim; *sik in 'n warm N. setten* eine gute Partie machen, reich heiraten

netsch s. *neetsch*

Nett, n., pl. *Netten,* Netz, Fanggerät für Fische

[1]**nett,** adj., nett; hübsch, sauber, angenehm, freundlich, schmuck

[2]**nett** (ostfr.), adv., gerade, genau; gerade eben, ebenfalls (häufig in Vbdg. mit *so*)

nettakraat (ostfr.), adv., genau, geradewegs, genauso

Nettel, f., pl. *Netteln,* Nessel, bes. Brennessel; *sik in de N. setten* etw. falsch machen, etw.

Unpassendes sagen

Nettelkönig, m., Zaunkönig; vgl. *Tuunkrüper*

nettgliek, adj., beliebig, gleichgültig, einerlei

neu- (hbg.) s. *ne-* o. *nö-*

Nevel s. *Nebel*

ni, nich, adv., nicht, nie, verstärkt *ni nich* nie, niemals; (unbetont) nicht wahr (als Abschluß bei Fragesätzen)

nibbeln (ostfr.) s. *nippeln*

nicken, swv., nicken, jem. zunicken; ein Nikkerchen machen, schlafen

nickköppen, -koppen, swv., zunicken, nikken (mit dem Kopf, bes. als Zustimmung)

nicks s. *nix*

nie, nee, adj. (flekt. *nies, niege, niet, neet*), neu, ungebraucht; frisch

Nied, m., Neid, Abgunst; Haß, Groll, Feindschaft

nied, neet (in flekt. Formen) s. *nie*

Niedkopp, m., Neidkopf, abschreckend ausgebildete Masken, Gesichter an Gebäuden, bes. an den Eingängen

niedsch, nietsch, adj., neidisch; begierig, habsüchtig, eifersüchtig; gierig; schnell, plötzlich

niege, nieges s. *nie*

nieglich s. *nielich* u. *nieschierig*

Niejahr, Neejahr, n., Neujahr, Neujahrstag

nielich, nelich, nieg(e)lich, adj., begierig sein auf; neugierig; neuartig, reizend; adv., neulich (vgl. *nülich*)

niemoodsch, adj., neumodisch, neuartig; *n. Kraam* Neuigkeit (meist verächtlich)

nien (ni een), pron., kein(er)

niep, nipp, adj., genau, scharf (in Vbdg. mit *hören, sehen* u. *kieken*)

nierig s. *nährig*

nies, nieges (flekt. Form von *nie*), adj., neues; subst. Neuigkeit, Nachricht

Nieschier, Neeschier, f., Neugier

nieschierig, nee-, neesgierig, adj., neugierig

nieseln s. *nisseln*

Nieselprien, m., Nörgler, Miesmacher (auch als Schimpfwort)

[1]**Niet,** m. u. f., Niet(e), Metallbolzen

[2]**Niet,** f., Niete, Versager; Fehllos

Nietenpuper, m., (scherzh.) Nieter, Werftarbeiter

nietsch s. *niedsch*

nipp s. *niep*

nippeln, nippen, swv., nippeln, (Getränk) kosten, probieren; *sik enen n.* sich betrinken

nisseln, nieseln, swv., nieseln, fein regnen

nix, nicks, pron., nichts; *nix nich* gar nichts

nix(h)aftig, adj., unbedeutend, wertlos, nichtig, minderwertig

no- als Präfix s. *na-*

Nober s. *Naber*

Nobiskroog, m., Nobiskrug (Gasthaus- u. Flurname)

noch, adv., noch

nochmaal, adv., noch einmal, wieder

Nock (Seemannsspr.), n., pl. *Nocken*, überstehende Teile der Gaffel, Teil des Segels; Teil der Kommandobrücke

nockern s. *nuckern*

noddeln, nödeln, swv., zagen, zaudern, langsam sein

Nodel s. *Nadel*

nöchtern s. *nüchtern*

nödeln s. *nölen*

nödig, neudig, adj., nötig, dringend; *wat n. hebben* brauchen, benötigen; adv., zwangsläufig, notwendig, erforderlich sein

nödigen, neudigen, swv., nötigen, drängen; auffordern, einladen

nögen (ostfr., oldbg.) s. *nödigen*

nöger, neger, adv. u. adj. (flekt. Form von *neeg*, s. d.), näher

Nökelnaam, m., Neckname, Spitzname; vgl. *Ökelnaam*

nöken (oldbg., mecklbg.), swv., stoßen, puffen; locken

nölen, nödeln, swv., zaudern, langsam sein, etw. langsam tun, etw. lustlos tun, mürrisch sein; murren, knurren, brummen

nölig, adj., träge, langsam, zaudernd, zaghaft, schleppend

nömen, swv., nennen, benennen

Nöögde s. *Neegde*

Nöös s. *Nääs*

nöös, nößen (schleswg.-holst.), adv., nächstens, nachher, später

Nööt, f., (pl. von *Nutt*), Nuß (heute auch für sg. gebräuchlich)

Nöötschell, -schaal, f., Nußschale

nösseln, swv., langsam arbeiten, pusseln; unsicher gehen, purzeln, stolpern

nösten, nöösten (schleswg.-holst.), adv., demnächst; vgl. *nöös*

Nötelee (ostfr.), f., Bummelei; Bedenken

Nogel s. *Nagel*

Noht s. *Naht*

noit (ostfr.), adv., nie, niemals

Nokixel, n., Lexikon, Wörterbuch (scherzh.)

noog, naug, adv., genug, hinreichend

Noom s. *Naam*

Noord, Nuurd, Nord (flekt. *Norden*), m. u. n., Nord, Norden (als Himmelsrichtung häufig in Kompos. zur Bezeichnung der Richtung)

[1]**noorden, norden,** adv., nördlich, nach o. von Norden; *de norden Hand* die linke Hand (schleswg.-holst.)

[2]**noorden,** swv., norden, eine Karte mittels Kompaß auf Norden ausrichten

Noors s. *Moors*

Noot, Nood, f., Not, Notlage; Zwang, Druck; Angst

Nootammer, m., Feuereimer, Löscheimer (aus Leder)

Noothaken, m., Feuerhaken, langgestielter Haken zum Einreißen

Nootholt, n., Sargbrett, Bretter für den Sarg

Nootnagel, m., Holznagel, Ersatznagel; übertr. letzte Rettung

Nord s. *Noord*

nu, adv., nun, jetzt, im Augenblick; nunmehr; konj., nun, nachdem, da (temp. u. kaus.)

Nuck(en) s. *Nück*

nuckern, swv., nuckeln, saugen, bes. auf dem Daumen lutschen

nudaags, adv., neulich, kürzlich, dieser Tage

nuddelig, adj., träge, langsam; unsauber, unklar, unordentlich

nuddeln, swv., zaudern, langsam arbeiten; vgl. *nölen*

Nudelkasten, m., (scherzh.) Leierkasten, Drehorgel

nudeln, swv., drehen (bes. die Kurbel des *Nudelkastens* o. ä. Geräte), gleichmäßige drehende Bewegungen machen

nüchtern, nochtern, adj., nüchtern, ungesättigt, *n. Kalf* gerade geborenes Kalb; übertr. unerfahrener Mensch, Neuling; (Speise) ungewürzt; übertr. klar, deutlich, unromantisch, emotionslos

Nück, f., pl. *Nücken*, Laune, Eigenart, Böswilligkeit; *de N. utdrieven* Dummheiten o. Eigenheiten austreiben

nückkoppen s. *nickköppen*

nücksch, adj., launisch, eigensinnig; tückisch, hinterlistig; störrisch, bockig

nüd(e)lich, -lig, nüdelk, adj., niedlich, drollig; zart, fein, zierlich; hübsch, angenehm

Nüff (schleswg.-holst., ostfr.), f., Schnauze, Nase

nülen, swv., neigen, vornüberneigen, hängen; nicht senkrecht gehen, schwanken

nülich, adv., neulich

nümig (ostfr., oldbg.), adj., niedlich, drollig; aufgeweckt, vernünftig

nümmer, nimmer, adv., nimmer, niemals

nüms, pron., niemand, keiner, verstärkt *n. nich* gar keiner

nürig, adj., 1. niedlich, drollig; 2. gierig, begierig sein nach etw.

nüschen, swv., schlagen, prügeln; subst. *Nüsch(en)* Prügel, Schläge

nüsselig, adj., unsicher, schwankend, benebelt

nüsseln s. *nösseln*

Nüst (ostfr.), n., Nest; Lager, Unterschlupf

nüsterbleek, adj., bleich, blaß

nüteln, nüdeln s. *nudeln*

Nüter, Nüte, m., kleiner Kerl, Kosewort für Kinder; *Hanne Nüte* (Titel eines Versepos von Fritz Reuter)

nütt, adj., nützlich, vorteilhaft, nütze (zu etw.)

nütten, swv., nützen, helfen; benützen

nüüdlich, adj., niedlich, drollig; zierlich, hübsch

nums s. *nüms*

nuppen (ostfr.), swv., stupsen, knuffen

nuschen, swv., 1. schlagen (vgl. *nüschen*); 2. kramen, wühlen, schnüffeln

nuschig, adj., verwühlt, unordentlich, schmutzig; nachlässig

nusselig s. *nuschig*

nusseln, nüsseln s. *nösseln*

Nutt, f., pl. *Nööt* (häufig auch für sg.), Nuß

Nuut, f., Nute, Vertiefung (z. B. in Holz)

O

o langes anlautendes *o* steht in einigen Mdaa. (z. B. Hamburg) für dumpfes *a* (z. B. *Obend* statt *Abend*). Die Wörter sind unter *a* eingeordnet

oa- wird gelegentlich für dumpfes *a* geschrieben (z. B. *Oart* statt *Aart*). Die Wörter sind unter *a* eingeordnet

Obor s. *Adebar*

(ob)schoons(t), of-, konj., obschon, obgleich; vgl. *schoonst*; Syn. *liekers*

obsternaatsch, upsternaatsch, adj., widerspenstig, aufsässig, störrisch; eigenwillig, eigensinnig, bockig

och, interjek., ach (bes. um Unwillen zu äußern)

Odder (oldbg., ostfr.) s. *Order*

oder, or(rer), konj., oder; vgl. *of*

öbberst, (Superl. zu *baben*, meist *böberst*) der (das) Oberste

öber- u. Kompos. s. *över-* u. Kompos.

öchen, swv., grunzen, bellen; stöhnen (vorw. östl. Mdaa.)

öftins s. *oftins*

ögen, swv., äugen, ins Auge fassen; ins Auge fallen; trachten nach, verlangen; refl. sich ereignen, passieren

Öhr, Öör, n., Griff, Henkel, ohrförmiger Halter (an Tassen, Krügen usw.)

Ökelnaam, m., Spitzname, Scherzname

Öken (ostfr.) s. *Oken*

Ölamm, Elamm, Aulamm, n., weibliches Lamm

ölben, ölven, ölm (auch ohne Umlaut), **elben,** num., elf

Öller, Oller, n., Alter

öller s. *oold*

öllerhaftig, adj., alt, ältlich, angejahrt

Öllermann, m., Ältermann, Vorsitzender (in Gilden o. Vereinen; brem. früher *Eltermann* als Sprecher der Kaufleute)

Öllern, Ollern, pl., Eltern

Öllernhuus, n., Elternhaus; übertr. Familie

Öllste, m., der Älteste, bes. Ältervater (als Ehrenbezeichnung), Chef des Hauses

ööd, ööt, adj., leicht, bequem

Ööl, n., Öl, Schmieröl; Petroleum

Öönlamp, f., Öllampe, Petroleumlampe

Öölkann, f., Ölkanne, Ölbehälter

Öör s. *Öhr*

[1]**Öös, Ös,** f., Dachtraufe, Dachvorsprung

[2]**Öös, Ös,** f., Öse, (oft in der Vbdg.) *Haken un Ösen* Haken u. Ösen, (auch übertr.) mit allen Raffinessen

[3]**Öös,** pl. von *Aas* (s. d.) als derbes Schimpfwort

Öösch(en), f., Anemone, Buschwindröschen (auch Bezeichnung für andere Blumen, häufig mit Angabe der Blütenfarbe)

ööt, adv., schnell, bald

Ördel (schleswg.-holst.), m., Jauche, Dung; vgl. *Addel*

Ördelkuhl (schleswg.-holst.), f., Jauchegrube, Dunggrube

örnlich, ördentlich s. *orig*, *orrig*

öschen, swv., einhaken, sich bei jem. einhängen, meist *inöschen*

Ösel, f. u. m., glimmender Docht, Schnuppe am Docht

ösen, swv., schöpfen, ausschöpfen

övel, öbel, adj. u. adv., übel, schlecht, böse; jem. etw. verübeln, nachtragen; subst. *Övel*, n., Übel; übertr. Krankheit

övelnehmen, swv., verübeln, verdenken, (häufig mit präp. *för*) *nehm mi dat nich för ö.* verübele es mir nicht, entschuldige bitte

övelnehmsch, adj., empfindlich, leicht kränkbar, schnell beleidigt

öven, öben, swv., üben, ausprobieren, trainieren

Över, Oiver, n., Ufer; Grabenrand, Anhöhe, Erdwall

över, öber, over, adv., präp., über (in Vbdg mit Verben) *kumm goot ö.* komme gut heim (Abschiedsgruß); *he is em ö.* er ist ihm überlegen; vorbei, vorüber, übrig, überhin; *liek ö.* gegenüber, auf der anderen Seite; präp., über, hinweg (lok. u. temp.), während; *ö. Dag* tagsüber, im Laufe des Tages u. a. (Präfix bei subst., Verb u. adj., s. d.)

överall, adv., überall, an allen Orten; überhaupt

överblieven, -blieben, stv. (s. *blieven*), übrigbleiben, als Rest verbleiben

överböstig, adj., hochmütig, stolz, übermütig

överdadig (ostfr.) s. *överdorig*

överdönig (schleswg.-holst.) s. *överdorig*

överdorig, adj., übermütig, ausgelassen, dreist; hochmütig, verwegen

överdregen, stv. (s. *dregen*), 1. übertragen, übereignen; 2. übertragen, kopieren

överdrieven, -drieben, stv. (s. *drieven*), antreiben, anspornen; überanstrengen; übertreiben

överdümpeln s. *överdüveln*

överdüveln, -dübeln, swv., überlisten, übertölpeln; jem. betrügen, unterdrücken; überreden

övereens, overeen, adv., übereinstimmend, einig; gleich, in gleicher Weise; unverändert; *all ö.* ohne Unterschied; *ö. kamen* sich einigen

Överfall, Öber-, m., 1. Überfall, Raub (als Verbrechen); 2. Überfall (als Türverschluß) aus Eisen

Överfelg s. *Överfall 2.*

överfreten, swv., (refl.) sich überessen, zuviel essen

Övergang, m., Übergang; etwas Vorübergehendes

övergeben, -geven, stv. (s. *geben*), 1. übergeben, überantworten, übereignen; 2. (refl.) übergeben, spucken, erbrechen

överhen, adv., überhin, über etw. hinweg

överher, adv., überher, obendrein; überall, ganz u. gar, über u. über

överholen, swv., überholen, einholen, übertreffen; überholen, ausbessern; *hool över!* übersetzen mit der Fähre

överjahr, adv., in diesem Jahr, während des Jahres; über Jahr, in Jahresfrist

överkandidelt, adj., überspannt, übergeschnappt, verrückt

överklook, adj., altklug, naseweis

överkopp, adv., kopfüber, Hals über Kopf; *ö. gahn* verlorengehen; verunglücken

överkoppsch, adj., hochfahrend, wütend

överlang(s), adv., manchmal, zuweilen

överlaten, stv. (s. *laten*), überlassen, übereignen; anvertrauen; übriglassen

överleggen, swv., überlegen, durchdenken, erwägen

överleidig, -leidich, adj. u. adv., überflüssig; überreichlich, genug

överleven, swv., überleben, durchstehen

överlingen (hbg.), adv., wahrscheinlich, vielleicht

övermastig, adj., überheblich, hochmütig

övermaten, adj., außerordentlich, übermäßig

Övermoot, m., Übermut, Ausgelassenheit

övermorgen, adv., übermorgen

övernäsig, adj., hochnäsig, stolz, eingebildet

övernehmen, stv. (s. *nehmen*), 1. übernehmen, annehmen; auf sich nehmen; 2. refl. sich übernehmen, sich überanstrengen

överscherig, adj., überzählig, überschüssig; entbehrlich

överschrieven, stv. (s. *schrieven*), überschreiben, auflassen, übereignen

Överschrift, f., Überschrift, Titel

överslaan, stv. (s. *slaan*), abschätzen, überschlagen; refl. sich überschlagen, umfallen; überschlagen, auslassen

Överslag, m., Überschlag; Schätzung, Kostenvoranschlag

översnappen, swv., überschnappen, durchdrehen; *he is ö.* er ist verrückt

överspöönsch, adj., überspannt, übergeschnappt; hochmütig, eingebildet

överstahn, stv. (s. *stahn*), 1. überstehen, hinausragen über; 2. überstehen, durchstehen

överstüür, adv., rückwärts, zurück; *dat geiht ö.* es geht verloren

överswappen, swv., überschwappen, überborden, (Wasser) über das Ufer treten

överto, adv., überhin, dazu

övertrecken, stv. (s. *trecken*), (Kleidung) überziehen; übertr. jem. mit dem Stock o. ä. einen Schlag versetzen, verprügeln

Övertrecker, m., Mantel, Überzieher

övertügen, swv., überzeugen

överweg, adv., über etw. hinaus, überzählig

of, konj., 1. oder; 2. ob, wenn

of- (ostfr.), Präfix bei Verb u. subst. s. *af-*

ofschoonst, konj., obschon, obgleich; vgl. *liekers*

oftins, -eins, adv., mehrfach, oftmals, häufig; vgl. *faken*

Og s. *Oog*

Ogenblick, m., Augenblick, kurzer Zeitabschnitt

Ogenbraa(n), -bruun, f., pl. *-branen*, Augenbraue

Ogenmaat, n., Augenmaß

Ogenslag s. *Ogenblick*

Ogenspegel, m., Augenspiegel; übertr. Vorbild, Beispiel

Ohm, Oom, m., Onkel, Oheim, (meist nachgestellt) *Kasper Ohm*

Ohmdohm s. *Amidaam*

ohn(e), präp., ohne

ohnweten, ahn-, adj., unwissend, dumm, einfältig

Ohr, Uhr, n., Ohr; *holl de Ohren stief* laß dich nicht einschüchtern, bleib gesund (als Abschiedsformel); jem. *över 't O. haun* betrügen; *sik up 't O. leggen* schlafen gehen; *sik wat achter de O. schrieven* sich etw. merken

Oibaar s. *Adebaar*

Oilamm s. *Ölamm*

ok, ook, uk, auk, konj., adv., auch, ebenfalls; folglich, außerdem; gleichfalls, zugleich

Oken, Öken, pl., Dachwinkel, Abseite, spez. Raum zwischen Boden u. Dachsparren

olben s. *ölben*

Olendeel, -deil, n., Altenteil, bes. Wohnplatz alter Leute; finanzielle Unterstützung der Altenteiler

Olendeler, m., Altenteiler, Rentner

Olenhuus, n., Altersheim

oll s. *oolt*

[1]**Oller** s. *Öller*

[2]**Oller** s. *Order*

Ollern s. *Öllern*

ollerwelsch, olderwel(t)sch, adj., altmodisch, veraltet

Ollsch, f., die Alte (oft negativ); *mien O.* meine Frau

olmig, adj., verfault, morsch, wurmstichig

olt, old s. *oolt*

Ontjen s. *Aant*

Oog, n., pl. *Ogen*, Auge (häufig in Vgl. u. Rdaa.)

ook s. *ok*

[1]**Ool** s. *Aal*

[2]**Ool, Ole,** m., der Alte, Vater; Meister, Vorgesetzter; Kapitän u. ä.; oft als Ehrenbezeichnung

oold s. *oolt*

Ooldingstiet, f., pl. *-tieden*, Vorzeit, Frühzeit; auch adv., ehemals, früher, von alters her

Oolland (hbg.), n., das „Alte Land" (Landschaftsname für das linke Elbufer zwischen Hamburg u. Stade)

Oolsch s. *Ollsch*

oolt, oold, old, adj. (Steigerungsformen *öller, öllst*), alt, bejahrt (von Lebewesen u. Sachen); (häufig in Vbdg. mit subst. Ausdruck der Mißachtung o. Geringschätzung) alt, schlecht, wertlos, *von o. Welt* rückständig

ooltbacksch, adj., altbacken, altmodisch; übertr. altklug

ooltfranksch, adj., altmodisch, veraltet

Ooltjahrsabend, m., Altjahrsabend, Silvester

ooltklook, adj., altklug, vorwitzig, naseweis

ooltmödig, adj., bedächtig, gleichmäßig, gemütlich; rückständig

Ooltvadder (ostfr.), m., Großvater; Greis

ooltwelsch, ollwelsch, adj., altmodisch, veraltet; vgl. *ooltfranksch*

Oordeel, Urdeil, n., Urteil, Richterspruch

oordelen, swv., urteilen

Oorloog, Orlog, n., Krieg

Oorn s. *Aarn*

Oors, m., der Hintern, das Gesäß

Oorsaak, f., Ursache, Grund, Anlaß

Oorsback, f., Arschbacke, Gesäßbacke

Oorslock, n., Arschloch, After (auch grobes Schimpfwort)

[1]**Oort** s. *Aart*

[2]**Oort,** m., Ort, bes. Spitze, Winkel, Ecke

[3]**Oort,** n., kleines Flüssigkeitsmaß (bes. für Schnaps)

[1]**Oost, Oosten,** m., Osten (als Himmelsrichtung)

[2]Oost (ostfr.), m., Knorren, Astloch; übertr. knorriger, tüchtiger Kerl

Oostsee, f., Ostsee, Baltisches Meer

Oovt s. *Aavt*

op- u. Kompos. s. *up-* u. Kompos.

open, adj., offen, frei; unverschlossen, unverborgen

opsternaatsch s. *obsternaatsch*

or, orrer s. *oder*

Ordeel s. *Oordeel*

Order, Oller, Orrer, f., Order, Nachricht, Befehl, Anweisung

orig, orrig, adj., ordentlich, vortrefflich, tüchtig; artig, brav, gut; ziemlich, eigenartig, sonderbar

ornlich, -lik, adj., ordentlich, ordnungsgemäß; kräftig, tüchtig; artig, freundlich, sauber, rechtschaffen

orrer s. *oder*

Orrer s. *Order*

orrich s. *ornlich*

Oss, m., pl. *Ossen,* Ochse, verschnittener Stier als Zug- o. Mastochse

Ossenkopp, m., Ochsenkopf (auch als Schimpfwort)

Ossenoog, n., 1. Ochsenauge; übertr. Spiegelei; 2. best. Gebäck; 3. runde, in der Mitte verdickte Glasscheibe

ossig, adj., stark, plump; wild, ungestüm

Ostern, f. u. n., Ostern, Osterfest

Osterfüer, n., Osterfeuer (bes. als Brauch)

Osterwater, n., Osterwasser (volksmedizin.)

oten s. *aten*

Otter, f., Otter, Fischotter

over u. Kompos. s. *över* u. Kompos.

P

Paag, Page, m., pl. *Pagen*, Mähre, altes Pferd, spez. Wallach

Paal, f., Hülse, Schote (bes. von Erbsen u. Bohnen)

Paalarften, pl., frische Erbsen, Schotenerbsen; vgl. [1]*Arf*

Paap, m., pl. *Papen*, Pfaffe, Geistlicher, Pfarrer (meist verächtlich gebraucht; häufig in Flurnamen)

Paar, Poor, n., Paar, zwei Stück

paar, poor, num., ein paar, einige, wenige

Paas (schleswg.-holst., mecklbg.), f., pl. *Pasen*, Beutel, kleiner Sack, Tasche, Tüte

Paasch s. *Paschen*

[1]**Paat,** m., pl. *Paten*, Ableger, Steckling, Reis zum Pfropfen; junger Baum; s. *paten*

[2]**Paat,** m., pl. *Paten*, Gevatter, Pate; vgl. *Päät*

Pacht, f., Pacht, Pachtzins; Syn. *Hüür* (s. d.)

[1]**Pack, Packen,** n., Packen, Paket, Bündel; übertr. Kleidung; Gepäck; *mit Sack un P.* mit aller Habe

[2]**Pack,** n., Gesindel, Pack, Pöbel

Packaasch, Packenaasch, n. u. f., Bagage; Gesindel

packen, swv., 1. einpacken, zusammenschnüren; 2. zurechtlegen, etw. hinlegen, weglegen; 3. fassen, ergreifen

Packhuus, n., Lagerhaus, Speicher

Packje (ostfr.), n., Packen, Tracht; *Packje Hau* Tracht Prügel; Kleidung; vgl. [1]*Pack*

[1]**Padd,** n. u. m., Pfad, Weg, schmaler Steig; Schritt, Tritt; *sik up 'n P. maken* sich auf den Weg machen, aufbrechen

[2]**Padd, Paddje** (hbg.), m., Anzug, Kleidung, Rock; vgl. [1]*Pack*

Padde (ostfr., mecklbg.), f., Frosch, Kröte; vgl. *Pogg(e)*

Paddemang, Partemang, n., Abort, Abtritt

padden, swv., treten, waten; vgl. *pedden*

Paddstock (ostfr., oldbg.), m., Springstock, Stange zum Überspringen kleiner Gräben

Padullje, f., Bedrängnis, Verwirrung

Pääk, Peek, f., Salzlösung, Sole, Pökellake

Päät, m., pl. *Pätens*, Pate, Patenkind

paffen, swv., 1. Tabak rauchen; 2. knallen, schießen

Pagaasch s. *Packaasch*

Pageluun, m., Pfau

Pahl, m., pl. *Pahlen, Pöhl(s)*, Pfahl (häufig in Vgl. u. Rdaa.; je nach Verwendung näher bezeichnet *Pick-*, *Schüer-*, *Wiespahl*); *de veer Pöhl* das Zuhause

Pahllücht, f., Laterne, Straßenlaterne

Pahlsteek, Pohl-, m., (Seemannsspr.) Seemannsknoten (bes. zum Befestigen des Schiffes am Pfahl)

palen, swv., (Schoten) ausleeren, (Bohnen u. Erbsen) aus der Schale nehmen

pall, adv., steif, fest; steil, senkrecht; ausdrücklich, direkt; straff, gespannt

pallen, swv., festsetzen, etw. fest hinstellen

Pallholt, n., Holzstück, Keil (zum Befestigen), Unterlegholz

pallkriegen, stv. (s. *kriegen*), etw. fest hinstellen; vgl. *pallen*

Pallstütt, f., Stützholz (zum Festsetzen von Schiffen auf Land); vgl. *Pallholt*

palschen, swv., planschen, plätschern

Palten, m., pl., Lappen, Lumpen, Fetzen

palterig, adj., zerlumpt, zerrissen; unordentlich

Paltrock (ostfr., mecklbg.), m., Mantel, Überhang, bes. Regenmantel

Pamp(e), f., 1. Brei; 2. Dreck, Modder

pampig, adj., 1. breiig, klebrig; 2. übertr. frech, patzig; naseweis

Pampuschen, pl., Filzpantoffeln, Hausschuhe, Latschen

Pand, n., Pfand; Anteil, Last

Pandbreef, -breif, m., Pfandbrief, Pfandurkunde, Schuldschein

Pandhuus, n., Pfandhaus, Leihhaus

Paneel, n., Paneel, Wandverkleidung; Bretterwand, Trennwand im Viehstall

Pann, f., pl. *Pannen*, 1. Pfanne, Bratpfanne; *Pütt u. Pann* der ganze Hausrat; 2. Dachziegel; 3. übertr. Schädeldecke

Pannemann, m., Gerichtsvollzieher, Pfandeintreiber

pannen, swv., pfänden

Panner s. *Pannemann*

Pann(e)koken, -kauken, m., Eierpfannkuchen, (aus Mehl, Milch, Eiern usw. zubereiteter, in der Pfanne gebackener) Fladen

Pannrackels, pl., Pfannengericht, Bauernfrühstück; bes. Rührei

Pans, Panz, f., pl. *Pansen*, Pansenmagen der Wiederkäuer; übertr. Bauch, Wanst, Leib

Pantikel s. *Parpendiekel*

Pantüffel, m., Pantoffel, Hausschuh; vgl. *Pampuschen*

Pantüffelbloom, f., Pantoffelblume, Frauenschuh

Panz s. *Pans*

Papier, Papeer, n., pl. *Papieren*, Papier; Zeugnis, Dokument; *Papieren-Daglöhner* Amtsschreiber (scherzh.)

[1]**Papp,** m., Brei, Kleister; zähflüssiger Brei (als Viehfutter)

[2]**Papp,** f., Pappe

Pardemang (ostfr., oldbg.) s. *Paddemang*

pareern, pareren, swv., parieren, gehorchen, folgen

Parl, Paarl, f., Perle

Parpendiekel, m. u. n., Uhrpendel, Perpendikel

Parr, f., Pfarre, Pfarrbezirk

parren s. *padden, pedden*

Part, Patt, m., Part, Anteil; Menge, Partie; *för mien P.* meinetwegen

partu, pattu, adv., durchaus; absolut, unbedingt

Paschen, Paasch, f., Ostern

pasen (ostfr.), swv., waten; gehen, schreiten, treten

[1]**Paß,** m., 1. Schritt, Gang; 2. Maß, Art u. Weise, etw. *to P. maken* stimmend machen, paßgerecht machen; *goot to P. sien* sich wohlfühlen, paßlich sein

[2]**Paß,** m., Paß, Personaldokument

passen, swv., 1. passen; 2. acht haben auf etw., aufpassen (in Vbdg. mit präp. *up*); 3. passen, nicht mehr mitspielen (bes. beim Kartenspiel)

paßlatant (östl. Mdaa.), adv., zum Zeitvertreib, aus Langeweile; nebenbei, nebensächlich

paßlich, adj., passend, paßgerecht

Paster, Pastuur, m., Pastor, (evangelischer) Pfarrer

Pasterstunn, -stünn, f., Konfirmandenstunde

Pastüür (schleswg.-holst.), n., Frauenzimmer, unausstehliche Person

Pastuur s. *Paster*

paten, swv., pflanzen; (Obstbäume) pfropfen

Patetsch, Patäsch (oldbg., schleswg.-holst.), f., Kartoffel

Patiß, Patissen (schleswg.-holst., hbg.), m., Batist; übertr. Festkleidung, bester Anzug

patschen, swv., patschen, schlagen

patschent, potschent, adj., kränklich, unpäßlich

Patschoon (schleswg.-holst.), f., Portion, Menge

Patt, patten s. *Padd, padden*

patterleren, padderleren, swv., patrouillieren, auf u. ab gehen, bummeln

pattu s. *partu*

Pau, Pauluun, m., Pfau; s. *Pageluun*

pauen (schleswg.-holst.), swv., 1. treten, gehen; 2. wimmern, weinen; 3. schlagen, knuffen

Peck, Peggen, m., Holzpflock, Riegel, Türverschluß

Pedd, m., Tritt, Fußtritt

Pedde, Padde, f., Frosch, (kleine) Kröte

pedden, petten, perren, peern, swv., treten; übertr. gehen; jem. *up 'n Steert* (*up de Fööt*) *p.* beleidigen

Peddich, m., Teppich (scherzh.)

Pee, Pie, Pei, m. u. f., Kleidungsstück (aus grobem Leinen), Kittel, Über- o. Unterrock; bes. Kittel für Kinder

[1]**Peek, Pääk,** f., Salzlake, Pökelflüssigkeit, Sole

[2]**Peek, Piek, Peik** (mecklbg.), f., 1. Pike, langer Stock mit Eisenspitze (zum Abstoßen); vgl. *Peekhaken*; 2. Stachel, Spitze, Stift; (veralt.) Lanze

Peekhaken, Peik-, m., Stock mit Eisenspitze, bes. Stange zum Abstoßen u. Fortbewegen eines Schlittens

peeksch, adj., klebrig, fest anklebend

Peeks(ch)leden, Peik-, m., flacher Transportschlitten (der mit der *Peek* o. dem *Peekhaken* fortbewegt wird)

Peerappel, m., Pferdeapfel, Pferdedung

Peerd, Perd, Pierd, n., pl. *Peer, Pier*, Pferd (häufig durch Zusätze näher bestimmt, z. B. *Sadelp.*; häufig in Rdaa. u. Vgl.); *sik up 't hoge P. setten* sich aufspielen, angeben

Peerdokter, m., Tierarzt

Peerkuur, f., Pferdekur, besonders anstrengende Radikalkur

peern s. *pedden*

Pegel, m., Pegel, Merkzeichen für Flüssigkeiten, Markierung für den Wasserstand, Flutanzeiger

pegeln, swv., picheln, zechen, saufen

Peik, peiken s. *Peek, peken*

Pekel, f., Salzlake, Pökelflüssigkeit; vgl. *Peek*

[1]**peken, peiken**, swv., sich mit der *Peek* abstoßen, sich vorwärts bewegen, staken (s. [2]*Peek*)

[2]**peken** (schleswg.-holst.), swv., kleben, ankleben

Pell, f., Pelle, Haut; Fell, Schale

pellen, swv., pellen, die Haut abziehen, schälen

Pellkantüffel, -kartüffel, f., Pellkartoffel, mit Schale gekochte Kartoffel

Pelz, m., Pelz (bes. als Kleidungsstück); übertr. Haut, Fell

[1]**Penn**, m., pl. *Penn*, Pfennig, kleine Münze (häufig in Rdaa.)

[2]**Penn**, f., Feder, Schreibfeder

Pennbroder, -brauder, m., Landstreicher, Bettler, Asozialer

pennen, swv., schlafen

Pennholder (ostfr.), m., Federhalter

Penning, m., Pfennig; s. [1]*Penn*

Pennkleier, m., 1. Geizhals; 2. s. *Pennlicker*

Pennlicker, m., Schreiber, Federfuchser (vorw. negativ)

Pennschieter, m., Geizhals, Geizkragen

pennschieterig, adj., kleinlich, geizig

Penn(tje) (ostfr.), n., Feder, Schreibfeder

penntjen (ostfr.), swv., schreiben

Peper, m., Pfeffer; *P. u. Solt* als zusammengehörendes Gewürz; übertr. Webmuster

Peperkoken, m., Pfefferkuchen, brauner Kuchen, Lebkuchen; bes. Weihnachtsgebäck

Pepermöhl, f., Pfeffermühle

Pepernööt, pl., Pfeffernüsse, Kleingebäck (bes. zu Weihnachten)

Perd s. *Peerd*

Perfesser, m., Professor

Perpendiekel s. *Parpendiekel*

perren s. *pedden*

Persch, m., pl. *Perschen*, Pfirsich

Persenning, m. u. f., wasserabweisende Hülle, Abdeckung aus Segeltuch

Persetter, Persepter, m., Schulmeister, Lehrer

Perzess, m., Prozeß, Gerichtsverhandlung

Pesel, m., großer Raum, Festraum im Bauernhaus, die gute Stube

peseln (ostfr., oldbg., schleswg.-holst.), swv., mühsam arbeiten, sich abrackern; Schmutzarbeit machen

pesen, swv., rennen, schnell laufen

Petersill, f., Petersilie; *mi is de P. verhagelt* es ist etwas schief gelaufen, ich bin mürrisch

Pett (westl. d. Weser), f., Mütze, Schirmmütze; Kappe

Petum, n., billige Tabaksorte

pewerig (schleswg.-holst.), adj., kränklich, schwächlich; elend, flau, blaß

picheln, swv., saufen, ausgiebig zechen

Pick, n., Pech, Teer

Pickdraht, m., mit *Pick* eingeriebener Faden zum Nähen von Leder, Pechdraht; übertr. Berufsbezeichnung für Schuhmacher *Meister P.*

Pickelsteen, Bickelsteen, m., Flintstein

picken, pickern, swv., picken, leicht klopfen; einen leichten Stoß versetzen, murmeln

pickendüüster, adj., pechdunkel, stockfinster

Picker, m., pl. *Pickers*, Murmel, Spielkugel aus Ton o. Glas

pickern s. *picken*

Pickert (südl. oldbg.), m., Reibekuchen

Pickpahl, m., Kinderspiel mit spitzen Holzstöcken

Pickplaaster, n., Pechpflaster, Heilpflaster,

Zugpflaster

Pickschooster, m., Flickschuster

Pie s. *Pee*

Piejack, f. u. m., gestreiftes Oberhemd, gestreifte Jacke, Arbeitshemd der Fischer u. Seeleute

Piek s. *Peek*

Pieks, m., 1. Stich; 2. Pickel

Piel, Pieler, m., pl. *Pielers*, Pfeil

piel, adv., senkrecht, pfeilgerade, aufrecht; hoch, steil; geradewegs, direkt

[1]**Pieler** s. *Piel*

[2]**Pieler,** m., Pfeiler, Stützpfeiler; Säule

Piel(er)bagen, -boog, m., Flitzbogen (als Spiel- o. Sportgerät)

pielliek, adv., pfeilgerade, schnurgerade, senkrecht, kerzengerade

Pien, f., Pein, Mühe; Qual, Plage, Schmerz (häufig auch näher bestimmt z. B. *Kopp-*, *Lief-*, *Tähnp.*)

[1]**Piep,** f., 1. Pfeife, Flöte (als Instrument); 2. Tabakspfeife

[2]**Piep** (ostfr.), f., Beinlinge der Hose; übertr. Hose

piepeln, swv., schwächlich sein, kränkeln; leise sprechen, mit schwacher Stimme sprechen

piepen, swv., pfeifen, piepen; *ut 't letzte Lock p.* am Ende sein, sterben

Piepenkopp, m., Pfeifenkopf; übertr. Dummkopf; jem. etw. *an den P. geben* ohrfeigen

pieplings, adv., geradewegs, egal weg, abwärts; fortwährend, andauernd

Piepmatz, m., Vogel

Pier, m., Wattwurm (als Fischköder); Regenwurm

Pierd s. *Peerd*

pieren, swv., sticheln, reizen, necken; quälen

Pierock s. *Piejack*

Pierratz, f. u. m., pl. *Pierratzen*, Regenwurm

piesacken, pisacken, swv., kneifen, puffen, stoßen; quälen, peinigen, schikanieren

Piesel s. *Pesel*

Pieselee (ostfr.), f., kleine Schenke, Bierlokal

Pietsch, f., Peitsche

pietschen, swv., peitschen, mit der Peitsche schlagen

Pilk, m., besondere Form von Angelhaken, Blinker mit vier Haken (zum Dorsch- u. Heringsfang)

pilken, swv., mit der *Pilk* angeln, reißen

Pill, f., pl. *Pillen*, Pille, bes. Arzneimittel

Pillendreiher, m., Apotheker (scherzh.)

pimpelig, adj., schwächlich, weichlich, verzärtelt

Pingel, f., Klingel, Hausglocke

pingeln, swv., klingeln, schellen, läuten

Pingsten, f. u. n., Pfingsten (früher bes. Brauchtumstag)

Pingstoss, m., Pfingstochse; übertr. herausgeputzter Mensch

Pinkel (ostfr., oldbg., brem., lünebg.), n., Pinkel, aus Grütze, Fett u. Fleisch hergestellte kleine Wurst, Kohlwurst (in Mastdarmhülle, bes. zu Grün- bzw. Braunkohl gereicht)

pinkeln, swv., Wasser lassen, pissen, urinieren

[1]**Pinn,** f., Pinne, kleiner Stift aus Holz o. Metall; kleiner Nagel, Heftzwecke

[2]**Pinn(e),** f., Ruder, Bootssteuer

Pinnschieter s. *Pennschieter*

Pipp, m. u. f., Pips, Krankheit (bes. bei Hühnern)

pisacken s. *piesacken*

pissen, swv., Wasser lassen, urinieren

Pißmier, f., Ameise

Pißpott, m., Nachttopf

Plaag, Plage, f., pl. *Plagen*, Plage, Mühe, Last, Plackerei, Qual, Sorge; übertr. Krankheit

Plaan, m., pl. *Plaans*, Plan, Grundriß, Entwurf; Vorhaben, Projekt; Plane, Abdecktuch

Plaaster, Plooster, m. u. n., 1. Wundpflaster; 2. Riester, Flicken; 3. Straßenpflaster

plaastern, swv., 1. (Straße) pflastern; 2. ein Pflaster auflegen, mit einem Pflaster verkleben

Plaastersteen, m., Pflasterstein, bes. Kopfsteinpflaster

Plaat, f., pl. *Platen*, 1. Platte, bes. Kuchenblech; 2. ebene Fläche, Sandbank; vgl. auch *Platen*

Plaats, Platz, m., Platz, Stelle, Ort; bes. Platz wie Hafenanlage, Bauernhof (ostfr.)

Plack(en), m., pl. *Placken(s)*, 1. Fleck, Schmutzfleck, Farbfleck, Klecks; 2. Platz, Stelle, Mittelpunkt; 3. Fetzen, Lappen, Stück

placken, swv., 1. einen Fleck machen; kleben, festkleben; 2. refl. sich plagen, abschinden, quälen

plackendootstill (Finkenw.), adj., totenstill; übertr. windstill

plack(er)ig, adj., fleckig, gefleckt

pladdern, swv., stark regnen, gießen; vgl. *gettern*

Pläseer, Pläsier, Pleseer, m. u. n., Pläsier, Vergnügen, Freude, Spaß

Plättbrett, n., Plätt-, Bügelbrett

plätten, swv., plätten, bügeln, glätten

Plättiesen, n., Plätt-, Bügeleisen

plaffen, swv., 1. kläffen, bellen; 2. angeben

Plagg(e), f., abgestochenes u. aufgenommenes Rasen- o. Heidestück, Rasensode, Erdscholle

Plank, f., pl. *Planken*, Planke, Brett, Bohle; (aus Planken zusammengesetzter) Zaun, Steg

Plant, f., pl. *Planten*, Pflanze, bes. Kulturpflanze (häufig näher best. wie *Kohl-*, *Röbenpl.* u. a.)

planten, swv., pflanzen, Stecklinge setzen; refl. sich (hin)pflanzen, sich setzen

Planter, m., 1. Pflanzer; 2. Pflanzstock, Gerät zum Ausstechen von Pflanzlöchern

Platen, Ploten, Plaat, m., Arbeitsschürze, Küchenschürze; jem. *wat in 'n P. smieten* Vorwürfe machen

Platenkoken, m., Blechkuchen, bes. Butterkuchen

Platt, f., pl. *Platten*, Platte, ebene Fläche

platt, adj., 1. platt, flach, eben; 2. grob, derb; 3. plattdeutsch, mundartlich

plattbarft, adj. u. adv., barfüßig, barfuß

plattdüütsch, adj., plattdeutsch, niederdeutsch

Plaug u. Kompos. s. *Ploog* u. Kompos.

Pleeg, f., Pflege, Fürsorge

pleffen, pliffen s. *plaffen*

Pleffkatt, Pliff-, f., Angeber; Petzer, Klatschmaul

plegen, plägen, swv., 1. pflegen, hegen; refl. sich pflegen, sich gütlich tun; 2. pflegen, gewohnt sein (etw. zu tun)

Pleseer s. *Pläseer*

Pletten (holst.), pl., Plätzchen, Kleingebäck

Plicht, f., 1. Pflicht; Abgabe, Pflichtdeputat; 2. (Seemannsspr.) lose Abdeckplatten (auf dem Boden offener Boote), offenes Verdeck (über Vorder- o. Achtersteven kleiner Boote), Raum unter Deck

Plichtdeel, n., Pflichtteil (bei Erbanlässen)

Plie, m. u. n., Verstand, Witz, Schläue; Lebensart

plieren, pliern, swv., blinzeln, mit den Augen zwinkern; weinen

plierögen s. *plieren*

plietsch, adj., schlau, gewitzt, pfiffig, listig, schelmisch; klug, welterfahren

pliffen s. *plaffen*

Pliffer, Pleffer, m., 1. Kläffer, Hund; 2. Angeber; vgl. *plaffen* u. *Pleffkatt*

plinken, plinkern, swv., blinzeln, zwinkern

plinkogen, -ögen s. *plinken*; vgl. *plierögen*

plinsen, swv., winseln, weinen, flennen

Plinsen, m., meist nur pl., kleine Pfannkuchen

Plitt, n., 1. Ruhe, (nur in der Vbdg.) *keen P. geben* nicht nachgeben, nicht Ruhe geben (schleswg.-holst.); 2. Markenzeichen, Billett (Finkenw.)

Plock s. *Pluck*

Plodden (mecklbg.), f., pl. *Plöden*, Lappen, Lumpen, Fetzen, verschlissene Kleidung, Klamotten

Plöck, Plock (schleswg.-holst.), n., Geldstück, kleine Münze

Plöckerschuld (schleswg.-holst.), f., kleine Geldschuld, unbedeutende Schuldsumme

plögen, pläugen, swv., pflügen

Plö(ö)r, Plörr, Plü(ü)r, Plürr, f., dünne gehaltlose Suppe, fades Getränk, verdünntes Getränk

Plö(ö)rkraam, Plörr-, Plürr-, m., verdünntes Getränk, fades Gesöff

plören, swv., (Getränke, Flüssigkeiten) verschütten, verplempern; Getränke mit Wasser verdünnen

plörig, adj., kraftlos, fad, wässerig, verdünnt

plöterig, adj., 1. ärmlich, dürftig; 2. s. *plörig*

plötern, swv., 1. plätschern, rauschend regnen; 2. plappern, lallen, ununterbrochen reden

Plöttjekumm (ostfr.), f., Steingut- o. Porzellanschüssel

Ploog, Plaug, m. u. f., Pflug

ploogdrieven, stv. (s. *drieven*), pflügen

Ploogdriever, m., 1. Pflüger; 2. Stock am Pflug zum Heben der Zügel

Ploogiesen, n., Pflugschar, Pflugmesser

Plooglànd, n., Ackerland

Ploogschaar, -schirr, f., Pflugschar

Ploogsteert, -stiert, -start, m., Pflugsterz, Griff am Pflug zum Führen u. Lenken

Ploogstöker, m., Gerät zum Reinigen der Pflugschar, Stock mit Schabeisen

Ploogwenn, f., Pflugwende, Stelle am Ende der Furche wo der Pflug gewendet wird

Pluck, Plock, m., pl. *Plück, Plöck, Plöcken, Pluggen,* Pflock, Zapfen, Klotz; *för jedeen Lock 'n Pluck weten* Rat wissen

plucken s. *plücken*

Pluckfinken, Plück-, nur pl., Fleischgericht, Ragout

pluderig, pluderg, adj., kränklich, matt; mißgelaunt, mißmutig; schwatzhaft (ostfr.); schmutzig, struppig (ostfr.)

plücken, plucken, swv., pflücken, abpflükken; rupfen, zausen; *pluckte Finken* Eintopfgericht (brem.); vgl. *Pluckfinken*

Plückfisch (mecklbg.), m., Fischgericht (vorwiegend aus Resten zubereitet)

Plüm, Plüüm (ostfr., oldbg.), f., pl. *Plümen,* Flaumfeder, Daune

Plümper s. *Plümperküül*

Plümperküül, f., 1. Stocherstange (zum Aufscheuchen von Fischen im Wasser); 2. Rohrkolben

plümpern, swv., plempern, plantschen, im Wasser hantieren, Fischfang mittels *Plümperküül* (s. d.)

Plünn(en), pl., Plunder, Lumpen, abgetragene Kleidung; Klamotten, Gerümpel, wertloses Zeug; (Seemannsspr.) Segelzeug, Segel; *de Pl. tosamensmieten* heiraten

Plünnenbüdel, -bütel, m., Flickenbeutel, Lumpensack; übertr. Geldbeutel

Plünnenkeerl, -kierl, m., Lumpensammler, Landstreicher

Plünnenkraam, m., Flickzeug, Lumpen; Gerümpel

Plünnenrieter, m., Stoffhändler, Tuchwarenhändler (scherzh.)

plünnerig, plünnerg, adj., zerlumpt, abgerissen, lumpig, schäbig, unansehnlich; *p. gahn* arm dran sein, kümmerlich leben

plünnern, plündern, swv., plündern, rauben; *den Boom p.* den Weihnachtsbaum abschmücken

plüssig (ostfr., oldbg.), adj., aufgeblasen, aufgebläht, dick, gedunsen

Plüüm s. *Plüm*

Plüür s. *Plö(ö)r*

Plüüster, m., Fussel, Faser, Haar

Pluggen s. *Pluck*

Plumm, Pluum, f., 1. Pflaume; 2. Flomen, tierisches Fett (ostfr.)

Plumm(en)boom, m., Pflaumenbaum

Plunt, Plünt (Elbm.), m. u. n., Verband

plusen, swv., 1. zausen, zerzausen; 2. refl. sich aufblasen, sich aufplustern

pluusterig, pluustig, adj., 1. zerzaust, wirr, ungekämmt; 2. aufgedunsen, aufgeblasen

pluustern, swv., refl. sich aufblasen, sich dick machen; dick werden, anschwellen

Pluutz, Plautz, m., (nur in der Wdg.) *up 'n P.* sofort, auf der Stelle

Poch, Porch, Pock s. *Pogg(e)*

pochen, puchen, swv., pochen (gegen o. auf etw.), klopfen

Pock, m., pl. *Pock(e)n,* 1. Pocke, Pustel; *swarte P.* Pockenkrankheit, Blattern; *P. kriegen* geimpft werden; 2. Frosch; vgl. *Pogg(e)*

Pockholt, n., bes. Hartholz, Guajakholz (früher für Lauflager von Schraubenwellen u. ä. verwendet)

pö, adv., nur in der Vbdg. *pö a pö* allmählich, nach u. nach

Pödder, Pötter, m., 1. Töpfer; übertr. bedächtiger pedantischer Mensch, vgl. *Püttjer*; 2. Köder für Aalfang

pöddern, peddern, swv., 1. (Schlamm) töpfern; 2. (Schlamm) aufwühlen, aufstochern; besondere Art des Aalfangs

Pödderstang, f., zum *pöddern* (s. d.) gebrauchte Bambusstange, Angelrute; Syn. *Pödderschacht, -schecht*

Pöhl, Pööl, m. u. f., 1. Pfühl, Unterbett, Kissen, Keilkissen; *sik in de P. leggen* zu Bett gehen; 2. pl. von *Pahl* (s. d.)

Pökel, f. u. n., Pökelflüssigkeit, Salzlake

Pöks, Pööks, m., 1. Knirps, kleines Kind, kleines Geschöpf; 2. Podex

pöllen, püllen, swv., (einen Baum) kappen, (die Baumkrone) abschlagen (vgl. z. B. *Pullwichel*); pellen, abziehen

pönen, swv., malen, anstreichen (Seemannsspr.)

pööschen, pöschen, swv., lindern, pflegen; pudern, schminken; beruhigen, besänftigen

Pööt s. *Päät*

Pöpp s. *Popp*

Pöppel, f., Pappel, bes. Roßpappel (als Medizinpflanze); gelbblühende Wasserpflanze (lünebg.)

Pöppelholt, -hult, n., Pappelholz (bes. zum Schnitzen)

pöppen, poppen, swv., 1. gebären; 2. refl. sich verpuppen, verwandeln

pöseln, swv., mühsam Kleinarbeit verrichten; sich abquälen, schuften

[1]**Pöter,** m., Hintern, Podex, bes. Kinderpopo

[2]**Pöter,** m., Stoß, Schlag

Pöting (ostholst.), m., Teufel

Pötter s. *Pödder*

Pöttjekööök (oldbg.), f., Abwaschküche

Pöttjer s. *Püttjer*

Pofis(s), Pofiest, m., Staubpilz, Bovist

Pogg(e), Poch, Pock, m. u. f., pl. *Poggen, Porgen*, Frosch

Poggenhoot, m., Pilz, bes. Stinkmorchel

Poggenkuller, m. u. n., Froschlaich

Poggenpohl, -pool, m., Froschpfuhl, Froschteich (auch als Flurname)

Poggenstohl, m., pl. *-stöhl*, Pilz

Pogütz, Pagü(t)z (schleswg.-holst., mecklbg.), f., Frosch; Unke, Kröte

Pohee (oldbg.), n., Lärm, Geschrei

Pohl, Pool, m., Pfuhl, Pfütze, Tümpel, Teich; Wasserloch, Sumpf

Pohljagd, f., Entenjagd

Poker (hbg., ostfr.), Schüreisen, Feuerhaken

poldern (ostfr.), swv., eindeichen, Land dem Meer abgewinnen

polietsch s. *plietsch*

polken, swv., puhlen, stochern

Pollack, m., Pole; allg. hergelaufener Kerl

Poller, m., (Seemannsspr.) kurzer nach oben verdickter Pfahl (aus Holz o. Eisen zum Befestigen der Schiffe)

Pollwichel, f., K(r)opfweide, gekappte Weide (vgl. *pöllen*)

Polt, f., Fischerboot, Ruderboot (nach Bauart unterschieden in *Flach-* u. *Spitzp.*)

Pomuchelskopp, m., urspr. Dorschkopf; übertr. Mensch mit dickem Kopf, aufgeblasener Kerl

Pook, Pöök, m. u. n., Messer, Dolch; altes abgenutztes Messer

[1]**Pool, Pole** (ostfr.), f., Kappe, Mütze

[2]**Pool** s. Pohl

poolsch, adj., polnisch; übertr. unordentlich, seltsam, fremdartig; Rdaa. *p. tosamen leven* in wilder Ehe leben; *p. Wirtschaft* wildes, ungeordnetes Durcheinander; *in 'n poolschen Bagen* so ungefähr, in Bausch u. Bogen, über den Daumen gepeilt

poor s. *paar*

Poort, Port, Puurt, f., pl. *Porten*, Pforte; Tor, Scheunentor

Poos, Pose, f., pl. *Posen*, Feder; bes. Federkiel (zum Schreiben); Schwimmer an der Angel

Poot, m. u. f., pl. *Poten*, Pfote, Klaue, Pranke; übertr. auch auf Füße u. Finger beim Menschen; *Snuten un Poten* beliebtes Gericht vom Schwein

pootjen, swv., mit den Pfoten packen; übertr. lange Finger machen, stehlen; unterschreiben; auf den Pfoten gehen, laufen (oldbg.)

Popp, f., pl. *Poppen*, Demin. *Pöpp(k)en*

Puppe; übertr. niedliches Mädchen, kleines Kind

Poppel s. *Pöppel*

poppenlustig, adj., lustig, fröhlich, ausgelassen

Poppenspeler, m., Puppenspieler, Kasperspieler; übertr. Kasper, Narr

Porr, Purr (schleswg.-holst.), f., pl. *Porren*, Krabbe, Garnele

Port s. *Poort*

Posensteel, m., Schreibfeder, Federhalter

Possentuur, f., Positur, Haltung; Stellung, Zustand

[1]**Posten,** m., Posten, Anstellung, Amt, Position

[2]**Posten,** m., Pfosten, Ständer

Postüür, Pastüür, n., unausstehliche Person, häßliches, gemeines Frauenzimmer

poten (ostfr.), **paten,** swv., pflanzen, einpflanzen, Stecklinge setzen; (Obstbäume) veredeln; vgl. *paten*

potschent, put-, pat-, adj., unwohl, unpäßlich, kränklich; *en beten p. sien* sich nicht wohl fühlen

Pott, Putt, m. u. f., pl. *Pött, Pütt*, Topf, Krug; Kochtopf, Milchtopf, eiserner o. irdener Topf (häufig durch Zusätze näher bestimmt); *P. un Pann* Haushaltsgeräte, Haushalt; *een P. un een Pann sien* gut befreundet sein (auch sonst häufig in Rdaa. u. Sprw.); Nachttopf; jem. *up 'n P. setten* zurechtsetzen, zurechtweisen, jem. die Meinung sagen; *de P. is twei* eine Freundschaft ist beendet

Pottbacker (ostfr.), m., Töpfer

Pottdeckel, m., Topfdeckel; übertr. Mütze (scherzh.)

pottdicht, adj., vollständig geschlossen, absolut dicht

pottegaal, adv., einerlei, völlig egal, gleichgültig

Pottfarken, Putt-, n., schmieriges Kind, Schmierfink

Potthoot, m., Kapotthut, hoher Hut

Pottkieker, m., Topfgucker, neugieriger Mensch

Pottlicker, m., Topflecker; übertr. Zeigefinger, Naschfinger

Pottloot (ostfr., schleswg.-holst.), n., Graphit, Ofenschwärze

Pottreck, n., Regal für Töpfe, Trockengestell für Milchkannen

Pottschöör, f., Scherbe (vom irdenen Topf)

Pottschrapels, n., Zusammengekratztes, Rest, Nachlese

Pottschraper, m., Topfkratzer (zum Reinigen der Töpfe); meist übertr. ärmlicher Mensch, Habenichts; Geizhals

[1]**Pottslaan,** n., Porzellan

[2]**Pottslaan,** n., Topfschlagen (als Kinderspiel)

power(ig), adj., armselig, dürftig, elend; kränklich

powerig s. *power*

Powertee (mecklbg.), f., Armut, Elend

Pozlein (schleswg.-holst., mecklbg.), n., Porzellan (vgl. *Pottslaan*); adj., aus Porzellan hergestellt

Praat (vorw. ostfr.), m. u. n., Gerede, Unterredung, Gespräch (Syn. *Snack*); *den P. verwahren* ein Gespräch in Gang halten; s. *praten*

praat, adv., parat, fertig, bereit

praatschen s. *praten*

Pracher, m., Bettler, Landstreicher, bes. zudringlicher Habenichts (häufig in Sprw.); armer Mensch

pracherig, adj., armselig, ärmlich

prachern, swv., betteln; bes. auch dringendes Bitten u. Betteln von Kindern

Pracherpack, n., Bettelpack, Lumpengesindel

Prachervaagt, m., Bettelvogt, Polizeidiener

Prachervolk s. *Pracherpack*

Prädikant (ostfr., oldbg.), m., Predikant, Hilfsgeistlicher; Prediger

Präken (ostfr., oldbg.), f., Predigt

prahlen, swv., prahlen, großtun, angeben, protzen; sich mit großen Worten hervortun, sich rühmen; laut sprechen, schreien

Prahlhans, m., Prahler, Angeber; übertr. offene Anrichte, repräsentatives Möbelstück

praien s. *preien*

prall, adj., prall, straff, stramm; voll, *de*

pralle Sünn heller Sonnenschein, blendende Lichtfülle

prallen, swv., prallen, stoßen, bes. abprallen von etw.

Prallsteen, m., Prellstein, Eckstein, Kantstein (bes. an Einfahrten)

prammen, prampen, pramsen, swv., stopfen, pressen, quetschen, stampfen

prampen s. *prammen*

prampenvull, adj., proppenvoll, fest u. stramm gefüllt

pramperen (schleswg.-holst., mecklbg.), swv., lärmen, schimpfen, lamentieren, krakeelen

pramsen s. *prammen*

pranse(l)n, swv., flehentlich bitten, aufdringlich betteln; lärmen, krakeelen, das große Wort führen

praten, proten, praatschen (vorw. ostfr.), swv., plaudern, reden, erzählen, sich unterhalten, über etw. sprechen

pratzen, swv., 1. schwatzen; 2. aufdringlich bitten, betteln

pratzig, adj., patzig, frech, herausfordernd; hochmütig

Preckel, Prickel, m., pl. *Preckeln*, Holzstäbchen, spitzes Holz (bes. zum Verschließen des Wurstdarmes); Stachel

Preckelholt, Prickel-, n., Kleinholz, Anmachholz

Preem, Preen, m., Pfriem, Schusterwerkzeug zum Vorstechen von Löchern

Preester, Preister, m., Priester, Geistlicher, Pastor (häufig verächtlich neben *Paster*); *up 'n P. studeern* Theologie studieren, *na 'n P. gahn* Konfirmandenunterricht besuchen; (häufig in Rdaa. u. Sprw.)

preestern, preistern, swv., predigen, großsprecherisch reden, lehrhaft sprechen

preien, swv., laut rufen, anschreien; krähen

Preister s. *Preester*

Prekel s. *Preckel*

prekeln, preckeln, swv., stechen, stochern; sich einen Stachel einreißen; vgl. auch *printen*

prellen, swv., 1. etw. gegen etw. werfen daß es zurückprallt, federnd schlagen; 2. aufdringlich bitten, betteln (ostfr., mecklbg.)

premsen s. *prammen*

prenkeln s. *printen, prenten*

prentern, swv., herumreden (um etw.), jem. überreden

preschen, swv., schnell laufen, jagen, vorpreschen

pressen, swv., pressen, glattdrücken, glätten

Preßkopp, m., Preßkopf, Sülze

preuen (oldbg.) s. *preien*

Preuß, m., Preuße, Angehöriger des preußischen Staates

preußsch, preusch, adj., 1. preußisch; 2. leicht erregbar, kurz angebunden; eingebildet, stolz, überheblich

Prick, m., flekt. u. pl. *Pricken*, Stachel, Spitze, Punkt; spitzes Werkzeug zum Stechen; spitzes Holzstück (vgl. *Preckel*); *up 'n P.* auf den Punkt genau, sofort, gleich

prick, adv., genau, exakt; scharf, deutlich

Prickel s. *Preckel*

prickeln, swv., stechen, sticheln; von leicht stechendem o. reizendem Schmerz

Priechel (vorw. ostfr., oldbg.), m. u. n., Kirchenempore

Priel, m., Wasserlauf (im Watt), Rinne

Priem, m., Kautabak

priemen, swv., Tabak kauen

[1]**Pries,** m., pl. *Priesen*, Preis; Anerkennung, Lob

[2]**Pries,** f., Prise, kleine Menge

priesen, swv., 1. taxieren, den Preis schätzen; 2. preisen, rühmen, empfehlen, loben

printen, prenten, prenkeln, swv., sauber (wie gedruckt) schreiben, in Druckschrift schreiben; drucken, prägen

Priwee (mecklbg.), n., Abort

probaat, adj., probat, ausprobiert, bewährt; tauglich, brauchbar

proben, pröben, probeern, swv., erproben, prüfen; kosten, schmecken; probieren, ausprobieren; vgl. auch *pröven*

Probendreger, -rieder, m., Handlungsreisender, Vertreter

pröben s. *proben* u. *pröven*

Prökel, m., 1. stumpfes o. schlechtes Werkzeug, bes. Spaten o. Messer; 2. vgl. *Preckel*

prökeln s. *prekeln*

Prööl, m., Trödel, unnützer Kram

pröven, swv., prüfen, probieren; prüfend kosten, abschmecken; ausprobieren; vgl. *proben*

Profeschoon, f., Profession, Beruf

promseen (schleswg.-holst.), swv., voraussagen, prophezeien

proost, interjek., prosit, zum Wohl, Zuruf beim Trinken

Proov, Proof, Prauf, f., Probe, Muster, Beispiel

Propp(en), m., Pfropfen, Stöpsel; Flaschenkorken; *an 'n P. rüken* leer ausgehen; jem. *up 'n P. setten* zurechtweisen, in die Schranken weisen; übertr. kleiner korpulenter o. wohlgenährter Mensch, bes. kleines Kind

proppen, swv., 1. pfropfen, stopfen, etw. dicht machen; 2. (Pflanzen) veredeln

Proppentrecker, m., Korkenzieher

propper, adj., auf sich halten, nett, hübsch, akkurat; reizend, schmuck

proten s. *praten*

proven s. *pröven*

pruddeln, prudeln, swv., schlechte Handarbeit machen, unordentlich arbeiten, pfuschen

pruderig, pruterig, adj., 1. unordentlich, nachlässig; 2. kümmerlich, dürftig, kränklich

Prügel, m., derber Stock, Knüppel; pl. *Prügel(s)* Schläge, Prügel

prügeln, swv., mit dem Stock hauen, schlagen; refl. sich schlagen, prügeln

prünen, prühnen, swv., flüchtig zusammenheften, mit groben Stichen nähen; die Mundwinkel zusammenziehen, den Mund spitzen, die Nase rümpfen

Prüneree, -rie, f., schlechte Handarbeit, Näherei

Prünt, m., gespitzter Mund; vgl. *prünen*

Prüntje(r), m., Priem, Kautabak; übertr. Minderwertiges, Kleinigkeit

Prüschen, Pruschen, f., Prise Schnupftabak

prüßen, swv., niesen, prusten; vgl. *pruschen*

prütern, swv., 1. nachlässig arbeiten; vgl. *prünen*; 2. reden, schwatzen, drauf losreden; nörgeln

Prüük, Prük, f., Perücke; übertr. Haar, Kopf, Mütze; *sik bi de P. hebben* sich streiten

Prüün, Prün, m., kleiner spitzer Stecker, Nadel, Pfriem

Prüünkraam, m., 1. mühsame Kleinarbeit; 2. unordentliche Arbeit, Pfusch

Prull, m., 1. (oldbg.) Klotz, Holzblock; Mittelpfosten der zweiteiligen Haustür; 2. (mecklbg.) Wasserlauf, Rinne; 3. (schleswg.-holst. in der Vbdg.) *P. hollen* gehorchen, sich fügen, sich gedulden; 4. Traube, Knäuel

pruschen, pruusten, prußen, swv., prusten, niesen; schnauben, fauchen; plötzlich in Lachen ausbrechen

pruterig s. *pruderig*

prutern s. *prütern*

pruusten s. *pruschen*

[1]**Puch** s. *Puuch*

[2]**Puch** s. *Pogg*

[3]**Puch** (ostfr.), f., Beule, Eiterbeule

puchen s. *pochen*

Puck, m., kleiner Sack, Beutel, Tasche

Puckel, m., Buckel; Rücken, Nacken; jem. *lang(s) den P. rutschen, den P. rünnerrutschen* derbe Abweisung; *'n P. vullkriegen* Schläge bekommen

puckeln, buckeln, swv., schwer an etw. tragen, schwere Lasten tragen; übertr. sich abschleppen mit etw., schwer arbeiten

pucken s. *puckern*

puckern, swv., pochen, klopfen, schlagen (gegen o. auf etw.); übertr. auch vom Herzschlag

puddeln, swv., trippeln, trappeln, unsicher gehen (bes. bei Kleinkindern); paddeln, planschen, schwimmen (wie ein Tier)

Pudel, m., pl. *P.-s*, 1. Pudel (als Hunderasse); 2. Fehler, Fehlwurf (beim Kegeln)

pudelig, puddelig, adj., haarig, ungekämmt, lockig, kraus (wie ein Pudel); rundlich, pummelig, weich

Pudelmütz, f., gestrickte Kopfbedeckung, Pudel

Püddick (mecklbg.), m., Made

pük, püük, adj., sauber, hübsch, fein, gepflegt, nett; tadellos, prima, akkurat

pükfein, adj., sauber, ordentlich, piekfein

Püll (ostfr.), f., Pulle, Flasche, Kruke; Wärmflasche

[1]**püllen** (ostfr., lünebg.), swv., trinken, zechen, saufen

[2]**püllen,** swv., Baumkronen kappen; vgl. *pullen*

pülschen, pulschen, swv., planschen, mit Wasser spritzen, panschen; vgl. *palschen*

Pümmelwu(r)st (ostfr.), f., Mettwurst, bes. grobe Mettwurst

Pümpel, m., 1. Stampfer, bes. Rammbock (zum Befestigen von Lehm o. Erde); 2. (mecklbg.) Tümpel, kleines Wasserloch

Pünd(j)er, Pünner, m., Schnellwaage, Hängewaage (mit Schiebegewicht)

pündig, pünnig, adj., schwer, gewichtig; übertr. reich

Püngel, Pungel, m., kleiner Beutel, kleiner Sack

Pünner s. *Pünd(j)er*

Pünt, f., Spitze; übertr. Fingerspitze, gespitzter Mund u. ä.

Pürrick (mecklbg.), m., Made, Wurm; vgl. *Püddick*

Püster s. *Püüster*

Pütt, f., pl. *Pütt(en)*, 1. Pfütze; Wasserloch, Brunnen; 2. Wasserbehälter, Eimer

pütten, swv., 1. ausschachten, Erde aus der *Pütt* (s. d.) holen; Wasser schöpfen; 2. gießen

Püttjer, Pütter, Pötter, m., Töpfer; übertr. pedantisch u. langsam arbeitender Mensch

püttjerig, püttscherig, adj., pedantisch, kleinlich; umständlich, langsam; übertr. wunderlich, eigenwillig, eigenartig, närrisch; zappelig

Püttjerkraam, m., Kleinkram, kleinliche Arbeit, Fummelarbeit

püttjern, püttschern, swv., arbeiten, bes. kleine nebensächliche Arbeiten tun, pedantisch arbeiten; übertr. mit Nebensächlichkeiten die Zeit vertrödeln

püttscherig s. *püttjerig*

Püttwater, n., Brunnenwasser, Wasser aus der *Pütt* (s. d.)

Pütz, f., Schöpfgefäß, bes. kleiner Eimer (mit Tau versehen auf Schiffen zum Aufholen von Wasser)

pützen, swv., Wasser (aus dem Boot) schöpfen

püük s. *pük*

Püüster, Püster, m., 1. kleiner Blasebalg, Blasrohr; *P. treden* den Blasebalg treten (bes. beim Orgelspiel); 2. Gewehr, Luftgewehr; 3. tüchtiger Rausch infolge Alkoholgenusses (schleswg.-holst.)

püüstern, swv., pusten, blasen; übertr. antreiben, jagen, vertreiben, fortjagen

Püüt, Püt (ostfr.), f., Tüte, kleiner Beutel, Geldbeutel

Puff, m., Puff, Schlag, Stoß

Puffer, m., Topfkuchen, Napfkuchen; Pfannkuchen (bes. Kartoffelpfannkuchen)

Puhee, Puhei, m., Lärm, Hallo, Spaß; Aufheben, Aufsehen (meist in Vbdg. mit *maken*)

puken, swv., rupfen, zupfen, etw. abziehen, pellen, abpflücken, ab- o. herauslösen, klauben

pukig, puuksch, adj., ärmlich, kränklich; klein, unbedeutend (mecklbg.)

pulen, puhlen, swv., 1. zupfen, ablösen, abpellen; stochern, etw. stochernd entfernen (vgl. *puken*); 2. jem. o. sich prügeln, schlagen; 3. jem. etwas erläutern, erklären, beibringen (*bi-, uteneenp.*)

Pull, Püll, Poll, m., Baumkrone, Wipfel, Spitze; übertr. Kopf, Haarschopf; Grasbüschel, Gruppe eng zusammenstehender Pflanzen

[1]**pullen, püllen,** swv., kappen, die Spitze der Pflanzen abschneiden; vgl. *Pullwichel*

[2]**pullen** (Seemannsspr.), swv., rudern

Puller, Poller, m., Pfosten o. Balken an Deck von Schiffen zum Festmachen von Tauwerk; verdickter Pfahl aus Holz o. Eisen zum Befestigen von Schiffen

pullern, swv., pinkeln (bes. Kindersprache)

Pullwichel, Poll-, f., Kopfweide, Weide mit verdicktem Kronenansatz

Pulster, n., Polster

Pult, n., Pult, Schreibtisch, Sekretär

Pulten, f., nur pl., Lappen, Lumpen, Fetzen; *de P. tosamensmieten* heiraten

Pulterabend, m., Polterabend, Vorabend der Hochzeit

pulter(i)g, pulterich, adj., lumpig, zerrissen; abgerissen, unordentlich, verwahrlost; schadhaft, (Gebäude) baufällig

Pulterkamer, f., Rumpelkammer, Gerümpelkammer, Abseite

Pulterkraam, m., Gerümpel, Sperrgut

pultern, swv., poltern, lärmen; stolpern, stürzen; geräuschvoll gehen

Pulterstraat, f., Straße mit Kopfsteinpflaster

Pummel, m., kleines halbrundes Gebäck; kugelförmiges Gebilde, Bommel, Pummel (bes. aus Wolle); übertr. rundlicher, dicker Mensch, bes. Kind

pummelig, adj., rundlich, mollig, dick

Pump, f., 1. Pumpe; 2. Kredit, Borg

pumpen, swv., 1. pumpen, Wasser mittels einer *Pump* (s. d.) heben; 2. pumpen, leihen, borgen

Pumppesel, m., Rohrkolben, Schilfkolben

Pumpstaken, m., Pumpenstange; übertr. Bein; Rda. *Düvel sien P.* urspr. allerlei Leute, Gesinde; übertr. alles Mögliche, bes. minderwertiges Zeug

Pund, n., Pfund, Menge von 500 Gramm

pundig, punnig, adj., pfundig, gewichtig, schwer

pund(s)wies, punnwies, adv., pfundweise

Punge(l) (mecklbg., ostfr.), m., Beutel, Sack; bes. gefüllter Mehlsack

Punsch, m., pl. *Pünsch,* Punsch (Getränk aus Wasser [Kaffee, Tee], Wein o. Rum u. Zukker)

Punter, Punder, m., Windelbaum, Bindebaum (zum Befestigen des Fuders auf dem Erntewagen)

Pupp s. *Popp*

puren (ostfr.), swv., quälen, ärgern; drängen, antreiben, anstacheln

[1]**Purks, Porks, Pörks,** m., Knirps, kleiner untersetzter Junge; allg. etwas Kleines, Unterentwickeltes

[2]**Purks,** n., halbwüchsiges Schwein

purren, swv., anspornen, aufstacheln, reizen; stochern, wühlen

Puschen, m., meist pl., weiche Filzpantoffeln, Hausschuhe

Puschenkino, n., Fernsehgerät (scherzh.)

Puss, m., Kuss

Pussel, m., kleines zärtliches Mädchen, Kosewort für Kinder

Pusselarbeit, f., leichte Kleinarbeit (die Fingerfertigkeit erfordert)

pusselig s. *pussig*

Pusselkraam, m., Kleinkram

pusseln, swv., leichte Arbeit tun, geschäftig sich betätigen, still vor sich hin arbeiten

pussig, pusselig, adj., schwerfällig, linkisch, ungeschickt

Putschenell(er), m., Kasper, Hanswurst; Kosewort für Kleinkinder

putschent, patschent, potschent, adj., krank, unpäßlich, leidend

Putt, Pott, f. u. m., pl. *Pütt, Pött,* Topf (häufig durch Zusätze näher bestimmt, z. B. *Kock-, Melk-, Rummelp.*); Gefäß

Puttaben, -aven, m., Kachelofen; Ofen zum Brennen irdener Töpfe

Puttbloom, f., Topfblume

puttern, swv., hamstern, etw. zusammenbetteln

Puttfarken, n., Ferkel; übertr. Schmierfink, schmutziges Kind

Puttjunker (mecklbg.), m., Krautjunker, (verächtlich) Gutsbesitzer

Puttrick, -reck, n., Trockengestell für Töpfe, Topfablage, Regal für Geschirr

Puttschören, Puttschaarn, f., nur pl., Topfscherben, Tonscherben; Topf, Geschirr

[1]**Putz, Putzmann,** m., Polizist, Schutzmann

[2]**Putz,** m., 1. Putz, Schmuck; 2. Spaß, Vergnügen, Schabernack

Putzbüdel, m., Barbier, Frisör

putzen, swv., putzen, saubermachen, reinigen; sich rasieren; übertr. etw. verspeisen, leer essen, wegputzen

putzig, adj., putzig, drollig; merkwürdig, seltsam; wunderlich, komisch

Putzmetz, -mest, n., Rasiermesser

Puuch, Puch, f., Bettgestell, Bett, Bettdecke; *to P. gahn* ins Bett gehen, sich schlafen legen

[1]**Puuk** s. *Puuch*

[2]**Puuk, Puck** (schleswg.-holst.), *Niß P.* guter u. schlechter kleiner Hausgeist, Kobold

Puukkantüffel, f., Pellkartoffel

Puul (ostfr., oldbg.), f., Hülse, Schote, Schale

Puulkantüffel s. *Puukkantüffel*

Puulkraam, m., Kleinarbeit, mühselige Arbeit

puur, adj., pur, rein, echt, unverfälscht

Puus, f., Katze

Puust, Pust, f. u. m., Puste, Atem, Hauch; *hool P.!* mach Pause, halte ein; *ut de P. sien* außer Atem sein

Puustebloom, f., Pusteblume, verblühte Butterblume

puusten, pußen, swv., pusten, blasen; keuchen, schnaufen

Puus(t)pogg, -puck, m., Frosch, Wasserfrosch, Kröte

Q

quaad, quaat, adj., böse, schlecht, schlimm; zornig, aufgebracht; falsch, raffiniert, zänkisch; kümmerlich, ärmlich, klein; anheimelnd

Quaal, f., Qual, Pein, Beschwernis, Schmerz

Quaas, Quass, Quaß (schleswg.-holst.), f., pl. *Quasen,* Fischerkahn (der mittschiffs einen Fischbehälter mit Frischwasser hat)

Quabb, f., Froschquabbe, Kaulquabbe, Aalquabbe (frühes Entwicklungsstadium dieser Tiere)

quabbelig, adj., schwammig, gallertartig

Quackellee, -he, f., Gequatsche, sinnloses Gerede

quackeln, swv., quatschen, schwatzen, inhaltslos reden

quacksalben, -salven, swv., Kurpfuscherei betreiben, sich laienhaft als Arzt o. Apotheker betätigen

Quacksalber, m., (scherzh.) Arzt, Apotheker, Heilkundiger; übertr. Pfuscher

Quaddel, f., pl. *Quaddeln,* Hautschwellung, Bläschen, Pustel, wässerige Beule

quaddeln, swv., 1. quatschen, Unsinn reden, schwatzen; 2. aufquellen, Blasen bekommen

Quadux (mecklbg.), **Queduuz** (schleswg.-holst.), f., Erdkröte, großer Frosch

Quäälkraam, m., Quälerei, schwierige Sache

Quädelee (ostfr.), f., törichtes Gerede

Quäk s. *Queek*

quälen, swv., quälen; refl. sich kümmern um, sich sorgen

quängeln s. *quengeln*

quäsig s. *quesig*

Qualler, Quarder, n. u. m., Bündchen, Einfassung; Halskragen

Qualm, m., Qualm, Rauch; *Q. maken* Lärm machen; übertr. Aufsehen erregen

qualmen, swv., rauchen

Qualster, m., Schleim, Auswurf

Quandel, Quannel, m., Bündel, bes. Kleiderbündel

quan(t)swies, adv., 1. Stück für Stück; beispielsweise; nicht ernsthaft, nur zum Schein; 2. beiläufig, nebenbei, sozusagen

[1]Quant, m., pl. *Quanten,* Tand; (im pl.) Ausflüchte, Ausreden, Lügen, Flunkereien

[2]Quant (oldbg.), m., Schalk, Narr; übertr. (vom Menschen) Windhund, Luftikus

Quanten, nur pl., große Füße

Quapp s. *Quabb*

Quarder s. *Qualler*

Quark, m., 1. Quark, Weißkäse; 2. übertr. weiche Masse; Unsinn, Unbedeutendes, Wertloses, Abfall

Quarkbüdel, m., Nörgler, unzufriedener Mensch, Pedant, Querulant

quarken, swv., quaken, schnattern (bes. von Fröschen u. Enten); quengeln, wimmern; nörgeln, sich unzufrieden äußern

quarren, swv., leise wimmern, andauernd weinen, schreien; *quarken* (s. d.)

quarrig, quarig, adj., weinerlich, verdrießlich, mürrisch, unzufrieden

Quarteer, Quartier, n., 1. Quartier, Unterkommen, Herberge; 2. Maßeinheit, ein Viertel; bei jem. *sien Qu. up een Ell hebben* bevorzugt werden

quasseln, swv., quatschen, dummes Zeug reden

[1]Quast, m., Quaste, Trottel; Büschel, Bündel; bes. großer Pinsel (o. ä. als Handwerkszeug); übertr. *Hans Q.* Einfaltspinsel, Dummkopf

[2]Quast (ostfr., mecklbg.), n., Gastmahl, Festessen

Quatember, m., Quartalstag, Vierteljahrestermin

Quatsch, m., Quatsch, Unsinn; dummes Zeug, dummes Gerede

quedeln (ostfr.), swv., quatschen, dumm reden; nörgeln

Queduuz s. *Quadux*

Queek, Quek, Quäk, m. u. f., Quecke, Unkraut

Queen, Quän, f., pl. *Queens,* junges weibl. Rind

Queern, Quern, m., Handmühle, bes. Grützmühle

Quees, Quese, Quäis, f., Blase, blutunterlaufene Quetschung, Schwiele

Queeskopp, Quesen-, m., Querkopf,

Nörgler, wunderlicher Kerl, Eigenbrötler

queetlich (mecklbg.), adj., ärgerlich, mürrisch

Quek s. *Queek*

Queksteert s. *Quicksteert*

Queller (Nordseeküste), m., Salzhornkraut (erste Pflanze auf dem Schlickboden)

quengeln, quängeln, swv., mit weinerlicher Stimme nach etw. verlangen, bettelnd winseln, um etw. bitten

Quern s. *Queern*

quesen, quäsen, swv., nörgeln, mißmutig etw. beanstanden, etw. auszusetzen haben, tadeln

quesig, quäsig, adj., quängelig, mürrisch

quick, adj., lebhaft, beweglich, lebendig, munter

Quickborn, m., Quelle, frischer Brunnen (auch als Orts- u. Flurname)

quicken, swv., erquicken, beleben, erfrischen

Quicksteert, m., Bachstelze; übertr. unruhiger Mensch, Zappelphilipp

Quiddje (hbg.), m., Fremder, Hochdeutschsprechender

Quie (schleswg.-holst.), pl. *Quien*; s. *Queen*

quiemen, swv., schwer o. gequält atmen, heiser reden; übertr. kränkeln

quienen, swv., kränkeln, dahinsiechen

Quienkoppel, f., Weide für Jungvieh; vgl. *Queen*

quiet, qui(t)t, adj., quitt, ledig, frei; *qu. warrn* einer Sache verlustig gehen; *qu. sien* fertig sein, frei sein von, eine Schuld beglichen haben, (verstärkt) sich voneinander trennen, sich scheiden

Quietsch s. *Quitsch*

quinkeleren, -leern, swv., zwitschern, trillern, kunstvoll singen, flöten

quinkogen, -ögen (ostfr., oldbg.), swv., zwinkern, blinzeln

Quitsch, m. u. f., 1. Quecke (vgl. *Queek*); 2. Vogelbeere, Eberesche

Quitschbeern, f., Vogelbeeren, Frucht der Eberesche

Quitschenboom, m., Eberesche, Vogelbeerbaum

qui(t)t s. *quiet*

Quitt, f., Quitte, Quittenbaum

quittengeel, adj., quittengelb; käsig; übertr. Farbe bei Gelbsucht

Quixquax, m. u. n., dummes Gerede, Geschwätz

quood s. *quaad*

quosen, quasen, swv., hinunterwürgen, widerwillig essen, mäkelnd essen; mit vollen Backen kauen; übertr. nörgelnd reden, widerwillig sprechen

quubbeln, quabbeln, swv., wabbeln, sich zitternd bewegen; überquellen

quubbelig s. *quabbelig*

quucksen, quuksen, swv., plumpsen, schwer u. geräuschvoll hinfallen

quüchen, quöchen, swv., keuchen, hüsteln

R

Raa s. *Rah*

Raad s. *Raat*

Raadmaker, Ramaker, m., Stellmacher, bes. Radmacher

[1]**Raaf** s. *Raav*

[2]**Raaf,** n., Wundkruste, Schorf, Borke; Narbe; übertr. Kappe (bes. beim Holzschuh, emsld.)

Raak, f., Schürhaken, Schieber (zum *raken* der Feuerglut o. der Asche); übertr. überdecktes Herdloch

Raakwark (ostfr.), n., 1. Abenteuer, Wagnis, Risiko; 2. zusammengescharrtes Gerümpel

raar, adj., selten, rar; seltsam, sonderbar, eigen; kostbar, gut, schön; behaglich; *sik r. maken* selten in Erscheinung treten, aus dem Blickfeld verschwinden

[1]**Raas, Raaß,** f., Rasse; Zucht, Art

[2]**Raas, Raasch,** f., Wut, Raserei, Zorn, betont *dull* (*bannig*) *in R. sien* sehr wütend sein

raastern, swv., andauernd reden, schnell u. viel sprechen; übertr. rasseln, prasseln, krachen (bes. mecklbg.)

Raat, Raad, f. u. m., Rat, Hilfe, Fürsorge; *R. schaffen* für Abhilfe (bes. Geld) sorgen; *R. weten* einen Ausweg wissen; Nutzen, Vorteil, Gewinn; *mit R. u. Daat* mit Rat u. Tat; Rat, Ratsversammlung

Raathuus, n., Rathaus; übertr. Behörde, Amt

Raatslag, m., pl. *Raatslääg*, Ratschlag, Hilfe

raatslagen, -slaan, stv. (s. *slaan*), ratschlagen, beraten, verhandeln

Raav, m., pl. *Raven*, *Raben*, Rabe, Rabenvogel

rabacke(r)n, swv., polternd galoppieren, lärmend klappern, geräuschvoll aufschlagen (z. B. von starkem Regen)

Raba(l)ster, m., Alabaster, Marmor (bes. in Form von Spielkugeln, Murmeln)

Rabatt, f., pl. *Rabatten*, 1. Rabatte, Beet, bes. langgestrecktes Gartenbeet; 2. Rücken, Pukkel; übertr. *wat langs de R. kriegen* Schläge bekommen

rabbeln, rappeln, swv., 1. schnell u. unverständlich reden; 2. rasseln, klappern, klopfen; *bi em r. dat* er ist nicht normal

Rabuus, f., Unruhe, Tumult, Aufregung

Rachgier, Raff-, f., Habgier, Habsucht

rachgierig, rack-, raff-, adj., habgierig, habsüchtig, selbstsüchtig, neidisch

rackeln, swv., rütteln, wackeln

racken s. *rackern*

Racker, m., Schinder, Henker; Schurke, Flegel, Halunke, Schelm; (heute häufig wohlmeinend, bes. zu Kindern) Schalk, drolliger Wicht

Rackeree, -rie, f., Schinderei, schwere Arbeit, Drecksarbeit

rackern, racken, swv., sich abschinden, schwer arbeiten, bes. Schmutzarbeit verrichten

Rackertüg, -tüch, n., Rasselbande, böse Gesellschaft, Verbrecherbande

[1]**Rad,** n., pl. *Röö*(*d*), *Röder*, Rad, Wagenrad; übertr. Fahrrad; *ünner 't R. kamen* verunglücken, in eine mißliche Lage kommen, *dat föfte R. an 'n Wagen sien* überzählig sein

[2]**Rad** (schleswg.-holst.), f., Reihe; nur in Vbdg. *ünner* o. *nah de R.* nach der Reihe, nacheinander, hintereinander

Radel; Radels (ostfr.), pl. *Radels*, n., Rätsel

[1]**raden,** swv. (part. *raadt*, *raden*), raten, Ratschläge erteilen; befehlen, anordnen; Rat, Hilfe, Abhilfe schaffen; beraten; übertr. besprechen (von Krankheiten); etw. erraten, enträtseln

[2]**raden,** swv., roden, urbar machen

Rader, m., Kartoffelroder, Maschine für Kartoffelernte

rä- s. auch *re-*

räden s. *reden*

Rägel (mecklbg.), f., Melkplatz (bes. auf der Weide)

Rägen s. *Regen*

räkeln, rekeln, swv. (meist refl.), sich recken u. strecken, sich hinflegeln; sich aalen, entspannen

räken s. *reken*

rären (ostfr.), swv., weinen, heulen, schreien, brüllen

räsoneren, re-, räseneern, swv., rechthaberisch streiten, hartnäckig sein Recht verfechten; übertr. aufschneiden, faseln

raf, raff, adv., herab, herunter; hinab, hinunter (auch als Präfix bei Verben)

Raffgier s. *Rachgier*

raffig, adj., gierig, raffig

Rah, Raa (Seemannsspr.), f., Rah, querbefestigte Segelstange am Großmast

Rahm, Rohm, m., Rahm, Sahne

Rahm(en), m., 1. Rahmen, Einfassung; 2. (mecklbg.) Rauchfang; übertr. Ruß

[1]**raken,** swv., zusammenkratzen, zusammenholen; scharren, kratzen, raffen

[2]**raken,** swv., 1. erreichen, treffen, berühren; 2. refl. sich erzürnen, streiten

rallögen, -ogen, swv., die Augen verdrehen, müde blinzeln

Ramaker s. *Raadmaker*

ramen, swv., zu treffen suchen, einholen, erreichen

ramente(r)n, swv., rumoren, poltern, lärmen, toben; verstärkt *rümr.* herumtoben

[1]**Ramm,** f., Ramme, Rammbock zum Einschlagen von Pfählen

[2]**Ramm,** m., Krampf

Rammbuck, m., 1. Ramme, Rammbock; 2. Schafbock

rammdösig, adj., benommen, begriffsstutzig, dumm, nicht ganz bei Sinnen, leicht verrückt; (häufig in Vbdg. mit *maken*) verwirren

[1]**rammeln,** swv., sich paaren (bes. von Hasen u. Kaninchen)

[2]**rammeln,** swv., rumpeln, poltern, klappern, rasseln

rammen, swv., mit der Ramme arbeiten, Pfähle einschlagen

Rammer, m., Rammarbeiter (als Beruf)

ramms(ch)nutig, adj., vorlaut, bes. von jem. mit losem schnellen Mundwerk, von spitzen Bemerkungen

ramponeren, -nieren, swv., beschädigen, zerstören, etwas kaputtmachen; übertr. verletzen

ran, adv., präp., heran (häufig als Präfix bei Verben); auffordernd: vorwärts, heran

Rand, m., 1. Rand, Einfassung, Kante; *ut R. un Band* zügellos, wild; übertr. Mund, Mundwerk, *holl den R.* halt das Maul; 2. schlechter Kerl, liederliches Weib u. ä. (schleswg.-holst.)

Randaal, m., Randale, Lärm

ranfodern, swv., auffuttern, großziehen, aufziehen

ranfriegen, swv., anheiraten, durch Heirat erwerben

rangahn, stv. (s. *gahn*), 1. herangehen, sich nähern; 2. beginnen, anpacken

rangeln, swv., rangeln; sich wälzen, drehen, wenden

rangen s. *rangeln*

ranhalen, swv., heran-, herbeiholen, anschaffen

ranhollen, swv., (refl.) ranhalten, beeilen

rank, adj., hochgewachsen, schlank; grazil, geschmeidig; schmächtig

rankamen, stv. (s. *kamen*), herankommen, herbeikommen (bes. auch Aufforderung zum Streit), an etw. heranreichen

rankriegen, stv. (s. *kriegen*), 1. heran-, herbeibekommen; 2. jem. zur Rede stellen, zur Verantwortung ziehen

ranlaten, stv. (s. *laten*), heranlassen, Zugang gewähren

ranmaken, swv., 1. sich an etw. heranmachen, etw. in Angriff nehmen; 2. (Tür, Fenster) schließen

rannehmen, stv. (s. *nehmen*), herannehmen, jem. aufrufen, sich jem. vornehmen

ranprahlen (schleswg.-holst.), swv., (mit lauter Stimme) herbeirufen

ranrecken, swv., heranreichen

ranropen, stv. (s. *ropen*), heran-, herbeirufen

ranslieke(r)n, swv., meist refl. sich anschleichen, sich leise nähern

rantrecken, stv. (s. *trecken*), heranziehen, etw. (an Land) ziehen, aufziehen

ranwassen, stv. (s. *wassen*), heranwachsen, groß werden

rapp, adj., schnell, flink; dreist, ungestüm, frech, rauh

Rappel, m., 1. loser, redegewandter Mund; 2. Verrücktheit, üble Laune

rappelig, adj., 1. geschwätzig; 2. verrückt,

blödsinnig; 3. locker, wackelig, lose

rappeln, swv., 1. schnell reden, schwatzen, ohne Betonung unkontrolliert reden; 2. rappeln, rasseln, klopfen (vgl. *rabbeln*); Gewinn bringen, Ertrag bringen (mecklbg.)

rappen, swv., raffen, rupfen; abreißen

Rapphohn, -hehn, f. u. n., pl. *Rapphöhner*, Rebhuhn

Rapps(ch)nuut, f., Schwätzer, Quatschkopf, Aufschneider, Großmaul; naseweiser junger Mensch

Raps, Rapp, m., Raps, ölhaltige Feldfrucht

Rapsaat s. *Raps*

raren, roren, rohren, reren, swv., röhren, laut schreien, brüllen; laut weinen, heulen

rasen, rosen, swv., 1. rasen, toben; schnell laufen, jagen; sich austoben, übermütig gebärden; 2. irre reden, zornig aufbrausen; phantasieren

raseren, raseern, swv., rasieren

Raspel, f., grobe Feile, Raspel

Rassel, f., Rassel, Klapper, Lärminstrument

rasseln, swv., rasseln, klappern, scheppernd lärmen

Ratsch, Ratz, m., Schramme, Rißwunde; Riß in Holz o. Gewebe

Rauder u. Kompos. s. *Roder* u. Kompos.

Rauh, Roh, f., 1. Ruhe; 2. Ausruhen, Rast

rauh(e)n, roh(e)n, swv., rasten, ruhen

rebbeln, ribbeln, swv., abwickeln (von Garn, Tau u. ä.), aufrippeln, Gestricktes auflösen

Rebeet, Rebett, Rebeit, n., Gebiet, Revier, Bezirk (geographisch u. übertr.)

reben (Seemannsspr.), swv., reffen, die Segelfläche verkleinern

Recht, n., 1. Recht (häufig in Sprw.), Anspruch; ungeschriebenes Recht, Sitte, Brauch; 2. Gericht, Prozeß; Erlaubnis, Konzession

recht, adv. u. adj., 1. recht, richtig; gerade, aufrecht; *de rechte Tiet* rechtzeitig, pünktlich; 2. gerecht, rechtmäßig; wahr, gut; 3. rechts (meist im Komp.) *rechter*, auch im Sinne von richtig (Ggs. *linker* = links, falsch)

rechterhand, adv., rechts

rechtfardig, -farig, adj., rechtschaffen, tüchtig

Reck, Rick, n., pl. *Recken*, *Recks*, Reck, Stange, Latte; Balken, Pfosten; Zaun aus Latten o. Stangen, Geländer, Absperrung; Lattengestell (je nach Verwendung durch Zusätze differenziert); übertr. hochgewachsener Mensch; (mecklbg.) Zeit, Weile; Strecke, Reihe

Reckband (ostfr.), n., Gummiband

recken, swv., recken, strecken, dehnen (auch refl.), sich erstrecken; reichen, ausreichen, auskommen; erreichen, hinreichen; *in de Hööcht*(*e*) *r.* aufragen

redden, swv., retten, bergen, helfen (auch refl.); *he is nich mehr to r.* ihm ist nicht mehr zu helfen

Redder, m. u. n., 1. enger Feldweg zwischen Hecken (häufig auch Flurname mit näherer Erläuterung durch erweiternde Zusätze); 2. Retter, Erlöser (selten)

redderbeben, -beven (schleswg.-holst.), swv., heftig zittern, zittern u. beben (bes. bei Fieberanfällen)

reden, räden, swv., reden, eine Rede halten, gesetzt sprechen

Redensaart, Rädensaart, f., 1. Redensart, feste Sprachformel; 2. (mecklbg.) Erzählung, bes. kurze Volkserzählung, Sage

redig, reddig, adj., tüchtig; fertig, passend, handlich; ordentlich, sauber, (im Komp. häufig verkürzt zu *reer*); adv., wirklich, tatsächlich; sehr

[1]**ree** (Seemannsspr.), Kommando zum Wenden (auf Segelschiffen)

[2]**ree, reeds,** adv., bereit, fertig

Reech s. *Reeg*

Reed, Rääd, f., Rede, Ansprache

Reedschopp, Reschopp, n., Gerätschaft; Geschirr, Werkzeug, Arbeitszeug, Gerät

Reef (ostfr.), n., Arbeitsgerät, Werkzeug; Sachen, Kram, Zeug

Reeg, Re, f., pl. *Regen*, Reihe, Ordnung; *buten de R.* außer der Reihe, *dat is in* (*bi*) *de R.* es ist in Ordnung, *mit in de R. sitten* in der Gemeinschaft mitmachen, *in de R. maken* etw. in Ordnung bringen

reeglangs, adv., der Reihe nach

Reeh s. *Reeg*

reell, rejell, adj., reell, ehrlich; zuverlässig, aufrichtig; ordentlich

[1]**Reem, Reim, Remen,** m., Riemen, Gürtel, Gurt (bes. aus Leder)

[2]**Reem** (Seemannsspr.), m., pl. *Reems, Remen,* Riemen, Ruder (zum Fortbewegen eines Bootes), Ruderstange

Reep, Reip, m. u. n., Seil, Tau, Strick, Bindfaden

Reeperbahn s. *Reperbahn*

Reepsläger, Reip-, m., Seiler, Seilmacher

Rees, m., Riese

Reester, Reister, m., Lederflicken, Riester, bes. Flicken für Schuhe

reestern, reistern, swv., (Schuhe) flicken

[1]**Reet, Reit,** n., Ried, Schilfrohr; übertr. Rohrstock

[2]**Reet,** m., Riß, Ritze; *in de Reten bassen* zerreißen

Reetdack, n., Dach aus Schilfrohr, Reetdach, weichgedecktes Dach

Reetje, m. u. n., kleiner Rohrstock

Reetschallen, -schalm, m., Reetwuchs am Ufer, Schilfstreifen, mit Schilf bewachsenes Vorland

Reetschopp s. *Reedschopp*

Reetstock, m., Rohrstock; Spazierstock aus Rohr

Reettulp, f., wilde Tulpe, Schachbrettblume

Reev (ostfr.) s. *Reef*

Reevkoken, Refkoken (schleswg.-holst.), m., Magendrücken

Reff (Seemannsspr.), n., Vorrichtung zum Verkleinern der Segelfläche; *en R. insteken* die Segelfläche verkleinern

Regeer(n), n., Regiment, Herrschaft; Regierung; Leitung; *dat R. hebben* das Sagen haben

regeern s. *regeren*

[1]**Regel,** f., Regel, Vorschrift, Satzung; Reihenfolge

[2]**Regel,** f., abgegrenzter Melkplatz auf der Weide; übertr. Zeit des Melkens

Regen, Rägen, m., Regen (häufig in Rdaa. u. Wetterregeln); *geten R.* starker Regen

regen, rägen, swv., regnen

Regendruppen, -drüpp, m., Regentropfen

Regenschuur, -schuer, m. u. n., Regenschauer, kräftiger Regenguß

Regentüüt, m., Regenpfeifer, Regen ankündigender Vogel

Regenwedder, -weder, n., Regenwetter, Dauerregen

regeren, regeern, swv., regieren, das Sagen haben, anordnen, regeln; refl. sich fügen, sich ereignen

Reh, n., pl. *Reh(n)*, Reh, Rehwild (häufig in Flurnamen)

Rehm, Rem, m., schmaler, bewachsener Randstreifen an Feldern, Wiesen, Gehölzen

reichen (schleswg.-holst.), swv., einen Klaps (leichten Schlag) versetzen

Reiher, m., Reiher, Fischreiher; vgl. *Schietreiher*

Reil (Seemannsspr.), m., bestimmtes Segel, Oberbramsegel

rein, adj. u. adv., 1. rein, sauber, klar, durchsichtig; unverdorben, gesund; schier, glatt, ordentlich (häufig in Sprw. u. festen Wdgg.); *reinen Disch maken* eine Sache regeln, etwas aus der Welt schaffen; *den Magen r. maken* jem. die Meinung sagen; 2. wirklich, ganz u. gar, nichts weiter u. ä. (als Füllwort); *r. nix* gar nichts, *r. weg* ganz u. gar, *r. to veel* allzuviel, *r. ut* gerade heraus, schlank weg

reineferen (schleswg.-holst.), swv., renovieren, saubermachen, reinigen

reinmaken, swv., reinigen, saubermachen

Reip s. *Reep*

Reis, f., flekt. *Reisen,* Reise, Fahrt; *de grote R. antreden* sterben; *sik up R. maken* sich auf den Weg machen; *'n R. kriegen* Ausschelte o. Schläge bekommen; *up 'n R. vörbikamen* eine Stippvisite machen

Reisen, m., Reisender, Wandergeselle; Bettler

[1]**reisen,** swv., reisen, eine Reise machen, verreisen

[2]**reisen** (Seemannsspr.), swv., aufstehen

reisfardig, adj., reisefertig, zum Reisen gerüstet

Reit s. *Reet*

Rekel, Räkel, m., großer grober Kerl, lang aufgeschossener Mensch, Flegel

Reken, Räken, f., Rechnung, Abrechnung, Berechnung, Kalkulation; *de R. maken* abrechnen, etw. o. jem. *nich up de R. hebben* nicht bedenken, nicht berechnen, nicht zählen, nicht beachten

reken, räken, swv., 1. rechnen, berechnen, zählen; *wat up nix r.* nicht in Betracht ziehen; 2. achten, beachten, schätzen; 3. berücksichtigen, beurteilen; meinen, denken

Rekenschopp, Räken-, f., Rechenschaft, Abrechnung

Rellosen, f., Jalousie, Rolladen

remen, reimen, swv., rudern; vgl. *[2]Reem*

Rementer (mecklbg.), m., Aufseher, Vorarbeiter

rementern, ramentern, swv., regieren, zügeln, bändigen; Lärm machen, toben, schreien

Remmel, Remel s. *Rehm*

rendlich, rennlich, adj., reinlich, sauber; *r. sien up sik* auf Sauberkeit bedacht sein

Rendlichkeit, Rennlichkeit, f., Sauberkeit, Reinlichkeit (häufig in Sprw.)

Rengel (ostfr., oldbg.), m., Knüppel; Holzscheit, Kloben

rengeln, swv., ranken, sich ringeln, winden

Reper, m., Seiler, Reepschläger

Reperbahn, Reiperbahn, f., Reiferbahn, alter Arbeitsplatz der Seilmacher (jetzt häufig Straßenname)

reppen, rippen, swv., rühren, anstoßen; refl. sich regen, bewegen, sich erheben; *sik nich r. un rögen* sich nicht bewegen, festsitzen

reren (ostfr., emsld.), swv., weinen, schreien; vgl. *roren*

Reschopp s. *Reedschopp*

Respiet, m., Aufschub, Frist, bes. Zahlungsfrist; *R. geven* Aufschub gewähren, *R. laten* eine Frist einräumen

Rest, m., Rest, Nachbleibsel; *up 'n R. gahn* zur Neige gehen; übertr. sterben

reugen s. *rögen*

Reuw s. *Rööv*

Revel, Rebel, m., Holzleiste, dünne Latte

Ribb s. *Ripp*

ribbeln s. *rippeln* u. *rebbeln*

Rich s. *Riech*

Richel (ostfr.), n., Riegel, Zaun, Holzgitter, Umzäunung

Richelpahl (ostfr.), m., Pfahl für Weidenzäune

Richt, f., Richtung; *in grade R. gahn* geradeaus, querfeldein gehen, den kürzesten Weg nehmen; Kurs; *ut de R. seiln, ut de R. kamen* (o. ä.) vom Kurs abweichen; übertr. aus dem Gleichgewicht geraten, die Ruhe verlieren

Richtbank, f., 1. Anrichte, halbhoher Küchenschrank; 2. Arbeitsgerät, Großhobel der Tischler

Richtbeer, Richtel-, n., Richtbier, Richtfest

Richtbrett, n., genau gerades Brett, Richtscheit, großes Lineal

[1]richten, swv., 1. aufrichten, etw. in die vorgeschriebene Richtung bringen, richten; 2. gerade machen, anpassen; 3. berichtigen, begradigen; 4. refl. sich nach etw. o. jem. richten, sich einrichten auf etw., etw. befolgen

[2]richten, swv., richten, urteilen

Rick, n., Holzgitter, Lattengestell zum Trocknen von Wäsche, als Sitzstange für Federvieh (vgl. *Wiem*[*en*]); Zaun, Einfriedung

Rickels (hbg., lünebg.), n., Lattenzaun, Staketzaun

Ridder, m., Ritter

rieben s. *rieven*

Riech, Rich, n., pl. *Riechen*, Lattengestell, Bord, Regal

Ried, Reet, Reit, n., Schilf, Rohr, Reet; Gebüsch, Gestrüpp

Riedbahn, f., Reitbahn, Reitplatz

Riedbood, -baud, f., Reitstall, Hippodrom, Pferdekarussell

rieden, stv. (*ik ried, du rittst, he ritt, wi riedt, rieden*; *ik ree*[*d*], *wi reden*; *reden*), reiten, traben

Rieder, m., Reiter, bes. auch Kavallerist

Riedmaschien, f., Karussell, Pferdekarussell

Riedpeerd, n., Reitpferd

rief, riev, adj., üppig, verschwenderisch, großzügig, freigebig

Riefiesen, Rieb-, n., Reibeisen, Reibe (Küchengerät); übertr. Schluderweib

Riefkoken, m., Reibekuchen, Kartoffelpuffer

[1]**Rieg** s. *Riech*

[2]**Rieg** (ostfr.), **Reeg,** f., Reihe, das Ausgerichtete, Ordnung

Riegel, Riechel, m., pl. *Riegels*, waagerechtes Querholz im Fachwerk; Querholz als Trennung, Zaun; Türriegel, Türverschluß, *en R. vörschuben* etw. abschließen (auch übertr.), Einhalt gebieten

riege(l)n, rien, swv., aneinanderreihen, einreihen; zusammenheften, oberflächlich nähen

Riek, n., Reich, Bereich, Herrschafts- u. Tätigkeitsbereich

riek, adj., reich, vermögend (häufig in Sprw. u. Rdaa; Ggs. *arm*)

Riekdoom, m., Reichtum, Vermögen, Schatz, Wohlstand

rieklich, adv., reichlich, hinreichend, genug

Riem, m., Reim, Gedicht

Riemel, n., pl. *Riemels*, Reim, kleiner Vers, Gedicht

riemen, swv., reimen, dichten

Rien (schleswg.-holst., ostfr.), m., Wassergraben; feuchte Niederung, nasse Wiese

Riens(ch)loot, m., Wassergraben (bes. an der Innenseite der Deiche)

Riep, m., Reif, Rauhreif; Syn. *Wittfrost*

riep, adj., reif, ausgewachsen

riepen, swv., reifen, reif werden

[1]**Ries,** m., Reis, *dicken R.* Milchreis

[2]**Ries,** m., Riese, großer Mensch, Hüne

[3]**Ries,** n., pl. *Rieser(s)*, Reis, Sproß; Reisig, dünner Zweig

Riesbessen, m., Reisigbesen, Strauchbesen

[1]**riesen,** swv., mit Pfropfreisern veredeln (bes. Obstbäume)

[2]**riesen,** swv., aufstehen, sich erheben; vgl. [2]*reisen*

Riester, m. u. n., Lederflicken

Riestüüt, f., Reistüte; übertr. steifer Kragen, Zylinder; in der Rda. *een an de Riestüten kriegen* Ohrfeigen bekommen

rieten, stv. (*ik riet, du rittst, he ritt, wi riet, rieten*; *ik reet*; *reten*), reißen, zerreißen; ritzen, kratzen; zupfen, ziehen, zerren; *wat r.* (*könen*) bewältigen; *is daar wat bi to r.* läßt sich etwas verdienen; *an 'n Foot r., ünnern Nagel r.* übervorteilen, sich etw. aneignen

Rietenspliet, -split, m., jem. der viel zerreißt, Draufgänger, Wildfang, Tunichtgut

Riet-mi-düchtig, m., Rheumatismus, Gicht

Rietsticken, m. u. n., Streichholz, Zündholz

rieven, rieben, stv. (*ik riev, du riffst, he rifft, wi rievt, rieven*; *ik reef*; *reven*), reiben, schaben, kratzen; refl. sich reiben, sich zanken; jem. *wat ünner de Nääs r.* einen Verweis erteilen, an Unangenehmes erinnern

[1]**Riff,** n., Sandbank, Untiefe; Klippe

[2]**Riff** (mecklbg.) s. *Ripp*

rijool, rejool (ostfr.), adj., reell, freigebig

Rill, f., pl. *Rillen*, Rille, Furche; Ritze, Spalt

rin, adv. u. präp., herein, hinein (häufig Präfix bei Verben zur Angabe einer Richtung; als präp. häufig ohne nachfolgenden art.)

rinbängen, swv., hineinzwängen, sich etw. einprägen, einremsen

rinbieten, stv. (s. *bieten*), hineinbeißen

rinbörnen, swv., eintränken, eintrichtern

Rind, n., pl. *Rinner*, Rind, Rindvieh

rindregen, stv. (s. dregen), hineintragen

Rindveeh, n., Rindvieh, Rinderherde

rinfallen, stv. (s. *fallen*), hereinfallen, hineinfallen

rinfriegen, swv., einheiraten

Ring, m., pl. *Ringen, Rings*, Ring (jeder Art), Fingerring, Reifen, Eisenring; *in Ringen setten* etw. ringförmig aufsetzen, aufstapeln; Kreis, Versammlung; vgl. *Kring*; Dorfplatz

ring, adj., gering, wenig; niedrig; ärmlich; kränklich, schwächlich; schlecht

ringahn, stv. (s. *gahn*), herein-, hineingehen

ringen, stv. (*ik ring, du ringst, he ringt, wi ringt, ringen*; *ik rung*; *rungen* neben *ringt*), ringen; um etw. ringen, streben nach, abmühen

ringeten, stv. (s. *geten*), hineingießen, eingießen

Ringrieden, n., Ringreiten, sportl. Wettkampf mit Pferden

ringriepen, stv. (s. *griepen*), hineingreifen, hineinfassen

rinjumpen, swv., hineinspringen

rinkamen, stv. (s. *kamen*), herein-, hineinkommen, betreten

rinkieken, stv. (s. *kieken*), hereingucken, vorbeischauen; übertr. besuchen

rinkrupen, stv. (s. *krupen*), hineinkriechen

rinlangen, swv., hineinlangen, hineingreifen

rinlaten, stv. (s. *laten*), hereinlassen, einlassen

rinleggen, swv., hineinlegen; übertr. jem. hereinlegen, anführen, übervorteilen

rinlopen, stv. (s. *lopen*), hinein-, hereinlaufen

Rinn, f., 1. Rinde, Borke, Kruste; 2. Rinne, Furche

rinnödigen, swv., hereinnötigen, hereinbitten

rinpremsen, swv., hineinstopfen, hineinzwängen

rinproppen, swv., hineinstopfen, pressen; übertr. gierig verschlingen

rinpütten s. *ringeten*

rinsacken, swv., einsinken

rinschliddern, swv., hineingleiten; übertr. reinfallen, den Kürzeren ziehen

rinsetten, swv., refl. sich in etw. hineinsetzen; *in de Netteln r.* einen Fehlschlag erleiden; *sik schöön r.* gut einheiraten

rinslaan, -slagen, stv. (s. *slaan*), etw. einschlagen in etw., hineinschlagen, dreinschlagen; übertr. refl. sich den Magen vollschlagen, viel essen

rinsmieten, stv. (s. smieten), hineinschmeißen

rinsteken, stv. (s. *steken*), hineinstecken; übertr. *sik* o. *de Nääs in wat r.* sich einmischen

rintrecken, stv. (s. *trecken*), hinein-, hereinziehen; jem. in eine Sache hineinziehen, ins Vertrauen ziehen

rinwassen, stv. (s. *wassen*), hineinwachsen (bes. in Kleidung)

Ripp, Ribb, f., pl. *Rippen*, *Ribben*, Rippe, (häufig in Rdaa. im Sinne von) Leib, Körper, Gerippe, *wat achter de R. packen* tüchtig essen; *sik up de Rippen klimpern* das Nachsehen haben

rippeln, swv., abwickeln, auflösen (von Strickwaren)

rippen s. *reppen*

risch, adj., schlank, gerade, aufrecht; rüstig, schnell, flink; waghalsig, kühn; energisch, zupackend

Rischopp s. *Reedschopp*

risseln, swv., rieseln, plätschern

Rist, f., Rast, (nur in festen Vbdgg. wie) *ohn R. un Roh*, *R. un Rast*; vgl. *Rüst*

Ritt, f., Reihe; Gruppe, Schar

Ritz, f., Ritze, Spalt

Robb, f., pl. *Robben*, Robbe, Seehund

roben s. *roven*

Roch s. *Roggen*

Rock, m., pl. *Röck*, Rock, unterer Teil des Kleides, Jacke (bei Männerbekleidung), allg. Kleidung (vor allem in Rdaa.)

Rock(e)loor (schleswg.-holst., mecklbg.), m., langer Mantel, Regenmantel; kurzer Mantel, Joppe

Rockslippen, m., Rockzipfel; Frackschöße

roden s. *raden*

Roder, Rauder, Roor, n., Ruder, Steuerruder

Roderhuus, Rauder-, n., Ruderhaus, Unterstand für den Rudergänger

rodern, raudern, swv., rudern

Roderpinn, Rauder-, f., Hebel am Ruder (Steuer), Ruderstange, Steuerknüppel

Roe (ostfr., oldbg.), m., Rüde, männl. Hund

Rödeldöös, f., Schnattermaul, Schwätzer

rödeln, röteln, swv., rattern, rasseln, knarren, klappern; übertr. plappern, schwatzen, plaudern, sinnlos reden

rödern, swv., rädern; aufs Rad flechten (als alte Strafform); (heute nur übertr.) völlig erledigt sein, gerädert sein

¹Rögen (mecklbg.), m. u. n., Kraft, Stärke

²Rögen, m., Fischeier, Rogen

rögen, swv., rühren, bewegen; meist refl. sich rühren; aufrühren, umrühren; vgl. *röhren*

röhmen (ostfr., oldbg.), swv., rühmen, preisen, loben; refl. sich brüsten, groß tun

Röhr, f. u. m., Röhre, Rohr; spez. Bratröhre

röhren, swv., rühren, regen; refl. sich rühren, sich bewegen

Röhrent (ostholst.), n., Teufel

röhrig, adj., rührig, beweglich; eifrig, unruhig, ungeduldig

Rökeree, f., Räucherei, Raum auf dem Dachboden zum Räuchern

rökerig, adj., rauchig, voller Rauch

Rökerkaat, f., Räucherkate, (Gemeinschafts-) Haus zum Räuchern

rökern, swv., räuchern, durch Rauch konservieren

Rökerwiem, m., Räucherboden, spez. Holzstangen zum Aufhängen der Räucherwaren

röm s. *rüm*

rönern (schleswg.-holst.), swv., leise wiehern

Rönn, f., pl. *Rönns,* Rinne, Abflußrinne, Gosse; Dachrinne; Graben

rönnen, swv., rennen, laufen; rinnen

Rönnsteen, -stein, m., Rinnstein, gepflasterte Abflußrinne (bes. für Regenwasser), Gosse

rönschen, rünschen, swv., wiehern

Röö(d) s. [1]*Rad*

rööd, adj., zart, mürbe, locker

Röök, m., Geruch, Duft; Rauch (s. auch *Rook*)

Rööp, Röp, f., Raufe, Futterkrippe

Rööß**, Röst,** f., geflochtene Korbmulde

rööstern, swv., rappeln, plappern, schwatzen

[1]**Röö**v**, Rööf,** f., pl. *Röven,* Rübe (häufig durch Zusätze näher bestimmt wie *Steck-, Runkel-, Zuckerr.*)

[2]**Röö**v**, Rööf,** f., Raufe, Futterraufe

röpen, swv., refl. sich raufen, sich balgen; rupfen, zupfen

Rösel (ostfr., oldbg.), n., Flomen

Röst(er), f., Herd-, Ofenrost, Bratrost; Toaster

röste(r)n, swv., rösten, braten, schmoren; dörren (bes. Flachs)

Rötekuhl, f., Wasserloch (zum Weichen des Flachses)

röteln s. *rötern*

rötern, swv., rasseln, klappern, klirren; übertr. plappern, plaudern, sinnloses Zeug reden

Rött (oldbg.) s. *Rott*

rött, rott, adj., verrottet, verfault

Röver, m., Räuber

röver, adv., herüber, hinüber

rövergahn, stv. (s. *gahn*), hinübergehen, überschreiten, zu jem. *rövergahn* jem. besuchen, aufsuchen

röverkamen, stv. (s. *kamen*), herüber-, hinüberkommen, ein Hindernis überwinden; *kumm mal röver* Aufforderung zum Besuch

rövern, swv., rauben, räubern, stehlen

röversmieten, stv. (s. *smieten*), hin-, herüberschmeißen; übertr. reichen, herüberlangen

Rogg(en), Roch, Ruggen, m., Roggen (durch Zusätze unterschieden, z. B. *Winterroggen*)

Roggenbloom, f., Kornblume; vgl. *Trems*

Roggenslag, m., Roggenschlag, mit Roggen bebautes Feld

Roh, Rauh, f., Ruhe

roh, adj., roh, unreif, ungekocht

Rohm, Rahm, m., Rahm, Fettschicht auf der Milch, Sahne

Rohr, Ruhr, n., Rohr (aus verschiedenem Material), Leitungsrohr, Abflußrohr; Schilfrohr, Röhricht

Rohrdump, m. u. f., Rohrdommel

Rohrsparling, m., Rohrammer

rojen (schleswg.-holst., ostfr.), swv., rudern

[1]**roken,** swv., rauchen, dampfen

[2]**roken** s. *raken*

romente(r)n s. *rementern, ramentern*

ronen (hbg.), swv., rudern

rood, Rood s. *root, Root*

Roof (Seemannsspr.), m., Aufenthaltsraum, Mannschaftsraum auf dem Schiffsdeck

Rook, m., Rauch, Qualm, Dampf

[1]**Roop,** m., Ruf, Schrei; Ruf, Leumund

[2]**Roop** (ostfr.), n., Strohseil

Roor s. *Roder*

Roos, f., pl. *Rosen,* Rose (Pflanze); Wundrose, Flechte

Root, Rood, Raut, f., Rute, Gerte; Ständer, Pfahl (an denen bei offenen Heubergen das Dach hinauf o. herunter verschoben wird); altes Längenmaß

root, rood, adj. (flekt. *rode, roder, roodst*),

rot; *sik r. ansteken* erröten

Rootbost, -böstken, m., Rotkehlchen, Buchfink, Hänfling

Rootsteert, -steertken, m., Rotschwänzchen

Rootwien, m., Rotwein

Roov s. *Roof*

Roovtüüch, n., Raubwild; Räubergesindel

rop u. Kompos. s. *rup* u. Kompos.

ropen, raupen, stv. (*ik roop, du röpst, he röpt, wi roopt, ropen*; *ik reep*; *ropen*), rufen, herbeirufen, locken

roren, swv., brüllen, schreien, röhren; weinen, heulen

Rost, m. u. n., 1. Rost, oxydiertes Eisen; 2. s. *Röst*(*er*)

[1]**Rott,** f., pl. *Rotten, Rötten,* Ratte; *de R. söken* übertr. zu Bett gehen

[2]**Rott,** f., Rotte, Arbeitsgruppe, Genossenschaft, Haufe, Schar, Gruppe

[3]**Rott, Rött,** f., Fäulnis, Verwesung

rott, rottig, adj., verrottet, faul, morsch

rotten, swv., verrotten, verfaulen, mürbe werden

Rottensteert, m., Rattenschwanz, kurzer steifer Zopf; Peitsche mit kurzer steifer Schnur; kleine Rundfeile; Name verschiedener Pflanzen, z. B. schmalblättriger Wegerich

Rotties, n., brüchiges unfestes Eis

Rotz, m., Nasenschleim, Schnodder

Rotzlappen, m., Taschentuch

Rotznääs, f., Triefnase; übertr. Lausebengel, frecher Junge

roven, swv., rauben, stehlen

rubbelig, rubberig, ruwwelig, adj., uneben, rauh, holperig, voller Runzeln

rubbeln, ruwweln, swv., reiben, über etw. Rauhes reiben (z. B. Wäsche auf dem Waschbrett), Wäsche waschen

rubben (ostfr., oldbg.), swv., reiben, schrubben, scheuern; refl. sich raufen, prügeln

Ruch, Ruuch, m., Geruch, Duft, Aroma

rucheln (ostfr., oldbg.), swv., rücken, etw. stoßweise bewegen

Rüch, Rüüch, Rügg(en), m., Rücken, Rückgrat; verstärkte Rückseite (bes. bei Schneidewerkzeugen)

rüch, adv. (verkürzt aus *torüch*), zurück

rüch- u. Kompos. s. *trüch-* u. Kompos.

rüchlangs, adv., rückwärts

rüchlings, adv., rücklings, von hinten; rückwärts

rücken, swv., rücken; *to Kleed, up 't Fell r.* jem. nahe kommen, bedrängen

rü(d)en, swv., 1. (Haare, Federn) verlieren, sich mausern; 2. übertr. (vor allem ostfr.) roden, ausreißen; ernten

[1]**Rüffel, Ruffel,** m. u. f., 1. Spaten, Grabschaufel (nicht überall gebräuchlich); 2. Waschbrett mit geriffelter Oberfläche

[2]**Rüffel,** m., Tadel, Schelte, Verweis

Rüffelbrett, n., Waschbrett (vgl. [1]*Rüffel 2.*)

rüggels (ostfr.), adv., rückwärts, rücklings

Rükel, m., pl. *Rükels,* Riechendes, bes. stark riechender Blumenstrauß (aus Gewürzpflanzen); Riechwasser

Rükelbusch, m., Blumenstrauß

rüken, stv. u. swv. (*ik rüük, du rüükst, he rüükt, wi rüükt, rüken*; *ik rook, röök*; *raken*), trans. u. intrans. riechen, duften; etw. riechend wahrnehmen; übertr. ahnen, vorausahnen, spüren; *sien egen Sweet nich r. mögen* faul sein; *daar rüük an* (abweisend im Sinne von) nun sieh zu, das hast du davon, damit setze dich auseinander

Rüker, m., Riecher, Nase; *'n goden R. hebben* Gespür, Gefühl haben für etw.

rüm, rum, rümmer, adv. u. präp., herum, umher; jem. *r. kriegen* überreden, bereden; (als Präfix in Verben zur Bezeichnung der Richtung z. B.) rundherum, im Umkreis, in eine andere Richtung usw.

rümasen, swv., großzügig mit etw. umgehen, vergeuden, verschwenden

rümbammeln, swv., herumhängen, herumbaumeln

rümbiestern, swv., herumirren

rümburren, swv., umhersausen, herumschwirren (bes. von fliegenden Tieren, aber auch übertr. von Menschen)

rümdregen, stv. (s. *dregen*), herumtragen; übertr. Nachrichten (Gerüchte) verbreiten

rümdreihen, swv., herumdrehen, wenden; refl. sich umdrehen, sich drehen, tanzen

rümdrieven, -drieben, stv. (s. *drieven*), meist refl. sich herumtreiben, ziellos herumtollen

Rümdriever, m., Rumtreiber, Faulenzer

rümen, swv., räumen, wegräumen, Platz schaffen, beseitigen

rümfohrwarken, swv., umherfahren; übertr. wild darauf losarbeiten, mit groben Mitteln arbeiten

rümfuchteln, swv., mit den Armen heftige Bewegungen machen, gestikulieren

rümfummeln, swv., herumhantieren, an etw. hantieren

rümgahn, stv. (s. *gahn*), herumgehen, zu jem. hingehen, jem. aufsuchen; *de Tiet geiht rüm* die Zeit vergeht

rümig, rümich, adj., geräumig, weit

rümjachtern, swv., herumtoben, spielen

rümkamen, stv. (s. *kamen*), herumkommen; hereinkommen, besuchen; auskommen mit etw.

rümklaren s. *rümkleien*

rümkleien, swv., Kleinarbeit verrichten, Schmutzarbeit tun, im Dreck wühlen

rümkrakelen, swv., herumschreien, lamentieren

rümkreihen, swv., herumschreien, lärmen

rümkriegen, stv. (s. *kriegen*), herumkriegen, von der Stelle bewegen; jem. überreden, bereden

rümküseln, swv., sich drehen, im Kreis drehen (bes. von Spielzeug, vom Wirbelwind)

rümlopen, stv. (s. *lopen*), umherlaufen, spazierengehen

rümlungern, swv., untätig herumstehen, faulenzen

rümmer s. *rüm*

rümprahlen, swv., prahlen, großsprechen, mit etw. angeben

rümpusseln, swv., kleine unwichtige Arbeiten verrichten

rümsparken, swv., lärmen, toben

rümspijöken, swv., herumspuken; sich herumtreiben

rümspringen, stv. (s. *springen*), umherspringen, herumtoben

rümstahn, stv. (s. *stahn*), untätig herumstehen, im Wege stehen; um etw. o. jem. herumstehen

rümströpe(r)n, swv., umherstreifen, herumstromern

rümswieren, swv., (in Gruppen) herumschweifen, sich herumtreiben (bes. in Wirtshäusern), sich vergnügen, feiern

rümswögen, swv., große Worte machen

rümtrecken, stv. (s. *trecken*), herumziehen, einen Umzug machen

rümwöltern, swv., herumwälzen; übertr. schwer arbeiten

Rünk, f., pl. *Rünken*, Runzel, kleine Falte

Rünnel, Ründel, m., schmale Rinne, Abzugsgraben, Graben zwischen zwei Flurstükken

rünner, runner, adv., herunter, hinunter, hinab

rünner- u. Kompos. s. *runner-* u. Kompos.

rünschen s. *rönschen*

Rürg (ostfr.) s. *Rüch*

Rüsch s. *Rüüsch*

rüschen, swv., rutschen, gleiten, Schlitten fahren

Rüssel, m., Rüssel; übertr. Nase

Rüst, f., Rast, Ruhe, (nur in der Rda.) *to R. gahn* zur Ruhe gehen

[1]**rüsten,** swv., rüsten; vorbereiten, arbeiten; sich aufmachen, aufbrechen

[2]**rüsten** (ostfr.), swv., rosten

Rüster, m., Ulme, Feldulme, Rüster

rüsterig, rusterig, adj., (vom Wetter) rauh, regnerisch, windig, unfreundlich; vgl. *rusig*

Rüter, m., pl. *Rüters*, Reiter; übertr. Holzgestell zum Trocknen von Gras

Rüükwater, n., Riechwasser, Duftwasser, Parfüm

Rüümte (oldbg., ostfr.), n., Räumlichkeit, Platz, Raum

Rüüs, f., pl. *Rüsen*, Reuse, rundes Stellnetz; geflochtener Korb für den Fischfang

Rüüsch, Rusch, f., pl. *Rüschen*, 1. Binse, Schilfrohr; 2. Rüsche, gekräuselter Stoffsaum

Ruff, m., Augenblick, Nu, Handumdrehen, ruckartige Bewegung

Ruffel, Rüffel (ostfr., oldbg.), m., großer Hobel; vgl. auch *Rüffel*

ruffeln, swv., rubbeln, reiben, Wäsche auf dem Waschbrett (s. *Rüffel*) waschen

Rugg (oldbg.) s. *Rüch*

ruggels s. *rüggels*

Ruh s. *Rauh, Roh*

Ruhklaas, Ruuch-, m., Knecht Ruprecht, Nikolaus (als Kinderschreck)

Ruhr s. *Rohr*

Ruhriep, Ruuch-, m., Rauhreif; vgl. *Wittfrost*

ruken s. *rüken*

Rull, Roll, f., 1. Rolle, Walze, rundes Holz; Papierrolle, gerolltes Schriftstück; 2. Rolle im Spiel

rullen, swv., rollen, schlingern

rum- u. Kompos. s. *rüm-* u. Kompos.

Rummel, m., 1. Gerümpel; 2. Trubel, Vergnügen, Jahrmarkt; 3. Kornrummel, Kornsieb

rummeln, swv., rumpeln, poltern, tosen; übertr. donnern, gewittern

Rummelpott, m., brauchtümliches Lärminstrument, Rummeltopf, irdener Topf mit Membrane

Rump, m., Rumpf, Körper (in vielfacher Verwendung für Lebewesen u. Sachen); Bienenkorb (schleswg.-holst.)

Rumpelkaar, f., hochrädrige ungefederte Karre; übertr. Ackerwagen

Rumpelkamer, f., Gerümpelkammer

rumpeln, swv., poltern, lärmen, polternd fahren

rumsen, rumpsen, swv., lärmen, tosen; schlagen

rund, adj. u. adv. (flekt. *runne* u. ä.), rund; übertr. wohlgenährt; rundherum, in der Runde

Rundeel, n., Rondell, runder Platz, Rundbeet u. a.

Rundholt, n., Rundholz, hölzerne Walze

Rundlöper, m., übertr. Rundgesang, Kanon

rundum, -üm, adv., ringsum, umher

rundumto, -ümto, adv., ringsherum, von allen Seiten

Rung, f., Stütze für die Seitenbretter eines Wagens, Wagenrunge

rungeneren, swv., ruinieren, entzweimachen, zerstören

Rungenwagen, m., Wagen ohne Seitenbretter (z. B. zum Langholzfahren u. ä.); vgl. *Rung*

Runkel, f., Futterrübe

Runkeldobb (ostfr.), f., Miete für Futterrüben

Runkelkuhl, f., vertiefte Feldmiete für Futterrüben

Runkelrööv, f., pl. *-röben, -röven,* Runkelrübe, Futterrübe, weiße Steckrübe

runksen, rungsen, swv., refl. sich räkeln, sich hinflegeln, träge herumsitzen o. liegen

runner, rünner, adv., herunter, hinunter

runnerfallen, stv. (s. *fallen*), her-, hinunterfallen, stürzen, abstürzen

runnergahn, stv. (s. *gahn*), her-, hinuntergehen

runnerhau(e)n, swv., herunterhauen, abhauen; übertr. jem. ohrfeigen

runnerkamen, stv. (s. *kamen*), her-, hinunterkommen

runnermaken, swv., heruntermachen; meist übertr. jem. abkanzeln, demütigen

runnerpedden, swv., heruntertreten, platttreten

runnerputzen s. *runnermaken*

runnerwörgen, swv., her-, hinunterwürgen

runschen, swv., 1. reinmachen, aufräumen; 2. s. *runksen*

rup, rop, rupper, adv., herauf, hinauf

ruparbeiden, swv., sich hinaufarbeiten (bes. in höhere soziale Stellung)

rupdwallern, swv., langsam bergan gehen, die Straße hinaufschlendern

rupgnaschen, swv., mühsam bergan fahren

ruphalen, -holen, swv., heraufholen, etw. an eine höhere Stelle bringen

rupkamen, stv. (s. kamen), her-, hinaufkommen

rupkladdern, swv., her-, hinaufklettern

ruplangen, swv., herauf-, hinaufreichen, aufheben

ruppen, swv., rupfen; *daar is wat to r.* es ist

ein Geschäft zu machen, ein Erbe anzutreten

rupper s. *rup*

ruppig, adj., ruppig, zottig, abgerissen; roh, grob, derb, niederträchtig

Rupps, m., schnelle Bewegung; übertr. im Nu, im Augenblick, im Handumdrehen

rupsteilen, swv., steil aufsteigen, sich (an etw.) aufrichten

ruptrecken, stv. (s. *trecken*), herauf-, hinaufziehen, hochziehen

rupwuchten, swv., unter starker Kraftanstrengung etw. nach oben befördern, schwer heben

Rusch, Rüsch, f., Schilf, Rohr, Sumpfgewächse; vgl. *Rüüsch*

rusch, ruusch, adj., frisch, kroß, locker

ruscheln, swv., rascheln

ruschen, swv., rauschen, rascheln; sich rauschend bewegen; stürmen

ruselig s. *rusig*

rusen, swv., rauschen, brausen (bes. von schlechtem Wetter); aufbrausen, sich aufbauschen

rusern, swv., refl. sich mausern

rusig, ruselig, adj., unruhig, rauh; (bes. vom Wetter) unfreundlich, naßkalt, stürmisch

Russ, m., Russe; übertr. unerzogenes, wildes Kind

russeln, swv., rascheln

Russenwinter, m., Kosakenwinter (1813/14)

[1]**Rust,** m., Rost, Eisenoxyd

[2]**Rust, Rüst** (schleswg.-holst., mecklbg.), f., Rast, Ruhe; vgl. *Rüst*

rusten, swv., rosten, oxydieren

rusterig, -rich, adj., rostig; (als Farbe) rostrot, rotbraun

Rustkist (schleswg.-holst., mecklbg.), f., Sarg (vgl. *[2]Rust*)

Rustplacken, m., Rostfleck, Roststelle; übertr. Sommersprossen

rut u. Kompos. s. *ruut* u. Kompos.

[1]**Rutsch,** m., 1. Augenblick; *up 'n R. vörbikamen* einen kurzen Besuch machen; 2. Reise, bes. kurze Reise, Besuchsreise

[2]**Rutsch, Rusch,** f., Rutsche, Gleitbrett; übertr. Fußbank, Schlitten

rutschig, adj., glatt, rutschig, glittschig

ruuch, adj. (flekt. *ruge*), rauh, uneben; struppig, zerzaust; frech, wild, grob; übertr. ungehobelt, ungesittet

ruuchbannig, adj., verkommen, verwahrlost, wild

Ruuchfoder, -fauder, n., Heu u. Stroh als grobes Futter (bes. für Pferde)

Ruuchfrost, m., Rauhreif, Bodenfrost

Ruuchriep s. *Ruuchfrost*

Ruuchwark, n., Pelze

ruug s. *ruuch*

Ruum, m., pl. *Rüüm*, Raum, bes. Pack- o. Lagerraum; freier Platz, *up 'n R.* im Freien; *to R. kamen* erscheinen

ruum, adj., geräumig, weit; freigebig, verschwenderisch

Ruumboom, m., zwischen je zwei Pferden aufgehängter Balken als Raumteiler im Stall

Ruun (schleswg.- holst., ostfr.), m., Wallach

Ruup, f., pl. *Rupen*, Raupe; *'n R. in 'n Kopp hebben* dumme törichte Gedanken haben

Ruur, Roor, Ruer, n., Ruder, Steuer

Ruus (ostfr., oldbg.), n., Getümmel, Wirrwarr

Ruut, f., pl. *Ruten*, 1. Raute, schiefwinkliges Viereck, Rhombus; 2. Fenster, Fensterscheibe; 3. Rute, Gerte

ruut, rut, adv., heraus, hinaus

ruutbentschen, -bentern, swv., hinausjagen

ruutbielen, swv., grob herausschlagen, ausschneiden

ruutbösseln (ostfr.) s. *ruutbentschen*

ruutbraden, swv., herausbraten, ausbraten; übertr. herauskommen, entwickeln

ruutbringen, stv. (s. *bringen*), heraus-, hinausbringen, hinausgeleiten; übertr. enträtseln

ruutbugseren, -bugseern, swv., (Schiffe aus dem Hafen) hinausleiten; übertr. hinauswerfen, an die Luft setzen

ruutdregen, stv. (s. *dregen*), hinaus-, heraustragen; übertr. etw. aus dem Hause tragen, an die Öffentlichkeit bringen; jem. *r.* beerdigen, zur letzten Ruhe tragen

ruutdwallern, swv., albern reden, quatschen

ruutfinden, stv. (s. *finden*), herausfinden,

ausfindig machen, enträtseln

ruutföddern, swv., herausfordern

ruutföhrn, -fahr(e)n, swv., heraus-, hinausfahren, ausfahren; (Fischer) auf Fangreise gehen

ruutgahn, stv. (s. *gahn*), heraus-, hinausgehen

ruutgeben, -geven, swv., herausgeben, zurückgeben

ruuthalen, swv., heraus-, hinausholen; übertr. verdienen

ruutkamen, stv. (s. *kamen*), heraus-, hinauskommen; übertr. (beim Kartenspiel) ausspielen

ruutkieken, stv. (s. *kieken*), hinaus-, heraussehen; übertr. refl. einen Vorteil, Gewinn erspähen

ruutklamüsern, swv., sich etw. austüfteln, ausdenken, eine Lösung finden

ruutklauwarken, swv., sich aus einer mißlichen Lage befreien, herausarbeiten

ruutkriegen, stv. (s. *kriegen*), herausbekommen; enträtseln, eine Lösung finden

ruutkrupen, stv. (s. *krupen*), herauskriechen; übertr. aufstehen, aus dem Bett kriechen

ruutlesen, swv., etw. herauslesen, deuten, bes. aus der Hand lesen; übertr. einen Vorteil erspähen

ruutmaken, swv., etw. herausmachen, lösen; übertr. refl. sich herausmachen, sich Ansehen geben; bes. sich erholen

ruutrieten, stv. (s. *rieten*), herausreißen, ausreißen; sich o. jem. aus mißlicher Lage befreien, retten

ruutrücken, swv., herausrücken, hergeben, aushändigen

ruutsehn s. *ruutkieken*

ruutsmieten, stv. (s. *smieten*), hinauswerfen, fortjagen

ruutsnacken, swv., refl. sich herausreden, Ausreden machen

ruutstökern, swv., hinausgraulen, an die Luft setzen

ruutstörten, swv., hinaus-, herausstürzen, hinauseilen

ruutstöten, swv., hinausstoßen, ausstoßen

ruutsuern, swv., heraussauern; übertr. entstehen, sich herausbilden, sich entwickeln

ruuttrecken, stv. (s. *trecken*), etw. herausziehen

ruutwitschen, swv., entwischen, enteilen, sich schnell entfernen

ruutwöltern, swv., herauswälzen

S

sa- u. Zusammensetzungen s. auch *so-* u. Zusammensetzungen

Saadler, Saddler, m., Sattler

[1]**Saag, Soog,** f., pl. *Sagen,* Säge (häufig durch Zusätze wie *Boom-*, *Brett-*, *Schroot-*, *Spanns.* u. a. differenziert)

[2]**Saag,** f., pl. *Sagen,* Sage, historische Erzählung

Saagbuck, m., Sägebock, Gestell zum Sägen von Baumholz

Saagkaff, n., Sägemehl

Saagspöön, nur pl., Sägespäne, grobes Sägemehl

Saak, f., pl. *Saken,* Sache, Angelegenheit; Handel (bes. Rechtsgeschäft); Besitz, Ding, Vermögen; Tatbestand; (häufig in festen Wdgg. mit vielfacher Bedeutung wie im Hochdt.)

[1]**Saal,** m., pl. *Saals, Salen,* Saal, großer Raum für Festlichkeiten

[2]**Saal,** n., Wasserloch, Tümpel, kleiner Sumpf

[3]**Saal** s. *Sahl*

Saalhund, m., Seehund, Robbe

Saat, f. u. n., pl. *Saten,* Saat, Saatgut, Samen; *in ('t) S. scheten* schnell wachsen, ins Kraut schießen

Saatkreih, f., Saatkrähe, Rabenvogel

Saatseev, n., Saatsieb, großes Sieb zum Reinigen des Saatgutes

Sabbel, m., Speichel, Spucke; übertr. Mund, *holl dien S.* halte den Mund, sei still

Sabbelee, f., Gerede, Geschwätz; Geschmatze, Knutscherei

Sabbelkassen, m., Telefon; Radio (scherzh.)

sabbeln, swv., 1. hastig u. undeutlich reden, quatschen, unnötiges Zeug reden; 2. geifern, den Speichel fließen lassen, sabbern

Sabbelsnuut, f., Schwätzer, Quatschkopf, Klatschbase

Sabber s. *Sabbel*

sabbern s. *sabbeln*

Sabel, Sawel, m., Säbel

sach, saach s. *sacht*

sachs, sachens, adv., vielleicht, etwa, wohl; vermutlich

sacht, sachten(s), adj., adv., sacht, sanft; langsam, bedächtig, gemächlich, allmählich; vorsichtig; leise, ruhig, still; vielleicht; *wat s. angahn laten* nichts übereilen

sachtmödig, -modig, adj., sanft, bedächtig, sanftmütig

Sachtmödigkeit, f., Sanftmut

sachts s. *sachs*

Sack, m., pl. *Säck,* 1. Sack (häufig nach Größe u. Verwendung durch Zusätze differenziert); jem. *in 'n S. steken* jem. an Kraft o. Geist überlegen sein; *de Katt in 'n S. köpen* etw. unbesehen kaufen; *in 'n S. haun* eine Arbeitsstelle aufgeben; *grote Rosinen in 'n S. hebben* phantastische Pläne schmieden, das große Wort haben; 2. Hosentasche; kleiner Beutel

Sackdook, n., 1. Sacktuch, grobes Leinen; 2. Taschentuch

sacken, swv., sinken, versinken, untersinken; refl. sich senken, in sich zusammensinken; *dat Hart sackt in de Büx* Angst haben

sackereren, zackereren, swv., zetern, schimpfen, fluchen; aufgeregt reden

Sackkaar, -koor, f., Sackkarre, zweirädrige Transportkarre

Sacksband, n., Sackband, Band zum Zubinden von Säcken; *up 'n S. setten* jem. etw. anhängen, nachsagen

Sadel, Saddel, m., Sattel

sadeln, swv., satteln, aufzäumen

sä- s. auch *se-*

Sääl s. *Seel*

säär s. *seer*

Saffran, m., Safran (als Gewürz), Krokus

Sage s. *[2]Saag*

Sagels, n., Sägeabfälle, Sägemehl

Sagelspöön s. *Saagspöön*

sagen, swv., sägen; übertr. (mit stumpfen Werkzeugen) schlecht u. unsauber schneiden; *de Fidel s.* unsauber auf einem Instrument spielen; schnarchen

Sahl, f., pl. *Sahlen,* Sohle, Fuß- o. Schuhsohle; übertr. Schwelle, unteres Brett, Gleitfläche von Geräten

sahlen, swv., besohlen, etw. mit Sohlen versehen

Sahl(en)ledder, n., festes Leder für Schuhsohlen

saien, seihen, swv., säen, Saat ausstreuen

Salaat, m., Salat (als Gartenpflanze), Speise (durch Zusätze nach den Hauptbestandteilen differenziert wie *Gurken-*, *Kantüffelsalaat*); übertr. böse Sache, Bescherung (meist negativ)

Saldoot s. *Soldaat*

Salf, Salv, f., Salbe, Heilmittel

sall, schall s. *schölen*

Salm, m., Gesang, Psalm; langweiliges Gerede

Salmbook, n., Gesangbuch

salterig, adj., schmierig, schmutzig, unsauber

saltern, swv., schmierig u. unsauber arbeiten, bei der Arbeit Schmutz verursachen

Samen, m., Samen, Saatgut

sammeln, swv., sammeln, zusammentragen, refl. sich versammeln, sich scharen; sich konzentrieren; *sik wat up de Rippen s.* viel essen u. dadurch dick werden

sams, samster, präp., samt, zusammen mit; verstärkt *s. un sonners*

Sand, m. u. n., Sand, Geestboden; Sandbank; *S. in de Ogen streun* jem. täuschen *up 'n S. sitten* auf dem Trockenen sitzen; *in 'n S. setten* etw. verlieren, einen Verlust hinnehmen müssen; (häufig Bestandteil von Flurnamen)

Sandbarg, m., Sandhaufen

Sandbülten, m., Sandhaufen, sandige Stelle

Sandbuer, m., Geestbauer (scherzh.); Kiesgrubenbesitzer

Sandkuul, f., Sandgrube, Kiesgrube

Sandrieder, -rüter, m., Reiter der beim Ringreiten vom Pferd fällt (Spottname)

sangelig, sengelig, adj., brenzlig, angesengt, angebrannt (riechen)

sangeln, swv., sengeln, anbrennen; übertr. zur Bezeichnung des Gefühls bei eingeschlafenen Gliedmaßen; bohrende Schmerzen

Sapp, m. u. n., Saft; Speichel, Schleim; Wundflüssigkeit

sappen, swv., schlappen, schmatzen; Speichel fließen lassen; Absondern von Flüssigkeit bei Wunden

Sarg, Sark, Sarch, m. u. n., Sarg, Totenschrein; übertr. Grabstein (ostfr.)

Sargdreger, m., Sargträger; übertr. Beerdigungsunternehmer

Sargmaker, m., Sargtischler

Saterdag (ostfr., oldbg.; teilw. mecklbg.), m., Sonnabend

Satt, f., pl. *Satten*, flache Schüssel aus Steingut

satt, adj., satt, gesättigt; übertr. etw. satt haben, Lust (Interesse) an jem. o. etw. verlieren

Satz, m., pl. *Sätz*, 1. Satz (in der Sprache); 2. Satz, Sprung; 3. Maß, Regel

saustern, zaustern, swv., schwatzen, quatschen, viel u. schnell reden; tratschen, klatschen

sch vor den Konsonanten *m*, *n*, *t* sowie vor *l* u. *w* für *s* scheint in der Sprache vorzudringen, dennoch sind die Wörter unter *sm-*, *sn-*, *st-* sowie *sl-* u. *sw-* eingeordnet

Schaad, Schaden, m., Schaden, Mangel, Nachteil; Verlust

schaa(d), adj., schade, bedauerlich, betrüblich

[1]**Schaal,** f., Schale, Gefäß, Napf

[2]**Schaal,** f., Schale, Hülle, Hülse, Umhüllung

[3]**Schaal,** m., Schal, Halstuch

Schaalbrett, n., Schalbrett, einseitig beschnittenes Brett vom äußeren Stamm

Schaalholt s. *Schaalbrett*

Schaam, Schaamte, f., Scham, Anstand; Schimpf, Schande

Schaap, n., Schaf; *'n Sch. mit fief Been* Unmögliches; *'n Sch. sien, sik von 'n Sch. bieten laten* dumm sein; (häufig in Rdaa. u. Vgl.)

Schaap(s)dreisch (mecklbg.), m., Brachland für Schafweide

Schaapskopp, m., Schafskopf, Dummkopf (als Schimpfwort); Kartenspiel

Schaap(s)schinken, m., Schafskeule; übertr. Geige, Violine

[1]**Schaar,** n. u. f., Pflugschar

[2]**Schaar,** f., Scherbe, Bruchstück

[3]**Schaar** (ostfr.) s. *Schadden*

Schaar(t), n., Küste, Vorland, Durchfahrt durch den Deich zum Vorland; Klippe, Steilufer; (häufig als Grundwort in Flurnamen)

schaarwarken, schar-, swv., Feldarbeit verrichten, tüchtig arbeiten, wirtschaften

Schaats, m., pl. *Schaatsen*, Schlittschuh, bes. holländischer Schlittschuh mit einer unter der Holzsohle befestigten Gleitschiene; vgl. *Strietschoh*

schabbig, adj., schäbig, schlecht, lumpig; übertr. kratzbürstig, mißgünstig, gemein

Schabell, Schabellenkopp, m., Maske, Larve

Schabernack, Schawer-, m., Schabernack, Posse, Streich

Schabülk s. *Schabell*

Schach(t), m., Schaft, langer Stock, Gerte; Prügel, *wat mit 'n Sch. kriegen* geschlagen werden; vgl. *Schecht*

Schach(t)el, f. u. n., Schachtel, Behältnis; übertr. *ole Sch.* altes Weib

Schachtroot, -raut, f., Schaft, Rute; bes. Angelrute

Schacker, m., Drossel, Wacholder-, Mistdrossel

schackern, swv., schnarrender Ruf von Vögeln o. Fröschen; schäkern, lachen

Schadden, Schatten, m., Schatten, *goot in 'n Sch. sitten* in Sicherheit sein; *'n Sch. smieten* bedeutungsvoll, wichtigtuerisch aussehen o. auftreten

Schaden s. *Schaad*

schaden, swv., schaden, fehlen, mangeln (sowohl dinglich wie auch auf Gesundheit, Stimmung u. ä. bezogen), *wat schaadt di?* was fehlt dir, was ist mit dir los?, *dat schaadt gaar nix* das macht nichts, das geschieht (dir) recht

Schääl (ostfr.) s. *Scheel*

Schäät (holst.) s. *Scheed* u. *Schiet*

schääv s. *scheef*

schächten, schechten, swv., eilig laufen, jagen, eilen

Schächt(en)stevel, Schecht-, m., Schaftstiefel

schälen, schelen, swv., 1. einen Unterschied machen, verschieden sein; nur in der Vbdg. *dat sch. wat* das schafft einen Unterschied, verändert die Sache; in der Frage *wat sch. dat?* was kostet es, was macht es?; 2. (ostfr., mecklbg.) uneinig sein, im Streit liegen; fehlen, mangeln

schämern, schemern, swv., schimmern, schwach sichtbar sein; dämmern

schännen, schennen, swv., schänden, schinden, verunstalten; entehren; verwüsten, zerstören

Schäper, Scheper, m., Schäfer, Schafhirte

schaffen, swv., schaffen, bewerkstelligen, etw. zustande bringen, eine Arbeit verrichten, etw. fördern; anschaffen, arbeiten

Schaffer, m., Beauftragter für Feste, Ehrenamt bei Hochzeiten u. Festlichkeiten, jem. der anschafft, besorgt, organisiert; Wirtschaftsbeamter (mecklbg.)

Schafuder, -futer, n., Schelte, Schimpfe, Verweis

schafudern, -futern, swv., schelten, schimpfen, zanken, laut u. erregt reden

Schakel, Schackel, m., Verbindungsstück, Glied, Gelenk, Schäkel (als Bootszubehör)

schaken, swv., (sich) bewegen; stoßen, verschieben, verrücken

Schalk, m., 1. Schalk, Schelm; (mecklbg., lünebg.) ehrloser Mensch, Knecht; 2. (ostfr., oldbg.) Holzstück, Stützholz, Träger

schall s. *schölen*

Schallen, nur pl., der Flut ausgesetztes Vorland, mit Binsen o. Reet bewachsenes Vorland, Reetfeld

Schallkatt, m., Mistkäfer

Schalm, m. u. n., Schilf, Reet, mit Schilf bewachsener Uferrand

Schalott(e), f., Schalotte, feine Zwiebelart

schalu, scholu, adj., eifersüchtig; mißgünstig, neidisch; scheu, eingeschüchtert

Schamel, m., pl. *Schameln*, Schemel, Hokker; bes. Arbeitsstuhl des Dachdeckers

schamen, swv., refl. sich schämen

schamferen, -fieren; -fielen (mecklbg.), swv., beschimpfen, beleidigen; verunstalten, verunzieren, verderben

Schandaal, m., Skandal, Zwietracht; Lärm, Streit; *Sch. maken* Unruhe stiften

Schandarf s. *Schandarm*

Schandarm, m., Gendarm, Polizist

schanderen, -dieren, swv., schimpfen, lästern; beschimpfen

schaneerlich, adj., beschämend, peinlich

Schangs, f., Chance; Gelegenheit, Aussicht

Schann(e), f., Schande, Schmach; Schamgefühl; *Sch. doon* unartig sein, Unheil anrichten; *to Sch. maken* o. ä. zerstören, entzweimachen

schannewert, adj., schändlich, schandbar

Schapen, m., Pfanne, Bratpfanne

schapen, swv., schaffen, hervorbringen, gestalten; vgl. *schaffen*

Schapp, n., Schrank, Spind

Scharmbollen s. *Scharnbull*

Scharn, f. u. n., Mist, Dreck, Kehricht; bes. Kuhfladen

Scharnbull, m., pl. *Sch.-bullen*, Mistkäfer

scharp, adj., scharf, schneidend; übertr. stechend, streng; kritisch, bissig; (Stimme) schrill, durchdringend; geil

scharpen, swv., schärfen, scharf machen

scharren, swv., scharren, kratzen

Scharteek, f., Scharteke, altes Buch; alter Gegenstand, Möbel; übertr. alte unsympathische Frau, alte Jungfer

scharwarken, swv., wirtschaften, bes. das Feld bestellen; arbeiten

Scharwenzel, m., Bube im Kartenspiel

Schatt, m., Steuer, Abgabe; Schatz, Vermögen

Schatten s. *Schadden*

schatten, swv., taxieren, schätzen; Geld eintreiben, besteuern; pfänden; *dat Bruutpaar sch.* durch Wegsperrung eine Gabe von Jungvermählten heischen

Schauermann, m., pl. *Schauerlüüd*, Hafenarbeiter

Schauf s. [2]*Schoof*

Schaul u. Kompos. s. *School* u. Kompos.

Schauspeler, m., Schauspieler, Theaterspieler

Schauster s. *Schooster*

Schawe (oldbg.), m., Hobel, Schabeisen

schawen, schaben, swv., schaben, kratzen; hobeln, schneiden

Schecht (schleswg.-holst., ostfr.), m., pl. *Schechten, Schacht*, dünner schmiegsamer Stock, Gerte; vgl. *Schach(t)*

schechten, swv., eilig gehen, mit großen Schritten gehen, laufen

Sched (hbg.) s. *Schiet*

schedderig, schetterig, adj., schmutzig, dreckig; übertr. elendig, erbärmlich, schlecht; krankhaft, kläglich

scheddern, schettern, swv., 1. Durchfall haben; 2. übertr. schnell laufen, im Dreck gehen

scheden, scheiden, swv., scheiden, absondern; refl. sich trennen, sich entfernen; *sch. Lüüd* geschiedene Leute, Leute die sich nichts mehr zu sagen haben

Schee(d), Scheid, f., Scheide, Grenze, bes. Grundstücksgrenze; (oldbg.) Scheit, Zaunlatte

Scheedpahl, m., Grenzpfahl, Grenzzeichen; Wegweiser

Scheedünner, m., Unterschied

scheef, scheif, adj., schief; geneigt, abschüssig; jem. *sch. kamen* jem. auf unziemliche Art ansprechen; *dat geiht sch.* das gelingt nicht, geht fehl aus

scheefbenig, scheefbeent, adj., krummbeinig, mit nach auswärts gerichteten Füßen, mit ungleichen Füßen

scheefkantig, adj., ungleichförmig

scheefmuulsch, scheefmulig, adj., mit schiefem, verzogenem Mund, mißgelaunt, mißgestimmt

scheefsch, schefsch, scheevsch, adj., schäbig, minderwertig, falsch; hämisch, heimtückisch, hinterlistig, boshaft; geizig

Scheefsnuut, n., Schiefmaul (derbes Schimpfwort)

Scheel, m. (auch f. u. n.), Unterschied; Grenze, Scheide (vgl. *Scheed*); übertr. Streit, Zank, Unfriede; Fehler, Schade

scheel, adj., schieläugig, *sch. kieken* auf etw. schielen, neidisch blicken

Scheen, Schään, f., Schiene (häufig auch hochdt.); übertr. n., Schienbein

Scheer, Schier, f., Schere (je nach Zweck durch Zusätze näher bestimmt wie *Tuun-*,

Sniedersch. usw.); *mit de knappe Sch. tosnieden* genau abgemessen, geizig sein

Scheerbrett, n., Hilfsgerät der Weber, der Fischer zum Auseinandersperren von Fäden bzw. Netzleinen; *Sch.* am Ackerwagen zur Vergrößerung des Laderaumes

Scheergaarn, n., Schergarn, Kettfäden

scheerwarken s. *scharwarken*

Schees, f., Kutsche (mit Verdeck), viersitziger Wagen; übertr. altes Auto, Fahrrad u. ä.

[1]**Scheet** (oldbg.), n., Kleinigkeit

[2]**Scheet** s. *Schiet*

Scheetbögel, m., Flitzbogen, Armbrust

Scheetbood, f., Schießbude auf dem Jahrmarkt

Scheetgewehr, n., Schießgewehr, Flinte

Scheger (hbg.), n., Brettchen zum Knoten von Netzen

schehn, stv. (häufig auch mit hochdt. Bildungssilbe *ge-*), nur unpers. (*dat schüht*; *dat scheh*; *schehn*), geschehen, sich ereignen, passieren

Scheihaak (ostfr.), m., Betrüger (derbes Schimpfwort)

scheistern, swv., schnell laufen, eilen; schaukeln, schwanken

schelen, swv., einen Unterschied machen; meist unpers. *dat scheelt wat* (*nix*) das macht einen Unterschied, vergrößert den Unterschied, schlägt zu Buch; das macht nichts, ist unbedeutend

Schelf (ostfr., oldbg.), m., Verschlag, Unterstand, Schutzdach

schelfern s. *schelvern*

Schell, n. u. f., pl. *Schell*(*e*)*n*, 1. Schale, Pelle, Hülle (bes. von Obst u. Gemüse, aber auch Eiern), Rinde; 2. Schelle, Glocke

Schellbieter, m., Käfer, Rindenbeißer; Lauf-, Mistkäfer

Schellbrett, n., pl. *Schellbree*(*d*), Schalbrett, Bretter von der Schale des Baumes

Schell(e), f., pl. *Schellns*, Schelte

[1]**schellen,** swv., schälen, abschälen

[2]**schellen,** stv. (*ik scheu*; *ik schuh*, *schüll*; *schull*[*e*]*n*), schelten, schimpfen; streiten, zanken

Schellgassen, -gasten, m., geschälte Gerste, Graupen

schelvern, schelbern, schelfern, swv., abblättern, sich ablösen

Schemel, Schämel, m., Schemel, Fußbank, dreibeiniger Hocker

Schemer, m., Schimmer, Schatten

schemerig (oldbg., ostfr.), adj., schamhaft, verschämt

schemern, swv., schimmern, dämmern

Schemisett, n., Vorhemd, Latz; *hest woll lang keen blödig Sch. hat* als Androhung von Prügel

schenant, adj., genierlich, unangenehm

Schendaal s. *Schandaal*

scheneerlich, schenierlich, adj., peinlich, beschämend, unangenehm; schüchtern, befangen; vgl. *schaneerlich*

scheneern, schenieren, swv., refl. sich genieren, sich schämen

schenken, schinken, swv. (auch mit st. part. *schunken*), schenken, übereignen, ein Geschenk machen; einschenken, ausschenken

Schenkschapp, n., Schrank für Getränke

Schenkschiev, f., eingebauter Wandschrank mit herausklappbarer Tischplatte

schennen s. *schännen*

Schepel, n., Scheffel, altes Hohlmaß unterschiedlicher Menge; veraltetes Landmaß, Fläche die mit einem Scheffel Saatgut bebaut werden kann

schepeln, swv., scheffeln, mit Scheffeln messen; übertr. viel verdienen, viel ansammeln, viel essen u. ä.

schepelwies, adv., scheffelweise, in großen Mengen

schepen, swv., verschiffen, auf ein Schiff laden, verfrachten

Scheper, Schäper, m., Schäfer

Scheperwohrdi, -wahrdi, m., Februar (scherzh.)

scherbeln, swv., tanzen

[1]**scheren,** stv. (*ik scheer*, *du scheerst*, *he scheert*; *wi scheert*, *scheren*; *ik schoor*; *schoren*, *scharen*, aber zunehmend swv.), scheren, mit der Schere abschneiden, bes.

Schafe scheren; übertr. übervorteilen

²scheren, stv. (s. *¹scheren*), aufziehen, spannen, bes. Kettgarn für Webarbeiten aufziehen; *allens över enen Kamm sch.* alles aus einer Sicht sehen, beurteilen u. ä.; Leinen (Taue) befestigen

³scheren, swv., refl. sich kümmern um, *wat scheert di dat* was geht es dich an; *Scheer-di-an-nix* ein unbekümmerter, leichtsinniger Mensch

⁴scheren, swv., eilig laufen, sich entfernen, verschwinden (meist refl. in Vbdg. mit *weg*)

Schereree, Schererie, f., Schererei, ärgerliche Umstände, Verdruß, Ärger

schesen, swv., schnell laufen, fahren, jagen

Schetelwater, Scheed-, n., Scheidewasser, Salz- o. Salpetersäure

scheten, scheiten, stv. (*ik scheet, du schüttst, he schütt*; *wi scheet, scheten*; *ik schoot, schööt*; *schaten*), 1. schießen (mit einer Waffe), erschießen, erlegen; 2. schnell bewegen, eine schnelle Bewegung machen; 3. sprießen, schnell wachsen

Schetter, Schedder, m., Durchfall

schetterig, adj., dreckig; elend, jämmerlich, mitgenommen, kränklich; (Farbe) unansehnlich, ausgeblichen

schettern, swv., 1. Durchfall haben; 2. eilig laufen

scheufeln, swv., gehen, laufen (mit wiegenden Schritten)

Schewelheed (schleswg.-holst.), f., grobe Hede, Abfall beim Bearbeiten von Flachs

Schewickel, m., Schlafittchen, Wickel; *bi 'n Sch. kriegen* am Kragen (Rockschoß) pakken, zur Rede stellen

Schicht, f., 1. Schicht, Lage; 2. Arbeitsgruppe; Zeitraum für Arbeit; *up Sch. gahn* zu einer bestimmten Zeit u. in festgelegtem Rhythmus arbeiten; *Sch. maken* eine Pause machen

schichten, swv., aufschichten, stapeln; die rechte Ordnung (Reihenfolge) herstellen, übertr. die Erbfolge regeln

Schichten(tiet) (schleswg.-holst., mecklbg.), f., Zeit des Zahnwechsels bei Kindern

Schick, m., Art u. Weise, Ordnung, Beschaffenheit; *Sch. hebben* richtig sein; *rechter Sch.* richtige Ordnung; *to Sch. kamen* mit etw. zurecht kommen; *to Sch. hebben* fertig sein mit etw., eine Sache abgeschlossen haben; *nich sienen rechten Sch. hebben* (geistig) verwirrt sein, in Unordnung sein; *up Sch. sien* gesund sein, in Ordnung sein (haben)

schicken, swv., 1. einordnen, ordnen; refl. sich fügen, sich anpassen; sich geziemen, sich gehören, sich benehmen; 2. schicken, senden, beordern

schiddelik, schidderig, adj., dreckig, schmutzig; schlecht, miserabel

Schief, Schiev, f., Scheibe, Platte, bes. Schießscheibe, Brotscheibe, Fensterscheibe

schielik (emsld.), adv., plötzlich, unerwartet schnell

Schiemannsgaarn (mecklbg.), n., dünnes geteertes u. aus mehreren Strängen zusammengedrehtes Tauwerk; übertr. Seemannsgarn, Lügengeschichte

Schien, m., 1. Schein, Schimmer, Lichtstrahl; 2. Schein, Geldschein, Schuldschein; 3. Bescheinigung

schienen, swv., scheinen, glänzen, leuchten, blinken; den Anschein haben, anmuten

Schienfatt, n., Windlicht, Laterne

schier, adj., schier, rein, klar, hell; glatt, sauber; unverdünnt, nur aus einem Material bestehend; hübsch, nett; adv., fast, beinahe, ungefähr, bald

Schier s. *Scheer*

Schierblick, -bleck (schleswg.-holst.), n., Kehrblech, Müllschaufel

Schiet, m., f. u. n., Kot, Mist (aber nur selten für menschl. Exkremente); Schmutz, Dreck, Schlamm; *in de Sch. kleien* Schmutzarbeit verrichten, mit Matsch, Modder spielen; spez. Kunstdünger, *Sch. seien* Dünger streuen; wertlose, nutzlose Dinge, Krempel, Gerümpel; künstliche Dinge; Unkraut; (häufig in festen Wdgg. wie) *in de Sch. pedden* jem. verächtlich machen, demütigen; *up Sch. utlopen* aus einer Sache, einem Plan wird nichts; *laat Sch. liggen* kümmer dich nicht darum; *schönen Sch.* eine schöne (d. h. unangenehme)

Geschichte, Angelegenheit; *dat 's lang keen Sch.* es ist beachtenswert, verdient Anerkennung; jem. *dörch de Sch. trecken* über jem. herziehen, ihn schlechtmachen (*Sch.* ist ein sehr häufig u. in vielfachen inhaltlichen Variationen verwendeter Ausdruck im Nd., u. in der Regel entspricht er nur selten dem hochdt. lautlich entsprechenden Wort Scheiß, Scheiße)

Schietbüdel, -bütel, m., Schwächling, Taugenichts; (liebkosend) kleines Kind

schietegaal, adv., gleichgültig, einerlei

[1]**schieten,** stv. (*ik schiet, du schittst, he schitt; wi schiet, schieten; ik scheet; scheten*), scheißen, die Notdurft verrichten; *daar schiet ik up* darum kümmere ich mich nicht, damit will ich nichts zu tun haben, darauf verzichte ich; *schiet di wat* derbe Abweisung, das tu ich nicht; *daar schiet ik an* das geht mich nichts an; (im allg. wird das Wort nicht als anstößig empfunden; vgl. auch *Schiet*)

[2]**schieten-** (in Vbdg. mit adj. als Verstärkung, vgl. folgende Beispiele)

schietenduun, adj. stockbesoffen

schietenhild, adj., von drangvoller Eile, sehr eilig

Schieter, m., kleines Kind (Freundschaftsbezeichnung)

Schieteree, -rie, -ritis, f., Durchfall

Schiethuus, n., Abort, bes. der abseits gelegene separate Abort auf dem Bauernhof

schietig, adj., schmutzig, dreckig

Schietkeerl, -kierl, m., Schwächling; verachtenswerter Kerl, Betrüger

Schietkraam, m., Krempel, wertloses Zeug, Abfall, Gerümpel; allg. Ausdruck des Ärgers, Mißfallens

Schietkrööt, f., Knirps, kleiner Kerl, (aber nicht so wohlwollend wie *Schietbüdel*, s. d.)

Schietreiher, Schieten-, m., Fischreiher

Schietreis, f., erfolgloser Fischfang infolge schlechten Wetters; übertr. Mißerfolg, Pech

Schietwedder, -weder, n., schlechtes regnerisches u. stürmisches Wetter, Sauwetter

Schiev s. *Schief*

Schievenscheten, n., Scheibenschießen, Vogelschießen (als Kinderwettbewerb), Schützenfest

schiffen, swv., pinkeln, urinieren

schiften, swv., wechseln, teilen, austauschen; absondern, trennen, scheiden (bes. Butter von der Molke)

Schild, n., pl. *Schiller, Schilder,* Schild, Reklametafel

Schilderaat(sen), n., (meist pl.) Bilder, Gemälde

schilderen (ostfr., oldbg.), swv., malen, anmalen

Schilderer (ostfr.), m., Maler, Kunstmaler, Illustrator; Maler, Anstreicher

schildereren, swv., malen, bebildern

Schilderwark (ostfr., oldbg.), Malerei

Schill(e) (ostfr., oldbg.) s. *Schell*

Schilleraats(en) s. *Schilderaat(sen)*

Schillgrund, Schell-, m., Muschelgrund, mit Muschelschalen u. a. bedeckter Meeresboden

Schilling, Schülling, m., Schilling, Geldstück

Schimp, m., Schimpf, Schande, Schelte; häufig in der Vbdg. *Sch. un Schann* Schimpf u. Schande

schimpen, swv., schimpfen, schelten

Schindel, f., Schindel, hölzerne Dachbedekkung

schinden s. *schinnen*

Schinkel, Schenkel, m., pl. *Schinkels,* Schenkel; Winkel

Schinken, m., pl. *Schinken(s),* Schinken, geräucherte Hinterkeule des Schweins; allg. Oberschenkel; *mit de Wurst na 'n Sch. smieten* durch ein kleines Zugeständnis einen großen Vorteil zu erreichen suchen

schinnen, schinden, stv. (*ik schinn, du schinnst, he schinnt; wi schinnt, schinnen; ik schunn, schünn; schunnen*), schinden, sich plagen, abarbeiten; jem. ausbeuten

Schinner, Schinder, m., Schinder, Abdekker; übertr. Tierquäler, Menschenschinder, jem. der andere schwer arbeiten läßt, quält

Schinneree, -rie, f., qualvolleArbeit, Knochenarbeit, Schinderei; (nur noch selten) Abdeckerei

Schipp, n., pl. *Scheep, Schepen,* Schiff,

Boot, Wasserfahrzeug

Schipper, m., pl. *Schipper(s)*, Schiffer, Schiffseigentümer, bes. Besitzer eines Fischereifahrzeuges, Kapitän

schippern, swv., mit einem Schiff fahren, ein Schiff steuern (meist nur in der Binnen- u. Küstenschiffahrt), auch rudern, segeln, staken u. ä., sich auf dem Wasser bewegen

Schippsmaat, m., Matrose

Schippsmann, m., pl. *Schippslüüd, Schipperlüüd*, Schiffer, Schiffsbesitzer; allg. Berufsstand der Schiffer

Schirrbieter s. *Schellbieter*

schirrwarken s. *schaarwarken*

Schiß, m., Dreck, Schmutz; Kleinigkeit; übertr. *Sch. (in de Büx) hebben* Angst haben

schitter(i)g (ostfr.), adj., dreckig, schmutzig; vgl. *schetterig*

Schittreiher s. *Schietreiher*

schl- s. *sl-*

schm- s. *sm-*

schn- s. *sn-*

scho, schu, adj., scheu, schüchtern, verängstigt, ängstlich

[1]**Schock,** n., Mengenbezeichnung, 60 Stück

[2]**Schock,** m., Schock, Angst, Respekt; *in Sch. setten* bange machen, Angst einflößen; *in Sch. sien (holen)* auf Respekt achten

Schockel, f., Schaukel

schockeln, swv., schaukeln; (steifbeinig) traben

schocken, swv., einschüchtern, ängstigen

Schöddel (ostfr., oldbg.) s. *Schöttel*

schöddeln (ostfr., oldbg.), swv., abschotten, verriegeln

Schödel, m., Riegel, Schieber

[1]**Schöfel** (ostfr., oldbg.) s. *Schüffel*

[2]**Schöfel, Schövel,** m., pl. *Schöfels*, Schlittschuh

schöfeln, swv., Schlittschuh laufen

Schöken, n., Kälbchen (Kosewort)

[1]**schölen,** swv., spülen, (im Wasser) hin- u. herbewegen; (Wäsche) reinigen; intrans. an etw. heran o. über etw. hinwegspülen, anspülen, überspülen

[2]**schölen, sölen,** unregelm. v. (*ik schall, du schast, he schall, wi schüllt, schöölt, schööt, schölen*; *ik schull, du schust, he schull, wi schulln*; *schullt, schüllt*; daneben entsprechende Formen von *sölen* ohne *sch*), sollen, (auch mit futurischem Sinn in Vbdg. mit Infinitiven) werden; dürfen; müssen

Schöler, m., pl. *Schölers*, Schüler

Schölerbeer, n., Schülervergnügen, Schulfest

Schööl, f., Schale, bes. Griff am Messer

schöön, scheun, adj., schön, angenehm, lieblich (überwiegend von Sachen); gut; (verstärkend oft im negativen Sinn) schlecht, böse, unangenehm, unbrauchbar; (häufig in Orts- u. Flurnamen)

[1]**Schöör,** f., pl. *Schören, Schöörn*, Scherbe (meist nur pl.)

[2]**Schöör,** f., pl. *Schöörn, Schörten*, Scharte, Sprung, Riß

Schööt, Schöt, m., Schuß; (meist nur in der Wdg.) *in Sch. ropen* zur Ordnung rufen, warnen, einschüchtern

schööts, schöts, adj., lang aufgeschossen, spitz zulaufend

schören, swv., reißen, splittern, absplittern, abblättern

Schörf, Schorf, m., Schorf, Grind; Krätze, Ausschlag

Schörk, Schörken, m. u. n., Geldstück; urspr. Schilling

Schört, f. u. n., pl. *Schörten*, Schürze (häufig durch Zusätze näher bestimmt), Teil der Frauentracht; *wat ünner de Sch. hebben (dregen)* schwanger sein

Schörten, m., Knoten, Schleife

Schörtenband, n., Schürzenband; *an 't Sch. hangen* ein Muttersöhnchen sein

Schörtkoken, m., Schürzkuchen, Schmalzgebäck

schörwarken s. *schaarwarken*

Schösteen s. *Schosteen*

Schötel s. *Schöttel*

Schöttel, f. u. n., pl. *Schötteln*, Schüssel; *ut een Sch. eten* übertr. dasselbe wollen u. tun, eng zusammenarbeiten

Schötteldook, n., pl. *Sch.-döker*, Wischtuch, Spültuch

Schötteldrieven, -drieben, n., Jagdessen nach der Treibjagd

Schöttelwater, n., Abwaschwasser, Spülwasser; scherzh. für fade u. geschmacklose Getränke

schofel, adj., schäbig, gemein, unwürdig, schändlich; armselig, dreckig, elendig

Schoh, Schauh, m., pl. *Schoh, Schöh,* Schuh; *wat langsaam in de Sch. sien* schlecht zu Fuß sein, schwerfällig; *em drückt de Sch.* es geht ihm nicht besonders gut (bes. bezogen auf den wirtschaftl. Wohlstand)

Schohmaker, m., Schuhmacher; vgl. *Schooster*; übertr. best. Schmetterling

schojen (ostfr., oldbg.), swv., betteln; sich herumtreiben, strolchen

Schojer (ostfr., oldbg.), m., Landstreicher; Strolch, Schuft, Lump

Schok(o)laad, Schockelor, f., Schokolade

[1]**Scholl,** f., pl. *Scholl(e)n,* Scholle, bes. Eisscholle

[2]**Scholl** s. *Schull*

scholu, schalu, adj., eifersüchtig, neidisch; tückisch, hinterhältig; scheu

schonen, swv., schonen; nachsichtig sein, Rücksicht nehmen; sparen

[1]**Schoof,** n., pl. *Schoven, Schööf,* Strohgarbe, Dachdeckerstroh

[2]**Schoof, Schauf,** m. u. f., Haufen, Menge, (bes. von Tieren) Schar

[3]**Schoof** (schleswg.-holst., mecklbg.), f., Schulter, Hüfte (vom Ochsen)

schoofwies, adv., haufenweise, in Gruppen, Schüben

[1]**School, Schaul,** f., Schule, (in Vbdg. mit präp. ohne art.) *in, na Sch. gahn* zur Schule gehen; *de hoge Sch.* Hochschule, Gymnasium, Universität

[2]**School** s. *Schaal*

school, adj., flach; seicht

Schoolarbeit, f., Schularbeit, Hausaufgabe

Schoolbook, n., pl. *Sch.-böker,* Schulbuch, Unterrichtsbuch

Schoolmaat (schleswg.-holst.), m., pl. *Sch.-maat(s)en,* Mitschüler, Klassenkameraden

Schoolmester, -meister, m., Lehrer

Schoolmestersche, f., Lehrerin

[1]**schoon** (ostfr.), adj., rein, sauber, klar, blank

[2]**schoon, schon,** adv., schon; vgl. *al*

schoonlei (ostfr.), adj., nur in der Wdg. *schoonlei maken* reinen Tisch machen, mit jem. abrechnen, etw. erledigen

schoons(t), konj., obschon, obgleich, obwohl

Schoontiet, f., Schonzeit, Zeit der Ruhe

Schoor s. *Schaar*

Schooster, Schauster, m., Schuhmacher, Flickschuster; in Vbdg. mit anderen Berufen im Sinn von Reparateur, z. B. *Klockensch.* (s. d.)

schoostern, schaustern, swv., schustern, das Schuhmacherhandwerk ausüben, Schuhe flikken; übertr. Klein- o. Flickarbeit verrichten

[1]**Schoot,** m. u. n., Schoß

[2]**Schoot,** f., pl. *Schoten,* Tau, Spannseil am Segel

[3]**Schoot,** f., Schote, Fruchthülse

Schootfell, n., Schoßfell, Lederschürze

Schorf s. *Schörf*

schorfig, adj., mit Schorf versehen, rauh

Schortkell, Schottkell (schleswg.-holst., mecklbg.), f., Hohlraum für Gepäck im Kutschwagen

Schossant (schleswg.-holst.), m., Sergeant, alter Dienstgrad bei den Soldaten

Schossee, f., Chaussee, Landstraße, Postweg

Schosteen, Schostein, m., Schornstein, Kamin, Esse; *in 'n Sch. schrieven* etw. verloren geben

Schosteenfeger, -fäger, m., Schornsteinfeger

Schott, n., 1. Riegel, Verschluß, Schieber; 2. Bretterwand, Wehr; Verschlag, Stall; übertr. Tür, Fensterladen; 3. (Seemannsspr.) wasserdichte Verriegelung, Schott

schotten, swv., absperren, abriegeln, verschließen

Schottfell s. *Schootfell*

schottsch, adj., schottisch, nach Art der Schotten

Schottsch(en), m., Tanzart, Rundtanz

schraa (ostfr., oldbg.) s. *schraag*

Schraach, f., (aus Latten gefertigtes) Untergestell, Sägebock

schraad, schraat, adj., schräg, schief

Schraadkieker (schleswg.-holst.), m., Neider; Schielauge

schraag, schraa, adv., adj., kümmerlich, mager; ärmlich, dürftig; schlecht, übel; sparsam, knapp

Schraap, f., Schaber, Kratzer, bes. Striegel für Pferde

schraat, adv., schräg, quer

schraballern (schleswg.-holst.), swv., Lärm machen

schracheln, swv., grell schreien, zetern (bes. von Gänsen)

schraden, swv., schroten, zerschneiden, zerkleinern

schraffelig, adj., unbedeutend, geringfügig, verächtlich

Schragen, Schraag, m., Holzgestell aus Latten, Gerüstteil

schrakeln, swv., hinfällig gehen, beschwerlich gehen

schralen (Seemannsspr.), swv., (nur vom Wind) drehen, in spitzem Winkel einfallen, ständig die Richtung wechseln

Schramm, f., pl. *Schramms, Schrammen*, Schramme, Riß, Kratzer, Kratzwunde

schrammen, swv., schrammen, ritzen, streifen, kratzen

Schrapel(s), n., Abgekratztes, Zusammengekratztes, Restbestände

schrapen, swv., kratzen, schaben, scharren; zusammenkratzen, zusammenraffen; übertr. rasieren

[1]**schraueln,** swv., leicht frieren, überfrieren

[2]**schraueln, schrauen,** swv., krächzen, schreien; weinen, heulen, wimmern

schrecksch, adj., schreckhaft

Schree s. *Schrie*

Schreed s. *Schritt*

schreeg, adj., schräg, abschüssig; *sch. utsehn* verdrießlich, mürrisch blicken; *sch. över* schräg gegenüber; vgl. *schraad*

schreen s. *schrien*

Schrekel, Schrökel, m., Krüppel, verwachsener Mensch, Zwerg

schrekeln, schrökeln, swv., beschwerlich gehen, unbeholfen sich bewegen

schrenke(l)n, schränke(l)n, swv., schräg richten, schrägen, richten (von Sägen)

schreven, swv., schreien, laut weinen

Schrick, n., pl. *Schricken*, Holzgestell für viele Zwecke, z. B. Sägebock, drei- o. vierbeiniger Bock

Schrickdraht, m., Elektrozaun, elektr. Weidezaun

Schrickwier s. *Schrickdraht*

Schrie, m., Schrei, Geschrei

schrieben s. *schrieven*

Schriefbook, n., Schreibheft, Notizbuch

schriegen, schrien, stv. (*ik schrieg, du schriggst, he schriggt, schriet; wi schriegt, schriegen; ik schree*[*g*]; *schregen* - zahlreiche regionale Abweichungen), schreien, laut rufen, brüllen; weinen; kreischendes Geräusch machen

schrien s. *schriegen*

schrienen, swv., brennend schmerzen, jukken, brennen, stechen

schrieven, schrieben, stv. (*ik schrief, du schriffst, he schrifft; wi schrieft, schrieven; ik schreef, wi schreven; schreven*), schreiben

Schriever, Schrieber, m., Schreiber, Amtsschreiber, bes. Kontorlehrling; Schriftsteller

Schrift, f., Schrift, Schriftstück; bes. Bibel; *schreven Schr.* Handschrift, Geschriebenes

schrimpen s. *schrienen*

schrinnen s. *schrienen*

Schritt, m., pl. *Schreed*, Schritt

Schrökel, Schräkel, m., Fessel für weidende Pferde; übertr. schwerfällig gehender Mensch, Krüppel

schrökelig, schräkelig, adj., beschwerlich, kümmerlich, langsam (bes. vom Gehen), hinfällig, gebrechlich (meist mit dem Zusatz *up de Been*); faltig, runzlig

schrökeln, schräkeln, swv., unbeholfen u. beschwerlich gehen, unsicher gehen, humpeln; mühsam u. schleppend gehen

schröppen, swv., schröpfen, aussaugen

schrojen, schrajen (bes. Küstenmdaa.), swv., (mit heißem Wasser) überbrühen; sengen, trocknen; spez. das geschlachtete Schwein überbrühen (zum Weichmachen der Borsten)

Schroot, Schraut, Schrod, n. u. m., 1. grob gemahlenes Getreide, Kleie, Schrot (als Back- o. Futtermittel); 2. kleine Bleistückchen zum Schießen; verallgemeinert kleines abgeschlagenes Stück unterschiedlicher Materie (Tabak, Eisen u. a.)

Schrootbetel, m., Schmiedewerkzeug, Meißel zum Abschlagen von Eisenstücken

Schrootbiel, n., Schmiedewerkzeug zum Zerkleinern von Eisen

Schrootgang, m., grober Mahlgang zum Schroten von Korn

Schrootladung, f., zerberstende Schrotpatrone, Streuladung beim Schießen

Schrootmöhl, f., Schrotmühle

schrubben, -pp-, swv., scheuern, reiben, abkratzen, mit grober Bürste reinigen

Schrubber, m., Scheuerbürste, Scheuerbesen (zum Reinigen von Gefäßen, Fußböden), große Bürste mit harten Borsten; übertr. verwahrloster Mensch

Schrubberhowel, m., Hobel zum Beseitigen grober Unebenheiten

schruben, schruwen, stv. (*ik schruuf, du schruufst, schruffst, schrüffst, he schruuft, schrufft, schrüfft, wi schruuft, schruwen*; *ik schroof, schrööf, schraben, schroben*; mit Übergang zum swv.), schrauben, drehen

Schrubenslötel, m., Schraubenschlüssel

Schrubentrecker, m., Schraubenzieher

Schrudder s. *Schruter*

Schrull, f., pl. *Schrullen* (meist nur so verwendet), Einfall, Laune, Eigensinnigkeit, Marotte

Schrumpel, f., Runzel, Falte

schrumpelig, -lich, adj., voller Runzeln u. Falten, zerknittert, welk, mürrisch

schrumpeln, swv., zusammenschrumpfen, sich zusammenziehen, faltig werden

schrumpen, swv., ein Streichinstrument spielen

Schruter, Schrudder, m., Schauder; *mi löppt 'n Sch. över* mich überläuft ein Schauer, ein Zittern

schruterig, schrudderig, adj., schauerlich, Schauer erregend, schrecklich, fürchterlich

schrutern, schrudern, swv., frösteln, schaudern, bibbern

Schruuf, Schruuv, Schruwe, f., Schraube; übertr. *bi em is 'n Sch. locker, em fehlt 'n Sch.* u. ä. er ist nicht ganz bei Sinnen, er ist verrückt, ihm fehlt etw. im Kopf; Komposita s. *Schruben*

schruven s. *schruben*

schu, schuuch, adj., scheu, schüchtern

schubben, swv., schubsen, stoßen, knuffen; refl. sich jucken, kratzen, scheuern

Schubb(er)jack, m., Schuft, Schurke, Lump, Betrüger

schuben, stv. (*ik schuuv, du schüffst, he schüfft, wi schuuft, schuven*; *ik schoof, schööf, scheuf, schaben, schaven*), schieben, drängeln; jem. *wat in de Tüffel sch.* ihm etwas anhängen, auf jem. die Verantwortung o. den Verdacht schieben; jem. *de Kaar vör de Döör sch.* ein Verhältnis aufkündigen, eine Absage erteilen

Schubs, Schups, m., Stoß, Ruck

schubsen, schupsen, swv., stoßen, schieben, ruckartig in Beywegung setzen, fortstoßen

schuchen, schugen, swv., scheuchen, verjagen

schuckeln, schockeln, swv., schaukeln, schunkeln, wackeln, sich hin u. her bewegen; wiegend gehen o. traben

schuckern (ostfr.), swv., schluchzen, krampfhaft seufzen; jem. hänseln, necken

schudde(l)n (oldbg.), swv., schütteln

Schudder, Schuder, m., Schauder, Erschütterung; Schauer, Zittern, Schüttelfrost

schudderig, adj., schaudernd, schauderhaft, fröstelnd, fiebrig; schauerlich, schaurig

schuddern, schudern, swv., schaudern, zittern, beben; refl. sich schütteln (infolge eines Kältestroms o. Fieberanfalls)

Schud(e) (ostfr.) s. *Schuut*

Schuer s. *Schuur*

Schü, f., Soße, Brühe, Fleischsaft; Fruchtsoße

¹schüchtern, swv., scheuchen, verscheuchen; treiben, jagen, vertreiben

²schüchtern, adj., scheu, zurückhaltend

schüddeln, schuddeln, swv., schütteln, rütteln

schüdden, schütten, swv., schütten, ausgießen, leeren; schütteln

schüddern s. *schuddern*

schüddkoppen, schütt(e)-, swv., mit dem Kopf schütteln (zum Ausdruck der Verneinung, Ablehnung o. Verwunderung)

schüern, schüürn, swv., scheuern, putzen, reinmachen; refl. sich scheuern, reiben, jukken; vgl. *schubben*

Schüffel, Schuffel, f., Schaufel (häufig näher bestimmt nach Art des Gebrauches *Sand-, Kornschüffel*); *de Sch. vör de Döör stellen* jem. abweisen, einen Antrag ablehnen

schüffeln, schuffeln, swv., schaufeln, mit der Schaufel arbeiten, anhäufeln; übertr. gierig essen, schlingen; breitbeinig gehen, nachlässig gehen

Schüh s. *Schü*

schülbern s. *schülpern*

schüldig, schüllig, adj., schuldig, verpflichtet sein; *wat sch. sien* etwas bezahlen müssen

schüllern s. *schuddern*

schüllig s. *schüldig*

Schüll(i)ng, m., pl. *Schüllings*, Schilling, altes Geldstück

Schülp(e), f., 1. Schale, Fruchthülle, Schote; Muschelschale; 2. (mecklbg., lünebg.) Schilf

schülpen, swv., plätschern, überschwappen (von Flüssigkeiten)

schülpern, swv., überschwappen (von Flüssigkeiten), verschütten; sich schwankend bewegen

schümen, schumen, swv., schäumen, Schaum machen; übertr. böse sein, sich erregen

Schün u. Kompos. s. *Schüün* u. Kompos.

schünen, schünnen, swv., jem. arglistig antreiben, reizen, aufstacheln; jem. drängen

Schüpott, m., Soßentopf, Soßenschüssel (vgl. *Schü*)

Schüpp(e), f., Schippe, Schaufel (vgl. *Schüffel*)

Schüppen, m., Pik-Karte im Spiel

schüppen, swv., schaufeln, schöpfen

Schüppenbuur, m., Pik-Bube

Schüppendaus, m., Pik-As

schüren s. *schüern*

schürr(e)n s. *schüddeln*

schürrkoppen s. *schüddkoppen*

Schütt, n., Tor, Hecktor (bei Weiden u. Koppeln); Schott, Wehr (als Sperre in Wasserläufen); Gartenpforte, Gartentür

Schüttboom, m., Schlagbaum (zum Sperren eines Weges)

¹schütten, swv., freilaufendes Vieh aufgreifen u. einsperren, beschlagnahmen; übertr. einsperren, verhaften

²schütten, schürren s. *schüdden*

Schütt(en)lock, n., Tür in der Hecke; vgl. *Schütt*

Schütter, m., Feldhüter, amtl. Fluraufseher

Schüttgeld, n., Lösegeld für geschüttetes Vieh (s. *¹schütten*), Abgabe

Schütting, m., Versammlungshaus einer Gilde, Zunftherberge

Schüttkaben, -koben, m., eingefriedeter Raum (bes. zur Verwahrung von freilaufendem Vieh)

schüttkoppen s. *schüddkoppen*

Schüttpahl, m., Pfahl zum Anbinden des geschütteten Viehs; Schlagbaum (vgl. *Schüttboom*)

Schüttreiher, Schietreiher, m., Fischreiher, Graureiher

Schüün, f., Scheune, Lagerraum für Getreide; Schuppen

schüün (oldbg., ostfr., emsld.), adv., schräg, schief, abschüssig

Schüünböhn, m., Scheunenboden, Lagerraum oberhalb der Diele

Schüündeel, f., Diele, freier harter Platz in der Scheune, Tenne

Schüündöör, f., Scheunentor

Schüündöscher, m., Drescher; *freten as 'n Sch.* sehr viel essen

Schüür s. *Schuur*

Schüürdook, n., Scheuertuch, Feudel, Wischlappen

Schüürkruut, n., Scheuerkraut, spez. Schachtelhalm

Schüürpahl, m., Scheuerpfahl, freistehender Pfahl auf der Weide für das Vieh zum Scheuern

Schüver, Schuver, m., Schieber, bes. Brotschieber für den Backofen; Bagger, Planierraupe

Schuffel s. *Schüffel*

schuffelig (oldbg., lünebg.), adj., schofelig, schäbig, gemein; zerlumpt, unordentlich

schuffeln (oldbg.), swv., langsam nachlässig gehen, schlurren, latschen; vgl. ²*schummeln*

¹**Schuft,** m., Schuft, übler Kerl, Verbrecher

²**Schuft, Schuff,** m., f., Widerrist des Pferdes, Schulterblatt

Schufut, m., Uhu

schugen, swv., 1. scheuen; 2. scheuchen

schuggeln s. *schuckeln*

Schul s. *Schuul*

Schuld, f., pl. *Schulden, Schullen,* Schuld, Vergehen; Geldschuld (meist pl.)

Schulder s. *Schuller*

schulen, swv., 1. Schutz suchen, sich verbergen, verstecken; 2. schielen, heimlich blicken, spähen

schulig, adj., geschützt (bes. vor Wind, Hitze, Regen), anheimelnd

Schull, f., pl. *Schullen,* 1. Scholle, Plattfisch; 2. Erdscholle

Schuller, Schulder, f., Schulter

Schullerdook, -dauk, n. u. m., Schultertuch, buntbesticktes Umschlagtuch der Frauentracht

Schulp, Schülp, m., Wasserschwall, überschwappende Flüssigkeit

schulpen s. *schülpen*

Schult, m., Dorfvorsteher, Dorfschulze, Gemeindevorsteher

¹**schummeln,** swv., mogeln, kleine Betrügereien begehen (bes. beim Spiel o. in der Schule)

²**schummeln,** swv., nachlässig gehen, schlendern

³**schummeln,** swv., scheuern, putzen, reinmachen

Schummeree, -rie, f., Dämmerung, Schummerstunde

schummerig, adj., dämmerig, schummerig

schummern, swv., schummerig werden, dämmern; (auch als subst.) Dämmerung

Schummerstunn, -stünn, f., Schummerstunde, Plauderstunde am Abend

Schummertiet, f., Dämmerung, bes. Abenddämmerung

schunkeln, swv., schaukeln, sich hin u. her bewegen; übertr. tanzen

Schups s. *Schubs*

schupsen s. *schubsen*

schurren, swv., schurren, (mit den Füßen) scheuern, scharren; etw. geräuschvoll schieben, gleiten; übertr. ritzen, kratzen

Schurrmurr, Schurremurre, n., zusammengekratztes o. geschobenes Allerlei, Kleinkram von geringem Wert; übertr. (ostfr., oldbg.) Gesindel

¹**schutern, schudern** s. *schuddern*

²**schutern,** swv., tauschen, Tauschgeschäfte machen

schuuch s. *schu*

Schuud(e)l (hbg.), m., Polizist, Wachmann

Schuuf, Schuuv, f., Schieblade; Schieber, Türriegel

Schuufkaar, f., Schiebkarre; *ut de Sch. fallen* unehelich geboren werden

Schuuflaad, f., Schieblade

Schuuftrompett, f., Posaune

Schuufut s. *Schufut*

Schuul, f., geschützter Platz, Unterschlupf, Versteck; übertr. Zuflucht, Schutz; (ostfr.) kleiner Schuppen, Unterstand; Bienenhaus

schuul(sch), adj., scheu; mißmutig, verdrossen, (blicken) heimtückisch; *sch. Blick* hinterlistig, verschlagen; *sch. utsehn* verlegen, schuldbewußt, verschämt; falsch, tückisch

Schuum, m., Schaum, Gischt

¹**Schuur, Schuer,** n. u. m., Scheuer, Scheune, überdachter Einstellraum, Schauer, Remise

²**Schuur, Schuer,** n. u. m., Schauer, bes. Regen-, Hagelschauer; Fieberanfall; kleiner Augenblick, Nu

Schuurböhn, Schüür-, m., Abstellplatz unter dem Dach, Rumpelkammer

¹**schuurn,** swv., sich schützen (vor Wind u. Regen), Schutz suchen

²**schuurn,** swv., schauern, schaudern

Schuut, Schuud, Schude, f. (auch m. u. n.), Arbeitsschürze, Küchenschürze

Schuuv s. *Schuuf*

schuven s. *schuben*

se, sei (nom. u. akk. 3. pers. sg. f. u. 3. pers. pl. für alle Geschlechter; flekt. *ehr*), sie, (auch in der Anrede) Sie; verallgemeinernd *se all* alle, man

[1]**Sebber,** m., Käfer, Maikäfer

[2]**Sebber, Sabber,** m., Mund; (nur in der Vbdg.) *sien S. mank steken* seine Nase in alles stecken, sich einmischen

seben s. *söben*

Seck, Sick, n., kleine Pflugschar, Vormesser am Pflug

sedder, serrer, södder, sörrer, adv., präp., seit, seitdem

Seden (Finkenw.), m. u. n., Sichel; Grasstück

seden, stv. (part. prät. *saden, soden*), sieden, kochen; (meist nur in part. prät. gebräuchlich) gesotten

See, Sei, 1. m., pl. *Seen*, See, Binnensee, größeres natürliches Binnengewässer; 2. f., See, Meer, Ozean; *to S. gahn* Seemann werden, *op S. fahren* als Seemann tätig sein; einzelne Woge, Brandung

seeduun, adj., seekrank

Seeg, Seg(e), Zeeg, f., pl. *Segen, Zegen*, Ziege

Seegang, m., Seegang, Wellenbewegung

Seehund, m., Seehund

seek, seik, adj., siech, krank; kraftlos, matt, schwach

[1]**Seel, Seil,** n., pl. *Selen, Seels*, 1. Seil; Gurt; 2. Henkel, Griff (bes. an Töpfen, Eimern u. ä.)

[2]**Seel,** f., pl. *Selen*, Seele; *'n S. von Minsch* ein herzensguter Mensch

[3]**Seel, Sääl,** n., pl. *Selen, Sälen* (meist nur so gebraucht), Siele, Gestränge, bes. Pferdegeschirr; vgl. [1]*Seel*

Seeländer, m., 1. Zylinder, steifer Hut; 2. kleiner Schreibtisch mit zylindrischem Dekkel, Sekretär

Seelpott, -putt, m., Henkeltopf (vgl. [1]*Seel 2.*)

Seeltüüch s. [3]*Seel*

Seelüüd s. *Seemann*

Seem, Seim, m., dicker Saft, Seim, Schleim

Seemann, m., pl. *Seelüüd*, Seemann (auf großer Fahrt)

Seemannsgaarn, n., Seemannsgarn, lügenhafte Erzählungen

seen s. *sehn*

Seep, f., Seife, *gröön* s. Schmierseife (bes. zum Wäschewaschen)

Seer, Sehr, m., Schmerz; Wunde, Geschwür, Ausschlag

seer, säär, sehr, adj., schlimm, schlecht; wund, entzündet, krank; *s. doon* weh tun, schmerzen (auch refl.)

Seeß, Seiß, f., pl. *Sesen*, Sense

Seev, Seev(t), Sef, n., (grobes) Sieb

[1]**Segel,** n., *pl. Segels*, Segel (vgl. *Seil*); *de Wind weiht in 't S.* die Sache steht günstig

[2]**Segel,** n., Siegel, Pfandmarke

Segen, Sägen, m., Segen (häufig in Vbdg. mit Gott); Wohlstand; Güte

segen, sägen, swv., segnen, den Segen sprechen

seggen, stv. (*ik segg, du seggst, he seggt, wi seggt, seggen*; *ik sä, se, du sääst, seest, he sä, se, wi sään, seen*; *seggt*), sagen; *Börg s.* Verantwortung übernehmen; *de Wahrheit s.* übertr. jem. ausschimpfen; (beim Kartenspiel) ansagen, reizen; *daar kann een du to s.* das ist etw. Handfestes, Solides; *daar segg ik du to* es ist mein Eigentum; in Vbdg. mit *hebben* befehlen, das Sagen haben

Seggwies, f., Redensart, Sprichwort

Sehn, f., pl. *Sehns*, Sehne, Muskelband

sehn, seihn, stv. (*ik seh, du sühst, he süht, wi seht, sehn*; *ik sehg, sach, du seh*[*g*]*st, he seh*[*g*], *wi sehn*; *sehn*; imp. *süh*), sehen

Sehr s. *Seer*

sei s. *se*

Seidook, n., 1. Sätuch, um die Schulter getragenes Tuch für Saatgut; 2. Seituch, durchlässiges Tuch (zum Reinigen der Milch)

seien, swv., 1. säen, streuen, ausstreuen; *na den Sack s.* sich den Gegebenheiten anpassen; *Schiet s.* Dünger streuen (bes. Kunstdünger); 2. seien, mit einem Filter reinigen; durchsieben

Seil, n., pl. *Seils*, Segel; *ünner S. sien* segeln; *de Seils hangen laten* mutlos sein, verzagen

Seilaken, n., Sälaken, Sätuch, Umhängetuch für das Saatgut; vgl. *Seidook 1.*

seilen, swv., segeln; übertr. *trüch s.* schlecht wirtschaften

Seilmaker, m., Segelmacher; das für die Segel verantwortliche Mitglied der Mannschaft

Seis, Seiß, f., Sense; vgl. *Seeß*

Seke(n), n., Weibchen (bes. bei Vögeln u. Kleintieren)

Sekenhuus, Seiken-, Süken-, n., Siechenhaus, Krankenhaus

seker, säker, adj., adv., sicher, gesichert, geschützt; fest, stabil, abgesichert; zuverlässig, rechtschaffen, verläßlich; sicherlich, gewiß; *Nummer Seker* Sicherheit; übertr. Gefängnis

Sekunn, f., Sekunde (als Zeiteinheit)

Sel s. *[3]Seel*

selig, adj., selig, fromm; glücklich

Sell s. Süll

Sellschopp, -skopp, f., Gesellschaft, Zusammenkunft

Sement, Zement, m. u. n., Zement

Semmel, f., weiches Weizenbrötchen

Semp, m., Senf (Pflanze u. Gewürz); *'n langen S.* eine lange Geschichte; *sien S. to wat togeben* seine Ansicht kundtun

Sengelband, n., Schnürsenkel, Band zum Zubinden

sengeln, swv., an-, abbrennen, versengen, absengen; mit kleiner Flamme brennen, schwelen

Senkel s. *Sengelband*

sepen, swv., einseifen, abseifen, mit Seife abwaschen

Sepenpulver, n., Seifenpulver, Waschmittel

septil, adj., subtil; reinlich, ordentlich; empfindlich, heikel

serr(er) s. *sedder*

seß s. *söß*

Seßel, Seißel, f., Sichel, Sense; vgl. *Seeß*

[1]Sett (ostfr., oldbg.), m., Augenblick, Zeitabschnitt, Weile

[2]Sett, n., Satte, flaches Gefäß (bes. zum Aufstellen von Milch)

Settboord, -buurd (Seemannsspr.), n., Reling, Bordgeländer

Settel, Zeddel, Zedel, m., Zettel, Schein, Bescheinigung

setten, swv., setzen, sich setzen; sich niederlassen, ansiedeln; jem. zum Setzen nötigen; festsetzen, bestimmen, anordnen; etw. hinsetzen, aufstellen; übertr. sich (auf etw.) versteifen, sich etw. in den Kopf setzen

Setter, m., starker Kerl, kräftige Person (übertr. auch auf Tiere); Hunderasse

Settje, Demin. zu *[1]Sett*

Settrecht, n., festgesetztes Recht, Gewohnheitsrecht

seut, Seuten s. *sööt, Söten*

Sev s. *Seef*

seven s. *söben*

[1]Sever s. *Sebber*

[2]Sever, Sewer, Seber, m., Speichel, Geifer

Severböten, n., Lätzchen, Sabberlatz; Serviette

severn, swv., geifern, sabbeln, den Speichel fließen lassen

Sgarr (ostfr.), m., Schatten

Sibbel, Zippel, Ziepel, f., Zwiebel

[1]Sicht, f., Sichel, kleine Sense

[2]Sicht, Sichter, n., Kornsieb, großes Mehlsieb

[3]Sicht, n. u. f., Sicht, Aussicht; (häufig mit präp. *ut, in, up* u. ä.) Sicht, Gesichtsfeld, Sichtweite; *up. S. hebben* auf etw. spekulieren, jem. mißtrauen

sichten, swv., sieben, sichten (vgl. *[2]seien*)

sichtig, adj., sehend, sichtbar; hell, klar

sick s. *sik*

Sickativ, n., Sikkativ, Trockenmittel für Ölfarben

Siddels s. *Sittels*

[1]Sied, f., Seide

[2]Sied s. *Siet*

sied, siet, adj., flekt. *sieder*, seicht, niedrig, tief; flach, eben; *s. Water* Niedrigwasser, Ebbe; *s. Land* Niederung

Siedeldöör, Sieden-, f., Seitentür, Nebentür

sieden, adj., seiden, seidig; *s. Dook* Seidenstoff, Seidenschal

Siedland, Siet-, n., Niederung, tiefgelegenes Land, Marsch

Siedwenn, f., niedriger Deich, Sommerdeich

sieg s. *sied*

siehr, adv., sehr

[1]**Siel,** n., pl. *Sielen*, Siel, Abzugsgraben, Entwässerungsgraben; Wasserrohr unter dem Deich, verschließbarer Wasserdurchlaß im Deich, Schleuse (häufig in Ortsnamen)

[2]**Siel,** n., pl. *Sielen*, Seil, Gurt; vgl. *[1]Seel*

Sielacht, f., Interessengemeinschaft von Marschbewohnern, Wasserverband; vgl. *[1]Siel*

Sielkuhl, f., Schleusenbecken

Sieltog, m., Sielzug, Hauptwassergraben

sien, unregelm. v. (*ik bün, du büst, he is, wi sünd*; *ik weer, wier, was, du weerst, he weer, was, wi weern, weert*; *west, wesen*; imp. *wees! si*(*e*)*!*), sein

Siepel s. *Sibbel*

siepe(l)n, swv., sickern, tröpfeln; nässen (von Wunden); leise weinen

siepern, swv., durchsickern, tröpfeln, triefen; vgl. *siepe(l)n*

Siet, Sied, f., pl. *Sieden*, Seite (von Lebewesen u. Sachen); *sik up de S. leggen* sich schlafen legen; etw. *up de S. leggen* etw. beiseite legen, sparen; *up disse S.* diesseits; *up de anner S.* jenseits; *up de anner S. gahn* sterben; *wat an de S. bringen* wegschaffen, arbeiten

[1]**siet,** präp., konj., seit; vgl. *sörrer*

[2]**siet** s. *sied*

sietlangs, adv., an der Seite, seitwärts

Sigarr, f., Zigarre

sik, sick, dat. u. akk. des rel. pron., sich, (oft als Füllform bei Verben u. Adjektiven wie) *daar warr s. een klook ut* daraus soll man klug werden, das soll jem. verstehen u. ä.; s. a. *sück*

Silkendei (Elbm.), n., kleine abgelegene Kammer, Ruhezimmer

Simm, n., Band, Schnur, bes. geflochtenes Endstück der Peitschenschnur

simmeleren, -leern, swv., nachdenken, überlegen, grübeln; träumen

simmen, swv., summen, hoch tönen

singen, stv. (*ik sing, du singst, he singt, wi singt, singen*; *ik sung, süng*; *sungen*), singen; *dat Leed is noch nich utsungen* die Sache ist noch nicht zu Ende; *he hett sungen* er hat etwas verraten, ausgeplaudert; *för em ward bald sungen* er liegt im Sterben

sinken, stv. (*ik sink, du sinkst, he sinkt, wi sinkt, sinken*; *ik sünk, sunk*; *sunken*), sinken, versinken

Sinksank, f., Schaukel

Sinn, m., pl. *Sinnen, Sinns*, Sinn, Verstand, Bewußtsein; Gedanke, Meinung; Wille, Wunsch, Absicht; *to S. sien* zumute sein, (neg.) unmutig, unwillig sein; *eenen in 'n S. hebben* Hintergedanken haben; *anner Sinns sien* anders denken, anderer Meinung sein; *arm Sinns sien* traurig sein, irr sein

sinnen, stv. (*ik sinn, du sinnst, he sinnt, wi sinnt, sinnen*; *ik sünn, sunn*; *sunnen*), sinnen, grübeln, nachdenken

sinnig, adj., besonnen, ruhig; vernünftig, verständig; allmählich, sacht; behutsam, leise; bedächtig, ruhig; *man s.* nun mal langsam

Sipel s. *Sibbel*

[1]**Sipp, Zipp, Sibb,** f., weibliches Tier (bes. von Kaninchen, Hasen)

Sipp, f., Sippe, Sippschaft, Verwandtschaft

sipp, adj., zimperlich, geziert; albern

Sirs, m., Spleen, Tick, nur in der Vbdg. *'n S. hebben* nicht bei Sinnen sein, verrückt sein

sirsen, swv., surren, schwirren; zischen, knirschen

Sittels, Siddels, n., Sitzgelegenheit; Seitenraum auf der Diele des Bauernhauses, offener Sitzplatz, Flett

sitten, stv. (*ik sitt, du sittst, he sitt, wi sitt, sitten*; *ik seet, satt*; *seten*), sitzen; *s. gahn* sich setzen, zur Toilette gehen; *goot to s. kamen* einen guten Fang, eine gute Partie machen, reichen Zugewinn haben; *up 't Geld s.* geizig sein; jem. *up de Hacken s.* bedrängen; *up 'n Drögen s.* pleite sein, bankrott sein; (vom Federvieh) brüten, Eier aussitzen; (von Sachen) *goot s.* passen; *'n Lütten s. hebben* betrunken sein

sittenblieben, -blieven, stv. (s. *blieven*), sitzenbleiben, steckenbleiben; etw. nicht erreichen; auf etw. sitzenbleiben, etw. nicht absetzen können, keinen Abnehmer finden; (Schule) das Klassenziel nicht erreichen

Sittlös(chen), f., Herbstzeitlose

sk- im An-, In- u. Auslaut außer in Streubelegen typisch für westfäl. u. ostfr. Mdaa. Im Bereich des nordnds. dafür *sch-*, s. d.

sl- s. auch *schl-*

Slaag, Slaaf, m., schwerer Holzhammer

slaan, slahn, slagen, stv. (*ik sla, du sleist, he sleit, wi slaat, slaan, slagen*; *ik sloog, slöög, wi slogen*; *slaan*), schlagen, hauen; prügeln (auch refl.), jem. züchtigen; ausfallen, arten; adjektivisch *he is s.* niedergeschlagen, bedrückt, verstört; (häufig in Kompos. u. in festen Vbdgg.) *Vörpahl s.* Vorsorge treffen, vorbereiten; *över de Sträng s.* ausgelassen sein, die Grenze des Erlaubten überschreiten; *sik wat ut 'n Kopp s.* aus dem Sinn schlagen, einen Wunsch o. Plan aufgeben; *in 'n Wind s.* ausschlagen, außer acht lassen; *sik wat to (in 'n) Lief s.* tüchtig essen u. a.

Slaap, m., Schlaf

Slaapdiek, m., niedriger kleiner Deich hinter dem Hauptdeich, Binnendeich

Slaapmütz, f., Nachtmütze; übertr. verschlafener Mensch, Langschläfer, Träumer

Slaapstee(d), -stää(d), f., Schlafstelle, Bett

Slaapstuuv, f., Schlafstube, Schlafkammer

Slaar, f., Riß, Schramme

slaatjen (ostfr.), swv., priemen, Kautabak kauen

Slaav, m., Sklave, Knecht

slabbe(r)n, swv., schlürfen, unordentlich essen o. trinken, schlabbern, kleckern

Slach s. *Slag*

Slachte (oldbg., brem.), f., Uferbefestigung, Straßenname

slachten, swv., 1. schlachten; 2. schlagen, arten, ähneln; vgl. *slaan*

Slachter, m., Schlachter, Fleischer

Slachteree, f., Schlachterei, Fleischerei

Slacht(er)köst, f., Schlachtfest, Beköstigung nach dem Schlachten (bes. beim Schweineschlachten)

Slachtermest, -metz, n., Schlachtermesser

Slack, f., Schlacke; Matsch, aufgeweichter Erdboden, wässeriger Schnee

slack, adj., schlaff, lose; geschmeidig

Slackerbuschen, n., Lätzchen

slackerig, adj., schlotternd, schlaksig

Slackermaschü, m., etw. Weiches, Unfestes (Matsch, Schlacke); übertr. Pudding, Schlagsahne

slackern, swv., 1. schleckern, kleckern, unsauber essen; 2. schlenkern, schlendern, schlottern

Sladder s. *Slack*

sladdern s. *slackern*

Sladoot, m., draufgängerischer Kerl, Räuber, Totschläger; scherzh. für Soldat (aus *Saldoot*)

Släden s. *Sleden*

släperig, adj., schläfrig, müde

Slafitt(j)en, pl., Zipfel, Rockschöße, bes. in der Wdg. *bi de S. kriegen, faten* u. ä. jem. erwischen, ergreifen, beim Wickel kriegen; refl. *sik bi de S. kriegen* sich schlagen, sich prügeln

Slag, m. u. n., pl. *Slääg*, 1. Schlag, Stoß, Portion; Schlag, Glockenschlag, Donnerschlag; elektr. Stromstoß; Schicksalsschlag; Schlag im Tauwerk, Schlinge; Schlag, Verschlag, Unterkunft für Tiere; Sorte, Stück, Art, Rasse, Geschlecht; Geschick, Schick; 2. Ackerstück, Flurstück (häufig durch Zusätze näher bestimmt wie *Roggenslag* u. a.)

slagen s. *slaan*

Slamassel, m., Schlamm, Dreck, Schmutz; übertr. Unglück; Durcheinander, Wirrwarr

Slamm, m., Schlamm, Matsch, Dreck

Slammies, n., matschiges, schmutziges Eis, Eisgrus

slampampen, swv., schlemmen, schwelgen, üppig leben

slampig, adj., schlampig, unordentlich, unsauber

Slang, f., Schlange (als Art); vgl. *Adder*; *Snaak*

slank, adj., schlank, dünn, langgestreckt; biegsam, geschmeidig; *s. to Foot* leichtfüßig, behende

slankweg, adv., geradezu, geradewegs; glattweg, ohne Umschweife

Slant, n., Lumpen

slant(er)ig, adj., schlotternd, flatterig, kraftlos (bes. bezogen auf die Haltung u. den Gang eines Menschen)

slapen, stv. (*ik slaap, du slöppst, he slöppt, wi slaapt, slapen*; *ik sleep, slööp*; *slapen*), schlafen; übernachten; *slaap warrn* müde werden, einschlafen

slapp, adj., schlaff, matt; schwach; kraftlos, hinfällig; unentschlossen, willenlos

slappen s. *slabben*

Slapps, m., unhöflicher Kerl, Schlumps

Slarp(en) s. *Slarr(en)*

slarpen s. *slarren*

Slarr(en), Slarpen, m., Pantoffel, ausgetretener Schuh, Holzpantinen

slarren, swv., schlurfen, schlürfend (geräuschvoll, müde) gehen

slatterig, adj., 1. schlotterig, schlapp, schlaff; gebrechlich; 2. dünn, fade (von Getränken)

slau, adj., schlau, klug; pfiffig, gewitzt

slaven, swv., schwer u. mühselig arbeiten

slecht, adj., 1. schlecht, schlimm; faul, nichtsnutzig, verdorben; jämmerlich, elend, schwach, übel; schadhaft, minderwertig; fehlerhaft; 2. schlicht, einfach, gerade

slechten, swv., ähneln, arten nach (vgl. *slachten, slaan*)

Sleden, Släden, Sleen, m., Schlitten, Rodelschlitten, Transportschlitten

slee, slei, adj., stumpf, herb (bes. von Zähnen nach dem Genuß von Saurem, Herbem)

Sleef, Sleif, m., große Holzkelle, hölzerner Rührlöffel; übertr. Schlingel, Tölpel, Taugenichts, grober Kerl

Sleep, Slööp, f., pl. *Slepen*, 1. Schleppe (am Kleid); Anhang, Gefolge; 2. Transportschlitten, Schleppe (vgl. *Slööp*); 3. (Seemannsspr.) kleines Schleppnetz

Sleet, Sleit, n., pl. *Sleten*, Latte, Stange; dünne Rundhölzer (als Unterlage für den Heuboden)

Sleh, Slöh, Slee, f., pl. *Slehn*, Schlehenbeere, Schlehdorn

Sleier s. *Sleuer*

Sleif s. *Sleef* u. *Sleuf*

Sleit s. *Sleet*

[1]**Sleng, Sling,** f., Schlinge, *de rechte S.* Geschicklichkeit

[2]**Sleng** (brem.), m., Leitdamm im Fluß, Schutzdamm

slengeln, swv., refl. sich schlängeln, sich winden

slenkern, swv., schlenkern, schlendern, bummeln; hin- u. herschwanken, schlingern (von Schiffen)

Slep s. *Sleep*

slepen, sleppen, swv., schleppen, schleppend ziehen, fortbewegen; schwer tragen; das Feld mit der Schleppe bearbeiten

Slependriever s. *Slöpendriever*

Sleper, Slepper, m., Schlepper, Trecker, große Zugmaschine; Schlepper, Schleppdampfer

sleppen s. *slepen*

Slepper s. *Sleper*

Slepptau, n., Schleppseil, Zugseil

Sleuder, f., Schleuder, bes. Gerät zum Schleudern von Honig (Milch, Korn, Wäsche u. a.)

Sleuer, Sleier, m., Schleier

Sleuf, Sleif, f., Schleife, bes. Haarband

sleupig s. *slöpig*

slicht, adj., schlicht, einfach, gering (vorw. von Sachen); glatt, eben; *up eben s.* einfach, unkompliziert, ohne Umstände

slichten, swv., schlichten; glätten, einebnen

slichtweg, adv., einfach, geradewegs, ungezwungen, ohne Umstand

Slick, m., Schlick, Schlamm (bes. Wattboden bei Ebbe); *up 'n S. setten* (Boot) aufsetzen auf Schlick, aufs Trockene setzen; (auch übertr.) jem. kaltstellen, absondern, ausscheiden

slicken, swv., schlicken, schlecken, naschen (bes. Süßigkeiten)

Slickermuul, n., Naschkatze, Leckermaul

slickern s. *slicken*

Slickrutscher, m., flacher Kahn, kleiner

Lastkahn (für küstennahen Transport)

Slidderbahn, f., Gleitbahn, Rutschbahn; Eisbahn

sliddern, swv., schlittern, gleiten, rutschen, glitschen (bes. auf Eis)

Slie, Slei, m., Schlei, bes. Fischart

slieken, stv. (*ik sliek, du sliekst, slickst, he sliekt, slickt, wi sliekt, slieken*; *ik sleek*; *sleken*), schleichen, leise gehen

Slieker, m., Schleicher, Schmeichler; Schwindler, Heimlichtuer

sliekern, swv., s. *slieken*

Sliem, m., Schleim

sliem(er)ig, adj., schleimig

sliepen, stv. (*ik sliep, du sliepst, slippst, he sliept, slippt, wi sliept, sliepen*; *ik sleep*; *slepen*), schleifen, glatt machen, schärfen

sliepig, adj., glitschig; (Gebäck) unausgebakken, ungar

Sliepsteen, m., Schleifstein

sliepsteerts, sliepsteertig, adj., beschämt, kleinlaut

Sliepstriepen, m., Wasserstreifen (im Gebäck)

slieren, swv., schleichen, gleiten, über etw. hingleiten, flüchtig arbeiten (schreiben)

slierig, adj., schleichend, schmeichlerisch, hinterhältig; schleimig, unangenehm

sliet (ostfr., oldbg.), adj., begehrlich, lüstern

slieten, stv. (*ik sliet, du slittst, he slitt, wi sliet, slieten*; *ik sleet*; *sleten*), verschleißen, abnutzen, zerreißen, aufbrauchen (bes. von der Kleidung)

slimm, adj., schlimm, arg, böse; schwierig; krank, verletzt (mit Angabe des Körperteils)

Sling, f., Schlinge, Schlaufe

slingen, stv. (*ik sling, du slingst, he slingt, wi slingt, slingen*; *ik slung, slüng*; *slungen*), schlingen, verschlingen, gierig essen o. fressen; winden, etw. mit einer Schlinge versehen, umwickeln; umschlingen

slingern, swv., schlingern, schwankend bewegen (bes. von Schiffen bei Seegang)

slink(er)fießen, swv., müßiggehen, faulenzen, sich herumtreiben

¹Slipp, Slippen, f., Gleitbahn, Schräge; Weg über den Deich

²Slipp, Slippen, m., Zipfel; übertr. Rockschoß; *een bi de Slippen kriegen* jem. ergreifen, zur Rechenschaft ziehen

slippen, swv., gleiten, schlüpfen; entgleiten, entwischen

Slips, m., pl. *Slipsen*, Schlips, Binder; *sik up 'n S. pedden* sich etw. einbilden, jem. *up 'n S. pedden* beleidigen, kränken

slirken, swv., schleichen

slo s. *slau*

Slobberjuuks, Slapperjux, m., Schlamm, Dreck, Morast; übertr. auch Pudding

slock (ostfr.), adj., harmlos, gleichgültig, nachgiebig; gutmütig

slodderig, -rich, sludder(i)g, adj., schlampig, unordentlich, schlotternd (bes. von Kleidung)

sloddern, sluddern, swv., schlottern, bibbern, zittern; sich gehenlassen, verschlampen

Slöh, Sleh, f., Schlehe (Strauch u. Frucht)

Slöhnbeer, f., Frucht der Schlehe (bes. als Heilmittel)

Slöhnbusch, m., Schlehenbusch

Slöhndoorn, m., Schlehdorn; vgl. *Slöh, Slöhnbusch*

slömen, swv., schlemmen, prassen

Slömer, Schlömer, m., Schlemmer; Faulenzer, Rumtreiber

Slöök, Slök, f. u. m., Schlund, Gurgel, Kehle

Slööks, Slaaks, m., Freßsack; Lümmel, Tölpel, Schlaks

slöóksch, adj., gefräßig, gierig (bes. in bezug auf Essen o. Fressen)

Slööp, f., Schleppe, niedriges Kufengefährt zum Schleppen schwerer Lasten; Wattschlitten

Slöpendriever, m., Rumtreiber, Taugenichts

Slöpenlock, n., schmale Öffnung im Deich

slöpig, adj., nachlässig, unordentlich (bes. in bezug auf Kleidung)

Slötel, Slödel, m., pl. *Slötels, Slödels*, Schlüssel

Slötelbloom, f., Schlüsselblume, Primel

Slötellock, n., Schlüsselloch

slöten (ostfr.), swv., graben, Gräben ausheben, reinigen; übertr. unmanierlich essen

slohwitt, slouwitt, adj., schneeweiß, schlohweiß

[1]**Sloot,** f., pl. *Sloden*, Wassergraben, Rinne, Abzugskanal (zum Ablaufen des Flutwassers); Graben, Sumpf

[2]**Sloot,** m., Schlot, Schornstein; übertr. Taugenichts, Dreckskerl

Slootskant, f., Grabenkante, Grabenufer

slopen, Sloop u. Kompos. s. *slapen, Slaap* u. Kompos.

Slopp (oldbg.), m., tiefe Wunde

Slopps, m., grober Kerl, Schlaks, großer Mensch, Tolpatsch

sloppsig, adj., groß, schlaksig, plump

Slott, n., 1. Schloß, Verriegelung, Vorrichtung zum Verschließen; 2. Schloß, herrschaftliches Gebäude, Herrenhaus

sloven s. *slaven*

Slu, n. u. f., pl. *Sluun*, Schote, Schale, Hülse (bes. von Hülsenfrüchten u. Getreide); Pelle, Wursthaut

slubbern, sluppern, swv., schlabbern, schlürfen, (unpers.) *dat slubbert* beim Waten durch Schlamm

Sluck, m., Schluck, Portion; *S. un Beer* Schnaps u. Bier; übertr. Kehle

Slucker, m., armer Kerl

sluckohrig, sluuk-, adj., niedergeschlagen, bedrückt, verzagt

Sluckup, -op, m., Schluckauf

sludderig, adj., schlotternd, unordentlich, schlampig, verkommen

sluddern, swv., schlottern, bibbern; bummeln, schlendern

Sluderee, -rie, f., üble Nachrede, Tratsch, Klatsch

Sluderkraam s. *Sluderee*

sludern, swv., schludern, übel nachreden, tratschen, klatschen, unüberlegt reden, verleumden

Slüngel, m., Schlingel, Lümmel, Lausbube, Taugenichts

slünig, adj., schleunig, schnell, rasch, plötzlich

slüsen, swv., schleusen, durchschleusen

Slüter, m., Schließer, jem. der Schlüsselgewalt hat; übertr. Gefängniswärter

Slüüs, f., Schleuse

sluff, adj., schlaff, kraftlos, müde, matt; welk, lasch

sluff(r)ig, adj., nachlässig, unordentlich; s. a. *sluff*

Sluh s. *Slu*

sluken, slucken, swv. (selten im prät. st. *ik slöök, sleuk*), schlucken, hinunterschlucken, essen, fressen, verschlingen; trinken; *wat daals.* etwas widerspruchslos hinnehmen

Slummerbaas, m., Vermieter, bes. Vermieter von Seemannsquartieren

[1]**Slump,** m., Schlumps, Schlaks, Flegel

[2]**Slump,** m., (glücklicher) Zufall, Glückstreffer (beim Spiel), Glück; *in 'n S.* (mit nachfolgendem Verb) in Bausch u. Bogen; *up 'n S.* plötzlich

slumpen, swv., glücken, gelingen, Gewinn bringen; *dat hett slumpt* das hat etw. eingebracht, hat sich gelohnt

Slunk, m., Schlund, Kehle, Hals

Slunt, n., pl. *Slunten*, Lumpen, Fetzen

slunt(er)ig, adj., lumpig, abgerissen, unordentlich; vgl. *sluff(r)ig*

slupen, sluppen, swv., schlüpfen, gleiten, mit den Füßen schlurfen

Slupp, n., Durchschlupf, enger Zuweg; übertr. Öse

sluren, slurren, swv., schlürfen (bes. bei Bewegungen), nachlässig gehen, schleppend vorwärtsbewegen; etw. *s. laten* etw. nachlässig geschehen lassen

slurig, adj., 1. niedergeschlagen, mutlos, traurig; scheu, ängstlich (bes. vom Blick); welk, kraftlos, schlaff, ermattet; 2. unaufrichtig, lauernd, hinterhältig; gerissen, schlau

Slurr, m., pl. *Slurrn*, Pantoffel, Holzpantinen, ausgetretener Schuh

slurren, swv., schlurfend gehen, latschen (bes. mit Pantoffeln)

Sluß, m., Schluß, Ende

sluten, stv. (*ik sluut, du sluttst, sluutst, he slutt, sluut, wi sluut, sluten*; *ik sloot, slööt*; *slaten*; in einigen Mdaa. auch mit Umlaut *ü*), schließen, abschließen, verschließen (auch als

Kompos. *af-*, *in-*, *up-*, *tosluten*, s. d.)

Sluuf s. *Slu*

Sluuk, f., Kehle, Schlund, Gurgel

sluukohrig s. *sluckohrig*

sluukrawig (mecklbg.), adj., gefräßig, gierig

[1]**Sluup, Slupp,** f., Schaluppe, großes Kielboot, Fischerboot

[2]**Sluup,** f., Bettbezug

Sluurmichel, m., unordentlicher Mensch

Sluusohr, n., Schlitzohr, gewitzter Kerl, Schelm, Halunke

sluusohrig, adj., gewitzt, hinterlistig, durchtrieben, heimtückisch

Sluuv, Sluuf s. *Slu*

smaal s. *small*

smaal(s) (ostfr.), adj., gelegentlich, jedes Mal, einstmals; vgl. *maal*

Smacht, m., Hunger; Sehnsucht, Verlangen

smachten, swv., schmachten, hungern, fasten, dürsten; verlangen nach

smachtig, smächtig, adj., schmächtig, mager, dünn; hungrig, begierig

Smachtlappen, m., schmächtiger Kerl; übertr. Schulzeugnis

Smack, m., Geschmack; Würze, Aroma; Wohlgefallen, Lust, Interesse; *dat is na mien S.* es gefällt mir

Smackeduuz, m. u. f., Rohrkolben

smacklich; smakelk (ostfr.), adj., schmackhaft, lecker; angenehm, geschmackvoll, ergötzlich

Smäär s. *Smeer*

smäätsch s. *smeetsch*

small, smaal, adj., schmal, klein; mager, dünn, hager, schmächtig

smallbackt, adj., hohlwangig

Smarr (ostfr.), f., Schramme, Narbe

Smart, Smatt, m., pl. *Smarten*, Schmerz, Leid, Kummer

smarten, swv., schmerzen (bes. von brennenden Wunden o. Stich- u. Schnittwunden)

Smeck s. *Smick*

smecken, swv., schmecken, abschmecken, probieren

smeden, smeen, swv., schmieden

Smee(d), Smed, Smied, f., Schmiede; Schmied; vgl. *Smitt*

Smeer, n., Schmiere, Schmierfett, minderwertiges Fett

Smeerbuuk, m., Schmierbauch, Dickwanst, dicker Mensch

Smeerkraam, m., Schmiererei, schmierige Angelegenheit, schmutziges, unehrliches Geschäft

Smeerlappen, m., Schmierlappen, fettiges Tuch; übertr. Schmierfink, Schmutzfink

Smeerpott, -putt, m., Gefäß für Wagenschmiere u. ä.

Smeet, Smet, m., Wurf, Treffer; Wurfstrecke (auch als Längenmaß); *'n S. vörut hebben* einen Vorsprung haben

smeetsch, smäätsch, adj., schmiegsam, biegsam; schlank, schmächtig

smelten s. *smölten*

smeren, smeern, swv., schmieren, einfetten; aufstreichen (bes. Fett), eine Schnitte beschmieren; kritzeln, schlecht schreiben (malen, anstreichen)

smerig, adj., schmierig, fettig; schmutzig, dreckig; übertr. schadenfroh, verschmitzt

smeuken s. *smöken*

Smick, Smeck, m., pl. *Smicken(s)*, Schmitz, vorderes dünnes Stück der Peitschenschnur, geflochtenes Peitschenende (bes. zum Knallen)

Smid s. *Smitt*

smiedig, adj., geschmeidig, gelenkig; anschmiegsam, weich; wohltuend, lindernd

Smieg, f., Biegung, Krümmung; übertr. Winkeleisen, Winkelmaß

smielen, swv., lächeln, schmunzeln

smieten, stv. (*ik smiet, du smittst, he smitt, wi smiet, smieten*; *ik smeet*; *smeten*), schmeißen, werfen, schleudern, umwerfen, sich auf etw. werfen, etwas anfangen, sich verwerfen (von Holz); Junge gebären, werfen (von Haustieren bes. Schweinen, Kaninchen) (auch als Kompos. *af-*, *an-*, *bi-*, *daal-*, *hen-*, *in-*, *na-*, *ruut-*, *to-*, *um-*, *up-*, *wegsmieten*, s. d.)

Smietnett, n., Wurfnetz, kleines Netz der Fischer

Smitt, Smid, m., pl. *Smeed*, *Smee(d)lüüd*, Schmied (häufig durch Zusätze differenziert wie *Blicksmitt*, *Groffsmitt* u. a.)

Smittbaas, m., Schmiedemeister

smö (ostfr., oldbg., emsld.) s. *smiedig*

smöden, swv., geschmeidig machen; übertr. wohltun, erquicken, bes. den Schmerz lindern

smödig s. *smiedig*

smöken, smeuken, swv., rauchen, Tabak rauchen

Smöker, m., 1. Raucher; 2. (vergilbtes, zerfleddertes, altes) Buch

smökern, swv., lesen, sich in ein Buch vertiefen

smölen, swv., langsam u. qualmend brennen, schwelen, sengeln

smölten, swv., schmelzen, auflösen, zergehen lassen

Smöökever, Smeuk-, m., Dampfer, Schleppdampfer, (vorw. verächtlich) altes Schiff

Smööktabak, -tobak, m., Rauchtabak

smoken, swv., rauchen, qualmen (bes. Ausstoßen von Abgasen)

Smolt, Smult, n., Schmalz

Smoltkoken, m., Schmalzgebäck, Schmalzplätzchen

Smoltkruuk, f., irdenes Gefäß für Schmalz

Smoltpott, -putt, m., Schmalztopf, Gefäß für Schmalz

Smook, m., Rauch, Qualm, Abgase; Dunst, Hochnebel

Smooraal, m., Räucheraal

smoren, swv., schmoren, dämpfen, braten

Smuck, m., Schmuck, Geschmeide

smuck, adj., (auch adv.), schmuck, hübsch, schön; elegant, ordentlich, festlich

smuddelig, smuttelig, adj., schmutzig, unsauber, dreckig; übertr. (vom Wetter) regnerisch, neblig, diesig

smuddeln, swv., schmieren, sich beschmutzen, besudeln; nieseln, anhaltend (fein) regnen

Smuddelregen, m., Nieselregen, feiner andauernder Regen

smüdig s. *smiedig*

smülten s. *smölten*

smüüstern, smuustern, swv., schmunzeln, lächeln; heimlich reden, vertraut tun; schmeicheln, liebkosen, küssen

smuggeln, swv., schmuggeln, Schleichhandel betreiben; übertr. schummeln, betrügen

smunstern, swv., schmunzeln

smusen, swv., schmusen, liebkosen, schmeicheln

[1]**Smutt, Smudd,** m., Rauch, Schmutz, Dreck; Staubregen, Sprühregen

[2]**Smutt,** f., Gluthitze, brütende Hitze

Smuttaal, Smudd-, m., fetter Räucheraal

smuttenfrie, adj., hitzefrei (in der Schule)

Smuttje, Smuutje, m., Schiffskoch

smuustergrienen, swv., schmunzeln, stillvergnügt lächeln

smuustern s. *smunstern* u. *smüüstern*

Snaak, f., pl. *Snaken*, Schlange, bes. Ringelnatter

snaaksch, adj., sonderbar, eigenartig, merkwürdig; wunderlich, seltsam, spaßig, komisch; redselig, schwatzhaft, unterhaltsam

snabbeln, swv., 1. schnabbeln, in kleinen Bissen essen; 2. übertr. reden, schwatzen, sabbeln

Snabel, Snawel, m., pl. *Snabels*, Schnabel; übertr. Mund; *över den S. nehmen* sich etw. (gewaltsam) aneignen

Snack, m., 1. Gespräch, Unterhaltung; *en S. maken* sich unterhalten; *en Mund vull S.* ein kleines (belangloses) Gespräch; *en dummen S.* sinnloses Gerede, dummes Geschwätz; *dat is en anner S.* das ist etw. anderes, das ändert die Sache; 2. pl. *Snäcke* Redensart, Sprw.

snacken, swv., sprechen, erzählen, sich unterhalten, plaudern, mit jem. reden; *glatt s.*, *glattsnacken* schmeicheln, *klook s.* besserwisserisch reden

Snackeree, -rie, f., Gerede, Geschwätz

Snackfatt, n. u. m., Schwätzer

snackhaftig, adj., redselig, schwatzhaft

Snäär s. *Sneer*

snaddeln (hbg.), swv., wickeln, schnüren

Snakenkruut, n., (verschiedenes) Farnkraut, auch andere Pflanzen wie Sternmiere, Lichtnelke

snall s. *snell*

Snapp, m., Nasenschleim, Rotz

snappen, swv., schnappen, nach etw. greifen, haschen; jem. greifen, erwischen

Snappsnuut, f. u. m., Rotznase, Grünschnabel (bes. gegenüber Kindern gebraucht)

Snaps, Schnaps, m., pl. *Snäps*, Schnaps, Branntwein

Snapsbuddel, f., Schnapsflasche

snarken s. *snorken*

Snarr s. *Sneer*

snarren, swv., schnarren

Snartendart, n., Wiesenschnarre, Wachtelkönig

snatern, swv., schnattern; plappern, schwatzen, schnell reden

Snatt, m., pl. *Snatten*, Nasenschleim, Rotz; vgl. *Snapp*

Snatt(en)dook (schleswg.-holst.), n., Taschentuch

snaueln, snaulen, swv., 1. undeutlich sprechen, wimmern, jammern; 2. jem. nachäffen (in der Sprache), verhöhnen; 3. wählerisch sein beim Essen, nörgeln, mäkeln

snauen, swv., (jem.) anschnauzen; schnauben, fauchen

Snavel s. *Snabel*

snedeln, sneddeln, swv., schnitzen, einkerben, schnippeln

Snee, Snei, m. u. n., Schnee

Sneed, Sned, f., pl. *Sneden*, Schnitte, Brotscheibe

sneen s. *snien*

Sneer, Snäär, f., Schnur, Schlinge (auch als Jagdmittel), Schleife

Sneerkraam, m., verdrehter Kram, Wirrwarr, Durcheinander

Snei s. *Snee*

snekeln, swv., schleichen

snell, adj., schnell, rasch

sneren, swv., 1. schnüren, mit der Schlinge fangen; vgl. *snören*; 2. stolpern; schleichen, durch hohes Gras waten

sneteln, swv., schnitzeln, bes. Bäume (durch Beseitigen von Zweigen) stutzen, zurechtschneiden

Snibbe (oldbg.) s. *Snipp*

snibbeln s. *snippeln*

Snick(e), f., pl. *Snicken*, Schnecke

snickenfett, adj., feist, wohlgenährt

Snickenhuus, n., Schneckenhaus, (entstellt zu) *S.-luus*, *S.-muus* Schnecke

snicker, adj., 1. üppig, gut genährt; 2. adrett, schmuck, sauber, glatt

Snickermuus, f., Schnecke, Schneckenhaus

Snicksnack, m., dummes Gerede, Geschwätz, belangloses Reden

Snied, f., Schneide

snieden, stv. (*ik snied, du snittst, he snitt, wi snied, snieden*; *ik sneed*; *sneden*), schneiden, etw. abschneiden, zerkleinern; sich schneiden, verletzen; (häufig auch Kompos. *af-*, *an-*, *in-*, *twei-*, *upsnieden*, s. d.)

Snieder, m., Schneider

sniedern, swv., schneidern, Schneiderarbeit verrichten

Sniedersch(e), f., Schneiderin; Frau des Schneiders

sniegen s. *snieden* u. *snien*

snien, sniegen, sneen, swv., schneien

Sniepel, m., Frack, Gehrock

[1]Snipp, Snibbe, f. u. m., Schnabel, Spitze; etw. spitz Zulaufendes

[2]Snipp, Snibbe, f., Schnepfe

Snippel, m. u. n., pl. *Snippeln*, *Snippels*, Schnipsel, abgerissenes Stück Papier o. Stoff, Kleingeschnittenes

snippeln, swv., schnitzeln, in kleine Stücke schneiden, zerstückeln

snippsch, snibbisch, adj., schnippisch, keck, schelmisch

Snirr s. *Sneer*

snirren, swv., zischen, zirpen; brutzeln (vom Fett in der Pfanne)

snirrig, adj., brenzlig, ranzig (vom Geschmack)

Snitt, m., pl. *Snitten* u. *Sneed*, Schnitt, Zuschnitt (häufig als Zusatz zur näheren Bestimmung wie *Snittbohnen*, *-kohl*, *-röven* u. a.)

Snodder, Snotter, m., Rotz, Schleim; übertr. auch Rotzbengel

snodderig, adj., schnodderig, flegelhaft, rüpelhaft, ungeschliffen

Snöben s. *Snööf*

snökern, swv., heimlich schnüffeln, suchen, herumstöbern

Snööf, m., Schnupfen, Erkältungskrankheit; *sik en S. halen* sich einen Schnupfen zuziehen

Snöör s. *Snoor*

snören, swv., schnüren, zusammenbinden, verschnüren; vgl. auch *sneren*

Snösel, m., unerzogener dummer Bengel, Flegel

snöselig, adj., unverschämt, ausfallend, frech

Snöter, m., Mundwerk, Plappermaul

snötern, swv., ununterbrochen reden, schnattern, schwatzen, plappern

Snötersnack, m. u. n., Gerede, Geschwätz, Gequatsche

snoksch s. *snaaksch*

Snoor, Snöör, f., Schnur, gedrehtes Band, Kordel; Sehne, Schlinge (vgl. *Sneer*)

snopen, swv., naschen, schleckern

snoren s. *snurren*

snorken, snurken, swv., schnarchen (häufig in Vgl.)

Snott, Snotter s. *Snodder*

snotterig s. *snodderig*

snuben, snuven, stv. (*ik snuuf, du snuufst, snüffst, he snuuft, snufft, wi snuuft, snuben; ik snoof, snööf, snaben*) (mit Übergang zu swv.), schnauben, sich schneuzen, niesen, prusten; schnauben, schnaufen; schnupfen (von Tabak)

Snuck, f., pl. *Snucken,* Heidschnucke, bes. Schafart

snucke(r)n, snückern, swv., schluchzen, leise weinen

snuddelig, adj., 1. schnoddrig, unsauber, unordentlich; 2. paßlich, paßgerecht; übertr. ansprechend, gemütlich

[1]**snückern** s. *snuckern*

[2]**snückern,** swv., schnüffeln, durchstöbern, seine Nase in eine Sache stecken

snüffeln, swv., schnüffeln, (mit der Nase) suchen, aufstöbern; schnuppern; s. a. [2]*snückern*

snüten, swv., schneuzen, die Nase schnauben, putzen

Snüteree, -rie, f., Geknutsche, Liebkoserei, Küsserei

snütern s. *snuteln*

snüüstern, swv., schnüffeln, suchen; vgl. [2]*snückern*

Snuppdook, n., Schnupftuch, Taschentuch

Snuppen, m., Schnupfen; vgl. *Snööf*

snuppern, swv., schnuppern, schnüffeln

snupps, interjek., plötzlich, im Nu

snurken (ostfr.) s. *snarken*

Snurr, f., pl. *Snurren,* Schnurre, lustige kurze Erzählung; nichtsnützige Dinge

snurren, swv., schnurren, brummen (von Geräuschen); schnorren, betteln

Snurrer, m., Schnurrer, Bettler, Landstreicher

snurrig, adj., schnurrig, komisch, putzig; merkwürdig, eigenartig, sonderbar

snuschen, swv., (fein) regnen, nieseln

snutelig s. *snuddelig*

snuteln, snütern, swv., liebkosen, küssen

Snutenschraper, m., Bartputzer, Barbier (scherzh.)

Snutenwark, n., Mundwerk; Schnauze u. a. (als Abfall beim Schlachten); vgl. *Snuut*

Snuuf s. *Snööf*

Snuufdook, Snuuv-, n., pl. *S.-döker,* Taschentuch

Snuut, f., pl. *Snuten,* Schnauze; übertr. Mund, Gesicht; Spitze; *sik de S. verbrennen* unbedachte Reden führen, *en sure S. maken* das Gesicht verziehen, verdrießlich aussehen; *Snuten un Poten* als Gericht

snuven s. *snuben*

so, adv. u. konj., so, auf die Art u. Weise (Aussagebedeutungen können auch durch unterschiedliche Vokallänge ausgedrückt werden)

sodennig, -dannig, adv. u. adj., so, solch, so beschaffen, so sehr, dermaßen; gewissermaßen, gleichsam

sodraa(d), konj., sobald, alsbald

söben, söven, num., sieben

söbenteihn, num., siebzehn

Söck(en), Sock, f., pl. *Söcken,* Socke, kurzer Strumpf; *sik up de S. maken* aufbrechen, sich sputen

södder s. *sörr(er)*

sögen, swv., säugen

söhlen, swv., suhlen, im Morast (Schmutz) wühlen; refl. sich suhlen, im Dreck wälzen

Söhn, m., pl. *Söhns*, Sohn

söken, säuken, unregelm. v. (mit wechselndem Umlaut o. ohne Umlaut in den flekt. Formen: *ik söök, du söchst, sochst, süchst, he söcht, socht, sücht, wi söökt, söken*; *ik söch*[*t*]; *söcht, socht*), jem. o. etw. suchen, ausfindig machen

Söll s. *Süll*

Söög, Söge, f., pl. *Sögen*, Sau, Mutterschwein

Söögdrieven, n., ein Kinderspiel, auch als *Söög in de Kuhl, Kuhlsöög* u. ä.

Söök, f., Suche; in der Vbdg. *to S. sien, stahn* nach einem Vermißten suchen, etw. suchen

sööt, seut, säut, adj., süß; lieblich, fein, hübsch, niedlich

sööthaftig, adj., süßlich

Söpke, Soopje (ostfr.), n., Schlückchen, ein Schnapsglas voll

sörr(er), södder, präp., seit, seitdem

sörre(r)dem, adv., seitdem

söß, soß, süß (u. Kompos.), num., sechs (u. Kompos.)

Sösseln s. *Sößling*

Sößling, m., kleine Münze, Sechser

Söster s. *Süster*

Söten, m., Kuß; Liebling

söven s. *söben*

Soldaat, Suldaat, m., Soldat

Soll, Söll, m., Wasserloch, Tümpel, stehendes Gewässer

Solt, Sult, n., Salz

solt, adj. (flekt. *solten*), salzig

solten, swv., salzen, mit Salz würzen, einsalzen; *s. See* Meer, Salzwasser, *s. Hering* Salzhering

Solterbeer, f., pl. *S.-beern*, schwarze Johannisbeere

Soltfatt, n., Salzfaß, Salzbehälter

Solthering, m., Salzhering

Soltwater, n., Salzwasser, Meereswasser

Sommer, Sömmer, Summer, Sümmer, m., Sommer, die warme Jahreszeit

Sommerdag, sommerdags, m., Sommertag, im Sommer

Sommerdiek, m., Sommerdeich, niedriger Deich

Sommerspruten, -sprütten, -sprotten, -sprötten, f., pl., Sommersprossen

Sommertiet, f., Sommerzeit, Zeit des Sommers

Sommervagel, m., Schmetterling

Sommerweg, m., unbefestigter Fahrweg

son, so 'n, pron. (*so een*), solch einer, so ein

Sood s. *Soot*

Soog s. *Saag*

Sook s. *Saak*

Soom, Suum, m., Saum, Rand

Soopje (mecklbg.), n., Schlückchen, Trunk; Schnaps; vgl. *Söpke*

soor, sor, adj., trocken, ausgedörrt, ausgetrocknet, dürr, abgestorben

soort, adj., zart

Soot, Sood, m., Quelle, Brunnen

Sootswank, m., 1. Querbalken am Ziehbrunnen; 2. Schwengel zum Heben des Eimers

Sootswengel s. *Sootswank*

Soppen; Zoppen (brem. u. westl. Mdaa.), f., Suppe, dicker Trank, Brei; übertr. dichter Nebel

soren, swv., austrocknen, verdorren

Sorg, f., pl. *Sorgen*, Sorge, Kummer

sorren (mecklbg.), swv., zurren, festzurren, festbinden

Sort, Soort, f., pl. *Sorten*, Sorte, Art, Gattung

soß s. *söß*

Sott, Soot, n. u. m., Sott, Ruß

Sottbalken, m., Rauchbalken, geschwärzter Balken über der Feuerstelle, Räucherbalken

sotten, swv., 1. rußen, schwärzen; 2. sieden, kochen

Sottje(r), m., Schornsteinfeger (meist scherzh.)

Spaa s. *Spaden*

Spaak, m., Stockflecken, Schimmel

Spaan, Spoon, m., pl. *Spään, Spöön*, Span, kleines Holzstück, Abfallholz

spaansch, adj., spanisch, aus Spanien stammend; fremdartig, sonderbar, seltsam, komisch

Spaar, f., pl. *Sparen*, Dachsparren

Spaarbook, n., Sparbuch

Spaarbüss, f., Sparbüchse, Spardose

Spaarkass, f., Sparkasse, Geldinstitut

Spaarpott, m., Spardose

Spaaß, m., Spaß, Freude, Vergnügen

spacke(l), swv., zappeln, herumtollen; sich unsicher bewegen

spaddelig, adj., unruhig, zappelig, nervös

spadd(el)lahm, -lohm, adj., lahm, kraftlos, erschöpft (vgl. *Spatt* u. *spattlahm*)

spaddeln, swv., zappeln, strampeln

Spaden, Spaa(d), m., Spaten

spä- s. *spe-*

spaken, swv., schimmeln, fleckig werden

spakig, adj., angeschimmelt, stockfleckig, angefault, feucht

[1]**Spalk,** m., Lärm, lärmender Scherz, Ulk, Unfug

[2]**Spalk** (ostfr.), m., Holzscheit, Splitter

spalken, swv., 1. lärmen, herumtollen, toben (vgl. [1]*Spalk*); 2. bersten, spalten, reißen (vgl. [2]*Spalk*)

spalksch, adv., lärmend, tosend

[1]**Spann,** n., Holzeimer, bes. Milcheimer

[2]**Spann,** n., Gespann, ein o. mehrere Paar(e) (auch von Eheleuten), Gesellschaft

[3]**Spann,** m., Spann, Fußrücken

spannen, swv., spannen; aneinanderbinden, fesseln

Spannreem, m., Spannriemen, Arbeitsmittel des Schuhmachers

Spannwark, n., Gespann (Pferd u. Wagen), Fuhrwerk

Spant, f., meist pl. *Spanten*, (Seemannsspr.) hölzernes o. eisernes Gerippe des Schiffes

sparen, sporen, swv., sparen

sparken s. *spalken*

Sparling, m., Sperling, Spatz; Syn. *Lünk*

sparrangelwiet, adv., sperrangelweit, weit geöffnet

sparren, swv., sperren, auseinanderspreizen

sparrwiet s. *sparrangelwiet*

sparteln (ostfr., oldbg.), swv., spaddeln, zappeln, strampeln

spaßen, swv., spaßen, scherzen, Spaß machen

Spatt, m., lähmende Pferdekrankheit, Knorpelgeschwulst

spattlahm, adj., lahm, sehr ermüdet

spazeren, swv. (oft mit Verben der Bewegung), spazieren (gehen, fahren, laufen u. a.)

Speck, n. u. m., Speck, Schweinefett

Speckbieter, m., Kohlmeise

Speckfreter, m., Libelle

Speckgreben, nur pl., ausgelassene Speckwürfel, Grieben

Speckkrööm, nur pl., Speckwürfel; vgl. auch *Speckgreben*

Specksiet, f., Speckseite, großes Stück Speck

Speckstippels, n., Speckstippe, Soße mit Speckstücken

Speckswaart, f., Speckschwarte

Speckwiem, m., Räucherboden, Holzlatten an denen Speck zum Räuchern aufgehängt wird

speddern, swv., flink laufen

Spedulli (mecklbg.), **Spedulje,** f., Schwierigkeiten, Streit

Spee, Spie, Spei, m., Speichel, Spucke

Speeback, n., pl. *Speebecken*, Spucknapf

Speek, Speik, f., pl. *Speken*, Speiche, *in de Speken faten* anpacken, helfen

Speel s. *Spill*

Speelkraam, m., Spielerei, Spielzeug

Speelmann, m., pl. *Speellüüd*, Musikant

Speelplatz, m., Spielplatz

Speeltüg, n., Spielzeug, Spielsachen

speen, spien, swv., speien, spucken; erbrechen; *daar kannst up s.* das kannst du glauben, das ist sicher, gewiß

Speet, m. u. n., Spieß, spitzer Stock, Stock an dem Speck u. Wurst zum Räuchern aufgehängt werden

Speetsch, m., pl. *Speetschen* (Kurzform von *Speetschdaler*), Spezietaler, Münze im Wert von eineinhalb Talern

Spegel, Speigel, m. u. n., Spiegel; übertr. Rückseite des Schiffes

spegeln, swv., spiegeln, refl. sich spiegeln, reflektieren

Spegelschöörn, -schören, nur pl., Spiegelscherben

Speigatt, Speegatt, n., (Seemannsspr.) Abflußloch in der Bordwand des Schiffes

speken, swv., schnell laufen, lange Schritte machen

Spektakel, m., Spektakel, Lärm, Krawall; Scherz, Schabernack

spektakeln, swv., lärmen, laut reden, sich lustig machen über etw. o. jem., jem. verspotten

spelen, swv., spielen, sich spielend beschäftigen; etwas spielen (mit Obj.); ein Instrument spielen, musizieren; *unklook s.* sich ungebärdet benehmen; *krank s.* krank sein; (auch in Vbdg. mit Berufen wie) *Buer s., Suldaat s.* u. a. Bauer sein, Soldat sein u. a.

Speler, m., pl. *Spelers,* Spieler, bes. Kartenspieler

Spell, f., Stecknadel

spelten, spilten (ostfr., oldbg.), swv., spalten

spenderen, spendeern, swv., spendieren, ausgeben

[1]**spenkern** (schleswg.-holst.), swv., jagen, scheuchen, wegjagen

[2]**spenkern** (oldbg., ostfr.), swv., bunkern, hell schimmern

Spens(t)er, n., Leibchen, enganliegendes Hemd, Jäckchen, kurze Jacke

speren, swv., sperren, aufsperren, öffnen; vgl. *sparren*

Spergel, m., Spergel, Ackerspark (eine Wildpflanze)

Spet s. *Speet*

Spickaal, m., Räucheraal

spickeleern, swv., spekulieren; grübeln, nachsinnen; beobachten, spionieren, belauern

spicken, swv., spicken, mit Speckstreifen versehen; übertr. jem. bestechen

Spickgoos, f., geräucherte Gans

spiddelig s. *spittelig*

Spie, f., Speichel, Spucke

spiedig, spietig, adj., verdrießlich, ärgerlich; höhnisch, spöttisch, falsch

spiegen, spien, stv. (*ik spieg, du spiggst, he spiggt, wi spiegt, spiegen*; *ik speeg*; *spegen*), speien, spucken, ausspucken; *Füer s.* zornig, wütend sein; jem. *in de Supp s.* jem. etw. verderben, jem. schädigen, einen Plan (eine Absicht) zerstören; refl. erbrechen, übergeben; vgl. *speen*

spiekeleern s. *spickeleern*

[1]**Spieker,** m., pl. *Spiekers,* Speicher, Vorratsraum o. -gebäude; Boden, Kornboden

[2]**Spieker,** m., großer mehrzölliger Nagel

Spiel, Spil, m. u. n., 1. kleiner spitzer Holzstab, Holzpflock, kleiner Holznagel; 2. Halm; 3. kleine Feder (direkt an der Haut)

spielendicht, adj., dichtgedrängt

spien s. *speen, spiegen*

Spier, f. u. n., pl. *Spieren,* Demin. *Spierken,* spitzer Halm, Grashalm, kleine Spitze; adjektivisch: ein wenig, bißchen; (oft mit Negation) *keen S.* nichts

spierig, adj., dünn, dürftig, spärlich, vereinzelt

Spies, f., pl. *Spiesen,* Speise, bes. Süßspeise; Essen, Nahrung

spiesen, swv., speisen, essen

Spieskaart, f., Speisekarte

Spieskamer, f., Speisekammer, Vorratsraum für Lebensmittel

Spiet, m., Spott, Hohn; Kummer, Ärger, Verdruß

spietelk (ostfr.), **spietig,** adj., ärgerlich, bedauerlich, betrüblich, schade

spieten, swv., ärgern, verdrießen; leid tun, reuen (vorw. ostfr.)

spietsch, adj., spöttisch, boshaft, falsch, hinterlistig; ärgerlich, verdrießlich

Spijöök, m., Jux, Spaß, Posse, Tollerei, Albernheit; Spuk; mit jem. *S. drieven* jem. zum besten halten, veralbern

Spijöök(en)kraam s. *Spijöök*

Spijöök(en)maker, m., Spaßmacher, Clown

[1]**Spill, Speel,** n., Spiel, bes. Kartenspiel (häufig in Rdaa. u. festen Wdgg. wie im Hochdt.)

[2]**Spill,** nur in der Rda. *to Sp. gahn* verlorengehen, als Verlust verbuchen

[3]**Spill,** n., (bes. Seemannsspr.) Winde, Ankerwinde

Spillboom, m., Spindelbaum, hartholziger Strauch

Spillboomholt, n., Holz des *Spillboom* (wegen der Härte zur Herstellung von Gebrauchsgegenständen verwendet)

spillen, swv., verlieren, verschütten, verschwenden; fallen, abfallen; verlorengehen

spillerig, adj., 1. sperrig, gespreizt; 2. knochig, zerbrechlich; 3. dünn, mager

Spillwark, n., Spielzeug; Gespieltes, Theater, Auftritt; Spielerei

[1]**Spind,** n., Spind, Schrank, Wandschrank

[2]**Spind** s. *Spint*

Spinn, f., pl. *Spinnen*, Spinne

Spinnbloom (ostfr.), f., Kapuzinerkresse

spinnen, stv. (*ik spinn, du spinnst, he spinnt, wi spinnt, spinnen*; *ik spunn, spünn*; *spunnen*), 1. spinnen, mit dem Spinnrad arbeiten; 2. flunkern, phantasieren, Unsinn reden, grübeln

spinnig, adj., leicht verwirrt, albern

Spinnstuuv, f., Spinnstube, Raum für Spinnarbeit; dörflicher Gemeinschaftsraum

Spinnweev, n., Spinnengewebe, Netz der Spinne

Spinnwubb, -wübb, m. u. n., 1. Spinne; 2. Spinnengewebe

Spint, m. u. n., Spint als Maßbezeichnung (Hohlmaß), auch Flächenmaß (soviel wie mit einem *S.* Korn besät werden kann)

spintelig, adj., fleckig, schorfig

Spirrelfink s. *Spittelfink*

spirrig, adj., dünn, mager; schmächtig, schwach

Spise s. *Spies*

Spitakel, Spektakel, m., Lärm, Streit, Krach, Krawall; Schauspiel, Belustigung, Spektakel

[1]**Spitt,** n., pl. *Spitten, Spieten*, Spieß, bes. Bratspieß, Eisenstange zum Räuchern

[2]**Spitt, Spiet,** n., Spatenstich, die Länge des Spatenblattes als Maß, *een S. deep*

Spittel, m., dürrer schmächtiger Mensch

Spittelfink, Spirrel-, m., kleiner Kerl, Schwächling

spittelig, spiddelig, adj., schmächtig, schwach, dürr, kümmerlich

Spittelwipps, m., kleiner munterer Knirps, Springinsfeld

spitten, swv., 1. graben, umgraben, abstecken (vgl. [2]*Spitt*); 2. auf den Räucherspieß stecken (mecklbg.; vgl. [1]*Spitt*)

Spitz, f., pl. *Spitzen*, Spitze, höchster Punkt; übertr. Stichelei; Spitze, Gehäkeltes

spitz, adj., spitz, scharf, geschliffen; übertr. spitz, spöttisch, schnippisch; anzüglich, beißend

Spitzboov, -bauv, m., pl. *-boben, -boven, -bauben, -bauven*, Spitzbube, Schelm; Dieb, Betrüger

spitzen, swv., zuspitzen, anspitzen; *sik up wat s.* sich auf etw. vorbereiten, etw. begierig erwarten

Spleet, m., pl. *Spleten*, Spliß, Riß, Spalte, Sprung, Ritze; Splitter, Abgespaltenes

spleßen, spleißen, swv., (Tauenden) zusammenflechten, verbinden; übertr. heiraten, verheiraten

spleten, spletten, swv., spalten, splittern, reißen, entzweispringen; auch refl. sich spalten, trennen

Splett s. *Spleet*

spletten s. *spleten*

splettern, swv., 1. schnell laufen; 2. s. *spleten*

splidder- s. *splitter-*

Splien, m., Eigenheit, Wunderlichkeit, Spleen, Tick

splienig, adj., verworren, verrückt

splieten, stv. (*ik spliet, du splittst, he splitt, wi spliet, splieten*; *ik spleet*; *spleten*), spalten, springen, reißen (von harten Gegenständen), zerreißen, spleißen, kaputtgehen

Splint, m., pl. *Splinten*, Splitter, Span; kleiner Bolzen, Keil, eiserner Stift (zum Befestigen)

splintern, swv., splittern, abspalten; bersten, sprengen, spritzen

Splitt, Spliß, n., Riß, Spalte; großer o. kleiner Splitter

Splitter, m., Splitter, abgespaltenes Holzstück, abgesprungenes Glas- o. Porzellanstück

splitter(n)dull, adj., sehr empört, erregt, zornig, böse

splitternaakt, adj., völlig entblößt, nackt

spoden, spauden, swv., refl. sich sputen, sich

beeilen

spökeln, swv., spuken, herumgeistern

Spökels, n., Spuk, Gespensterkram; Gespenst

spöken, späuken, swv., spuken, herumgeistern, sich herumtreiben; lärmen, toben

Spökendriever, m., Rumtreiber, Umgehender, Gespenst

Spökenkieker, m., Gespensterseher, Hellseher

Spöker, m., Rumtreiber, Gespenst

spökig, adj., gespenstisch, trügerisch; schäbig, abgerissen

[1]**spölen, späulen,** swv., spülen, abspülen, waschen, reinigen

[2]**spölen** (ostfr.) s. *spelen*

Spöök, Späuk, m. u. n., Spuk, unerklärbare Geräusche o. Geschehnisse; Gespenst, Geistergestalt

spööklich, adj., gespenstisch, geisterhaft, unglaublich, gruselig

[1]**Spööl,** f., Abfallwasser, Spülwasser; flüssiger Küchenabfall, Drang

[2]**Spööl** (ostfr.) s. *Speel*

Spöölkumm, Späulkum(m) (ostfr., oldbg., mecklbg.), f., Spülschüssel, Waschschüssel; übertr. Trinkschale

Spöölstreek (Elbm.), m., Saum von Angespültem, strichartige Ablagerung von Treibgut am Ufer

Spöölwater, Späulwater, n., Spülwasser, Abwaschwasser; über Bord spritzendes Wasser

Spöör s. *Spoor*

spören, swv., spüren; aufspüren, eine Spur verfolgen

Spött (Finkenw.), f., Sprosse, Stufe

spöttsch, adj., spöttisch, höhnisch, frech

spoleren, swv., zugrunderichten, zerstören, verwüsten

Spood, Spoo, f., Eile, guter Fortgang, Erfolg; Eifer, Einsatz, Gelingen

Spook s. *Spöök*

Spool, Spaul, m. u. f., Spule, Garnrolle

Spoon, m., pl. *Spöön*, Span, Splitter, kleines Holzstück, Spanholz; Dachschindel

spoonsch s. *spaansch*

Spoor, f. u. n., pl. *Sporen*, *Spöör*, Spur, Bahn, Geleise; Fußspur, Wagenspur; Weg, Richtung; *de S. holen* die Richtung einhalten, bei der Sache bleiben; *in 't S. bringen* etw. in die Richtung bringen, in Ordnung bringen; *ut 't S. lopen* die Spur verlassen, auf die falsche Bahn geraten

Spore s. *Spaar*

sporen s. *sparen*

Spott, m., Spott, Hohn, Vorwitz

Spraak, Sprook, Sprake, f., Sprache, Sprechvermögen; Aussprache; Rede, Äußerung

Spraat, Sprate, m., Sproß, Keim

Sprack s. *Sprock*

sprackelbunt (emsld.), adj., vielfarbig, auffällig bunt, bunt gesprenkelt

sprangwies, adv., sprungweise, versprengt, vereinzelt, hier u. da, gelegentlich

Sprank s. *Sprock*

Sprant, m., pl. *Spranten*, Sproß, Schößling, Zweig; Abgespreiztes

Spreddick (oldbg.), n., kleingehacktes Reiserholz; kleine Verstrebung um etw. zu spreizen

spreden, spredden, swv., spreizen, ausbreiten

Spree, Sprei, m. u. f., pl. *Spreen*, Star, Starmatz

spreeksch, spräaksch, adj., gesprächig, redselig; übertr. gut gelaunt, aufgeräumt, munter

Spreekwoort, n., pl. *Spreekwöör*, Sprw., Rda.

Spreematz s. *Spree*

Spreenkasten, m., Starenkasten, Nistkasten

Sprei (oldbg.), m., 1. Sprühregen, Staubregen; übertr. Unbedeutendes, Nichtigkeit; 2. s. *Spree*

spreken, spräken, stv. (*ik spreek, du sprickst, he sprickt, wi spreekt, spreken*; *ik sprook, spröök*; *sproken*), sprechen, reden, sich in gesetzten Worten äußern; ostfäl. *spreken* entspricht nordnd. *snacken*

Spreng(e), f., Springflut

Spreu s. *Sprei*

Sprickbeernboom, m., Faulbeerbaum

[1]**Sprickel,** m., pl. *Sprickels, Sprickeln,* Faulbeerbaum

[2]**Sprickel** (ostfr., oldbg.), n. Reisig, trockenes Geäst

sprickelig (ostfr., mecklbg.), adj., hager, zerbrechlich, dürr, mager; zart

Sprickwoort, -woord, n., pl. *Sprickwöör,* Sprichwort, Redensart; kleine geformte Erzählung, Sage

Spriet, m., Sprit, Alkohol, Schnaps; Benzin, Petroleum

Spring, f., Quelle, Brunnen

springen, stv. (*ik spring, du springst, he springt, wi springt, springen*; *ik sprung, sprüng*; *sprungen*), 1. springen, hüpfen, springend laufen; 2. zerspringen, zerplatzen, bersten, zersplittern; 3. etw. springen lassen, ausgeben

Springfloot, f., Springflut; vgl. *Spreng*

Sprock, Sprick, Sprack, n., dürres Reisig, kleingehackte Zweige o. Äste, Fallholz, Spreu aus Holz

sprock, adj., brüchig, spröde, zerbrechlich

sprö(öd), adj., spröde, trocken

Spröök, m., Spruch; Gespräch

Sprott, f., pl. *Sprotten,* kleiner Heringsfisch

sprotten, swv., sprossen, Knospen ansetzen

Spruch, m., pl. *Sprüch,* Spruch, Vers, Bibelzitat

Sprütt, f., pl. *Sprütten,* Spritze

sprütten, swv., spritzen

sprütten-, (verstärkend vor adj.) sehr, völlig, z. B. *sprüttenduun* völlig betrunken u. a.

Sprung, m., pl. *Sprüng,* Sprung

Spucht, m., Wicht, kleiner Kerl, Schwächling

spuchtig, adj., schmächtig, schwach, dünn, hager

spütte(r)n, swv., spritzen, sprühen, spucken

spullern, swv., sich hastig u. geräuschvoll bewegen, polternd laufen

spullerig, spullerg, adj., unordentlich

Spund, Spunt, m. u. n., Spundzapfen; übertr. *lütt S.* kleiner Kerl, Kosewort für Kinder

Spundlock, Spuntlock, n., Loch in das ein Spund gehört, Zapfloch im Faß

Spunn, f., pl. *Spunnen, Spünn,* Zitze

Spunnholt, n., Weichholz

Spuur s. *Spoor*

Staak s. *Staken*

Staakfork, Stakelfork, f., langstielige Forke, Heugabel

Staat, m., 1. Staat, Gemeinwesen, Staatsgewalt; 2. Pracht, Ansehen, Aufwand, Putz, Gepränge; *sik in S. smieten* sich gut kleiden; *S. maken* luxuriös leben, ein vornehmes u. prunkvolles Leben führen

staats, statts, präp. u. konj., statt, anstatt

staatsch, adj., stattlich, vornehm, elegant, prächtig; prunksüchtig, eitel; stolz

Staav, Staaf, Stoof, f., Stövchen, Feuerkieke; (selten) Badestube (so noch in Straßennamen)

Stack, n., pl. *Stacken,* Lattenzaun; Steg, Damm (bes. zur Ufersicherung), Buhne

stack (ostfr., oldbg.), adj., gerade, aufrecht, geradeaus; ansehnlich, stattlich

Stackel, Stackert, m., Schwächling, Krüppel; ärmlicher Kerl, bedauernswerter Mensch

stackerig, adj., steif, gestelzt; unsicher, stökkerig

Stackert s. *Stackel*

Stackholt, n., Knüppelholz zum Bau eines *Stack* (s. d.)

Stackwark, n., Buschwälle (im Watt), Schutzbauten zur Ufer- o. Wattbefestigung

stadig (ostfr., oldbg.), adj., stetig, ständig, regelmäßig; dauerhaft, fest, sicher

Stadt, f., pl. *Städer,* Stadt, größere Ansiedlung, Einkaufsstätte

Stadtjer (ostfr.), m., Städter, Stadtbewohner

Stadtminsch, m., Städter, jem. mit städtischem Benehmen

Stää(d) s. *Stee(d)*

stäken s. *steken*

stämmig, adj., stämmig, kräftig, stark, gut entwickelt

Ständer, Stänner, m., Ständer, Träger, Stütze, Tragebalken

stänkern, swv., streiten, zanken

stävig s. *stevig*

Staff, m., pl. *Stääf,* Stab, Stock

staffen, swv., stapfen, schwerfällig gehen

Stag, n., (Seemannsspr.) Spanntau (zur Sicherung der Masten); *över S. gahn* in den Wind wenden; übertr. verlorengehen

Stahl, Staal, m., Stahl, aus Stahl gefertigtes Werkzeug

stahn, stv. (*ik stah, du steihst, he steiht, wi staht, stahn; ik stünn, stunn; stahn*), stehen; stehenbleiben, ruhen, anhalten; (häufig in festen Wdgg.) *daar kannst up s.* das ist sicher, darauf ist Verlaß

Staken, m., Stecken, lange Stange; *wat up 'n S. hebben* ein Anliegen haben; *wat up 'n S. doon* zu schaffen machen, Arbeit aufladen

staken, swv., mittels eines *Staken* arbeiten, aufstaken; (ein Boot) vorantreiben, stochern; mit steifen Beinen gehen, stelzen

stakig, adj., mager, hager; steifbeinig

Stall, m., pl. *Stall*, Stall, Unterkunft für Vieh

Stallboom, m., waagerecht aufgehängter Balken als Trennung im Stall

Stalldöör, f., Stalltür

stallen, swv., (Vieh) in den Stall bringen

Staller, m., hoher Verwaltungsbeamter, Landvogt

Stallröbbel(sch), n., (senkrecht) stehender Balken im Stall (zum Befestigen des Viehs)

Stamerbuck, m., Stammler, jem. der stottert

stamern, swv., stammeln, stottern, unzusammenhängend reden

Stamm, m., pl. *Stämm*, Stamm, Baumstamm; Stamm, Geschlecht, Familie

Stammboom, m., Stammbaum, Herkunftsnachweis

Stammelbuck s. *Stamerbuck*

Stammholler, -höller, -holer, m., Stammhalter, männlicher Nachkomme

stampen, swv., stampfen, zerquetschen; heftig auftreten, trampeln; sich schwerfällig bewegen

stampendick, adj., sehr dick, musig, nicht flüssig

Stamper, m., Stampfer, Gerät zum Stampfen; übertr. pl. (dicke) Beine

Stampkantüffeln, pl., Stampfkartoffeln

Stand, m., Stand, Verkaufsbude; Stand, Rang

standepee s. *stantepee*

Stander, m., kleines Fähnchen, Schiffsflagge, Namensflagge (zur Kennzeichnung von Netzen u. ä. beim Fischfang)

Stang, f., pl. *Stangen*, (hölzerne) Stange; *iesern S.* Brecheisen, Brechstange

stangeln, swv., strampeln, zappeln

Stang(en)toom, m., Trense, Kandarre, Teil des Pferdegeschirrs

Stank, m., Zank, Streit; Unfrieden, Verdruß; Gestank, starker Geruch; *S. maken* streiten, necken, zanken

Stankfoot, m., Streitmacher, Lärmmacher, Zänker

Stankmaker, m., Streithammel, Raufbold

Stanner s. *Stander*

stantepee, adv., auf der Stelle, sofort, augenblicklich, stehenden Fußes

Stapel, m., Stapel, aufgeschichteter Haufen; Menge, Anzahl, Vorrat; (Seemannsspr.) Grundlage des Schiffbaus, *von S. laten* ein Schiff zu Wasser lassen; übertr. etw. zum besten geben

stapelboots, -buuts, adv., sofort, augenblicklich, auf der Stelle, plötzlich

stapeln, swv., aufstapeln, aufschichten

[1]**Stapp,** n., pl. *Stappen*, hölzernes Schöpfgefäß; flache Holzsatte

[2]**Stapp,** m., pl. *Stappen*, Fußstapfen; Schritt, Spur

stappeien (mecklbg.) s. *stappen*

stappen, swv., stapfen, mit weiten festen Schritten gehen, schreiten

starben s. *staven*

Stark, f., pl. *Starken*, Starke, junges Rind (das noch nicht gekalbt hat), Färse

stark, adj., stark, kräftig; heftig; toll, unglaubwürdig; korpulent (häufig in Vgl. u. festen Vbdgg.)

Starkde, f., Stärke, Kraft

Starkenkalf, n., weibliches Kalb, Kuhkalb

starven, starben, stv. (*ik starf, du starfst, he starft, wi starft, starven, starben; ik storf, störf, stürf; storben, storven*), sterben

Stau, n., Stau, Wasserwehr

stauen, swv., stauen, aufstauen, hemmen; verstauen, laden

Stauer, m., Stauer, Ladearbeiter im Hafenbetrieb

Stauerfiez, m., Stauereiarbeiter, Vorarbeiter einer Gruppe von Stauern

Stauhl s. *Stohl*

Staven s. *Staav*

steb- s. *stev-*

stebens (hbg.), adv., geradeaus, direkt, gerade darauf los

Steck- s. *Steek-*

Steckel, Stickel, f., pl. *Steckeln*, Distelpflanze, Stachel, Dorn

Stee(d), Stää(d), f. u. n., pl. *Steden*, Stätte, Stelle, Platz; Besitz, bes. Hof, Bauerngut; Stellung, Amt; Stand, Standpunkt; schadhafte Stelle (bes. bei Nahrungsgütern), Faulstelle; *up de S.* sofort, auf der Stelle; *best up S. sien* gesund sein, in guter Verfassung sein, in Ordnung sein

steedsch, steetsch, adj., störrisch, widerspenstig, verstockt; auf dem Standpunkt verharrend, eigensinnig

Steefbroder, -brauder, m., Stiefbruder, Halbbruder

Steefmoder, -mudder, f., Stiefmutter

Steek, m., Stich; Knoten

Steekbetel, Steck-, m., Meißel, Stecheisen

Steekdamm, Steck-, m., kleines Grabenwehr

Steekgraben, m., Stichgraben, Entwässerungsgraben zwischen Äckern

Steekiesen, n., Stecheisen, Stemmeisen, Meißel

Steeknadel, Steck-, f., Stecknadel

Steekrööv, Steck-, f., Steckrübe, große gelbe Speiserübe

Steel, Stööl, m., Stiel, Stengel

Steen, Stein, m., pl. *Steen, Steens, Stenen* (ostfr.), Stein, Mauerstein, Naturstein, Fels (häufig durch Zusätze näher bestimmt wie *Back-, Feld-, Fels-, Muersteen*)

Steenbarg, m., Anhäufung von Steinen, Hünengrab

Steenbrügg, -brück, -brüch, m., Pflaster aus Steinen, Schotterpflaster (bes. an unwegsamen Stellen)

Steenbutt, m., pl. *-bütt*, Steinbutt

Steendamm, m., gepflasterte Straße, Steindamm

Steendoor, n., Steintor (heute vorw. in Straßennamen)

Steenhauer, m., Steinmetz

Steenkist, f., übertr. Hünengrab, steinernes Kammergrab

Steenklopper, m., Steinklopfer, Pflasterer, Straßenarbeiter

steenpöttig, -püttig, adj., eigenbrötlerisch, dickköpfig, starrsinnig

[1]**Steern, Stiern,** m., pl. *Steerns*, Stern, Gestirn

[2]**Steern, Stiern,** f., Stirn, Stirnfleck; vgl. *Stiern*

Steernkieker, m., Sterngucker, Astronom

Steernlöper, m., Sternläufer, bes. Kinder die zu bestimmten Tagen mit einem erleuchteten Stern umherziehen, Sternsinger

Steernsinger s. *Steernlöper*

steersch, steertsch, adj., störrisch, widerborstig, unwillig; aufsässig

Steert, Stiert, m., Sterz, Schwanz, Schweif (häufig in Sprw. u. festen Wdgg.); Handgriff, Stiel; Landzunge; Steiß, Hintern, jem. *bi 'n S. kriegen* jem. ergreifen; *den S. vullkriegen* Schläge bekommen; *sik den S. bekieken* betrinken; *den S. hangen laten* mutlos sein, verzagen

Steertholler, m., Gehilfe, dienerischer Untertan

steertjen, steerten, swv., scharwenzeln, um jem. herumdienern

Steertmöhl, f., Mühle mit langem Balken (= *Steert*) zum Drehen in den Wind

Steertpogg, m., Kaulquappe, noch nicht ausgewachsener Frosch

Steertpott, m., Stieltopf, Kasserolle

Steertreem, m., Schweifriemen, Teil des Pferdegeschirrs

Steertrock, m., Frack, Jacke mit Rockschößen

Steertstück, n., Schwanzstück vom Rind o. Schwein; übertr. Hinterteil

Steertüütz, -üze (oldbg.), f., Eidechse, Molch

Steg, Stech, m. u. n., pl. *Stegen, Stiegen*, Steg, Verbindungsstück; Überweg über Gewässer, Gangbrett, provisorische Brücke;

schmaler Weg, *up Weg un S.* auf Schritt u. Tritt

Stegel, Stägel, n., stiegenartiger Übergang über Zäune u. ä. Einfriedigungen, Stufenweg; steiler Fahrweg (hbg.)

stehlen, stählen, stv. oft auch swv. (*ik stehl, du stehlst, he stehlt, wi stehlt, stehlen*; *ik stehl*; *stahlen, stehlt*), stehlen, etw. entwenden, wegnehmen (häufig in Sprw.)

steidel, adv., steil, gerade, aufrecht

steil, adj., steil, gerade, geradewegs; aufrecht, senkrecht; jäh, schroff

steilen, swv., steil machen, aufrichten, jem. Mut machen; sich aufrichten, sich zusammenreißen, sich durchsetzen; *den Moot s.* Mut machen, ermutigen

Stein s. *Steen*

[1]**steken,** stv. (*ik steek, du stickst, he stickt, wi steekt, steken*; *ik steek, stook*; *steken*), stechen; abstechen

[2]**steken,** stv. (vgl. [1]*steken*), stecken, einstekken, festheften

Steker, m., Gerät zum Stechen, Stecher mit Widerhaken (in unterschiedlicher Verwendung, z. B. im Fischfang)

[1]**Stell,** f., pl. *Stell(e)n*, Stelle, Platz, Arbeitsplatz

[2]**Stell,** n., Gestell (bes. als Teil des Wagens)

Stellaag, Stellaasch, f. u. n., Stellage, Gestell; Gerüst, Bord

stellen, swv., stellen, hinstellen; richten, einrichten

Stellenslachter, m., Stellenaufkäufer, Makler

Stellmaker, m., Stellmacher, Wagenbauer

Stellnett, n., feststehendes großes Fischnetz

Stelt(e), f., pl. *Stelten*, Stelze, Stütze

Stemm s. *Stimm*

stemmen, swv., stemmen, hochstützen, abstützen; ausstemmen

Stemmiesen, n., Stemmeisen, Beitel

Stempel, m., Stempel, Stampfer; *den S. drücken* etwas glätten, bereinigen, sich Klarheit verschaffen; übertr. sterben

stenern, adj., steinern, aus Stein, hart

Steng, f., (Seemannsspr.) oberer Teil des Mastes, Mastverlängerung

Stengel, m., Stengel, Stiel

stengen, swv., würgen, ersticken (auch refl.)

Stern s. *Steern*

Stert s. *Steert*

steuven s. *stöven*

Stevel, Stävel, Stebel, m., pl. *Steveln*, Stiefel, hohes Schuhzeug; *fast in de S.-n stahn* wohlhabend sein; best. Form des Bierglases; *en düchtigen S. verdregen* viel vertragen, viel aushalten; (auch sonst häufig in Rdaa.)

Stevelbö(r)st, f., Schuhbürste

Stevelknecht, m., Stiefelknecht, bes. Art Schuhauszieher

steveln, swv., stiefeln, kräftig ausschreiten, gehen, marschieren

Stevelschacht, m., pl. *-schächt*, Stiefelschaft

Steven, Stewen, m., Steven, Stützbalken am Schiff (bes. vorderste Balken)

stevig, stewig, stävig, adj., fest, stramm, stämmig, kräftig; kernig, deftig; strebsam, zielbewußt

Stich, m., Stich (mit einem spitzen Gegenstand); übertr. (in festen Wdgg., z. B. von der Milch) *en S. hebben* angesäuert sein; übertr. nicht normal sein, verrückt; *in S. laten* in Stich lassen, jem. versetzen

[1]**Stick** s. *Stich*

[2]**Stick** s. *Sticken*

stick, adv., direkt, genau (Seemannsspr.)

Stickbeer s. *Stickelbeer*

Stickel, m., pl. *Stickeln*, Stachel, Dorn; Distel

Stickelbeer, f., pl. *-beern, -beren*, Stachelbeere

Stickelgrint s. *Stippergrint*

Stickelklüüs, m., Klettenknäuel, zusammenhängende Kletten

Sticken, m., pl. *Stickens*, Stab, Stock; Pflock, Bolzen (aus Holz o. Metall, bes. als Riegelverschluß); Streichhölzer

sticken, swv., ersticken, an Luftmangel leiden

stickendüüster, adj., sehr dunkel, stockdunkel

stickenwarm, adj., (von stickiger Luft) drükkend, schwül

Stickhoosten, -hausten, m., Stickhusten, Keuchhusten

Stickpahl, -pohl, m., Pfahlstechen (ein Kinderspiel); vgl. *Pickpahl*

Sticksaag, Stich-, f., Stichsäge, spitz zulaufende Säge

sticksichtig, sticksühnig, adj., schwachsichtig, kurzsichtig

sticksühnig s. *sticksichtig*

stieben, stieven, swv., heftig wirbeln (bes. von Schneetreiben)

stief, adj. (flekt. *stieve*), steif, starr, unbiegsam; ungelenkig; unbeirrt

[1]**Stieg,** m., pl. *Stieg(en)*, Steig, Pfad, schmaler Weg

[2]**Stieg,** n. u. f., Stiege (als Maß von 20 Stück, bes. für Eier)

stiegen, stv. (*ik stieg, du stiggst, he stiggt, wi stiegt, stiegen*; *ik steeg*; *stegen*), steigen, klettern, in die Höhe gehen, sich erheben

Stiekel (ostfr.) s. *Stickel*

Stiekelwier (ostfr.), m. u. n., Stacheldraht

Stiepel (oldbg.) s. *Stieper*

stiepen, swv., leicht anticken

Stieper, m., pl. *Stiepers*, Strebe, Stütze, Stützbalken, Pfahl

Stiern, Steern, f., Stirn

Stiert s. *Steert*

Still, f., flekt. *Stillen*, Stille, Ruhe

still, adj., still, ruhig, lautlos; unbeweglich; heimlich

stillen, swv., 1. zum Stillstand bringen, besprechen, heilen; 2. stillen, säugen, nähren

Stillfriedag, -fredag, m., Karfreitag

stillholen, stv. (s. *holen*), stillhalten, sich nicht bewegen; ruhig sein, parieren

stillkens (vorw. ostfr., oldbg.), adj., heimlich, verstohlen; lautlos, unbemerkt

stillsitten, stv. (s. *sitten*), stillsitzen, unbeweglich sitzen

stillstahn, stv. (s. *stahn*), stillstehen, anhalten, in der Bewegung innehalten, ruhen

stillswiegen, stv. (s. *swiegen*), schweigen

Stimm, f., Stimme; Stimmrecht, Mitsprache

stimmen, swv., stimmen, stimmig sein, zusammenpassen; zutreffen

Stimpelstock (holst.), m., Stempelstock, Schaft der Knallbüchse

Stinkbüdel, m., Stänkerer, jem. der Streit macht

stinken, stv. (*ik stink, du stinkst, he stinkt, wi stinkt, stinken*; *ik stünk, stunk*; *stunken*), stinken, übel riechen, einen penetranten Geruch ausstrahlen

stinkerig, adj., stinkend, schlecht

Stint, m., Stint, kleiner Heringsfisch

[1]**Stipp,** f. u. n., Fettsoße, Stippe, Tunke (oft durch Zusätze näher bestimmt wie *Mehl-*, *Fett-*, *Speckstipp*)

[2]**Stipp,** m., Moment, Nu, Augenblick

Stippel, m., Tüpfel, Punkt; pl. *Stipe(l)n* Pusteln, Ausschlag

Stippels s. [1]*Stipp*

stippen, swv., stippen, eintauchen; antupfen, berühren

Stippergrint, m., Stichling, kleiner Fisch

Stipperspott (hbg.), m., Stieltopf, Kasserolle, Soßentopf; vgl. [1]*Stipp*

Stippvisi(e)t, f., kurzer Besuch; vgl. [2]*Stipp*

Stock, m., pl. *Stöck(er)*, Stock, Holzstab; *de witte S.* Bettelstab; Kerbholz; *wat up den S. doon* jem. ärgern, schikanieren; (als Präfix bei adj. verstärkend, z. B.) *stockdoof*, *stockstief*

stockdoof, adj., völlig taub; übertr. sehr dumm

stockdüüster, adj., stockfinster, sehr dunkel

stockstief, adj., stocksteif

Stockwark, n., Stockwerk, Etage

stöben s. *stöven*

stöckerig, adj., stockend, stochernd, stoßweise; steif, unbeholfen

stöckern s. *stökern*

stöhnen, swv., stöhnen, klagen, seufzen

stökeln (oldbg.), swv., mühselig gehen, steif gehen

Stöker, m., Stock zum Stochern o. Schüren, (mit Eisen beschlagener) Stock zum Reinigen der Pflugschar (vgl. *Prökel*)

Stökerfork, f., Heugabel

stökern, stöckern, swv., stochern, anstochern, jem. antreiben

stölken, stolkern, swv., stolpern, herbeistürzen, übereilt laufen

stöltern, swv., stolpern, stürzen, über etw. fallen

stönen, swv., stützen, Halt geben

Stööl s. *Steel*

Stöön, Stöne, m., Stütze, Halt; Stärke, Kraft

Stööp, Stöp, Stöpel, f., verschließbare Durchfahrt durch einen Deich

Stööpstell s. *Stööp*

Stööthaav(k), m., Habicht

Stöötvagel, m., Greifvogel, Jagdfalke

Stöövkamer, f., Nebengelaß im Bauernhaus in dem die *Stöövkist* (*Stöövmöhl*) steht, s. d.

Stöövken, Stöfken, Stövchen, n., Feuerkieke, Kaffeewärmer, Untersatz mit Kerze, Stövchen

Stöövkist, f., Gerät zum Reinigen des Korns, Staubmühle

Stöövmöhl s. *Stöövkist*

stören, swv., stören, behindern, aus der Ruhe bringen

störig (emsld.), adj., ruhig, gemächlich, gleichmäßig

störken s. *störten*

störten, swv., stürzen, umstürzen

störtig, adj., hastig, überstürzend

Störtkaar, f., Stürzkarre, zweirädrige Transportkarre (bes. im Deichbauwesen)

Störtsee, f., Sturzsee, plötzlich auftretende sich überstürzende Welle

stöten, stäuten, swv., stoßen, einen Stoß versetzen; zerstoßen, zerkleinern; refl. sich stoßen; übertr. aneinandergeraten, prügeln

stötern, swv., stottern, (beim Sprechen) anstoßen

stöven, stöwen, stöben, stv. (*ik stööv, du stüffst, he stöfft, stüfft, wi stöövt, stöven*; *ik stoof*, *stöven, staven*), stäuben, stieben (meist unpers.), von Staub reinigen; bestäuben, (mit etw.) bestreuen

stövern, stöbern, swv., stöbern, aufscheuchen, hetzen; herumsuchen, durchsuchen, (sich suchend) herumtreiben

stövig, adj., staubig, mit Staub bedeckt

[1]**Stoff,** m., Staub, feiner Schmutz

[2]**Stoff,** m., Stoff, Tuch

stoffelig, adj., ungeschickt, tölpelhaft

Stoffmöhl, f., Staubmühle, Maschine zum Reinigen des Korns

Stohl, Stauhl, m., pl. *Stöhl, Stäuhl*, Stuhl, Sitz (häufig durch Zusätze näher bestimmt); Kirchenstuhl, Predigerstuhl, Kanzel; *den S. vör de Döör setten* jem. die Tür weisen, hinauswerfen

Stoker, m., (Seemannsspr.) Stocherer, Heizer

stokern s. *stökern*

stollen (oldbg.), swv., fest werden, gerinnen, erstarren

Stolt, m., Stolz, Hochmut

stolt, adj., stolz, stattlich; herrisch, hochmütig

stoltern s. *stöltern*

stomern s. *stamern*

Stoom (oldbg., ostfr., mecklbg.), m., Dampf, Dunst; Staub

[1]**Stoop,** m., Schöpfeimer; Flüssigkeitsmaß

[2]**Stoop,** f., Stufe

Stoopbalken, m., Tragebalken, Schwelle

Stoork s. *Stork*

Stoot, m., pl. *Stööt*, 1. Stoß, Knuff; 2. Stoßband (an der Kleidung); 3. Weile, Augenblick, eine Zeitlang

stootsch s. *staatsch*

stop(p), interjek., stop, halt

Stoppel, f., pl. *Stoppeln*, Stoppel, nach der Getreideernte nachbleibende Halmreste; Bartstoppeln

Stoppelhopser, m., Bauer (scherzh.)

stoppeln, swv., nachernten (bes. von Kartoffeln)

[1]**stoppen,** swv., anhalten, Halt gebieten, bremsen

[2]**stoppen,** swv., stopfen, dicht machen, verstopfen, zustopfen

Stork, Stoork, m., pl. *Störk*, Storch

storken (ostfr., mecklbg.), swv., stelzend gehen (wie ein Storch)

Storm, Störm, m., Sturm, starker Wind

stormen, störmen, swv., stürmen, heftig wehen; aufgeregt sich bewegen, laufen

storten s. *störten*

stoven, swv., dämpfen, schmoren; *stoovte*

Kantüffeln Stampfkartoffeln, *stoovte Röven* mit Mehl zubereitetes Rübengericht

Straaf, f., pl. *Strafen*, Strafe, Bestrafung; Fluch

Straat, Strate, f., pl. *Straten*, Straße, befestigter Weg, Weg zwischen Häuserreihen

strabbig (oldbg., ostfr.), adj., struppig; eigenwillig, widerborstig, starr, steif

strack, adv., fest, stramm, hart, straff

stracks, adv., geradewegs, direkt; sofort

Strääk s. *Streek*

Strämel s. *Stremel*

strafen, swv., strafen, bestrafen

Strahl, Straal, m., Strahl

strakeln, straken, swv., streicheln, liebkosen

straken s. *strakeln*

stramm, adj., 1. stramm, straff gespannt, kräftig, stämmig; 2. hübsch, schmuck, gut proportioniert; 3. anstrengend, hart, streng, tüchtig

Strand, m., Strand, Sandstreifen am Meeresufer

stranden, strannen, swv., stranden, auflaufen

Strandgoot, n., Strandgut, angeschwemmte Ladung gestrandeter Schiffe

Strandvaagt, m., Strandvogt, Strandaufseher (als Amtsperson)

Strang, m., pl. *Sträng*, Strang, Strick, Seil; Zugseil der Pferde; *över de S. slaan* übermütig werden

strankiel (oldbg., ostfr.), adj., ruhig, entschlossen

strapseren, strapzieren, swv., strapazieren, anstrengen (auch refl.)

streben s. *streven*

Streck, f., 1. Strecke, Wegstrecke, Eisenbahnstrecke; Strecke als unbest. Maßeinheit für Länge u. Zeit; 2. Jagdbeute bes. bei Treibjagd

strecken, swv., strecken, dehnen, in die Länge ziehen; refl. sich strecken u. recken

Streef, Streev, f., pl. *Streven*, *Streben*, Strebe, Verstrebung, Versteifung, schräge Stütze, Querholz

Streek, Strääk, m., pl. *Streken*, 1. Strich, Linie, Reihe; 2. Landstrich, Streifen, Abschnitt, Strecke; *buten S. gahn* die Grenze des Erlaubten überschreiten, sich nicht an Regeln halten; jem. *up 'n S. hebben* jem. kritisch beobachten

Streel (ostfr., oldbg.), m., Streifen, Strähne

Streiel s. *Streu*

streien s. *streuen*

strekenvull, adj., randvoll, gestrichen voll

strek(er)ig, adj., gestreift

Stremel, Strämel, m., pl. *Stremels*, 1. Streifen, schmales Stück Land, Zeug, Papier, Stoff o. ä.; 2. Stück, Strecke (als unbest. Längen- o. Zeitmaß); Abschnitt, Teil einer Erzählung, Kapitel

Streng s. *Strang*

streng, adj., streng, unnachgiebig, hart, unbarmherzig; stark, herb, kräftig (bes. vom Geschmack)

strengen, swv., sich verschärfen, strenger werden

strepe(l)n, swv., abstreifen

Streu, Strei, Stree, f. u. n., Streu, vorw. Stroh

streuen, streien, swv., streuen, verstreuen, ausbreiten

streufen, swv., streifen, streunen, herumstreifen

Streufer (oldbg.), m., Rumtreiber, Landstreicher

streupen s. *ströpen* u. *streufen*

streven, streben, swv., streben, auf etw. zustreben, eilig ausschreiten; etw. anstreben, auf etw. hinarbeiten

strevig, adj., unbeirrt strebend; stark, rüstig, stämmig

[1]Strich, m., pl. *Strichen*, Strich, *gegen den S. gahn* nicht passen, zuwider sein

[2]Strich s. *Striek*

Strichelsticken, m., Stricknadel

strichen, stricken, swv., stricken

Strichkorf, m., Strickkorb, Handarbeitskorb

Strich(el)wier, -wiern, f., Stricknadel

[1]Strick, m., Strick, kurzes Tau; Schlinge; übertr. Schlips; *gegen den S. gahn*, s. *[1]Strich*

[2]Strick s. *Striek*

[1]**stricken** s. *strichen*

[2]**stricken,** swv., (Sense) schärfen, (mit dem *Striek*) glätten

[3]**stricken** (schleswg.-holst.), swv., streiken

[1]**strieden,** stv. (*ik stried, du striedst, strittst, he striedt, stritt, wi striedt, strieden*; *ik stree*[*d*]; *streden*), streiten, zanken; bestreiten; refl. sich streiten

[2]**strieden,** swv., schreiten, mit weit ausholenden Schritten gehen

striegeln, swv., striegeln, putzen, glätten

Striek, Strick, Strich, m. u. n., Wetzstock, schmales Brett mit Schleifmittel (zum Schärfen der Sense)

Striekbrett, n., Brett (zum Glätten, Abstreichen, Säubern)

strieken, stv. (*ik striek, du striekst, he striekt, wi striekt, strieken*; *ik streek*; *streken*), 1. streichen, streicheln; 2. anmalen, streichen; abstreichen, durchstreichen; 3. glatt streichen, schleifen, glätten; 4. (durch die Gegend) streichen, herumstreichen

Striekholt, n., Streichholz, Zündholz

Striekiesen, n., 1. Streicheisen (am Pflug zum Abstreifen der Schollen); 2. Plätteisen

Striekesticken s. *Striekholt* u. *Rietsticken*

Striemen, m., Streifen, bes. blutunterlaufene Streifen

Striep(en), n., Streifen (bes. von Stoff, Papier o. ä.)

striepig, adj., gestreift, gemasert; *dat ward to s.* es wird zu bunt, geht zu weit

Striet, Stried, m., Streit, Zank, Auseinandersetzung; Unfriede, Kampf, Zwist

Striethammel, m., streitsüchtiger Mensch, Zänker

Strietmaker, m., Anstifter eines Streites, Friedensstörer

Strietschoh, Striedschauh, m., Schlittschuh (bes. zum Schnellauf)

String s. *Strang, Streng*

[1]**Stripp,** f., Zitze am Euter, Euter

[2]**Stripp,** f., Strippe, Faden, Bindfaden

strippen, swv., 1. streifen, abstreifen; 2. melken

Strippentrecker, m., Elektriker (scherzh.)

Stripps, f., Prügel, Schläge

strömen, swv., strömen, stark fließen

Strömer, Stromer, m., Rumtreiber, Landstreicher, Strolch; (Kindern gegenüber auch als Kosewort)

strömern, swv., herumstrolchen, sich herumtreiben

ströpen, swv., streifen, umherstreifen, sich herumtreiben; abstreifen

Ströper vgl. *Strömer*

Stroh, n., Stroh

Strohbessen, m., Strohbesen, (auch fälschlich für) Reiserbesen

Strohdack, n., Strohdach, Reetdach

Strohdiemen, m., Strohhaufen, Strohmiete

Strohhalm, m., Strohhalm (häufig in festen Vbdgg. u. Rdaa.)

Strohhoot, m., Strohhut, Sonnenhut

Strohkaat, f., strohgedeckte Kate

Strohkeerl, m., Strohpuppe, Vogelscheuche

Strohklapp, f., Strohbündel, gepreßter Strohballen

Strohkopp, m., Dummkopf, jem. der nur Stroh im Kopf hat

Strohsack, m., (übertr.) Strohlager, Strohmatratze

Strohwiep, m., kleines geflochtenes Bund Stroh (zum Stopfen von Löchern, zum Reinigen, Abdichten o. a.), Strohseil

Strohwisch s. *Strohwiep*

strokeln s. *strakeln*

Stromei (schleswg.-holst.), f., Schalmei

Stromer s. *Strömer*

[1]**Stroom,** m., 1. Strom, breites fließendes Wasser, Strömung; 2. elektr. Strom

[2]**Stroom** (mecklbg.), m., Landwirtschaftsgehilfe, angehender Landmann; Landstreicher

Stroomtiet, f., Lehrzeit eines [2]*Stroom*

Stropp, f. u. m., Schlinge (aus festem Tauwerk)

Strott (oldbg., ostfr.), m. u. f., Gurgel, Luftröhre; Hals, Kehle

Strubel (hbg., lünebg.), m., pl. *Strubels*, Sturmbö, starker Windstoß; übertr. Lärm, Streit

strubbelig, adj., struppig, zottig

Struck s. *Strunk*

strüllen (emsld.) s. *strullen*

Strüschen, n., kleiner Blumenstrauß

Strütt (hbg.) s. *Strott*

strüven, strüwen, swv., refl. sich sträuben, sich widersetzen

strukeln (oldbg., ostfr.), swv., straucheln, stolpern

Strukenhau(e)n (schleswg.-holst.), n., 1. Zerkleinern von Buschholz; 2. (als Brauch) Schmücken des Hochzeitshauses mit Grün; 3. übertr. als Verb herumlungern vor dem Hochzeitshaus

Strull, m., (kräftiger) Strahl, Wasserstrahl

strullen, swv., sprudeln, kräftig fließen; Wasser lassen, pinkeln

Strump, Strümp, m., pl. *Strümp*, Strumpf; *sik up de S. maken* sich auf den Weg machen, aufbrechen

strumpeln, swv., unsicher gehen, stolpern, taumeln

Strump(en)band, n., Strumpfband

Strunk, m., Strunk, Stengel, Stiel; bes. Kohlstrunk

Strunt, n., Schmutz, Dreck, Kot; Schund, unbrauchbares Zeug; (Schimpfwort) Liederjan

struntig, adj., liederlich, minderwertig; schmutzig; verwahrlost

Struntje, m., Rumtreiber, Bettler; wandernder Handwerksbursche

Strupp, n., Gestrüpp, niedriges Gehölz

struppelig, strupperig, adj., struppig, wirr

struuf, adj., rauh, struppig, widerborstig; unfreundlich, grob

Struuk, m., pl. *Strüük*, *Strüke*, Strauch, Gesträuch, Gebüsch

Struukbessen, m., Strauchbesen, Reiserbesen

Struukröver, m., Strauchräuber, Wegelagerer; (jetzt Kosename für Kinder)

Struu(t)z, m., Strauß, Blumenstrauß

Stubben, m., Baumstumpf, Wurzelstock

stubben, stuppen, swv., sich scheuern, sich kratzen, schuppern

Stubber (oldbg., ostfr.), m., Handfeger, Bürste mit Stiel

stuckerig, adj., uneben, holprig

stuckern, swv., rütteln, stoßen, sich ruckweise bewegen

studdig (oldbg.) s. *stüttig*

studeren, studeern, swv., studieren, lernen

Stück, n., pl. *Stück*, *Stücken*, *Stücker* (bes. mit nachgestellter Zahlenangabe), 1. Stück, Teil; Anzahl; 2. Teil der Literatur, Theaterstück, Geschichte, Erlebnis; Ackerstück

stücken (ostfr.), adj., kaputt, entzwei, zerstört

stüddig s. *stüttig*

stüern, stüürn, swv., steuern, lenken, in die rechte Bahn bringen; anleiten, erziehen; beschwichtigen, maßregeln, verbieten; schicken, senden

Stülp(en), f., Abdeckhaube (aus Messing), Deckel, Topfdeckel; *passen as S. up 'n Pott* genau passen, zusammengehören

stülpen, swv., zudecken, überstülpen, mit einer *Stülp* verschließen; übertr. umdrehen, umstürzen

stültern, swv., stolpern

Stümper, m., Pfuscher; Schwächling

stümperig, adj., gebrechlich, unbeholfen, schwach; laienhaft

Stünn, Stunn, f., pl. *Stünnen*, *Stunnen*, Stunde (sowohl Zeitpunkt wie Zeitdauer), *een Stünns Tiet* eine Stunde

Stütt, f., pl. *Stütten*, Stütze, Verstrebung, Stützbalken

stütten, swv., stützen, abstützen

stüttig, stüddig, adj., stetig, beständig, gleichmäßig, immer, fortwährend

¹Stüür, n., Steuer, Ruder, Lenkvorrichtung (bes. bei Schiffen); *dat S. holen* (übertr.) den Kurs halten, für Ordnung sorgen; *ut 't S. sien* aus dem Kurs laufen, außer sich sein; *över S. gahn* über Bord gehen, verlorengehen, verschwinden

²Stüür, f., pl. *Stüürn*, *Stüern*, Steuer, Abgabe; übertr. Finanzamt, Steuerbehörde

Stüürbord, -buurd, n., Steuerbord, die rechte Schiffsseite (in Fahrtrichtung)

Stüürmann, m., pl. *Stüürlüüd*, Steuermann

stüürn s. *stüern*

Stüürtalje, f., (Seemannsspr.) Flaschenzug am Schiffsruder

Stüütz, m., Schwanz, Stummelschwanz

stuff, stuuf, 1. adj., stumpf, abgenutzt; 2. adv., in der Höhe von, nahebei

stuken, swv., stauchen; pressen, zusammendrücken, zurechtsetzen; stauen, verstauen

Stulp, f., pl. *Stulpen,* Stulpe, Manschette, Aufschlag (bei Kleidungsstücken); Stülpe, vgl. *Stülp(en)*

Stulpenstevel, m., langer Stiefel mit umzuschlagender Manschette

Stummel, m., pl. *Stummeln, Stummels,* Stummel, Reststück, Stumpf; Kleines, kleiner Junge

Stummelsteert, -stiert, m., Stummelschwanz, kurzer Schwanz; übertr. (auch auf das kleine Tier, z. B.) Ferkel

stump, adj., stumpf, unscharf; nicht glänzend, matt

Stump(en), m., Stumpf, bes. Baumstumpf; *mit S. un Steel* völlig, gänzlich, ganz u. gar

Stunk, m., Streit, Zank; *S. maken* einen Streit beginnen

Stunn s. *Stünn*

Stupen (mecklbg.), m., Reststück, Stummel

Stuten, m., pl. *Stuten,* Weißbrot, Rosinenbrot, süße Semmel, Heißwecke, Kuchen

Stutenbäcker, m., Kuchenbäcker, Feinbäkker

Stutendag, m., Feiertag, Tag an dem es Weißbrot u. Kuchen gibt

Stutenfro, -fru, m., Brotfrau, Brotausträgerin

Stutenweek, f., Festwoche; übertr. Flitterwochen

Stutz, m., Stoß, Ruck, (nur in der Vbdg.) *up 'n S.* augenblicklich, sofort, plötzlich, überfallartig

[1]**Stuuf** s. *Stuuv*

[2]**Stuuf,** f., Stufe, Absatz

stuuf s. *stuff*

stuur, adj., stur, steif, starr; stolz, eingebildet, dickfällig; groß, stattlich, kräftig; anstrengend, schwierig, mühsam; schwer, schwerfällig; aufrecht

Stuuv, f., Stube, beheizter Raum; *de gode S.* Festraum, Raum für besondere Festlichkeiten genutzt (je nach Zweckbestimmung unterschieden wie z. B. *Slaapst., Wahnst.*)

stuven, swv., (meist unpers.) *dat stüfft,* stauben, stieben, verfliegen, auseinanderlaufen; eilen, jagen, stürzen; vgl. *stöven*

Such(t), Sug, n. u. m., Säugfähigkeit; übertr. Muttermilch, Zitze mit Muttermilch

suchten, süchten, swv., seufzen, schluchzen; ächzen, stöhnen, schwer atmen

suckeln, swv., zuckeln, gemächlich traben; mühsam gehen, humpeln

Sucker, n. u. m., Zucker

[1]**Sudde** (ostfr., emsld.), m., Schmutzfink, Besudelter

[2]**Sudde** (emsld.), f., Sode, Torf-, Grassode

suddeln, swv., sudeln, sich schmutzig machen, beschmutzen

sudeln, swv., Flickarbeit verrichten; (ostfr.) verkaufen, feilschen

Sücht(en), Suchten, m., Seufzer; Sucht, Verlangen, Trieb, Begierde

süchten s. *suchten*

sück, sückse, pron., solch(e), dergleichen; adv., so; vgl. *sik*

Südenwind, m., Südwind

Süder-, (so in Zusammensetzungen wie *Süderstraat* u. a.) nach Süden hin gelegen, südlich

süfften, süffsen s. *suchten*

Süger, Suger, m., Sauger, Nuckel, Schnuller; Säuger, bes. noch säugendes Weidekalb

[1]**sükeln,** swv., schaukeln

[2]**sükeln** (ostfr.), swv., kränkeln; vgl. *süken*

süken, swv., siechen, kränkeln, krank sein

sülben, sülm, sülfst, pron., selber, selbst

Süll, Sull, m. u. f., Türschwelle; *kaam mi nich över 'n S.* laß dich nicht sehen (scharfe Drohung)

Sülver, n., Silber

sülvern, sülbern, adj., silbern, aus Silber gefertigt, silbern glänzend

sülvig, sülbig, pron., selbst, selber; *de (dat) s.* der- (die-, das-)selbe, der (die, das) gleiche

sümen, swv., säumig sein, säumen, zögern, warten; umsäumen, umnähen

Sümmer s. *Summer*

sün, sünd s. *sien* u. *wesen*

sünder, sünner, 1. präp., ohne, außer; 2. adv., besonders, sonderlich; 3. adj., ausgezeichnet, besonders

sünig, sühnig, adj., 1. sparsam, knauserig, spärlich; 2. achtsam, umsichtig, sorgsam; fleißig, geschickt

[1]**Sünn, Sünd,** f., Sünde; Vergehen, Unrecht, Schande

[2]**Sünn, Sunn,** f., Sonne

Sünnavend, -abend, m., Sonnabend; vgl. *Saterdag*

Sünnbloom, f., Sonnenblume

Sünndag, Sunndag, m., Sonntag, Feiertag

sünndags, -daags, adj. (flekt. *-dags*[*ch*]), sonntäglich

Sünndrang (schleswg.-holst.), m., pl. *-drangen, -drangs*, Blindschleiche

Sünner, Sünder, m., pl. *Sünders*, Sünder, armer Kerl

sünner s. *sünder*

sünnerbaar, sunner-, sünder-, adj., sonderbar, von besonderer Art; merkwürdig, eigenartig; wunderlich, eigentümlich, originell

Sünnerbank, f., Sitz des Sünders, Anklagebank

Sünnerklaas, m., St. Nikolaus

Sünnerküken, Sünnen-, n., Marienkäfer

sünnerlich, adj., 1. sonderbar, eigenartig; eigenwillig, querköpfig; 2. vorzüglich, ausgezeichnet

sünnerlik s. *sünnerlich*

Sünnplack(en), m., Sonnenfleck; übertr. Sommersprossen

Sünnschien, m., Sonnenschein

Sünnsprütten, m., nur pl., Sommersprossen

sünst, adv., sonst, anderenfalls

Sünt(e), Sunt(e), adj., (als Namenszusatz bei Heiligen) Sankt

Süper, m., pl. *Süpers*, Säufer; Alkoholiker

süren, süern, swv., säuern, etw. säuerlich machen

Sürken, m., Sauerampfer

[1]**süss** s. *sünst*

[2]**süss, süß** s. *söß*

Süssel (schleswg.-holst.), m., Kleinarbeit, Hausarbeit

süsseln (schleswg.-holst.), swv., Kleinarbeit verrichten, geschäftig puzzeln

Süsseln(g), m., Sechser, kleine Geldmünze

Süster, f., pl. *Süstern*, Schwester

Süsterdeern, f., Nichte

Süsterjung, m., Neffe

Süsterkind, n., pl. *-kinner*, Kind der Schwester, Neffe o. Nichte

Süstermann, m., Mann der Schwester, Schwager

Süüd, Süden, m., Süden, südlich

Süük, f., Seuche, Krankheit

süük, adj., krank, kränklich

Süükdoom, n., Krankheit, Siechtum; Seuche

Süül, f., pl. *Sülen*, Säule, runder senkrechter Pfahl

suer, suur, adj., sauer

suern, swv., sauer machen, säuern

Suhl, m., Pfahl des Weidezaunes

sugen, stv. (*ik suug, du süggst, suggst, he suugt, wi suugt, sugen*; *ik söög, soog*; *sagen, sogen*), saugen

Suger, m., Sauger, Schnuller

Suldaat, m., Soldat

Sull s. *Süll*

Summar(i), m., Talar, langer Priesterrock

Summer, Sümmer, Sommer, Sömmer, m., Sommer (Kompos. s. *Sommer-*)

Sump, m., Sumpf, Morast

sumpig, adj., sumpfig, morastig

sund, adj., gesund, wohlauf; *s. maken* heilen

Sunne s. *Sünn*

sunner s. *sünner*

supen, stv. (*ik suup, du süppst, he süppt, wi suupt, supen*; *ik soop, sööp*; *sapen, soppen*), saufen (bes. von Tieren), unmäßig trinken (von Menschen)

Super s. *Süper*

Supp, Sopp, Zopp, f., pl. *Suppen, Zoppen*, Suppe, bes. Fleisch- u. Gemüsesuppe; vgl. *Soppen*

Suppenkruut, n., Suppenkraut, versch. Würzkräuter

Supper(n)dent, m., Superintendent, hoher

evang. geistlicher Würdenträger

susen, swv., sausen, brausen (von heftiger Luftbewegung); übertr. schnell laufen, fahren

sustern s. *suustern*

Suupbütt, m., Säufer, Trunkenbold

Suupjack s. *Suupbütt*

Suupswien s. *Suupbütt*

Suupuut s. *Suupbütt*

suur, suer, adj., 1. sauer, säuerlich; 2. verdrießlich, mürrisch; *sik s. doon* sich schwertun, sich etw. sauer werden lassen

Suurdeeg, m., Sauerteig (zum Brotbacken)

Suurfleesch, n., Sauerfleisch

Suurkruut, n., Sauerkraut, Sauerkohl

Suurmelksupp, f., Buttermilchsuppe

suurmuulsch, adj., mürrisch, beleidigt sein

suurpöttsch, adj., mißmutig; beleidigt, gekränkt; vgl. *suurmuulsch*

suustern, swv., flüstern; lästern, klatschen, tratschen, zaustern

suutje, adv., sacht, sanft; allmählich, bedächtig, in ruhiger Weise, langsam, vorsichtig; leise

Suwel, m., Schusterahle, Gerät zum Löchermachen

sw- s. auch *schw-*

Swaa(de) (ostfr., oldbg.), f., große schwere Sense

Swaad, Swadd, n., pl. *Swaden*, Schwade, abgemähter Gras- o. Getreidestreifen, die mit einem Sensenzug abgemähte Menge o. Fläche; übertr. schauerartiger Niederschlag, Regen-, Schneeschauer

Swaalk s. *Swolk, Swulk*

Swaan, m., pl. *Swaans*, Schwan

swaar, swoor, adj., schwer, gewichtig; bedrückend, schwer lastend, schwül; schwerfällig

Swaar(t), Swoort, f. u. n., pl. *Swaarten*, Schwarte, Haut (bes. an der das Fett sitzt), Speckschwarte

swabbelig, adj., leicht beweglich, schwankend, zittrig

swabbeln, swv., schwanken, sich plätschernd bewegen; wackeln, schaukeln, zittern; übertr. schnell reden, schwabbeln, schwatzen

swack, swach, adj., schwach, schwächlich, kränklich; wehrlos, unfähig

Swadd s. *Swaad*

Swääp s. *Sweep*

Swager, m., pl. *Swagers*, Schwager

swalken, swv., schaukeln, schlingern (von Schiffen); übertr. sich hin u. her bewegen, sich herumtreiben

Swamm, m., pl. *Swam(m)s, Swämm*, Schwamm; übertr. Wucherungen bei Pflanzen o. Tieren; Pilzart

swanen, swv., ahnen, vermuten, schwanen; *mi swaant daar wat* ich habe eine dunkle Vorahnung

Swang, Swank, m., 1. Schwengel, Stange, Latte, bes. Kraftarm am Ziehbrunnen; 2. Schwang, Schwung

Swans, Swanz, m., pl. *Swäns*, Schwanz

Swark, f., pl. *Swarken*, dunkles Gewölk, Gewitterwolke

Swarm, m., pl. *Swarms, Swärm*, Schwarm, große Schar, bes. Vogel-, Insektenschwarm; *up den S. passen* übertr. das Haus hüten

swart, swatt, adj., schwarz, dunkel

Swartbroot, n., Schwarzbrot, Roggenbrot, Vollkornbrot

Swartenkrusen, m., grober Tabak, Kautabak

Swartsuer, n., Schwarzsauer (eine mit Essig u. Blut zubereitete Speise)

Swatt s. *Swaad*

swatt s. *swart*

Sweb s. *Sweep*

sweben s. *sweven*

Sweed, m., Schwede (häufig mit negativem Sinn)

sweedsch, adj., schwedisch; *sweedsche Gardinen* übertr. Gefängnis

Sweep, Swääp, f., pl. *Swepen*, Peitsche

Sweert, n., 1. Schwert; 2. Schiffsschwert, Verstärkung am Kiel des Segelschiffes

Sweet, Sweit, m., Schweiß; *kole(n) S.* Angstschweiß

Sweetbuddel (hbg.), m., Schweißtropfen

Sweetdrüppen, m., Schweißtropfen

Swefel, Swewel, m., Schwefel

Swefelsticken, m., Schwefelhölzchen, Zündholz

Sweit s. *Sweet*

swelen, swv., schwelen, glühen, glimmen

Swell, f., 1. Schwelle; 2. Geschwulst, Geschwür

swemmen, swömmen, swümmen, swv., schwimmen

Swengel, m., Schwengel, Querholz (zum Anschirren der Zugtiere); *över den S. slaan* Dummheiten machen, übermütig sein

sweren s. *swören*

Swester, f., Schwester; vgl. *Süster*

sweten, sweiten, swv., schwitzen, Wasser absondern

Swetsch, f., pl. *Swetschen,* Zwetsche, Pflaume

sweven, sweben, swv., schweben

Swibbagen, Swiebagen, m., Schwibbogen, bogenartiger Überbau über dem Herdfeuer; Gewölbebogen, Stützbogen

swibbendig (mecklbg.), adj., überschwappend, bis zum Überlaufen gefüllt

swichtig, adj., schweigsam, ruhig; bedrückt, kleinlaut

swiegen, stv. (*ik swieg, du swiggst, he swiggt, wi swiegt, swiegen*; *ik sweeg*; *swegen*), schweigen, still sein; auch subst. *dat Swiegen kriegen* verstummen, still werden

Swiegerdochter, f., Schwiegertochter

Swiegersöhn, m., Schwiegersohn

Swiegstill, m., nur in der Wdg. *den S. holln* den Mund halten, ruhig sein

Swiem, f., Schwindel, Ohnmacht; *in de S. fallen* ohnmächtig werden

Swiemel (oldbg.), m., Rausch, Taumel, Schwindel

swiemelig, adj., schwindlig, benommen, betäubt

swiemeln, swv., schwindlig werden, taumelig werden; zechen, sich berauschen; schwanken, torkeln

Swiemnis, f., Ohnmacht, Benommenheit

Swien, n., Schwein (häufig in Sprw. u. Rdaa.); *daar ward keen S. ut klook* es ist völlig unverständlich

Swienegel, m., Igel; übertr. Schmutzfink, Saukerl, unsauberer Mensch (Schimpfwort)

swienplietsch, adj., pfiffig, schlau; gerissen, verschlagen, tückisch

Swiensbraden, m., Schweinebraten

Swiensfoot, m., Schweinefuß, Schweinepfote

Swiensfrööt (ostfr.), f., Schweineschnauze

Swienskaben, -koben, m., Schweinekoben, Schweinestall

Swiensköst, f., Schlachtefest nach dem Schweineschlachten

Swienskopp, m., Schweinekopf

Swienspoot, f., pl. *-poten,* Schweinepfote

Swientje (ostfr.), f. u. n., Scheuerbürste, Schrubber

swientjen (ostfr.), swv., scheuern, mit harter Bürste reinigen

Swientrecker (mecklbg.), m., Schweinehändler; übertr. Halunke, Betrüger

swieren, swv., bummeln, herumtreiben, zechen, unsolide leben, feiern

Swiert s. *Sweert*

swieseln, swv., flüstern, raunen

swiestern, swv., flüstern, tuscheln, leise reden

Swietje, m., leichtlebiger Mensch, Lebemann; Rumtreiber, Schwärmer; vgl. *swieren*

swind, swinn, adj. u. adv., geschwind, eilends, schnell

Swingel, n. u. f., Schwengel; bes. Flachsschwinge; *ut den S. slaan* übermütig werden

swingen, stv. (*ik swing, du swingst, he swingt, wi swingt, swingen*; *ik swung, swüng*; *swungen*), schwingen, schwenken, schaukeln

Swingmöhl, f., Gerät zum Reinigen von Korn o. Flachs

swinn s. *swind*

Swinnel, Swindel, m., Schwindel, Betrug; Schwindel, Bewußtseinstrübung, Rausch

swinn(e)lig, adj., schwindlig, berauscht, betäubt; vgl. *swiemelig*

swinneln, swv., schwindeln, betrügen, lügen

swinnen, stv. (*ik swinn*; *ik swünn*; *swunnen*), schwinden, abnehmen

swisseln s. *swieseln*

swögen, swäugen, swv., schwelgen, schwärmerisch reden, umständlich erzählen; jammern, klagen, stöhnen; schwer atmen

swölappen, swv., glatt reden; subst. auch jemand der gerne *swöögt* (s. *swögen*)

Swölk s. *Swolk*

swömmen s. *swemmen*

swönn (mecklbg.), adj., schwer; vgl. *swaar*

swöör s. *swaar*

Swöppe (emsld.) s. *Sweep*

swören, sweren, stv. (*ik swöör, du swöörst, he swöört, wi swöört, swören*; *ik swoor, swöör*; *swaren, sworen*), schwören, beteuern, beeiden, geloben

swogen, swojen, swv., schwingen, schwingende Bewegungen machen, herumschwenken; (Seemannsspr.) vom Wind o. von der Strömung gedreht werden

Swolk, Swulk, Swaalk, Swölk, f., Schwalbe

Swolkensteert, m., Schwalbenschwanz; übertr. Frack, Gehrock

swommen (oldbg.) s. *swömmen*

swool, swuul, adj., schwül, drückend (bes. von feuchter Wärme)

Swoon s. *Swaan*

swoor s. *swaar*

Swopp, f., Ecke, Zipfel, bes. herunterhängender Sackzipfel, herunterhängende Zweige

Swülk s. *Swolk*

Swulk s. *Swolk*

Swullst, f. u. n., Geschwulst, Beule

swummelig, adj., schwindlich, benommen

swummen s. *swemmen*

Swung, m., Schwung, Schwingung; Schwungkraft, Elan, Bewegung; *de Saak in 'n S. hebben* (*holen*) die Sache in Ordnung haben, halten, für einen geordneten Ablauf sorgen; *S. in de Saak bringen* etw. in Bewegung setzen, vorantreiben

swunken, swv., 1. schwenken, schwanken; 2. schwingen

Swupps, m., Schlag, Stoß; Augenblick, Nu

swupps, interjek., im Nu, plötzlich

[1]**Swutsch,** f. u. m., leichtes Leben, *up 'n S. gahn* sich ein lustiges Vergnügen machen, sich gehenlassen, einen Bummel machen

[2]**Swutsch,** f., Gerte, dünner Stock

swutschen, swv., leicht u. liederlich leben, ausschweifend leben (feiern), sich herumtreiben; leicht u. schnell vorankommen, sich schwungvoll bewegen

swuul, adj., 1. schwul; 2. s. *swool*

Syringen, Sireen, f., Syringe, Flieder

T

taag, taach; ta (oldbg.), **tai** (ostfr.), adj., zäh, unnachgiebig

[1]Taal s. *Tall*

[2]Taal (ostfr., oldbg.), f., Sprache, Aussprache, Mundart

Taalk (nds. Küstenmdaa.), f., albernes Frauenzimmer

taalken (ostfr., oldbg.), swv., schwatzen, plaudern, erzählen

taam (oldbg.) s. *tamm*

Taart (ostholst.) s. *Tort*

Taback, Toback, m. (Betonung auf 2. Silbe), Tabak, Tabakpflanze; *dat is starken T.* (übertr.) Zumutung; *Anno Toback* (1. Silbe betont) vor langer Zeit, früher

Tabacksbüdel, -bütel, m., Tabaksbeutel, Behälter für Tabak

tachentig, tackentig, num., achtzig

Tack, Tacken, m., pl. *Tacken, Tackels,* Zweig, Ast; Zacke, Spitze

Tackeldraht, m., Stacheldraht

tacken (mecklbg.), swv., wenden, drehen

Tacks, m., Dachs

täämlich s. *teemlich*

täämsen, swv., zähmen, zügeln

Tägener (ostfr.), m., Gegner, Widersacher

tägenöver (ostfr.), adv., gegenüber

Tähn, Tahn, m., pl. *Tähn(en), Tannen,* Zahn; jem. *up 'n T. föhlen* jem. ausfragen, prüfen; *de T. tohoopbieten* sich nicht aus der Fassung bringen lassen, sich anstrengen

Tähnbreker, m., (scherzh.) Zahnarzt

Tähndokter, m., Zahnarzt

Tähnpien, f., Zahnschmerz

Tähnwehdaag s. *Tähnpien*

täsig, tasig, adj., zaghaft, langsam, ruhig, bedächtig; zahm, gutmütig, zutraulich

täuven s. *töven*

Tafel, f., Schreibtafel, Anzeigetafel; Tisch

Tafelbeer, n., Gelage, Trinkvergnügen

Tafellaa(d) (ostfr.), f., Tischschublade

Tafe(l)ree (ostfr.), n., Bild, Gemälde

Tagel, m., pl. *Tagels,* gedörrter Ochsenschwanz als Prügel, Ochsenziemer; Tauende, Prügel, Peitsche

Tagelee, f., Schlägerei, Raufhandel

tageln, swv., prügeln, verprügeln, schlagen

tagen, part. prät., erzogen, aufgewachsen, in der Wdg. *tagen un boren* geboren u. aufgezogen; vgl. *tehn*

tagenboren, tagenbaren, swv., s. *tagen*; subst. Einheimischer, Alteingesessener, „Ureinwohner" (mindestens in 3. Generation)

Tahl s. *Tall*

tahlen, swv., zahlen, bezahlen

tai (ostfr.) s. *taag*

Takel, m. u. n., Seile u. Ausrüstungsgerät auf Schiffen, bes. Winde, Flaschenzug u. ä.

Takelaasch, f., Takelage, Masten u. Segel mit allem Zubehör

Takeltüüch, n., 1. verworrene Taue u. Ausrüstungsgeräte auf Schiffen; wertloses Zubehör; 2. Gesindel, Lumpenpack, ungezogenes Volk

Talje, f., (Seemannsspr.) Flaschenzug

Tall, f., pl. *Tall(e)n,* Zahl; Anzahl, Menge

tallföten, swv., unsicher gehen, mit den Füßen zappeln

Tallig, Talg, n. u. f., Talg, tierisches Fett (bes. von Rindern)

Tall(i)glicht, n., Talglicht, Kerze

Talten s. *Talte(r)n*

talterig, adj., zerlumpt, abgerissen, verschlissen, unordentlich

Talterkraam, m., lumpiges Zeug, abgetragene Kleidung; übertr. dummes Zeug, Blödsinn

Talte(r)n, m., nur pl., Lumpen, Fetzen, Lappen

tamm, adj., zahm, gehorsam; *t. maken* zähmen

Tampen, m., dickes Tau, Seil; Tauende (zum Prügeln)

[1]Tang, f., pl. *Tangen,* Zange (durch Zusätze näher bestimmt wie *Knieptang* u. ä.); jem. *in de T. nehmen* ins Kreuzverhör nehmen

[2]Tang (schleswg.-holst.), m., pl. *Tangen,* Ast, Zweig

[3]Tang, m. u. n., Seetang, Algen, Seegras u. ä.

tangen, swv., etw. mit der Zange greifen; übertr. wegnehmen, stehlen

Tann, f., pl. *Tannen*, Tanne, Nadelbaum; pl. Nadelwald

Tannen (ostfr.), pl. von *Tähn*, s. d.

tannen, swv., Zähne bekommen

tant(e)rig, adj., schlaff, matt

Tapp, Tappen, m., pl. *Tappen(s)*, Zapfen, Zapfhahn; Spund, Pflock; *T. af !* Schluß damit, aus!

[1]**tappen,** swv., zapfen, Flüssigkeit ablassen

[2]**tappen,** swv., tastend gehen, unsicher gehen, tapsen

tappendüster, adj., stockfinster, völlig dunkel; *nu ward dat t.* übertr. nun ist Schluß, nun hört es auf

Taps, m., Tölpel, unbeholfener Mensch

tapsig, adj., schwerfällig, ungeschickt, unbeholfen

Tardel, m., pl. *Tardels, Tardeln*, Würfel

targeln s. *tarren*

tarren, swv., zerren, zupfen; necken, hänseln; reizen, ärgern

Tasch, Dasch, f., pl. *Taschen*, Tasche, Hosentasche

Taschendook, n., Taschentuch, Schnupftuch

tasen, swv., zausen, zerren, zupfen

tasig s. *täsig*

Tass, Taß, f. u. n., pl. *Tassen*, Tasse; vgl. *Köp(p)ke*

tasten, swv., tasten, fühlen

Tater, m., pl. *Tatern, Taters*, Zigeuner, Landstreicher

tatern, swv., Zigeunersprache sprechen, kauderwelschen, schwatzen

Tatersch, f., Zigeunerin, Landstreicherin

tatterig, adj., zitterig, wackelig, unsicher (bes. von Altersschwäche)

Tattergreis, m., alter gebrechlicher Mann (Schimpfwort)

Tau, n., Tau, Seil, Strick

tau, u. Kompos. s. *to* u. Kompos.

taueln, swv., sich langsam bewegen; schleppend arbeiten

Tauwark, n., Tauwerk, verschiedene Arten von Tau

t(e)-, Präfix in unbetonter Stellung statt *to, tau* (s. d.)

Teckel, Techel, m., Dackel

Tee, Tei, m., Tee (sowohl Pflanze wie Getränk); *dat is ’n schöön Taß T.* das ist eine unangenehme Sache (Angelegenheit, Überraschung); *en düer Taß T.* eine teure Angelegenheit

Teebloom, f., Teeblume (Bezeichnung für verschiedene Pflanzen die zur Teebereitung dienen)

Teef s. *Teev*

Teegoot (ostfr.), n., Teegeschirr

[1]**Teek, Tek,** f., pl. *Teken*, Zecke, Tierlaus, Ungeziefer

[2]**Teek,** f., Theke, Schanktisch

[3]**Teek,** f. u. n., Tang, angeschwemmtes u. auf Fluthöhe abgelagertes Seegras u. ä.

Teekann, f., Teekanne

Teeketel, m., Teekessel, Kochgeschirr für (Tee-)Wasser

Teeköppen, Teekupp, n., Teetasse

Teeks, m., pl. *Te(e)ksen*, kleiner Holznagel (bes. zum Befestigen von Schuhsohlen)

Teekumm s. *Teeköppen*

teemlich, täämlich, adj. u. adv., ziemlich, beinahe

Teen s. *Tehn*

teen s. *tehn*

teens s. *tenns*

Teepott, m., Teetopf, Teekessel; vgl. *Treckpott*

Teer, n. u. m., Teer, Pech

Teerpott, m., Teerbehälter, Teerkessel

Teerquast, m., grober Quast, grober Pinsel zum Streichen mit Teer

Teetje, m., PN, Theodor; hbg. Witzfigur

Teev, Teef, Tiff, f., Hündin (übertr. auch als Scheltwort)

Teevisit, f., Teekränzchen, nachmittägliche Geselligkeit

Tegel, Teigel, m., pl. *Tegels*, Ziegelstein, Dachziegel

Tegelee, -lie, f., Ziegelei

Tegelsteen s. *Tegel*

tegen, präp., gegen; in Richtung von, wider, entgegen, gegenüber; beinahe, fast, in der Nähe von

tehmen, tähmen, swv., zähmen, bändigen, zügeln; bezähmen, beherrschen

Tehn, Töhn, m., pl. *Tehnen, Tehns, Töhns,* Zehe; *pedd di nich up 'n T.* mach keine Dummheiten, sei nicht beleidigt

tehn, teihn, stv. (*ik teh, du tüchst, he tücht, wi teht, tehn*; *ik toog, töög*; *tagen*), ziehen, bes. fortziehen, einen Ortswechsel vornehmen; ziehen, abziehen; aufziehen, erziehen; vgl. *trecken* u. *tagen*

tehren, swv., zehren; zerstören, vernichten; verzehren, essen, leben von etw.

Teigel s. *Tegel*

teihn, num., zehn

Teihnüürtje (ostfr.), n., Teestunde am Vormittag gegen 10 Uhr

Tek s. Teek

Teken, Teiken, n., pl. *Teken(s)*, Zeichen, Kennzeichen, Merkmal; Wink, Signal; Markierung

teken, teiken, swv., zeichnen, mit dem Stift malen; kennzeichnen, markieren; unterzeichnen

telen, swv., zeugen, gebären; hervorbringen, erzeugen

Telg(en), Tilg(en), m., Ast, Zweig

Tell, f., Zählung, Rechnung; nur in festen Vbdgg. wie *in 'e T. sien* etw. gelten, darstellen, bedeuten; jem. *nich up de T. hebben* ihn nicht beachten, nicht für voll ansehen; auf jem. *is keen T.* kein Verlaß

tell(e)n, swv., 1. zählen, aufzählen, rechnen; 2. zählen, beachten, schätzen

Teller, Töller, n. u. m., Teller

Telln s. *Telg(en)*

Telt, n., pl. *Telten*, Zelt, Marktbude

temen, swv., refl. sich ziemen, geziemen, gebühren, gönnen

temett (emsld.), adv., nachher, bald

Temmel (ostfr., oldbg.), n., (zweijähriges) kleines Pferd, Füllen

Tems, Teems, f. u. n., feines Haarsieb, Filter

Ten s. *Tähn* u. *Tehn*

Tengel (ostfr., oldbg.), m., Metallstift, kleiner Nagel

tenns, tens, präp. u. adv., am Ende, am anderen Ende, gegenüber, jenseits; neben

Ter s. Teer

ter-, Präfix, zer-

terbreken, stv. (s. *breken*), zerbrechen

terecht s. *trecht*

[1]**teren, teern,** swv., teeren, mit Teer bestreichen

[2]**teren** s. *tieren*

[1]**Termin,** m., Termin, bes. Gerichtstermin, Verhandlung

[2]**Termin** (ostfr., emsld.), m., Krampf, epileptischer Anfall

terrieten, stv. (s. *rieten*), zerreißen

tesen s. *tasen*

tesig s. *täsig*

teuben (hbg.) s. *töven*

Teut, f., große Kanne (für Getränke)

Tev s. *Teev*

Tichel (ostfr., oldbg.) s. *Tegel*

Tichelee s. *Tegelee*

Tick, m., Ruck, leichter Stoß; *en T. hebben* nicht ganz normal sein, einen leichten Schlag haben

ticken, swv., leicht berühren, anticken; ticken (der Uhr); übertr. unnormal sein

Ticker, m., nur in der Vbdg. *en T. hebben*, s. *Tick*

Tide, f., pl. *Tiden*, Gezeiten des Meeres

Tie s. *Tide*

Tied s. *Tiet*

tiedig, adj., zeitig, rechtzeitig

Tieding(e) (mecklbg.), f., Zeitung, Nachricht

Tiek(e) (ostfr., oldbg.), m., Zecke, Käfer

Tielock, Tehlock, n., Flugloch im Bienenkorb

Tier, f. u. n., Zierde; Haltung, Benehmen; Wachstum, Gedeihen; Art u. Weise

tieren, swv., refl. sich zieren, sich gebärden, sich benehmen (bes. negativ, z. B. albern, übermütig u. ä.); *tier di nich so* stell dich nicht so an

Tierk (holst.), m., Zweig, dünner Ast

Tiet, f., pl. *Tieden*, Zeit, Zeitabschnitt; Lebenszeit; Frist, Termin, (häufig in Sprw. u. festen Wdgg.); *bi Tieden* rechtzeitig, *to Tieden* zuweilen, zeitweilig; *hoochbeinte Tieden*

Notzeit, schwere Zeit

tietlang, adv., eine Weile

tietlebens, adv., zeitlebens, immer

Tietverdrief, m., Zeitvertreib

tietvergetern, adj., zeitvergessend

Tiff s. *Teev*

Tilg, Tilgen s. *Telg, Telgen*

Tillen s. *Telg, Telgen*

tillen (ostfr., oldbg.), swv., heben, aufheben; bewegen; gebären (vgl. *telen*)

tillföötsch, adj., (mit zierlichen Schritten) gehend, zaghaft schreitend

tillföten, swv., (mit den Füßen) zappeln, (vor Angst) schlottern, zittern; (vom Hahn) die Henne treten (mecklbg.)

Timmer, n., Zimmer, bes. Gezimmertes, Fachwerk; Scheune (mecklbg.)

Timmerbaas, m., Zimmermeister, bes. Schiffsbaumeister

Timmerholt, n., pl. *-hölter*, Bauholz, Zimmerbalken

Timmermann, m., pl. *-lüüd*, Zimmermann

timmern, swv., 1. zimmern, bes. Holzarbeiten, Zimmerarbeiten verrichten; 2. klopfen, schlagen; übertr. prügeln

Timp, m., pl. *Timpen*, Zipfel, Spitze; Ecke, Winkel

Tim(p)t, Temt, f., Schar, Haufen; Wurf (von Nachkommen)

tinkeln (ostfr., oldbg.), swv., blinken, funkeln, glitzern

Tinken, Tinne(n), m., Zinken, Zacke, bes. Zinken an Arbeitsgeräten

Tinn, Tenn, n., Zinn

Tinne(n) s. *Tinken*

Tinngood, n., Zinngeschirr, bes. Küchengerät aus Zinn

Tinnkruut, n., Schachtelhalm (zum Scheuern von Zinn)

tinnsenn s. *tenns*

Tins, m., pl. *Tinsen*, Zins, Steuer, Abgabe

Tip(p), m., 1. Spitze, Zipfel, Gipfel; 2. Stoß, leichte Berührung; 3. Hinweis

Tippelbroder, m., Wanderer, wandernder Handwerksgeselle; übertr. Landstreicher

tippeln, swv., trippeln; wandern

tippen, swv., antippen, leicht berühren, tupfen; einen Tip abgeben, etw. vorschlagen, auf etw. hinweisen

tiren s. *tieren*

tirren, tirrtarren, swv., zerren, reizen, nekken; vgl. *tarren*

Titt, m., pl. *Titten*, Zitze, Euter, Frauenbrust; *den T. geben* säugen

Tittbuddel, f., Milchflasche für Säuglinge

Titt(en)kind, n., Säugling; übertr. Muttersöhnchen, verzogenes Kind

Tittmelk, f., Muttermilch

Tittwark, n., (starkes) Euter, Brüste

to, tau, adv. u. präp., zu, hinzu; 1. adv., dazu, obenhin, zusätzlich; *dat is licht to* es ist schnell (einfach) erledigt; 2. präp., zu, in Richtung auf, (auch anstelle anderer präp. wie) in, an, auf; um zu; 3. Präfix bei Verben, subst., adj.

toarbeiden, swv., zuarbeiten, vorarbeiten, jem. beim Arbeiten Handreichungen leisten; weiterarbeiten, in der Arbeit fortfahren

Toback s. *Taback*

tobacken, swv., 1. etwas hinzutun, zusetzen; 2. zukleben, verschließen

toballern, swv., (mit lautem Geräusch) schließen, knallend zuwerfen

tobieten, stv. (s. *bieten*), zubeißen, zuschnappen

tobinden, tobinnen, stv. (s. *binden*), zubinden, etw. mit einem Band verschließen

tobottern, swv., etw. zusetzen, zuschießen, zulegen

tobreken, stv. (s. *breken*), zerbrechen

tobringen, stv. (s. *bringen*), zubringen, verbringen; einbringen

Tobroot, n., Zubrot, Kleingebäck; Aufschnitt, Belag; übertr. Nebenverdienst

Toch s. *Tog*

tochen, swv., nur unpers. *dat tocht* es zieht (Luftzug)

Tocht, Tucht, f., Zucht

tocken, swv., zucken, zupfen, zerren

Todaat, f., pl. *Todaten*, Zutat, Zubehör, bes. Würze, Gewürze

todammen, -dämmen, swv., abdämmen, mit

einem Damm verschließen, zuschütten

todecken, swv., zudecken, bedecken, mit einer Decke o. einem Deckel verschließen

todegen, adv., ordentlich, sehr, tüchtig, gehörig, gründlich

todelen, swv., zuteilen, einen Anteil aushändigen

todieken, swv., (mit einem Deich) verschließen, abschließen; übertr. genügen, ausreichen

todoon, unregelm. v. (s. *doon*), dazutun, hinzufügen, zusetzen; (etw.) zumachen, schließen

todregen, stv. (s. *dregen*), zutragen, berichten; bringen, beitragen, überbringen

todrinken, stv. (s. *drinken*), jem. zutrinken, zuprosten

todrücken, swv., zudrücken, verschließen

töben s. *töven*

Töber, Töver, m., Zuber, Holzbottich

toeerst, adv., zuerst, als erster, erstes

Töffel, Tüffel, m., pl. *Töffeln, Tüffeln,* Pantoffeln; übertr. *T. achteihn* Tölpel, unbeholfener Kerl, Dummkopf

töffelig, tüffelig, adj., tölpelhaft, unbeholfen, dumm, ungeschickt

Tögel, m., pl. *Tögel(s),* Zügel

tögeln, swv., zügeln, lenken

tögerich, adj., zaghaft, zögernd, langsam

tögern, swv., zögern, zaudern

Töhle, f., Hund, Hündin (abwertend u. als Schimpfwort)

Töhn, Tohn, m., Zeh(e); vgl. *Tehn*

Töller s. *Teller*

Tömel, Temmel (ostfr., oldbg.), n., zweijähriges Pferd

töögsam, töchsam, -saam, adj., zaghaft, zögernd, langsam

Tööm s. *Törn*

Tööt, f., Stute, Mutterpferd; (übertr. auch als Schimpfwort)

Törf, Torf, m., Torf

Törfewer, m., Torfkahn, Torfschiff

Törfkopp, m., Torfkopf, Dummkopf

Törfkuhl, f., Torfkuhle, Torfloch (infolge Torfabbaus)

Törfmoor, n., Torfmoor

Törfschüffel, f., Torfschaufel, Spezialschaufel für den Torfabbau

Törfsoden, m., Torfsode, Stücktorf; übertr. (scherzh.) Torfarbeiter

Törn, Töörn, m., pl. *Törns,* 1. Dreh(ung), Wendung; Turnus, Reihenfolge; *an 'n T. sien (kamen)* an der Reihe sein; 2. Schicht, Gang (als Arbeitsbegriff); Zeitspanne, Weile; 3. Tour, Reise; 4. Anfall, Hang zu etw., Leidenschaft

törnen, swv., stoppen, bremsen, aufhalten, zügeln, jem. zurückhalten von etw.

tösig, adj., zaghaft, langsam

töven, töben, swv., warten, verweilen; anhalten, aufhalten

Töver, m., Zauber

Töverflöök, m., Zauberfluch, Bannspruch

Töverie, f., Zauberei

tövern, swv., zaubern

Töversche, f., Zauberin, Hexe

töwen s. *töven*

tofällig, adj., adv., zufällig, unvorhergesehen

Tofahrt, f., Zufahrt, Anlauf

Tofall, Taufall, m., Zufall

tofallen, swv., zufallen; bekommen, erben

tofaten, swv., zufassen, zupacken, ergreifen; helfen

tofreden, adj., zufrieden; *t. laten* in Ruhe lassen

tofreren, stv. (s. *freren*), zufrieren

tog s. *taag*

Tog, Toch, m., pl. *Töög,* 1. Zug, Eisenbahn; Ziehen, Vorwärtsbewegung (Vogelzug, Fischzug u. ä.); 2. Gefolge; 3. Schluck, Zug beim Trinken; 4. Luftzug, Zugwind; 5. Streich, Dummheit (meist pl.)

togahn, unregelm. v. (s. *gahn*), zugehen, weitergehen; passieren, geschehen; den Dienst antreten, die Arbeit aufnehmen; zugehen, sich schließen

togang(en), adv., in Gang sein, in Bewegung sein; *t. kamen* beginnen, anfangen; aufstehen; *ok t.* als Grußformel mit Frage nach augenblicklicher Tätigkeit

Togel s. *Tagel*

togen s. *tagen*

togeven, togeben, stv. (s. *geven*), 1. zugeben, beisteuern; 2. zugeben, eingestehen, anerkennen, einräumen, nachgeben

toggen s. *tocken*

togliek, adv., zugleich, gleichzeitig

Tognett, n., Zugnetz, Schleppnetz

togriepen, stv. (s. *griepen*), zugreifen, pakken

Togs(ch)loot (ostfr., oldbg.), n., Abflußgraben, Entwässerungsgraben

tohaken, swv., zuhaken, mit einem Haken verschließen

tohand, adv., sofort, gleich; *t. gahn* helfen

tohau(e)n, swv., 1. zuhauen, zuschlagen; 2. (Holz) paßgerecht zurechtschlagen

Tohn s. *Tehn*

tohööcht, adv., in die Höhe, hoch, empor

[1]**tohören, tauhüren,** swv., zuhören, anhören, hinhören

[2]**tohören, tauhüren,** swv., zugehören, gehören, eigen sein

Tohörer, m., pl. *Tohörers*, Zuhörer

tohoop, adv., zuhauf, zusammen, beisammen

tohoopdoon, unregelm. v. (s. *doon*), zusammentun, auf einen Haufen tun, zusammenrechnen; refl. sich zusammentun, heiraten

tohoopgeven, swv., zusammengeben, trauen

tohoopholen, stv. (s. *holen*), (fest) zusammenhalten, sich einig sein

tohoopleggen, stv. (s. *leggen*), zusammenlegen, falten

tohoopsmieten, stv. (s. *smieten*), zusammenwerfen; übertr. *de Plünnen t.* heiraten

tohooptellen, swv., zusammenzählen, addieren

tohuus, adv., zu Hause, daheim

Tohuusweg, m., Heimweg

tokaken, tokoken, swv., Essen kochen, warmes Essen zubereiten, bes. einen Festschmaus kochen

[1]**tokamen, tokommen,** adv., kommende, künftige, nächste

[2]**tokamen,** stv. (s. *kamen*), 1. hinzukommen; (mit präp. *mit*) zugesellen; 2. zustehen, gehören

tokehr, adv., in der Vbdg. *t. gahn, kamen* sich gebärden, sich benehmen, sich aufführen; toben, rasen, randalieren

Tokel s. *Takel*

token, verkürzt aus [1]*tokamen*, s. d.

tokieken, stv. (s. *kieken*), zusehen, zuschauen, hinsehen, nachsehen

Tokieker, m., Zuschauer

tokniepen, stv. (s. *kniepen*), zukneifen, zudrücken; *de Ogen t.* übertr. sterben

toknöpen, swv., zuknöpfen, schließen

tokregen, stv. (s. *kriegen*), 1. hinzubekommen, als Zugabe erhalten; 2. schaffen daß etw. geschlossen wird

tokumm, tokümm s. [1]*tokamen*

Tokumst, Tokunft, f., Zukunft

Tolaag, f., Zulage; scherzh. Prügel

tolangen, swv., zulangen, zugreifen, sich bedienen

tolaten, stv. (s. *laten*), zulassen, erlauben, geschehen lassen

toleggen, swv., zulegen, sich etw. anschaffen

tolehren, tauliehrn, swv., jem. unterrichten, belehren, anlernen

tolest, tolets, adv., zuletzt, endlich, schließlich

tolken, talken (ostfr., oldbg.), swv., plaudern, schwatzen

[1]**Toll,** m., Zoll, Abgabe

[2]**Toll,** m., Zoll, Längenmaß

Tollbood, f., Zollbude, Zöllnerhaus

Tollhuus, n., 1. Irrenhaus, Tollhaus; 2. s. *Tollbood*

Tollstock, m., Zollstock, jetzt: Metermaß

tolöven, tolaven, swv., geloben, versprechen

Toloop, m., Zulauf, Anlauf

tolopen, stv. (s. *lopen*), 1. zulaufen (z. B. *t. Katt*); 2. schnell laufen, sich beeilen

tomaal(s), adv., auf einmal, sofort; damals (verkürzt aus *daarmaals*)

tomaken, swv., zumachen, schließen, verschließen; sich beeilen

tomeist, adv., meistens, zumeist

tomerrn, adv., inmitten, mittendrin

tomidden (oldbg.) s. *tomerrn*

tominst, adv., wenigstens, mindestens, jedenfalls

tomoden, swv., zumuten

tomööt, adv., (in Vbdg. mit Verben der Bewegung) entgegen (gehen, kommen u. a.)

to 'n, ton; to 'm, tom, zusammengezogen aus *to den* zum, zu dem

Tonaam, m., Zuname, Familienname

tonahs(t), tonaaß, adv., nachher

Tonbank s. *Toonbank*

Toneel (ostfr.), n., Schauplatz, Bühne, Spielfläche; Schauspiel, Theaterstück

tonehmen, stv. (s. *nehmen*), zunehmen, vermehren

tonicht, adv., zunichte, *t. maken* zerstören

Tonn(e), Tunn, Tünn, f., pl. *Tonns, Tünnen,* Tonne (als Behälter), Tonne (als Maß für Flüssigkeiten, Getreide), Tonne (als altes Flächenmaß, ca. 1/2 ha); *Mann in 'de T.* Ausruf des Erstaunens

tonööst, adv., nachher, als nächstes

tonoot, tonood, adv., zur Not, mit knapper Not, gerade noch

Toog, m., pl. *Togen, Töög,* Zweig, Ast

Toom, m., pl. *Toomwark, Tööm,* Zaum, *T. un Tögel* Zaum u. Zügel, Zaumwerk

Toomtüg, n., Zaumzeug, Ledergeschirr für Zugtiere

Toomwark, n. s. *Toom* u. *Toomtüg*

¹Toon, m., Tonerde, Lehm

²Toon, m., pl. *Töön,* Ton, Laut

³Toon s. *Tehn*

Toonbank, f., Tresen im Gasthaus, Theke, Ladentisch

Toorn, Torn, m., pl. *Torns, Törn,* Turm, bes. Kirchturm

Toort, m., Streich, Ärgernis

Top s. *Topp*

topass, topaß, adv., passend, gelegen, recht

topedden, swv., zutreten, auftreten; schnell gehen, sich sputen

toplegen, topIägen, swv., zuarbeiten, zureichen, Handlangerdienste verrichten, zur Hand gehen

Topleger, m., Handlanger, bes. Gehilfe des Maurers

toplinken, swv., zublinzeln, sich mit den Augen verständigen

Topp, m., pl. *Toppen,* Spitze, Wipfel, bes. Spitze des Mastes; Haarspitzen, Zopf; Zipfel

Toppsegel, n., oberstes Segel am Mast

Toppseil s. *Toppsegel*

torecht, trecht, adv., zurecht; bereit, fertig; s. auch *trecht*

torechtkamen, stv. (s. *kamen*), zurechtkommen, etw. ordnungsgemäß bewerkstelligen

torechtmaken, swv., zurechtmachen, zubereiten, reparieren

torecken, swv., zureichen

toreden, swv., zureden, Mut zusprechen, ermutigen

Torf u. Kompos. s. *Törf* u. Kompos.

torieden, stv. (s. *rieden*), zureiten (von Pferden); übertr. paßlich machen

torieten, stv. (s. *rieten*), zerreißen; s. *terrieten*

Torn s. *Toorn*

Tornister, Tornüster, m., Tornister, Ranzen

toropen, stv. (s. *ropen*), zurufen

¹Tort s. *Toort*

²Tort, f., Torte

torüg, torüch, trügg(e), trüch, truch, adv., zurück, rückwärts; *t. sien* rückständig sein

tosamen, adv., zusammen, alle miteinander, versammelt; *t. gahn* zusammen gehen, miteinander verkehren; *t. könen* übereinstimmen, befreundet sein

tosamendoon, unregelm. v. (s. *doon*), zusammentun, vereinigen; refl. sich verbinden, sich zusammenschließen

tosamengeben, swv., zusammengeben; trauen, verheiraten

tosamenholen, stv. (s. *holen*), zusammenhalten

tosamenkamen, stv. (s. *kamen*), zusammenkommen, sich versammeln

tosamenleggen, stv. (s. *leggen*), zusammenlegen, stapeln, anhäufen

tosamenraken, swv., zusammenharken, zusammenraffen

tosamenschrapen, swv., zusammenkratzen

toschann, toschanden, adv., zuschanden, zunichte, entzwei

toschöveln, swv., verriegeln, abschließen

toschoostern, swv., jem. etw. zukommen lassen, zuschieben, zustecken

toschotten, swv., abschließen, verriegeln, dicht machen

toseggen, swv., zusagen, versprechen; gefallen, ansprechen

Toseggersch, f., Zusagerin, Souffleuse

tosehn, stv. (s. *sehn*), zusehen, zuschauen; nachsehen, prüfen, kontrollieren

toseien, swv., die Saat einbringen, das Feld bestellen

tosetten, swv., zusetzen, draufgeben; verlieren, einbüßen; jem. zusetzen, bedrängen

toslaan, stv. (s. *slaan*), zuschlagen, schließen; hauen, schlagen; hinzuschlagen, drauftun; den Zuschlag geben, einwilligen

Toslag, m., Zuschlag (bei der Versteigerung o. beim Kauf)

toslapen, stv. (s. *slapen*), einschlafen; übertr. sterben

tosluten, stv. (s. *sluten*), zuschließen, verriegeln

tosnacken, swv., zureden, ermuntern

tosnieden, stv. (s. *snieden*), zuschneiden, nach Maß schneiden

tospiekern (meckl bg.), swv., zunageln

Tospill s. *Spill*

Tospraak, f., Zuspruch, Aufmunterung, Trost

tospreken, stv. (s. *spreken*), zusprechen, zuerkennen, zubilligen; ermuntern, trösten

Toss, Tost, m., Büschel, Haarschopf

Tost s. *Toss*

tostahn, stv. (s. *stahn*), zustehen, ein Recht auf etw. haben; zugestehen, bewilligen; anerkennen, zulassen, erlauben

Tostand, m., pl. *Tostänn*, Zustand

tosteken, stv. (s. *steken*), zustecken, jem. etw. heimlich überreichen

tostoppen, swv., zustopfen, abdichten

tostöten, swv., 1. zustoßen, attackieren; 2. zustoßen, passieren, sich ereignen

tostüren, tostüern, swv., 1. (auf ein Ziel) zusteuern, auf etw. lossteuern, streben nach; 2. etw. beisteuern, hinzutun; jem. etw. schicken, übersenden

toswiestern, swv., jem. etw. zuflüstern, verraten

toswören, stv. (s. *swören*) u. swv., schwören, versprechen

tot, zusammengezogen aus *to dat*, s. *to*

totieden, adv., bisweilen, manchmal

totrecken, stv. (s. *trecken*), zuziehen, (mit einem Vorhang) verschließen; zuziehen, sich ansiedeln; refl. sich etw. zuziehen

totruen, swv., zutrauen, zumuten

totruffen, swv., auftrumpfen, aufstampfen

toveel, adv., zuviel

Toverer s. *Töverer*

Toverlaat, m., Verlaß

Toversche s. *Töversche*

Toversicht, f., Zuversicht, Hoffnung

Tovertru(g)en, n., Vertrauen, Verläßlichkeit

tovö(ö)r, adv. u. präp., zuvor, zunächst; vor

tovö(ö)rn, adv., zuvor, zuerst, vorher; einst, vordem, ehemals

Towass, m., Zuwachs, Vermehrung

towedder(n), toweller(n), adj., zuwider, feindlich

toweg, adj., zuwege; *goot t. sien* wohlauf sein, gesund sein

towielen, adv., zuweilen, mitunter, manchmal

Traad, Traai, f., Wagenspur, Spur, Gleis; Trampelpfad; *up de Traden* auf dem Weg

traag, adj., träge, faul, matt, schwerfällig; lustlos, ohne Schwung; lässig, bequem; langsam, langweilig

Traai s. *Traad*

Traam (oldbg.) s. *Treem*

[1]**Traan,** m., Tran, Fett von Seetieren, Lebertran

[2]**Traan,** f., pl. *Tranen*, Träne

traandösig, -düsig, adj., schwerfällig, schwachköpfig, begriffsstutzig

Traanfunzel, f., Öllampe, Tranlampe; übertr. langweiliger Mensch, Träumer

Traanküsel, m., Öllampe

Traanlamp s. *Traanfunzel*

traanöögsch, traanoogt, adj., trübselig, weinerlich; triefäugig

traantutig, adj., langweilig, begriffsstutzig

Traansuus, f., langsam arbeitendes Mädchen, weinerliches Mädchen

Trabant, m., pl. *Trabanten*, Kind, Bengel, Schlingel; Kumpan, Anhänger

[1]**Trad,** f., Tritt, Spur; Gleis

[2]**Trad** s. *Tritt*

Träms (mecklbg.) s. *Trems*

Träsen s. *Tresen*

trakeln, swv., (mit Faden) anheften, annähen, aufheften

trakteren, trakteern, swv., traktieren, jem. zusetzen, mißhandeln; übertr. bewirten

Trall, f., pl. *Trallen*, Gitterstab, Sprosse; *achter Trallen sitten* im Gefängnis einsitzen, in Haft sein

Trallichen (mecklbg.), n., Gitterfenster; vgl. *Trall*

trallig (mecklbg.), adj., unklug, töricht

trampe(l)n, swv., trampeln, schwer auftreten, stampfen

trampsen s. *trampe(l)n*

tranen, swv., tränen, triefen

trankiel (ostfr.), adj., dreist, beherzt, forsch, entschlossen; kühn, mannhaft

transel(e)n, swv., bedrängen, eindringlich zureden, bittend betteln

[1]**Trant,** m., Tand, Lumpen

[2]**Trant,** m., Trott, Schlendrian, Gewohnheit

[1]**Trapp,** m., pl. *Trappen*, Tritt, Fußspur (vorw. ostfr., lünebg.)

[2]**Trapp** (ostfr.), f., pl. *Trappen*, Treppe, Treppenstufe

trappe(l)n, swv., trampeln, schwer u. laut auftreten

trarden, swv., tratschen, schwatzen, albern reden

Tratt s. *Tritt*

trauen s. *truen, truun*

Traw (holst.) s. *Traad*

trecht, torecht, adv., zurecht, fertig; mit jem. *t. sien* einig o. getrennt sein, mit etw. *t. sien* fertig sein, abgeschlossen haben

Trechter, Trichter, m., Trichter, Krater

trechthebben, stv. (s. *hebben*), fertig haben, angefertigt haben

trechtkriegen, stv. (s. *kriegen*), fertigstellen, bewerkstelligen

trechtmaken, stv. (s. *maken*), fertigstellen, zurechtmachen, reparieren

trechttrecken, stv. (s. *trecken*), zurechtziehen, einrenken

Treck, m., pl. *Trecks*, Treck, Zug, Bewegung; Gefolge, Begleitung

Treckbüdel s. *Treckfiedel*

trecken, stv. (*ik treck, du treckst, he treckt, wi treckt, trecken*; *ik trock, tröck*; *trocken*), ziehen, dehnen; fortziehen

Trecker, m., pl. *Trecker(s)*, Traktor, Zugmaschine, Schlepper

Treckfiedel, f., Handharmonika, Ziehharmonika

Treckpott (vorw. ostfr.), m., Teetopf, Teekanne

Treckwagen, m., Ziehwagen, Handwagen

Tred s. *Tritt*

treden, stv. (*ik treed, du treedst, he trett, wi treedt, treden*; *ik tratt*; *treden*), treten, eintreten; (Tiere) begatten

Treem, Trem, f., pl. *Treems*, *Tremen*, Leitersprosse, Querholz, Verstrebung

treersch, adj., albern, verzogen, verhätschelt

treideln, swv., treideln, schleppen, bes. (Schiffe mit Hilfe von Tauen) ziehen

treif(er) (mecklbg.), adj., unsauber, unrein

Treit(e), f., Schlegel, hölzernes Klopfgerät (bes. zum Flachsbrechen)

Trem s. *Treem*

Tremin, m., Termin, bes. Gerichtsverhandlung, Verhandlung auf dem Amt

Trems, Träms, f., pl. *Tremsen*, Kornblume

Trens(e), f., Trense, Teil des Pferdegeschirrs, Leitriemen, Gebißstange; Litze, Kordel, Schnur

Trepp, Tripp, Tröpp, f., Treppe, Stiege (oft durch Zusatz näher bestimmt wie *Kellert.*)

Tresen, m., Ladentisch, bes. Schanktisch, Theke

treueln s. *treideln*

treunen (hbg.), swv., kindlich bitten, flehen

tribbeleren, tribbeleern, swv., ständig bitten, betteln, belästigen; ärgern, quälen, plagen, peinigen

trieseln, trüseln, swv., taumeln, torkeln, schwankend gehen

trietsen, tritseln, swv., 1. reizen, ärgern, quälen, plagen; 2. (Ladung) hochziehen, hochwinden

trillen (ostfr., oldbg.), swv., zittern, bibbern, sich schütteln

trimmen, swv., (Ladung) seegerecht verstauen, festzurren (Seemannsspr.)

trist, adj., trübe, traurig; öde, langweilig

tritseln s. *trietsen*

Tritt, m., pl. *Tre(ed)*, *Trä(äd)*, Tritt, Schritt; Trittleiter

trizen s. *trietsen*

tro s. *tru*

Trödel, m., Trödel, unnützes Zeug

trödeln, swv., bummeln, zögernd etw. tun, langsam sein, Zeit vergeuden

Tröj (ostfr.) s. *Trojer*

tröllen, tröddeln, swv., trudeln, rollen

tröög (oldbg.) s. *trüch*

Trööstelbeer (ostfr.), n., Leichenfeier, Leichenschmaus

tröösten, treusten, swv., trösten, besänftigen

Trööster, m., Tröster, jem. o. etw. was Trost gibt; übertr. bes. Schnaps (zur Beruhigung u. Stärkung)

Trog, Troch, m., pl. *Tröög*, Trog, Futterbehälter, Futternapf

Troier, m., Wollhemd (Seemannsspr.)

trollen s. *tröllen*

trooch s. *traag*

troon s. *truen, truun*

Troonje (ostfr.), n., Gesicht, Antlitz

Troost, m., Trost, Hilfe

troß, adj., trotzig; aufrecht, mutig, stolz

Tru, Tro, f., Treue

tru, tro, adj., treu, zuverlässig

trudeln, swv., trudeln, rollen; vgl. *trünneln*

trüch, trügg, torüch, adv., zurück, rückwärts; rückständig

trüchaars, adv., rückwärts, nach hinten weg

trüchbetahlen, swv., zurückbezahlen, eine Schuld begleichen; übertr. sich rächen

trüchblieven, stv. (s. *blieven*), zurückbleiben, übrig bleiben

trüchgahn, stv. (s. *gahn*), zurückgehen, zurückweichen; rückwärts gehen

trüchhöllern, adj., zurückhaltend, bescheiden, zaghaft

trüchkamen, stv. (s. *kamen*), zurückkommen, heimkehren

trüchkieken, stv. (s. *kieken*), zurückschauen, sich umschauen; übertr. sich erinnern

Trüchkumst, f., Heimkehr

trüchlings, adv., rücklings, rückwärts

trüchseilen, swv., rückwärts segeln; übertr. schlecht wirtschaften

trüchsetten, swv., zurücksetzen

trüchstappen, swv., rückwärts gehen, nach Hause gehen

trüchsteken, stv. (s. *steken*), zurückstecken, nachgeben

trüchstöten, swv., zurückstoßen, derb abweisen

trüchtrecken, stv. (s. *trecken*), zurückziehen; refl. sich zurückziehen

trüchwards, adv., rückwärts

Trüchweg, m., Rückweg, Heimweg

trüllen s. *tröllen*

Trünnel, f., Walze, bes. Ackerwalze

Trünnelband, n., Reifen, Kinderspielzeug

trünneln, tründeln, swv., trudeln, rollen, kugeln, kollern, mit dem Reifen spielen

trüseln (ostfr.), swv., taumeln, torkeln, schwanken; vgl. *trieseln*

truen, truun, troon, swv., trauen, Glauben schenken, vertrauen; refl. sich etw. zutrauen, wagen; trauen, jem. verheiraten

Truer, Truur, Troor, f., Trauer, Kummer, Leid

truern, truurn, truren, swv., trauern, traurig sein

Truff, Truuf, m., pl. *Trüüf*, Trumpf

truffen, swv., schwer aufstampfen, mit schweren Schritten gehen, poltern

trugge s. *trüch*

truggeln, trüggeln (ostfr., oldbg.), swv., 1. zurückgehen, zurückdrängen; 2. jem. dringlich bitten, drängen, flehen

trulig, -lich, adj., vertraulich, vertraut

Trumm(e), f., Radnabe; Trommel; Blechdose

Trummel, f., pl. *Trummeln*, 1. Trommel, Pauke; 2. walzenförmiges Ackergerät, trommelförmiges Gerät

trummeln, swv., trommeln

Trump(f), m., Trumpf; s. *Truff*

Trumpeet, Trumpett, f., Trompete

truren s. *truern*

trurig, trürich, trorig, adj., traurig, betrübt; armselig, elend, unglücklich

truschüllig, troschüllig, adj., treuherzig, arglos, harmlos

Truschuld, Troschuld, f., treuherziges Wesen, personifiziert: leichtgläubiger Mensch, Unschuld vom Lande

Truuf s. *Truff*

Truuts s. *Tuuts*

tschüüs, interjek., (allgemeine Abschiedsformel) auf Wiedersehen, adieu

Tubbe(n), m., pl. *Tubbens*, 1. Zapfen, Pflock; 2. Zuber, Bottich, Waschfaß

Tucht, f., Zucht, Anstand, Erziehung; Zucht, Nachwuchs; Schwarm, Menge, Haufen

Tuchthuus, Tochthuus, n., Zuchthaus, Gefängnis

Tuck, m., pl. *Tucks*, Schlag, Stoß

Tuckeln (schleswg.-holst.), pl., Wurzelwerk (bes. vom Wollgras)

tucken, swv., zucken, zupfen, ruckweise ziehen, *t. un mucken* sich rühren, auftauen, munter werden

tuckern, swv., klopfen, pochen (bes. von dem eine Bewegung begleitenden Geräusch)

tucksen, tuuksen, swv., zupfen, rucken, ruckweise ziehen, schleppen

tudeln, swv., zausen, zupfen; übertr. liebkosen, tätscheln, streicheln, spaßen

Tüch s. *Tüg* u. *Tüüg*

tüchten, swv., züchten, aufziehen, großmachen

tücken s. *tucken*

tücksch, adj., tückisch, hinterhältig, arglistig

tüdelig s. *tüterig*

tüdeln s. *tütern*

Tüder, Tüdder u. Kompos. s. *Tüter* u. Kompos.

tüderig s. *tüterig*

tüdern s. *tütern*

[1]**Tüffel, Töffel,** m., pl. *Tüffeln*, 1. Pantoffel, Holz-, Filzschuh (häufig in Rdaa.); 2. Tölpel, Dummkopf

[2]**Tüffel** s. *Tüften*

tüffelig, töffelig, adj., tölpelhaft, einfältig, dumm; unbeholfen

Tüffelmaker, m., Pantoffelmacher, Holzschuhmacher

tüffeln, swv., unbeholfen gehen, schleppend gehen, latschen

Tüften, Tüffeln, f., pl., Kartoffeln

Tüg, Tüch, n., 1. Zeug, Kleidung, *sik in 't T. smieten* sich (schön) anziehen; Stoff (durch Zusätze näher bestimmt wie *sieden T.* u. ä.); *wat an 't T. flicken* jem. etw. Übles nachsagen, jem. tadeln; Segel; 2. Zeug, Kram, Krempel, Gerät, Werkzeug; *dumm T.* Albernheiten, dummes Geschwätz

tügen, swv., bezeugen, Zeugnis ablegen, als Zeuge aussagen

Tügkniep, f., pl. *Tügkniepen*, Wäscheklammer

Tügladen, m., Zeugladen, Konfektionsladen, Bekleidungsgeschäft

Tügnis, n., Zeugnis, Bescheinigung

tühnen s. *tünen*

Tült (holst.), f., Tulpe

Tümp, Tümt, n., Schar, Haufen

[1]**tünen,** swv., dummes Zeug reden, faseln, flunkern

[2]**tünen,** swv., zäunen, einzäunen, flechten

Tünkraam s. *Tüünkraam*

Tünn, Tunn, f., pl. *Tünnen*, *Tunns*, Tonne, Faß (auch als Maßeinheit, bes. Kornmaß); übertr. ein Flächenmaß; s. auch *Tonn(e)*

Tünnssack, m., Sack, Doppelzentnersack

türen (ostfr., oldbg.), swv., zielen, aufmerksam ausschauen

[1]**tüschen, tüssen,** swv., beruhigen, beschwichtigen

[2]**tüschen,** präp., zwischen, inmitten; vgl. *twischen*

[3]**tüschen,** swv., täuschen

Tüt s. *Tüüt*

tüteln s. *tütern*

Tütendreiher, m., Tütendreher, Krämer, Kaufmann (scherzh.)

Tüter, Tüder, m. (auch f. u. n.), Seil, Strick; Garn, wirres Knäuel; *in de T. kamen* durcheinandergeraten, verwirren

Tüterband, n., Bindfaden

Tüterie, f., Wirrwarr, Durcheinander

tüterig, adj., verwirrt, leicht irre

Tüterkraam, m., unnützes Zeug, Kleinkram, Plunder; dummes Gerede, Geschwätz

tütern, tüdern, swv., 1. anbinden, befestigen; 2. dummes Zeug reden, quatschen; 3. langsam arbeiten

Tüterpahl, m., Pfahl (zum Festmachen von Tieren)

Tüttel, m., kleiner Punkt, winzige Kleinigkeit

Tüüg, m., pl. *Tügen*, Zeuge

Tüünkraam, m., wertloses Zeug; dummes Gerede, Flunkerei

[1]**Tüüt, Tuut,** f., Tüte, *ut de T. sien* außer sich sein

[2]**Tüüt, Tütt,** f., Schnepfenart, bes. Regenpfeifer

Tüütz s. *Tuuts*

Tuffel (ostfr., oldbg.), 1. m., Pantoffel; 2. f., Kartoffel

Tulipant s. *Tulp*

Tull (hbg.) s. *Toll*

Tulp, Tulk, f., Tulpe

Tulten, nur pl., Fetzen, Lumpen

tummelig, adj., taumelig, schwankend

tummeln, tümmeln, swv., taumeln, schwanken

tump, adj., dumm

Tumpbüdel, m., Dummkopf, ungeschickter Mensch

tumpig, adj., dumm, geistig beschränkt

Tun s. *Tuun*

tunen s. [2]*tünen*

Tung, f., pl. *Tungen*, 1. Zunge; Sprache; 2. übertr. vorspringendes Teilchen an Geräten, schmaler beweglicher Stift; 3. Seezunge, Weißfisch

Tungenslag, m., Aussprache, Redegewandtheit

Tunn s. *Tünn*

Tunner, m., Zunder

tuntig, tuntelig, adj., tölpelhaft, unbeholfen, einfältig, dumm

Tuppen, m., Zuber, Waschschüssel

tuscheln, swv., tuscheln, heimlich sprechen, flüstern

tuschen, tuuschen, swv., tauschen, eintauschen, wechseln

Tusel, f., Schlampe, unordentliches Mädchen; Haarwirbel, Büschel

tuselig, tusig, adj., zerzaust, wirr, unordentlich; wild, stürmisch

tuseln, tusseln, swv., zausen, zerren

tusen s. *tuseln*

tutig, adj., unbeholfen, einfältig; kindisch, zutraulich, treuherzig; dümmlich, naiv

Tutje (ostfr.), m., Kuß

tuuk (ostfr.), adj., still, ruhig, zahm

[1]**Tuun, Tun,** m., Zaun, Hecke; *achtern T. planten* übertr. ein außereheliches Kind zeugen

[2]**Tuun** (ostfr., oldbg.), m. u. n., Garten

Tuunegel, m., Igel

Tuunkönig s. *Tuunkrüper*

Tuunkrüper, m., Zaunkönig

Tuunpahl, m., Zaunpfahl; *mit den T. winken* ein deutliches Zeichen geben

Tuunsinger, m., Gartenspötter, Grasmücke u. a.

Tuuntje (ostfr.) s. [2]*Tuun*

Tuuntjer (ostfr.), m., Gärtner

Tuur, f., pl. *Turen*, 1. Tour, Ausflug, Fahrt, Reise; 2. Zeitabschnitt, Reihenfolge, Reihe; 3. Anfall, Phase, Periode

Tuusch, m., Tausch, Verwechslung

tuusterig, tuustich, adj., zerzaust, wirr, unordentlich

Tuusterkopp, m., unordentlicher Mensch, Mensch mit zerzausten Haaren, Wirrkopf

Tuut, f., pl. *Tuten*, Tute, Horn, Blasinstrument

Tuuthorn s. *Tuut*

Tuuts, Tüütz, Truutz, f., pl. *Tuutzen*, Kröte

[1]**twaar(s),** adv., zwar

[2]**twaars, twass** s. *dwars*

twalen (hbg.), swv., schlendern, bummeln

twalm s. *twölf*

twe(e), twei, num., zwei

Tweback, Twieback, m., Zwieback (je nach Zutaten näher bestimmt, z. B. *Roggent.*)

Twebedacht, m., Zweifel, gründliches Überlegen

Twedüüster, n., Zwielicht, Dämmerung

Twedunker s. *Twedüüster*

Tweel, Twääl, Twelt, m., 1. Astgabel, gabelförmige Verästelung; Holzgabel, Gaffel; 2. Zwille, Katapult

tweerlei, adj., zweierlei, verschieden

Tweern, Twirn, m., Zwirn, festes Nähgarn

Tweernbüdel, m., alberner Mensch, Quatschkopf, Schwätzer

Tweernkraam, m., albernes dummes Gerede

Tweernsfaden, m., Zwirnsfaden; vgl. *Tweern*

tweet(e), num., der (die, das) zweite

[1]**twei,** adj. u. adv., entzwei, kaputt

[2]**twei** s. *twe(e)*

tweibieten, stv. (s. *bieten*), entzweibeißen, zerbeißen, durchbeißen

tweibreken, stv. (s. *breken*), entzweibrechen, zerbrechen

tweiden, swv., zerbrechen, zerstören

tweigahn, stv. (s. *gahn*), entzweigehen, kaputtgehen

tweihau(e)n, swv., entzweischlagen, zerschlagen

tweiig, adj., entzwei, zerbrochen

tweimaken, swv., entzweimachen, zerstören

tweirieten, stv. (s. *rieten*), zerreißen, durchreißen

tweislaan, stv. (s. *slaan*), zerschlagen, zertrümmern

twelen, swv., refl. sich teilen, sich gabeln, verzweigen

twelf, twelben s. *twölf*

Twelt s. *Tweel*

Twenter, m., zweijähriges Vieh (bes. Pferd, Schaf, Rind); übertr. junge Frau

Twepeerstell, f., kleine Landstelle, Nebenerwerbsstelle

Tweschen, Twäschen, pl., Zwillinge

Tweschenbroder, m., Zwillingsbruder

twescherig, adj., doppelseitig (von Pflugschar), zweischneidig

Twick(e), f., schwere Hacke, Hacke zum Roden

Twiefel, Twievel, m., Zweifel, Ungewißheit

twiefelmödig, -modig, adj., im Zweifel sein, unsicher sein, wankelmütig, zweifelhaft

twiefeln, swv., zweifeln

Twieg, m., pl. *Twiegen*, Zweig

Twiet(e), f., pl. *Twieten*, enge Straße, Gasse (häufig in Straßennamen)

Twievel s. *Twiefel*

Twilling, m., Zwilling

twintig, num., zwanzig

twischen, twüschen, tüschen, adv., präp., zwischen; *in de Twischen* zwischendurch, inzwischen

Twissel, f., 1. sich gabelnder Zweig; 2. Doppelfrucht (bes. bei Nüssen)

twisseln, swv., zwitschern, wispern

twölf, twolf, twelf, twalm, num., zwölf

Twölften, Twolften, pl., die Zwölften (25. Dez. bis 6. Jan.), Zeit für Feierlichkeiten, Heischeumzüge u. a. Brauchtum

twors s. *twaars*

twüschen s. *twischen*

U

Ucht (vorw. ostfr., oldbg.), f., Morgendämmerung, Morgenröte, Tagesanbruch

Udjebudje, m., Storch, Adebar

ückern (ostfr.), swv., 1. sich äußern, sich bemerkbar machen, reden; 2. schluchzen, aufstoßen

ückerwendsch, adj., eigenartig, sonderbar, befremdlich

Üder s. *Üter*

Ülk s. *Ilk*

Üller (schleswg.-holst.), m. u. n., Schmutz, Kehricht; Kompost

Üllerdutt, m., Kehrichthaufen, Komposthaufen

üm, um, adv. u. präp., vorbei, um; für, um, wegen; über, von; *üm un bi* ungefähr

ümbi, umbi, adv., um, herum, ringsum, umher; fast, nahe, annähernd, beinahe

ümbreken, stv. (s. *breken*), umbrechen; das Land umbrechen, pflügen

ümbringen, stv. (s. *bringen*), jem. umbringen, ermorden; etw. um die Ecke bringen, (Geld) ausgeben; übertr. begleiten

ümdöpen, swv., umtaufen, mit anderem Namen versehen

ümdoon, unregelm. v. (s. *doon*); refl. sich umtun, sich erkundigen, sich kümmern um; sich etw. umtun, überhängen, anziehen

ümdreih(e)n, swv., umdrehen, wenden, umkehren (auch refl.)

Ümfahrt, f., Rundfahrt, Ausflug

ümfallen, stv. (s. *fallen*), umfallen, einstürzen

ümfaten, swv., umfassen, umfangen, umarmen

ümgahn, stv. (s. *gahn*), umgehen, herumgehen, verkehren mit jem.; umgehen, spuken

Ümgang, m., Umgang, Verkehr; Bittgang

Ümhang, m., Umhang, Pellerine

ümhau(e)n, swv., umschlagen, niederschlagen, fällen

ümhen, adv., umhin, drum herum

ümher, adv., herum, umher

ümkamen, stv. (s. *kamen*), 1. umkommen, verderben; zu Tode kommen; 2. mit jem. auskommen, umgehen können

ümkehr(e)n, swv., umkehren, wenden

ümkieken, stv. (s. *kieken*), sich umsehen, informieren; ausspähen; übertr. *sik ü.* sich wundern

ümkippen, swv., umkippen, umfallen

ümkrempeln, swv., umkrempeln, umwenden

ümlangs, adv., umliegend, im Umfeld von etwas

ümlangsher, adv., ringsumher, im Umkreis

ümmer, immer, jümmer(s), adv., immer, andauernd

ümplanten, swv., umpflanzen, umsetzen, verpflanzen

ümrieten, stv. (s. *rieten*), umreißen, einreißen

ümrüm, adv., um herum, im Umkreis von

ümschichtig, adv., abwechselnd

ümsehn, stv. (s. *sehn*), refl. sich umsehen, sich informieren

ümslaan, stv. (s. *slaan*), umschlagen, fällen; umwickeln, einwickeln; (vom Wetter) umschlagen, sich ändern; Ware umschlagen, verkaufen; sich etw. umhängen

Ümslag, m., Umschlag, Hülle; Wechsel; Markt, Messe

Ümslag(er)dook, n., großes Schultertuch, Schal

ümsmieten, stv. (s. *smieten*), umwerfen, umstoßen

Ümstand, m., pl. *Ümstänn*, Umstand, Verhältnis; *in Ü. sien* schwanger sein

ümstöten, swv., umstoßen, zu Fall bringen

ümstülpen, swv., umwenden, umkehren, auf den Kopf stellen

ümsü(n)st, ümsüß, adv., umsonst, kostenlos; ohne Grund, ohne Ursache; ergebnislos, umsonst, vergeblich

ümtakeln, swv., 1. umstellen, in neue Ordnung bringen; 2. sich umkleiden, umziehen, verkleiden

ümto, adv., herum, im Umkreis von

Ümtog, m., Umzug, Umgang, Festzug; Wohnungswechsel

ümtrecken, stv. (s. *trecken*), 1. sich umziehen, umkleiden; 2. umziehen, umsiedeln

ümtrent, adv., ungefähr, in etwa

ümtütern, swv., 1. umbinden, sich etw. sorglos umbinden; 2. angepflocktes Vieh an anderer Stelle anbinden

Ümtüür, f., Wagnis

Ümwelt, f., Umwelt, Umgebung

Ümweltsüük, f., Umweltseuche, die Umwelt zerstörende Kräfte

ümwennen, swv., umwenden, umdrehen, umkehren

ümwesseln, swv., (Geld, Sachen) umwechseln, tauschen

ünnen, unnen, adv., unten

ünner, 1. adv., unter, unten, unterhalb; 2. präp., unterhalb; während; 3. adj. (nur im Superl.), *dat ünnerst*(*e*) *Enn* am untersten Platz, Ende

ünnerbreken, stv. (s. *breken*), unterbrechen, stören

Ünnerbett, n., Unterbett

Ünnerbüx, f., Unterhose (bes. mit langen Beinen)

Ünnerdack, n., Obdach, Bleibe, Unterschlupf

Ünnerdeel, n., Unterteil

ünnerdörch, adv., unterdurch; *ü. sien* das Ansehen verlieren

ünnerdümpeln, swv., untertauchen

ünnerduken, swv., untertauchen; übertr. sich verstecken

Ünnereerdsche, nur pl., Unterirdische, Zwerge, Wichtelmänner, Erdgeister

ünnerfiendsch, adj., unfreundlich

ünnergahn, stv. (s. *gahn*), 1. untergehen, zugrunde gehen; von der Oberfläche verschwinden; 2. auf eine Bedingung eingehen, etw. auf sich nehmen, sich verpflichten

ünnerhaken, swv., unterhaken, sich bei jem. einhaken

ünnerhööch, adv., in die Höhe, empor

ünnerholen, ünnerhollen, stv. (s. *holen*), 1. darunterhalten, unterhalten; 2. (auch refl.) unterhalten, mit jem. sprechen

Ünnerhol(l)ung, f., Unterhaltung, Gespräch

ünnerkamen, stv. (s. *kamen*), unterkommen, Herberge finden

Ünnerkamen, n., Unterkunft, Unterschlupf

ünnerkriegen, stv. (s. *kriegen*), 1. überwältigen, niederzwingen; 2. etw. unter etw. legen

ünnerkrupen, swv., unterschlüpfen, Schutz suchen

Ünnerkruup, m., Unterschlupf, Versteck

ünnernehmen, stv. (s. *nehmen*), unternehmen, wagen (auch refl.)

ünnernesig, adj., unterwürfig, ergeben

ünnerplögen, swv., (bes. Gründünger) unterpflügen

Ünnerscheed, m., Unterschied; *Ü. lehren* in fremde Dienste gehen

ünnerschrieven, stv. (s. *schrieven*), unterschreiben, abzeichnen; refl. sich durch Unterschrift verpflichten

ünnersöken, swv., untersuchen, erforschen

ünnerst s. *ünner*

ünnerstellen, swv., unterstellen, sich unterstellen, schützen; jem. etw. unterstellen

ünnerstütten, swv., 1. unterstützen, abstützen; 2. unterstützen, helfen

Ünnertüüch, n., Unterzeug, Unterwäsche

ünnerwegens, adv., unterwegs

ünnerwielen, adv., bisweilen, gelegentlich, während

ünnerwiesen, swv., unterweisen, lehren, anlernen

ünnoot (ostfr., oldbg.), adv., unwillig, ungern

ünverwohrens s. *unverwahrens*

Ünzel, n., Handwaage, Schnellwaage

Ünzner (oldbg.) s. *Ünzel*

Üter, Üder, n., Euter

ütern, swv., sich äußern, sich aussprechen, seine Meinung kundtun

Ütz, Üütz, Üts, m. u. f., Kröte (übertr. auch als Schimpfwort); vgl. *Pogütz*

ützen, üzen, swv., necken, foppen; ärgern, schimpfen

Ützepo(r)g, m., Frosch, Kröte

ützig, ütsig, üütsig, adj., unfreundlich, verärgert

Uhl s. *Uul*

[1]**Uhr** s. *Ohr*

[2]**Uhr,** f. u. m., Uhr; Stunde, Zeit; vgl. *Klock*

Uhrmaker, Uhrkenmaker, m., Uhrmacher

uk s. *ok*

ukerwen(d)sch, adj., kauderwelsch, unverständlich; vgl. *ückerwendsch*

Ule s. *Uul*

ulen, swv., fegen, auffegen, reinmachen

Ulenflucht, f., Abenddämmerung, Zeit des Eulenfluges

Ulenlock, n., Flugloch für Eulen im Giebel

Ulensaat, f., Unkraut; übertr. Unglück; (als Scheltwort) Taugenichts, Nichtsnutz

Ulenspe(i)gel, m., Eulenspiegel; Schalk, Narr; *studeerter U.* großer Dummkopf, Erzschelm

Ulm, Olm, m., Faulholz, mulmiges Holz, Trockenfäule

um u. Kompos. s. *üm* u. Kompos.

umliek (ostfr.), adj., gehorsam, gebührend, folgsam

un, konj., und

Unaart, f., Unart, Ungezogenheit

unarig, unaardig, adj., unartig, ungezogen

unasch s. *unna(r)sch*

unbannig, 1. adj., unbändig, wild, ungezügelt; groß, gewaltig; 2. adv., sehr, mächtig

unbedarft, adj., harmlos, unerfahren, unverdorben; ungeschickt, unbeholfen, unwissend

unbegeben, unbegeven, adj., unverheiratet, ledig

Undaat, f., Untat, Vergehen, Verbrechen

Undeert, n., pl. *Undeerten, -deerters,* Untier, Scheusal

under s. *ünner*

Undöög(d), f., Unfug, Dummheit, Streich; *U. doon* Streiche verüben, Unheil anrichten; (auch personifiziert) Taugenichts

undöögsch, adj., untauglich, unartig

undüütlich, adj., undeutlich, unklar, verschwommen

uneben, adj., uneben, unrecht; ungerade (bes. von Zahlen); (mit Negation) *gaar nich so u. sien* gar nicht so übel sein, angenehm sein

uneens, unenig, adj., uneins, zerstritten

unegaal, adj., uneben, ungleichmäßig; (handwerklich) unpraktisch sein; *u. Finger hebben (maken)* übertr. zu Betrügereien neigen, stehlen

unflötig, unflöötsch, adj., unflätig, unanständig

Unfreden, m., Unfriede, Zank, Streit

Ungedööm, n., Ungetüm, Untier

ungedüllig, adj., ungeduldig, unstet, unruhig

ungedürig s. *ungedüllig*

Ungedü(ü)r, -geduur, f., Ungeduld, Unrast, Unruhe

Ungel (ostfr., oldbg.), n., Talg, Fett, bes. Rindertalg

ungelegen, adj., ungelegen, unerwünscht

un(ge)wennt, adj., ungewohnt, andersartig

unglöövsch, adj., ungläubig, voller Mißtrauen

Unglück, n., Unglück, Unheil

Ungoot (ostfr.), n., Ungeziefer, Schädling

unhandig, unhannig, adj., unhandlich, sperrig

Unkaß, m., Unchrist, Heide (als Schimpfwort)

Unkel, m., Onkel (meist nachgestellt, z. B. *Hans Unkel*)

unklook, unklauk, adj., unklug, närrisch, unvernünftig; verrückt, irrsinnig; *u. spelen* Krawall machen

Unkruut, n., Unkraut

unkünnig, adj., unwissend, gedankenlos; unerkennbar, unkenntlich

unmiß (ostfr., oldbg.), adj., ungelegen, ungünstig, unschön

unmoodsch, adj., unmodisch, altmodisch

unmünnig, adj., unmündig, unvernünftig

unna(r)sch, adj., unartig, ungezogen; schlecht, unappetitlich, eklig; unglaublich, unverschämt; unsauber, unmanierlich

unnösel, unnosel, adj. u. adv., dumm, ungeschliffen, blödsinnig; maßlos, gewaltig; außerordentlich, ungewöhnlich, unmäßig

unnood, unood, adv., notgedrungen, ungern

unnütt, adj., unnütz, nichtsnutzig; überflüssig, unbrauchbar

unorrig, unordig, adj., 1. unordentlich; 2. unartig

unpaßlich, unpaß, adj., unpäßlich, kränklich; unpassend, ungelegen

Unraat, m., Unrat; Ungelegenheit, Schaden; Unordnung

Unrast, Unrüst, f., Unrast, Unruhe, Erregung; übertr. unruhiger Geist, nervöser Mensch

Unrecht, n., Unrecht

unrecht, adj., unrecht, falsch, verkehrt

unredig, adj., in Unordnung, durcheinander, verfilzt (bes. von Garn u. ä.)

unrendlich, adj., unrein, unsauber, schmutzig

Unroh, Unrauh, f., Unruhe

Unrüst s. *Unrast*

unrüstig, adj., rastlos, unruhig

unrusich s. *unrüstig*

Unruß, Unrust, f. u. m., 1. Unrast, Unruhe; Mühe; 2. Unrat, Gerümpel, Unkraut, Abfall

uns, us, pron., uns, unser

unschüllig, adj., unschuldig

unseker, adj., unsicher, trügerisch; zweifelhaft, ungewiß

unstürig, adj., eigensinnig

Unstüür, f. u. n., Unordnung

Unt s. *Aant*

untiedig, adj., unzeitgemäß; zu unpassender Zeit

Untöög s. *Undöög*(*d*)

untofreden, adj., unzufrieden

unvermoden(s), unvermoods, adv., unvermutet, unerwartet, überraschend

unverwachten(s), adv., unerwartet, plötzlich, überraschend

unverwahren(s), adv., unversehens, unvermutet, unverhofft

Unweder, Unweer, n., Unwetter, bes. Gewitter

unwennt, ungewennt, adj., ungewohnt, ungewöhnlich

unweten, adj., unwissend, ungebildet; übertr. unschuldig, nichts ahnend

unwies, adj., unsinnig, närrisch, dumm, verrückt

unwiss, adv., ungewiß, unsicher

up, op, adv. u. präp., auf, hinauf; bis, an, zu; oben; weg, fort; aufgebraucht, verschwunden sein; (enge Vbdgg. im Hochdt. werden im Nd. getrennt) *daar kannst up af* darauf kannst du dich verlassen u. a.; in Vbdg. mit art. *up 'n*, *up 't*

upbacken, swv., aufbacken, rösten

upbammeln, swv., aufhängen; refl. sich erhängen

upbenschen, swv., aufscheuchen, aufjagen

upbewahr(e)n, swv., aufbewahren, aufheben, bewahren

upbinden, -binnen, stv. (s. *binden*), festbinden, aufbinden; jem. etw. aufbinden, eine Lügengeschichte erzählen

upblasen, swv., aufblasen; auch refl. sich aufplustern, dicktun, sich erregen

upblieven, -blieben, stv. (s. *blieven*), aufbleiben, wach bleiben

upbömen, swv., refl. sich aufbäumen, sich widersetzen

upbören, swv., aufheben, anheben; Geld u. Steuern erheben, Kredit aufnehmen

upbörnen, swv., großziehen, aufziehen (bes. von jungem Vieh)

upbreken, stv. (s. *breken*), aufbrechen; übertr. sich auf den Weg machen

upbri(e)sen, swv., (vom Wind) zunehmen, stärker werden

upbrusen, swv., aufbrausen, aufbegehren, sich erregen

upbugen, swv., aufbauen, errichten

updoon, unregelm. v. (s. *doon*), 1. aufsammeln, aufheben; *sik u.* sich etw. (z. B. Essen) auftun, anhäufen, aufpacken; 2. servieren; 3. aufmachen, öffnen

Updrag, m., Auftrag, Anweisung

updregen, stv. (s. *dregen*), auftragen, einen Auftrag erteilen; auftragen, verschleißen; (Speisen) servieren

updrögen, swv., auftrocknen, dörren; trocken werden, austrocknen

updükern, swv., auftauchen, zum Vorschein kommen

upeten, swv., aufessen, verzehren

upfallen, stv. (s. *fallen*), auffallen, auffällig sein

upfeudeln, swv., aufwischen, mit dem Scheuertuch reinigen

upfieren, swv., hochziehen, (durch Nachlassen des Bandes) steigen lassen

upfladusen, swv., sich auffällig putzen, kleiden, herausputzen

upfleien s. *upfladusen*

upfodern, swv., auffüttern, hochpäppeln

upföden, swv., aufziehen, groß machen, aufpäppeln

upföhren, swv., aufführen, ein Stück spielen; refl. sich aufführen, sich aufspielen

upfolen, -folden, swv., entfalten; auffalten, zusammenfalten

upfreten, stv. (s. *freten*), auffressen, verschlingen

Upgaav, f., pl. *Upgaven*, Aufgabe, Auftrag

upgahn, stv. (s. *gahn*), aufgehen, sich öffnen, sich weiten

Upgebott, n., Aufgebot; Auftrag

upgeven, -geben, stv. (s. *geven*), 1. aufgeben, eine Tätigkeit abbrechen; 2. eine Angabe machen; jem. einen Auftrag erteilen, eine Aufgabe stellen; 3. (Essen) aufgeben, auffüllen

upgriepen, stv. (s. *griepen*), aufgreifen, einfangen, verhaften; etw. aufgreifen, aufschnappen

uphängen, -hangen, stv. (s. *hangen*), aufhängen; refl. sich aufhängen

Uphängsel, m. u. n., Aufhänger, Öse

uphalsen, swv., jem. etw. aufhalsen, aufbürden

uphegen, swv., aufheben, aufbewahren

uphieven, swv., hochziehen, (mit Hebegerät) emporheben, anheben

uphissen, swv., aufhetzen, aufstacheln, reizen

uphören, -höörn, swv., aufhören, beenden, Schluß machen

upholen, upholln, stv. (s. *holen*), aufhalten, anhalten; aufhören, Schluß machen; jem. zurückhalten

uphüpen, swv., aufhäufen

uphuken, swv., aufhocken; jem. etw. aufbinden

upjagen, swv., aufjagen, aufscheuchen; hochtreiben

upkamen, stv. (s. *kamen*), aufkommen, sich erheben, entstehen

Upkamer (ostfr.), f., Bodenkammer, Abstellraum

upkieken, stv. (s. *kieken*), aufblicken, aufschauen

upklaren, swv., 1. aufklaren, hell werden; 2. klarmachen, aufräumen, saubermachen

upkleien, swv., zusammenkratzen, aufkratzen; aufräumen

upklöven, swv., aufspalten, spalten, platzen

upknöpen, swv., (Kleidung) aufknöpfen

upknüppen, swv., aufknoten, entknoten; jem. o. etw. aufhängen

upköpen, swv. (s. *köpen*), aufkaufen, hinzukaufen

Upköper, m., Aufkäufer, bes. Viehhändler

upkramen, swv., aufräumen, Ordnung schaffen

upkriegen, stv. (s. *kriegen*), aufbekommen, öffnen; aufheben, aufnehmen; bewältigen, mit etw. fertig werden; aufessen

upladen, swv., aufladen, beladen

uplandig, uplannig, adj., (Wind) gegen die Küste gerichtet, zum Land hin wehend

upleevst, adv., am liebsten, liebend gerne

upleggen, swv., auflegen, auf das Lager legen; jem. etw. auferlegen

Uplegger, m., Auflieger, dünne Holzsparren (beim Dachbau)

upletzt, uplest, adv., zum Schluß, schließlich, endlich

uplösen, swv., auflösen; entwirren, enträtseln

uplopen, stv. (s. *lopen*), 1. auflaufen, bes. stranden, auf den Sand auflaufen; 2. auflaufen, schwellen, (Saat) keimen; *u. Water* Flut

upluern, upluren, swv., auflauern, jem. belauschen, nachspionieren

upmaal, adv., auf einmal, plötzlich, unvermittelt

upmaken, swv., 1. aufmachen, öffnen; 2. sich aufmachen, auf den Weg machen

upmöten, swv., aufhalten, anhalten

upmucken, swv., aufmucken, aufbegehren, protestieren

upmuntern, upmüntern, swv., aufmuntern, erheitern, ermuntern

upnehmen, stv. (s. *nehmen*), 1. aufnehmen, aufheben; 2. jem. aufnehmen, beherbergen;

etw. aufnehmen, beginnen; 3. Schmutz aufnehmen, säubern; 4. es mit jem. aufnehmen, sich mit jem. messen

uppacken, swv., aufpacken, beladen; *sik enen u.* sich betrinken

uppassen, swv., aufpassen, achtgeben

Uppasser, m., Aufpasser, Aufseher

uppluustern, swv., aufplustern, sich dick machen, sich aufspielen

uprappeln, swv., refl. sich aufrappeln, sich aufraffen

uprebbeln, swv., aufräufeln, (Gestricktes) auflösen

uprecht, adj., aufrecht, gerade, ungebeugt; ehrlich, rechtschaffen

upregen, swv., refl. sich aufregen; subst., Aufregung, Erregung, Trubel

upreppen, swv., rülpsen, aufstoßen

upriesen, swv., aufpfropfen, (Obstbäume) veredeln

uprieten, stv. (s. *rieten*), aufreißen, gewaltsam öffnen

Uproop, m., Aufruf, Bekanntmachung

upropen, stv. (s. *ropen*), aufrufen

uprümen, swv., aufräumen, Ordnung machen

upsacken, swv., aufladen; meist refl. sich etw. aufsacken, etw. auf sich nehmen; bes. sich eine Krankheit zuziehen, sich erkälten

upsammeln, swv., aufsammeln, aufheben

upschicken (ostfr.), swv., aufrücken

upschrieven, -schrieben, stv. (s. *schrieven*), aufschreiben, notieren

Upschrift, f., Aufschrift, Niederschrift

upseggen, swv., aufsagen, hersagen (eines Textes); den Dienst aufsagen, kündigen

upseihen, swv., sieben, durchsieben

upsetten, swv., aufsetzen, ein Schriftstück verfassen; aufbauen, aufrichten; aufstacheln; refl. sich widersetzen

Upsicht, f., Aufsicht

upslaan, stv. (s. *slaan*), aufschlagen, öffnen; (beim Preis) draufschlagen, erhöhen, hinzuschlagen; auf etw. schlagen

Upslag, m., pl. *Upslääg*, Aufschlag, Zugabe; Aufschlag, Krempe u. ä.

upslieten, stv. (s. *slieten*), verschleißen, verbrauchen

upsluten, swv., aufschließen, entriegeln

upsmeren, swv., aufschmieren, etw. auftragen

upsmieten, stv. (s. *smieten*), aufschmeißen, hinzutun; *upsmeten sien* aufgeschmissen sein, keinen Ausweg wissen; *sik u.* sich großtun, angeben

upsnacken, swv., jem. etw. aufreden

upsnappen, swv., aufschnappen, etw. zufällig hören

upsnieden, stv. (s. *snieden*), aufschneiden; übertr. großtun, angeben; lügen

upspelen, swv., 1. aufspielen, Musik machen; 2. refl. sich aufspielen, angeben

upspören, swv., aufspüren, aufstöbern, finden

upstahn, stv. (s. *stahn*), aufstehen, sich erheben

upstaken, swv., (mit der Forke) aufladen

upstallen, swv., (Vieh) aufstallen, von der Sommerweide in den Stall bringen

upstanaatsch s. *upsternaatsch*

Upstand, m., Aufstand, Aufruhr, Unruhe, Aufregung

upstee(ds), adv., lok. stellenweise, auf der Stelle; temp. sofort, sogleich, plötzlich, augenblicklich; vorhin, kürzlich

upsteideln, swv., aufbäumen; refl. sich aufbäumen, sich zur Wehr setzen

upsteken, stv. (s. *steken*), aufstecken; Futter geben (bes. Heu o. Stroh); *den Löpel u.* sterben; (Feuer) anstecken, in Brand setzen

upsternaatsch, adj., aufsässig, widerborstig, rebellisch

upstöbe(r)n, swv., aufstöbern, auffinden

upstöten, swv., 1. aufstoßen, mit einem Stoß öffnen; 2. rülpsen

upstütten, swv., aufstützen, abstützen; übertr. aufschieben, verzögern

upstunns, upstünns, adv., augenblicklich, zur Stunde, jetzt, gegenwärtig, heute

uptakeln, swv., auftakeln, (Schiff) mit Takelage ausrüsten; übertr. sich putzen, sich auffällig kleiden

upteken, swv., aufzeichnen, aufmalen, aufschreiben

uptellen, swv., 1. aufzählen; 2. (mit Zahlenangabe) Schläge verabreichen

uptemen, -tömen, swv., aufzäumen, Zügel anlegen; übertr. zurichten, aufbereiten

Uptog, m., pl. *Uptöög*, Aufzug, Auftritt

uptrecken, stv. (s. *trecken*), 1. aufziehen, emporziehen; 2. jem. aufziehen, großziehen; 3. jem. aufziehen, ärgern, necken

uptreden, stv. (s. *treden*), auftreten, sich zeigen

upvijolen, swv., herausputzen, aufputzen, aufhübschen

upwaken, swv., aufwachen, wach werden

upwarmen, swv., aufwärmen, warm machen; sich aufwärmen

Upwasch, m., Abwäsche, *in enen U.* alles auf einmal

upwaschen, swv., abwaschen, Geschirr reinigen

upwischen, swv., aufwischen, wegwischen

Urlog, Orlog, n., Krieg, bes. Kriegsschiff

Ursaak, f., pl. *Ursaken*, Ursache, Grund

us, use s. *uns*

ut, uut, präp. u. adv., aus, heraus; zu Ende, vorbei, beendet, vorüber

utaf, adv., auswärts, außerhalb

utasen, swv., ausschimpfen

utbacken, swv., ausbacken, part. prät. adj. *utbackt*, gar; übertr. abgeschlossen, erledigt; *nich utbackt sien* übertr. unreif, unklug

utbaldovern, swv., ausspähen, ausfindig machen, spionieren

utbeden, utbidden, stv. (s. *[1]beden*), ausbitten, ausbedingen

utbenamen, adv., außer, ausgenommen, mit Ausnahme von

utbetahlen, swv., ausbezahlen, entlohnen, abfinden

utbetern, swv., ausbessern, flicken, reparieren

utbilden, swv., ausbilden, jem. eine Lehre durchmachen lassen

utbirsen, utbissen, swv., weglaufen, die Flucht ergreifen

utblasen, swv., 1. ausblasen, löschen; 2. etw. hinausposaunen, kundtun

utblieven, stv. (s. *blieven*), ausbleiben, fernbleiben

utbögen, swv., ausweichen, ausbiegen; refl. sich nicht umgehen lassen

utbottern, swv., abwirtschaften, das Ansehen verlieren

utbreden, swv., ausbreiten; refl. sich breitmachen

utbreken, stv. (s. *breken*), ausbrechen, herausbrechen; ausbrechen, sich befreien

Utbu, m., Ausbau, Anbau, bauliche Erweiterung

utbuddeln, swv., ausgraben, etw. hervorwühlen

utbüxen, swv., ausreißen, davonlaufen, verschwinden

utbugen, swv., ausbauen, erweitern

utdelen, swv., austeilen, verteilen

utdoon, unregelm. v. (s. *doon*), ausgeben, weggeben; spendieren; (Geld) verleihen, abgeben; ausstreichen, tilgen

utdregen, stv. (s. *dregen*), austragen, hinausbringen, etw. verteilen

utdrinken, stv. (s. *drinken*), austrinken, leeren

utdrögen, swv., austrocknen, trocken machen

utdüden, swv., ausdeuten, erklären

utdunen, swv., nüchtern werden, den Rausch ausschlafen

utenanner, adv., auseinander

utenannerklei(e)n, swv., auseinanderzerren, verschwenden

utenannerpulen, swv., auseinandersetzen, erklären, erläutern; etw. Verwirrtes auflösen

uteneen, adv., auseinander, getrennt

uteneenbreken, stv. (s. *breken*), auseinanderbrechen, zerbrechen

uteneenbu(g)en, swv., auseinanderbauen, eine Hofstelle aufteilen u. dann bebauen

uteneenkriegen, stv. (s. *kriegen*), auseinanderbekommen, trennen

uter, präp., außer, mit Ausnahme von

utermaten, adv., über die Maßen, außerordentlich, außergewöhnlich

uteten, stv. (s. *eten*), aufessen, auslöffeln

utfahr(e)n, stv. (s. *fahr[e]n*), ausfahren, einen Ausflug machen

Utfahrt, f., Ausfahrt, Ausflug

utfallen, stv. (s. *fallen*), ausfallen, verlorengehen

utfegen, swv., ausfegen, sauber machen

utfestoneren (schleswg.-holst.), swv., festlich ausstaffieren

utfleen, utflien, swv., ausstaffieren, aufputzen, auskleiden

utflegen, stv. (s. *flegen*), ausfliegen, herausfliegen; übertr. einen Ausflug machen, ausgehen

utflicken, swv., (mit Flicken) ausbessern, reparieren

Utflucht, f., pl. *Utflüchten*, Ausflucht, Ausrede

utfragen, swv., ausfragen, verhören, vernehmen

utfreten, stv. (s. *freten*), 1. ausfressen, leerfressen; 2. übertr. einen (üblen) Scherz machen, eine Dummheit machen, ein Verbrechen verüben

Utgaav, f., pl. *Utgaven*, Ausgabe

utgahn, stv. (s. *gahn*), ausgehen, weggehen, verschwinden; zu Ende gehen, verlöschen

Utgang, m., pl. *Utgäng*, Ausgang, Ende

utgeten, stv. (s. *geten*), ausgießen, verschütten

utgeven, utgeben, stv. (s. *geven*), 1. ausgeben, bezahlen; spendieren; 2. refl. sich für jem. o. etw. ausgeben

Utgift s. *Utgaav*

utglippen, swv., ausgleiten, ausrutschen

utgrölen, swv., (mit lauter Stimme) ausrufen, hinausschreien, schreiend etw. kundtun

uthaken, -hoken, swv., 1. aushaken, ausklinken, lösen; 2. übertr. aus der Arbeit auslösen, die Arbeit niederlegen, sich freimachen, weglaufen

uthalen, -holen, swv., ausholen, herausholen

uthauen, swv., 1. ausschlagen, aus Holz herausschlagen; 2. übertr. auf etw. hinauslaufen

uthecken, swv., austüfteln, ausklügeln, sich etw. ausdenken, anrichten, einen Plan machen

uthelpen, stv. (s. *helpen*), aushelfen, unterstützen

utholen, stv. (s. *holen*), aushalten, auf dem Posten bleiben, ertragen, standhalten

uthüppen, swv., entspringen, entfallen; *em is een u.* er hat nicht alle Sinne beisammen

uthüsig, adj., aushäusig, außer Hause sein

Utkamen, -komen, n., Auskommen, Lebensunterhalt

utkamen, stv. (s. *kamen*), auskommen, ausreichen; herauskommen; miteinander auskommen, sich vertragen

utkehlen, swv., aushöhlen, mit dem Kehlhobel Rillen hobeln

utkehlt, adj., faltig, rissig, gefurcht

utkesen, swv., auswählen; refl. sich etw. ausdenken

Utkiek, m., Ausguck, Beobachtungsposten, Mastkorb (Seemannsspr.); Ausblick, Aussicht

utkieken, stv. (s. *kieken*), ausschauen, hinausschauen; nach etw. ausschauen, sich umschauen; jem. *u.* durch Anschauen auswählen, für eine Aufgabe o. ein Tun bestimmen

utklamüs(t)ern, swv., austüfteln, ausfindig machen, sich etw. ausdenken

utklareren, swv., etw. in Ordnung bringen, ein Schiff zur Ausfahrt herrichten; sich etw. überlegen, abwägen; etw. ins Gleichgewicht bringen

utkleden, swv., refl. sich auskleiden, sich verkleiden

utklei(e)n, swv., 1. ausgraben; 2. säubern, (bes. Gräben) reinigen

utklökern, swv., (durch Klopfen) entleeren, ausschütten, säubern

utkloken, swv., sich etw. ausdenken

Utklopper, m., Ausklopfer, Teppichklopfer

utkniepen, stv. (s. *kniepen*), auskneifen, weglaufen

utknobeln, swv., (durch Knobeln o. Würfeln) bestimmen, auslosen; sich etw. ausdenken

utkunkeluren, swv., ausspionieren, auskundschaften

utlachen, swv., jem. auslachen, verspotten

utlaten, stv. (s. *laten*), 1. auslassen, überspringen; auslassen, freien Lauf lassen; 2. sich über etw. auslassen, sich zu Wort melden, sich äußern

utleggen, swv., 1. auslegen, ausbreiten; 2. ausdeuten, interpretieren

utlehnen, swv., ausleihen, verleihen

Utloop, m., Auslauf, Freiraum, Tummelplatz

utlopen, stv. (s. *lopen*), auslaufen, leerlaufen; hinauslaufen; auf etw. hinauslaufen; (Seefahrt) auslaufen, den Hafen verlassen

Utlucht, f., pl. *Utluchten*, Erker, hervorspringender Ausbau am Haus

utlüden, swv., ausläuten, kundtun

utlümmeln, swv., ausschelten, ausschimpfen

utlüüstern, swv., austüfteln, auskundschaften

utmaden (schleswg.-holst.), swv., (Gewässer) von Schlamm reinigen, säubern

utmaken, swv., ausmachen, löschen; ausmachen, zur Sache tun; *dat maakt nix ut* das ist ohne Bedeutung

utmessen, swv., ausmisten, den Stall reinigen; übertr. derb ausschimpfen

utmeten, stv. (s. *meten*), ausmessen, aufmessen

Utmieneree (ostfr.), f., Versteigerung

utmoren s. *utmaden*

utneihen, utneigen, swv., ausreißen, weglaufen

utöven, -öben, swv., ausüben, einer Tätigkeit nachgehen; übertr. Streiche machen

utpacken, swv., auspacken; übertr. ein Geständnis machen

utpedden, swv., 1. austreten, ein Feuer durch Treten löschen; 2. austreten, zum Klo gehen

utpicheln, swv., austrinken

utposaunen, swv., hinausposaunen, mit lauter Stimme kundtun

utpowern, swv., meist part. prät adj. *utpowert*, ausgemergelt; (Land) unfruchtbar, arm

utprobeern, swv., ausprobieren, testen

utpruusten, swv., refl. sich ausschütten vor Lachen

utpuusten, swv., auspusten, ausblasen, löschen

utquetschen, swv., ausquetschen, ausdrükken; übertr. jem. aushorchen, ausfragen

utracken, swv., ausrücken, weglaufen

utrauhn, -rohn, swv., (refl.) sich ausruhen

utrecken, swv., ausrecken, dehnen; refl. sich ausstrecken

Utreed, f., pl. *Utreden*, Ausrede, Entschuldigung

utrieten, stv. (s. *rieten*), ausreißen, herausreißen; ausreißen, weglaufen, entfliehen

utroh(e)n, swv., refl. ausruhen, pausieren, rasten

Utroop, m., Ausruf

utropen, stv. (s. *ropen*), ausrufen, (Ware) anbieten

Utroper, m., Ausrufer, Ansager

Utsaag, f., Aussage, Bekenntnis

Utsaat, f., Aussaat

utschachten, swv., 1. ausschachten, (ein Loch o. ä.) graben; 2. verprügeln

utschännen, swv., ausschelten, schimpfen, beschimpfen; zuschanden machen, verderben

utscheiden, utscheien, swv., ausscheiden, aussondern; (ostfr.) aufhören

Utschell, f., pl. *Utschells*, Ausschelte, Schimpfe

utschell(e)n, swv., ausschelten, ausschimpfen

utschenken, swv., (Getränke) ausschenken

utscheren, swv., ausscheren, (Leine) freigeben

utschicken, swv., fortschicken, ausschicken, auf Erkundung schicken

Utschill s. *Utschell*

Utschott, m., Ausschuß, minderwertiges Zeug, Schund

utschotten, swv., aussondern, auswählen

utschrapen, swv., auskratzen, auslecken

utschriegen, stv. (s. *schriegen*), hinausschreien, laut schreien, schreiend etw. anpreisen

utschütten, swv., ausschütten, leeren

Utschuß, m., 1. Ausschuß, vgl. *Utschott*; 2. Ausschuß, Beratungsgremium

utschutern s. *utschotten*

utsehn, stv. (s. *sehn*), aussehen, *smuck u.* hübsch, schön aussehen, *leeg u.* schlecht aussehen, krank sein

utsein, swv., aussäen

utsetten, swv., aussetzen, hinaussetzen, jem. auf die Straße setzen

Utsicht, f., pl. *Utsichten*, Aussicht; übertr. Erwartung, Hoffnung

utsitten, stv. (s. *sitten*), aussitzen, ausbrüten

utslaan, stv. (s. *slaan*), ausschlagen, herausschlagen; *dat Kalf dat Oog u.* eine Sache verderben

utslapen, stv. (s. *slapen*), ausschlafen

utslicken, swv., ausschlecken, auslecken

utsmieten, stv. (s. *smieten*), auswerfen

utsnacken, swv., ausreden, zu Ende reden; jem. etw. ausreden

utsnieden, stv. (s. *snieden*), ausschneiden; übertr. kastrieren (bes. von Ferkeln)

utsöken, swv., aussuchen, auslesen, sortieren, wählen

Utspann, m., Ausspann, Rastplatz

utspannen, swv., ausspannen, (Pferde) ausschirren; ausruhen; jem. etw. ausspannen, abspenstig machen

utspeen s. *utspie(ge)n*

utspie(ge)n, stv. (s. *spiegen*), ausspeien, ausspucken; übertr. *spieg ut* sag was du denkst

Utspraak, f., Aussprache; Gerede, Diskussion

utspreken, stv. (s. *spreken*), aussprechen, sich äußern; refl. etw. durch ein Gespräch klären, sich aussprechen

utstahn, stv. (s. *stahn*), ausstehen; aushalten, ertragen, erleiden

Utstand, m., Zurückstellung, Rücklage; Aushilfe

utsteken, stv. (s. *steken*), ausstecken, ausstechen

utstöten, swv., ausstoßen, verstoßen

utstrecken, swv., (refl.) ausstrecken, sich recken

utstrieken, stv. (s. *strieken*), ausstreichen, tilgen, ungültig machen

Utstüer, Utstüür, f., Aussteuer, Mitgift, Ausstattung

utsupen, stv. (s. *supen*), aussaufen, austrinken

Uttehrn, f., Auszehrung, bes. Schwindsucht

uttrecken, stv. (s. *trecken*), ausziehen, fortziehen; sich entkleiden, ausziehen

uttüffteln, swv., ausklügeln, ausprobieren

Utverkoop, m., Ausverkauf

utverschaamt, adj., unverschämt, frech, zudringlich; (auch verstärkend) sehr, ungeheuerlich, enorm

utwannern, swv., auswandern, das Land verlassen

utwarts, adv., auswärts

utwassen, stv. (s. *wassen*), auswachsen, keimen (des feuchten Getreides); part. prät. adj. *utwussen*, ausgewachsen, groß, kräftig, erwachsen

Utweg, m., Ausweg, Ausflucht

utwe(g)en, utwehn, swv., ausrotten, ausjäten

Utwies, m., Ausweis, Kennkarte

utwiesen, swv., 1. refl. sich ausweisen, sich zeigen, sich erweisen; 2. ausweisen, abschieben

utwringen, stv. (s. *wringen*), auswringen, Wasser auspressen

utwussen s. *utwassen*

Uul, Uhl, f., pl. *Ulen*, 1. Eule (häufig in Sprw. u. Rdaa.), *daar hett en U. seten* daraus ist nichts geworden; 2. Nachtschmetterling, Nachtfalter; 3. Handfeger, Staubwedel; Kompos. s. bei *Ul-*

uus s. *uns*

uut u. Kompos. s. *ut* u. Kompos.

V

Vaagt, m., pl. *Vöögt*, Vogt, Gemeindevorsteher, Amtsperson (Tätigkeitsbereich wird durch Zusätze erläutert, z. B. *Buurvaagt*, *Kaspelvaagt*)

Vadder, Vader, m., pl. *Vadders*, 1. Vater; 2. Gevatter, Pate, *V. stahn* das Patenamt übernehmen, ausüben

vääl s. *veel*

Vagel, m., pl. *Vagels*, *-n*, *Vögel*, Vogel (häufig in Sprw. u. Rdaa.), *en V. hebben* verrückt sein; *en losen V.* Taugenichts, unzuverlässiger Mensch

Vagelbeer, f., Vogelbeere, Frucht der Eberesche

Vagelbunt, m., Landstreicher, Taugenichts

Vagelbuur, m., Vogelbauer, Käfig

Vagelscheten, n., Vogelschießen, Volksfest der Vogelgilde (heute vorwiegend von Schülern veranstaltet)

vaken s. *faken*

van u. Kompos. s. *vun* u. Kompos.

Vatter s. *Vadder*

Veddel s. *Viddel*

Vedder, m., pl. *Vedders*, Vetter, männl. Verwandter

Vedder(n)schaft, f., männliche Angehörige

Veeh, Veh, Veih, n., Vieh, bes. Rindvieh

Veehdokter, m., Viehdoktor, Tierarzt

Veehdriever, m., Viehtreiber, Hirte

Veehsüük, f., Viehseuche

Veehtüg, n., Viehzeug; übertr. *lütt V.* Ungeziefer

veel, vel, unbest. num., viel, vieles; adv., vielfach, häufig; *een to v. hebben* betrunken sein, verrückt sein; *daar kannst to veel von kriegen* es ist zum Verrücktwerden

veer, num., vier

Veeraderblatt, n., vieradriger Wegerich

Veerdel s. *Viddel*

Veerkant, n., Viereck, Geviert; Heuschober mit an vier Pfählen beweglichem Dach; quadratisch o. rechteckig geschnittener Balken; übertr. 1. Türausschnitt; 2. Schraubenschlüssel mit viereckigem Ausschnitt

veerkant(ig), adj., vierkantig, viereckig, quadratisch; *v. sien* in bester Ordnung, aufgeräumt; *v. ruutsmieten* jem. aus der Tür weisen

veerteihn, num., vierzehn

veertig, num., vierzig

Veerwekenstiet, f., Zeitdauer von vier Wochen, ein Monat

Veih s. *Veeh*

vellicht, verlicht, villicht, adv., vielleicht, möglicherweise

Venien, n., Gift

venienig (ostfr.) s. *veniensch*

veniensch, veninsch, adj., giftig; übertr. boshaft, tückisch, gehässig, bösartig, gemein

verännern, swv., verändern, abändern; refl. sich verändern (in bezug auf Aussehen, Tätigkeit u. a.)

veräppeln, swv., necken, anführen, hänseln, verhöhnen

verarven, -arben, swv., vererben, vermachen, weitergeben, fortpflanzen

verasen, swv., vergeuden, verschwenden, umkommen lassen, verderben lassen

verbaast, adj., verwirrt, verdutzt, erschrokken, betroffen; erstaunt, verwundert, verblüfft; wütend

verbeden, stv. (s. *beden*), verbieten, untersagen

verbetern, swv., verbessern; refl. sich verbessern, eine höhere Stellung einnehmen

verbidden, swv., beschützen, verteidigen; für jem. bitten; refl. sich etw. verbitten, etw. untersagen

verbiestern, swv., refl. sich verirren, sich verlaufen; jem. verwirren, irre machen

verbieten, stv. (s. *bieten*), refl. sich in etw. verbeißen, sich in etw. verrennen; etw. verschmerzen

verbinnen, stv. (s. *binden*, *binnen*), 1. verbinden; refl. sich verbinden, vereinigen; 2. prügeln

verblexen, -blixen, swv., verblüffen, in Erstaunen versetzen; part. prät. adj. *verblext*, *-blixt*, verdutzt, erschrocken, verstört

Verbott, n., Verbot

Verbreken, n., Verbrechen, Unrecht

verbreken, stv. (s. *breken*), etw. verbrechen, Unrecht tun

Verbreker, m., Verbrecher, Rechtsbrecher

verbrennen, swv., verbrennen, abbrennen; refl. sich verbrennen

verbringen, stv. (s. *bringen*), verbringen; durchbringen, vertun, verspielen (bes. von Geld)

verbrüdisch (mecklbg.), adj., irreführend, verwirrt

verbrutteln, -bruddeln, swv., verwirren, in Unordnung bringen, jem. etw. durcheinanderbringen

verbuddeln, swv., vergraben, eingraben

verbummeln, swv., (durch Nachlässigkeit) verschwinden lassen

verdachten (ostfr.), swv., (nur als part. prät.) *verdacht sien* erwarten, vermuten; vgl. *verwachten*

verdacksen, verdaaksen, swv., verprügeln, jem. schlagen

verdammen, swv., verdammen, verfluchen; part. prät. adj. *verdammt*, sehr, mächtig; als Fluch

verdammi(g), interjek., *Gott(s) verdammi(g)* als Fluch; (zusammengezogen aus *verdamm mi*)

verdammig, adj., verdammt; s. *verdammen*

verdan(n), adv., fortan, weiterhin; künftig; vollends, gänzlich

Verdarben, Verdarf, m., Verderben, Untergang

verdarben, verdarven, stv. (*ik verdarf, wi verdarft, verdarben*; *ik verdörf, verdorven*), verderben, schlecht werden; etw. verderben, zerstören, zunichte machen; es mit jem. verderben, sich mit jem. überwerfen

verdattert, adj., verdutzt, verstört, bestürzt

Verdeenst, m., Verdienst, Gewinn, Lohn

verdeffenderen, -dieren, swv., refl. sich verteidigen, sich zur Wehr setzen; sich verantworten, sich rechtfertigen

verdelen, verdeeln, swv., verteilen, ausbreiten; zuteilen

verdenen, swv., verdienen, gewinnen, sich etw. erarbeiten

verdenken, verdinken, swv., verargen, verübeln, verdenken; (häufig mit pron. *en*)

verdeukert s. *verdeuvelt*

verdeuvelt, verdüvelt, adv., verteufelt (verstärkend), vorzüglich, prächtig; flott, ansehnlich; sehr; adj., verteufelt, eigentümlich

verdideldumdei, interjek., verdammt, verflucht

Verdikt (mecklbg.), n., Spruch, Urteil

verdömen, swv., verdammen, verfluchen; meist part. prät. adj. *verdöömt, verdoomt, verdömmt*, verdammt, verflucht

verdösten, verdörsten, swv., verdursten

verdoon, stv. (s. *doon*), 1. vertun, verjubeln, verschwenden; 2. refl. sich verrechnen, sich irren

verdorri, verdori, interjek., verdammt, verflucht

Verdrag, Verdrach, m., pl. *Verdrääg*, 1. Vertrag, Abkommen, Übereinkommen, Kontrakt; 2. Vergleich (im Rechtshandel)

Verdreet, m., Verdruß, Ärger; Trübsal, Kummer, Jammer

verdreetlich, adj., verdrießlich, ärgerlich; mißgestimmt, unzufrieden

verdregen, stv. (s. *dregen*), refl. sich vertragen, sich einigen, sich versöhnen; ertragen, aushalten; bekömmlich sein

verdreih(e)n, swv., verdrehen, wenden, kehren; part. prät. adj. *verdreiht*, durchgedreht, verrückt; verdammt, verflucht; ärgerlich, wunderlich

verdreten, stv., nur unpers. (*verdrütt, verdroot, verdraten*), verdrießen, ärgern, leid tun

verdrieven, verdrieben, stv. (s. *drieven*), vertreiben, verjagen, austreiben

verdrinken, stv. (s. *drinken*), 1. vertrinken, versaufen; 2. ertränken, ersäufen; ertrinken, untergehen

verdrögen, swv., vertrocknen, verdorren

Verdrott, Verdrütt s. *Verdreet*

verdrücken, swv., refl. 1. sich verdrücken, heimlich wegschleichen, verschwinden; 2. verspeisen, aufessen

verdüveln, swv., 1. verteufeln, verdammen; 2. part. prät. adj., verteufelt; eigenartig; (oft nur als Verstärkung gebraucht) vorzüglich, prächtig, herrlich; putzig, eigenartig; sehr; vgl. *verdeuvelt*

verdullen, -düllen, swv., verschlimmern; refl. sich zum Schlimmeren entwickeln, entzünden

verdullt, adj., verärgert, erzürnt

verdummdüveln, swv., verblüffen, für dumm verkaufen, übertölpeln

verdummen, swv., für dumm ansehen, jem. als Dummkopf hinstellen

Verduutz s. *Vidutz*

verdwars, verdwaß, adv., verquer, verkehrt, quer; *v. kieken* schielen

verdwatsch, adj., verkehrt, falsch

verdweer, adv., quer, verquer, häufig in der Vbdg. *v. un verdwars* (s. d.)

verdwelen (emsld., ostfr., oldbg.), swv., verirren, verlaufen

Vereen, m., Verein, Vereinigung; Ansammlung

verenkelt, adj., vereinzelt, einzeln

verestimeern; verestimiern (mecklbg.), swv., achten

Verfaat, m., Verfassung, Zustand

verfallen, stv. (s. *fallen*), 1. verfallen, baufällig sein; 2. auf etw. verfallen, einen Einfall haben

verfangen, stv. (s. *fangen*), refl. sich in etw. verfangen, verstricken; (Tiere) krank werden

verfehren, verfeern, -fieren, swv., erschrekken, einschüchtern, verblüffen; refl. sich erschrecken

verfelen (emsld., ostfr., oldbg.), swv., ertragen, aushalten; mißfallen; langweilen

verflöken, swv., verfluchen, verdammen, verwünschen

verfreren, stv. (s. *freren*), erfrieren

verfreten, swv., verfressen, auffressen; meist als adj., verfressen, gefräßig

verfriegen, swv., (sich o. jem.) verheiraten

verfulen, swv., verfaulen, verrotten

verfumfei(e)n, swv., verjubeln, vergeuden, verschwenden

vergadern (emsld., ostfr., oldbg.), swv., versammeln

Vergäwer, Vergewer (mecklbg.), m., Giftmischer

vergahn, stv. (s. *gahn*), 1. vergehen, schwinden, vorübergehen; verkümmern, verderben, zugrunde gehen; 2. refl. sich vergehen, jem. mißbrauchen; 3. sich einigen, sich vertragen

vergallern, swv., 1. verschwenden; 2. verprügeln, verhauen

vergammeln, swv., verderben, schlecht werden

Vergang, m., Untergang; Verschleiß; Abnutzung

Vergant, n., Versteigerung

verganten, swv., versteigern

vergeevs, vergeefs, adv., vergeblich, umsonst, erfolglos

vergeten, stv. (*ik vergeet, du vergittst, he vergitt, wi vergeet, vergeten*; *ik vergeet, du vergeetst*; *vergeten*), vergessen, aus dem Gedächtnis verlieren

vergete(r)n, adj., vergeßlich

vergeven, vergeben, stv. (s. *geven*), 1. vergeben, verzeihen; 2. verschenken, weggeben; 3. refl. falsch austeilen (z. B. beim Kartenspiel); 4. vergiften

Vergliek, m., Vergleich, bes. gerichtlicher Kompromiß

vergleken, swv., vergleichen; refl. sich (gerichtlich) vergleichen, einigen

verglippen, swv., 1. verrenken, umknicken; 2. mißlingen, fehlschlagen

verglösen, swv., verglimmen, verbrennen, versengen

vergnatzt, adj., verärgert, ärgerlich, mürrisch

vergnegeln, swv., verkümmern; part. prät. adj., verkümmert; verärgert

Vergnögen, n., Vergnügen, Lustbarkeit, Freude

vergnögen, swv., refl. sich vergnügen, sich amüsieren, sich verlustieren; part. prät. adj., vergnügt, lustig, fröhlich

vergnöögt s. *vergnögen*

vergrellen, swv., erzürnen; part. prät. adj. *vergrellt*, zornig, wütend, erregt, verärgert, böse

vergretzen, swv., verärgern; part. prät. adj. *vergretzt* (*vergritzt*), erzürnt, verärgert, gereizt, gekränkt

vergriepen, stv. (s. *griepen*), refl. sich vergreifen, einen Fehlgriff tun, sich an jem. o. etw. vergreifen

vergünnen, swv., gönnen, vergönnen; erlauben

Verhaal (ostfr.), n., 1. Erzählung, Geschichte; Bericht, Darstellung; 2. Phase

verhackstücken, swv., beraten, eingehend besprechen, diskutieren; über jem. reden, klatschen

[1]**verhalen,** swv., refl. sich ausruhen, sich erholen, Kräfte sammeln

[2]**verhalen,** swv., verholen, von einer Stelle zur anderen bringen, (Schiffe) an anderen Liegeplatz verlegen

verheddern, swv., durcheinandergeraten, verwirren; refl. sich verbiestern, in etw. verrennen; beim Sprechen durcheinandergeraten, stottern

verheesbeest, -heespeest, adj., aufgeregt, verwirrt; bestürzt, fassungslos

verhökern, swv., verkaufen

verhöpen, swv., hoffen, erhoffen

verhüren, swv., verheuern, vermieten, verpachten

verjacksen, swv., verprügeln, schlagen

verjagen, swv., 1. erschrecken; refl. sich erschrecken; 2. fortjagen, verscheuchen, vertreiben

verjuchhei(e)n, swv., verjubeln, verprassen

verkehren, swv., verkehren, Umgang haben mit

verkehrt, adj., verkehrt, verdreht; falsch, irrig, unrecht; etw. *in den verkehrten Hals kriegen* 1. sich verschlucken; 2. etw. falsch verstehen, mißverstehen

verkieken, stv. (s. *kieken*), refl. 1. sich versehen, sich irren, täuschen; 2. sich in jem. o. etw. verlieben

verkielen, swv., verkeilen, mit einem Keil befestigen; jem. *den Kopp v.* den Kopf verdrehen, verwirren

verklaffen, swv., verpetzen, verraten

verklamen, swv., (vor Kälte) starr werden, stark frieren; *verklaamt* (auch als adj.) erfroren, verfroren, durchgefroren

verklaren, swv., erklären, verdeutlichen, veranschaulichen

Verklarung, f., Erklärung, Verlautbarung

verklei(e)n, swv., 1. vergraben, eingraben; 2. verschütten, verschwenden, vergeuden

verkliestern, swv., verkleistern, verkleben; jem. *de Ogen v.* täuschen, betrügen

verklönen, swv., plaudern, sich unterhalten (ohne die Zeit zu beachten), sich festreden (bei der Unterhaltung)

verklören, swv., sich verfärben, verblassen

verklookfideln, swv., jem. etw. erklären, erläutern

verknacken, swv., jem. verurteilen, eine Strafe zuteilen

verknacksen, swv., refl. sich (etw.) verrenken, vertreten

verknoopfideln s. *verklookfideln*

verknüllen, swv., zerknüllen, zerknittern

verknütten, swv., verknoten, verknüpfen

verknusen, swv., jem. o. etw. ertragen, vertragen, verkraften; verdauen

Verköhlen, f., Erkältung, Schnupfen u. Husten

verköhlen, swv., refl. sich erkälten; s. auch *verküllen*

verköpen, swv. (in der Flexion mit Wechsel von *-p-* u. *-f-*, z. B. *ik verkööp, du verköffst*), verkaufen

Verköper(sch), m. u. f., Verkäufer, Verkäuferin

Verkoop, m., Verkauf

verkoppeln, swv., verkoppeln, Grundstücke zusammenlegen

verkrünkeln, swv., zerknüllen, falten; part. prät. adj. *verkrünkelt*, faltig

verkrupen, stv. (s. *krupen*), refl. sich verkriechen, sich fortschleichen, verbergen, verstecken

verküllen, verkullen, swv., refl. sich erkälten

Verlaat, 1. m., Verlaß (mit *to* o. *up*); 2. n., Wasserdurchlaß, Öffnung im Deich für Bewässerungsgräben, Schleuse

verläden s. *verleden*

Verlag, m., 1. Vermögen, Geldrücklagen; 2.

versnacken, swv., refl. sich versprechen, verraten, etw. ausplaudern; sich unterhalten, sich festreden (ohne Rücksicht auf die Zeit)

versnoren, swv., etw. leichtsinnig vertun, durchbringen

versnuben, -snuven, stv. (s. *snuben*), refl. verschnaufen, eine Pause machen, sich verpusten, ausruhen

versöken, swv., (in der Flexion mit Wechsel von *-k-* u. *-ch-*, z. B. *ik versöök, du versöchst*), versuchen, probieren; refl. etw. ausprobieren, sein Glück versuchen

Versöök, m., Versuch, Probe

versoren, versorren, swv., verwelken, verdorren, vertrocknen, absterben

verspaakt s. *verspaken*

verspaken, verspoken, swv., schimmeln, verschimmeln, stockfleckig werden, verderben; part. prät. adj. *verspaakt*, spakig, verschimmelt

verspelen, verspölen, swv., verspielen; verlieren

verspillen, swv., verschütten, verspritzen; verbrauchen, vergeuden; verlorengehen

verspölen s. *verspelen*

Versprack, m., Verruf, Gerede

Verspreken, n., Versprechen, Zusicherung; Verlobung

verspreken, stv. (s. *spreken*), 1. versprechen, zusichern; 2. refl. sich versprechen, etw. falsch aussprechen, etw. Verkehrtes sagen; 3. ein Versprechen geben, sich verloben

verstännig, verständig, adj., verständig, einsichtig, klug, vernünftig

verstahn, stv. (s. *stahn*), verstehen, begreifen; refl. sich verstehen, übereinstimmen, sich vertragen

Verstand, m., Verstand, Vernunft; Meinung, Auffassung (häufig in Vgl. u. Rdaa.); *von 'n V. af sien* den Verstand verloren haben; bewußtlos sein

Versteek, m. u. n., pl. *Versteken*, Versteck

versteken, swv., verstecken, verbergen (auch refl.)

verstoppen, swv., zustopfen, dicht machen; verstecken

verstriet (schleswg.-holst.), adv., rittlings, mit gespreizten Beinen

verstuken, swv., verstauchen

versuern, versuren, swv., versauern, abstumpfen

versupen, stv. (s. *supen*), 1. versaufen, vertrinken; 2. absaufen, untergehen, ertrinken; 3. ertränken

vertageln, swv., verprügeln, schlagen

vertalen (ostfr.), swv., übersetzen, dolmetschen

vertehr(e)n, swv., verzehren, aufessen

vertell(e)n, swv., erzählen, berichten

Verteller, m., 1. Erzähler; 2. (mecklbg.) Erzählung; übertr. Lehnstuhl, Sessel (als Platz des Erzählers, franz. *fauteuil*)

Vertelln, n., Erzählung, Bericht

Vertellfliep (schleswg.-holst.), m., Mund, Lippe, das womit erzählt wird

Vertellsel, n., Erzählung, Anekdote, Dööntje, Kurzgeschichte, volkstümliches Erzählgut

vertissen, swv., verwirren, verheddern, durcheinanderbringen

vertobacken, swv., verprügeln, verhauen

vertörnen, vertürnen, swv., refl. sich (mit jem.) erzürnen, entzweien

vertrecken, stv. (s. *trecken*), 1. verziehen, verwöhnen, verhätscheln, falsch aufziehen; 2. refl. sich verziehen, verschwinden

vertrierkt (schleswg.-holst.), adj., verhätschelt, verzogen

vertrimmen, swv., schlagen, verprügeln

Vertru(g)en, n., Vertrauen

vertrugen, swv., vertrauen, sich verlassen auf jem. o. etw.

vertürnen s. *vertörnen*

vertüteln, swv., verwirren, durcheinanderbringen; refl. sich verheddern, in etw. verstricken; part. prät. adj. *vertütelt*, verwirrt

vertütern s. *vertüteln*

vertüüch, nur in der Vbdg. *v. kamen* zum Vorschein kommen, hervortreten (aus *vör Tüg kamen*)

verwachten, verwochten, swv., erwarten, vermuten, ahnen; *sik wat v. sien* vermuten, hoffen; beaufsichtigen

verweih(e)n, swv., wegwehen, fortwehen,

verlorengehen

verwesseln, swv., verwechseln, vertauschen

verwokern, swv., zuwuchern, verwildern, verunkrauten

verwunnern, swv., erstaunen, verwundern; refl. sich wundern über etw.

Vesper, n., Imbiß, Nachmittagsmahlzeit

vespern, swv., die Nachmittagskost einnehmen

Vespertiet, f., Kaffeepause am Nachmittag gegen 16 Uhr

Viddel, Veddel, Veerdel, n., pl. *V.-n* u. *V.-s*, Viertel

Viduutz, nur in der Vbdg. *V. up wat hebben* interessiert sein an etw.

Viert (schleswg.-holst.), m., Heidefläche, Fläche unbestellten Landes (auch als Flurname)

[1]**Viez,** m., pl. *V.-e* u. *V.-en*, Stellvertreter, einfacher Arbeiter, Knecht; z. B. *Stauerviez* (hbg.) Stauereiarbeiter

[2]**Viez** (emsld.), n., Fahrrad

Vigelett; Vi(ge)lettke (ostfr.), f., Nelke

vigelett, adj., violett

Vigelien, Vigeline, f., Violine, Fiedel, Geige; *dat speelt keen V.* das spielt keine Rolle, ist bedeutungslos; *de eerst V. spelen* das Sagen haben, bestimmen

vigeliensch, adj., 1. hinterhältig, verrückt; 2. schlau, durchtrieben, gewandt, geschickt; 3. knifflig, verzwickt (von Sachen)

Vijöölken, n., Veilchen

Vijool s. *Vigelien*

vileinig (ostfr., oldbg.), adj., frech, gemein, boshaft, bösartig

villicht, adv., vielleicht, möglicherweise

Viölken s. *Vijöölken*

visenteern, swv., visitieren, besichtigen; besuchen (bes. mit der Absicht zu prüfen); Visitationen (in Kirche u. Schule) abhalten

Visi(e)t, f., pl. *Visieten*, Besuch; *V. spelen, maken* eine Stippvisite machen, jem. besuchen

visieten, swv., besuchen

vläden s. *verleden*

Voder s. *Vadder*

vööl (ostfr., oldbg.) s. *veel*

vör, vöör, vor, 1. präp. (temp., lok. u. kausal), vor; 2. adv., vor, vorne; 3. Präfix bei Verben u. subst. (s. d. folgende)

vöran, adv., voran, vorweg, an der Spitze, am Anfang, zuerst

vörbi, adv., vorbei (temp. u. lok.); daneben, nebenbei

vörbigahn, stv. (s. *gahn*), vorbeigehen, vorübergehen, vergehen; überholen, begegnen; danebengehen, nicht treffen

vörbikieken, stv. (s. *kieken*), vorbeisehen, übersehen, täuschen; hereinsehen, besuchen

vörbilopen, stv. (s. *lopen*), vorbeilaufen, überholen

Vörblatt, n., pl. *Vörblääd*, 1. Vorderblatt; 2. Vorderschinken

vördaal, vördool, adj., vornübergebeugt, gebückt

vördag, vördaag, adv., 1. in der Vbdg. *v. kamen* zutage kommen, ans Licht kommen; 2. heute (vgl. *vundaag, vandaag*)

[1]**Vördeel, Vordeel,** m., Vorteil, Gunst, Nutzen

[2]**Vördeel,** f., Hausflur, vorderer Teil der Diele

vördem, adv., zuvor, vorher, vordem, früher

Vör(der)deel, n., Vorderteil, Vorderseite

vördwa(r)s s. *verdwars*

vördweer s. *verdwars*

Vörfahr, m., pl. *Vörfahr(e)n*, Vorfahre, Ahn

vörfóötsch, adj., schlankweg, zielstrebig, der Reihe nach, Fuß vor Fuß

vörgahn, stv. (s. *gahn*), vorgehen, den Vorrang haben, vorangehen, (bei Eheleuten) als erster sterben; vorsichgehen, ablaufen, ereignen

vörgistern, -güstern, adv., vorgestern; vgl. *ehrgüstern*

vörhebben, stv. (s. *hebben*), vorhaben, planen; vorhaben, sich beschäftigen mit etw.

vörhen, adv., vorhin, vordem

vörher, adv., vorher, zuvor, früher

vörholen, vörhollen, stv. (s. *holen*), 1. jem. etw. vorhalten, vorwerfen, jem. beschuldigen; 2. vorhalten, ausreichen, anhalten

vörig, vörrig, adv., vorig, vorherig, vorangegangen

Vörjahr, n., Vorjahr, Frühling; vgl. *Fröhjahr*

vörkamen, stv. (s. *kamen*), vorkommen, eintreffen, passieren; erledigen, leisten

Vörkopp, m., Stirn

Vörlaat, m., Vorahnung, Vorspuk, Erscheinung

vörlangs, adv., der Länge nach, längelang

vörmaken, swv., vormachen, zeigen, erläutern; jem. etw. vortäuschen, jem. betrügen

Vörmann, m., Vormann (auf Rettungsschiffen); Vorarbeiter, Vorgesetzter

Vörmiddag, m., Vormittag

vörn, adv., vorne

vörnehm, adj., vornehm, fein, gut erzogen

vörnehmen, stv. (s. *nehmen*), refl. sich etw. o. jem. vornehmen, prüfen

Vöröllern s. *Vörfahr*

Vörpahl, m., der vorderste Pfahl des Bollwerks; *V. slaan* Vorkehrungen, Vorsichtsmaßnahmen treffen

Vörreed, f., Vorrede, Einleitung

vörrig, adv., vorherig, vorhergehend

Vörschüür, n., überdachter Platz vor der Toreinfahrt des Bauernhauses

vörsehn, stv. (s. *sehn*), 1. refl. sich vorsehen, in acht nehmen; 2. vorsorgen, planen

vörsetten, swv., 1. vorsetzen, anbieten, servieren; 2. einen Riegel vorschieben, etw. abstoppen, eine Grenze setzen

Vörsicht, f., Vorsicht

vörsichtig, adj., vorsichtig, bedachtsam

Vörsitter, m., Vorsitzender, Vereinsleiter

vörslaan, stv. (s. *slaan*), vorschlagen, ein Angebot machen

Vörsmack, m., Vorgeschmack, Probe

vörsmieten, stv. (s. *smieten*), etw. vorwerfen, hinwerfen; jem. etw. vorwerfen, vorhalten

Vörspann, m., Vorspann, Einleitung

Vörspöök s. *Vörlaat*

vörstahn, stv. (s. *stahn*), 1. vorstehen, verwalten, leiten; 2. vorstehen, herausragen

vörtieden, adv., früher, in früherer Zeit

Vörtiet, f. (meist pl. *Vörtieden*), Vorzeit, Vergangenheit

vörto, adv., voran, vorweg

vörtü(ü)ch, vörtü(ü)g, vörtog, adv., in Vbdg. mit *kamen* zum Vorschein kommen, hervorkommen

vörup, adv., vorauf, voraus

vöruut, adv., voraus, vorwärts

vörweg, adv., vorweg, voraus, vorne weg

Vörwenn, f., Vorwende, Pflugwende (am Ende der Furche)

Vörwinner s. *Vörwenn*

Vogel s. *Vagel*

Volk, n. Volk, bes. Gesinde, einfache Leute; *frömd V.* Ausländer

voll s. *vull*

von, van s. *vun*

vor s. *vör*

Voss, Voß, m., pl. *Töss*, Fuchs (häufig in Sprw. u. Rdaa.); übertr. schlauer, gewitzter Mensch; rothaariger Mensch; rötliches Pferd

Vossborn, Vossbodden, m., eisenhaltige Erdschicht, Ortstein, rötliches Gestein

vossig, adj., fuchsfarben, rötlich

vüllig, adj., völlig, wohlbeleibt, dick

vull, voll, adj. u. adv., voll, gefüllt; ganz, reichlich; *för v.* mit allen Kräften, *för v. nehmen* ernst nehmen, akzeptieren

Vullbaart, m., Vollbart, Backenbart

Vullbuuksabend, m., Abend an dem reichlich gegessen wird, bes. Weihnachten, Neujahr

vullholen (ostfr.), stv. (s. *holen*), aushalten, ertragen

vullkamen, adj., vollkommen, perfekt

Vullmaand, m., Vollmond

Vullmacht, m., Vollmacht, Befugnis; Bevollmächtigter, Vormund

Vullspiet, f., volle Kraft, volle Stärke

vullständig, vullstännig, adj., vollständig, gänzlich; übertr. wohlbeleibt

vullsugen, stv. (s. *sugen*), vollsaugen

vullsupen, stv. (s. *supen*), volltrinken, sich betrinken

vun, van, von, präp. (lok. u. temp.), von

vunabend, adv., heute abend

vundag, vundaag, adv., heute, während des Tages; *v. kamen*, s. *vördag*

vuneen, adv., auseinander, entzwei, getrennt
vunmorgen, adv., heute morgen
vunnacht, heute nacht, während der Nacht
vunwegen, präp., wegen, auf Grund von

W

wa s. *wat, wo, wedder*

[1]**Waad,** f., großes Zugnetz für Fischfang

[2]**Waad,** f., pl. *Waden*, Wade

[1]**Waag,** m., Wagen; vgl. *Wagen*

[2]**Waag, Wagg,** f., pl. *Wag(g)en*, Waage

Waagschaal, f., Waagschale; *wat in de W. smieten* etw. Wichtiges dazutun, ein entscheidendes Argument vorbringen

Waak, f., pl. *Waken, Wacken*, Loch im Eis (durch Tauwetter o. von Fischern für den Fang geschlagen)

waak, adj., wach, munter

Waakplock, m., Wachpflock, Zeichen zum Übernehmen der Totenwache

Waalriedersche (oldbg., ostfr.), f., Nachtmahr, Alp, Gespenst

waanschapen, wahn-, adj., mißgestaltet, unförmig

Waar, f., Ware, jede Art von Handelsgut

waar, wor (ostfr.), pron., wo

waarschoon s. *wahrschuun*

[1]**Waart, Woort,** m., Enterich, Erpel

[2]**Waart,** f., pl. *Warten*, Warze

Waas, Waasch, f., pl. *Wasen*, Stroh- o. Reisigbündel, Faschine, Strauchwerk

wabbeln, swv., wabbeln, schlottern, sich auf- u. abbewegen, schwanken

[1]**Wach(t), Wagg,** f., pl. *Wachen, Waggen*, Welle, Woge

[2]**Wach(t),** f., Wache, Wacht; *up de W. sien* aufpassen, *de W. anseggen* die Meinung sagen

[3]**Wacht** s. [2]*Waag*

wachten, swv., warten, erwarten; warten, hüten, aufpassen

wacker, adj., wacker, munter, wachsam; hübsch, schön, brav, lieblich

Waddik, f., Molke; (häufig in der Formel) *utsehn as W. un Wehdaag* käsig aussehen, kränklich aussehen

Wade s. [2]*Waad*

waden, swv., waten, schreiten, vorsichtig gehen

Wäädfro s. *Weetfro*

Wääswark s. *Weeswark*

Wädik, Wedik (mecklbg., lünebg.), m., Erpel, Enterich

wägen s. *wegen*

Wähl s. *Weel*

wählig s. *welig*

wäpel s. *wepel*

Wäsch, Wasch, f., Wäsche (sowohl das Waschen wie das Gewaschene), Kleidung u. Haushaltswäsche

Wagen, Waag, m., pl. *Wagen(s)*, Wagen, Fuhrwerk (häufig durch Zusätze näher bestimmt wie *Bruut-, Feld-, Melkwagen* u. a.); jem. *an 'n W. föhren* jem. beleidigen

wagen, swv., wagen, riskieren, aufs Spiel setzen

Wagendiestel, -diessel, f., Wagendeichsel

Wagendriever, m., Kutscher, Fuhrmann

Wagenföhr, -fohr, f., Wagenfuhre, Ladung

Wagenpeerd, m., Kutschpferd, Zugpferd

Wagenrad, n., Wagenrad; übertr. großer Hut

Wagenrung, f., Runge, Strebe am Wagen

Wagenschott, n., Abschlußbrett des Kastenwagens

Wagenschuur, -schuer, m. u. n., Unterstand für Wagen, offener Wagenschuppen

Wagensmeer, f. u. n., Wagenschmiere, Schmierfett

Wagg s. [1]*Wach(t)*

waggen, swv., wogen, wallen, sich heftig bewegen

Wahl, f., Wahl, Auswahl, Entscheidung

wahnen, swv., wohnen

Wahnstuuf, -stuuv, f., Wohnstube, Wohnraum

Wahnung, f., Wohnung

wahr, wohr, adj., wahr, wirklich, zutreffend

wahrachtig s. *wahrhaftig*

wahren, swv., 1. währen, dauern; 2. wahren, hüten; bewahren, aufheben; 3. aufpassen; refl. sich hüten, vorsichtig sein; *wahr di weg* nimm dich in acht, verschwinde

wahrhaftig, adv., wahrhaftig, wirklich, gewiß; *wiß un w.* ganz bestimmt (als Beteuerungsformel)

wahrschuun, -schugen, -schauen, -schoon, swv., warnen, ermahnen, aufmerksam machen

wahrseggen, swv., wahrsagen, weissagen, prophezeien

Wahrseggersch, f., Wahrsagerin

Wahrteken, n., Wahrzeichen, Denkmal; Vorzeichen

waken, swv., wachen, wachsam sein

walgen, swv., übel werden, sich ekeln

walken, swv., durchkneten, durchwalken; übertr. verprügeln

Wall, m., Wall, Erdwall; Knick; Küste, Ufer

Wallak, m., Wallach, kastrierter Hengst

Wallbeen, n., nur pl., Säbelbeine, O-Beine

Walnutt, Wall-, f., pl. *Wal(l)nööt*, Walnuß

wanbannig, wam- (ostfr., oldbg.), adj., unbändig, ungeheuerlich, schwer zu bändigen

[1]**Wand,** f., pl. *Wanden, Wannen, Wänn*, Wand, Trennwand; jem. *an de W. drücken* unterdrücken, in eine ausweglose Lage bringen

[2]**Wand,** n., Gewand, Stoff

Wandbett, n., Wandbett, Alkoven

Wandluus, f., pl.*-lüüs*, Laus, Wanze, Kellerassel

wandschaben s. *wanschapen*

Wandschapp, n., eingelassener Wandschrank; Wandbett

wanehm s. *wonehm*

wanehr s. *wonehr*

wanglöövsch, adj., ungläubig, argwöhnisch, mißtrauisch; abergläubisch

wanken, swv., wanken, schwanken; hin- u. hergehen, torkeln; wandern

wanklörig, wanklöörd (ostfr.), adj., mißfarbig, von schlechtem Aussehen

wanlüstig (ostfr., oldbg.), adj., mißmutig, übel gelaunt; widerwillig, träge

wannern, swv., wandern

Wannerbursch, m., Wanderbursch, Wandergeselle

wanschapen, wandschapen, adj., mißgestaltet, häßlich; unordentlich, nichtsnutzig

Want, n., pl. *Wanten*, (Seemannsspr.), Drahtseile (zur Befestigung des Mastes); übertr. Strickleiter am Mastbaum, festgezurrtes Tauwerk

Wapen, n., Wappen; in der Vbdg. *Wehr un W.* Waffen, Kriegsausrüstung

waraffig s. *wahrhaftig*

Warbel, Warvel, m., pl. *Warbels*, kleiner drehbarer Holzpflock, Riegel, Knebel; drehbarer Türverschluß; Wirbel

warbeln, warveln, swv., 1. verschließen, zuriegeln, den Riegel vorlegen; 2. wirbeln, sich aufgeregt bewegen

Wardel s. *Warbel*

warden s. *warrn*

Warder, Werder, m. u. n., Werder (häufig in Orts- u. Flurnamen), Insel, Halbinsel

Warf, n., Gewerbe, Geschäft, Beschäftigung; Anliegen, Auftrag

Warfel s. *Warbel*

Warf(t), f., pl. *Warften*, 1. Warft, künstlich aufgeworfener Erdhügel, Wurt, Wohnhügel; 2. Werft, Schiffbauplatz

Warg, Warch, n., Werg, Dichtungsmaterial (bes. beim Schiffbau)

Wark, n., Werk, Arbeit, Tätigkeit; Sache, Angelegenheit; Werk, Fabrik

Warkelbank, f., Werkbank, Hobelbank

Warkeldag, m., pl. *W.-daag*, Werktag, Alltag, Arbeitstag

Warkeldisch, m., Arbeitstisch

warke(l)n, swv., werke(l)n, arbeiten, Handarbeit verrichten

Warkkamer, f., Arbeitsplatz, Arbeitsraum; übertr. Sakristei

Warksteed, Warkstä(äd), f., Werkstätte, Arbeitsplatz der Handwerker

Warktüg, n., Werkzeug, Arbeitsgerät

warm, adj., warm

Warmbeer, n., Warmbier, Biersuppe; Buttermilchsuppe

Warmkruuk, f., Wärmflasche

Warms, Warmte, f., Wärme

warrharrig s. *wedderharig*

warrn, warden, stv. (*ik warr, du warrst, he ward, wi ward, warrn*; *ik woor, wöör*; *woorn, worrn*), werden (häufig in festen Vbdgg.); (*w.* mit nachfolgendem Infinitiv gibt den Beginn einer Handlung an, z. B.) *dat ward regen* es beginnt zu regnen; vorankommen, erfolgreich sein, *ut em is wat worrn* er hat es zu etw. gebracht

warschoon s. *wahrschuun*

Warv s. *Warf*

Warvel s. *Warbel*

warven, warwen, swv., werben, anwerben

Wasch s. *Wäsch*

Waschbalge, -balje, f., Waschzuber, hölzerne Waschschüssel, Holzbottich

Waschbrett, n., Waschbrett, geriffeltes Brett zum Waschen

Waschbütt s. *Waschbalge*

Waschdag, m., Waschtag, Tag der großen Wäsche

waschen, stv. (*ik wasch*; *ik wusch, wüsch*; *wuschen* neben *wascht*), waschen, spülen, reinigen, säubern (auch refl.)

Waschfru, -fro, f., Waschfrau, Wäscherin

Waschköök, f., Waschküche; übertr. dichter Nebel

Waschlappen, m., Waschlappen, Seifentuch; übertr. Schlappschwanz, Schwächling

Waschschöttel, f., Waschschüssel

Waß, Wass, n., Wachs

Waßdook, n., Wachstuch, abwischbare Tischdecke

wassen, stv. (*ik waß*; *ik wuß*; *wussen*), wachsen, größer werden; gedeihen; *w. Weder* den Wuchs steigerndes Wetter, fruchttreibendes Wetter

wat, I. pron., 1. (fragend) was, wie, warum; 2. (relativ) das, welches. II. unbest. num., einige, manche, mehrere, etwas. III. konj., daß, *wat – wat* je - desto; *so wat* (*bi*) so ungefähr, etwa; was für ein, welch(es); ob

Water, Woter, n., Wasser, Gewässer; *groot W.* Meer, See; *to, in 't W. gahn* sich ertränken; übertr. Träne; *mit W. kaken* ohne Besonderheiten (als tröstende Einschränkung)

Waterammer, m. u. n., pl. *-ammers*, Wassereimer

Waterback, n., Wasserbehälter, Zisterne

Watergööt (ostfr.), f., Graben, Abflußrinne

Waterkant, f., Küste, Ufer, Land an der Küste

Waterkruuk, f., Wasserkanne

Waterkuhl, f., Wasserloch, stehendes Gewässer

Watermöhl, f., Wassermühle

Waterpass, m., Wasserwaage

Waterpütz, f., Wassereimer, Schöpfgerät; Schöpfeimer mit kurzem Stiel

Waterrott, -ratt, f., Wasserratte; übertr. jem. den es zum Wasser zieht, Schwimmer, Seemann

Watersprütt, f., Wasserspritze, Feuerwehrspritze

Watertunn, f., Wassertonne, Tränkfaß für das Vieh

Waterwaag, f., Wasserwaage, Handwerksgerät zum Richten

[1]**Watt,** n., pl. *Watten*, Watt, Schlickland an der Nordsee, Vorland

[2]**Watt, Watten,** f., Watte

weben, weven, wäben, swv., weben, flechten

Weck, Wegge, f., pl. *Wecken*, Wecke, weiches Brötchen, Semmel

wecke s. *welk*

Wed s. *Weed*

Wedde, wedden s. *Wett, wetten*

Wed(d)er, Weller, Werrer, Weer, n., Wetter; Unwetter, Gewitter (häufig in Rdaa. u. Sprw.)

wedder, weller, werrer, weer, adv., wieder, wiederum, abermals; zurück (adv. u. präp.), wider, gegen, *to wedder(n) sien* widerlich sein, unpassend sein; (Präfix bei Verben u. subst., s. d.)

wedderbö(r)stig, adj., widerborstig, widerwillig, eigensinnig

wedderbringen, stv. (s. *bringen*), wiederbringen, zurückbringen

wedderdäänsch (mecklbg.) s. *wedderböstig*

wedderdoon, unregelm. v. (s. *doon*), wiedertun, wiederholen; wiedergeben, zurückgeben

weddergeven, stv. (s. *geven*), wiedergeben, zurückgeben, erstatten, zurückzahlen

wedderhalen, swv., wiederholen, zurückholen, herbeischaffen; etw. noch einmal tun, wiederholen

wedderharig, adj., widerspenstig, eigenwillig

wedderisch s. *wedderharig*

wedderkamen, stv. (s. *kamen*), wiederkommen, zurückkommen, heimkehren

wedderkaun, swv., 1. wiederkäuen; vgl. *edderkaun*; 2. etw. mehrfach wiederholen

wedderkriegen, stv. (s. *kriegen*), wiederbekommen, zurückerhalten, erstattet bekommen

wedderlich, adj., widerlich, ekelhaft; eigensinnig, verstockt

Wedderlüchten, n., Wetterleuchten

Weddern s. *Wettern*

[1]**weddern, wedern,** swv., 1. gewittern, donnern; 2. poltern, schelten

[2]**weddern** s. *wedder*

Wedderpart, m., Widerpart, Widerstand, (in Vbdg. mit *holen*) Widerstand leisten; Widerrede

Weddersehn, n., Wiedersehen, Begegnung

Wed(d)ersiet, f., Wetterseite

Weddersinn, m., Widersinn, Widerwille, Abneigung

Wedderspill s. *Wedderpart*

wedderwendsch, adj., wetterwendisch, launisch

Wede s. *Weed*

weden, swv., jäten, Unkraut zupfen

Weder s. *Wed(d)er*

Weed, Wääd, Wed(e), f., Weidenrute, Weidenschößling (zum Flechten); vgl. auch Weet

Weedaag s. *Wehdaag*

Weeg, Weig, f., pl. *Wegen*, 1. Wiege; 2. übertr. Rest (von Getränken)

Week, Wääk, f., pl. *Weken*, Woche; *so en Wekener dree* etwa drei Wochen

week, welk, adj., weich, nachgiebig; milde, gelind

weekföhlig, adj., weichherzig, sentimental, mitfühlend

weekmödig, adj., gutherzig, mitleidend, gutmütig

[1]**Weel, Wehl, Wähl,** f. u. m., Wohlbefinden, Behagen; Übermut, Lebensfreude; Lust, Glück

[2]**Weel, Wehl,** f., pl. *Welen, Wehlen*, Wasserloch, Kolk (bes. als Nachbleibsel bei Deichbrüchen)

[3]**Weel** (ostfr., oldbg., emsld.), n., Rad, Spinnrad

weeldrig s. *welig*

[1]**ween** s. *wesen*

[2]**ween,** pron., 1. wer; 2. jemand

Weepste(e)rt s. *Wippsteert*

Weeps s. *Weps*

Weer s. *Wed(d)er* u. *Wehr*

weer s. *wedder*

Weert, Wert, m., Wirt, Gastwirt; Hausherr

weert, wert, adj., wert

Weertschaft, f., Wirtschaft; Gaststätte, Krug

Weertskup (ostfr.) s. *Weertschaft*

Weertsmann, m., pl. *W.-lüüd*, Gastwirt, Wirtsleute

Wees (schleswg.-holst.), f., Gurgel, Speiseröhre

Weesboom, Wääsboom, m., Windelbaum, langer über das Fuder zur Festigung gebundener Stamm

Weeswark, Weswark, n., 1. Gewese, Getue, Gehabe; Spektakel, Aufsehen (in Vbdg. mit *maken*); 2. Anwesen, Hof, Betrieb; Arbeit

Weet (ostfr., oldbg.), n., Unkraut, bes. auch Quecke

weet s. *witt*

Weeten s. *Weten*

Weetfru, -fro, Witt-, f., Witwe

Weetlüüd, Witt-, pl., Verwitwete

Weetmann, Witt-, m., Witwer

Weevstohl, Wewstauhl, m., Webstuhl

Weevtau s. *Weevstohl*

Weg, m., pl. *Weeg, Wääg*, Weg, Steig, Fahrweg; *in'n W. sien* im Weg sein, hinderlich sein; *sik up 'n W. maken* eine Reise antreten, aufbrechen; jem. *wat in 'n W. leggen* Schwierigkeiten bereiten; *över 'n W. lopen* begegnen

weg, adv., weg, fort

wegbenschern, -benstern, swv., verjagen, verscheuchen, vertreiben

wegblieven, stv. (s. *blieven*), wegbleiben, sich fernhalten; aussetzen; sterben

wegbreken, stv. (s. *breken*), wegbrechen, plötzlich abbrechen

wegdoon, stv. (s. *doon*), weggeben, verschenken; weglegen, wegwerfen

[1]**wegen,** präp., wegen, um - willen; *vun w.*

vonwegen, das könnte dir wohl so passen (abweisend)

[2]**wegen, weigen,** stv. (*ik weeg, du weegst, wiggst, he weegt, wiggt, wi weegt, wegen*; *ik woog, wöög*; *wagen*), 1. wiegen; 2. wägen

[3]**wegen,** swv., wiegen, schaukeln

wegfieren, swv., Leine lassen, loslassen, nachgeben (Seemannsspr.)

weggahn, stv. (s. *gahn*), weggehen, verschwinden, sich entfernen

weggeven, -geben, stv. (s. *geven*), weggeben, verschenken

wegjagen, swv., fortjagen, verscheuchen, vertreiben

wegkamen, stv. (s. *kamen*), 1. wegkommen, verschwinden; 2. refl. sich entfernen

weglang(s), adv., unterwegs, im Vorübergehen, nebenbei (in Vbdg. mit *bi*)

wegleggen, swv., weglegen, ablegen, aufbewahren

weglopen, stv. (s. *lopen*), weglaufen, verschwinden, entlaufen; kündigen

wegnehmen, stv. (s. *nehmen*), wegnehmen, entwenden, enteignen

wegpacken, swv., wegpacken, weglegen, verstauen

wegputzen, swv., 1. Schmutz beseitigen, reinigen; 2. aufessen, verzehren

wegrümen, swv., wegräumen, aufräumen

wegsacken, swv., einsinken, versinken; einschlummern; zusammensinken, zusammenbrechen

wegscheren, swv., refl. sich fortscheren, sich schnell entfernen, verschwinden

wegschulen, swv., refl. sich heimlich davonmachen, sich verdrücken; wegsehen

wegsmieten, stv. (s. *smieten*), wegwerfen, achtlos beiseite werfen, verschleudern; refl. sich wegwerfen, erniedrigen

wegstoppen, swv., verstauen, verstecken

wegtrecken, stv. (s. *trecken*), fortziehen, abziehen, den Wohnort wechseln

wegwahren, swv., refl. vorsichtig sein, aus dem Weg gehen, verschwinden; *wahr di weg* verschwinde, nimm dich in acht

Wegwieser, m., Wegweiser

Wehdaag, Weihdaag, pl., Schmerzen, Leiden

wehdoon, unregelm. v. (s. *doon*), wehtun, schmerzen; jem. Schmerz zufügen

Wehl s. *Weel*

wehmödig, adj., wehmütig, wehleidig

[1]**Wehr,** f., Wehr, Verteidigung, Abwehr, *sik to W. setten* sich widersetzen, verteidigen

[2]**Wehr,** n., Wehr, Staudamm, Stauvorrichtung in fließenden Gewässern

[3]**Wehr** (ostfr., mecklbg.), f., Haus u. Hof, Bauernstelle

wehren, swv., 1. abwehren, hindern, entgegenstemmen; 2. refl. sich wehren, sich widersetzen, sich verteidigen, Widerstand leisten

wehrig s. *welig*

Wei, m., Molke, Käsewasser

[1]**Weid,** f., pl. *Weiden*, Weide, Grünland für das Vieh

[2]**Weid** s. *Wied*

wei(h)armen, swv., mit den Armen fuchteln, winken

weih(e)n, swv., wehen

Weihsand, m., Flugsand, Sanddüne

weik s. *week*

weiten, Weiten s. *weten, Weten*

Wekensfro, -fru, f., Wöchnerin

Wekke s. *Week*

wekker s. *welk, wer*

Welgen, m., Haferschleim, Krankenspeise

welig, wälich, adj., munter, übermütig, ausgelassen; kraftstrotzend, kräftig

welk, weck, pron. (flekt. *welke, wekke*), einige, welche, manche; Fragepron. (meist flekt. *wecker*), wer

welkeen, pron., wer

weller s. *wedder*

Wellje (ostfr.) s. *Welgen*

Welt, f., Welt, Natur; übertr. alle Welt, alle Menschen, jeder

weltern s. *wöltern*

wemern, swv., wimmern, leise weinen

wen, pron., wer; jemand, irgend einer

wenen, swv., weinen

wenig, adj., wenig(e)

wenken s. *winken*

Wenn, f., Wendeplatz (bes. wo der Pflug gewendet wird)

wenn,. 1. adv., wann, sobald als; 2. konj., wenn, falls

Wennacker s. *Wenn*

wennehr s. *wonehr*

[1]**wennen,** swv., wenden, umdrehen, umkehren; refl. sich hinwenden, abwenden

[2]**wennen,** swv., gewöhnen, eingewöhnen, (auch refl.) sich an etw. gewöhnen

wepel, wäpel (ostfr.), adj., übermütig, ausgelassen, wild; flink, munter

Wepeldoorn, Wiepeldoorn, m., Heckenrose, Dornenstrauch

Weps, Weeps, Wöps, Wäpsch, f. u. m., pl, *Wepsen, Wöpsen,* Wespe

Wer s. *Wed(d)er* u. *Wehr*

[1]**wer,** pron., wer, welcher; jemand

[2]**wer** s. auch *wedder*

werkeen s. *welkeen*

Werr s. *Wed(d)er* u. *Wett*

werr(er) s. *wedder*

Werser, f., der Weserstrom, die Weser

Werserkant, f., Weserufer, Land an der Weser

Wesche(n), f., Tante, Kusine, weibliche Verwandte

wesen, ween, unregelm. v. (*wesen* neben *sien,* vor allem im imp. *wees, weest*), sein; vgl. *sien*

Wesewark s. *Weeswark*

[1]**Wessel, Wesel(ken),** m. u. n., Wiesel

[2]**Wessel,** m., 1. Wechsel, Veränderung, Wendung; 2. (vom Geld) Wechsel, Schuldschein; 3. Wildwechsel, Weg des Wildes

wesseln, swv., wechseln, tauschen

[1]**West,** f., pl. *Westen,* Weste, ärmelloses Kleidungsstück; *en witte W. hebben* unschuldig sein

[2]**West, Westen,** m., Westen, *na W. to* westwärts; übertr. Abend

Westenwind, m., Westwind

Weswark s. *Weeswark*

Weten, Weiten, m., Weizen

weten, weiten, stv. (*ik weet, du weetst, weeßt, he weet, wet, wi weet, weten*; *ik wuß, wüß*; *weten, wußt*), wissen, kennen

Wetenaarn, f., Weizenernte

Wetenklümp, m., Weizenkloß, Mehlkloß (bes. als Suppeneinlage)

Wetenklüten s. *Wetenklümp*

Wetenmehl, n., Weizenmehl

Wetenschopp, -schapp; -skup (ostfr.), f., Wissenschaft, Kenntnis

Wetenstuten, m., Weizenbrot, Weißbrot

wetern (schleswg.-holst., ostfr.), swv., wimmern, jammern, klagen

Wett, Wedd, f., pl., *Wetten,* 1. Wette, *in de W.* um die Wette; 2. Satzung, Vereinssatzung; Gesetz (ostfr.)

[1]**wetten,** swv., wetten, eine Wette abschließen

[2]**wetten,** swv., wetzen, schärfen

Wettern, Weddern, f., Entwässerungsgraben in der Marsch u. im Moor, Marschkanal

weven s. *weben*

Wever, m., Weber

Wewolk, m. u. f., Goldammer, Pirol

wi, pers. pron. 1. pers. pl., wir

Wichel, Wiechel, f., pl. *Wi(e)cheln, Wichern,* Weidenbaum, Weidengerte; vgl. auch *Wied*

[1]**Wicht,** n., 1. kleines Kind, Wicht, bedauernswertes kleines Wesen; 2. (ostfr., oldbg., emsld.) pl. *Wichter* Mädchen

[2]**Wicht,** n., Gewicht

wichtig, adj., 1. wichtig, wesentlich; stolz, protzig; 2. gewichtig, schwer

Wick, f., pl. *Wicken,* Wicke; *in de W. gahn* verlorengehen, *dör(ch) de W. gahn* weglaufen, verschwinden, ausreißen; übertr. verloren gehen

Wickel, m., pl. *Wickeln,* Wickel, Windel, Gewickeltes; jem. *bi 'n W. kriegen* packen, fassen, ergreifen, zur Verantwortung ziehen

Wickelband, n., Windelband, Wickelband,

Wickeldook, n., Windel

wickeln, swv., wickeln, einhüllen; *scheef wickelt sien* sich irren, verrückt sein

Wickelplund (schleswg.-holst.) s. *Wickelband*

wicken, swv., wahrsagen, weissagen; zaubern, hexen

Wicker(sche), m. u. f., Zauberer, Zauberin, Hexe

Wicks, f., Lederfett, Schuhcreme; *dat is all een W.* das ist alles gleich, es ist einerlei

wicksen, swv., putzen, wiehnern

Wickwief, -wiev (ostfr.), n., Wahrsagerin, Zauberin, Hexe

Widdelboom s. *Windelboom*

Wieben s. *Wiem*

Wiechel s. *Wichel*

Wied, f., pl. *Wieden,* Weide, Weidenbaum

wied u. Kompos. s. *wiet* u. Kompos.

Wiedenboom, m., Weidenbaum, Weide

Wiedenfleut, f., Weidenflöte, aus frischer Weide gefertigte Flöte

Wiedenkorf, m., Weidenkorb, aus Weide geflochtener Korb, Kiepe

wieder, Komp. zu *wiet,* weiter

wiederdammeln, swv., gedankenlos gehen, dahintrotten

wiedergeven, stv. (s. *geven*), weitergeben, weiterreichen, überweisen

wiederhen, adv., weiterhin, später; vgl. *fudderhen*

wiederkamen, stv. (s. *kamen*), weiterkommen, vorankommen

wiedermaken, swv., weitermachen, fortfahren

Wiedland, n., Weideland (Ggs. *Ackerland*)

Wief, n., pl. *Wiewer,* Weib, Frau

Wiehnacht(en), f., (meist als pl. gebraucht) Weihnachten, das Weihnachtsfest

Wiehnachtenabend, m., Heiligabend

Wiehnachtsboom, m., Weihnachtsbaum, Tannenbaum, Christbaum

Wiehnachtsmann, m., Weihnachtsmann

Wiehnachtsschenker, m., Gabenbringer, Weihnachtsmann

wieken, swv., weichen, ausweichen, ausbiegen; sich entfernen, sich zurückziehen, nachgeben

Wiel, f., Weile, Zeitdauer, Zeit; *mit de W.* mit der Zeit, allmählich

wiel, adv., während, solange; weil

wieldat, adv., während, indem, indessen; weil

wieldeß, adv., inzwischen, unterdessen, derweil, während

wielt u. Kompos. s. *wiel* u. Kompos.

Wiem(en), m., Gestänge, Lattengerüst, bes. Sitzstange der Hühner; Stangen zum Aufhängen von Räucherwaren; übertr. to *W. gahn* zu Bett gehen

Wien, m., Wein, Weinstock; *reinen W. inschenken* übertr. die Wahrheit sagen

Wienfatt, n., Weinfaß

Wiep, m., pl. *Wiepen,* Strohwisch, kleines Bündel Stroh

Wiepeldoorn s. *Wepeldoorn*

Wier, f. u. m., pl. *Wieren,* dünner Draht; Stricknadel

Wierdraht, m., Eisendraht, Bindedraht

wier(e)n, swv., drahten, bes. einen Drahtring durch den Rüssel der Schweine ziehen

Wies, f., pl. *Wiesen,* Weise, Art; Sitte, Brauch, Lebensweise; Eigenart, Regel

wies, wieß, adj., weise, klug; kundig, wissend; einsichtig, vernünftig; etw. *w. warrn* bemerken, gewahr werden, erfahren, kennenlernen; *w. sien* übertr. überklug, altklug sein

wiesen, swv., weisen, zeigen; beweisen, jem. etw. beibringen, lehren; *wat wiest de Klock* wie spät ist es

[1]**Wieser,** m., pl. *Wiesers,* Zeiger, Anzeiger, Richtungsweiser; bes. Uhrzeiger

[2]**Wieser,** f. u. m., Bienenkönigin

Wieserblatt, n., Ziffernblatt der Uhr

Wies(er)finger, m., Zeigefinger

wiesmaken, swv., auf etw. aufmerksam machen, erklären, jem. etw. vormachen, (mit Negation) jem. beschwindeln, belügen

Wiesnees, f., Naseweis, Besserwisser, vorwitziger Mensch

wiesnees, adj., naseweis, vorwitzig

Wiespahl, m., pl. *Wiespöhl,* Wegweiser

wiessnutig, adj., naseweis, vorwitzig, vorlaut

Wiesstock, m., Zeigestock

wieswarrn, stv. (s. *warrn*), bemerken, erkennen

wieswordig, adj., naseweis, vorwitzig

wiet, wied, adj. (flekt. *wieder, wieter, wietst*), weit, weit entfernt, entlegen; *wiet un sied* weit und breit

Wietkieker, m., Fernglas

wietlöftig, adj., weitläufig, ausgedehnt; weitentfernt; langwierig, umständlich

wigwaggen s. *wiwaggen*

wiken s. *wieken*

wild, adj. (flekt. *wilde, wille*), wild, ungezähmt (als Präfix zur Bestimmung frei o. wild aufwachsender Tiere u. Kulturpflanzen); rabiat, ungestüm, ungezogen, unkultiviert; unordentlich, unaufgeräumt

Wilde, Wille, m., pl. *Willen*, Wilder, Eingeborener; Wilder, Draufgänger, Grobian

Wilge (ostfr., oldbg.), f., Weidenbaum

Will, Willen, m., Wille, Wunsch, Verlangen, Durchsetzungskraft, Freiheit; *wat mit W. doon* etw. absichtlich machen; (häufig in Rdaa. u. Sprw.)

will, adv., nur in der Formel *will un woll* vollauf, gänzlich, in voller Übereinstimmung

willen, wullen, wüllen, unregelm. v. (*ik will, du wi[ll]st, he will, wi wüllt, wüllen*; *ik wull, du wu[ll]st*; *wullt*), 1. wollen, sollen, werden; 2. wünschen, erwarten; verlangen, begehren

willig, adj., willig, anstellig

willkamen, adj., willkommen, gern gesehen

wimmeln, swv., wimmeln, durcheinanderbewegen

Wind, m., Wind; übertr. *den W. von vörn kriegen* Ausschelte bekommen; *W. von wat kriegen* etw. in Erfahrung bringen u. a. (häufig in Rdaa.); Blähung

Windei, n., 1. Ei ohne Kalkschale; 2. übertr. Flunkerei, Lüge

Windelboom, m., langer Stamm der zur Befestigung über das Fuder gebunden wird; vgl. *Weesboom*

winden s. *winnen*

Windfahn, f., Windfahne, Wetterfahne

Windjammer, m., großes Segelschiff, Großsegler

Windküsel, m., Wirbelwind, drehender Wind

Windmöhl, f., Windmühle

Windmöller, m., Windmüller, Betreiber einer Windmühle

Windoog, n., Windauge, Öffnung unter dem Giebel

windscheef, adj., windschief, schief

wingern, swv., winseln, wimmern, sich vor Schmerz krümmen

Wink, Wenk, m., Wink, Zeichen, Tip, *en W. geben* ein Zeichen geben, einen Tip o. Rat geben

Winkel, m., 1. Winkel, Ecke; 2. (ostfr.) Kaufmannsladen, Kramladen

winken, swv. u. stv. (*wunk*; *wunken*), winken, ein Zeichen geben

Winn, f., pl. *Winnen*, Winde, Rolle

[1]**winnen, winden,** stv. (*ik winn*; *ik wunn*; *wunnen*), winden, aufrollen, drehen; refl. sich winden, krümmen, drehen; Ausflüchte machen

[2]**winnen,** stv. (*ik winn*; *ik wunn*; *wunnen*), gewinnen, erwerben, erringen; siegen, das Ziel erreichen

Winnworp, -warp, Winn(e)wupp, m., Maulwurf

Winsch (Seemannsspr.), f., Winde (bes. auf Schiffen), Kurbel; Handkran

Winst, Winnst, f., Gewinn, Zugewinn, Zuwachs; Vorteil

Winter, m., Winter, kalte Jahreszeit

Winterdag, m., Winterszeit, im Winter, auch als adv. *winterdaags*

[1]**Wipp, Wüpp,** f., Wippe, Schaukel

[2]**Wipp** (schleswg.-holst.), f., Kornähre, bes. Rispen des Hafers

wippen, swv., schaukeln, auf- u. abbewegen, wippen

wippern, swv., sich hin- u. herbewegen, schunkeln, tanzen

Wippersaal (mecklbg.), m., Tanzsaal

Wippsteert, Wüpp-, -stiert, m., Bachstelze; vgl. *Ackermann*; übertr. unruhiger Mensch

Wippwapp, f., Wippe, Schaukelbrett

Wips s. *Weps*

Wire s. *Wier*

Wirt s. *Weert*

Wisch, Wiesch, Wisk, f., pl. *Wischen*, Wiese, bes. Viehweide

Wischdook, n., Wischtuch, Scheuerlappen

wischen, swv., wischen, abwischen; aufwischen, scheuern, putzen, reinigen

Wisch(en)land, f., Wiese, Weideland

Wischer, m., Strohwisch, kleiner Besen; übertr. Verweis, Rüge, Denkzettel

Wispel s. *Weps*

wispeln, swv., wispern, flüstern, heimlich reden

wiß, wiss, adj. u. adv., gewiß, sicher, fest; sicherlich, vermutlich; *för w. seggen* die Wahrheit sagen, fest zusagen, versichern

Wissel(k), n., Wiesel

Wißheit, f., Gewißheit, Zusicherung

wißholen, stv. (s. *holen*), festhalten; *hool wiss!* halte fest!

wissnutig s. *wiessnutig*

witdeß s. wieldeß

Witsch, f., pl. *Witschen*, Hexe

witschen, swv., entwischen, schnell verschwinden, weghuschen

witsche(r)n, swv., weißen, mit Kalk anstreichen

witt, adj., weiß, blaß; gereinigt, sauber

Wittbroot, n., Weißbrot, Feinbrot

Wittfro s. *Weetfro*

Wittfrost, m., Rauhreif

wittjen s. *witsche(r)n*

Wittmann s. *Weetmann*

wittnippt (ostfr.), adj., bleich, blaß

wittsnutig, adj., bleich, blaß, kränklich

Witz, f., pl. *Witzen*, Witz, Klugheit, Verstand; Witz, lustige pointierte Erzählung

wiwaggen, wiggwaggen, swv., schaukeln, wippen

wo, wa, pron., 1. wo (lokal); 2. wie, auf welche Weise

woans, adv., wie, auf welche Weise

Woch, Wuch, f., pl. *Wochen*, Woche; vgl. *Week*

wochten s. *wachten*

Wock(e), Wuck, m., pl. *Wocken*, Flachsbündel (am Spinnrad)

wodanig s. *wodennig*

wodennig, wodanig, pron. u. konj., wie, wieso, auf welche Weise, wie beschaffen

Wöddel s. *Wöttel*

wöden, swv., jäten, Unkraut beseitigen

wögen s. *wöden*

wöhlen, swv., wühlen, angestrengt arbeiten; wälzen, rollend bewegen

wöltern, weltern, swv., 1. refl. sich wälzen, sich (im Schlaf) unruhig umdrehen; 2. wälzen, rollen; 3. rasen, toben; 4. umräumen, aufräumen

Wöörden s. *Würd*

wööst, wöst, adj., wüst, verwildert; unruhig, aufgeregt; leer, verlassen

Wöps s. *Weps*

wörgen, swv., würgen; übertr. schwer arbeiten

wörmig, wormig, adj., wurmig, wurmstichig; minderwertig

Wörmken s. *Wörmt*

Wörmt, Wörmd, Wörm, m., Wermut, Wurmkraut

Wörpel, m., pl. *Wörpels*, Würfel

Wörtel s. *Wöttel*

wötern s. *wöltern*

Wöttel, Wuttel, Wörtel, f., pl. *Wötteln*, Wurzel; (*geel*) *W.* Mohrrübe, gelbe (rote) Rübe, Möhre

wofför, pron., wofür, für was, warum; (nd. unfeste Form) *wo is dat för* wofür ist das

wogen, swv., wogen, unruhig hin- u. hergehen; ständig arbeiten, geschäftig sein

wohen, pron., wohin, (nd. unfeste Form) *wo geiht he hen* wohin geht er

woher, pron., woher, von wo; (nd. unfeste Form) *wo kümmt he her* woher kommt er

wohr u. Kompos. s. *wahr* u. Kompos.

Wok s. *Waak*

wokeen, pron., wer, vgl. *welkeen*

Woker, m., Wucher, übermäßiger Gewinn

wokern, swv., wuchern, sich stark vermehren, ausbreiten

wol s. *wokeen* u. *woll*

Wold s. *Woold*

woll, wull, adj. u. adv., wohl, gut; vielleicht, doch, aber; sicher, sicherlich, bestimmt; zwar

wollehr, adv., früher, vor Zeiten, ehemals, einst; s. a. *wonehr*

woller s. *wedder*

woneem, pron., wo, woher

wonehr, wannehr, wennehr, pron., wann, zu welcher Zeit

Wood, Woud, m., Wodan, der Wilde Jäger (Sagengestalt)

Woold, Wohld, m., Wald (häufig in Flur- u. Ortsnamen)

Wooldborrn, Wooldbodden, m., Waldboden

Wooldgras, n., Waldgras

woor, wor, pron., wo

[1]**Woort, Woord, Wuurt,** n., pl. *Wöör, Wüür, Wörder*, Wort; *dat grote W. hebben* vorlaut sein, das Sagen haben

[2]**Woort,** f., Warze; vgl. *Waart* u. *Wratt*

Woot, Waut, f., Wut, Grimm, Ärger

wor s. *woor*

Worm, Wurm, m., pl. *Wörm(s), Würm(s)*, Wurm, Made; *to de Wörms kamen* sterben

Wormkruut, n., Wurmfarn, Rainfarn

wormstekig, adj., wurmstichig, madig

worns, wurns, adv., irgendwo

Worp, m. u. f., Wurf, bes. beim Würfeln; (bei Tieren) ein Wurf Junge

Worst s. *Wu(r)st*

Wort s. *Waart* u. *Woord*

worüm, pron., warum, weshalb

wosaken, pron., wie, auf welche Weise

woso, pron., wieso, inwiefern, warum

wosück, wosüng, pron., wie, wie denn, wieso

Woter s. *Water*

woto, pron., wozu, wofür; (nd. unfeste Form) *wo is dat to* wozu wird dies benötigt

Wottel s. *Wöttel*

woveel, pron., *wieviel*

wovon, wovan, wovun, pron., wovon, woher, warum (nd. unfeste Form)

wrach(t)en, swv., schwer arbeiten, sich abmühen

Wrack, n., Wrack, gestrandetes Schiff; übertr. alter gebrechlicher Mensch, unbrauchbare Sache

wrack, adj., gebrechlich, alt, untauglich; *to w. sien* untauglich, lästig sein

wrackelig, adj., 1. wacklig, unsicher; 2. mürrisch, unzufrieden

wrackeln, swv., wacklig machen, lockern; rütteln

wracken, swv., 1. kräftig rütteln, bewegen; mühsam tragen, schleppen, sich sehr anstrengen; 2. murren, zanken

Wrackholt, n., Holztrümmer (gestrandeter Schiffe), Strandholz

Wrackpott, m., Nörgler, Miesmacher, mürrischer Mensch

wracksch, adj., 1. mürrisch, verdrießlich, nörgelnd; 2. gebrechlich

wrackspekig, adj., morsch, baufällig; gebrechlich, hilflos

wrampig, adj., 1. runzlig; 2. widerborstig, verdrießlich, mürrisch; ärgerlich

Wrang, f., pl. *Wrangen*, Kurbel, Drehgriff

wrangelig, adj., unruhig, zappelig; gewunden, verdreht

Wrangelkopp, m., Querkopf, Nörgler, Griesgram

wrangeln, swv., 1. drängeln, drehen, winden; 2. zanken, streiten, rangeln (meist refl.)

Wrangelpott, m., übertr. Zappelphilipp, Quälgeist, Nörgler, Streithammel

wrangen, swv., anstrengend arbeiten; s. aber auch *wrangeln*

wrantig, adj., grantig, mürrisch, streitsüchtig, aufsässig; eigensinnig, unwirsch

Wrasch, f., 1. Getreidegemenge, verschiedene Korn- u. Hülsenfruchtarten als Mischfutter; 2. Suppe aus Erbsen u. Bohnen

Wrasen, nur pl., Dampfniederschlag (bes. in der Küche)

Wratt, f., pl. *Wratten*, Warze

Wrattenbieter, m., Heuschrecke

wrautschen (mecklbg.), swv., unachtsam gehen, latschen

wreet, adj., zornig, wütend, böse

wregeln, swv., nörgeln, knurren, murren

wrengen s. *wrangen*

wrevelig, adj., aufsässig, frech

wricken, wriggen, swv., rütteln, drehen, drehend hin- u. herbewegen, ringen, wringen; (durch drehende Bewegung mit einem Ruder) ein Boot vorantreiben, wriggen

Wrickreem, -remen, m., Ruder um zu *wrikken* (s. d.)

wrieben s. *wrieven*

Wried, Wriet, m., pl. *Wrieden*, Strauchwerk, Gestrüpp

wrienschen s. *wrinschen*

wrieven, wrieben, stv. (*ik wriev, du wriffst, he wrifft, wi wrievt, wrieven*; *ik wreef*, *wreven*), reiben, scheuern

wriggen s. *wricken*

wringen, stv. (*ik wring*; *ik wrung*; *wrungen*), wringen, durch Drehen auspressen (bes. nasse Wäsche); ringen, verdrehen (als Ausdruck des Verzweifelns)

Wringmaschien, f., Maschine zum Auswringen der Wäsche

wrinschen, swv., wiehern

Wrist, f. u. n., Handwurzel, Handgelenk; Fußgelenk

wriven s. *wrieven*

Wrögel, Wrökel, m., Nörgler; Streithammel, zänkischer Mensch

wrögelig, -lich, adj., streitsüchtig, zänkisch; ärgerlich, mürrisch, verdrießlich

wrögeln, swv., nörgeln, quengeln; schelten, klagen

Wrömp, m., Wermut (als Heilpflanze)

Wroos, f. (pl. *Wrosen*), Wrause, ausgestochenes Rasenstück

wrosen, swv., ausquetschen, auspressen; durchpressen, zerquetschen

Wruck, m. u. f., pl. *Wrucken*, 1. Baumstumpf, Knorren, Stubben; 2. (mecklbg.) Steckrübe; 3. Krüppel, verwachsener Mensch

wrucken, wruken, swv., 1. zerren, ziehen, reißen; 2. schwer arbeiten, sich abmühen; 3. würgen, mühsam schlucken; 4. nörgeln, knurren, streiten

wrucksch, adj., mürrisch, unwirsch, störrisch, dickköpfig

wrümmeln, wrummeln, swv., zusammenknüllen, unordentlich zusammenlegen, rollen

wrümpelig, adj., zerknüllt, zerknittert

wrusen, swv., refl. sich durchwühlen, drängeln

wrusselig, adj., wuschelig, verworren

Wrusselkraam, m., Durcheinander, Haufen von Kleinigkeiten,

wu, pron., wer; vgl. *wo*

Wuch s. *Woch*

Wucht, f., 1. Kraft, Stärke, Gewalt; 2. Menge; 3. Prügel

wuchten, swv., angestrengt arbeiten, (schwere Lasten) anheben

Wuddel, f., pl. *Wuddeln*, Wurzel, Möhre; vgl. *Wöttel*

Wuddelblick (schleswg.-holst.), n., Mohrrübenbeet

wudennig s. *wodennig*

wück s. *welk*

wü(d)en, swv., jäten; vgl. *wöden*

wülk s. *welk*

wüllen s. *willen*

Wülp, Wült, f., Walze

Wült s. *Wülp*

wültern, wöltern, swv., walzen, wälzen (auch refl.); wühlen, schwer arbeiten

Wüpp s. *Wipp*

wüppe(l)n, swv., wippen, hüpfen, springen; vgl. auch *wippen*

Wüppspill, -speel, n., Schaukelspiel, Kipselspiel

Wüppsteert s. *Wippsteert*

wüppsteertig, wipp-, adj., quicklebendig, unruhig

Würd, Wüürd, f., pl. *Würden*, Würde, Ansehen; Pracht, Aussehen

wüssen s. *weten*

Wulf, Wolf, m., pl. *Wülf, Wölf*, Wolf (häufig in Sprw., Flur- u. Ortsnamen)

Wulk, Wolk, f., pl. *Wulken*, Wolke

Wull, f., Wolle, Haar; *bi de W. kriegen* anpacken, angreifen; *in de W. kriegen* prügeln, zanken, streiten; *warm in de W. sitten* gut versorgt sein, im Wohlstand leben

wull s. *woll*

Wulldook, n., Wolltuch, Schal

Wullgras, n., Wollgras

Wullkaar(d), f., Wollkratzer, Gerät zum Reinigen u. Glätten der Rohwolle

wultern s. *wültern*

wum(m), interjek., bums, mit dumpfem Geräusch

Wunn, f., pl. *Wunnen*, Wunde

Wunner, Wunder, n., Wunder, Wunderbares, Bewundernswertes

wunnerbaar, adj., wunderbar, merkwürdig, sonderbar; großartig, herrlich, prächtig

wunnerlich, adj., wunderlich, eigenartig, sonderbar, seltsam

wunnern, swv., refl. sich wundern, staunen

wunnerschöön, adj., wunderschön, herrlich, prächtig

wunnerwarken, swv., wundern, staunen, Erstaunen u. Verwunderung ausdrücken

[1]Wupp s. [2]*Wipp*

[2]Wupp, m., Schwung, Sprung

Wuppdi, m., Schwung, schnelle Bewegung; interjek., husch (von *wupp di*; vgl. *wuppen*)

wuppen, swv., anheben, mit einem Ruck hochheben

Wupper (brem.), m., Stauer

wurachen, wuracken, swv., schwer arbeiten, schuften, wühlen

wur(a)ns s. *woans*

Wu(r)st, Wuss, f., pl. *Wüss*, Wurst (häufig durch Zusätze näher bestimmt wie *Bloot-*, *Grütt-*, *Lebber-*, *Mettwu*[*r*]*st* u. a.); übertr. wurstförmiges Gebilde

Wu(r)stgrapen s. *Wu(r)stketel*

Wu(r)stketel, m., Wurstkessel, Kessel zum Brühen der Wurst

Wu(r)stprekel, m., Holzsplint zum Verschließen der Wurstpelle

wutschen, swv., entwischen, schnell weghuschen, enteilen, schlüpfen

Wuttel s. *Wöttel*

[1]Wuurt s. *Woord*

[2]Wuurt, Wurt, f., pl. *Wurten*, Wurt, Warft, Wohnhügel (häufig in Ortsnamen)

Z

z im Anlaut in einigen Mdaa. statt *s*, s. d.

zackereern, -riern, swv., zanken, schimpfen, fluchen, lamentieren

zangen (ostfr.), swv., violett o. rötlich schimmern

Zapp, Zarp, f., pl. *Zappen*, Wasserhuhn, Teichhuhn

zappendüüster, adj., stockfinster; übertr. *nu is z.* nun ist Schluß

zaustern, saustern, swv., keifen, gereizt sprechen, schwatzen; schelten, streiten

Zedel, Zeddel, m., pl. *Zedels*, Zettel, Papierstück, Schein

Zeeg, Zääg, f., pl. *Zegen*, Ziege

Zegenbuck, m., Ziegenbock

Zick, f., pl. *Zicken*, Ziege; übertr. keifsüchtige Frau

Zicklamm, n., Ziegenlamm

ziepeln, swv., weinen, wimmern

ziepen, swv., (an den Haaren) ziehen

ziersen, zirsen, sirsen, swv., zischen

Zigarr, f., 1. Zigarre; 2. übertr. Ausschelte, Rüffel

Zingel, m., Staketzaun, Umwallung, Einfriedung

Zipoll s. *Zippel*

Zipp, f., pl. *Zippen*, weibliches Tier (bes. Kaninchen); übertr. als Schimpfwort *ole Z.* dumme Gans u. ä.

zipp, adj., prüde, zimperlich, empfindlich

Zippel, Ziepel, Zipoll, f., pl. *Zippeln, Zipollen*, Zwiebel

Zireen, f., Syringe, Flieder

Zirp, f., Grille

zirsen, swv., surren, schwirren; zischen

Zitroon, f., Zitrone

Zittlöösch, f., pl. *Zittlöschen*, Narzisse

zockeln, swv., zuckeln, in kleinen Schritten gehen

Zopp, m., pl. *Zöpp*, Zopf

Zopp(en) (Weserraum), f., Suppe

Zuckeldraff, m., langsamer Trab

zuckeln, swv., langsam traben, langsam fahren

Zyreen s. *Zireen*

ANMERKUNGEN ZUR GRAMMATIK

Das Plattdeutsche wird seit Jahrhunderten überwiegend in mündlicher Form weitergegeben. Dies hat in der Grammatik zu Vereinfachungen geführt, die oft in die hochdeutsch geprägte Umgangssprache übernommen werden, in der Standardsprache aber zu Unsicherheiten und Fehlern führen.

SUBSTANTIVE – HAUPTWÖRTER

Das **Geschlecht** ist bei einer Reihe von Substantiven nicht eindeutig festgelegt. Es stimmt nicht immer mit dem der entsprechenden standardsprachlichen Wörter überein:

Beispiele:

Band, m. u. n., Bindfaden	**Hälft**, f. u. n., Hälfte
Sarg, m. u. n.,	**Hock**, f. u. n., Unterstand
Distel, m. u. n., Distel	**Schiet**, m. f. u. n., Dreck, Schmutz u. a.
Bünn, m. u. f., Fischbehälter mit Frischwasser	

Bei der **Flexion** (Biegung der Hauptwörter) gibt es in der Regel nur noch zwei Formen, den *Nominativ* (1. Fall) und den *Nicht-Nominativ*, in dem der 3. und 4. Fall zusammengefallen sind. Der *Genitiv* (2. Fall) wird bis auf wenige Ausnahmen durch eine pronominale oder präpositionale Verbindung umschrieben (Hinzufügung eines Umstands- oder eines Fürwortes).

nom.: de Mann	*akk.*: den Mann	*gen.*: (dat Huus) von den Mann
nom.: de Fru	*akk.*: de Fru	*gen.*: de Fru ehr (Huus)

Der **Plural** (Mehrzahl) kann bei plattdeutschen Wörtern auf verschiedene Weise gebildet werden. Gelegentlich gibt es für das gleiche Wort mehrere Möglichkeiten, und nicht selten ist die Mehrzahl dann anders als in der Standardsprache.

Beispiele:

a) Einzahl und Mehrzahl stimmen überein

de **Knaken**, m., der Knochen	de **Knaken** die Knochen
dat **Been**, n., das Bein	de **Been** die Beine

b) Mehrzahlbildung durch hinzugefügte Laute

(e)n	**de Disch**	**de Disch*en***	Tisch / Tische
	dat Oog	**de Og*en***	Auge / Augen
	de Beek	**de Bek*en***	Bach / Bäche
er	**dat Kleed**	**de Kled*er***	Kleid / Kleider
	dat Book	**de Bök*er***	Buch / Bücher
	dat Wief	**de Wiev*er***	Weib / Weiber
s	**de Arm**	**de Arm*s***	Arm / Arme
	de Deern	**de Deern*s***	Mädchen / Mädchen
	de Jung	**de Jung*s***	Junge / Jungen

Die Pluralbildung durch Hinzufügen des Lautes **s** ist stark in die norddeutsche Umgangssprache eingedrungen:

Kieler Jungs neben *die Jungen aus Kiel*

c) die Mehrzahl wird durch Umlautung des Stammvokals gebildet

de **Slagg**	= der Schlag	de **Slääg**	= die Schläge
de **Goos**	= die Gans	de **Göös**	= die Gänse
dat **Huus**	= das Haus	de **Hüüs**	= die Häuser

d) Die Mehrzahl wird durch Längung des Stammvokals gebildet

de **Dag**	= der Tag	de **Daag(en)**	= die Tage
dat **Brett**	= das Brett	de **Breed**	= die Bretter

e) Bei einigen Wörtern wird die Mehrzahl durch ein anderes Wort ausgedrückt

de **Minsch** - de **Minschen** - de **Lüüd**	= Menschen, Leute
de **Mann** - de **Mannslüüd**	= Mann, Männer
de **Dörpslüüd**	= Dorfbewohner

Die pluralischen Sammelbegriffe im Standarddeutschen mit der Vorsilbe *Ge-* sind ungebräuchlich

Gebirge = **de Bargen** *Getreide* = **dat Korn** *Gesellschaft* = **de Lüüd**

VERBEN – TÄTIGKEITSWÖRTER

1. Starke Verben verändern bei der Flexion (Beugung) den Stammvokal in der Vergangenheitsform und im Partizip. Das Partizip der Vergangenheit stimmt in der Regel mit dem Infintiv (Grundform) überein:

Beispiele:

rieten	**reet**	**reten**	*reißen*	- *riß*	- *gerissen*
kamen	**keem**	**kamen**	*kommen*	- *kam*	- *gekommen*
flegen	**flöög**	**flagen**	*fliegen*	- *flog*	- *geflogen*
singen	**sung / süng**	**sungen**	*singen*	- *sang*	- *gesungen*

Im Wörterbuch sind die wichtigsten Flexionsformen nach dem Stichwort angegeben. Da ein Vokalwechsel auch innerhalb einer Zeitstufe eintreten kann (z. B. *ik kaam, du kümmst; ik fleeg, du flüggst* u. a.), ist die Auswahl nicht nur auf die sogenannten Stammformen beschränkt.

2. Schwache Verben behalten bei der Flexion den Stammvokal bei. Die Gegenwarts- und Vergangenheitsformen unterscheiden sich in der Regel nur in der 3. pers. der Einzahl. Das Partizip der Vergangenheit endet auf *-(e)t* :

Beispiele:

Gegenwart	**ik lach**	**du lachst**	**he lacht**	**wi lacht / lachen**
Vergangenheit	**ik lach**	**du lachst**	**he lach**	**wi lachen**
mit Partizip gebildete Form	**ik heff lacht**			**wi hebbt lacht**

Für die starken und schwachen Verben gibt es im Plural der Gegenwart jeweils nur eine Endung. Westlich der Elbe lautet sie überwiegend *-t* : **wi lacht, ji lacht, se lacht**, östlich der Elbe und in Regionen, die erst später (ab etwa 1300) das Niederdeutsche übernommen haben, enden die Pluralformen auf *-en* : **wi lachen, ji lachen, se lachen**. In Angleichung an die Standardsprache ist vor allem in den niederdeutschen Mundarten der Städte aber ein Wechsel zu beobachten: **wi lachen, ji lacht, se lachen**.

3. Unregelmäßige Verben zeigen häufig den Vokalwechsel wie die starken Verben, folgen in der Flexion aber den schwachen Verben:

Beispiele:

hebben	ik heff	ik harr	ik heff hatt	*haben*
leggen	ik legg	ik lä	ik heff leggt	*legen*
seggen	ik segg	ik sä	ik heff seggt	*sagen*
willen	ik will	ik wull	ik heff wullt	*wollen*
weten	ik weet	ik wüß	ik heff wüßt	*wissen*

Einige der unregelmäßigen Verben werden gebraucht, um zusammengesetzte Formen bilden zu können. Daher werden sie auch als **Hilfsverben** bezeichnet (vgl. die Tabelle der Flexionsmuster).

FLEXIONSMUSTER
starker, schwacher und unregelmäßiger Verben

	rieten	**kamen**	**flegen**	**singen**	**lehr(e)n**	**seggen**
Gegenwart						
ik	riet	kaam	fleeg	sing	lehr	segg
du	rittst	kümmst	flüggst	singst	lehrst	seggst
he/se	ritt	kümmt	flüggt	singt	lehrt	seggt
wi (ji/se)	riet (rieten)	kaamt (kamen)	fleegt (flegen)	singt (singen)	lehrt (lehr[e]n)	seggt (seggen)
Vergangenheit						
ik	reet	keem	flöög	sung	lehr*	sä(ä)
du	reetst	keemst	flöögst	sungst	lehrst	sääst
he/se	reet	keem	flöög	sung	lehr	sä
wi (ji/se)	reten	kemen	flögen	sungen	lehr[e]n	sään
Partizip	reten	kamen	flagen	sungen	lehrt	seggt
Befehlsform						
Einzahl	riet	kaam	fleeg	sing	lehr	segg
Mehrzahl	riet't	kaamt	fleegt	singt	lehrt	seggt

*In der schwachen Flexion treten zunehmend aus dem Standarddeutschen entlehnte Formen auf: z. B. *ik lehrde, du lehrdest, he lehrde.*

FLEXIONSMUSTER
der Hilfsverben und der Modalverben

	wesen/sein	**warrn**	**hebben**	**willen/ wüllen**	**s(ch)ölen**
Gegenwart					
ik	bün	war(r)	heff	will	s(ch)all
du	büst	war(r)st	hest	wi(ll)st	s(ch)a(ll)st
he / se	is	war(r)t	hett	will	s(ch)all
wi (ji / se)	sünd	war(r)d/ warrn	hebbt/ hebben	wüllt/ willen	s(ch)üllt/ s(ch)ülln
Vergangenheit					
ik	weer/was	wöör	harr	wull	s(ch)ull
du	weerst	wöörst	harrst	wu(ll)st	s(ch)u(ll)st
he / se	weer/was	wöör	harr	wull	s(ch)ull
wi (ji / se)	weern	wöörn	harrn	wull(e)n	s(ch)ulln
Partizip	wesen/west	worrn	hatt	wullt	s(ch)ullt

Befehlsform

Einzahl	wees/si(e)	warr	heff	will	s(ch)all
Mehrzahl	weest/siet	warrt	hebbt	wüllt	s(ch)üllt

	können	**mögen**	**möten**	**dörven**
Gegenwart				
ik	kann	mag	mutt	dörf/dröff
du	kannst	magst	muttst	dörfst/dröffst
he (se)	kann	mag	mutt	dörf/dröff
wi (ji /se)	köönt/ können	möögt/ mögen	mööt/mö- ten	dörft/dörven
Vergangenheit				
ik	kunn	much	müß	dörf/dröff
du	kunnst	muchst	müßt	dörfst/dröffst
he (se)	kunn	much	müß	dörf/dröff
wi (ji / se)	kunnen	muchen	müssen	dörven/dröffen
Partizip	kunnt	mucht	müßt	dörft/dröövt

Befehlsform

Einzahl	kann	mag	mutt	dörf/dröff
Mehrzahl	köönt	möögt	mööt	dörft/drööft

KONJUNKTIV - MÖGLICHKEITSFORM

Das Nordniederdeutsche kennt keine eigenen Formen für den Konjunktiv. Für diese Aussageform in der Gegenwart steht die entsprechende Vergangenheitsform des Indikativs (Wirklichkeitsform), für den Konjunktiv der Vergangenheit die entsprechende Form der vollendeten Vergangenheit:

he seggt, he *keem* vundaag	er sagt, er *komme* heute
he sä, he *weer kamen*	er sagte, er *wäre gekommen*

Häufig wird der Konjunktiv unter Verwendung der Hilfsverben **warrn, willen** und **s(ch)ölen** gebildet.

PRONOMINA - FÜRWÖRTER

Bei den Personalpronomina und den besitzanzeigenden Fürwörtern gibt es für jedes Geschlecht nur zwei Fälle:

1. Personalpronomina (persönliche Fürwörter)

Nominativ	ik	du	he	se	it/dat	wi	ji	se
dat./akk.	mi	di	em sik	ehr sik	dat sik	u(n)s	ju(uch)	jem. o. ä.

Im ostfriesischen Plattdeutsch lauten die Formen für den Dativ und den Akkusativ

mi	di	hum	höhr/ höör		uns	jo	höhr

Im ostfälischen Platt lauten die Formen für den Dativ und den Akkusativ

	mik/mek	dik/dek	em	ehr	(i)us	ju	jem

2. Possesivpronomina (besitzanzeigende Fürwörter)

Die Formen unterscheiden sich danach, ob der *Besitz* im Singular oder im Plural steht.

a) Besitz im Singular (Einzahl)

Nominativ	mien	dien	sien	ehr	u(n)s	ju(un)	(jem-)ehr
dat./akk.	mien(en)	dien(en)	sien(en)	ehr(en)	u(n)s(en)	ju(un)	(jem-)ehr(en)

(Die Formen auf *-en* im dat./akk. gelten für das männliche, die anderen Formen für das weibliche und sächliche Geschlecht.)

b) Besitz im Plural (Mehrzahl)

Nominativ	mien(e)	dien(e)	sien(e)	ehr(e)	u(n)s(e)	juuch/juge	(jem-)ehr(e)
dat./akk.	mien(e)	dien(e)	sien(e)	ehr(e)	u(n)s(e)	juuch/juge	(jem-)ehr(e)

3. Demonstrativpronomina (hinweisende Fürwörter)

Nominativ	**mask.**	**fem.**	**neutr.**	**pl.**
	de	de	dat	de
	disse	(düsse)	dit	disse (düsse)
dat./akk.	den	de	dat	de
	dissen	(düssen)	dit	disse (düsse)

ADJEKTIVE – EIGENSCHAFTSWÖRTER

Bei der Flexion (Biegung) der Eigenschaftswörter treten im Plattdeutschen verschiedene Formen auf. Sie lassen sich nicht bestimmten Mundartgebieten zuweisen und auch nicht nach falsch oder richtig unterscheiden:

Beispiele:

	Nominativ	**Akkusativ**
männlich	de starke Klaas	den starken Klaas
	en(en) starken Klaas	en(en) starken Klaas
weiblich	de smucke Deern	de smucke Deern
	en(e) smucke Deern	en smucke Deern
sächlich	dat wiede Land	dat wiede Land
	en wied(es) Land	

Für alle drei Geschlechter kann aber auch die Form ohne jede Endung gebraucht werden:

de ool Mann   de ool Frau   dat lütt Kind

Die Steigerungsformen werden durch die Endungen *-er* bzw. *-st(e)* gebildet. Die vergleichende Form mit *an 'n* (am) tritt erst in neuerer Zeit auf. Im älteren Plattdeutschen wurde für den Superlativ (2. Steigerungsform) *up 't* gebraucht, also *he kunn dat up 't best.* Die Steigerung kann auch durch zusammengesetzte Wörter ausgedrückt werden wie z. B. *bargendüüster, pikkenswart.* Eine weitere Möglichkeit bietet die Verwendung von Adverbien wie *bannig, böös* u. ä. wie etwa in den Beispielen *he is bannig groot* oder *se is böös krank* u. ä.

NUMERALIA – ZAHLWÖRTER

1 = een	11 = ölben / olven / olben	20 = twintig
2 = twee / twei	12 = twölf / twolf / twalm	30 = dörtig / dartig
3 = dree / drei	13 = dörteihn / drütteihn / darteihn	40 = veerdig
4 = veer	14 = veerteihn	50 = föftig / foftig
5 = fief	15 = föfteihn / fofteihn	60 = sößtig / soßtig / seßtig
6 = söß / soß / seß	16 = sößteihn / soßteihn / seßteihn	70 = söbentig / söventig
7 = söben / söven	17 = söb(e)nteihn	80 = ach(t)zig / tachentig
8 = acht	18 = achteihn	90 = negentig
9 = negen	19 = neg(e)nteihn	100 = hunnert
		1000 = dusent

de eerst(e) de tweet(e) de drütt(e) de veert / veerde de föft(e) de hunnerst(e)

WOCHENTAGE

Maandag - Dingsdag - Mittwoch / Middeweken - Dunner(s)dag / Dönnerdag - Fredag - Sünnabend / Saterdag - Sünndag / Sönndag

Hamburg. Beym Frisch findet man folgende hieher gehörige Provinzial-Wörter: Kuttel und Kuttle, Gedärm: Küter und Kuttler, ein Schlächter. A. S. cwid, Weide, Geweide, Eingeweide: Cod. Arg. uith. S. dessen Wörterb. 1 Th. p. 561. Wir sagen auch: He het Küt in de Bene: er hat dicke Waden. Auch in Osnabrück heisset Küte die Wade. Bey den Holländern ist Kuyte beydes, die Wade, und das Eingeweide; besonders der Rögen der Fische. Welches letztere dieß Wort auch schon bey den alten bedeutete. S. Junius in Willeram. p. 197.

Küten, den Bauch aufschneiden, ausweiden, metschen. So sagte hier ein Bauer: Wenn wi mit usen Seessen under de Franzosen quemen, wi wollen daarunder küten. In dem Gloss. Chauc. beym Leibn. Collect. etym. P. I. p. 46. ist kuthen, schlachten, Kuther, Schlachter.

Kütel-bank, Fleischbank. Besonders heißt hier also die steinerne Bank an der Mauer unsers Markts. Ohne Zweifel von obigem Küt. Man möchte es denn lieber von kuten, kauten, tauschen, herleiten wollen. S. unter folgendem Wort.

KÜTJEBÜTEN, statt küten un büten, auf eine unziemliche Weise tauschen: wird hauptsächlich von Kindern gesagt, wenn sie ihre Kleinigkeiten vertauschen. Bey R. kütebüten. Büten allein ist noch bey uns so viel, als tauschen, umwechseln. küten und kütken heißt im Osnabrückischen, unerlaubter Weise vertauschen. Vocab. Teuthon. cuyden.